Streck/Spatscheck
Die Steuerfahndung

D1721120

Beratungsbücher für Berater

Rechtsschutz und Gestaltung
im Unternehmensrecht, Steuerrecht
und Steuerstrafrecht

herausgegeben von

Rechtsanwalt
Dr. Michael Streck

Bd. 1

Die Steuer-
fahndung

von

Dr. Michael Streck
Rechtsanwalt
und Fachanwalt für Steuerrecht

und

Dr. Rainer Spatscheck
Rechtsanwalt,
Fachanwalt für Steuerrecht
und Fachanwalt für Strafrecht

4. neu bearbeitete Auflage

2006

Verlag
Dr. Otto Schmidt
Köln

Zitiervorschlag:
Streck/Spatscheck, Steuerfahndung, Tz. 96

Bibliografische Information Der Deutschen Bibliothek

Die Deutsche Bibliothek verzeichnet diese Publikation in der Deutschen Nationalbibliografie; detaillierte bibliografische Daten sind im Internet über <http://dnb.ddb.de> abrufbar.

Verlag Dr. Otto Schmidt KG
Gustav-Heinemann-Ufer 58, 50968 Köln
Tel.: 02 21/9 37 38-01, Fax: 02 21/9 37 38-9 43
e-mail: info@otto-schmidt.de
www.otto-schmidt.de

ISBN 10: 3-504-62317-9
ISBN 13: 978-3-504-62317-3

Das verwendete Papier ist aus chlorfrei gebleichten Rohstoffen hergestellt, holz- und säurefrei, alterungsbeständig und umweltfreundlich.

Umschlaggestaltung: Jan P. Lichtenford, Mettmann

Gesamtherstellung: Bercker, Kevelaer

Printed in Germany

Wegweiser

(Ausführliches Inhaltsverzeichnis auf S. XVII ff.)

Vorwort

Rechtsschutz und Gestaltung im Unternehmensrecht, Steuerrecht und Steuerstrafrecht

Die Beratungsbücher dieser Reihe wenden sich an die steuerberatenden Berufe, vornehmlich also an Steuerberater, Rechtsanwälte und Wirtschaftsprüfer. Sie bezwecken einmal die Stärkung des Rechtsschutzes im Steuerrecht und Steuerstrafrecht angesichts einer zunehmenden Macht und Effizienz der Finanzverwaltung, zum anderen wollen sie konkrete Beratungs- und Gestaltungshilfen zur Unternehmensberatung geben.

Die Bücher sind aus der Sicht der Steuerbürger und ihrer Berater geschrieben. Diese Einseitigkeit steht dem sorgfältigen Bemühen um Objektivität nicht entgegen. Einseitig heißt, dass die Blickrichtung die des Bürgers, seines Rechtsschutzes und seiner Interessen ist. Dies umschließt die Notwendigkeit, auch nachteilige Positionen zu kennzeichnen, Verteidigungsansätze realistisch einzuschätzen, unausgewogene Fiskalansichten aufzudecken und auf Beratungs- und Gestaltungsrisiken einzugehen.

Liegen die Maßstäbe der systematischen Vollständigkeit und Geschlossenheit einerseits und des Praxisbezugs andererseits im Streit, geben wir dem praktischen Beratungsbezug, gekennzeichnet durch das Rechteck des Schreibtischs, den Vorzug.

Die Auswahl der Rechtsprechung, Anweisungen und Literatur verfolgt zwei Zwecke: Sie hat Belegcharakter, insoweit wird eine klassische Funktion erfüllt. Darüber hinaus werden gerade solche Urteile und Ansichten vorgestellt und analysiert, die zu den juristischen Instrumenten des Rechtsschutzes und der Gestaltung zu zählen oder zu formen sind.

Die Beratungsbücher sollen in sich eigenständig sein. Dies führt zu Überschneidungen, die, auf das Notwendige beschränkt, Querverweisungen dort ersparen, wo sie in der Beratung lästig und zeitraubend wären.

Die Bücher vermitteln Wissen und versuchen, Beratungserfahrungen weiterzugeben. Sie sind auf Kritik, Anregung und Erfahrungsbereicherungen angewiesen. Für jede Zuschrift danken wir. Anschrift ist die des Verlags: Gustav-Heinemann-Ufer 58, 50968 Köln.

Die Steuerfahndung

Die Schrift entstand aus einem Vortrag, den ich am 6. 11. 1978 auf dem ersten Steuerberatertag '78 in Berlin gehalten habe. 1979 erschien sie als „Der Eingriff der Steuerfahndung", Kölner Beratungsrichtlinie 4, im Verlag des Arbeitskreises für Steuerrecht in Köln. Mit der 4. Auflage wurde sie 1986 in den Verlag Dr. Otto Schmidt – dort als 1. Auflage – und in die Schriftenreihe der Beratungsbücher für Berater übernommen.

Das Recht der Steuerfahndung und der Verteidigung in Steuerstrafsachen ist relativ gefestigt und konstant. Nach 1996 ist jedoch auch hier eine Überarbeitung überfällig. Beherrscht wurden diese Jahre von den Bankenermittlungen (Tz. 557 ff.). Damit einhergehend gewann der Auskunftsverkehr innerhalb der EU an Bedeutung. Die Jahre 2004– 2005 waren die Zeit der Steueramnestie (zu Nachwirkungen s. Tz. 1398 ff.). Im Übrigen musste der fortschreitenden Informationstechnologie Raum gegeben werden (s. Tz. 440 ff. und 443 ff.). Der Siegeszug der Tatsächlichen Verständigung war Anlass, diese umfangreicher darzustellen (Tz. 823 ff.). Ein besonderes Kapitel wird den „Mitteilungspflichten" und den „Registern" gewidmet (Tz. 1329 ff.). Das Gleiche gilt für die Schwarzarbeit (Tz. 1416 ff.). Und schließlich wendet sich die Schrift erstmals auch der Zollfahndung zu (Tz. 1250 ff.).

Auf der Autorenseite ist Rainer SPATSCHECK, mein Partner der Sozietät Streck Mack Schwedhelm in München, hinzugetreten. Dem Buch über die Steuerfahndung ist damit die Zukunft gesichert.

Die „Steuerfahndung" ist grundsätzlich für die Verteidigung und die Steuerberatung geschrieben. Sie bekennt sich zur notwendigen Einseitigkeit der Verteidigung, und zwar als Teil des Rechts (vgl. Tz. 63 ff.). Es versteht sich, dass Einseitigkeit keine Anregung ist, das Recht mit List und Tücke zu schützen oder zu umgehen.

Köln, im Mai 2006   Michael Streck

Wenn die Steuerfahndung kommt – Grundregeln für den Steuerbürger

- Wird die Steuerfahndung erwartet oder liegt das Erscheinen „in der Luft": Möglichkeit und Zweckmäßigkeit der **Selbstanzeige** prüfen, die strafbefreiend wirkt.

- Sobald die Steuerfahndung tätig wird, beginnt in der Sache das Strafverfahren, sei es förmlich eingeleitet oder nicht. Jeder Schritt steht ab sofort unter einem **Doppelaspekt**: Die Steuerfahndung ermittelt im **Strafverfahren** und im **Steuerverfahren**.

- Vor dem Erscheinen, nach dem Erscheinen: Die Steuerfahndung ist besser und weiß mehr, als der Betroffene glaubt. **Vorsicht vor Unterschätzung.**

- Die Steuerfahndung beginnt idR mit einer **Hausdurchsuchung**. Gleichzeitig im Betrieb, am Arbeitsplatz, in der Privatwohnung und im Wochenendhaus. Fahnder sind geübte Durchsucher. Gegenstände, auf die sich das Augenmerk der Fahnder richtet: Briefe, Notizzettel, Notizbücher, Kalender, Schmierzettel, Bankmitteilungen, Kontoauszüge, Schlüssel (Safe), Verträge. Die Hausdurchsuchung muss „durchgestanden" werden; Rechtsbehelfe haben idR wenig Sinn.

- **Beschlagnahme:** Die Steuerfahndung hat das Recht, alle Papiere durchzusehen. Die Unterlagen, die sie mitnehmen will, kann sie beschlagnahmen, regelmäßig auch dann, wenn sie noch nicht über einen richterlichen Beschlagnahmebeschluss verfügt. Der Betroffene sollte auf einer Beschlagnahme bestehen; keine freiwillige Herausgabe von Unterlagen.

- Die Steuerfahndung muss gegenständlich genau **aufzeichnen**, was sie mitnimmt. Eine Ausfertigung dieser „Inventur" muss dem Betroffenen auf Verlangen ausgehändigt werden.

- Nach dem Erscheinen sofort den **Steuerberater** und/oder den **Anwalt** verständigen. Der Steuerbürger darf **telefonieren**, was hin und wieder von den Durchsuchenden bestritten wird.

Grundregeln für den Steuerbürger

- Ohne Beistand eines Beraters oder Verteidigers sind **Aussagen** unmittelbar anlässlich der Durchsuchung, von den Fahndern häufig angestrebt, **nicht ratsam**.

- Überhaupt gilt während des gesamten Verfahrens: **keine Einlassung, keine Auskünfte ohne Beratung**.

- **Vorsicht** vor **Kurzschlussreaktionen**. Reise ins Ausland, Leerräumen von Konten können **Haftgründe** darstellen.

- Das erkennbare Bemühen, die Fahnder von bestimmten **Ermittlungen abzuhalten, verursacht** oft diese **Ermittlungen**.

- Falls die Fahndung bei **Kunden, Lieferanten, Arbeitgebern, Arbeitnehmern** usw. ermitteln wird oder will, sollte der Betroffene vorher mit ihnen Kontakt aufnehmen. Das unvorbereitete Erscheinen der Steuerfahndung bei dem besten Kunden kann für einen Unternehmer verheerend sein. Zeugenbeeinflussung darf nicht stattfinden.

- Die Fahndung kann sich bei ihren Ermittlungen an die **Banken** wenden. Ein **Bankengeheimnis besteht** gegenüber der Fahndung **nicht**. Der Betroffene sollte seine Hausbank rechtzeitig informieren, falls mit Fahndungsermittlungen zu rechnen ist, um die Rufschädigung gering zu halten. Die Bitte der Fahnder, der Betroffene möge selbst Bankunterlagen zusammentragen, erfüllt regelmäßig nicht den angestrebten Zweck, den Besuch der Fahnder bei der Bank zu verhindern; die Steuerfahndung neigt schnell zu dem Verdacht, bei jeder freiwilligen Mithilfe werde etwas verschwiegen.

- Bei Aussagen der Fahndung über die **Straffolgen** einer Hinterziehung – „Sagen Sie alles, dann ist auch die Strafe gering" – ist große **Vorsicht** geboten. Die Fahndung entscheidet nicht über die strafrechtlichen Folgen.

- Das gleiche gilt, wenn sich die Fahndung zu **Steuererlass-, Steuerstundungs-** oder **Vollstreckungsmaßnahmen** äußert. Hier ist nicht die Fahndung, sondern das Finanzamt zuständig.

- Folgt der Steuerfahndung unmittelbar ein **Arrest** zur **Sicherung** der **Steuerschuld**, so sollte mit der Vollstreckungsstelle ein Arrangement getroffen werden. Die Höhe der Steuerschuld, die der Betroffene sichert, präjudiziert nicht die endgültig festgesetzte

Schuld. Ein Anerkenntnis liegt nicht vor. Der Streit an zwei Fronten – Steuerfahndung und Vollstreckungsstelle – muss vermieden werden.

- Nach dem ersten Sturm muss man sich generell auf ein **langes Verfahren** (18 Monate bis 20 Jahre) einrichten: 2 bis 3 Jahre sind ein Mittelwert. Praxiserfahrung: Erledigungseile bewirkt eher das Gegenteil.

Wenn die Steuerfahndung kommt –
Grundregeln für den Berater

- Der Steuerberater sollte von Zeit zu Zeit mit dem Mandanten, sofern angebracht, das **Erscheinen** der **Steuerfahndung** als **Planspiel erörtern**.

- Die vorangehenden **Grundregeln** für den **Steuerbürger** sollten besprochen werden. Insbesondere muss mit dem gesamten Beratungsgewicht erreicht werden, dass der Mandant nach dem Erscheinen der Steuerfahndung keinen Schritt ohne Beratung unternimmt und den positiven Wert des Aussageverweigerungsrechts kennenlernt. Mandanten glauben idR, Reden sei besser als Schweigen. Als Regel gilt das Gegenteil.

- Die Beratung und die Erörterung über den Fahndungseingriff sollten eher von den **härteren, nachteiligeren, pessimistischeren Möglichkeiten** ausgehen, als auf allzu optimistischen Erwartungen aufbauen.

- Im einschlägigen Fall ist auch die Möglichkeit der Verhaftung (**U-Haft**) zu besprechen. An eine mögliche Kaution und deren Finanzierung ist zu denken. Mittel für die Honorierung des Rechtsanwalts sollten verfügbar sein.

- Wird das Erscheinen der Steuerfahndung unmittelbar befürchtet, sind die Möglichkeiten der **Selbstanzeige** so schnell wie möglich zu erörtern. Jeder Tag Verzögerung kann nachteilig sein.

- Erscheint die Steuerfahndung bei einem Mandanten, so benötigt er den **Beistand** des **Beraters**. Der Berater, der sich jetzt von dem Mandanten entrüstet oder enttäuscht zurückzieht, verletzt das richtig verstandene **Beratungsethos**.

- Die **Strafverteidigung beginnt** vom **ersten Augenblick** des Erscheinens der Steuerfahndung an. Die Steuerhinterziehung oder leichtfertige Steuerverkürzung setzen stets eine Verkürzung von Steuern voraus. Folglich ist die **Auseinandersetzung** um die **Höhe** der verkürzten **Steuern** bereits **Strafverteidigung**.

Grundregeln für den Berater

- Aus der objektiven Fürsorgepflicht des Beraters für den Mandanten folgt, ihm seine **Beteuerung**, der **Verdacht** der Steuerfahndung sei **völlig** aus der **Luft gegriffen, nicht** zu **glauben**. Die Verteidigung muss nach dem ärgsten Verdacht der Steuerfahndung ausgerichtet werden; das arglose Weitertragen der Behauptungen des Mandanten sieht dieser zwar gerne, nimmt dem Verteidiger jedoch wesentliche Reaktionsmöglichkeiten, falls der Verdacht der Steuerfahndung doch näher an der Wirklichkeit liegt, als dies der Mandant im Munde führt.

- Die **Steuerfahndung** ist **keine Betriebsprüfung**. Fahnder denken und handeln anders als der Betriebsprüfer. Der Zweck der Strafverfolgung erlaubt ihnen in ihren Augen eher, die in der Betriebsprüfung eingespielten Regeln des freundlichen, fairen und verlässlichen Umgangs zu verlassen.

- Mit **bereitwilliger Mitwirkung** und **Geständnisbereitschaft** zu **versuchen,** das Fahndungsverfahren **schnell** zu **erledigen**, ist **gefährlich**. Der gute Wille wird idR nicht mit einem besonderen Entgegenkommen honoriert.

- Bei der **Durchsuchung** und **Beschlagnahme Rechtsbehelfe** prüfen. Oft sind sie nicht zweckmäßig, im Einzelfall angebracht. Berater und Verteidiger sollten keine Rechtsbehelfe einlegen, um dem Mandanten zu zeigen, dass was geschieht.

- Grundsätzliche Beraterregel: Man **vertritt** den **Betroffenen** mit dem **Gesicht** zum **Gericht**, zur **Steuerfahndung**, zum **Finanzamt**. Wer in erster Linie während des Verfahrens den **Beifall** des **Mandanten** sucht, wird letztlich keinen Beifall für den Erfolg in der Vertretung finden.

- Der Steuerberater muss überlegen, ob sofort ein **Rechtsanwalt** als **Verteidiger** beizuziehen ist. Der Rechtsanwalt, als erster angesprochen, sucht sofort den Kontakt zum Steuerberater. Das **Gespann Steuerberater/Rechtsanwalt** muss für eine optimale Verteidigung kooperieren und funktionieren.

- Bei der Auswahl des Verteidigers ist zu bedenken, dass der **Verteidiger** nur **einen Tatbeteiligten** verteidigen kann.

- Droht ein **Arrest** oder ist er verfügt, sollten vorrangig die Verhandlungen mit der Vollstreckungsstelle aufgenommen werden, um hier eine einvernehmliche Regelung zu erzielen.

- Die **Entbindung** des **Beraters** von der **Schweigepflicht** ist sorgfältig zu überlegen. Im Zweifel sollte keine Entpflichtung erfolgen.

- Die **freiwillige Herausgabe** von **Mandatsunterlagen** durch den Berater an die Steuerfahndung ist – ohne Zustimmung des Mandanten – strafbar.

- **Buchführungsunterlagen**: Sie müssen nach § 104 AO herausgeben werden; streitig ist, ob sie beschlagnahmt werden können.

- Die **Durchsuchung** einer **Beraterpraxis** und die Beschlagnahme von Mandatsunterlagen sollen idR richterlich überprüft werden; daraus folgt als Beraterverpflichtung, nahezu ausnahmslos Beschwerde einzulegen.

Inhaltsverzeichnis

Inhaltsverzeichnis

Inhaltsverzeichnis

Inhaltsverzeichnis

Inhaltsverzeichnis

XXII

Inhaltsverzeichnis

XXIII

Inhaltsverzeichnis

XXIV

Inhaltsverzeichnis

Inhaltsverzeichnis

Inhaltsverzeichnis

Inhaltsverzeichnis

Inhaltsverzeichnis

Abkürzungsverzeichnis

aA	anderer Ansicht
aaO	am angegebenen Ort
abl.	ablehnend
Abschn.	Abschnitt
aE	am Ende
aF	alte Fassung
AfA	Absetzungen für Abnutzung
AG	Aktiengesellschaft; auch Die Aktiengesellschaft; auch Amtsgericht
AktG	Aktiengesetz
Anh.	Anhang
Anm.	Anmerkung(en)
AnwBl.	Anwaltsblatt
AnwErl.	Anwendungserlass
AO	Abgabenordnung
AO-StB	AO-Steuerberater
ArchSchwAbgR	Archiv für Schweizer Abgabenrecht
Art.	Artikel
AStBV (St) 2004	Anweisungen für das Straf- und Bußgeldverfahren (Steuer), BStBl. 2003 I, 654
AStG	Außensteuergesetz
Aufl.	Auflage
AW-Prax	Außenwirtschaftspraxis
Az.	Aktenzeichen
BayObLG	Bayerisches Oberstes Landesgericht
BB	Betriebs-Berater
BBG	Bundesbeamtengesetz
Bd.	Band
BdF	Bundesministerium der Finanzen
BDSG	Bundesdatenschutzgesetz
Beil.	Beilage
BergPG	Bergmannsprämiengesetz
BerlinFG	Berlinförderungsgesetz
betr.	betreffend
BewDV	Durchführungsverordnung zum Bewertungsgesetz
BewG	Bewertungsgesetz

Abkürzungsverzeichnis

BfF	Bundesamt für Finanzen, seit 2006: Bundeszentralamt für Steuern
BFH	Bundesfinanzhof
BFHE	Entscheidungen des Bundesfinanzhof
BFH/NV	Sammlung amtlich nicht veröffentlichter Entscheidungen des Bundesfinanzhofs
BGB	Bürgerliches Gesetzbuch
BGBl.	Bundesgesetzblatt
BGH	Bundesgerichtshof
BGHSt.	Entscheidungen des Bundesgerichtshofes in Strafsachen
BGHZ	Entscheidungen des Bundesgerichtshofes in Zivilsachen
BMF	Bundesministerium der Finanzen
Bp.	Betriebsprüfung
BR-Drucks.	Bundesrats-Drucksache
BRRG	Beamtenrechtsrahmengesetz
BStBl.	Bundessteuerblatt
BT-Drucks.	Bundestags-Drucksache
BuStraStelle	Bußgeld- und Strafsachenstelle
BVerfG	Bundesverfassungsgericht
BVerfGE	Entscheidungen des Bundesverfassungsgerichts
BZRG	Bundeszentralregistergesetz
BZSt	Bundeszentralamt für Steuern
Darst.	Darstellung
DB	Der Betrieb
DBA	Doppelbesteuerungsabkommen
ders.	derselbe
Diss.	Dissertation
DNotZ	Deutsche Notar-Zeitschrift
DöV	Die öffentliche Verwaltung
DRiZ	Deutsche Richterzeitung
DStJG	Deutsche Steuerjuristische Gesellschaft; gleichzeitig mit lfd. Nr. und Jahr Veröffentlichung der Jahrestagung
DStPr.	Deutsche Steuer-Praxis
DStR	Deutsches Steuerrecht
DStZ	Deutsche Steuer-Zeitung
EFG	Entscheidungen der Finanzgerichte
EG	Europäische Gemeinschaft

EGAO	Einführungsgesetz zur Abgabenordnung
EGGVG	Einführungsgesetz zum Gerichtsverfassungsgesetz
Einf.	Einführung
Einl.	Einleitung
ErbStG	Erbschaftsteuergesetz
Erl.	Erlass
ESt.	Einkommensteuer
EStDV	Einkommensteuer-Durchführungsverordnung
EStG	Einkommensteuergesetz
EStR	Einkommensteuer-Richtlinien
EW	Einheitswert
FA	Finanzamt
FG	Finanzgericht
FGO	Finanzgerichtsordnung
FinVerw.	Finanzverwaltung
FN	Fußnote
FR	Finanz-Rundschau
FS	Festschrift
FVG	Gesetz über die Finanzverwaltung
GbR	Gesellschaft des bürgerlichen Rechts
GewSt.	Gewerbesteuer
GewStG	Gewerbesteuergesetz
GewStR	Gewerbesteuer-Richtlinien
GG	Grundgesetz
ggf.	gegebenenfalls
glA	gleicher Ansicht
GmbH	Gesellschaft mit beschränkter Haftung
GmbHG	Gesetz betreffend die Gesellschaften mit beschränkter Haftung
GmbHR	GmbH-Rundschau
GrEStG	Grunderwerbsteuergesetz
GuVBl.	Gesetz- und Verordnungsblatt
GVR	Geldverkehrsrechnung
hA	herrschende Ansicht
HBP	Handbuch der steuerlichen Betriebsprüfung
HFR	Höchstrichterliche Finanzrechtsprechung
HGB	Handelsgesetzbuch
hL/hM	herrschende Lehre/Meinung

Abkürzungsverzeichnis

Hrsg.	Herausgeber
HwStR	Handwörterbuch des Steuerrechts
HZA	Hauptzollamt
idR	in der Regel
IdW	Institut der Wirtschaftsprüfer
Inf.	Die Information über Steuer und Wirtschaft
InvZulG	Investitionszulagengesetz
IStR	Internationales Steuerrecht
iSv.	im Sinne von
iVm.	in Verbindung mit
IWB	Internationale Wirtschaftsbriefe
JbFfSt.	Jahrbuch der Fachanwälte für Steuerrecht
JW	Juristische Wochenschrift
JZ	Juristenzeitung
KG	Kammergericht; auch Kommanditgesellschaft
KO	Konkursordnung
KÖSDI	Kölner Steuerdialog
KöStI	Kölner Steuerinformation
KostO	Kostenordnung
KSt.	Körperschaftsteuer
KStG	Körperschaftsteuergesetz
KStR	Körperschaftsteuer-Richtlinien
LG	Landgericht
LSt.	Lohnsteuer
LStDV	Lohnsteuer-Durchführungsverordnung
MDR	Monatsschrift für Deutsches Recht
Mrozek-Kartei	Mrozek, Steuerrechtsprechung in Karteiform (RFH 1914–1944)
mwN	mit weiteren Nachweisen
NJW	Neue Juristische Wochenschrift
nrkr.	nicht rechtskräftig
NRW	Nordrhein-Westfalen
NSt.	Neues Steuerrecht von A bis Z
NStZ	Neue Zeitschrift für Strafrecht
NWBF	Neue Wirtschafts-Briefe, Fach

OFD	Oberfinanzdirektion
OHG	offene Handelsgesellschaft
OLG	Oberlandesgericht
oR	ohne Rechnung
ÖStZ	Österreichische Steuerzeitung
PStR	Praxis Steuerstrafrecht
R.	Rechtspruch
RAO	Reichsabgabenordnung
rd.	rund
Rdn.	Randnummer(n)
RFH	Reichsfinanzhof
RFHE	Entscheidungen und Gutachten des Reichsfinanzhofes
RG	Reichsgericht
RGBl.	Reichsgesetzblatt
RGSt.	Entscheidungen des Reichsgerichts in Strafsachen
RGZ	Entscheidungen für das Strafverfahren und das Bußgeldverfahren
RIW	Recht der internationalen Wirtschaft
rkr.	rechtskräftig
Rpfl.	Der Deutsche Rechtspfleger
RStBl.	Reichssteuerblatt
RVG	Rechtsanwaltsvergütungsgesetz
RWP	Rechts- und Wirtschaftspraxis
SchwarzArbG	Schwarzarbeitbekämpfungsgesetz
SparPG	Spar-Prämiengesetz
StA	Staatsanwaltschaft
StB	Steuerberater; Zeitschrift: Der Steuerberater
StBerG	Steuerberatungsgesetz
Stbg.	Die Steuerberatung
StbJb.	Steuerberater-Jahrbuch
StbKongrRep.	Steuerberaterkongress-Report (ab 1977)
StBp.	Die steuerliche Betriebsprüfung
StBv.	Steuerbevollmächtigte(r)
StEK/StEK-Anm.	Steuererlasse in Karteiform bzw. Anmerkungen dazu
Steufa	Steuerfahndung
StGB	Strafgesetzbuch

Abkürzungsverzeichnis

XXXVI

Abkürzungsverzeichnis

ZFA	Zollfahndungsamt
ZfZ	Zeitschrift für Zölle und Verbrauchsteuern
ZK	Zollkodex
ZKA	Zollkriminalamt
ZPO	Zivilprozessordnung
ZRP	Zeitschrift für Rechtspolitik
ZSEG	Gesetz über die Entschädigung von Zeugen und Sachverständigen
zZ	zur Zeit

Literaturverzeichnis

ARMBRÜSTER
Die Entwicklung der Verteidigung in Strafsachen, 1980

BÄCKERMANN/VAN HELDEN
Steuerstraftaten und Steuerordnungswidrigkeiten, 1979

BEERMANN
Steuerliches Verfahrensrecht, Loseblattwerk

BENDER
Das Zoll- und Verbrauchsteuerstrafrecht mit Verfahrensrecht (Stand: 2003)

BEULKE
Der Verteidiger im Strafverfahren, 1980

BILSDORFER/GRECK/NAUMANN
Handbuch für das Steuerstraf- und Bußgeldverfahren, 1985

BILSDORFER/WEYAND
Der Steuerprüfer kommt – was tun?, 1990

BILSDORFER/WEYAND
Die Informationsquellen und -wege der Finanzverwaltung, 7. Aufl., 2005

BLÜMICH
Einkommensteuergesetz, Körperschaftsteuergesetz, Gewerbesteuergesetz, Nebengesetze, Loseblattwerk

BLUMERS/GÖGGERLE
Handbuch des Verteidigers und Beraters im Steuerstrafverfahren, 2. Aufl., 1989

BLUMERS/KULLEN
Praktiken der Steuerfahndung, 2. unveränderte Aufl., 1981

BP-KARTEI
Betriebsprüfungskartei der Oberfinanzdirektionen Düsseldorf, Köln und Münster, Loseblattwerk

BRAND
SGB III-Kommentar, 2. Aufl., 2002

Literaturverzeichnis

BRIEL, VON/EHLSCHEID
Steuerstrafrecht, 2. Aufl., 2001

BRÜSSOW/GATZWEILER/KREKELER/MEHLE
Strafverteidigung in der Praxis, 3. Aufl., 2004

BRUNS-FS
Wolfgang Frisch/Werner Schmid (Hrsg.), Festschrift für Hans-Jürgen Bruns, 1978

BUSCHMANN/LUTHMANN
Das neue Steuerstrafrecht, 1969

CARL/KLOS
Die Steuerfahndung, NWB F 13, 861 (Okt. 1995)

CARL/KLOS
Leitfaden zur internationalen Amts- und Rechtshilfe in Steuersachen, 1995

CASPERS/WAGNER/KÜNZLE
Die Liechtensteinische Stiftung, 2002

CORING/VOGEL
Entscheidungen zum Steuer- und Zollstrafrecht, Loseblattwerk (nicht fortgeführt)

CRAMER/CRAMER
Anwaltshandbuch Strafrecht, 2002

DEBATIN/WASSERMEYER
DBA, (Dez. 2002)

DAHS
Handbuch des Strafverteidigers, 7. Aufl., 2005

DAHS
Taschenbuch des Strafverteidigers, 4. Aufl., 1990

DORSCH
Zollrecht (Nov. 2004)

DUMKE/MARX
Steuerstrafrecht Hamburger Kompendium 1990

EHLERS/LOHMEYER
Steuerstraf- und Steuerordnungswidrigkeitenrecht, 5. Aufl., 1982

EICH
Die tatsächliche Verständigung in Steuerverfahren und Steuerstrafverfahren, 1992

ERBS/KOHLHAAS
Strafrechtliche Nebengesetze, Loseblattwerk

FELIX (Hrsg.)
Steuerkontrolle Folge 1, 1982, mit Beiträgen von Korn, Rainer, Rüping, Streck und Felix

FLÄMIG
Steuerprotest und Steuerberatung, 1979

FLORE/DÖRN/GILLMEISTER
Steuerfahndung und Steuerstrafverfahren, 3. Aufl., 2002

FRANZEN/GAST/JOECKS
Steuerstrafrecht, 6. Aufl., 2004

FREES
Die steuerrechtliche Selbstanzeige, 1991

GEHRE
StBerG, 5. Aufl., 2005

GELLERT
Zollkodex und Abgabenordnung, 2003

GÖGGERLE/MÜLLER
Fallkommentar zum Steuerstraf- und Steuerordnungswidrigkeitenrecht, 2. Aufl., 1987

GÖHLER
Gesetz über Ordnungswidrigkeiten, 14. Aufl., 2006

GOETZELER
Die rationalen Grundlagen des Steuerstrafrechts, 1934

GRETSCHMANN/HEINZE/METTELSIEFEN
Schattenwirtschaft, 1984

GRÖTSCH
Persönliche Reichweite der Sperrwirkung im Rahmen des § 371 Abs. 2 AO unter besonderer Berücksichtigung von Personen- und Kapitalgesellschaften, Diss. Hamburg 2003

Literaturverzeichnis

GRÜTZNER/PÖTZ
Internationaler Rechtshilfeverkehr in Strafsachen, 2. Aufl., 1998

HAMM
Zur Grundlegung und Geschichte der Steuermoral, 1908

HARDTKE
Steuerhinterziehung durch verdeckte Gewinnausschüttung, 1995

HARINGS
Grenzüberschreitende Zusammenarbeit der Polizei- und Zollverwaltungen und Rechtsschutz in Deutschland, 1998

HARTUNG
Das Steuerstrafrecht, 3. Aufl., 1963

HARTZ/MEESSEN/WOLF
ABC Führer Lohnsteuer, Loseblattwerk (Jan. 2003)

HELLMANN
Das Neben-Strafverfahrensrecht der Abgabenordnung, 1995

HENNEBERG
Entscheidungen zum Recht der Steuerverfehlungen, 2. Aufl., Loseblattwerk, nicht fortgesetzt

HERRMANN/HEUER/RAUPACH
Einkommensteuer- und Körperschaftsteuergesetz, Kommentar, Loseblattwerk

HOFFSCHMIDT
Über die Rechtfertigung der strafbefreienden Selbstanzeige (§ 371 AO), Diss. Bielefeld 1988

HOLTFORT (Hrsg.)
Strafverteidiger oder Interessenvertreter – Berufsbild und Tätigkeitsbild, 1979

HÜBSCHMANN/HEPP/SPITALER
Abgabenordnung – Finanzgerichtsordnung, Kommentar, Loseblattwerk

ISENSEE
Die typisierende Verwaltung, 1976

JOECKS
Praxis des Steuerstrafrechts, 1997

Literaturverzeichnis

JOECKS/RANDT
Steueramnestie 2004/2005, 2004

KARLSRUHER KOMMENTAR
Strafprozessordnung, 5. Aufl., 2003

KASSELER KOMMENTAR
SGB (Mrz. 2004)

KASPERS
Vom Sachsenspiegel zum Code Napoléon, 1978

KIRCHHOF
EStG Kompaktkommentar, 4. Aufl., 2004

KLEIN-FS
Klein (Hrsg.), Festschrift zu seinem 60. Geburtstag, 1994

KLEIN
AO, 8. Aufl., 2003

KMR
Müller/Sax/Paulus, Kommentar zur StPO, Loseblattwerk

KNAPP
Der Verteidiger – Ein Organ der Rechtspflege?, 1974

KOCH/SCHOLTZ
Abgabenordnung, 5. Aufl., 1996

KOHLMANN
Steuerstraf- und Steuerordnungswidrigkeitenrecht einschließlich Verfahrensrecht, Loseblattwerk

KOHLMANN (Hrsg.)
Strafverfolgung und Strafverteidigung im Steuerstrafrecht, 1983 (wissenschaftliche Beiträge zum Steuerstrafrecht; Tagung der Deutschen Steuerjuristischen Gesellschaft 1982 in Düsseldorf)

KOHLMANN-FS
Hirsch/Wolter/Brauns (Hrsg.), Festschrift für Günter Kohlmann zum 70. Geburtstag, 2003

KOPACEK
Steuerstraf- und Bußgeldfreiheit, 2. Aufl., 1970

KOTTKE
Schwarzgeld – was tun? 2. Aufl., 1989

Literaturverzeichnis

KOTTKE
Steuerersparung Steuerumgehung Steuerhinterziehung, 9. Aufl., 1991

KREKELER/TIEDEMANN/ULSENHEIMER/WEINMANN (Hrsg.)
Handwörterbuch des Wirtschafts- und Steuerstrafrechts (nicht fortgeführt)

KRESS
Motive für die Begehung von Steuerhinterziehung, Diss. Köln 1983

KUHN/WEIGELL
Steuerstrafrecht, 2005

KÜHN/VON WEDELSTÄDT
Abgabenordnung, 18. Aufl., 2004

KÜTTNER
Personalhandbuch, 8. Aufl., 2001

LAMMERDING/HACKENBROCH
Steuerstrafrecht, 8. Aufl., 2004

LACKNER/KÜHL
StGB, 25. Aufl., 2004

LANGE
Strafrechtsreform, 1972

LESKE
Das Vorgehen der Steuerfahndung und was man dagegen tun kann, 1985

LIST
Die Selbstanzeige im Steuerstrafrecht, 2. Aufl., 1963

LÖFFLER
Grund und Grenzen der steuerstrafrechtlichen Selbstanzeige, Diss. Kiel 1992

LÖWE/ROSENBERG
Strafprozessordnung und Gerichtsverfassungsgesetz, 24. Aufl., 1984 ff. u. 25. Aufl. 1999 ff.

LÖWE-KRAHL
Steuerhinterziehung bei Bankgeschäften, 2. Aufl., 2000

LOHMEYER
Praxis der Steuerfahndung, 1985

MARIENHAGEN
Die Einlassung der Verteidiger im Steuerstrafverfahren, Diss. Kiel 1986

MEISEL
Das Strafrecht der Reichsabgabenordnung, sein Prinzip und seine Technik, 1920

MEYER
Steuerfahndung, 1952

MEYER-GOSSNER
Strafprozessordnung, Kommentar mit Nebengesetzen, 48. Aufl., 2005

MIDDENDORF
Amtshaftung und Gemeinschaftsrecht, Diss. Karlsruhe 2001

MÖNCH
Steuerkriminalität und Sanktionswahrscheinlichkeit, 1978

MÖSBAUER
Steuerstraf- und Steuerordnungswidrigkeitenrecht, 1988

MÜLLER
Rechtsstaat und Strafverfahren, 1980

MÜLLER/WABNITZ/JANOVSKY
Wirtschaftskriminalität, 4. Aufl., 1997

MUTZE
StB-/StBv.-Handbuch, Die Praxis der gesamten Steuerberatung, Loseblattwerk

NAGEL
Beweisaufnahme im Ausland, 1988

NELLES
Kompetenzen und Ausnahmekompetenzen in der Strafprozessordnung, Diss. Münster, 1979

NEUNER/HENZL/NEUNER
Verteidiger-Handbuch zum finanzbehördlichen Strafverfahren, 1989 (Österreich betreffend)

OLGEMÖLLER
Zollkodex und AO-Haftungsrecht, Diss. Osnabrück 2001

PANFLER
Die Steuerhinterziehung, 1983

Literaturverzeichnis

PARK
Handbuch Durchsuchung und Beschlagnahme, 2002

PERES
Die Steuerhinterziehung im Spiegel der Rechtsprechung, 1963

PETERS-FS
Baumann/Tiedemann (Hrsg.), Festschrift für Karl Peters zum 70. Geburtstag, Einheit und Vielfalt des Strafrechts, 1984

PFAFF
Kommentar zur steuerlichen Selbstanzeige, 1977

PFAFF
Steuerzuwiderhandlungen und Wirtschaftskriminalität, 1979

PFEIFFER
Strafprozessordnung, 5. Aufl., 2005

PUVIANI
Die Illusion in der öffentlichen Finanzwirtschaft, 1903; dt. Übersetzung aus dem Italienischen, 1960

QUEDENFELD/FÜLLSACK
Verteidigung in Steuerstrafsachen, 3. Aufl., 2005

RANDT
Der Steuerfahndungsfall, 2004

REISS
Besteuerungsverfahren und Strafverfahren, 1987

RENGIER
Das Zeugnisverweigerungsrecht im geltenden und künftigen Strafverfahrensrecht, 1979

ROGALL
Der Beschuldigte als Beweismittel gegen sich selbst, 1977

ROLLETSCHKE/KEMPER
Steuerverfehlungen, Kommentar zum Steuerstrafrecht, Loseblatt, vormals Dietz/Kratz/Rolletschke bzw. Leise/Dietz/Kratz

ROXIN
Strafverfahrensrecht, 22. Aufl., 1991

RUDOLPHI/HORN/GÜNTHER
Systematischer Kommentar zur StPO und zum GVG, Loseblattwerk

RÜPING
Beweisverbote als Schranken der Aufklärung im Steuerrecht, 1981

RÜPING
Steuerfahndungsergebnisse und ihre Verwertbarkeit, 1981

RÜPING
Das Strafverfahren, 2. Aufl., 1983

RÜSTER
Der Steuerpflichtige im Grenzbereich zwischen Besteuerungsverfahren und Strafverfahren, 1989

SCHÄTZLER/KUNZ
Gesetz über die Entschädigung für Strafverfolgungsmaßnahmen (StrEG), 3. Aufl., 2003

SCHAIRER
Der befangene Staatsanwalt, 1983

SCHEDEL
Ausschließung und Ablehnung des befangenen oder befangen scheinenden Staatsanwalts, Diss. Würzburg, 1984

SCHELLER
Ermächtigungsgrundlagen für die Internationale Rechts- und Amtshilfe zur Verbrechensbekämpfung, 1997

SCHICK
Vergleiche und sonstige Vereinbarungen zwischen Staat und Bürger, 1967

SCHINDHELM
Das Kompensationsverbot im Delikt der Steuerhinterziehung, 2004

SCHLÜCHTER
Das Strafverfahren, 2. Aufl., 1983

SCHMIDT, Ludwig
Kommentar zum EStG, 25. Aufl., 2006

SCHMIDT
Lehrkommentar zur StPO/GVG, 1953 ff.

SCHMITZ/TILLMANN
Das Steuerstrafverfahren, 1983

Literaturverzeichnis

SCHMÖLDERS
Finanzpsychologie und Steuerpsychologie, HwStR, 2. Aufl., 1981

SCHMÖLDERS/HANSMEYER
Allgemeine Steuerlehre, 5. Aufl., 1980

SCHMÖLDERS/STRÜMPEL
Vergleichende Finanzpsychologie – Besteuerung und Steuermentalität
in einigen europäischen Ländern, 1968

SCHÖNKE/SCHRÖDER
Strafgesetzbuch, 26. Aufl., 2001

SCHOMBURG/LAGODNY
Internationale Rechtshilfe in Strafsachen, 3. Auflage, 1998

SCHORN
Der Strafverteidiger, 1966

SCHREIBER
Die Beschlagnahme von Unterlagen beim Steuerberater, 1993

SCHRÖDER/MUUSS
Handbuch der steuerlichen Betriebsprüfung (HBP), Loseblattwerk

SCHWARZ
Abgabenordnung, Kommentar, Loseblattwerk, (Aug. 2001)

SCHWARZ/WOCKENFOTH
Zollrecht, (Aug. 1996)

SDRENKA
Wenn die Steuerfahndung kommt ..., o.J.

SECKEL
Die Steuerhinterziehung (§ 370 AO 1977), 1978

SEE/SCHENK
Wirtschaftsverbrechen, 1992

SIMON/VOGELBERG
Steuerstrafrecht, 2000

SÖHN
Die Abgrenzung der Betriebs- oder Berufssphäre von der Privatsphäre
im Einkommensteuerrecht, 1980

XLVIII

SOMMER (Hrsg.)
Steuerrecht Gesellschaftsrecht Berufsrecht, FS der Berufsakademie
Villingen Schwenningen, 1995

SPATSCHECK
Steuern im Internet, 2000

SPATSCHECK
„Steuerstrafrecht" in Steuerberater-Handbuch 2006

SPATSCHECK
„Steuerstrafrechtliche Verantwortung des Steuerberaters" in Steuerberater-Handbuch 2006

SPÖRLEIN
Der Steuerzahler und das Steuerstrafrecht, 1979

STAHL
Selbstanzeige und strafbefreiende Erklärung, 2. Aufl., 2004

STRECK
Die Aussenprüfung, 2. Aufl., 1993

STRECK (Hrsg.)
Steuerkontrolle 2, 1984, mit Beiträgen von Felix, Korn, Rainer, Rüping
und Streck (s. Felix [Hrsg.])

STRECK
Der Steuerstreit, 2. Aufl. 1994 mit Nachtrag Nov. 1995

STRECK (Hrsg.)
Beraterkommentar zur Steueramnestie, 2004

STRÜMPEL
Steuermoral und Steuerwiderstand der deutschen Selbständigen, 1966

STRÜMPEL
Steuersystem und wirtschaftliche Entwicklung, 1968

SUHR/NAUMANN
Steuerstrafrecht, Kommentar, 3. Aufl., 1977

SUHR/NAUMANN/BILSDORFER
Steuerstrafrecht-Kommentar, 4. Aufl., 1986

TERSTEEGEN
Steuer-Strafrecht, 1956

Literaturverzeichnis

TIPKE
Die Steuerrechtsordnung, Band 1–3 1. Aufl. 1993, Bd. 1 2. Aufl. 2000, Bd. 2 2. Aufl. 2003

TIPKE
Steuerliche Betriebsprüfung im Rechtsstaat, 1968

TIPKE-FS
Lang (Hrsg.), Festschrift für Klaus Tipke zum 70. Geburtstag, Die Steuerrechtsordnung in der Diskussion, 1995

TIPKE/KRUSE
Abgabenordnung/Finanzgerichtsordnung, Loseblattwerk

TIPKE/LANG
Steuerrecht, 18. Aufl., 2005

TRETTER
Die Steuermentalität, 1974

TROEGER/MEYER
Steuerstrafrecht, 3. Aufl., 1957

TRÖNDLE/FISCHER
Strafgesetzbuch und Nebengesetze, 53. Aufl., 2006

VOGEL
DBA, 3. Aufl., 1996

WABNITZ/JANOVSKY
Handbuch des Wirtschafts- und Steuerstrafrechts, 2.Aufl., 2004

WALLIS-FS
Klein/Vogel, Festschrift für Hugo von Wallis zum 75. Geburtstag, Der BFH und seine Rechnungslegung. Grundfragen – Grundlagen, 1985

WANNEMACHER
Steuerberater und Mandant in Steuerstrafverfahren, 5. Aufl., 2004

WITTE
Zollkodex, 3. Aufl., 2002

WENDEBORN
Das Recht der Steuerfahndung gemäß §§ 208, 404 AO, 1989

WEYAND
Insolvenzdelikte, 5. Aufl., 2001

ZYBON
Wirtschaftskriminalität als gesamtwirtschaftliches Problem, 1972

L

Erster Teil

Grundlagen und Grundregeln der Steuerfahndung und Verteidigung

A. Die Steuerfahndung

I. Zweck, Befugnisse und Machtkonzentration

1. Zweck und Doppelfunktion

Steuerfahndung ist **Steuereintreibung** und **Steuerstrafverfolgung** 1
unter massivem Einsatz der hoheitlichen Möglichkeiten des Staats.
Fiskal- und Strafzweck verbinden sich, um sich in höchstmöglicher
Konzentration und Rigorosität gegen einen Bürger zu wenden, der im
Verdacht steht, dem Staat Steuern vorzuenthalten. Die hier erlaubte
hoheitliche Gewalt wird nur noch im Bereich der Wehrhoheit übertrof-
fen[1].

Der **doppelte Zweck** macht die Fahndung zu einem janusköpfigen 2
Gebilde. Sie ist **Fiskalbehörde** und unterliegt der **AO**. Sie ist **Strafverfolgungsbehörde**; insoweit gilt die **StPO**. Sowohl der Gesetzgeber[2] als
auch Rechtsprechung[3], Finanzverwaltung[4] und herrschende Literatur[5]
begreifen die Steuerfahndung als historisch gewachsene[6] klassische
Institution mit Doppelfunktion[7].

AO und StPO sind die Normensysteme mit den wesentlichen **Eingriffs-** 3
möglichkeiten des Staats. Sind sie einer einzigen Dienststelle in die
Hand gegeben, kumuliert sich die **Eingriffsmacht**. Diese Machtkon-

---

1 Vgl. Dahs – 5. Aufl. 1983 – Anm. 1.
2 Vgl. BT-Drucks. 7/4292 zu § 208 AO.
3 BFH zB BFH VII B 277/00 vom 6. 2. 2001, BStBl. 2001 II, 306 u. VII B 11/00
vom 15. 6. 2001, BStBl. 2001 II, 624; ständige Rspr.
4 FinVerw., AnwErl. AO, Zu § 208; AStBV (St) 2004 Nr. 143 ff.
5 Rüsken in Klein, § 208, Rz. 1 ff.; Seer in Tipke/Kruse, § 208 Rz. 15 (Mrz. 2004).
6 Schick in Hübschmann/Hepp/Spitaler, § 208 Rz. 11 ff. (Nov. 1992).
7 Zur entsprechenden Rechtslage **vor Inkrafttreten** der **AO 1977** s. auch
BVerfG 2 BvR 106/63 vom 15. 5. 1963, BVerfGE 16, 125; BFH IV 346/60 U vom
2. 8. 1962, BStBl. 1963 III, 49; s. weiter die Schrift von Heinz Meyer, Steuerfahndung, 1952; Wolter, Inf. 1975, 397, 407; Jakob, StuW 1971, 297; 1972,
115. Zur **geschichtlichen Entwicklung** s.die Hinweise bei Seer in Tipke/
Kruse, § 208 Rz. 1 (Mrz. 2004); Schick, JZ 1982, 125; Sauer, DStZ 1988, 339;
Wendeborn, 11 ff. Zur Kritik s. Tz. 50 ff.

zentration erfordert, dass die Steuerfahndung die in beiden Ordnungen normierten Rechte mit der Maßgabe beachtet, dass jeweils das stärkere Recht des Bürgers vorgeht[1]; sie muss mit doppelter Vorsicht handeln. Allerdings ist dies bereits rechtlich nicht gesichert (vgl. Tz. 15). Darüber hinaus lehrt die Praxis, dass die Steuerfahndung eher dazu neigt, aus beiden Rechten im Sinn einer eigenen „Meistbegünstigung"[2] die jeweils im Einzelfall wirksamsten Eingriffsmöglichkeiten abzuleiten. Unter anderem aufgrund dieser Gefahr wird der Steuerfahndung von SCHICK und HELLMANN[3] grundsätzlich die Möglichkeit bestritten, in der Doppelfunktion, hier insbesondere als Besteuerungsorgan, tätig zu werden.

4 Nur das Gesetz ist Rechtsgrundlage für den schwerwiegenden Eingriff der Steuerfahndung. Die „**Anweisungen für das Straf- und Bußgeldverfahren (Steuer)**"[4] geben keine eigene Rechtsgrundlage. Sie erläutern das Gesetz. Die Befugnis zu solchen Anweisungen wird bezweifelt[5]. Die ersten Entwürfe haben heftige Kritik ausgelöst[6]. Die Anweisungen wiederholen im Wesentlichen das Gesetz. Ihre Auswirkung in der Tagesarbeit ist gering.

2. Die Aufgaben nach § 208 AO

5 Im Gesetz sind die weitgreifenden **Aufgaben** der Steuerfahndung in **§ 208 AO** festgelegt[7]:

Die Steuerfahndung erforscht **Steuerstraftaten** und **Steuerordnungswidrigkeiten** (§ 208 Abs. 1 Nr. 1 AO). Steuerstraftaten sind Taten, die nach den Steuergesetzen strafbar sind (§ 369 Abs. 1 Nr. 1 AO); dies ist insbesondere die Steuerhinterziehung (§ 370 AO). Weiter ist der Bannbruch (§ 372 AO) Steuerstraftat (§ 369 Abs. 1 Nr. 2 AO). Bannbruch ist

---

1 Vgl. zB JAKOB, StuW 1971, 297, 306; RÜPING, Steuerfahndungsergebnisse, 19.
2 JAKOB, StuW 1971, 306.
3 S. Tz. 15.
4 AStBV (St) 2004 vom 18. 12. 2003, BStBl. 2003 I, 654.
5 HELLMANN, wistra 1994, 13.
6 Vgl. aus der Diskussion (mit unterschiedlichen Wertungen): STRECK, StV 1982, 244; Deutscher Steuerberaterverband, Stbg. 1982, 215; MEYER/MEYER, Stbg. 1982, 106; ZELLER, DStZ 1982, 243, 293; DERS., DB 1982, 2658; FELIX/STRECK, wistra 1982, 161; BLUMERS, DB 1982, 1642, und DB 1983, 633; HAMACHER, DStZ 1982, 494; VON FÜRSTENBERG, DStR 1985, 455, 507; PFAFF, StBp. 1985, 271.
7 Zur **Grundsatzkritik** an **§ 208 AO** mit einem „Plädoyer für dessen ersatzlose Streichung" s. HELLMANN, insb. 323 ff.

ein Zollvergehen, das hier nicht weiter dargestellt wird. Steuerstraftat ist die Wertzeichenfälschung, soweit die Tat Steuerzeichen betrifft (§ 369 Abs. 1 Nr. 3 AO). Steuerstraftat ist schließlich die **Begünstigung** einer Person, die eine der genannten Steuerstraftaten begangen hat (§ 369 Abs. 1 Nr. 4 AO). Begünstigung (§ 257 StGB) liegt vor, wenn jemand dem Täter hilft, die aus der Tat gezogenen Vorteile zu sichern. Die sog. Strafvereitelung (persönliche Begünstigung) ist keine Steuerstraftat[1]. Steuerordnungswidrigkeiten sind alle Zuwiderhandlungen, die nach den Steuergesetzen mit einer Geldbuße geahndet werden (§ 377 AO), insbesondere die leichtfertige Steuerverkürzung des § 378 AO.

Aufgabe der Steuerfahndung ist auch die Verfolgung der „**gewerbsmäßigen** und **bandenmäßigen Steuerhinterziehung**" (§ 370a AO). Die Hochstufung der Steuerhinterziehung des § 370 AO – Vergehen – zum Verbrechen durch § 370a AO hat noch nicht im Einzelnen abschätzbare Folgen. Der BGH hat judiziert, dass er die Vorschrift für verfassungswidrig hält[2]. Der Gesetzgeber soll sich einer Reform angenommen haben; Konkretes ist noch nicht bekannt. 6

Durch besondere **gesetzliche Normierungen** können für andere Delikte die Vorschriften über die Verfolgung von Steuerstraftaten zur Anwendung gelangen[3]. So bestimmt dies zB § 18 InvZulG 1999 für den Subventionsbetrug (§ 264 StGB), der sich auf Investitionszulagen bezieht; weitere gesetzliche Ausdehnung der Aufgaben der Steuerfahndung: § 29a BerlFG, § 8 Abs. 2 WoPG, § 14 Abs. 3 VermBG, § 5a BergPG, §§ 160–164 StBerG[4]. 7

Aufgabe der Steuerfahndung ist es weiterhin, die **Besteuerungsgrundlagen** in den Fällen zu ermitteln, bei denen es um die Erforschung einer Steuerstraftat oder Steuerordnungswidrigkeit geht (§ 208 Abs. 1 Nr. 2 AO): Nach Ansicht des BFH[5] kann die Steuerfahndung die Besteuerungsgrundlagen nach dieser Vorschrift auch dann ermitteln, 8

1 AStBV (St) 2004 Nr. 13; KOHLMANN, § 369 Rz. 18 (Nov. 1999).
2 Tz. 1016.
3 Vgl. AStBV (St) 2004 Nr. 13, 14.
4 Nicht hierzu zählt die Verfolgung der **Verletzung** des **Steuergeheimnisses** (§ 355 StGB); KOHLMANN, § 369 Rz. 12 (Nov. 1999). Problematisch ist der Einsatz der Steuerfahndung bei der Ermittlung von **Nicht-Steuerstraftaten**; dazu BGH 5 StR 238-239/89 vom 24. 10. 1989, wistra 1990, 59; PÜTZ, wistra 1990, 212; krit. RÜPING, StVj 1991, 322, 324.
5 BFH VII B 45/97 vom 16. 12. 1997, BStBl. 1998 II, 231, VII B 11/00 vom 15. 6. 2001, BStBl. 2001 II, 625.

wenn bezüglich der Steuerstraftaten selbst Strafverfolgungsverjährung eingetreten ist, § 208 Abs. 1 Nr. 1 AO, die Ermittlungen also nicht mehr rechtfertigen kann.

9 **§ 208 Abs. 1 Nr. 1 und 2 AO** – Ermittlung von Steuerstraftaten und ihren Besteuerungsgrundlagen – begründen das **zentrale Aufgabenfeld** der Steuerfahndung. Ob beide Funktionen trennbar oder als notwendige Einheit zu begreifen sind, ist streitig. Auf die Ansicht von SCHICK und HELLMANN (Tz. 15) und die Rechtsweg-Rechtsprechung des BFH (Tz. 940 ff.) sei hier hingewiesen.

10 Nach § 208 Abs. 1 Nr. 3 AO schließlich hat die Steuerfahndung die Aufgabe, **unbekannte Steuerfälle** aufzudecken und zu ermitteln[1].

11 **Beispiele:**

Ermittlungen bei Chiffre-Anzeigen; s. Tz. 708 f.

Oder bei Kreditinstituten; s. Tz. 607 ff.

Oder bei Zahnärzten wegen Goldgeschäften.

Oder über die Herkunft von Segel- und Motoryachten.

Oder über Incentive-Leistungen an Kunden.

12 Die Fahndung kann auf **Ersuchen anderer Finanzbehörden** Ermittlungen anstellen (§ 208 Abs. 2 Nr. 1 AO). So kann die Fahndung auf Ersuchen eines Finanzamts eine **Außenprüfung** durchführen. In diesem Fall gelten für sie sodann alle Regeln einer Außenprüfung[2].

13 **Wertet** man die verschiedenen **Aufgabenbereiche**, so steht die Aufgabenerfüllung nach § 208 Abs. 1 Nr. 1 und 2 AO, Tz. 5 und 8, eindeutig im Mittelpunkt der Fahndungspraxis. Ermittlungen nach § 208 Abs. 1 Nr. 3 AO, Tz. 10, dh. Ermittlungen ohne die Einleitung eines Strafverfahrens, sind Einzelfälle; allerdings muss hier insofern eine Ausnahme gemacht werden, als in den sog. Bankenfällen (Tz. 644 ff.) die Steuerfahndung häufig die Ermittlungen unter der Überschrift des § 208 Abs. 1 Nr. 3 AO begonnen hat, um den Betroffenen die Möglichkeit

---

1 Dazu SEER in Tipke/Kruse, § 208 Rz. 26 ff. (Mrz. 204).
2 SEER in Tipke/Kruse, § 208 Rz. 37 (Mrz. 2004); FG Hamburg VI 109/80 vom 21. 11. 1980, EFG 1981, 325. S. hierzu auch Tz. 531 ff. – Treffend bemerkt TIPKE, Steuerliche Betriebsprüfung im Rechtsstaat, 1968, 86: „Es besteht indessen immer die Gefahr, dass der Blick der Fahndungsbeamten primär auf das Deliktische gerichtet ist, nicht auf den Auftrag, auch zugunsten des Stpfl. zu prüfen. Schon deshalb sollten Fahndungsbeamte nicht als Betriebsprüfer eingesetzt werden." Ähnlich auch RÜSKEN in Klein, § 208 Rz. 50 ff.

der Selbstanzeige zu belassen. Die Möglichkeit, den Fahndungsein-
griff wegen Nichtvorliegens der Voraussetzungen des § 208 Abs. 1
Nr. 3 AO anzugreifen, ist im Übrigen eine für den Extremfall denkbare
Möglichkeit, nicht jedoch der Regelfall der Beratungspraxis[1].

Der **Ermittlungszeitraum** wird durch die steuerliche und strafrechtli-   14
che Verjährung bestimmt (dazu auch Tz. 1175 ff.). Der Ablauf der strafrechtlichen Verjährung hindert nicht Ermittlungen nach § 208 Abs. 1
Nr. 2 AO (s. Tz. 8). Zur Problematik zeitlich unterschiedlicher Verjäh-
rungszeitpunkte s. Tz. 945.

Kritik zu § 208 AO: SCHICK[2] lehnt die Rechtmäßigkeit und Rechtswirk-   15
samkeit der Aufgabenzuweisung in § 208 AO ab. Die Verbindung
steuerlicher und strafrechtlicher Funktionen sei unzulässig. Soweit
§ 208 AO der Steuerfahndung steuerrechtliche Aufgaben zuteile, sei
die Vorschrift ohne Rechtswirksamkeit. Die Steuerfahndung sei ausschließlich eine Strafverfolgungsbehörde mit Strafverfolgungsaufga-
ben. Das Finanzamt könne sich der Ergebnisse der Steuerfahndung
nur als „Abfallprodukte"[3] bedienen. Ähnlich auch HELLMANN[4]: § 208
Abs. 1 AO räume der Steuerfahndung keine steuerverfahrensrechtli-
chen Befugnisse ein; sie könne nur steuerstrafrechtlich ermitteln. Diese
radikalen Betrachtungsweisen mögen steuerpolitisch zu bejahen sein[5],
sind jedoch mit dem geltenden Recht, insbesondere dem Wortlaut des
§ 208 AO nicht vereinbar[6]. Steuer- und Strafverfahren lassen sich
durch Rechtsregeln verknüpfen, die die Funktionszuweisung in § 208
AO ermöglichen[7].

---

1 Vgl. hierzu SEER in Tipke/Kruse, § 208 Rz. 30, 31 (März 2004), WENDEBORN,
  66 ff.; HELLMANN, 245 ff.; die hier geforderte **rechtsstaatliche Filigranarbeit** ist
  bei der Steuerfahndung nicht zu Hause. Zur Kritik s. weiter KÜFFNER, DStR
  1979, 243; RÜPING, DStZ 1980, 180 f.; KÜHNEL, DStZ 1981, 95; HENNEBERG, BB
  1986, 921.
2 In HÜBSCHMANN/HEPP/SPITALER, § 208 Rz. 54 ff. (Nov. 1992); DERS., JZ 1982,
  125.
3 AaO, § 208 Rz. 100 (Nov. 1992).
4 HELLMANN, 197 ff.
5 So auch KOHLMANN, FS Tipke 1995, 492.
6 Abgelehnt auch vom BFH I B 28/86 vom 29. 10. 1986, BStBl. 1987 II, 440.
7 Vgl. im Einzelnen unten Tz. 23 ff. und STRECK in Kohlmann (Hrsg.), 245 ff.

3. Die Aufgaben nach § 404 AO

16 Nach § 404 AO hat die Steuerfahndung – neben den steuerlichen Aufgaben – die Funktion, steuerstrafrechtliche **Polizei** zu sein; die Beamten der Steuerfahndung sind insoweit **Ermittlungspersonen** (bis 2004 Hilfsbeamte) der **Staatsanwaltschaft**.

4. Die Befugnisse im Steuerverfahren

17 Die Steuerfahndung verfügt über die **Ermittlungsrechte** des **Finanzamts**, dh. über die rechtlichen Möglichkeiten, die insoweit die AO einräumt (§ 208 Abs. 1 S. 2 AO). Die Ermittlungsrechte der Steuerfahndung sind darüber hinaus stärker als diejenigen des Finanzamts (vgl. § 208 Abs. 1 AO): Sie hat das uneingeschränkte Recht auf Auskünfte Dritter und des Betroffenen; unter Aufhebung des § 93 Abs. 1 S. 3 AO ist die Fahndung nicht verpflichtet, sich zuerst an den Betroffenen selbst zu halten (§ 208 Abs. 1 S. 3 AO); die Dritten haben kein Recht auf schriftliches Auskunftsersuchen (§ 208 Abs. 1 S. 3 AO iVm. § 93 Abs. 2 S. 2 AO). Ebenfalls sind zugunsten der Steuerfahndung die Einschränkungen der Abs. 2 und 3 des § 97 AO bei der Vorlage und Prüfung von Urkunden aufgehoben (§ 208 Abs. 1 S. 3 AO).

5. Die Befugnisse im Steuerstrafverfahren

18 Als Ermittlungsperson der Staatsanwaltschaft verfügt die Steuerfahndung über die **Machtmittel** der **Strafprozessordnung**, soweit der Polizei und den Ermittlungspersonen dort Rechte eingeräumt sind. Sie hat insbesondere das **Recht** des **ersten Zugriffs**. Bei Gefahr im Verzug kann sie beschlagnahmen, Häuser und Wohnungen durchsuchen, Verhaftungen vornehmen (§§ 404, 399 AO). Das Gebot vorherigen rechtlichen Gehörs wird beiseite geschoben (vgl. § 33 Abs. 4 StPO). Ebenfalls ist die vorherige richterliche Kontrolle in diesen Fällen nicht zwingend[1]. Die Steuerfahndung hat **nicht** die Befugnisse der **Staatsanwaltschaft**, insbesondere kann sie keine Strafverfahren einstellen.

19 Der Satz des § 208 Abs. 1 AO, die Steuerfahndung habe die **Ermittlungsbefugnis der Finanzämter**, hat zu einem **Disput** geführt, der die Ausweitung der Rechte der Steuerfahndung zum Gegenstand hat.

---

1 Bei **Gefahr im Verzug** bedarf es keines richterlichen Durchsuchungsbefehls; das Gleiche gilt für die Beschlagnahme (§§ 98, 105 StPO) und die Verhaftung (§ 127 StPO); s. Tz. 315, 354, 474.

KÜSTER[1] folgert aus dieser Vorschrift, dass der Steuerfahndung auch die Ermittlungsbefugnisse der Bußgeld- und Strafsachenstellen und damit staatsanwaltliche Ermittlungsbefugnisse gegeben seien. Wichtige Auswirkung: Die Steuerfahndung kann selbständig Durchsuchungs- und Beschlagnahmebeschlüsse beantragen. Beschuldigte und Zeugen müssen bei der Steuerfahndung erscheinen. Diese Ansicht hat sich nicht durchgesetzt. S. auch Tz. 316.

6. Die örtliche Zuständigkeit

Da die Steuerfahndung nach hM keine Behörde, sondern „Dienststelle" ist[2], bestimmt sich ihre Zuständigkeit nach der **Zuständigkeit** der **Behörde**, der sie **zugeordnet** ist. In Anwendung des § 17 Abs. 2 FVG kann einmal die Zuständigkeit auf die Bereiche mehrerer Finanzämter ausgedehnt werden; im Wege eines internen Organisationsakts kann aber auch die Zuständigkeit eingeschränkt werden.   20

Die örtliche Zuständigkeit ist zu trennen von der Frage, **wo** die **Steuerfahndung tätig** werden darf. Die Steuerfahndung kann ihren Aufgaben in der Bundesrepublik ohne räumliche Beschränkung nachgehen. Dies ist für das Bundesland, dem sie angehört, unstreitig[3], für die Aufgabenerfüllung in anderen Bundesländern zwar die herrschende Übung, aber zumindest problematisch[4].   21

Im **Ausland** darf die Steuerfahndung nicht tätig werden; vgl. Tz. 765 ff.   22

II. Die Steuerfahndung zwischen Steuerverfahrens- und Strafverfolgungsrecht

1. Problem der Wahl und des Wechsels des Verfahrens

Besteuerungs- und **Strafverfahren** geben der Steuerfahndung **unterschiedliche Eingriffsrechte** und dem Betroffenen unterschiedliche **Abwehrrechte**. Das Strafverfahren kennt die Durchsuchung und die Be-   23

---

1 BB 1980, 1371; DERS. in Kohlmann (Hrsg.), 262 ff.; glA LG Hamburg 38 Qs 3/81 vom 17. 3. 1981, LG München 28 Qs 9/81 vom 30. 6. 1981, zitiert nach KÜSTER in Kohlmann (Hrsg.), aaO.
2 Vgl. Tz. 34.
3 BFH IV 346/60 U vom 2. 8. 1962, BStBl. 1963 III, 49.
4 Keine landesgrenzliche Beschränkung: LG Göttingen 11 Qs 572 – 576/81, 3/82, StV 1982, 364; vgl. im Übrigen RÜSKEN in Klein, § 208 Rz. 60 ff.; SEER in Tipke/Kruse, § 208 Rz. 40 f. (Mrz. 2004).

Wahl und Wechsel des Verfahrens

schlagnahme. Das Steuerverfahren kennt kein ausdrücklich normiertes Aussageverweigerungsrecht des Beschuldigten. Will man der Steuerfahndung nicht erlauben, sich willkürlich je nach der Situation die ihr günstigsten Rechte auszuwählen, müssen Rechtsregeln für das Verhältnis von Steuer- und Strafverfahren entwickelt werden[1]. Eines solchen Rechts bedarf es nicht, wenn der Steuerfahndung grundsätzlich die Fähigkeit bestritten wird, in beiden Verfahren zu handeln, wenn sie als reines Strafverfolgungsorgan angesehen wird[2].

2. Gesetz und herrschende Rechtsansicht

24 Das allgemeine Verhältnis von Steuer- und Steuerstrafverfahren ist im **Gesetz** in § 393 Abs. 1 AO stiefmütterlich geregelt. § 393 Abs. 1 AO gilt auch für die Steuerfahndung[3]. § 393 Abs. 1 S. 1 AO bestimmt: „Die Rechte und Pflichten der Steuerpflichtigen und der Finanzbehörde im Besteuerungsverfahren und im Strafverfahren richten sich nach den für das jeweilige Verfahren geltenden Vorschriften." Der Satz ist nichts sagend. Mit dem Verhältnis befassen sich jedoch die Sätze 2–4 des § 393 Abs. 1 AO. Nach S. 2 sind Zwangsmittel im Besteuerungsverfahren unzulässig, wenn sich der Stpfl. durch die geforderte Aussage selbst belasten würde. Dies gilt stets, wenn ein Steuerstrafverfahren eingeleitet worden ist (S. 3). Soweit Anlass besteht, ist der Stpfl. über die Rechtslage zu belehren (S. 4).

25 Die **selbstverständliche Feststellung** des § 393 Abs. 1 S. 1 AO nimmt man in Rechtsprechung und Lehre bereits als Bestimmung des Verhältnisses beider Verfahrensordnungen zueinander hin[4]. Die Erkenntnis, dass StPO und AO gelten, bestimmt jedoch noch nicht das Ver-

---

1 Vgl. hierzu im Einzelnen: Streck in Kohlmann (Hrsg.), 217 ff.; Rüster, Der Steuerpflichtige im Grenzbereich zwischen Besteuerungsverfahren und Strafverfahren, 1989; ders., wistra 1988, 49; Streck/Spatscheck, wistra 1998, 334; Rüping, DStR 2002, 2020.
2 So Schick u. Hellmann, s. Tz. 15; Hellmann auch in Hübschmann/Hepp/Spitaler, § 393 Rz. 57 ff. (Nov. 1999).
3 Vgl. § 208 Abs. 1 S. 3 AO.
4 Vgl. idS zB BT-Drucks. 7/4292 zu §§ 208 und 393; BFH I B 28/86 vom 29. 10. 1986, BStBl. 1987 II, 440; X B 88/05 vom 19. 10. 2005, BFH/NV 2006, 15; AStBV (St) 2004 Nr. 11; Wisser in Klein § 393 Rz. 1 ff.; Seer in Tipke/Kruse § 208 Rz. 129 (Mrz. 2004). Abs. 1 **RAO**: Koch/Loose in Steuerstrafrecht und Steuerordnungswidrigkeiten, 1968, 22, und Suhr, am gleichen Ort, 35; Buschmann/Luthmann, Das neue Steuerstrafrecht, 1969, 119 – jeweils mit leicht unterschiedlichen Akzenten –.

hältnis beider Ordnungen zueinander. Im für die Praxis entscheidenden Punkt gibt das Steuerrecht dem **Steuerverfahren** die **Priorität**: § 393 Abs. 1 AO wird dahingehend verstanden, dass im Steuerstrafverfahren die volle Mitwirkungspflicht des Beschuldigten bestehen bleibt, ungeachtet dessen, dass er sich selbst belasten könnte[1]. Der Schutz der Nichterzwingbarkeit wird einerseits als ausreichend angesehen, andererseits wird selbst diese Unerzwingbarkeit dadurch unterlaufen, dass es für zulässig gehalten wird, aus der Mitwirkungsverweigerung nachteilige Folgerungen, zB Schätzungen, zu ziehen[2].

3. Grundsätze des Verhältnisses beider Verfahrensrechte

§ 393 Abs. 1 AO ist nur der Versuch, das Verhältnis von Steuer- und Steuerstrafverfahren zu regeln[3]. Im Wege der **Auslegung** und **Lückenergänzung** muss die Vorschrift angewandt werden. Wir greifen hier auf die Ergebnisse einer Untersuchung zurück, die STRECK an anderer Stelle ausführlich dargelegt und begründet hat[4].   26

Grundsatz der **Zweckrichtigkeit**: Beide Verfahren sind ausschließlich nach ihren eigenen Verfahrenszwecken zu beurteilen[5]. Möglichkeiten des Steuerverfahrens dürfen nicht genutzt werden, um die Strafverfolgung zu ermöglichen[6]. Die Mitwirkungspflicht des Steuerverfahrens dient dem Steuerzweck, nicht dem Strafzweck. Die Wohnung eines Verstorbenen darf nicht durchsucht werden, um die hinterzogenen Steuern des Verstorbenen im Steuerverfahren zu ermitteln.   27

Grundsatz der **Stetigkeit**[7]; **Grundsatz** des **hinreichenden Grunds** für einen **Wechsel**: Da der Steuerfahndung beide Verfahren in die Hand gelegt sind, kann sie grundsätzlich die Verfahrensart wechseln   28

---

1 Finanzausschuss zur AO 1977, BT-Drucks. 7/4292 zu §§ 208 und 393; BFH III B 83/04 vom 9. 12. 2004; BFH/NV 2005, 503; AStBV (St) 2004 Nr. 11; WISSER in Klein, § 393 Rz. 1, die allerdings ein praktisches Aussageverweigerungsrecht feststellen. Zur Frage, ob **Steuererklärungen abzugeben** sind, wenn diese zur **Selbstbelastung** führen, s. Tz. 520 ff.
2 AStBV (St) 2004 Nr. 11. Zu den möglichen nachteiligen Schätzungen s. auch Tz. 516.
3 Im Einzelnen s. hierzu auch Tz. 495 ff. u. 1144 ff.
4 STRECK in Kohlmann (Hrsg.), 217; vgl. auch KOHLMANN, FS Tipke, 1995, 487.
5 KOHLMANN, FS Tipke, 1995, 494; SEER in Tipke/Kruse, § 208 Rz. 131 (Mrz. 2004). JAKOB, StuW 1971, 307, spricht von der **eingrenzenden „Aufgabenimmanenz"**.
6 RÜPING, DStZ 1980, 180: **rechtsmissbräuchliches „dysfunktionales Verhalten"**.
7 Vgl. auch KOHLMANN, FS Tipke, 1995, 496.

Grundsatz der Klarheit des Verfahrens

(„Rollenwechsel"[1]). Der Wechsel darf nicht willkürlich geschehen[2], etwa nach Maßgabe einer Eingriffs-„Meistbegünstigung"[3], um überraschend Verteidigungs- und Rechtspositionen des Bürgers zu unterlaufen. Grundsätzlich muss die Behörde oder Dienststelle das einmal eingeschlagene Verfahren mit einer gewissen Stetigkeit verfolgen. Der Wechsel in das andere Verfahren erfolgt aufgrund einer pflichtgemäßen Ermessensentscheidung unter Berücksichtigung des Grundsatzes der Zweckrichtigkeit. Ein Verstoß gegen dieses Gebot führt zur Rechtswidrigkeit der nachfolgenden Maßnahmen des Verfahrens, in das gewechselt wurde; allerdings ist der Wechsel als solcher kein angreifbarer Verwaltungsakt.

29 **Grundsatz der Klarheit des Verfahrens; Vermutungsregeln:** Eine Vielzahl von praktischen Problemen folgt aus der Unsicherheit des Bürgers über das Verfahren, in dem die Behörde agiert. Diese ist grundsätzlich verpflichtet, dem Bürger mit „offenem Visier" entgegenzutreten[4]. Er muss erkennen können, ob sie steuerlich oder strafprozessual ermittelt und handelt. Ist dies unklar, muss sie sich dem Betroffenen eindeutig erklären. Nur diese Klarheit des Auftretens ermöglicht dem Bürger, die eigenen Rechte einzusetzen, die ihm obliegenden Pflichten zu erkennen; nur diese Klarheit erlaubt, die richtigen Rechtsmittel zu ergreifen und den Rechtsweg zu bestimmen.

30 In besonderem Maße gilt für die **Steuerfahndung** der Grundsatz der **Klarheit des Verfahrens**[5]. Gerade dort, wo der Bürger einem „Verfahrensgemenge" gegenübersteht, muss offengelegt werden, in welchem Verfahren die Steuerfahndung agiert. Die §§ 208, 404 AO zeigen ein Übergewicht strafrechtlicher Aufgaben. Hieraus lässt sich die **Vermutung** herleiten, dass die Fahndung im Zweifel als Strafverfolgungsorgan ermittelt[6]. Wer von der Steuerfahndung als Zeuge eingeladen wird, ist zum Erscheinen nicht verpflichtet, weil eine strafverfahrensrechtliche Pflicht nicht besteht. Will die Fahndung das Erscheinen nach § 93 AO im Steuerverfahren erzwingen (vgl. hierzu Tz. 563 ff.), muss sie sich ausdrücklich auf diese Rechtsgrundlage stützen.

---

1 So die Bezeichnung von BFH IV R 2/76 vom 2. 12. 1976, BStBl. 1977 II, 318; VII R 92/79 vom 23. 12. 1980, BStBl. 1981 II, 349.
2 JAKOB, StuW 1971, 306; LAULE, DStZ 1984, 605.
3 JAKOB, StuW 1971, 306; SEER in Tipke/Kruse § 208 Rz. 131 (Mrz. 2004).
4 KOHLMANN, FS Tipke, 1995, 494.
5 SEER in Tipke/Kruse, § 208 Rz. 131 (Mrz. 2004).
6 SEER in Tipke/Kruse, § 208 Rz. 131 (Mrz. 2004).

Informationsvermittlung: Zwischen Steuer- und Steuerstrafverfahren 31
besteht volle Durchlässigkeit (§ 30 Abs. 4 Nr. 1 AO; vgl. Tz. 903).

Die **Nichterzwingbarkeit** der **steuerlichen Pflichten** (§ 393 Abs. 1 AO) 32
hat unmittelbare Auswirkung auf die rechtliche Qualität dieser Pflichten; sie werden inhaltlich verändert, in ihrer Verpflichtungskraft her-
abgesetzt. Kollidieren sie mit Rechten des Verfolgten, ist diese „min-
dere Qualität" bei der Abwägung zu berücksichtigen. Das gewichtige
Recht des Beschuldigten, im Strafverfahren zu schweigen, kann daher
nicht mit besonders nachteiligen Sanktionen wegen Verletzung von
steuerlichen Mitwirkungspflichten geahndet werden[1]. Das Schweigerecht zeigt hier eine **übergreifende Rechtswirkung** auf das Steuerver-
fahrensrecht.

Mit dem Problem wechselseitiger **Verwertungsverbote** befassen wir 33
uns an anderer Stelle (Tz. 1144 ff.).

III. Organisation und Prüfer

1. Behörden- und Dienststellenstruktur

Gesetzlich nicht allgemein geregelt und folglich umstritten ist die **or-** 34
ganisationsmäßige Natur der **Steuerfahndung**. Während die herrschende Ansicht sie als unselbständige Dienststelle begreift[2], leitet
SCHICK unmittelbar aus § 208 AO ihren Behördencharakter[3] ab und
gewinnt dadurch die organisationsmäßige Möglichkeit, die Doppelfunktion auf eine Monofunktion zu reduzieren (vgl. Tz. 15).

Die Problematik zur Behördennatur wird weiter dadurch föderalistisch 35
vervielfältigt, dass die Steuerfahndung in den **einzelnen Bundeslän-**
dern in unterschiedlichen Organisationsformen auftritt[4]. In den meisten Ländern ist die Steuerfahndung einem **Finanzamt angegliedert**; so
in Baden-Württemberg, Bayern, Brandenburg, Bremen, Hamburg,
Hessen, Mecklenburg-Vorpommern, Rheinland-Pfalz, Saarland, Sach-
sen, Sachsen-Anhalt, Schleswig-Holstein und Thüringen. Ihr Behör-

---

1 Vgl. hierzu unten Tz. 495 ff.
2 SEER in Tipke/Kruse, § 208 Rz. 4 (Mrz. 2004), WENDEBORN, 189 ff.
3 SCHICK in Hübschmann/Hepp/Spitaler, § 208 Rz. 27 ff. (Nov. 1992); DERS., JZ
  1982, 125.
4 Umstritten ist, ob die Aufgaben der Steuerfahndung auch einer Oberfinanz-
  direktion übertragen werden können, vgl. DÄNZER-VANOTTI, DStZ 1987, 345.
  Der Streit ist müßig, da dies zZ in keinem Bundesland der Fall ist.

denleiter ist der Vorsteher des Finanzamts. In Niedersachsen, Nordrhein-Westfalen und Berlin wurden **Finanzämter** geschaffen, die **ausschließlich** die **Funktion** der Bußgeld- und Strafsachenstellen sowie der **Steuerfahndung** wahrnehmen, sog. „Finanzämter für Fahndung und Strafsachen" (Niedersachsen, Berlin) bzw. „Finanzämter für Steuerstrafsachen und Steuerfahndung" (Nordrhein-Westfalen, abgekürzt: StraFAFA[1]). Die Zusammenführung von Bußgeld- und Strafsachenstelle und Steuerfahndung in einem Finanzamt ist bedenklich[2]. Sie entspricht der (nahezu undenkbaren) Zusammenführung von Staatsanwaltschaft und Polizei in einer Behörde, wobei durchaus der für die Polizeiaufgaben (Steuerfahndung) zuständige Beamte Dienstvorgesetzter des Staatsanwalts (Bußgeld- und Strafsachenstelle) sein kann.

36   Die Dienststelle Steuerfahndung hat idR **Sachgebietsleiter** und **Prüfer**. Mehrere Prüfer gehören zu einem Sachgebiet. Ihr Vorgesetzter ist der Sachgebietsleiter. Hat die Steuerfahndung nur einen Sachgebietsleiter, ist er gleichzeitig der Dienststellenleiter. Hat die Dienststelle mehrere Sachgebietsleiter, ist einer gleichzeitig Dienststellenleiter.

37   Die **Entscheidungskompetenzen** der **höherrangigen Organe** oder **Behörden** sind bei der Steuerfahndung atypisch geregelt. Entgegen allen sonstigen Gesetzmäßigkeiten eines Behördenaufbaus konzentriert sich die Verantwortung und Entscheidungsmacht für die Tätigkeit der Fahndung nicht in der Hand einer vorgesetzten Behörde. Im umgekehrten Verhältnis zur Machtfülle der Steuerfahnder wird die Verantwortung „nach oben" diffus; sie verliert sich in Zuständigkeiten bis zur Undurchsichtigkeit. Die **Behördenpyramide** steht gleichsam **auf dem Kopf**. Vgl. auch Anlage 4.

38   Die **Steuerfahndung ermittelt;** ihre Prüfer erledigen die Arbeit, **aber:**

In allen Fragen der **Steuerfestsetzung entscheidet** abschließend das zuständige **Finanzamt**.

39   Über Fragen der **Strafverfolgung** kann die **Bußgeld- und Strafsachenstelle** – dh. das Strafverfolgungsorgan der Finanzverwaltung – **entscheiden** (§ 386 AO). Sie übt die Funktion der Staatsanwaltschaft aus. Die Beamten der Steuerfahndung sind Ermittlungspersonen der Staatsanwaltschaft und damit auch der Bußgeld- und Strafsachenstelle. Die Sache kann jedoch jederzeit an die Staatsanwaltschaft abge-

---

1 S. dazu Ceterum censeo, FR 1987, 603.
2 S. auch STRECK, DStJG 18 (1995), 179; zurückhaltend SEER in Tipke/Kruse, § 208 Rz. 8.

geben werden; die Staatsanwaltschaft kann die Sache jederzeit an sich ziehen (§ 386 Abs. 4 AO). Liegt ein Haftbefehl vor oder wird nicht ausschließlich wegen einer Steuerstraftat ermittelt, liegt die Sache zwingend in der Hand der Staatsanwaltschaft (§ 386 Abs. 2, 3 AO).

Für Maßnahmen der **Dienstaufsicht** – zB zur Entscheidung über eine Dienstaufsichtsbeschwerde – ist idR die **OFD** zuständig.   40

Vier vorgesetzte anweisungs- und ersetzungsbefugte **Dienststellen** überlagern die Fahndung. Die Kompetenzen sind in der täglichen Praxis unklar. Kein Beamter wird tatsächlich mehr gestärkt als durch eine Organisationsform, die ihm mehrere Vorgesetzte gibt. Hier ist die kontrollierende Verantwortung nicht mehr zu spüren; sie wird verschiebbar und kann in Gedanken jeweils einem anderen zugeordnet werden. Folge: Die Fahndung verselbständigt sich. Der Diener hat sich zum Herrn aufgeschwungen. Es ist vielfältig berichtete Erfahrung im Fahndungsverfahren, dass sowohl Finanzamt und OFD als auch die Staatsanwaltschaften, häufig sogar die Amtsgerichte, bei der Ermittlung der Besteuerungsgrundlagen, bei der Entscheidung über das strafrechtliche Procedere, bei Durchsuchungen, Beschlagnahmen und Verhaftungen in faktische Abhängigkeit zur Steuerfahndung geraten sind[1].   41

Abgesehen von der Rechtsproblematik dieser durch das System verursachten Eigendynamik der Steuerfahndung beschäftigt den **Praktiker** ein damit Hand in Hand gehendes typisches **behördliches Entscheidungsproblem.** Sucht der Berater das Gespräch mit dem entscheidungsbefugten Beamten, verweist der Beamte des Finanzamts oder der Staatsanwaltschaft mangels Sachkompetenz an die Steuerfahndung. Die Steuerfahndung, belastet mit einer Verantwortung, die ihr von Rechts wegen nicht zukommt, verweist zurück an das Finanzamt oder die Staatsanwaltschaft. Es entwickelt sich das Spiel von Hase und Igel mit umgekehrtem Vorzeichen; der richtige Beamte ist nie dort, wo man anlangt, sondern dort, wo man herkommt.   42

---

1 DAHS, Anm. 130, berichtet über eine ähnliche Erfahrung im **Verhältnis Polizei/Staatsanwaltschaft** innerhalb der allgemeinen Strafverfolgung; ähnlich ROXIN, 53. Daher kann MÜLLER-BRÜHL, DStZ 1991, 712, trotz der vier vorgesetzten Dienststellen eine „Aufsichtsbehörde für die Steuerfahndung" fordern.

Der Prüfer

2. Der Prüfer und sein Sachgebietsleiter

43 Die **Fahnder** sind **Steuerbeamte** des gehobenen Dienstes, die zumeist aus der Betriebsprüfung kommen. In der Regel geht dem Wechsel keine intensive und ausreichende Schulung im Strafprozessrecht voraus, während sie als Steuerbeamte exzellent ausgebildet sind[1]. Mit dem Überwechseln zur Fahndung erhält der „neugeborene" Fahnder unmittelbar die Aufgabe und Möglichkeit zu beschlagnahmen, Häuser zu durchsuchen, zu verhaften.

44 Der Fahnder lernt durch seine Arbeit eine Vielzahl von Fällen kennen, in denen Steuerbürger Steuern hinterzogen haben. Dieser **einseitige Umgang** im täglichen Beruf beginnt, die strafprozessualen Werte – sofern der Beamte sie überhaupt gelernt hat – zu verschieben. Der Fahnder gewinnt die Neigung, aus dem **Erfolg** die **Rechtmäßigkeit** seiner **Mittel** abzuleiten. Wer häufig bei Hausdurchsuchungen etwas findet, überzeugt die Kritiker, die einen Tatverdacht nicht sahen, eben durch den Erfolg. Obwohl das Strafprozessrecht gerade nicht von dem Prinzip der unbedingten Wahrheitsfindung beherrscht wird (s. Tz. 64 ff.), wird allein die begangene Steuerhinterziehung das rechtfertigende Mittel für alle Eingriffe, sie zu beweisen. Ein derart beschrittener Weg wird weitergegangen: Da – siehe die Erfolgsmeldungen in Tz. 58 f. und Anlage 1 – die Fahndung häufiger fündig wird, als dass sie ohne Mehrergebnis abschließt, wird der **Beginn** der **Fahndung** zur **Rechtfertigung** der **Annahme** der **Hinterziehung.** Auf die Gefahr, die insoweit gerade von **jungen Fahndungs-Prüfern** ausgeht, hat BÜHLER bereits 1955 aufmerksam gemacht[2].

45 Wer hier **wägen** will und in die Schale der Fahndung ihre hohen **Mehrergebnisse** und **Straferfolge,** in die andere Schale etwa Folgendes legt:

– besonders belastende Ermittlungen gegen „regelwidrig" tatsächlich **Unschuldige,**

---

1 S. auch HARMS, Die Stellung des Finanzbeamten im Steuerstrafverfahren, Gedächtnisschrift Ellen Schlüchter, 2002, 451 ff.

2 „... und ich möchte noch eine **Empfehlung** für die **Verwaltung** hinzufügen, deren Befolgung manche der zum Teil bösen Sachen von vornherein abstellen würde, die da jetzt passieren: In ihrem Strafdienst überhaupt nicht jugendliche Heißsporne zu verwenden, sondern die eigenartige und recht gefährliche Doppelstellung dieser Beamten, nämlich die Vereinigung der Befugnisse der regulären Finanzbeamten mit denen des Hilfsbeamten der Staatsanwaltschaft, nur erfahrenen Beamten von sagen wir mindestens **35 Jahren** anzuvertrauen" (StbJb. 1955/56, 57, Hervorhebungen von uns).

- Unrechtmäßigkeiten bei der **Annahme** eines **Tatverdachts** bei Beschlagnahmen, Durchsuchungen – auch wenn die Fahndung fündig wird –,
- Überschreitung des **zulässigen Durchsuchungsrahmens**,
- fehlende **Belehrungen**,
- a-priori-Behandlungen als **Kriminelle**,
- Ankündigungen von Ermittlungen als tatsächliches **Druckmittel**,
- maßlose **Eingriffe** in **Drittbeziehungen**, insbesondere in Arbeitnehmer-, Kunden- und Lieferantenverhältnisse,
- **Überschätzungen** hinsichtlich der Besteuerungsgrundlagen,

muss schon über ein großes Feingefühl für die Rechtsstaatlichkeit verfügen, um nicht als Außenstehender sich spontan für das Fiskalgeld zu entscheiden. Nur der Betroffene, der dem Staatseingriff ausgesetzt ist, weiß, was ihm hier für „Geld" genommen wird. Die StPO ist aber gerade für diesen Einzelnen geschaffen.

Die einseitig konzentrierte Berufserfahrung prägt den Fahnder und sein Auftreten. Die Steuer- und Strafverfolger werden im Übrigen in ihren Aktionen weniger durch **persönliche**, **gefühlsmäßige**, **prestigebetonte** oder **politische** Gründe motiviert, als dies die Beschuldigten häufig annehmen.

Vorgesetzter des Prüfers ist der **Sachgebietsleiter**, der sowohl ein Beamter des höheren Dienstes (Jurist) als auch ein – in der Regel erfahrener – Beamter des gehobenen Dienstes sein kann. 46

Ohne Zweifel ist der **Prüfer** in erster Linie **Ansprechpartner**. Er bestimmt wesentlich das Prüfungsgeschehen.

Diese Bedeutung des Prüfers lässt die **leitende Hand** des **Sachgebietsleiters** leicht vergessen. Selbst bei ihm droht sie hin und wieder in Vergessenheit zu geraten. Dass der träge, umständliche, ineffektive Prüfer einer Führung bedarf, sei hier am Rande erwähnt, ist im Übrigen aber Sache der Finanzverwaltung. Aus der Sicht des Geprüften ist der Sachgebietsleiter wichtig, wenn der Prüfer kein Ende findet, wenn er sich – durchaus mit großer Sorgfalt – in Fälle, in Details verrennt, wenn er der Prüfung die Dimension einer Lebensaufgabe gibt. Hier muss der Sachgebietsleiter die Zügel anziehen. Er muss dem Prüfer deutlich machen, dass er auch dann noch ein qualifizierter Prüfer ist, wenn er Ermittlungsverzichte leistet; ggf. muss der Sachgebietsleiter den Verzicht ausdrücklich anordnen. Die Mehrarbeit des Prüfers steht zu irgendeinem Zeitpunkt in keinem Verhältnis mehr zum Ergebnis

15

Hilfsinstitutionen der Steuerfahndung

(vgl. auch Tz. 122 f.). Ist der skrupelhafte Prüfer alleingelassen, weil er meint, Fehler zu begehen, wenn er die Fahndungstätigkeit abbricht, liegen Führungsfehler des Sachgebietsleiters vor.

3. Die Hilfsinstitutionen der Steuerfahndung

47 Seit dem 1. 1. 1977 gibt es eine **Informationszentrale für den Steuer-fahndungsdienst (IZ[Steufa])**, die dem Finanzamt Wiesbaden II angegliedert ist[1]. Hier werden Fahndungsfälle erfasst, die überregionale Bedeutung oder größeren Umfang haben. Die Koordination zwischen den Steuerfahndungs-Stellen wird bezweckt. Die Namen der steuerlichen Berater der karteimäßig erfassten Stpfl. werden nicht angegeben[2]. Grundlage ist eine Vereinbarung der Bundesländer. Die IZ (Steufa) hat nicht die Befugnisse der Steuerfahndung. Sie kann selbst keine Ermittlungen anstellen oder Anweisungen geben. Alle Finanzbehörden des Bundes und der Länder können von ihr Gebrauch machen. Der Steuerpflichtige selbst soll – was bedenklich ist – keinen Anspruch auf Auskunft über die von ihm gesammelten Daten haben[3]. Die Praxisbedeutung ist gering[4].

48 Das **Bundesamt für Finanzen** (jetzt: Bundeszentralamt für Steuern) in Bonn sammelt darüber hinaus Informationen über steuerliche Auslandsbeziehungen. Rechtsgrundlage ist § 5 Abs. 1 Nr. 6 FVG. Einzelheiten dieser **„Informationszentrale Ausland"** – **IZA** – regelt ein BMF-Schreiben vom 15. 9. 1975[5].

49 Außerdem kann sich die Steuerfahndung an das **Zollkriminalamt (ZKA)** Köln wegen kriminalistischer Untersuchungen (Echtheit von Belegen, Altersbestimmungen von Urkunden usw.) wenden[6].

---

1 Vgl. BMF-Finanznachrichten 3/78; RÜSKEN in Klein, § 208 Rz. 15.
2 Dies war ursprünglich vorgesehen, vgl. BMF-Finanznachrichten 3/78. Der **Protest** der **beratenden Berufe**, vgl. DStR 1978, 354, und von FELIX, Stbg. 1978, 79, führte insoweit zu einer Korrektur.
3 FG Köln 2 K 1781/99 vom 15. 5. 2002, EFG 2002, 1150.
4 Vgl. ebenso BILSDORFER, StBp. 1984, 275.
5 BStBl. 1975 I, 1018; dazu ein Merkblatt des Bundesamts für Finanzen, DB 1986, 83.
6 AStBV (St) 2004 Nr. 132; s. auch Tz. 1273.

16

IV. Kritik an der Steuerfahndung

Die Arbeit der Steuerfahndung begleitet ein breites **öffentliches Miss-**   50
behagen. Ihre Tätigkeit ist ein „Dauerbrenner" der **Medien** und der
Publizistik, zuletzt konzentriert auf die breit angelegten Bankermitt-
lungen (Tz. 644 ff.). Von Zeit zu Zeit werden „Schutzbünde" gegen die
Steuerfahndung gegründet[1]. Die kritische Auseinandersetzung mit
dem Steuerfahndungsrecht führt im Gegenzug zu empfindlichen Re-
aktionen aus der Fahndung selbst[2]. Allerdings müssen wir sehen, dass
die Kritik gerade in den letzten zehn Jahren zurückgeht. Über die
Steuerfahndung wird berichtet wie in den Jahrzehnten zuvor; zunehmend fehlt aber der kritische, ablehnende Unterton. Es scheint, als sei
die Steuerfahndung zwar nicht akzeptiert, aber als notwendiges Übel
hingenommen.

Jedes Gemeinwesen benötigt für die Erfüllung seiner Aufgaben Geldmittel. Steuern sind notwendig. Gleichwohl werden Steuern nicht gern
gezahlt. Steuern werden hinterzogen. Um dem zu begegnen, ist die
Steuerfahndung notwendig. Für sie gilt das gleiche Gebot, das in einem demokratischen Rechtsstaat für die Polizei gilt: Gerechtfertigt sind
gerade so viele Fahnder wie notwendig; jeder Fahnder mehr wird
durch einen rechtsstaatlichen Zweck nicht mehr getragen.

In der Fahndung verbinden sich Finanzverwaltung und Strafverfol-   51
gungsbehörde. Durch sie setzt der Staat seine **Übermacht** in intensiver
Konzentration gegen einen einzelnen Bürger ein. Nachdrücklich ist zu
fragen, ob diese Machtverknüpfung **rechtsstaatlich ist**. Zumindest ist
es rechtsstaatliches Gebot, dass dieser geballte Machteinsatz **gesetz-**
lich exakt und **eingrenzend** geregelt ist. Eine Regelung liegt für das
Abgabenrecht ebenso vor wie für das Strafprozessrecht. Das Überlage-
rungs- und Kollisionsrecht beider Verfahrensrechte ist nur kümmerlich
normiert; dies gilt für das materielle Eingriffsrecht, für die Organisa-
tionsgliederung und die Festlegung der Verantwortlichkeit. Unter
rechtlichen Gesichtspunkten sind diese Regelungen ungenügend[3].

Da die Grenzen wenig klar gezogen sind, neigt die Steuerfahndung   52
dazu, diese **Grenzen** zu **überschreiten** und in rechtliche **Grauzonen**
vorzudringen. Dies ist ein wesentlicher Grund für das Unbehagen, das

---

1 Zu einem Schutzbund im Saarland s. „Die Deutsche Steuergewerkschaft",
  1980, 205, in Hamburg s. Welt am Sonntag Nr. 48 vom 1. 12. 1985.
2 KLOOS, DStZ 1986, 505, gegen MÖSBAUER, DStZ 1986, 339; DÖRN, BB 1992, 2407.
3 Dies kann insbes. in der Habilitationsschrift von HELLMANN, Das Neben-Strafverfahrensrecht der Abgabenordnung, 1995, nachgelesen werden.

gegenüber der Steuerfahndung empfunden wird. Abhilfe kann hier nur der Gesetzgeber schaffen.

B. Der Beschuldigte und sein Berater

I. Der Steuerbürger und die Steuerhinterziehung

53 Der **Steuerbürger** ist den **Umgang** mit der **Polizei**, auch in Form der **Steuerpolizei**, in der Regel nicht gewohnt. Es ist eine Tatsache, dass selbst der sog. „hartgesottene" Unternehmer von einer Fahndung bis ins Mark getroffen wird. Strafverfolgung gehört nicht zu seinem Bewusstsein, nicht zu seinem Erfahrungsfeld. Erscheint die Fahndung, kollidieren zwei Welten: Die Fahndung sieht in dem Betroffenen mehr oder weniger sofort den Steuerhinterzieher, damit nach eigenem notwendigen Selbstverständnis einen Kriminellen; ein Wort, das den betroffenen Steuerbürger auf eine Ebene mit dem Dieb, Betrüger und Sexualtäter stellt. Bereits diese mögliche Parallelität empfindet der Bürger als ehrverletzenden Eingriff.

54 **Steuerhinterziehung** ist ein **Delikt** mit **geringem Unrechtsbewusstsein**; sie verfügt über keine moralische Instanz, über kein aktives Gewissen; erst durch einen willentlichen Vernunftsakt kommt der Bürger zu dem Ergebnis, es sei wohl richtig, Steuern zu zahlen[1]. Nicht ein

---

1 Zu diesem Ergebnis gelangen **Steuersoziologie** und **Steuerpsychologie**. Vgl. PUVIANI, Die Illusion in der öffentlichen Finanzwirtschaft, 1903, deutsche Übersetzung aus dem Italienischen, 1960, 17: Die „Steuerwilligkeit ... ist abhängig von dem besonderen Urteil eines jeden Steuerzahlers darüber, ob sein Steuerleid von einem größeren Vorteil kompensiert wird." MEISEL, Das Strafrecht der Reichsabgabenordnung, sein Prinzip und seine Technik, 1920, 14: „Das Moralische versteht sich in Steuersachen nirgends und niemals von selbst." POPITZ, Vierteljahresschrift für Steuer- und Finanzrecht, 1930, 1 ff., 27 ff.; SCHMÖLDERS, Steuermoral und Steuerbelastung, Vierteljahresschrift für Steuer- und Finanzrecht, 1932, 150; GOETZELER, Die rationalen Grundlagen des Steuerstrafrechts, 1934, 30 ff.; HOLTGREWE, Der Steuerwiderstand, Das Verhalten des Steuerpflichtigen im Licht der modernen Psychologie, Finanzwissenschaftliche Forschungsarbeiten, Heft 5, Berlin 1954, 76; STRÜMPEL, Steuermoral und Steuerwiderstand der deutschen Selbständigen, 1966, 40 ff.; ders., Steuersystem und wirtschaftliche Entwicklung, 1968, 59; SCHMÖLDERS, Finanzpsychologie und Steuerpsychologie, HwStR, 2. Aufl., 1981, mwN; SCHMÖLDERS/HANSMEYER, Allgemeine Steuerlehre, 5. Aufl., 1980, 101 ff.; STRECK, FR 1979, 267 u. BB 1984, 2205; TIPKE, Steuerrechtsordnung, 1405 ff.: Die Überschreitung der Grenze zur Steuerhinterziehung ist keine Frage moralischer Hemmungen. Die **katholische Moraltheologie** neigte dazu, die

bejahtes sittliches Gebot, Steuern zu zahlen, sondern der Gesetzesbefehl wird allenfalls befolgt[1]. Steuerhinterziehung kann folglich mit jeder Existenz verknüpft sein[2]. Bezieht man die gesamte Kleinhinterziehung in die Beurteilung ein, so ist es keine Übertreibung, wenn man davon ausgeht, dass nahezu jeder Steuerbürger hinterzieht[3]. In der

---

Steuersünde als **lässliche Sünde** zu behandeln; vgl. Hᴀᴍᴍ, Zur Grundlegung und Geschichte der Steuermoral, 1908, 314; strenger jetzt Tz. 2409 iVm. Tz. 1854 ff. des Katechismus der kath. Kirche, 1993. Eine Forschungsstelle für empirische Sozialökonomie hat ermittelt, dass 55,3 vH der Bürger den **Hinterzieher** nur als **Lebenskünstler**, raffinierten Geschäftsmann oder gerissenen Typ einschätzen (Stbg. 1978, 182). Einen **internationalen Vergleich** geben Tʀᴇᴛᴛᴇʀ, Die Steuermentalität, 1974, und Sᴄʜᴍöʟᴅᴇʀs/Sᴛʀüᴍᴘᴇʟ, Vergleichende Finanzpsychologie – Besteuerung und Steuermentalität in einigen europäischen Ländern, 1968.

1 Pᴏᴘɪᴛᴢ, aaO (S. 18 FN 1), 30 ff.; Sᴄʜᴍöʟᴅᴇʀs, Steuermoral usw., aaO (S. 18 FN 1), 153.

2 Jeder Berater und Fahnder wird bestätigen, dass **Unternehmer** wie **Angestellte**, **Arbeiter** wie **Vorstandsmitglieder**, **Studenten** wie **Professoren**, **Hausfrauen** wie **Ordensmitglieder** (vgl. Spiegel Nr. 2/1982, 30: Steyler Mission) und **Geistliche**, **Beamte** wie **Vertreter politischer Parteien**, **Sportvereine** und **gemeinnützige Organisationen** hinterziehungsanfällig sind; Ausnahmen gibt es nicht; selbst **Rentner** sollen pro Jahr 1–2 Mrd. Steuern hinterziehen; vgl. Fᴇʟɪx, KÖSDI 1981, 4009 (heute eher mehr); Der Spiegel Nr. 53/1980, 31; Tɪᴘᴋᴇ/Lᴀɴɢ, Steuerrecht, § 23 Rz. 3. Vgl. Kʟᴏᴛᴢ, Über den Verfall der guten Sitten im Steuerrecht FS für Franz Kʟᴇɪɴ, 1994, 289; und die Darstellung von Tɪᴘᴋᴇ in Tipke/Kruse, § 85 Rz. 35 ff. (Feb. 2002). Ähnliche Feststellungen bereits bei Pᴏᴘɪᴛᴢ, aaO (S. 18 FN 1), 30. Fachvortragsthemen wie „Kriminalisierung des Steuerbürgers?" (Sᴇᴇʀ, Stbg 2006, 7) können zum Widerspruch provozieren, wenn sie suggerieren sollen, die Steuerhinterziehung werde erst durch Gesetzgeber und Steuerfahndung „gemacht".

3 Vgl. hierzu – auch zur Entrüstung über diese Feststellungen – Sᴛʀᴇᴄᴋ, BB 1984, 2205. BILD-Schlagzeile am 24. 7. 1991: So denkt die Mehrheit: **Steuerbetrug – finde ich gut**. Oder: **Schwarzarbeit ist schon fast Notwehr** (so der FDP Vorsitzende in Rheinland-Pfalz, Rainer Bʀüᴅᴇʀʟᴇ (FAZ 3. 4. 2004, 4). Der Bund der Steuerzahler hat 1995 durch eine Umfrage ermittelt, dass die Steuermoral weiter verfällt und 43% der Bürger der Auffassung sind, wer bei der Steuer nicht mogele, verdiene nur Mitleid; zwei Drittel der Bevölkerung sähen die Steuerhinterziehung nicht als kriminelles Unrecht an (FAZ 14. 1. 1995, 9). Nach der Erhebung der Forschungsstelle für empirische Sozialökonomik zur Steuermentalität und Steuermoral der bundesdeutschen Bevölkerung und deren Einstellung zur Steuerreform 1999, Köln, 1999, 23, ist der Anteil, der bei der Steuermoglern von 37% (1990) auf 46% (1999) angestiegen; nach Tɪᴘᴋᴇ/Lᴀɴɢ, § 23 Rz. 3, Fn. 7). Zu fragen ist wegen des Massenphänomens, ob es richtig ist, die gesamte **Kleinhinterziehung** durch **§ 370 AO** der Großhinterziehung gleichzustellen und zu **kriminalisieren** (vgl. Sᴛʀᴇᴄᴋ, aaO).

Betrug am Staat

Bewertung der Hinterziehung liegt bezüglich strafrechtlicher Ermittlungen der Unterschied zu typischen Kriminaldelikten: Die Kriminellen, so wie sie der gemeine Sprachgebrauch versteht, haben regelmäßig Unwerturteil und Sozialschädlichkeit ihrer Handlungen in ihr Bewusstsein aufgenommen; sie nehmen Polizeiaktionen als tattypische Folge in Kauf. Den Steuerbetrüger trifft der Steuerfahndungsschlag unvorbereitet; entsprechend verwundbar ist er.

55 Diesen Tatbestand mag man kritisieren und das Kriminelle durch den Hinweis auf den **„Betrug am Staat"** oder den „Diebstahl an der Gemeinschaft" nachweisen[1]. Abgesehen davon, dass in dem „Nachweis" eine empfindliche Lücke in der Nichtbestrafung des **öffentlichen Verschwenders** klafft[2], ändert man dadurch an der Tatsache des geschilderten Bewusstseinszustandes nichts. Richtiger ist es, primär den Gründen nachzugehen, warum sich der Hinterzieher regelmäßig nicht als Krimineller begreift. Die Bekämpfung könnte sich sodann mehr mit den Ursachen als mit den Folgen befassen, die Gegenstand der Steuerfahndungsprüfung sind[3]. Im Steuerstrafrecht und in der Besteuerungswirklichkeit fehlt es an einer wirkungsvollen Erforschung und Diskussion dieser Ursachen; die Ergebnisse und Anstöße der Sozial- und Finanzwissenschaften werden kaum aufgenommen[4].

---

1 Vgl. KOCH, StKongrRep. 1973, 49: „Warum also versucht man, Kriminelle, die die Allgemeinheit um Geld betrügen wollen, in der Glorie von Märtyrern erscheinen zu lassen?" Demgegenüber forderte MEISEL, aaO (S. 18 FN 1), bereits 1920 für Steuerdelikte wegen ihres **andersartigen Unrechtsgehalts** eine auch verfahrensmäßige Trennung von den Kriminaldelikten.

2 „Wer **Steuermoral fordert**, ist **Ausgabenmoral schuldig**", Der Steuerzahler Nr. 10/1978, 1. So auch KOCH, StKongrRep. 1968, 236; TIPKE, Steuerrechtsordnung, 1409. Der Bund der Steuerzahler hat 1979 ein Gutachten „Zur strafrechtlichen Erfassung der Fehlleitung öffentlicher Mittel" (von Prof. KOHLMANN, Köln) vorgelegt, das eine Strafvorschrift für die Ausgabenverschwendung vorschlägt. Zur Anwendung des Untreuetatbestands (§ 266 StGB) auf die Verschwendung öffentlicher Mittel vgl. NEYE, NStZ 1981, 369.

3 Von Fahndern hört man allerdings immer wieder (ähnlich im Schrifttum: vgl. zB KOCH, StKongrRep. 1973, 56, und die Diss. von C. SECKEL, an vielen Stellen), sie würden bereits durch ihre **Negativwirkungen** nachhaltig **Hinterziehungen verhindern**. Wer einmal durch ihre Mühle gegangen sei, hinterziehe keine Steuern mehr. Mag sein; **Zweifel** sind durch die Statistik begründet, da die Mehrergebnisse gegenüber rückläufig sein müssten, was nicht der Fall ist (vgl. Tz. 57 f.).

4 Zum Einstieg in die einschlägigen Sozial- und Finanzwissenschaften vgl. SCHMÖLDERS, HOLTGREWE, STRÜMPEL, Schmölders/Hansmeyer, aaO (S. 18 FN 1); GNAHS/JANNEK, Das Problem des illegalen Steuerwiderstands – Ein Versuch der Integration verschiedener Erklärungsansätze, Soziale Welt 1979, 205.

Vor Fahndungseingriffen ist „prinzipiell" keine **Bevölkerungsgruppe** 56
sicher. Die Steuerfahndung geht in Einzelfällen auch gegen **Arbeitnehmer** vor; die Praxis kennt die Durchsuchung des Arbeitsplatzes.
Insbesondere konzentriert sich die Steuerfahndung allerdings auf **mittelständische Unternehmen**. Hier liegt das Schwergewicht ihrer Arbeit. Die Steuerfahndung zeigt grundsätzlich Scheu vor **Industrie-
konzernen** ebenso wie vor vielfältigen Eingriffen bei Arbeitnehmern,
obwohl die Hinterziehung sowohl im Industriebereich[1] als auch bei
Arbeitnehmern[2] kaum geringer sein dürfte. Mittelständische Unternehmen sind in der Regel leicht und gut überschaubar, sie bieten sich
für einen Eingriff fast optimal an[3]. Großkonzerne sind zu unübersichtlich, Arbeitnehmer müssten in ihrer Vielzahl angegangen werden; beides würde größeren intellektuellen und organisatorischen Aufwand
erfordern. Die Bankenermittlungen (Tz. 644 ff.) widersprechen dem
nicht unbedingt, da es hier nicht um das Verkürzungspotential der
Banken selbst geht, sondern um das der Bankkunden. Der frühere
Leiter der Steuerfahndung Köln meint[4]: „Eine harte Steuerfahndung

---

1 **Stichworte**: Verrechnungspreise, verdeckte Gewinnausschüttungen, Schmiergelder, Spesen, Sachzuwendungen, Auslandsbeziehungen.
2 **Stichworte**: Schwarzarbeit, Nebentätigkeit, falsch geschätzte Werbungskosten, Lohnsteuer bei Putzfrauen, Kinderfrauen.
3 C. SECKEL stellt in ihrer kriminologischen Untersuchung fest, dass der **mittelständische Unternehmer** im Sinne der Statistik der typische Steuerhinterzieher sei. Das ist kein Widerspruch zu meiner These, denn wenn sich die
Verfolgung auf eine bestimmte Gruppe konzentriert – SECKEL untersucht die
Akten der Gemeinsamen Strafsachenstelle in Frankfurt –, wird diese auch bei
Verurteilungen überrepräsentiert sein. Zu einem ähnlichen Ergebnis kommt
MÖNCH, Steuerkriminalität und Sanktionswahrscheinlichkeit, Diss. Bremen,
1977, 113; auch hier werden jedoch nur geprüfte und ermittelte Fälle, nicht
alle möglichen Fälle untersucht (vgl. S. 30). Die gleiche Feststellung gilt für
den Beitrag von LIEBL, wistra 1982, 15, 50, 85. In entsprechendem Sinn relativierend KÜSTER in Kohlmann (Hrsg.), 254. Die Dissertation von KRESS (Motive
für die Begehung von Steuerhinterziehung, Köln 1983) nennt sich korrekter-
weise in diesem Sinn „Eine Aktenstudie"; ähnlich PERES, Die Steuerhinterziehung im Spiegel der Rechtsprechung, 1963. Wegen Außerachtlassung der
Fälle der Bußgeld- und Strafsachenstellen kommt HEINZ, Wirtschaftskrimino-
logische Forschung in der Bundesrepublik Deutschland, wistra 1983, 128, für
die Steuerhinterziehung zu nicht repräsentativen Ergebnissen. SECKEL selbst
gibt an (S. 113), dass das Verhältnis der entdeckten zur unentdeckten Tat im
Verhältnis 1 : 100 stehe; aus den entdeckten Taten ist dann aber nur etwas
über den **Typus** des **entdeckten Hinterziehers**, nicht über den aller Hinterzieher abzuleiten.
4 Reg.-Dir. STÄHLER, Der Spiegel Nr. 5/1978, 92.

kann die Millionen von Arbeitnehmern, die Leute mit dem gläsernen Portemonnaie, nicht beunruhigen." Das ist ein markiger Satz, der die Arbeitnehmer sicher erfreut. Jede Privilegierung nimmt man gerne hin, eine rechtswidrige, die rechtswidrige Vorteile sichert, mit besonderem Vergnügen[1]. Das **gläserne Portemonnaie** scheint den einen oder anderen Fahnder so zu faszinieren, dass man die schwarzen derselben Steuerbürger übersieht[2].

57   Über den **Umfang** der **hinterzogenen Beträge** gibt es keine exakten Daten, obwohl die empirische Sozialforschung heute durchaus Methoden zur Erfassung des individuellen persönlichen und finanziellen Intimbereichs kennt, die die Person selbst nicht bloßstellt[3]. Diese Daten wären für eine vernünftige Reflexion über die Steuerhinterziehung notwendig. Die „Schattenwirtschaft" des Illegalen verfälscht auch jede volkswirtschaftliche Statistik und die für die Steuerung der Volkswirtschaften notwendigen Größen[4]. Ohne derartige Erhebung sind Zahlen, die hin und wieder genannt werden und die zwischen 2 DM und 150 Mrd. DM – heute mühelos 1:1 umgerechnet in Euro – schwanken, freie Schätzungen, griffweise Vermutungen „pure Spekulationen"[5], die in einer sachlichen Erörterung keinen gesicherten Platz haben dürfen[6].

---

1 Wobei uns fern liegt zu behaupten, dies geschehe bewusst; was hier wirkt, ist die formende Macht von Institutionsgesetzmäßigkeiten und -üblichkeiten.

2 Im Übrigen ist der Satz vom **gläsernen Portemonnaie** eine Feigenblatt-Unwahrheit, vgl. S. 21 FN 2. Anders auch KOCH, StKongrRep. 1973, 49: „Das berühmte gläserne Portemonnaie des Arbeitnehmers gibt es nicht mehr." Nach STRÜMPEL, Steuersystem und wirtschaftliche Entwicklung, 1968, 66, hat der **Arbeiter** die negativste Einstellung zur Steuerpflicht; dies bestätigt die Erfahrung, wonach der Druck zur **lohnsteuerfreien Schwarz-** oder **Überstundenarbeit** maßgeblich von den Arbeitern ausgeht; ähnlich TIPKE, Steuerrechtsordnung, 1403 f.

3 Vgl. SCHMÖLDERS, Der heimliche Beitrag zum Sozialprodukt, in: Emil Kung (Hrsg.), Wandlungen in Wirtschaft und Gesellschaft, FS für Walter Adolf Jöhr, 1980, 371 ff. abgedruckt in FAZ vom 8. 3. 1980, 15. So geht zB STRÜMPEL, aaO (S. 18 FN 1), 82 ff., nicht den Weg, die Befragten unmittelbar nach ihrer eigenen Hinterziehung zu befragen; er bildet Hinterziehungsfälle und lässt sie von den Selbständigen bewerten. Zur empirischen Erfassung der Schattenwirtschaft s. auch GRETSCHMANN/HEINZE/METTELSIEFEN, Schattenwirtschaft, 1984, 20 ff. Auf die Ungewissheit bzgl. der Steuerhinterziehungsquote weist auch TIPKE, Steuerrechtsordnung, 1202 f., hin.

4 SCHMÖLDERS, aaO (FN 3).

5 MÖNCH, aaO (S. 21 FN 3), 42.

6 **Beispiele**: Der Zentralverband des deutschen Handwerks schätzt 1981 allein den Schwarzarbeiter-Umsatz im Handwerk auf 10 vH des Handwerker-Umsatzes insgesamt, dh. auf 10 vH von 380 Mrd. DM = **38 Mrd. DM**; vgl. Kölner

Hinterzogene Beträge steigen

Auch die von der Finanzverwaltung – fast mit Stolz – jährlich publizierten Mehrergebnisse lassen nur im Sinn einer Untergrenze einen Rückschluss auf die tatsächliche Höhe der Hinterziehungen zu[1]. Treffend im Übrigen KOHLMANN: „Je größer die genannten Summen, desto überzeugender lässt sich unter dem Schlagwort ‚Bekämpfung der Wirtschaftskriminalität` die Ausweitung der Strafverfolgungs- und Ahndungstätigkeit rechtfertigen[2]. "

Die **hinterzogenen Beträge steigen** eher, als dass sie abnehmen. Die Feststellung eines nordrhein-westfälischen Finanzministers, aus der Steuerstrafstatistik folge kein besonderer Anstieg der Steuerkriminalität[3], zeigt unserer Erfahrung nach eher die Untauglichkeit dieses Maßstabs als eine gegebene Wirklichkeit.

58

Stadtanzeiger Nr. 91 vom 18. 4. 1981 und Der Spiegel Nr. 46/1981, Titelbericht. Schätzt man Einkommensteuer, Umsatzsteuer und Gewerbesteuer auf 40 vH dieses Betrags, so beläuft sich die hinterzogene Steuer allein aus diesem Bereich auf **15,2 Mrd. DM**; der Zentralverband schätzt seinerseits die verkürzten Steuern und Sozialversicherungsbeiträge auf **9–10 Mrd. DM**. Die ZEIT Nr. 38 vom 11. 9. 1981 schätzt die Schwarzeinkommen mit **30–60 Mrd. DM** jährlich. Die Steuerehrlichkeit würde eine **Steuerminderung** zwischen 10 vH und 33 vH erlauben (MÖNCH, aaO [S. 21 FN 3], 39, unter Berufung auf ZYBON, Wirtschaftskriminalität als gesamtwirtschaftliches Problem, 1972, 11, und LANGE, Strafrechtsreform, 1972, 35). Die Steuer-Gewerkschaft beteiligt sich mit ständig steigenden Schätzungen an dem „Schätzungs-Roulette": vgl. Die Steuer-Gewerkschaft **1981**, 110: **10 Mrd. DM** Steuerausfälle fordern **20 vH mehr Personal** (ähnlich die in Die Steuer-Gewerkschaft 1985, 98, wiedergebene Entschließung des Vorstands); Schätzung der Steuer-Gewerkschaft **1987: 54 Mrd. DM** (Handelsblatt vom 30. 4. 1987, S. 4) **1991: 100 Mrd. DM** (Handelsblatt vom 17. 10. 1991, 5), **1993: 150 Mrd. DM** (zitiert und abgelehnt vom BMF, BMF Finanznachrichten 23/93 v. 1. 4. 1993), 2000 dann wieder **100 Mrd. DM** (Spiegel 47/2000, 98). Die steigenden Zahlen der Steuer-Gewerkschaft sind ein kaum überprüfbares Mittel, den sich ausbreitenden „Virus der Steuerhinterziehung" mit Forderungen nach mehr Personal (Die Steuer-Gewerkschaft 1993, 151) und mit einem stärkeren Einsatz von Freiheitsstrafen (Die Steuer-Gewerkschaft 1994, 38) zu verbinden. KÜSTER in Kohlmann (Hrsg.), 254, schätzt den Steuerausfall auf 10 vH des Bundeshaushalts (= **25 Mrd. DM** in 1981). Der Bericht des MdB Josef GRÜNBECK vom 22. 8. 1985 spricht für 1984 von Steuerausfällen iHv. **50 Mrd. DM** SPD: **100 Mrd. DM** pro Jahr (FAZ vom 8. 1. 1988, 11). Die von GRETSCHMANN/HEINZE/METTELSIEFEN, aaO (S. 22 FN 3), 29, wiedergebenen Daten für die Schattenwirtschaft in der Bundesrepublik schwanken zwischen **5%** und **27%** des **Bruttosozialprodukts**.
1 S. im Einzelnen Anlage 1.
2 KOHLMANN in Kohlmann (Hrsg.), 9.
3 Mitteilungsblatt FinMin. NRW 5/1982.

Der Steuerberater

II. Der Steuerberater

59 Dem betroffenen Bürger steht sein **Steuerberater** zur Seite. Steuerberater und Mandant verbindet ein breites Vertrauensband; das **Steuerberatungsmandat** ist eines der intensivsten und vertrauensvollsten Beratungsverhältnisse, über das der Bürger verfügt.

60 Nach seiner heute noch weithin hingenommenen rechtlichen **Struktur** ist dieses Steuerberatungsmandat für einen **Fahndungseingriff wenig gerüstet.** Nach der Erkenntnis des BVerfG ist der Steuerberater nicht Interessenwahrer seines Mandanten, sondern **Mittler** zwischen Finanzamt und Steuerbürger[1]. Da sich auch der Finanzbeamte als Mittler versteht[2], scheinen Steuerberater und Finanzbeamter austauschbar. Mit dieser Möglichkeit geht die Ansicht einher, dem Berater sei ein fast öffentliches Amt verliehen, das ihn ebenso mit Fiskalpflichten ausstatte wie mit Beraterpflichten[3]. Auch wenn in dieser Funktionsbeschreibung kaum verständliches Gedankengut des Dritten Reichs, und zwar des Staatssekretärs im Reichsfinanzministerium Fritz REINHARDT, nachklingt[4], muss von diesem Verständnis, wir befürchten teilweise auch Selbstverständnis, noch ausgegangen werden.

61 Wenn auch ein allgemeiner **Bewertungswandel** feststellbar ist[5], so muss ihn der Berater im Einzelfall, nämlich im Fall des Steuerfahn-

---

1 BVerfG 1 BvR 569, 589/62 vom 15. 2. 1967, NJW 1967, 1317: „Das Leitbild des Gesetzgebers ist der Steuerbevollmächtigte, der als **Mittler** zwischen dem **Steuerpflichtigen** und den **Finanzbehörden** dafür eintritt, dass die Steuern **gerecht** erhoben werden." (Hervorhebungen von uns.)

2 Vgl. TIPKE, StKongrRep. 1967, 40, mit Hinweis auf FREDERSDORF, Der Steuerbeamte als Mittler zwischen dem Staat und dem Steuerpflichtigen, StbJb. 1958/59, 105.

3 Der Steuerberater „hat sich als **Wahrer des Rechts** zu fühlen. Sein Beruf kommt einem öffentlichen Amt nahe" (OLG Celle 10 U 151/59 vom 2. 6. 1960, DB 1960, 1181; Hervorhebung von uns). – Auch heute noch anzutreffende Ansicht in der Strafgerichtsbarkeit.

4 Dazu die eindrucksvolle Darstellung von PAUSCH, Stbg. 1978, 184, 208. Ebenso ist der Einfluss der RG-Rechtsprechung der 20er und 30er Jahre spürbar (zB RG 1 D 992/32 vom 9. 5. 1933, RStBl. 1933, 577; 5 D 217/34 vom 26. 11. 1934, RStBl. 1934, 1588). Ausführliche Dokumentation bei FELIX/STRECK, Der steuerberatende Beruf zwischen aktueller Bürgervertretung und unzumutbaren Fiskalpflichten, Stbg. 1980, 78. S. auch RÜPING, Der Steuerberater als „Organ der Rechtspflege", in FS Kohlmann, 2003, 499.

5 Vgl. FLÄMIG, Steuerprotest und Steuerberatung, 1979, 44 ff.; DERS., StbKongrRep. 1979, 45, 69, 73 ff.: der Berater hat ein **privates Amt** inne; weiter präzisiert in DStZ 1984, 263. STRECK, StbKongrRep. 1981, 163 ff.: Der Berater ist als

dungseingriffs, sofort vollziehen. Wenn der Staat zugunsten des Fiskalzwecks und des Strafzwecks alle Möglichkeiten mobilisiert und die Rechte des Angegriffenen minimiert, ist ein „Mittler" kaum der rechte Schutz. Der Steuerberater muss **einseitiger Vertreter** des Steuerbürgers werden, um als Gegengewicht das Zünglein der Rechtswaage gegen die Fiskalmacht im Gleichgewicht zu halten.

III. Der Verteidiger

Erst der **Verteidiger** gibt dem Betroffenen den möglichen und rechtsstaatlich **notwendigen Beistand.** An dieser Stelle meine ich die Funktion, nicht einen Berufszweig. Im Fahndungsverfahren kann auch der Steuerberater den Schutz als Verteidiger übernehmen[1]. Er wechselt damit aus der „Mittlerrolle" in die Rolle des einseitigen Interessenvertreters.   62

C. Verteidigung im Steuerfahndungsverfahren

I. Zweck der Verteidigung

Steuerfahndung ist Eingriff. „**Verteidigung ist Kampf**"[2]. Mit dem Verteidiger wählt sich der Betroffene für diesen „Kampf" einen Beistand[3], der von Rechts wegen, dh. als Organ der Rechtspflege, zur **einseitigen Interessenwahrung** verpflichtet ist[4]. Der Eingriff der Strafverfolgungs-   63

Organ der **Steuerrechtspflege** zur **Einseitigkeit** verpflichtet; ähnlich auch Meilicke, BB 1985, 1885. OLG Bremen Ws 111/84, 115/84, 116/84 vom 26. 4. 1985, StV 1985, 282: Der Steuerberater ist **nicht Sachwalter** der **Finanzämter.** BVerfG 1 BvR 1460/85, 1239/87 vom 4. 7. 1989, NJW 1989, 2611: Der Steuerberater ist Organ der Steuerrechtspflege und **steht** insoweit dem **Rechtsanwalt gleich.** Vgl. weiter Rüping, aaO (S. 24 FN 4).

1 In den Grenzen des § 392 AO. S. dazu Tz. 72 ff.

2 Mit diesem Satz beginnt Dahs sein Handbuch des Strafverteidigers, Anm. 1. Oder: „Strafverteidigung ist ... Kampf gegen den von der Anklage ausgehenden Angriff", Krekeler in Cramer/Cramer, Anwaltshandbuch Strafrecht, 2002, 1.

3 Der Verteidiger ist nicht „Vertreter" des Beschuldigten; er handelt als **Organ** der **Rechtspflege** aus **eigenem Recht,** BGH 1 StR 510/58 vom 30. 1. 1959, NJW 1959, 731.

4 Dahs, Anm. 5. Die **rechtliche Beurteilung** der **Funktion** des **Verteidigers** ist, ausgelöst insbes. durch die Verteidigung in Terroristenprozessen, durch Begriffe wie „Konfliktverteidigung" Gegenstand einer anhaltenden **Diskussion.** Ich verweise hier auf Holtfort (Hrsg.), Strafverteidiger oder Interessenver-

behörden ist nur rechtsstaatlich und gerade noch erträglich, wenn die Rechte des Betroffenen gewährleistet sind[1]. Die Möglichkeit der Verteidigung bedingt die Rechtsstaatlichkeit. Die Steuerfahndung ist eine Eingriffsbehörde, die mit besonderen Eingriffsrechten ausgestattet ist; folglich sichert erst eine starke und selbstbewusste Verteidigung die Legitimität ihres Vorgehens.

II. Verteidigung Schuldiger und das Problem der Wahrheitsfindung

64 Die Verteidigung verliert ihre rechtsstaatliche Funktion auch dann nicht, wenn der **Verteidiger weiß,** dass sein **Mandant Steuern hinterzogen** hat. Unser Strafrecht ist nicht beherrscht von dem Prinzip, die **absolute Wahrheit** festzustellen, so dass das Wissen um diese Wahrheit nicht notwendig die mit dem „wahren Sachverhalt" verknüpfte Bestrafung nach sich ziehen muss. Der Zweck der Wahrheitsfindung um jeden Preis wurde von der mittelalterlichen Strafverfolgung angestrebt; er rechtfertigte die Folter als Mittel der strafrechtlichen Sachverhaltserforschung[2]. Mit diesem Zweck ist die Verteidigung eines Schuldigen nur schwer vereinbar. Das heute geltende Strafrecht strebt nach einer **relativen Wahrheit:** Der **Sachverhalt** ist auf dem **prozessual zulässigen Wege** zu **ermitteln**[3].

---

treter – Berufsbild und Tätigkeitsfeld, 1979; Arbeitskreis Strafprozeßreform. Die Verteidigung vorgelegt von BEMMANN, GRÜNWALD ua., 1979; BEULKE, Der Verteidiger im Strafverfahren, 1980; SCHNEIDER, Der Rechtsanwalt, ein unabhängiges Organ der Rechtspflege, 1976; J. MÜLLER, Rechtsstaat und Strafverfahren, 1980, 208; AUGSTEIN, Der Anwalt: Organ der Rechtspflege, NStZ 1981, 52; Leitsätze zur Reform der Verteidigung, formuliert von Richtern und Staatsanwälten (!) der ÖTV, AnwBl. 1981, 224; MÜLLER, NJW 1981, 1801, und AnwBl. 1981, 311; historisch: ARMBRÜSTER, Die Entwicklung der Verteidigung in Strafsachen, 1980; GATZWEILER, Möglichkeiten und Risiken einer effizienten Strafverteidigung, StV 1985, 248; VEHLING, StV 1992, 86; HAMM, Der Standort des Verteidigers im heutigen Strafprozess, NJW 1993, 289. Zum aktuellen Stand der Diskussion: KREKELER, aaO (S. 25 FN 2); KEMPF in Brüssow/Gatzweiler/Krekeler/Mehle, Strafverteidigung in der Praxis, Bd. 1, 3. Aufl., 2004, 1 ff.

1 „In der Konzeption des Gesetzgebers ist seine **natürliche Parteilichkeit** das kalkulierte Gegengewicht gegen die funktionelle Parteilichkeit der Anklage" (Hervorhebung von uns), Generalbundesanwalt Max GÜDE, Referat vom 8. 10. 1960, veröffentlicht bei HOLTFORT, aaO (S. 25 FN 4), 112; vgl. auch DAHS, Anm. 7.

2 Vgl. KASPERS, Vom Sachsenspiegel zum Code Napoléon, 1978, 128.

3 BGH 1 StR 578/53 vom 16. 2. 1954, NJW 1954, 649, betr. Lügendetektor: „Die **Erforschung** der **Wahrheit,** die Hauptpflicht des Gerichts im Strafverfahren,

Die **objektive Wahrheit, unzulässig ermittelt,** ist für das **Strafrecht** 65
nicht existent. Beispiel: Ist der Stpfl. in Untersuchungshaft, wird ihm
die Freiheit gegen ein Geständnis geboten und gesteht er daraufhin
wahrheitsgemäß eine Hinterziehung von 500 000,– Euro Schwarzgeld,
ist die Wahrheit nicht für die Strafverfolgung[1], aber auch nicht für die
Steuerfestsetzung[2] verwertbar.

Das Prinzip der relativen Wahrheit gibt damit dem **Verteidiger in Hin-** 66
terziehungsfällen eine unmittelbar **rechtsstaatliche Funktion:** Er hat
die Pflicht, eine nicht prozessgerechte Ermittlung des Sachverhalts
sowie eine spätere Verurteilung mit allen seinen Mitteln auch dann zu
verhindern, wenn eine Straftat objektiv vorliegt. Im Hinblick auf diese
Aufgabe ist es auch bei Kenntnis der Schuld zulässig, die Nichtbestrafung anzustreben[3]. Dass hierzu nur rechtlich zulässige Mittel eingesetzt werden dürfen, versteht sich.

Auch der Verteidiger ist zur **Wahrheit verpflichtet;** die Wahrheitspflicht 67
wird jedoch durch das **Verschwiegenheitsgebot** und die **Treuepflicht**
gegenüber dem Mandanten eingegrenzt. Der in diesen Pflichten liegende Konflikt wird zumeist über den Satz aufgelöst: Alles, was der
Verteidiger sagt, muss nach seiner Überzeugung wahr sein; er muss
jedoch nicht alles sagen, was wahr ist[4]. Die Formel ist sicher hilfreich;
gleichwohl bleibt die Verteidigung in der Kollision zwischen Wahrheitspflicht und Mandantentreue häufig eine Gratwanderung, die höchste
Aufmerksamkeit und rechtsethisches Fingerspitzengefühl verlangt.

Der Verteidiger ist nicht verpflichtet, **belastendes Material** der **Fahn-** 68
dung mitzuteilen oder eine unzutreffende Schätzung zugunsten seines
Mandanten zu verhindern.

Die Verteidigung eines Schuldigen ist mit einem **rechtstatsächlichen** 69
Problem verknüpft. Nicht selten sehen Finanz- und Fahndungsbeamte

---

hat **ausschließlich** auf die in diesen und weiteren Vorschriften geordnete
justizförmige Weise stattzufinden." (Hervorhebungen von uns). BGH 1 StR
693/59 vom 14. 6. 1960, NJW 1960, 1580, betr. heimliche Tonbandaufnahmen:
„Es ist ... kein Grundsatz der StPO, dass die Wahrheit um jeden Preis erforscht werden müßte." ROXIN, 2.
1 BGH 5 StR 307/65 vom 14. 9. 1965, NJW 1965, 2262.
2 Aus dem **strafprozessualen Verwertungsverbot** folgt idR ein **abgabenrecht-**
liches Verwertungsverbot; s. Tz. 1157.
3 Hierzu DAHS, Anm. 73 ff.
4 DAHS, Anm. 49, ROXIN, 102 ff.; KEMPF spricht daher von einem **Lügeverbot**
(aaO, S. 25 FN 4, 30).

27

Beratungsproblem

in dem **Verteidiger** einen „**Hinterziehungsberater**". Das verfolgte Delikt scheint auf den Verteidiger abzufärben. Das häufige Fehlen einer strafprozessualen Schulung der Fahnder – ein Umstand, der ohnehin kein rechtes Verhältnis der Beamten zu einer prozessgerechten Wahrheitsermittlung anstelle einer objektiven Wahrheitserforschung aufkommen lässt[1] – wirkt auch hier gegen den Betroffenen und seinen Verteidiger. Wo sich diese Anschauung in Fahndungsermittlungen konkretisiert, muss ihr mit aller Deutlichkeit entgegengetreten werden. Hier gibt es keinen Raum für Nachsicht.

70   Das Problem der Verteidigung von Schuldigen und der Rechtsberatung von Steuerpflichtigen, die im Verdacht der Steuerhinterziehung stehen, ist auch ein **Beratungsproblem**. Steuerberater, auch Wirtschaftsprüfer, sind hin und wieder nicht frei von der – fast selbstgefällig formulierten – Anschauung: „Fahndungsfälle kommen in meiner Praxis nicht vor." Dies ist kaum ein Verdienst des Beraters. Da er nicht über den Steuerfahndungseinsatz verfügt, wird hier eine von falschem Anstand getragene Vogel-Strauß-Politik betrieben, die für die Mandanten eben dieses Beraters gefährlich werden kann. Denn wer solche Mandanten nach seinen Vorstellungen nicht hat, ist für Steuerfahndungsfälle nicht gerüstet. Erscheint die Steuerfahndung gleichwohl, so wird die „weiße Weste" noch einmal hervorgekehrt und festgestellt, ein solcher Mandant könne nicht mehr zu der eigenen Klientel gehören. Dem in Not geratenen Mandanten entzieht sich der Berater in einem Augenblick, in dem dieser seiner unbedingt bedarf.

71   Verteidigung und **Vertretung** in **Steuerfahndungsverfahren** sind für den Steuerberater nicht nur ein notwendiges Übel. Sie gehören zu den unmittelbaren **Beratungspflichten**. Gerade wenn die Fiskalmacht zupackt, ist der Berater zur Hilfe verpflichtet. Wer sich hier entzieht, verletzt krass das **Ethos** der **Steuerberatung**. Auch der Arzt lässt den Blutenden und Verletzten nicht liegen, wenn dieser seinen Zustand vorwerfbar selbst verschuldet hat.

III. Wahl und Beauftragung des Verteidigers

1. Die Person des Verteidigers

72   Als Verteidiger kommt in erster Linie der **Rechtsanwalt** oder die **Rechtsanwältin** in Betracht.

---

1 S. auch Tz. 43 ff.

Der **Rechtslehrer** an einer **deutschen Hochschule** ist ebenfalls berechtigt, sich als Verteidiger zu bestellen (§ 138 Abs. 1 StPO).

Steuerberater, Steuerbevollmächtigte, Wirtschaftsprüfer und **vereidigte Buchprüfer** können als Verteidiger gewählt werden, soweit die Finanzbehörde das Strafverfahren selbständig durchführt[1]. Solange die Staatsanwaltschaft der Bußgeld- und Strafsachenstelle folglich die strafrechtliche Kompetenz noch nicht aus der Hand genommen hat[2], kann der Angehörige des steuerberatenden Berufs sich als Verteidiger bestellen.

Darüber hinaus können die Angehörigen der steuerberatenden Berufe die Verteidigung in jedem Verfahrensabschnitt „in **Gemeinschaft** mit einem **Rechtsanwalt** oder einem Rechtslehrer an einer deutschen Hochschule führen" (§ 392 Abs. 1 AO). Hieraus erwächst eine selbständige Verteidigerberechtigung. Der Berater hat zB das Recht auf Akteneinsicht[3].

Schließlich können die Angehörigen der steuerberatenden Berufe nach § 138 Abs. 2 StPO als **Verteidiger** vom **Gericht zugelassen** werden. Die Strafgerichte sind insoweit gerade Steuerberatern gegenüber – zu Recht im Hinblick auf ihre Fachkenntnis – großzügig.

Der Beschuldigte darf **nicht mehr als drei Verteidiger** haben (§ 137 Abs. 1 StPO). Bei größeren Sozietäten wird daher idR nur der einzelne Anwalt in der Strafprozessvollmacht genannt, nicht aber die gesamte Sozietät. 73

Ebenso wie dem **Steuerberater** oder dem Steuerbevollmächtigten oft die **Kenntnisse** und Erfahrungen des **Verfahrensrechts**, insbesondere des Strafprozessrechts, fehlen, macht sich häufig bei **Anwälten** ein **Mangel** im **Steuerrecht** nachteilig bemerkbar. Der Anwalt ist zum Verteidiger ausgebildet. Da er jedoch tatsächlich diese Funktion häufig im Bereich des objektiven Tatbestands nicht optimal ausüben kann und folglich das uE wesentlichste Verteidigungsmittel – den Streit um den objektiven Tatbestand (Tz. 113) – aus der Hand gibt, lässt sich keine a-priori-Entscheidung für den einen oder anderen Berufszweig, aus dem 74

---

1 Vgl. hierzu auch Blumers in Kohlmann (Hrsg.), 307; Werner, Der Steuerberater als Verteidiger im Steuerstrafverfahren, in Sommer (Hrsg.), Steuerrecht Gesellschaftsrecht Berufsrecht, FS der Berufsakademie Villingen-Schwenningen 1995, 179.
2 S.o. Tz. 39.
3 Vgl. hierzu Franzen/Gast/Joecks, § 392 Anm. 15.

der Verteidiger stammen sollte, rechtfertigen. Die **Vertretungs-** und **Verteidigungskombination Steuerberater** und **Anwalt** wird daher häufig, zumal bei größeren Fällen, richtig sein. Wichtig ist in derartigen Fällen, dass ein Vertreter die Federführung übernimmt. Anderenfalls gilt: Besser ein Verteidiger – sei er nun Steuerberater oder Rechtsanwalt – ohne optimale Kenntnisse in der Zweispurigkeit des Steuerfahndungsrechts als zwei Starvertreter ihres Fachs, die sich gegenseitig hindern.

2. Probleme bei der Verteidigung mehrerer Beschuldigter

75 Nach **§ 146 StPO** können **mehrere an einer Tat Beteiligte** nicht **gleichzeitig** durch den **gleichen Verteidiger** vertreten werden, eine für das Steuerstrafverfahren praktisch höchst weitreichende Vorschrift[1]. Ehegatten können bei Verdacht einer gemeinschaftlichen Hinterziehung nicht den gleichen Verteidiger wählen[2]. Das Gleiche gilt, wenn sich der Verdacht einer gemeinschaftlichen Tat gegen mehrere Gesellschafter, Chef und Prokurist oder Buchhalter oder Sekretärin, Steuerbürger und Freundin oder – sehr wichtig – gegen Stpfl. und Berater richtet (dazu auch Tz. 108 ff.).

76 § 146 StPO gilt auch für die Verteidigung durch einen **Angehörigen** der **steuerberatenden Berufe** (s. Tz. 72 ff.).

77 Die Vorstellung der StPO, in derartigen Fällen solle jeder Tatbeteiligte durch einen anderen Verteidiger vertreten werden, ist gerade im Steuerstrafrecht **wenig sachgerecht**[3]. Die verdächtige Tat ist vom Sachverhalt her einförmig. IdR liegt ein konkreter Interessengegensatz nicht vor. Die Verteidigung „aus einer Hand" ist sicherer und effektiver. Taktische, rechtliche und persönliche Differenzen unter den Verteidigern spielen der Fahndung in die Hände. Mehrere Verteidiger wollen sich möglicherweise voreinander profilieren; auch dies geht zu Lasten der Betroffenen. Doppelte Kosten fallen an, ohne dass die Verfolgten einen doppelten Vorteil sehen.

---

1 Vgl. hierzu auch STRECK, MDR 1978, 893; Beispiel der Ausuferung OLG München 2 Ws 440/83 K vom 29. 4. 1983, MDR 1983, 865.
2 Krit. KOHLMANN, § 392 Rz. 79 (Sept. 1994).
3 Zur prinzipiellen **Kritik** s. KREKELER, AnwBl. 1981, 5; zur Kritik aus der Sicht des Steuerstrafrechts s. BLUMERS/GÖGGERLE, Anm. 107; KOHLMANN, aaO (FN 2).

Das **Beratungsgespräch** eines Anwalts, der Verteidiger eines Beschul- 78
digten wird, mit allen Beteiligten ist uE zulässig, sofern der Anwalt zu
Beginn der Beratung die rechtliche Einschränkung des § 146 StPO
darlegt und klarstellt, dass er nur eine Person verteidigen könne[1].

Die Unzulänglichkeit des § 146 StPO führt in der Praxis zu **Ausweich-** 79
modellen:

Da in der Fahndungsverteidigung Verteidiger und Steuerberater eng
zusammenarbeiten sollen (s. Tz. 74), kann die Verteidigung des Mitbe-
teiligten vorerst der **Steuerberater** übernehmen. Der anwaltliche Verteidiger behält die Federführung.

§ 146 StPO hindert nicht die Verteidigung durch mehrere **Partner** einer 80
Anwaltssozietät[2]. Allerdings wird auch hier idR ein Anwalt die leitende Federführung übernehmen. Dieses Modell sollte ausscheiden,
wenn zwischen den Tatbeteiligten ein konkreter Interessengegensatz
sichtbar wird (Ehegatten im Scheidungsverfahren, Chef/Angestellter
nach der Kündigung).

Möglich ist, dass sich für einen Tatbeteiligten **zuerst kein Verteidiger** 81
bestellt. Der Nicht-Verteidigte lehnt seine Interessenwahrung an die
des Verteidigers an. Erst dann, wenn die Verteidigerstellung unbedingt erforderlich wird – zB in der Hauptverhandlung –, tritt ein Verteidiger hinzu, der dem bisher allein agierenden weiterhin die Federführung überlässt.

§ 146 StPO steht der **Verbindung** einer **Verteidigung** mit der **steuer-** 82
lichen Vertretung eines Tatbeteiligten (s. Tz. 87 f.) nicht entgegen. So
kann ein Partner einer Sozietät den Ehemann verteidigen, die Sozietät
beide Ehepartner steuerlich vertreten. UE kann selbst in der Einzel-
praxis der Verteidiger eines Tatbeteiligten die steuerliche Vertretung
für einen anderen Tatbeteiligten übernehmen. In Steuerfahndungsverfahren mit mehreren Tatbeteiligten, die von einem Anwalt oder einer
Sozietät geführt werden sollen, kann man dem Problem des § 146
StPO folglich zuerst aus dem Weg gehen, indem man sich nur als
steuerlicher Vertreter (§ 80 AO) bestellt. Zwar stehen die Verteidigerrechte – zB Akteneinsichtsrecht – noch nicht zur Verfügung. Diese

---

1 Problematisch, da § 146 StPO bereits für die Anbahnung des Mandats gelten
  soll (MEYER-GOSSNER, § 146 Anm. 4; allerdings strittig, s. dort; vgl. auch BEH-
  RENDT, Harzburger Protokoll '81, 75); in der Praxis ist die **Vermeidung** dieses
  Beratungsgesprächs jedoch idR **objektiv unmöglich.**
2 BVerfG 2 BvR 23/76 vom 28. 10. 1976, BVerfGE 43, 79.

Ausweichmodelle in der Praxis

Verteidigerrechte sind jedoch im Steuerfahndungsverfahren nicht von Beginn an von Bedeutung. Benötigt man sie, kann man für einen Tatbeteiligten die Verteidigung übernehmen.

83 Die **Ausweichmodelle** werden in der **Praxis** (auch soweit sie kritisch sind) von der Staatsanwaltschaft und der Bußgeld- und Strafsachenstelle wegen ihrer Sachnotwendigkeit **akzeptiert**, sofern man sorgfältig darauf achtet, dass der Akteninhalt dem formellen Gebot des § 146 StPO entspricht. In solchen Fällen ist es darüber hinaus auch Praxis, dass der Verteidiger des einen Beschuldigten das Verfahren des anderen Beschuldigten, der im Verfahren keine eigenständige Bedeutung hat, „miterledigt" (so kann häufig der Verteidiger des Ehemannes erreichen, dass nach der Hinnahme eines Strafbefehls für diesen das Verfahren gegen die Ehefrau eingestellt wird).

84 § 146 StPO steht der **sukzessiven Mehrfachverteidigung** nicht entgegen[1]. Lassen sich mithin die Verfahren zeitlich nacheinander abhandeln, kann jeweils derselbe Verteidiger tätig werden.

85 Im Fall des **konkreten Interessengegensatzes** ist es unbedingt ratsam, die Verteidigung in die Hände zweier Verteidiger aus unterschiedlichen Praxen zu legen.

86 Zur Anwendung des § 146 StPO auf die Vertretung eines Zeugen durch den **Verteidiger** und den **Rechtsbeistand** eines **Zeugen** s. Tz. 596 f. Zur Anwendung des § 146 StPO auf die Beratung zur **Selbstanzeige** s. Tz. 185.

3. Übernahme sonstiger Vertretungsfunktionen

87 Der Verteidiger kann parallel zur Funktion als Verteidiger die **Beratung** und **Vertretung** im **Steuerverfahren** nach § 80 AO übernehmen. Beide Vertretungsverhältnisse sind zu trennen; so gilt die Einschränkung des § 146 StPO nicht für die steuerliche Vertretung (s. Tz. 82), auch nicht für die Selbstanzeigeberatung (Tz. 185).

88 Der Verteidiger kann auch **Rechtsbeistand** eines **Zeugen** sein. Zu dieser Problematik s. Tz. 596 f.

---

1 Vgl. hierzu MEYER-GOSSNER, § 146 Rz. 18.

4. Vollmacht

Der Berater, Anwalt oder Verteidiger bedürfen für ihr Auftreten im 89
Steuerfahndungsverfahren einer **Vollmacht**. Dies gilt sowohl für seine
Stellung als Verteidiger als auch für seine Stellung als steuerlicher Be-
vollmächtigter iSv. § 80 AO.

Eine **schriftliche Vollmacht** des Verteidigers ist im Steuerfahndungs- 90
verfahren – wie überhaupt in Strafverfahren – nicht zwingend vorgeschrieben[1]. Ausreichend ist es, wenn der Beschuldigte mit seinem Verteidiger zusammen bei der Steuerfahndung erscheint[2]. Die Vermutung
spricht für die Bevollmächtigung des tätig werdenden Anwalts[3].
Gleichwohl ist die Vorlage einer schriftlichen Vollmacht die Regel.

Die Bevollmächtigung als **steuerlicher Vertreter** richtet sich nach § 80 91
AO. Auf Verlangen hat sich der Bevollmächtigte schriftlich auszuwei-
sen (§ 80 Abs. 1 S. 3 AO). Die Anforderung der Vollmacht ist eine Ermessensentscheidung. Die Finanzverwaltung ist angewiesen, bei Angehörigen der steuerberatenden Berufe, auch bei Anwälten, nur bei
besonderem Anlass eine schriftliche Vollmacht zu verlangen[4]. In der
Praxis ist im Steuerverfahren – auch gegenüber der Steuerfahndung –
die Anforderung einer schriftlichen Vollmacht die Ausnahme.

5. Honorar

S. hierzu Tz. 1365 ff.
92

6. Probleme des Mandatsbeginns

Erscheint die Steuerfahndung, nimmt der Betroffene in aller Regel **zu-** 93
erst Kontakt mit seinem **Steuerberater** auf. Schätzt dieser seinen Mandanten richtig ein, kennt er auch seine steuerlichen Stärken und
Schwächen, wird es rasch zu einem konstruktiven Gespräch kommen,
wie die Verteidigung zu beginnen und zu planen ist.

Ist der Steuerberater nicht nur überrascht, dass die Steuerfahndung 94
erscheint, sondern auch, dass die Hinterziehung gerade bei dem eigenen Mandanten möglich ist – ist er **enttäuscht**, hat er ihn in seiner
Wertkategorie „höher" eingeschätzt –, muss zuerst das Vertrauensver-

---

1 Meyer-Gossner, vor § 137 Rz. 9; Ausnahmen: §§ 234, 350, 387, 411 StPO.
2 BayObLG 2 Ob OWi 169/80 vom 31. 7. 1980, StV 1981, 117.
3 Meyer-Gossner, vor § 137 Rz. 9.
4 AnwErl. zur AO, zu § 80.

hältnis zum Steuerberater gerettet und auf neue Füße gestellt werden. Der Berater muss sich auf die neue Situation einstellen. Sein **Mandant** braucht seine **Hilfe**. Vgl. hierzu auch Tz. 70 f.

95 Kompliziert wird die Situation, wenn der betroffene Steuerbürger sich in der Pflicht fühlt, seinem Steuerberater weiterhin den **ehrlichen Steuerzahler vorzuspielen**, weil er vor dem zu hoch angesetzten oder zu hoch vermuteten Ethos des Beraters Angst hat. In diesen Fällen spricht der Betroffene mit dem Verteidiger eine andere Sprache als mit dem Steuerberater. Im Einzelfall müssen sogar beide – Verteidiger und Betroffener – dem Steuerberater Theater vorspielen. Optimal ist diese Situation nicht. Der Mandant sollte seinem Berater mehr Fakten anvertrauen und mehr Härte zutrauen. Der Berater sollte ein Stück Steuerpurismus, sofern vorhanden, ablegen.

96 Der Betroffene wählt sodann – nach Beratung mit dem Steuerberater – den **Verteidiger**. Entscheidet man sich für einen eigenen Verteidiger für das Steuerfahndungsverfahren, ist dieser Verteidiger eine „neue Person". Er ist für die Vertretung notwendig, in den Augen des Betroffenen ist er in der speziellen Steuerfahndungssituation sogar notwendiger als der Steuerberater. Auf der anderen Seite ist das Vertrauensverhältnis zu dem Steuerberater intensiver. Notwendigkeit und Vertrauensbasis verhalten sich in beiden Mandatsverhältnissen gegenläufig zueinander. Anwalt und Steuerberater müssen dies berücksichtigen. Der Anwalt schadet dem Beratungsverhältnis, wenn er sich über den Steuerberater hinwegsetzt und nicht die Möglichkeit nutzt, über den Steuerberater den Betroffenen mit seinem Rat wirksamer zu erreichen. Der Steuerberater schadet dem Betroffenen, wenn er sich im Hinblick auf den Anwalt völlig zurückzieht, weil er häufig dem Mandanten der bessere Gesprächs- und Vertrauenspartner ist, als der Anwalt; zudem ist er hinsichtlich der Fakten der optimale Zuarbeiter.

97 Das **Vertrauensverhältnis** zwischen Verteidiger und Mandant, das im Fahndungsverfahren auf lange Zeit angelegt sein muss, **entwickelt** sich **langsam**. Es spricht für wenig Einfühlungsvermögen und psychologische Kenntnis, zu erwarten, der Mandant würde dem „fremden" Anwalt im ersten Gespräch alles, insbesondere alle Steuerverkürzungen, erzählen; ebenso unrealistisch ist es, diese sofortige Offenbarung zu fordern. Die Fahndung konzentriert sich auf „Geldsachen"; in der Regel glaubt der Mandant, hier exzellent vorgesorgt zu haben, so dass er seine Situation besser einschätzt, als sie es tatsächlich ist (s. auch Tz. 139). Der Verteidiger wird in die Sachverhaltskenntnis erst mit dem Laufe des Verfahrens hineinwachsen.

Häufig **erfährt** er den **Sachverhalt** erst über die **Steuerfahndung**, da   98
diese zuerst mehr weiß, als der Betroffene annimmt. Es ist idR falsch,
in derartigen Fällen mit Entrüstung über den Beschuldigten herzufal-
len. Es reicht, wenn die Steuerfahndung mehr weiß; man sollte ihr
nicht noch die Genugtuung verschaffen, in das Mandatsverhältnis einen Keil gesetzt zu haben. Der Verteidiger wird vorsorglich den **Sachverhalt ärger vermuten**, als ihn der Mandant vorträgt, und nach diesem Bild seine Verteidigung einrichten. So wird man aus diesem
Grund nicht von leichter Hand Erklärungen des Mandanten an die
Steuerfahndung weitergeben, da man zuerst einmal befürchten muss,
dass der Gegenbeweis sich bereits in den Steuerfahndungsakten befindet. Dies belastet das Mandat in der Anfangszeit, weil der Verteidiger strenger scheint als die sirenenhaft lockenden Fahndungsbeamten.
Die Wahrscheinlichkeit geht dahin, dass die Erfahrung den Mandanten zugunsten seines Verteidigers bekehrt.

7. Beratung über Folgen und Nebenfolgen des Steuerfahndungsver-
fahrens

Das Gespräch mit dem Mandanten muss sich auf die **Folgen** und **Ne-**   99
benfolgen eines Steuerfahndungsverfahrens erstrecken. Hier darf es
später **keine Überraschungen** geben.

Die **Hauptfolgen** – Nachzahlung der Steuer (einschließlich evtl. Siche-   100
rung der Steuerschuld) – und die strafrechtlichen Sanktionen werden
im Gespräch selten vergessen.

Auf die **Zinsfolgen**, und zwar die normalen **Steuerzinsen** nach § 233a   101
AO und die **Hinterziehungszinsen** muss hingewiesen werden (vgl.
Tz. 1229 ff.). Bei langwierigen Steuerstrafverfahren, die weit in die Vergangenheit zurückgehen, kann der Zinsbetrag die Höhe der nachzu-
zahlenden Steuer erreichen. Um den Lauf der Zinsen abzuschneiden,
können à-conto-Zahlungen vernünftig sein.

Über die **Beratungskosten** und ihre steuerliche Behandlung (vgl.   102
Tz. 1365 ff.) muss gesprochen werden.

Bis zur Änderung des Bundesjagdgesetzes im Jahr 1990[1] konnte auf-   103
grund einer Verurteilung wegen einer Steuerstraftat der **Jagdschein**
entzogen werden; dies war sodann bis 2002 in der Regel nicht mehr

---

1 Änderung durch das Dritte Rechtsbereinigungsgesetz vom 28. 6. 1990, BGBl.
1990 I, 1221; dazu BELLING, NJW 1991, 280.

möglich[1]. Ab 2002 kann der Jagdschein bei einer Verurteilung wegen Steuerhinterziehung wieder entzogen werden, da sich das BJagdG nunmehr in § 17 an das WaffG anlehnt; der **Waffenschein** aber kann entzogen werden[2].

104 Die **Ausstellung** eines **Passes** kann versagt werden (§ 7 PaßG). Es kann die Entziehung eines Passes angeordnet werden (§ 8 PaßG). Voraussetzung ist insoweit, dass Tatsachen vorliegen, die die Annahme rechtfertigen, dass der Passbewerber sich seinen steuerlichen Pflichten entziehen will[3].

105 **Gewerbeuntersagungsverfahren** gem. **§ 35 GewO** wegen steuerlicher Unzuverlässigkeit sind möglich. Allerdings wird in der Praxis von ihr nicht häufig Gebrauch gemacht[4].

106 An **berufsrechtliche** Folgen ist zu denken. Bei den beratenden Berufen kann sich an ein Steuerstrafverfahren ein Berufsrechtsverfahren an-

---

1 Verteidiger von **Steuerstraftätern**, die zugleich **Jäger** sind, wissen von der Angst zu berichten, die die Betroffene bezüglich seines Jagdscheins hat. Kann er nach einer Verurteilung entzogen werden? Dies war lange strittig. Am 30. 11. 1989 entschied das Bundesverwaltungsgericht, der Entzug des Jagdscheins sei möglich (BVerwG 3 C 92/87 vom 30. 11. 1989, NJW 1990, 1864). Am 25. 7. 1990 wurde die Entscheidung in der NJW veröffentlicht (Heft 30 vom 25. 7. 1990). Knapp einen Monat zuvor (!), nämlich am 28. 6. 1990, erschien im BGBl. das Dritte Rechtsbereinigungsgesetz (S. 35 FN 1) mit einer Änderung des Bundesjagdgesetzes dahingehend, dass der Jagdschein den verurteilten Hinterziehern nicht weggenommen werden darf. Da das Gesetzgebungsverfahren beträchtliche Zeit vor der Veröffentlichung im BGBl. begonnen haben muss, hat der Gesetzgeber sofort auf die Entscheidung des BVerwG und vor deren Veröffentlichung reagiert, und dies sodann unmerklich, nämlich unter dem nichts sagenden Titel eines Rechtsbereinigungsgesetzes. Das **Waffengesetz**, das dieselbe Formulierung enthält, die dem BVerwG erlaubte, den Jäger mit dem Entzug des Jagdscheins zu strafen (anwendbar ist § 5 Abs. 2 Nr. 1b WaffG iVm. der zitierten Entscheidung des BVerwG), wurde nicht korrigiert, woraus man lernen und schließen kann: Anders als in den USA haben wir im Bundestag eine schlechte Waffenlobby, hingegen eine **gut funktionierende** parteienübergreifende große **Koalition** der **Jäger**. Im Übrigen schwebt dem Gesetzgeber wohl ein differenzierter, eingeschränkter Rechtsschutz in Steuerstrafsachen vor: Wer Steuern hinterzieht, verliert zwar den Waffenschein (das muss sein), jagen darf er aber weiter.
2 Vgl. §§ 45, 5 Abs. 2 Nr. 1a WaffG. Zu den **Mitteilungspflichten** s. Tz. 1348 f.
3 Vgl. im Einzelnen WEYAND, Inf. 1989, 361; zur Zulässigkeit der Information der Passbehörde s. FG Düsseldorf 4 V 3074/02 vom 3. 7. 2002, EFG 2002, 1130.
4 S. dazu auch HOFMANN, DStR 1999, 2001. Zur Möglichkeit der Auskunftserteilung an die Gewerbebehörden s. BMF-Schreiben vom 17. 12. 2004, DB 2005, 16.

schließen. Dies geschieht auch bei Ärzten, allerdings vereinzelt. Bei Beamten können Disziplinarverfahren folgen.

In **Prüfungs-** und **Bestellungsverfahren** kann nach dem Schweben von   107
Strafverfahren gefragt werden. Hier muss auf ein schwebendes Steuerstrafverfahren hingewiesen werden.

Zu den **Mitteilungspflichten** und **Registereintragungen** s. im Übrigen
Tz. 1329 ff.

IV. Verteidigung bei Tatverdacht gegen Mandant und Steuerberater

In einen bedrückenden **Konflikt** werden Betroffener und Steuerberater   108
geführt, wenn sich das **Fahndungsverfahren** auch gegen den **Berater**
richtet oder richten könnte. Beginnt das Fahndungsverfahren, so ist der
Steuerberater regelmäßig der erste und einzige, der dem Betroffenen
zur Seite steht. Der Mandant und Berater umfassende Verdacht der
Fahndung zerschneidet dieses Vertrauensverhältnis unmittelbar, ohne
Zeitverzögerung und nicht selten kaum mehr reparabel. Der Steuerberater kann den Mandanten nicht mehr in dem Fahndungsverfahren
vertreten. Suchen beide ihre eigene Verteidigung, so spricht vieles dafür, dass sich beide alsbald gegenseitig belasten, um sich zu entlasten.
Das enge Vertrauensverhältnis verkehrt sich in sein Gegenteil. Der Anwalt gerät nicht selten in unangenehme Konflikte: Ein Steuerberater
empfiehlt ihn als Verteidiger und nimmt auch an den einführenden
Gesprächen teil. Später wird der Verdacht auf den Steuerberater ausgedehnt. Der empfohlene Anwalt kann ihn nicht verteidigen (Tz. 75 ff.),
ja wird in Zukunft möglicherweise sogar gegen ihn agieren.

Der „dringend" **tatverdächtige Steuerberater** kann **nicht Verteidiger**   109
eines an der Tat Beteiligten sein; dies folgt aus § 138a Abs. 1 Nr. 1
StPO, wonach er in diesem Fall als Verteidiger auszuschließen ist. Gerät der Steuerberater folglich in den „dringenden" Verdacht, selbst an
der Hinterziehung des Mandanten beteiligt zu sein, kann er ihn nicht
als Verteidiger vertreten. Allein durch diesen Verdacht kann die Steuerfahndung den Steuerberater aus der Verteidigung drängen.

In solchen Verdachtsfällen folgen selbst für das **Steuerberatungsman-**   110
dat des Steuerberaters Schwierigkeiten. Eine Trennung zwischen Verteidigung und Steuerberatung wird schwierig. Verteidigung übt man
in solchen Fällen möglicherweise auch dann aus, wenn man Steuerberatung betreibt. Der Steuerberater bleibt in der Gefahr, ausgeschlossen zu werden.

V. Taktische Hinweise und Maximen zur Verteidigung im Steuerfahndungsverfahren

111 Wenn wir an dieser Stelle **allgemeine Verteidigerhinweise** formulieren, so ist dies für den Leser nur sinnvoll, wenn er die Sätze als „**Maximen**" begreift und handhabt. Maximen geben Leitlinien. Über Alternativen und Abweichungen ist einzelfallbezogen zu entscheiden. Ermöglicht wird das **erste Angehen** eines Falls. Im Übrigen sprechen wir mit den Hinweisen und Maximen psychologische, strategische, bürokratische, menschliche Gegebenheiten an, die, breiter dargestellt, übergewichtigen Raum beanspruchen würden.

112 Die Verteidigung **beginnt** in Steuerfahndungsfällen **sofort**. Mag sich in anderen Strafrechtsfällen das Schwergewicht der strafrechtlichen Verteidigung auf die Hauptverhandlung vor dem Strafgericht konzentrieren, so gilt dies nicht im Bereich der Steuerhinterziehung. Der Fahnder muss von Beginn an von dem Gefühl beherrscht werden, **alle** seine **Tätigkeiten** werden **überprüft**.

113 Dies gilt insbesondere für die Ermittlung der **richtigen Besteuerungsgrundlagen**. Jede Steuerstrafverteidigung wird in erster Linie über den **objektiven Tatbestand** geführt. Ein Steuerstrafverteidiger kann vortragen, der Beschuldigte habe nicht gewusst, dass Zinsen steuerpflichtig seien. Er habe nicht vorsätzlich gehandelt (= Verteidigung über den subjektiven Tatbestand). Die Verteidigung kann aber auch vortragen, Steuern auf gewerbliche Einkünfte seien deshalb nicht verkürzt, weil die Steuern nicht angefallen seien, zB weil es keine Einkünfte in der von der Steuerfahndung angenommenen Höhe gebe (= **Verteidigung über den objektiven Tatbestand**). Es steht außer Zweifel, dass die Verteidigung, die die Hinterziehung im objektiven Tatbestand bestreitet, die weit wirkungsvollere ist. Nach unserer Einschätzung wirkt eine Verteidigung in Steuerstrafsachen zu 75% über den objektiven, zu 10% über den subjektiven Tatbestand und zu 15% auf sonstigen Ebenen[1]. Dies gilt auch nach Abschluss des Steuerfahndungsverfahrens, weshalb Nachforderungsbescheide nicht bestandskräftig werden dürfen, solange das Steuerstrafverfahren noch nicht abgeschlossen ist; s. auch Tz. 823 ff.[2].

---

1 Vgl. MARIENHAGEN, Die Einlassung der Verteidiger im Steuerstrafverfahren, Diss. Kiel 1986: Er hat festgestellt, dass etwa 75% aller Verteidigereinlassungen mit dem subjektiven Schuldargument arbeiten. 18% befassen sich mit steuerlichen Vorfragen, sind damit aber weit wirkungsvoller.
2 Zur „magischen" Verunsicherung durch die fehlende Bestandskraft s. auch STRECK, DStJG (18) 1995, 173, 185.

Optimale Zusammenarbeit mit dem Steuerberater

Die Steuerfahndung muss wissen, dass die von ihr ermittelten Besteue- 114
rungsgrundlagen vor ihrer Anerkennung vielfach gewendet und geprüft werden, dass Schätzungen nicht aus Unsicherheit und Unkenntnis akzeptiert werden und dass der Steuerpflichtige und sein Berater,
wenn erforderlich, **10% exakter** sein können **als der Fahnder.**

Aus diesem Grund ist eine **optimale Zusammenarbeit** mit dem **Steuer-** 115
berater, sei er gleichzeitig Verteidiger oder nicht, unerlässlich (s. auch
Tz. 74). Er allein verfügt idR über die Sachkenntnis, um in den Details
der Besteuerungsgrundlagen der Fahndung begegnen zu können.

Der Steuerfahndungsprüfer ist **Polizist** und **Finanzbeamter;** jener ist 116
eingreifende Hoheitsmacht, dieser ist flexibler, wirtschaftlich denkender Steuereinnehmer. Der Prüfer schwankt in seiner Arbeit zwischen
beiden Verhaltensweisen. Ähnlich muss der Verteidiger in beiden Rol-
len zu Hause sein: **Harter Rechtswahrer** und **wirtschaftlich denkender**
Verhandlungspartner. Negativ ist es, wenn er insbesondere die Möglichkeit des letztgenannten Agierens nicht nutzt.

So wie die Steuerfahndung zwischen den **Eingriffsmöglichkeiten** der 117
StPO und der AO **hin und her pendelt,** so muss der Berater alle Rechte
der AO und der StPO kennen und einsetzen. Aussageverweigerung
und Mitarbeit können Hand in Hand gehen. Steuerfahndungsverteidi-
gung ist **chamäleonhaft.**

Die Verteidigung erfolgt mit dem **Gesicht** zur **Steuerfahndung,** mit 118
dem **Rücken** zum **Mandanten.** Der Blick sucht nicht bei dem Mandanten, welche Aktivitäten er wohl gerne sähe.

Der Steuerfahndungsprüfer arbeitet an der Front. Nach häufig anzu- 119
treffendem Selbstverständnis „macht er die Arbeit". Weil dies nicht
selten in der Tat so ist, hat der **Prüfer** viele Möglichkeiten. Er ist ein
nicht zu übergehender **Gesprächspartner.**

Fehler des Prüfers sind **Aufsichtsfehler** des **Vorgesetzten.** Rügende 120
Beschwerden sollten sich nicht gegen den Prüfer, sondern gegen den
Sachgebietsleiter richten.

Steuerfahndungsverfahren sind langwierige Verfahren. Mandanten 121
sind ungeduldig. Das **Zeitmaß** bestimmt gleichwohl regelmäßig die
Steuerfahndung.

Das **Verhältnis** von **Prüfungsarbeit** und steuerlichem **Mehrergebnis** 122
verläuft regelmäßig nicht linear, sondern **degressiv.** Immer mehr Prü-

Beflissene Mitarbeit

fungszeit wird erforderlich, um ein immer geringer werdendes Prüfungsmehr zu erzielen. Graphisch kann dies wie folgt dargestellt werden:

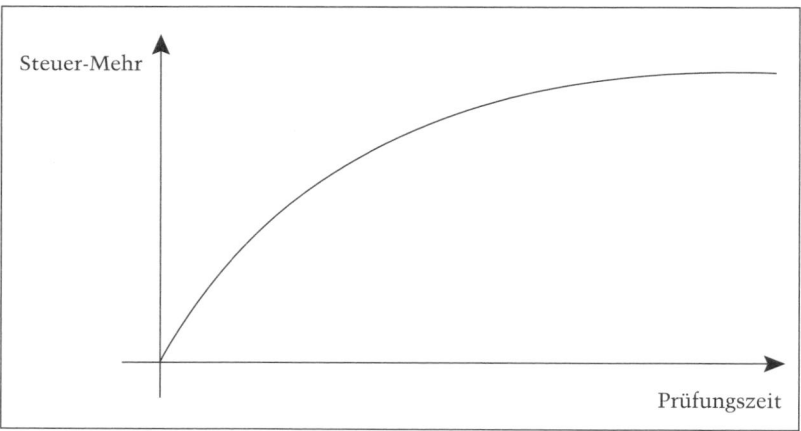

123 Aus der Sicht der Steuerfahndung kann es nur sinnvoll sein, die **Prüfung** dann **abzubrechen**, wenn die Prüfungsmehrarbeit in keiner Relation zum Mehrergebnis steht. Dies setzt allerdings die Erkenntnis voraus, dass es gerechter sein kann, viele Hinterziehungsverdächtige zu prüfen, als bei einigen eine Totalprüfung durchzuführen. Um diesen Ermittlungsverzicht bei Prüfern, zumal bei skrupelhaften Prüfern, durchzusetzen, ist die leitende Hand des Sachgebietsleiters gefordert (s. Tz. 46). Der **Berater** kann demgegenüber eine sich hinziehende Prüfung mit immer mehr Gelassenheit begleiten.

124 **Beflissene Mitarbeit** und Detailinformationen **verkürzen nicht** das Verfahren, sondern provozieren häufig weitere Ermittlungen. Denn die Unglaubwürdigkeit umhüllt alles, was Betroffener und Verteidiger sagen.

125 Die **Antwort** auf **eine** Frage erzeugt **zwei** Nachfragen, werden auch diese beantwortet, sind vier weitere Fragen die Folge. Nur **Schweigen** blockiert das Fragen. S. auch Tz. 538 ff.

126 Wer den Eindruck erweckt, er **wolle** eine bestimmte **Ermittlung nicht**, **verursacht** sie.

127 Wer den Eindruck erweckt, ihm seien bestimmte **Ermittlungen**, da ungefährlich, völlig **gleichgültig**, **verhindert** sie.

40

Geständnis

Was der Beschuldigte und sein Vertreter auch sagen: Zuerst ist es nach   128
Ansicht der Steuerfahndung **unwahr** oder nur **teilwahr.**

Was der Betroffene heute sagt, ist unglaubwürdig. Sagt er es **immer**   129
wieder, wird es glaubwürdiger.

Änderung der **Einlassung** bleibt ein **Makel** („Wer einmal lügt, dem   130
glaubt man nicht, und wenn er auch ...")[1].

Nicht jeder kann alles wissen. Auch Fahnder sind Spezialisten. Zu   131
ihrem Spezialgebiet zählen nicht unbedingt klassische **Betriebsprü-**
fungsfragen und echte steuerrechtliche Problemfälle.

Eine **Betriebsprüfung** durch **Fahnder** ist daher nicht grundsätzlich be-   132
kämpfungswürdig.

Strafverfolgung ist Teil der Justiz. **Justiz** ist **Gerechtigkeit** durch **Ak-**   133
tenverwaltung. Entscheidungen werden aufgrund von Akten gefällt.
Jedes Schreiben, das an die Steuerfahndung gerichtet wird, wird Teil
der Akten und führt damit zur sog. Gerechtigkeit. Nicht aber das ge-
sprochene Wort. Dieses kann freier geführt werden; das geschriebene
Wort bleibt stets gezügelt. Allerdings muss daran gedacht werden,
dass der Ermittler **Aktenvermerke** fertigen und damit den Akteninhalt
beeinflussen kann.

Strafverfolgung ist zur Hälfte Entdeckung der Tat und zur anderen   134
Hälfte die Suche nach **Beweismitteln.** Kein Betroffener ist verpflichtet,
die Beweismittel zu seinen Lasten zu schaffen.

Ein **Geständnis** nimmt der Verfolgungsbehörde die Beweisprobleme   135
oder mindestens 75 vH der Arbeit ab[2].

Steuerfahndung ist keine Betriebsprüfung. **Vereinbarungen** und **Ab-**   136
reden zählen nicht, wenn der Steuerfahndungszweck es gebietet.

---

1 „**Falsus in uno falsus in omnibus**" (Wer in einem Punkt gelogen hat, hat in
  allen gelogen); „**Testis in uno falsus in nullo fidem meretur**" (Ein Zeuge, der
  in einem Punkt gelogen hat, verdient in nichts Glauben); LIEBS, Lateinische
  Rechtsregeln und Rechtssprichwörter, 6. Aufl., 1998.
2 Dazu auch Tz. 538 ff. und S. 152 FN 2. Diese Erkenntnis ist bereits im römi-
  schen Recht in vielfältige Rechtssätze eingeflossen (hier zitiert nach LIEBS, aaO
  [FN 1] Lateinische Rechtsregeln und Rechtssprichwörter, 6. Aufl., 1998): „**Con-**
  fessio est regina probationum" (Das Geständnis ist die Königin der Beweise);
  „**Habemus optimum testem confitentem reum**" (Der beste Zeuge ist der ge-
  ständige Angeklagte); „**Nulla fortior probatio, quam confessio partis**" (Es
  gibt keinen stärkeren Beweis als das Geständnis der Partei); „**Propria confes-**
  sio est optima convictio" (Das eigene Geständnis ist die beste Überzeugung).

Vorsicht vor dem Mandanten

137 Gleichwohl: Auch die Steuerfahndung **steht** im Übrigen **zu ihrem Wort**. Für den Verteidiger ist es nicht ratsam, sich mit leichter Hand von der eigenen Zusage loszusagen. Dem Erfolg der Einzelaktion steht der das lang dauernde Verfahren belastende Vertrauensverlust gegenüber.

138 Bei der Steuerfahndung ist **ein Gespräch nie abgebrochen**; keine Verhärtung zwingt notwendig zum Rechtsstreit; ein Faden ist immer wieder aufnehmbar.

139 **Vorsicht vor dem Mandanten.** Er muss vor seiner eigenen Klugheit geschützt werden. Steuersachen sind Geldsachen; in Geldsachen neigt man zum Glauben, „Weltmeister" zu sein.

140 **Informationen** des **Mandanten** sind oft **unvollständig**. Die fehlenden Informationen werden sodann von der Steuerfahndung nachgeliefert. Die Steuerfahndung weiß zumeist mehr, als der Betroffene annimmt.

141 Fahnder sind erheblich **tüchtiger**, als es dem gängigen Beamtenbild entspricht.

142 Aber: Fahnder kennen das positive Gefühl, wenn **Arbeit durch andere** erledigt wird oder **nicht** erledigt werden muss.

143 Gute Fahnder sind ebenso wenig **links,** weil sie gut sind, wie behäbige Fahnder **rechts** sind, weil sie dem Vorurteils-Beamtenbild entsprechen.

Zweiter Teil

Die Fahndung

A. Vorbereitung auf den Steuerfahndungseingriff

I. Anlässe

Die Vorbereitung auf den Fahndungseingriff setzt voraus, dass man ihn für **möglich** hält oder ihn **erahnt**. Voraussetzung ist, dass man die Anlässe kennt und über sie nachdenkt. 144

Steuerhinterziehung ist Anlass für den Steuerfahndungseingriff. Der Satz ist, obgleich trivial, wichtig: Je länger eine Hinterziehung andauert oder je größer ihr Umfang ist, um so wahrscheinlicher wird der Eingriff. Der Krug geht so lange zum Brunnen, bis er bricht. 145

Offensichtlichkeit der Hinterziehung intensiviert die Gefahr. Der gutsituierte Arzt, der kaum ausgeben kann, was er verdient, und gleichwohl keine sonstigen Einkunftsquellen deklariert, oder ungesicherte Darlehen dubioser Schweizer Aktiengesellschaften usw. sind selbst für unqualifizierte Beamte Winke mit Zaunpfählen. 146

Benötigt der Hinterzieher sein nicht versteuertes Kapital, ersinnt er **Verfahrensweisen**, um nicht versteuerte Gelder zu erklären. Diese „Weißwäsche" ist eine klassische Gefahrenquelle für den Eingriff. 147

Mitwisser sind immer potentielle Anzeiger, s. auch Tz. 168. 148

Mittäter sind Mitwisser und immer potentielle Anzeiger; s. Tz. 168. 149

Das **Finanzamt** ist eine **exzellent informierte Behörde**[1]. Die Steuerakten sind eine Fundgrube für Anregungen und Überlegungen, ob und was der Stpfl. hinterziehen könnte. Mithin können Hinweise und Informationen des Veranlagungsfinanzamts die Fahndung auslösen. 150

Ein **Betriebsprüfer** kommt mit den eigenen Ermittlungen nicht weiter. Er vermutet einen Hinterziehungstatbestand. Der Fall wird an die Steuerfahndung abgegeben. Vorsicht also, wenn ein Betriebsprüfer die Prüfung nicht fortsetzt und die bisherige Prüfung die Möglichkeit einer Hinterziehung eröffnet hat. 151

---

1 Vgl. BILSDORFER/WEYAND, Die Informationsquellen und -wege der Finanzverwaltung, 6. Aufl., 2004, 21 ff.

Kontrollmitteilungen

152 **Kontrollmitteilungen** können Fahndungsprüfungen auslösen, wenn sie sich gehäuft oder im Einzelfall mit hohen Beträgen in einer Steuerakte befinden und die Kontrollinformationen mit dem Akteninhalt in Widerspruch stehen.

153 Hierzu zählt auch die Kontrollmitteilung aus **Bankkonten**, wenn in der Steuererklärung keine Zinseinkünfte erklärt werden oder das Kontenkapital mit den erklärten Einkünften nicht in Deckung steht. § 30a AO schützt zwar vor derartigen Kontrollmitteilungen, aber nicht bei CpD-Konten und bei Banken, bei denen sich der Tatverdacht gegen die Bankangestellten richtet, und bei Insolvenz-Banken (zB im Herstatt-Fall[1])[2].

154 Kreditinstitute sind im Hinblick auf die **seit 1999** erzielten Kapitaleinkünfte nach § 45d EStG verpflichtet, dem Bundeszentralamt für Steuern die Höhe der ihnen vorliegenden **Freistellungsaufträge** und deren konkrete Ausschöpfung zu melden[3]. Die gemeldeten Daten stehen der FinVerw. allgemein, dh. im Besteuerungs-, aber auch im Steuerstrafverfahren zur Verfügung[4]. Insbesondere nach Einführung der Norm war eine „Welle" zu beobachten, in der zu hoch oder missverständlich erteilte Freistellungsaufträge zu Ermittlungsverfahren geführt hatten.

155 Im **Insolvenzfall** gilt nicht nur für Banken, sondern für alle Gesellschaften, dass mit dem Insolvenzgericht bzw. dem Insolvenzverwalter eine fremde Person in das Unternehmen kommt, die sich speziell auf die Suche nach Unregelmäßigkeiten macht, um – wenn erforderlich zusammen mit der Staatsanwaltschaft – die Insolvenzmasse um Schadensersatzansprüche gegen ehemalige Geschäftsführer und Vorstandsmitglieder anzureichern. Steuerliche Verfehlungen und somit das Tätigwerden der Steuerfahndung kommen in Krisensituationen von Unternehmen häufig vor[5].

156 **Behörden** und **Rundfunkanstalten** sind bei **Honorarzahlungen** und ähnlichen Leistungen zu Kontrollmitteilungen verpflichtet[6].

---

1 Speziell zum Herstatt-Fall s. Felix, FR 1976, 350, und Meyer-Arndt, StbJb. 1979/80, 151.
2 S. Tz. 627 und Tz. 660 ff.
3 Kahlen, PStR 1999, 109.
4 Stahl, Selbstanzeige und strafbefreiende Erklärung, 2. Aufl. 2004, Rz. 26.
5 Weyand, Insolvenzdelikte, 5. Aufl. 2001, 141 ff. (152 ff.).
6 Für Behörden und öffentlich-rechtliche Rundfunkanstalten gilt die auf der Grundlage von § 93a AO erlassene Mitteilungsverordnung vom 25. 3. 2002, BStBl. 2002 I, 477, geändert durch BMF vom 25. 3. 2004, BStBl. 2004 I, 418.

Seit Einführung der **Umsatzsteuer-Nachschau** durch das Steuerverkür   157
zungsbekämpfungsgesetz (StVBG)[1] steht der FinVerw. die Möglichkeit offen, außerhalb einer „normalen" Außenprüfung und ohne vorherige Ankündigung umsatzsteuerlich relevante Sachverhalte bei den
Unternehmen vor Ort zu überprüfen. Hierzu können sie sich Aufzeichnungen, Bücher etc. vorlegen lassen, § 27b Abs. 1 und 2 UStG. Der
„Nachschauer", dh. der Finanzbeamte, der die Prüfung durchführt,
hat die Möglichkeit, im Verlauf der Nachschau ohne vorherige Prüfungsanordnung iSv. § 196 AO direkt zu einer Außenprüfung überzugehen. Es gelten dann die Ausführungen zur Tätigkeit des Betriebsprüfers unter Tz. 151. Nach dem Wortlaut der Norm sind die Feststellungen, die im Rahmen einer Umsatzsteuer-Nachschau getroffen wurden, sowohl hinsichtlich der Umsatzbesteuerung als auch im Hinblick
auf andere Steuerarten unmittelbar auswertbar, § 27b Abs. 4 UStG[2].
Somit stehen der Finanzverwaltung auf diesem Wege erlangte Informationen zur Verfügung, die einen Anlass zur Abgabe an die Steuerfahndung und der Einleitung von Ermittlungsverfahren darstellen
können.

Nach § 33 Abs. 1 **ErbStG** sind gewerbsmäßige Vermögensverwalter, zB   158
Banken, verpflichtet, die von ihnen verwalteten Vermögensgegenstände, zB Wertpapiere, und die gegen sie gerichteten Forderungen, zB
Kontenbestände, im **Todesfall** dem Erbschaftsteuer-Finanzamt mitzuteilen[3]. Diese Mitteilung kann Hinweise auf nicht versteuertes Kapital
und nicht versteuerte Erträge geben[4].

---

1 Gesetz vom 19. 12. 2001, BGBl. 2001, 3922.
2 Str. vgl. SPATSCHECK/EHNERT, AO-Stb 2003, 304.
3 Das Kreditinstitut hat anzuzeigen: Personalien des Erblassers nebst Sterbeort
   und Todestag; Höhe der Guthaben und sonstigen Forderungen nebst Kontonummer; bei Wertpapieren, Anteilen und Genussscheinen den Nennbetrag,
   den Zinssatz, die Bezeichnung der Papiere, den Kurs am Todestag und den
   Kurswert; Wertsachen, die der Verstorbene beim Kreditinstitut hinterlegt
   oder zur Aufbewahrung gegeben hat; die Tatsache, dass der Kunde bei der
   Bank ein Schließfach hatte oder nicht. Entscheidend ist der konkrete Todeszeitpunkt, hilfsweise der Beginn des Todestages (BILSDORFER/WEYAND, aaO,
   97).
4 Und zu **Kontrollmitteilungen** führen (dazu FinVerw., BStBl. 1994 I, 529). Zur
   Diskussion über das Verhältnis von § 30a AO zu solchen Kontrollmitteilungen: KIEN-HÖMBERT, DStR 1987, 792; FELIX, BB 1988, 2011; BILSDORFER, BB
   1989, 1102; DIETZ, DStR 1989, 70; HAMACHER, StVj 1992, 110, 126. Nach BFH
   VIII B 129/91 vom 2. 4. 1992, BStBl. 1992 II, 616 sind die Kontrollmitteilungen
   zulässig.

159 **Versicherungsunternehmen**[1] haben nach § 33 Abs. 3 ErbStG dem Finanzamt anzuzeigen, bevor sie Versicherungssummen oder Leibrenten einem anderen als dem Versicherungsnehmer auszahlen oder sonst zur Verfügung stellen. In der Regel handelt es sich um die Mitteilung der Auszahlung von Lebensversicherungen an Begünstigte, die mit späteren Nachfragen des Finanzamts, wie die Mittel verwendet wurden und ob zB Zinserträge angefallen sind, rechnen müssen. Werden Lebensversicherungen zur Sicherung von Darlehen eingesetzt, hat der Sicherungsnehmer dem Veranlagungsfinanzamt des Versicherungsnehmers die Verwendung der Lebensversicherung zur Darlehensbesicherung oder -tilgung nach § 29 Abs. 1 EStDV anzuzeigen. Hat der Sicherungsnehmer seinen Sitz im Ausland, trifft diese Verpflichtung das Versicherungsunternehmen. Diese Meldungen können Anhaltspunkte für bislang nicht versteuertes Kapital und Erträge hieraus liefern.

160 Nach § 22a EStG haben die Träger der Rentenversicherungen eine **Rentenbezugsmitteilung** abzugeben, deren Inhalt der Finanzverwaltung zur Verfügung steht.

161 **Gerichte** und **Behörden** sind bei dem Verdacht einer Steuerstraftat anzeigepflichtig **(§ 116 AO)**. Das Breittreten nicht versteuerter Einnahmen in einem Unterhaltsprozess kann zur Einladung an die Steuerfahndung werden.

162 Feststellungen von **Zollbehörden** – zB beim **Grenzübergang** – können Steuerfahndungsverfahren auslösen. Beispiel: Der Zoll stößt beim Grenzübergang auf Bankunterlagen, die er copiert und an die Finanzverwaltung weitergibt[2]. Nach § 12a ZollVG sind beim Grenzübertritt Bargeld oder gleichgestellte Zahlungsmittel im Wert von 15 000 Euro oder mehr auf Verlangen den Zollbediensteten anzuzeigen. Herkunft, Verwendungszweck und der wirtschaftlich Berechtigte sind zu nennen. Zur Durchführung dieser Regelung stehen dem Zoll die Möglichkeiten des § 10 ZollVG offen, dh. er darf Fahrzeuge anhalten und durchsuchen. Ferner dürfen Personen „körperlich durchsucht" werden, wenn „zureichend tatsächliche Anhaltspunkte dafür vorliegen, dass sie vorschriftswidrig Waren mitführen", im vorliegenden Fall also Bargeld o.ä. im Wert von 15 000 Euro oder mehr beim Grenzübertritt

---

1 Hierzu gehören auch die Sterbekassen von Berufsverbänden, Vereinen und Anstalten, § 7 Abs. 1 ErbStDV.
2 Zur Problematik dieses Informationsaustausches s. BIRMANNS, NWB F 13, 769 (7/90).

bei sich tragen. Finden die Zollbeamten bei Gelegenheit der Durchsuchung Bankunterlagen oder andere Dokumente, die auf eine Hinterziehung hindeuten, dürfen sie diese copieren und an die Finanzverwaltung weiterreichen, auch wenn sich herausstellen sollte, dass tatsächlich kein Bargeld, das den Wertrahmen übersteigt, mitgeführt wurde[1]. Der Verstoß gegen die Anzeigepflicht selbst kann nur als Bußgeld, § 31a ZollVG geahndet werden.

Immer häufiger werden die Fälle, in denen durch Verdachtsmeldungen einer **Geldwäsche**, § 11 GWG[2], Steuerfahndungsverfahren eingeleitet werden. In diesen Fällen erhält die Steuerfahndung die Information über einen Hinterziehungsverdacht sowie den Ermittlungsauftrag über die Staatsanwaltschaft, die Geldwäsche-Verdachtsanzeigen auswertet. Nach § 10 Abs. 2 GWG dürfen die Aufzeichnungen zB der Kreditinstitute an die Finanzverwaltung weitergegeben werden, sobald die Verdachtsmeldung wegen einer Nicht-Steuerstraftat, also zB der Geldwäsche, erfolgt[3]. Nicht selten kommen die Verdachtsmeldungen von Banken aus dem benachbarten Ausland, wie zB der Schweiz, die über ein entsprechendes „Geldwäscherei-Gesetz" verfügt. 163

Geschäfte mit Hinterziehungsabsicht über **chiffrierte Zeitungsanzeigen** bieten Anknüpfungspunkte. Ein „Chiffregeheimnis" existiert nicht (Tz. 707 f.). 164

Letztlich kann schon normales **Zeitunglesen** Finanzbeamten zur Einleitung von Ermittlungsverfahren Anlass geben, wenn beispielsweise über einen prominenten Deutschen in seinem Ferienhaus auf Mallorca berichtet wird, sich aber aus den Steuererklärungen weder das Ferienhaus noch dessen Finanzierung erkennen lassen. Die Möglichkeit der Nutzung des **Internets** bietet insofern eine noch weitreichendere Gele- 165

---

1 Str. Vgl. SPATSCHECK/ALVERMANN, BB 1999, 2107. Die Regelung war bis 21. 12. 2001 inhaltsgleich in §§ 12a ff. FVG enthalten. Zur Frage, ob nach dem Aufgriff an der Grenze noch eine Selbstanzeige möglich ist vgl. Tz. 269.
2 Geldwäschegesetz vom 25. 10. 1993, BGBl. 1993 I, 1770, in der Fassung vom 15. 12. 2003, BGBl. 2003 I, 2676.
3 Mit Einführung des § 370a AO, der gewerbs- und bandenmäßigen Steuerhinterziehung (vgl. zur Verfassungswidrigkeit Tz. 1016) als Verbrechen verwertet, ist diese Norm zur Vortat einer Geldwäsche nach § 261 StGB geworden. Bei Verdacht des Vorliegens der tatbestandlichen Voraussetzungen dürfen die nach dem GWG zu fertigenden Aufzeichnungen auch gezielt zur Ahndung der gewerbs- und bandenmäßigen Steuerhinterziehung herangezogen werden (HETZER, ZfZ 2002, 38, 42 ff.).

Selbstanzeigen

genheit, Unregelmäßigkeiten aufzudecken. So können zB mit Hilfe von Suchmaschinen hinterziehungsgefährdete Veröffentlichungen schnell aufgefunden werden. Der Wahrheitsgehalt von „Internetermittlungen" ist jedoch im Hinblick auf die nicht eindeutige Identifikation des Lieferanten der Informationen stets genau zu überprüfen.

166 **Selbstanzeigen**, insbesondere größeren Umfangs, ziehen Fahnder an[1]. Dass eine Selbstanzeige auf Anhieb richtig ist, wird nicht vermutet. Bei Selbstanzeigen sollte man hieran denken. Dies ist jedoch idR kein Argument gegen die Erstattung einer Selbstanzeige. Vgl. Tz. 188.

167 **Anzeigen** unter **Namensnennung** und **anonyme Anzeigen**. Kaum eine andere Behörde reagiert so sicher auf offene und anonyme Anzeigen wie die Steuerfahndung[2]. Allerdings muss die Anzeige konkrete Informationen vermitteln. Der Hinweis „Schulze hat Schwarzgeld" wird keine Fahnder aus der Amtsstube locken; detaillierte Angaben über Verfahrensweisen, Auslandsbeziehungen, Konten usw. hingegen mit Sicherheit.

168 **Potentielle Anzeiger**: Angestellte, Sekretärinnen, Mitgesellschafter, Geschäftspartner, Ehegatten, Geliebte, Wettbewerber[3] – jeweils nach Streitigkeiten über den Arbeitsvertrag, das Gehalt, eine Kündigung, die Geschäftsbeziehung, die Höhe des Unterhalts usw.

169 Der **Name** des **Anzeigenden** wird durch das **Steuergeheimnis** geschützt[4]. Das gilt nicht bei vorsätzlich falschen Angaben (§ 30 Abs. 5 AO) und bei freiwilligen Anzeigen, soweit es um eine Nichtsteuerstraftat geht (§ 30 Abs. 4 Nr. 4b AO). Sind die Angaben des Anzeigenden falsch, kommt eine Straftat nach § 164 StGB (falsche Verdächtigung) in

---

1 Vgl. HEINE, 17. Deutscher Steuerberatertag 1994, Protokoll, 1995, 136.

2 20 vH der Ermittlungsverfahren sollen auf Anzeigen zurückgehen.

3 Zu einer recht unerfreulichen Aufforderung aus Steuerfahndungssicht (PUMP, DStZ 1986, 605), **hinterziehende Wettbewerber** bei der **Steuerfahndung anzuzeigen**, s. DUSKE, DStR 1987, 253.

4 BFH VII R 25/82 vom 7. 5. 1985, BStBl. 1985 II, 571 (Vorinstanz FG Nürnberg V 148/81 vom 9. 12. 1981, EFG 1982, 392); VII R 88/92 vom 8. 2. 1994, BStBl. 1994 II, 552. **AA** KG 4 Ws 50/85 vom 6. 6. 1985, NJW 1985, 1971. S. weiter die Diskussion der BFH-Entscheidung VII R 25/82: HFR-Anm. 1985, 502; HETZER, NJW 1985, 2991, u. ZfZ 1985, 354; EILERS, DB 1986, 19; HILDEBRANDT, Die Behandlung vertraulicher Anzeigen im Steuerstrafverfahren, wistra 1988, 300; STRECK/OLBING, BB 1994, 1267; STRECK, DStJG 18 (1995), 173, 181 f.; BILSDORFER/WEYAND, Die Informationsquellen und -wege der Finanzverwaltung, 6. Aufl., 2004, 43 f.

Betracht. Die Finanzbehörde kann, muss jedoch den Anzeigenden nicht bei der Staatsanwaltschaft anzeigen. Dem Stpfl. selbst wird der Name des Anzeigenden nicht mitgeteilt; so die Finanzverwaltung[1]. Soweit der Name des Anzeigenden durch das Steuergeheimnis geschützt ist, wirkt das Steuergeheimnis uE nicht gegen den Stpfl., in dessen eigener Steuersache die Anzeige erfolgte, so dass der Denunziant mitzuteilen ist[2]. Im Wege der steuerrechtlichen oder strafrechtlichen Akteneinsicht (Tz. 871 ff.) lernt der Betroffene ebenfalls den Anzeiger nicht kennen, da die Anzeige idR nicht in die Fahndungs- und Strafakte aufgenommen wird. Auch dies ist im Hinblick auf das Gebot der Aktenvollständigkeit (Tz. 875) bedenklich[3].

In **Diebstahlsanzeigen** und **Versicherungsmeldungen** offenbart der Steuerbürger oft mehr, als in den Steuerakten enthalten ist. Fundgruben für die Steuerfahndung.   170

Das Gleiche gilt für **Presseberichte** über den Diebstahl wertvollen Besitzes.   171

„Flechtenwirkung": Eine Steuerfahndungsprüfung führt über Querverbindungen zu anderen Stpfl. Die Steuerfahndung folgt diesen Querbezügen. Sie befällt (oder reinigt, wie man will) ganze Wirtschaftsorganismen. Hinweis zur Prüfung: Wenn ein Betroffener feststellt, dass der Fahnder auf eine derartige Querverbindung gestoßen ist, sollte überlegt werden, den Dritten zu informieren, um ihm die Selbstanzeige zu ermöglichen.   172

Die Fahndung handelt auf Anweisung der **Staatsanwaltschaft**.   173

Instinkt des Hinterziehers. Es gehört zur sicheren Erfahrung, dass dem Hinterzieher sein eigener Instinkt den Fahndungseingriff voraussagt. Berater sollten sich hüten, diese Vorausahnung zu übergehen oder zu unterschätzen.   174

---

1 BMF-Schreiben vom 18. 3. 1981, DB 1981, 771. Nach FG Nürnberg V 148/81 vom 9. 12. 1981, EFG 1982, 392 u. BFH VII R 88/92 vom 8. 2. 1994, BStBl. 1994 II, 552, **keine Mitteilungspflicht**.

2 So BFH VII 151/60 vom 25. 4. 1967, BStBl. 1967 III, 572 (allerdings zur Rechtslage vor Inkrafttreten der AO); ausführlich STRECK/OLBING, BB 1994, 1267; STRECK, DStJG 18 (1995), 173, 181 f.

3 Die Ablehnung der Nennung des Anzeigers ist im Strafverfahren nach §§ 23 ff. EGGVG **nicht anfechtbar**, OLG Hamm 1 VAs 22/73 vom 8. 2. 1973, DöV 1973, 282; ob der Verwaltungsrechtsweg gegeben ist, ist offen, – bejahend FG Rheinland-Pfalz 5 K 2084/95 vom 19. 9. 1995, EFG 1995, 30.

Planspiel

175 **Rezept** zur **Verhinderung** des **Erscheinens** der Steuerfahndung mit Hausdurchsuchung und Beschlagnahme? Aus der Praxis ist ein mit Vorsicht einzusetzendes **Mittel** bekannt: Wer den Steuerfahndungseingriff fürchtet, gehe zur Steuerfahndung, erkläre, dass er wegen dieser oder jener Gründe die Fahndung erwarte, und lade sie ein, die Durchsuchung sofort durchzuführen, „damit man die Sache hinter sich habe". In keinem der Fälle, wo so gehandelt wurde, ist die Steuerfahndung tatsächlich zur Hausdurchsuchung erschienen. Selbst wenn die Fahndung glaubt, der Bürger habe diese Textstelle gelesen und sie in die Tat umgesetzt, wird sie zögern zu erscheinen: Mit einem Überraschungszugriff kann sie nicht rechnen.

II. Vorbereitung im Planspiel

176 Besteht Anlass für die Möglichkeit des Eingriffs – aber auch, wenn der Fahndungseingriff nicht gänzlich unwahrscheinlich ist –, sollte der Berater mit seinem Mandanten das Erscheinen der Fahnder erörtern. Die Art des Eingriffs sollte in einem **Planspiel** vorgedacht werden[1]; das Gleiche gilt für die Reaktion des Betroffenen. Zu der Erörterung mit dem Mandanten sollten gehören: die Möglichkeit des plötzlichen Erscheinens, einer Durchsuchung im Betrieb, am Arbeitsplatz, in der Wohnung, im Pkw; die Rechte bei einer Hausdurchsuchung; Wahl des Verteidigers; das richtige Gespräch mit den Fahndern; die protokollarische Vernehmung; das Aussageverweigerungsrecht. Muss mit Untersuchungshaft gerechnet werden, kann es hilfreich sein, wenn Bargeld oder sonstige Vermögenswerte als Kaution für eine eventuelle Außervollzugsetzung des Haftbefehls[2] zur Verfügung stehen, auf die nicht nur der Mandant, sondern zB auch seine Frau, Kinder etc. Zugriff haben.

III. Selbstanzeige

1. Zweck und Einsatz

177 Mit der Selbstanzeige (§ 371 AO) hat das Steuerstrafrecht die einzigartige Rechtsfolge geschaffen, **rückwirkend Straftaten** zu **beseitigen**.

---

1 Die Bedenken, die SCHICK, DStR 1982, 136, und StuW 1986, 387, gegen diesen Rat hat, teilen wir nicht.
2 Vgl. Tz. 472.

Der Staat „verkauft" die Strafsanktion gegen Fiskalgeld. Diesen Vorteil sollte jeder Steuerbürger kennen und, falls erforderlich, nutzen. Der Problemkreis Selbstanzeige sollte von Zeit zu Zeit mit dem **Mandanten erörtert** werden.

Rechtstechnisch handelt es sich um einen **persönlichen Strafaufhebungsgrund**[1]. Das bedeutet, dass die bereits tatbestandsmäßig, rechtswidrig und schuldhaft begangene Tat durch die spätere Anzeige wieder straffrei wird. Da es sich um einen „persönlichen" Strafaufhebungsgrund handelt, ist für jeden Tatbeteiligten gesondert zu prüfen, ob die Voraussetzungen gerade für ihn eingetreten sind[2]. Grundsätzlich kommt sie nur demjenigen Täter oder Teilnehmer zugute, der sie erstattet.   **178**

Die Möglichkeit der Selbstanzeige wird vorrangig durch **fiskalische** und **steuerpolitische Zwecke** bestimmt; der Staat will unbekannte Steuerquellen durch das Versprechen der Straffreiheit erschließen; aus diesem Grund ist nicht nur die Nacherklärung, sondern auch die Nachzahlung notwendig[3].   **179**

Die Möglichkeit der Selbstanzeige ist **nicht unumstritten.** In der Praxis trifft man auf die Vorstellung, die Veranlassung zur und die Ermöglichung einer Selbstanzeige seien nahe an der Grenze des Zulässigen, wenn nicht gar grenzüberschreitend, weil der Täter der Strafsanktion entkomme[4]. Bei Anfragen verpflichtet die Steuerfahndung zum Stillschweigen, um Selbstanzeigen zu vermeiden; Kontrollmitteilungen   **180**

---

1 Joecks in Franzen/Gast/Joecks, § 371 Rz. 32 ff.; Stahl, Rz. 1.
2 Joecks in Franzen/Gast/Joecks, § 371 Rz. 33.
3 Zum **Zweck** des § 371 AO und seiner Vorgänger s. BGH 1 StR 370/58 vom 11. 11. 1958, BGHSt. 12, 100; Joecks in Franzen/Gast/Joecks, § 371 Rz. 18–29a; Scheurmann-Kettner in Koch/Scholtz, § 371 Anm. 3; Kohlmann, § 371 Rz. 8 ff. (Okt. 1998); Kratzsch in Kohlmann (Hrsg.), 290 ff.; Vogelberg in Wannemacher, Rz. 2070, 2073 ff.; Streck, DStR 1985, 9; Brauns, wistra 1985, 171; Frees, Die steuerrechtliche Selbstanzeige, 1991, mit dem Fazit, dass § 371 AO den kriminalpolitischen Zwecken entspricht. Abweichend Löffler, Grund und Grenzen der steuerstrafrechtlichen Selbstanzeige, Diss. Kiel, 1992; entgegen der hL muss § 371 AO als strafrechtliche Rücktrittsvorschrift, nicht als Fiskalnorm begriffen werden. Zur Selbstanzeige im **internationalen Vergleich** siehe Abramowski, DStZ 1991, 744 (**USA** betreffend), und DStZ 1992, 300; zusammenfassend: Streck/Spatscheck, NStZ 1995, 269.
4 **Kritisch** zur Selbstanzeige: Kratzsch, StuW 1974, 68; Hoffschmidt, Über die Rechtfertigung der strafbefreienden Selbstanzeige (§ 371 AO), Diss. Bielefeld, 1988; Müller/Wabnitz/Janovsky, 12. Kap. Rz. 41 ff., 47; Rüping in Hübschmann/Hepp/Spitaler, § 371 Rz. 24 (Nov. 2000).

Selbstanzeige

werden heimlich geschrieben; die Sperren des § 371 Abs. 2 AO werden tatsächlich oder im Wege der Auslegung möglichst früh angesetzt, um die Selbstanzeige auszuschließen. In derartigen Fällen wird der **Wille** des **Gesetzgebers durchkreuzt.** § 371 AO ist eine **Einladung** zur **Selbstanzeige**[1].

181 Nach einem Vorlagebeschluss des AG Saarbrücken soll § 371 AO **verfassungswidrig** sein[2]. Die Straffreiheit verstoße gegen Art. 3 Abs. 1 GG, da die Privilegierung der Steuerhinterziehung nicht sachgerecht sei. In einer kurz darauf folgenden BGH-Entscheidung[3] schiebt der BGH diese Möglichkeit in einem Nebensatz beiseite. Das BVerfG hat über die Vorlage des AG Saarbrücken nicht entschieden, da sie unzulässig war[4]; sie war im Übrigen auch materiell ohne Aussicht[5].

182 Es gibt **keine Pflicht** zur **Selbstanzeige.** Die Berichtigungs- und Nacherklärungspflicht des § 153 AO obliegt nicht dem Hinterzieher, da niemand verpflichtet ist, sich selbst einer Straftat zu bezichtigen[6]; anders bei leichtfertiger Verkürzung[7]. Bei leichtfertiger Steuerverkürzung umfasst die Erklärung nach § 153 AO die Selbstanzeige nach § 378 Abs. 3 AO: Der Täter einer leichtfertigen Steuerverkürzung nach § 378 AO weiß, dass er unter Umständen die Tat begehen wird. Er will dies jedoch nicht und hofft auf deren Nichteintritt. Erfährt er später, dass seine Angaben unrichtig waren und demnach Steuern verkürzt wurden, trifft ihn die Berichtigungspflicht nach § 153 AO. Die abgegebene Berichtigung wirkt gleichzeitig als strafbefreiende Selbstanzeige iSv. § 378 Abs. 3 AO hinsichtlich der Leichtfertigkeitstat. Wird hingegen § 153 AO missachtet und keine Berichtigung abgegeben, liegt nicht

---

1 In diesem Sinn BayObLG RReg. 4 St 309/84 vom 23. 1. 1985, wistra 1985, 117, und grundsätzlich in ihrer Tendenz die **höchstrichterliche Rechtsprechung** (vgl. Brauns, wistra 1985, 173, mwN); Klar, NJW 1996, 2336.
2 AG Saarbrücken 35-55/82 vom 2. 12. 1982, NStZ 1983, 176; dazu Bilsdorfer, StBp. 1983, 88 u. DStZ 1983, 131.
3 BGH 3 StR 82/83 vom 13. 5. 1983, NStZ 1983, 415.
4 BVerfG 1 BvL 31/82 vom 28. 6. 1983, wistra 1983, 251.
5 Zöbeley, DStZ 1984, 198; Joecks in Franzen/Gast/Joecks, § 371 Rz. 30. Zu – letztlich unberechtigten – Zweifeln an der Verfassungsmäßigkeit s. weiter Abramowski, DStZ 1992, 460.
6 Stahl, Rz. 19; Vogelberg in Wannemacher, Rz. 2104–2113.
7 Tipke in Tipke/Kruse, § 153 Rz. 11 (Jul. 2001). Den Hinterzieher trifft auch nicht bei der **Lohnversteuerung** die Anzeigepflicht nach **§ 41c Abs. 4 EStG**; ob er das Korrekturrecht nach § 41c Abs. 1 EStG hat, ist umstritten (vgl. Drenseck in Schmidt, EStG, 25. Aufl., 2006, § 41c Rz. 3, mit Bejahung der Korrekturmöglichkeit).

mehr nur eine leichtfertige, sondern eine vorsätzliche Steuerhinterziehung durch Unterlassen vor. Von dieser kann Straffreiheit nur noch nach § 371 AO erlangt werden[1].

Auf der anderen Seite ist die „Freiwilligkeit" nicht Bedingung der Selbstanzeige. Selbstanzeigen wegen der Gefahr der Entdeckung sind wirksam[2].   183

Die **Beratung** über die **Selbstanzeige** gehört zur Aufgabe des Steuerberaters[3]. Der Steuerberater ist nicht verpflichtet, unbedingt zur Selbstanzeige zu raten. Das Für und Wider muss abgewogen werden. Die Selbstanzeige hängt zB von der Möglichkeit der Zahlung der verkürzten Steuern ab. Der Rat zur Selbstanzeige ist kein Parteiverrat; das Abraten keine Strafvereitelung[4]. Zum Rat zugunsten der Selbstanzeige, obwohl bereits Sperren greifen, s. Tz. 254.   184

Da die Selbstanzeigeberatung der steuerlichen Beratung zuzuordnen ist, ist § 146 StPO (Tz. 75 ff.) **nicht anwendbar**[5]. Ein Anwalt kann in einem Gespräch Ehepartnern zur Selbstanzeige raten.   185

Wurde der Rat der Selbstanzeige durch den Steuerberater gegeben und **folgt** der **Mandant** diesem Rat **nicht**, ist der Steuerberater nicht verpflichtet, den Mandanten bei dem Finanzamt anzuzeigen[6]. Auch ist eine Mandatsniederlegung nicht erforderlich[7]. Allerdings darf er sich in Zukunft an der Steuerhinterziehung nicht beteiligen, zB bei sich fortsetzenden Kapitalertrags- und Bilanzdelikten. Sobald der Steuerberater also „eingeweiht" wurde und Kenntnis von einer in der Zukunft   186

---

1 S. Tz. 199 ff., 292 ff. Rüping in Hübschmann/Hepp/Spitaler, § 371 Rz. 39 f.; Joecks in Franzen/Gast/Joecks, § 371 Rz. 239.
2 Vgl. Tz. 268 ff. Im Übrigen ist dies das **regelmäßig** vorrangige **Motiv**.
3 Die Pflichtverletzung kann **Schadensersatzansprüche** auslösen (vgl. auch Streck, DStR 1996, 288, 291), die auch die **Strafe** umfassen; vgl. RG III 14/42 vom 10. 6. 1942, RGZ 169, 267; BGH II ZR 41/56 vom 31. 1. 1957, BGHZ 23, 222; ablehnend LG Bielefeld 22 S 166/95 vom 7. 9. 1995, nv; zurückhaltender auch Streck, DStR 1985, 12. Zur Schadensersatzpflicht von **Banken**, wenn sie Kunden nicht über den Steuerfahndungszugriff unterrichten s. Tz. 635.
4 Spatscheck/Alvermann, PStR 1999, 158.
5 Kohlmann, § 392 Rz. 73 (Sept. 1994); Streck, DStR 1996, 288, 292; Joecks in Franzen/Gast/Joecks, § 371 Rz. 81.
6 Streck, DStR 1985, 12. Die **Anzeige** wäre **berufsrechtswidrig** (LG Hannover 44 StL 16/83 vom 9. 1. 1984, StB 1985, 101). Ferner wäre ein solcher Verstoß gegen die Verschwiegenheitspflicht nach § 203 Abs. 1 Nr. 1 StGB **strafbar** (Tröndle/Fischer, StGB, § 203 Rz. 14).
7 Streck, DStR 1985, 12.

fortwährenden Hinterziehung hat, kann sich ihm folgendes Problem stellen: Sollte der Mandant nicht von der Möglichkeit der Abgabe einer Selbstanzeige Gebrauch machen, kann der Steuerberater für ihn nur noch Steuererklärungen vorbereiten, in denen zB die verschwiegenen Einkünfte aus der Schweiz vorkommen, dh. Erklärungen, die aus seiner Sicht zutreffend sind. Andernfalls liefe der Berater Gefahr, sich selbst wegen Beihilfe zu der Steuerhinterziehung seines Mandanten strafbar zu machen[1]. Als letzter Ausweg um straffrei zu bleiben, bleibt ihm nur die Möglichkeit, das Mandat niederzulegen. Vor diesem Hintergrund bietet sich an, mit der Selbstanzeigeberatung von Anfang an einen Spezialisten zu betrauen. So minimiert der Steuerberater das Risiko des Mandatsverlustes in der Zukunft.

187 Zu **Honorarfragen** s. Tz. 1365 ff.

188 Selbstanzeige und **Steuerfahndungsmaßnahmen**: Erreichen Selbstanzeigen eine gewichtige Höhe, sind Steuerfahndungsmaßnahmen wahrscheinlich. Die Finanzbehörden neigen dazu, den nacherklärten Beträgen keinen Glauben zu schenken. Die Besteuerungsgrundlagen sollen durch die Steuerfahndung überprüft werden. Auf die Möglichkeit muss der Mandant hingewiesen werden. Hat sich die Selbstanzeige als rechtzeitig und vollständig, dh. als wirksam erwiesen, wird das Ermittlungsverfahren nach § 170 Abs. 2 StPO wieder eingestellt.

2. Selbstanzeige durch wen?

189 Jeder § 370 AO verletzende Täter, sei er **Alleintäter**, **Mittäter**, **Anstifter** oder **Gehilfe**, kann Selbstanzeige erstatten[2].

190 Die Selbstanzeige kann aufgrund einer Vollmacht in **Vertretung** abgegeben werden[3]; eine Selbstanzeige in Geschäftsführung ohne Auftrag ist nach der hA nicht möglich[4]. Es ist nicht erforderlich, dass der Vertreter Verteidiger ist. Auch der Steuerberater kann für seinen Mandanten eine Selbstanzeige abgeben.

---

1 Vgl. STAHL, Rz. 450; JOECKS in Franzen/Gast/Joecks, § 371 Rz. 86; BILSDORFER, INF 1998, 333.
2 KOHLMANN, § 371 Rz. 38 (Okt. 1998).
3 Vgl. BGH 3 StR 398/52 vom 13. 11. 1952, BGHSt. 3, 373; KOHLMANN, § 371 Rz. 39.1 (Okt. 1998).
4 Vgl. JOECKS in Franzen/Gast/Joecks, § 371 Rz. 80; offengelassen von BGH 3 StR 315/84 vom 24. 10. 1984, NStZ 1985, 126, mit Anm. von BRAUNS, wistra 1985, 325.

Die Vertretung muss nicht dem Finanzamt gegenüber **offen ausgewie-** 191
sen werden[1]. **Verdeckte Stellvertretung** ist möglich[2]. Beispiel[3]: Wurde
in einer GmbH zu Unrecht Vorsteuer in Anspruch genommen, kann
das Unternehmen eine neue Umsatzsteuererklärung abgeben. Diese
bezeichnet sich nicht als Selbstanzeige. In einem internen Protokoll
wird festgehalten, dass die berichtigende Erklärung auch für die Mitarbeiter A, B und C abgegeben wird. Auch **Familien-Selbstanzeigen**
können dies nutzen. Die Selbstanzeige wird von dem Ehemann abgegeben. Vorsorglich wird durch ein internes Papier klargestellt, dass die
Selbstanzeige auch für weitere Familienmitglieder, die namentlich benannt werden, erklärt wird. Ob diese Beauftragung vorliegt, ist oft
schwer zu ermitteln. Die Strafverfolgungsbehörde und die Gerichte
werden idR nur den übereinstimmenden Erklärungen aller Beteiligten
folgen können.

Von Teilen der Rechtsprechung[4] und der Literatur[5] wird gefordert, dass 192
der verdeckt Vertretene **nachträglich bekannt gegeben** werden muss,
wenn er Steuern zu seinen eigenen Gunsten hinterzogen hat. Nur so
soll es möglich sein, ihm eine Frist zu Zahlung der verkürzten Steuer
entsprechend § 371 Abs. 3 AO zu setzen. Wird der Vertretene nicht
benannt, muss er die dem Vertreter gesetzte Frist gegen sich gelten
lassen. Zahlt der Vertreter fristgerecht, wird auch der verdeckt Vertretene straffrei[6]. In den Hauptanwendungsfällen der verdeckten Stellver-

---

1 BayObLG 1 St 41/53 vom 7. 10. 1953, NJW 1954, 244; KOHLMANN, § 371 Rz. 41
(Okt. 1998); Bedenken wegen der Möglichkeit von Schutzbehauptungen bei
KOPACEK, 152.
2 JOECKS in Franzen/Gast/Joecks, § 371 Rz. 82 ff.; KOHLMANN, § 371 Rz. 41 (Okt.
1998); SPATSCHECK/ALVERMANN, INF 2001, 23.
3 Vgl. STRECK, DStR 1996, 288, 289.
4 BGH 5 StR 105/94 vom 21. 6. 1994, HFR 1995, 225.
5 JOECKS in Franzen/Gast/Joecks, § 371 Rz. 83; kritisch: STAHL, Rz. 67 und 191;
SPATSCHECK/ALVERMANN, INF 2001, 23.
6 STAHL, Rz. 191. Das unter Tz. 191 geschilderte Beispiel, das in der Praxis den
Hauptanwendungsfall darstellt, lässt sich auch mit der angegebenen Einschränkung sachgerecht bearbeiten. Von allen Mittätern war die Selbstanzeige gewollt. Bezahlt das Unternehmen die Nachsteuer, werden alle straffrei.
Unklar insofern: JOECKS in Franzen/Gast/Joecks, § 371, der zwar in Rz. 82 die
verdeckte Stellvertretung grundsätzlich anerkennt, aber in Rz. 83 immer die
Mitteilung des verdeckt Vertretenen zu fordern scheint, damit nach § 371
Abs. 3 AO „ihm" die Zahlungsfrist gesetzt werden kann. Wäre Letzteres zutreffend, würde die verdeckte Stellvertretung sinnlos sein, da auch der Vertretene mit der Einleitung eines Ermittlungsverfahrens zur Überprüfung der
Zulässigkeit der Selbstanzeige rechnen muss. Die Selbstanzeige wäre nur

tretung, dh. bei mehreren Tatbeteiligten in Unternehmen und Familie, stellt diese Einschränkung ein überschaubares Risiko dar. Die Einschränkung gilt nicht, wenn sich die Tat noch im Versuchsstadium befunden hat[1]. Dann ist kein Steuerschaden wieder gutzumachen.

193 Entscheidend ist, dass der **Auftrag** zur Selbstanzeige **vor ihrer Erstattung** erteilt ist. Eine nachträgliche Genehmigung reicht nicht aus[2]. Beispiel: Stellt der Steuerberater fest, dass sein Mandant bestimmte Einkünfte nicht erklärt hat, und droht das Erscheinen des Prüfers, so kann der Berater nicht Selbstanzeige erklären in der Erwartung, der Mandant werde später genehmigen. Der Berater muss sich vor der Selbstanzeige den dahin gehenden Auftrag geben lassen. Dies kann auch mündlich oder telefonisch geschehen. Das Steuerberatungsverhältnis umfasst regelmäßig nicht den Auftrag zur Selbstanzeige[3].

194 Auf der anderen Seite darf der Auftrag erst **nach der Tat** erteilt sein[4].

195 Auch **Mittäter** oder **Teilnehmer** einer Tat können nicht füreinander eine Selbstanzeige erstatten, ohne hierzu beauftragt zu sein[5].

196 Bei einer **Selbstanzeige** eines **Tatteilnehmers**, die die Beteiligung erkennen lässt, tritt durch die Selbstanzeige die Sperre des § 371 Abs. 2 Nr. 2 AO (s. auch Tz. 268 ff.) ein. Beispiel: Der Händler arbeitet einvernehmlich mit dem Lieferanten mit unrichtigen Einkaufsbelegen; oder: Selbstanzeige eines Steuerberaters wegen der Hinterziehung eines Mandanten, an der er beteiligt war. Für die Praxis: In derartigen Fällen sollten sich die Teilnehmer vorher abstimmen. Vorsicht jedoch bei Meinungsverschiedenheiten, weil jeder der sich jetzt streitenden

---

noch im Hinblick auf die Art des Vertretungsverhältnisses (so offensichtlich JOECKS, aaO, Rz. 83 aE) verdeckt.

1 BGH vom 5. 5. 2004, wistra 2004, 309, 310.

2 KOHLMANN, § 371 Rz. 42 ff. (Okt. 1998); SCHEURMANN-KETTNER in Koch/Scholtz, § 371 Rz. 8; JOECKS in Franzen/Gast/Joecks, § 371 Rz. 80; aA STAHL, Rz. 68 und BURKHARD, StBp 2003, 15, 16, die mit dem Argument, der Geisteskranke oder Bewusstlose sei ansonsten von der Möglichkeit des § 371 AO ausgeschlossen, eine Genehmigung mit ex tunc-Wirkung fordern.

3 SCHEURMANN-KETTNER in Koch/Scholtz, § 371 Rz. 8; eine ausdrückliche Beauftragung ist erforderlich; zweifelhaft ist, ob ein „Generalauftrag" ausreicht; richtig dürfte sein, den **Auftrag** bzgl. einer **konkreten Tat** zu verlangen.

4 Vgl. RG 5 D 430/41 vom 8. 1. 1942, RStBl. 1942, 35; JOECKS in Franzen/Gast/Joecks, § 371 Rz. 79.

5 So die hA, SCHEURMANN-KETTNER in Koch/Scholtz, § 371 Rz. 9; KRATZSCH, StuW 1974, 72; JOECKS in Franzen/Gast/Joecks, § 371 Rz. 32 f., 79.

Teilnehmer dem anderen die Möglichkeit der Selbstanzeige nehmen kann.

Sind die **Tatbeteiligten** durch **besondere Pflichten verbunden** (Ehe- 197
partner, Gesellschafter, Steuerberater/Mandant), kann die Abgabe einer Selbstanzeige, ohne dem anderen die Möglichkeit zu geben, sich
anzuschließen, **Schadensersatzansprüche** und **Kündigungsgründe**
auslösen[1].

Befürchtet der **Berater**, an der Steuerhinterziehung des Mandanten 198
beteiligt zu sein – oder ist er beteiligt –, sollte er sich – eventuell
vorsorglich – der Selbstanzeige anschließen. Können sich Mandant
und Berater nicht einigen, ob eine Selbstanzeige erstattet werden soll,
ist nach hA der Berater durch das Mandatsverhältnis nicht gehindert,
die Selbstanzeige zu erklären, wenn er sich selbst strafbar gemacht
hat. Die Mandatstreue und Verschwiegenheitspflicht treten hinter das
Recht des § 371 AO zurück[2].

3. Selbstanzeige für welche Delikte?

Die Selbstanzeige wirkt für die **Steuerhinterziehung** (§ 370 AO) straf- 199
befreiend; gemäß § 378 Abs. 3 AO auch für die leichtfertige Steuerverkürzung (s. Tz. 297 f.).

In den Fällen der **gewerbs- und bandenmäßigen Steuerhinterziehung** 200
(§ 370a AO)[3] führt eine wirksame Selbstanzeige nicht zur Straffreiheit,
sondern nur zu einem „**minder schweren Fall**", § 370a S. 3 AO.

Die strafbare Steuerhinterziehung muss **verübt** sein (s. auch Tz. 194). 201
Eine Selbstanzeige, man werde in den kommenden drei Jahren 10 000
Euro Zinsen hinterziehen, ist keine Selbstanzeige. Gleichwohl – hierauf wird in diesem Zusammenhang in der Literatur nicht hingewiesen
– kann es bei einer konkreten Selbstanzeige für die Zukunft zu einer
Bestrafung nicht kommen, da die pflichtgemäße Erklärung dem Finanzamt rechtzeitig, wenn auch verfrüht, in Form der auf die Zukunft
bezogenen Selbstanzeige vorliegt.

---

1 S. STRECK, DStR 1996, 288, 291; zu Schadensersatzansprüchen s. auch oben
Tz. 184.
2 JOECKS in Franzen/Gast/Joecks, § 371 Rz. 86; KOHLMANN, § 371 Rz. 46 (Okt.
1998).
3 Zur Struktur und den verfassungsrechtlichen Bedenken der Norm vgl.
Tz. 1015 f.

Die Selbstanzeige

202 Für **andere Delikte** kommt auch eine analoge Anwendung nicht in Betracht, zB für das Erschleichen von Investitionszulagen, es sei denn, das Gesetz selbst ordnet die entsprechende Anwendung an; so zB in § 14 Abs. 3 5. VermGB, § 8 Abs. 2 WoPG; § 5a Abs. 2 BergPG und für EU-Abgaben zu Marktordnungszwecken §§ 12 Abs. 1 S. 1, 35 MOG[1].

203 Keine Selbstanzeige ist möglich bei der **Begünstigung** einer Steuerhinterziehung (§ 257 StGB iVm. § 369 Abs. 1 Nr. 4 AO)[2], bei der **Strafvereitelung** bzgl. einer Steuerhinterziehung (§ 258 StGB) und bei der Verletzung des **Steuergeheimnisses** (§ 355 StGB).

4. Die Selbstanzeige

204 Die Selbstanzeige bedarf keiner im Gesetz vorgeschriebenen **Form**. Sie kann schriftlich oder mündlich erteilt werden[3]. Das OLG Köln ließ eine beiläufige Bemerkung in einer Besprechung bei dem Finanzamt für die Selbstanzeige ausreichen[4].

205 Wer behauptet, eine Selbstanzeige abgegeben zu haben, ohne dies **beweisen** zu können, steht vor der Schwierigkeit, die Straffreiheit durchzusetzen; der Grundsatz **in dubio pro reo** gilt nur eingeschränkt[5]. Man wird unterscheiden müssen: Allein die Behauptung reicht nicht aus; wenn jedoch der Stpfl. die Erstattung einer Selbstanzeige durch konkrete Umstände oder Beweismittel zwar nicht nachweist, aber wahrscheinlich sein lässt, kann auch hier der Grundsatz in dubio pro reo gelten[6].

206 **Zur Praxis:** Zur Sicherung der Selbstanzeige sollte sie nur **schriftlich** abgegeben werden. Da es auf den Zeitpunkt der Selbstanzeige ankommt, sollte das Finanzamt die Selbstanzeige quittieren. Wird dies abgelehnt, sollte der Berater, der die Selbstanzeige für den Mandanten

---

1 STAHL, Rz. 29, mwN. Kirchensteuer-Hinterziehung ist, außer in Niedersachsen, nicht nach § 370 AO, sondern als Betrug nach § 263 StGB strafbar. Im Falle der wirksamen Selbstanzeige wegen Einkommensteuerhinterziehung gilt für die Bestrafung wegen Betrugs ein Verwertungsverbot (JOECKS in Franzen/Gast/Joecks, § 371 Rz. 45).
2 Vgl. JOECKS in Franzen/Gast/Joecks, § 371 Rz. 38.
3 JOECKS in Franzen/Gast/Joecks, § 371 Rz. 65.
4 OLG Köln 1 Ss 574-575/79 vom 28. 8. 1979, StRK AO § 371 R. 4; in Ergänzung ebenso: LG Stuttgart vom 21. 8. 1989, wistra 1990, 72, 73.
5 JOECKS in Franzen/Gast/Joecks, § 371 Rz. 65 aE.
6 Zur allgemeinen Geltung dieses Grundsatzes bei § 371 AO s. KOHLMANN, § 371 Rz. 29 und 50 (Okt. 1998).

erstattet, ein „Abgabeprotokoll" fertigen, mit seinem Namen selbst zeichnen und zu den Mandantenakten nehmen. Der Zeitpunkt des Einwurfes in einen Briefkasten des Finanzamts sollte von einem Zeugen bekundet werden können, sofern nicht ohnehin ein Dritter, zB der Berater, also nicht der Hinterzieher selbst, den Brief einwirft. Diese dritte Person sollte nicht nur belegen, dass ein verschlossener Briefumschlag zu einem bestimmten Zeitpunkt beim Finanzamt eingeworfen wurde, sondern auch über den Inhalt Bescheid wissen und diesen in die dokumentierte Aussage aufnehmen. Die Abgabe per Telefax oder E-Mail ist ebenfalls möglich[1].

Bei größeren Selbstanzeigen kann überlegt werden[2], sie **persönlich dem Finanzamt zu überbringen.** Je nach Bedeutung des Falls bietet sich als Adressat der Sachbearbeiter, Sachgebietsleiter oder der Vorsteher an. Nicht der Berater, sondern der anzeigende Stpfl. sollte, allerdings in Begleitung des Beraters, zum Finanzamt gehen. Einziger Zweck ist die Abgabe der Erklärung. Die in diesem Gang sich ausdrückende Bereitschaft, alles offenzulegen und den Schaden wiedergutzumachen, kann der erste Beleg für die Glaubwürdigkeit der Selbstanzeige sein und wird auch die Art und Weise der Überprüfung beeinflussen. Dass in diesem Fall nicht ein Gesprächstermin für den Stpfl. mit dem Namen X zur Abgabe einer Selbstanzeige vereinbart werden darf, versteht sich von selbst, will man nicht geradezu eine Sperre provozieren (Tz. 253 ff.). 207

Die Selbstanzeige setzt voraus, dass **unrichtige** oder **unvollständige Angaben berichtigt** oder **unterlassene** Angaben nachgeholt werden (§ 371 Abs. 1 AO). 208

Maßstab für den Umfang der Erklärung ist die **ordnungsgemäß gebotene Erklärung**[3]. 209

Das Finanzamt sollte aufgrund der Selbstanzeige in der Lage sein, die notwendigen Steuerfolgen zu ziehen und Steuerbescheide zu verfügen (sog. **Materiallieferung**). Hinreichend ist, dass das Finanzamt ohne 210

---

1 Vgl. KOHLMANN § 371, Rz. 50 (Okt. 1998). Auch bei der Abgabe per E-Mail wird der Nachweis des Eingangs beim Finanzamt nur in den Fällen eindeutig nachweisbar sein, in denen eine Eingangsbestätigungs-Mail vorliegt.
2 Vgl. STRECK, DStR 1996, 288, 290.
3 OLG Köln 1 Ss 574-575/79 vom 28. 8. 1979, StRK AO 371 R. 4; BGH 12, 100 f. vom 11. 11. 1958 unverändert; JOECKS in Franzen/Gast/Joecks, § 371 Rz. 50 f.; KOHLMANN, § 371 Rz. 60 (Okt. 1998).

langwierige Nachforschungen den Sachverhalt aufklären und die Steuern berechnen kann. Eine gewisse eigene Ermittlungstätigkeit wird dem Finanzamt also durchaus zugemutet[1]. Auf keinen Fall dürfen an die Selbstanzeige strengere Anforderungen gestellt werden als an die Steuererklärungen[2].

211 **Faustregel:** Die Selbstanzeige muss so formuliert sein, dass das Finanzamt sofort Steuerbescheide fertigen kann; auf eine Zahlenangabe sollte also auf keinen Fall verzichtet werden.

212 Falls der Stpfl. **nicht sofort** über die **notwendigen Zahlen** verfügt, sollte das Finanzamt um eine Frist gebeten werden, innerhalb derer die genauen Zahlen nachgeliefert werden. Diese **Selbstanzeige in Stufen** wird als ausreichend angesehen[3]. Erforderlich ist, dass bereits die erste Stufe eine Quantifizierung enthält[4]. **Empfehlenswert** ist in diesen Fällen folgender Weg:

213 Der Stpfl. gibt in der Selbstanzeige die Besteuerungsgrundlagen im Wege der Schätzung vorläufig an. Um die Wirkung der Selbstanzeige abzusichern, schätzt er zu seinen Lasten eher zu hoch als zu niedrig. Die Selbstanzeige schließt mit der Bitte an das Finanzamt, eine Frist für die korrekte Angabe der Zahlen bzw. für die abschließende Schätzung der Zahlen (s. Tz. 214) zu gewähren. Beispiel: Anlage 3.

214 Ist eine **genaue Ermittlung** der nachzuerklärenden Beträge auch innerhalb einer angemessenen Frist **nicht möglich**, ist die Selbstanzeige auch mit **geschätzten** Beträgen wirksam[5]. Der Stpfl. muss die Schät-

---

1 Vgl. BGH 3 StR 398/52 vom 13. 11. 1952, NJW 1953, 475; 4 StR 369/74 vom 5. 9. 1974, NJW 1974, 2293.

2 SCHEURMANN-KETTNER in Koch/Scholtz, § 371 Rz. 11.

3 JOECKS in Franzen/Gast/Joecks, § 371 Rz. 54; KOHLMANN, § 371 Rz. 53 f. (Okt. 1998); KRATZSCH in Kohlmann (Hrsg.), 294 ff.; STAHL, KÖSDI 1986, 6487; 1988, 7431; DERS., Rz. 122 ff.; STRECK, DStR 1996, 288; Nr. 120 AStBV (Steuer) Abs. 1 S. 1.

4 JOECKS in Franzen/Gast/Joecks, § 371 Rz. 54; aA STAHL, Rz. 135; ROLLETSCHKE, wistra 2002, 17, 19f. Nach dieser jüngeren Literaturansicht soll die eindeutige Bestimmung des Lebenssachverhalts für die erste Stufe genügen. Nur der „historische Sachverhalt" sei nicht mehr manipulierbar zu umreißen. Jedenfalls als Gestaltungsüberlegung ist die Abgabe einer Erklärung ohne Zahlen auf der Grundlage der dargestellten Literaturansicht zu risikoreich. Sie wird von der Finanzverwaltung allein schon aufgrund der Praxisprobleme bei ausbleibender Konkretisierung nicht angenommen werden.

5 BGH 4 StR 369/74 vom 5. 9. 1974, NJW 1974, 2293.

zungen als solche bezeichnen und gegebenenfalls die Schätzungs-grundlagen angeben[1]. Die Möglichkeit von Schätzungen in der Selbst-anzeige ist nicht unbestritten. Verschiedene Autoren[2] halten griffweise Schätzungen nicht für ausreichend, anders jedoch bei begründeten Schätzungen; ein Teil der Autoren spricht sich gegen jede Schätzungs-möglichkeit aus[3]. Die gegenteilige Ansicht kommt zu dem wenig über-zeugenden Ergebnis, dass, muss das Finanzamt letztlich die Schätzung des Stpfl. auch der Veranlagung zugrunde legen, die Wirkung der Selbstanzeige nur wegen der Nichtordnungsmäßigkeit der Buchfüh-rung oder wegen der Schätzungsnotwendigkeit versagt wird. Eine sol-che „Sperre" kennt jedoch § 371 AO nicht.

Für die **Praxis:** Soweit Schätzungen erforderlich sind, sollten diese nach Möglichkeit zumindest begründbar sein. Im Übrigen werden in der Praxis Schätzungen anerkannt.   215

Fraglich ist, ob eine Selbstanzeige auch dann möglich ist, wenn es dem Erklärenden **objektiv unmöglich** ist, die richtigen Besteuerungs-grundlagen zu ermitteln und mitzuteilen. Dies gilt insbesondere für **Gehilfen** und **Mittäter** einer Steuerhinterziehung, die keinen Zugang zu den Besteuerungsgrundlagen haben. Da sie nicht von der Wohltat des § 371 AO ausgeschlossen sein können, können auch sie wirksam Selbstanzeige erstatten, wenn sie ihr Wissen und ihren Tatbeitrag dem Finanzamt mitteilen[4].   216

Die Selbstanzeige muss sich auf den **zutreffenden Zeitraum** beziehen. Nicht erklärte Einnahmen in 2002 müssen für 2002 nacherklärt wer-den. Werden sie mit der Erklärung 2003 für 2003 dem Finanzamt mit-   217

1 Vgl. Joecks in Franzen/Gast/Joecks, § 371 Rz. 54 f.; Bilsdorfer, NWB F 13, 612 (1981); ders., DStZ 1982, 302; aA Stahl, Rz. 125; Koops/Sensburg, DB 1999, 2183.
2 Noch Hübner in Hübschmann/Hepp/Spitaler, § 371 Rz. 27 (Okt. 1977); zu-rückhaltend auch Scheurmann-Kettner in Koch/Scholtz, § 371 Rz. 13. Für die Wirksamkeit von Vollschätzungen: Rüping in Hübschmann/Hepp/Spitaler § 371 Rz. 80 (Nov. 2000) unter ausdrücklicher Aufgabe der gegenteiligen An-sicht in der Vorkommentierung.
3 Kratzsch, StuW 1974, 72; Kopacek, 179; Kohlmann, § 371 Rz. 69 bis 72 (Okt. 1998), hat seine Ansicht früherer Auflagen, Schätzungen seien nicht möglich, aufgegeben.
4 OLG Hamburg 1 Ss 108/85 vom 21. 11. 1985, wistra 1986, 116; Kemper in Rolletschke/Kemper, § 371 Rz. 21 ff. (Mai 2005) und Rz. 29 ff. (Jun. 2003); Stahl, Rz. 70; Riegel/Kruse, NStZ 1999, 325; BGH 5 StR 489/02 vom 18. 6. 2003 StV 2003, 559, 562.

Voranmeldungen

geteilt, so liegt, strenggenommen, keine Selbstanzeige vor. Dies ist für inkorrekte **Voranmeldungen** bedeutsam. Werden umsatzsteuerliche oder lohnsteuerliche Bezüge noch vor Abgabe der Jahreserklärung nacherklärt, so sollte die Selbstanzeige auch anführen, auf welche Monate sich die Umsätze und Löhne beziehen[1].

218 Stets ist die **Umsatzsteuerjahreserklärung** als Selbstanzeige bezüglich der unrichtigen Voranmeldungen anzusehen[2]. Das war nach dem Wegfall des Fortsetzungszusammenhangs in der Rechtsprechung des BGH[3] nicht unumstritten[4]. Bei der damals neuen Konstellation von 13 Einzeltaten (zwölf Voranmeldungen und eine Jahreserklärung) in Tatmehrheit mit jeweils eigenem Unrechtsgehalt stellte sich die Überlegung, ob nicht allein deshalb eine genaue monatliche Korrektur der Voranmeldungen im Rahmen der Selbstanzeige erforderlich war. Doch auch bei der Umsatzsteuer handelt es sich um eine Jahressteuer. So ist inzwischen anerkannt, dass mit Ablauf des Veranlagungszeitraums eine Aufgliederung der Umsätze nach Monaten oder Kalendervierteljahren entbehrlich ist[5]. Eine Zuordnung zu einzelnen Voranmeldungszeiträumen ist dann nur noch für die Festsetzung von Hinterziehungszinsen relevant, was jedoch nicht von § 371 Abs. 1 AO vorausgesetzt wird[6]. Das Finanzamt hat es insofern – mangels genauer Informationen durch den Steuerpflichtigen – in der Hand, anzunehmen, dass die

---

1 Das gilt nur bei einer Selbstanzeige innerhalb des Veranlagungszeitraums bzw. noch vor der Abgabe der Jahreserklärung. Zur **Jahreserklärung** siehe Tz. 218. Erfolgt keine monatliche Aufteilung bei einer Korrektur der Voranmeldungen, dürfte die Selbstanzeige dennoch wirksam sein (str.). Der mit § 371 AO verbundene Fiskalzweck der Steuernachzahlung (vgl. Tz. 179) wird erfüllt. Zu Ungunsten des Stpfl. würde man annehmen, dass die gesamte Verkürzung bereits im ältesten Voranmeldungszeitraum stattfand, was sich nachteilig auf die Festsetzung von Hinterziehungszinsen auswirkt.
2 Inzwischen hM vgl. Joecks in Franzen/Gast/Joecks, § 371 Rz. 69; Kohlmann, § 371 Rz. 64.3 (Okt. 1998); LG Hamburg (59) 63/79 Ns vom 25. 11. 1981, wistra 1983, 266. Überholt: Gegen die Geltung der Jahreserklärung auch für die Voranmeldungen LG Hamburg (50) 33/83 Ns vom 9. 5. 1983, wistra 1983, 267; auch die Voranmeldungszeiträume sind zu erklären. Ähnlich: die **Angaben** zur **Einkommensteuervorauszahlung** sollen nicht durch die korrekte Angabe zur **Einkommensteuererklärung** selbst korrigiert werden können (LG Stuttgart 10 Qs 146/83 vom 25. 11. 1983, wistra 1984, 197); berechtigte **Kritik** von Neck, DStR 1985, 505.
3 Vom 20. 6. 1994, wistra 1994, 266.
4 Vgl. Koops, DB 1999, 2183.
5 BGH vom 13. 10. 1998, wistra 1999, 27; Kohlmann, § 371 Rz. 64.2 (Okt. 1998).
6 Simon/Vogelberg, Steuerstrafrecht, 2000, 171.

volle Verkürzung bereits im ersten Voranmeldungszeitraum eingetreten ist. Die Forderung der monatlichen Zurechnung wäre dann nur noch eine „übertriebene Förmelei"[1].

Die **FinVerw.** will in einer Verfügung[2] die Umsatzsteuerjahreserklärung nur dann als Selbstanzeige behandeln, wenn Anhaltspunkte für eine Hinterziehung oder leichtfertige Verkürzung vorliegen, und nur in diesen Fällen die Bußgeld- und Strafsachenstellen einschalten. Im Übrigen sei von einer Nachmeldung nach § 153 AO auszugehen, dh. es wird schon gar kein Strafverfahren eingeleitet. Dem Erlass ist zuzustimmen[3], wenn man berücksichtigt, dass es dem Erlass um die verwaltungsinterne Behandlung von Umsatzsteuerjahreserklärungen mit Nachzahlungen geht, nicht um die rechtliche Qualifikation und Wirkung einer Selbstanzeige. Denn: Wenn sich später herausstellen sollte, dass einer als Erklärung nach § 153 AO behandelten Umsatzsteuerjahreserklärung eine Hinterziehung zugrunde lag, ist die Umsatzsteuererklärung nicht deshalb keine Selbstanzeige, weil sie nicht als Selbstanzeige behandelt worden ist (vgl. auch Tz. 204 ff.). **219**

Gleiches gilt im Verhältnis der **Einkommensteuerjahreserklärung** zu den Vorauszahlungen[4] mit folgender Einschränkung: Werden Abzugsteuern, wie zB Lohnsteuer oder Kapitalertragsteuer, nicht einbehalten, gilt die Abgabe der Einkommensteuerjahreserklärung nicht automatisch als Selbstanzeige zB für den für die Einbehaltung der Lohnsteuer verantwortlichen Arbeitgeber[5]. Es handelt sich um zwei verschiedene Steuersubjekte[6]. Damit alle potentiellen Steuerhinterzieher Straffreiheit erlangen, müssen sie – offen oder verdeckt – in die Selbstanzeige aufgenommen werden. **220**

Bei **langjährigen Hinterziehungen** gilt im Übrigen[7]: Im Hinblick auf die strafrechtliche Wirkung der Selbstanzeige kommt nur noch der strafrechtliche **Fünfjahreszeitraum** des § 78 Abs. 3 Nr. 4 StGB für eine sinnvolle Selbstanzeige in Betracht. Da die Selbstanzeige ausschließlich Rechtsfolgen im strafrechtlichen Bereich hat, gibt sie dort keinen Sinn, wo es ausschließlich um die steuerliche Verjährung geht, und **221**

---

1 So JOECKS in Franzen/Gast/Joecks, § 371 Rz. 69 mwN.
2 StEK AO 1977 § 371 Nr. 1 (1979).
3 Vgl. auch CARLÉ, StEK-Anm., aaO (FN 2).
4 KOHLMANN, § 371 Rz. 64.3 (Okt. 1998).
5 KOHLMANN, § 371 Rz. 64.3 (Okt. 1998).
6 JOECKS in Franzen/Gast/Joecks, § 371 Rz. 71.
7 S. STRECK, DStR 1994, 1723; 1996, 288, 289; MESSNER, DB 1995, 1735.

zwar auch dann, wenn die Hinterziehungsverjährung in Frage steht. Wer also seit Jahrzehnten Einkünfte aus Kapitalvermögen hinterzogen hat, kann die Selbstanzeige auf den strafrechtlichen 5-Jahres-Zeitraum beziehen. Allerdings legt eine solche Selbstanzeige dem Finanzamt keine Fesseln an. Der Anzeiger muss mit der Nachfrage rechnen, ob auch in den vorangegangenen Jahren Einkünfte aus Kapitalvermögen angefallen sind. Für das Finanzamt ist der 10-Jahres-Zeitraum des § 169 Abs. 2 S. 2 AO maßgebend.

222 **Geringfügige Abweichungen** zwischen Nacherklärung und späterer tatsächlicher Steuerfestsetzung heben die Wirkung der Selbstanzeige nicht auf[1]. Zweifelhaft und problematisch ist, was „**geringfügig**" ist. Nach OLG Frankfurt[2] war ein Differenzbetrag von 6% geringfügig. Als **Faustformel** kann gelten, dass eine Differenz von 10% unschädlich ist[3]. Ist die Differenz höher, bleibt zumindest die Wirkung der Teil-Selbstanzeige (Tz. 285).

223 Die Selbstanzeige muss den **Begriff** „Selbstanzeige" nicht erwähnen[4]. Es ist auch nicht erforderlich, dass sich der Anzeigende einer Hinterziehung bezichtigt. Er kann durchaus darauf hinweisen, er habe irrtümlich die Angaben einiger Zahlen in der ursprünglichen Erklärung unterlassen.

224 Die Selbstanzeige verlangt, dass dem Finanzamt Zahlen und Material für die Steuerfestsetzung geliefert werden. Nicht gefordert ist, dass sich der Stpfl. zu einer bestimmten **rechtlichen Qualifikation** bekennt. Eine Selbstanzeige kann folglich auch folgenden Weg gehen[5]: Um Straffreiheit auf jeden Fall zu erlangen, werden dem Finanzamt Zahlen gegeben. Das Finanzamt setzt Steuern fest, weil dies aus seiner Verwaltungsansicht so richtig ist. Der Stpfl. greift die Festsetzung mit dem Einspruch an und bestreitet die Steuerpflicht. In derartigen Fällen hat die Selbstanzeige die Funktion, vorsorglich jede Strafbarkeit auszuschließen[6].

---

1 BGH 1 StR 196/76 vom 14. 12. 1976, BB 1978, 698, bestätigt die Rechtsprechung, wonach **geringfügige Differenzen unbeachtlich** sind; ebenso OLG Frankfurt 1 Ss 854/61 vom 18. 10. 1961, NJW 1962, 974; OLG Köln 1 Ss 574-575/79 vom 28. 8. 1979, StRK AO § 371 R. 4.

2 S. FN 1.

3 KOHLMANN, § 371 Rz. 66.2 (Okt. 1998); STAHL, Rz. 118.

4 JOECKS in Franzen/Gast/Joecks, § 371 Rz. 66.

5 STRECK, DStR 1996, 288, 290.

6 Vgl. KOPACEK, 179; JOECKS in Franzen/Gast/Joecks, § 371 Rz. 68.

Nicht ausreichend: 225

„Ich erstatte Selbstanzeige."

„Ich habe Steuern hinterzogen und bitte um eine Betriebsprüfung."

„Die Steuererklärung 2003 ist falsch."

„Ich beantrage eine Betriebsprüfung."[1]

„Ich habe seit 1996 Einkünfte aus selbständiger Arbeit erzielt, die nicht erfasst sind."[2]

Allein die Zahlung eines Steuerbetrages ohne sonstige Erläuterungen.

Ausreichend ist bei einer **Lohnsteuerverkürzung** die Angabe der hin- 226 terzogenen Lohnsteuer; eine Angabe der einzelnen Arbeitnehmer und des auf sie entfallenden Lohnsteuerbetrages ist nicht erforderlich, da auch die ordnungsgemäße Lohnsteueranmeldung diese Angaben nicht kennt[3].

Die **Abgabe** einer **Steuererklärung** ist eine Selbstanzeige, wenn bisher 227 pflichtwidrig eine Steuererklärung nicht abgegeben worden war[4]. Werden abgegebene Steuererklärungen **berichtigt**, so muss erkennbar sein, dass die berichtigende Steuererklärung an die Stelle der falschen Steuererklärung tritt[5]. In der Praxis werden Steuererklärungen und berichtigte Steuererklärungen regelmäßig als Selbstanzeige gewertet. Es empfiehlt sich, zur Absicherung der Selbstanzeige auf den Berichtigungszweck hinzuweisen.

Selbstanzeige bei **oR-Geschäften** oder bei Geschäften mit **unrichtigen** 228 **Belegen** auf der Seite des **Zahlenden**: Als Hinterziehung kann hier in Betracht kommen: Umsatzsteuerhinterziehung wegen unrichtiger Vorsteuer-Inanspruchnahme, Einkommensteuerhinterziehung wegen bewusster Ausschaltung des § 160 AO (zweifelhaft, vgl. Tz. 1141 ff.), Einkommensteuerhinterziehung wegen Verdeckung von Lohnzahlungen. Die Selbstanzeige bei der Umsatzsteuerhinterziehung erfolgt

---

1 OLG Düsseldorf 2 Ss 214/81-142/81 III vom 27. 5. 1981, BB 1982, 544.
2 LG Hamburg (50) 117/86 vom 18. 6. 1986, wistra 1988, 120.
3 BGH 4 StR 369/74 vom 5. 9. 1974, NJW 1974, 2293; OLG Köln 1 Ss 574-575/79 vom 28. 8. 1979, StRK AO § 371 R. 4.
4 OLG Hamburg 2 Ss 191/69 vom 27. 1. 1970, NJW 1970, 1385; JOECKS in Franzen/Gast/Joecks, § 371 Rz. 68.
5 Konkludent ergibt sich das bereits aus der höheren Bemessungsgrundlage und dem somit höheren Steuerbetrag, vgl. JOECKS in Franzen/Gast/Joecks, § 371 Rz. 68; RÜPING in Hübschmann/Hepp/Spitaler, § 371 Anm. 55 (Nov. 2000); KOHLMANN, § 371 Anm. 51 (Okt. 1998).

durch Korrektur der Umsatzsteuererklärungen und -voranmeldungen. Fingierte Betriebsausgaben müssen berichtigt werden, um die Bestrafung wegen der Einkommensteuerhinterziehung auszuschließen. Im Hinblick auf die Lohnsteuerhinterziehung müssen die Lohnsteueranmeldungen korrigiert werden. Problematisch ist die Situation zu § 160 AO, sofern eine Hinterziehung vorliegt (Tz. 1141 ff.). Der Empfänger muss nur auf Anforderung des Finanzamtes genannt werden. UE heißt Selbstanzeige folglich nicht, dass dem Finanzamt eine korrekte Empfängerliste mitgeteilt wird; die bewusste Verdeckung der Empfänger muss in der Buchführung beseitigt werden, damit man einer evtl. angeforderten Empfängerbenennung entsprechen kann.

229 Selbstanzeige bei **oR-Geschäften,** dh. bei Bargeschäften, auf der **Empfängerseite:** Die nichterklärten Einnahmen sind nachzuerklären. Die an dem oR-Geschäft beteiligten Zahlenden müssen nicht namentlich benannt werden, da dies steuerlich für den Erklärenden ohne Bedeutung ist[1]. Das Finanzamt kann jedoch die Namen der Zahlenden im Wege eines Auskunftsverlangens von dem Geldempfänger erbitten. Kann sich dieser an die Zahlenden nicht mehr erinnern, können nachteilige Steuerfolgen nicht gezogen werden. Anders, wenn der Geldempfänger an einer Hinterziehung der oR-Zahlenden beteiligt ist (Beispiel: Der Geldempfänger – Verkäufer – weiß, dass der Zahlende – Einkäufer – bei ihm Schwarzeinkäufe tätigt, um seinerseits damit Schwarzeinnahmen zu erzielen). In diesem Fall erlangt der Geldempfänger nur Straffreiheit im Hinblick auf die Beteiligung an der Hinterziehung der Zahlenden, wenn er auch diese Steuerquellen aufdeckt[2]. Erstattet er allerdings in diesem Fall keine Selbstanzeige, kann die Namensnennung nicht erzwungen werden, da sich der Empfänger anderenfalls einer Hinterziehungsbeteiligung bezichtigen müsste (vgl. § 393 Abs. 1 AO)[3].

230 Die Selbstanzeige muss so abgegeben werden, dass sie mit der Abgabe die Rechtsfolge des § 371 AO, die Straffreiheit, eintreten lässt. Ist die Straffreiheit eingetreten, so kann sie auch durch **weitere Ermittlungsmaßnahmen** nicht wieder aufgehoben werden. Eine Unart ist es, wenn Strafermittler, insbesondere Steuerfahnder, einen Katalog **ergän-**

---

1 STAHL, Rz. 158 aE; RÜPING in Hübschmann/Hepp/Spitaler, § 371 Rz. 92 (Nov. 2000).
2 JOECKS in Franzen/Gast/Joecks, § 371 Rz. 60; KOHLMANN, § 371 Rz. 64.1 (Sept. 2001).
3 MARSCHALL, BB 1998, 2496, 2502.

zender Fragen zur Selbstanzeige stellen (was zulässig ist), dies aber mit der rechtswidrigen Drohung abstützen, wenn die Fragen nicht beantwortet würden, wäre die Selbstanzeige unwirksam[1]. Richtig ist: Führen die Ermittlungen zu dem Ergebnis, dass die Selbstanzeige falsch ist, entfaltet sie insoweit keine Wirksamkeit. Dies ist das Risiko des Erklärenden. War die Selbstanzeige richtig, so wird die Straffreiheit jedoch nicht dadurch aufgehoben, dass man der Steuerfahndung im nachfolgenden Strafverfahren nun die Mitwirkung verweigert. Die Selbstanzeige hebt das Schweigerecht des Beschuldigten nicht auf.

Ebenso ist man aus dem Recht der Selbstanzeige nicht verpflichtet, zur **subjektiven Tatseite** Erläuterungen abzugeben. Die Behandlung der Selbstanzeigen anlässlich der „Bankfälle" (Tz. 607 ff.) hat hier zu merkwürdigen Formularblüten geführt. Den Strafverfolgungsbehörden reicht nicht die Nacherklärung der Zinsen; man will zB wissen, warum die Zinsen nicht erklärt wurden. Für die Selbstanzeige ist dies ohne Belang.   231

5. Selbstanzeige an wen?

Die Selbstanzeige ist bei der „**Finanzbehörde**" zu erstatten. Ohne Zweifel ist hiermit auf jeden Fall das örtlich und sachlich zuständige Finanzamt angesprochen; umstritten ist, ob eine Selbstanzeige darüber hinaus auch bei anderen Finanzämtern oder den Oberbehörden abgegeben werden kann[2]. Innerhalb des Finanzamts kann die Selbstanzeige bei **jedem Beamten** abgegeben bzw. erklärt werden.   232

Zum Problem der Selbstanzeige, die in einer **Aussage** gegenüber der BuStraStelle oder der **Staatsanwaltschaft enthalten** ist, s. Seite 79 FN 6.   233

---

1 Vgl. STRECK, DStR 1996, 288, 290.
2 So JOECKS in Franzen/Gast/Joecks, § 371 Rz. 88 ff.; KEMPER in Rolletschke/ Kemper, § 371 Rz. 33 ff., 33a (Juni 2003); STAHL, Rz. 85, von denen § 6 AO, der in Abs. 2 auch Bundes-, Ober- und Fachbehörden nennt, uneingeschränkt angewandt wird. Jetzt ebenfalls: KOHLMANN, § 371 Rz. 79 bis 81 (Okt. 1998). AA die wohl **überwiegende Meinung**; die Selbstanzeige sei bei der örtlich und sachlich zuständigen Finanzbehörde abzugeben, SCHEURMANN-KETTNER in Koch/Scholtz, § 371 Rz. 15. Weitere Nachweise bei JOECKS in Franzen/ Gast/Joecks, § 371 Rz. 89. Soweit KOHLMANN, aaO, früher eine nach Unterlassungen und Berichtigungen differenzierende Ansicht vertreten hat, wurde diese in der 26. Lfg. ausdrücklich aufgegeben. Nach BILSDORFER, wistra 1984, 96, kann die Selbstanzeige auf jeden Fall auch bei einer unzuständigen Finanzbehörde abgegeben werden.

Zahlung der Steuer

234 **Für die Praxis:** Angesichts der vorbeschriebenen Probleme sollten Selbstanzeigen nur beim Finanzamt, und zwar beim örtlich und sachlich zuständigen Veranlagungssachbearbeiter bzw. -sachgebietsleiter, abgegeben werden. Wer diesen nicht kennt oder nicht findet, sollte die Selbstanzeige in den Briefkasten des Finanzamts einwerfen.

6. Zahlung der Steuer

235 Straffreiheit nach einer Selbstanzeige tritt nur ein, soweit die hinterzogenen **Steuern** innerhalb einer vom Finanzamt bestimmten angemessenen **Frist gezahlt** werden (§ 371 Abs. 3 AO).

236 **Für die Praxis:** Diese Bedingung einer wirksamen Selbstanzeige muss bei dem Entschluss zur Nacherklärung berücksichtigt werden. Ist dem Anzeigenden die Zahlung innerhalb der gesetzten Frist nicht möglich, so scheidet eine Selbstanzeige häufig aus, wenn deren Ziel die Straffreiheit sein soll. Die Ablehnung einer Selbstanzeige sollte in einem solchen Fall dennoch gut überlegt sein, da sie sich selbst im Falle der Nichtzahlung auf die **Strafzumessung** positiv auswirkt. Eine freiwillige Offenlegung der Tat wird von den Strafverfolgungsbehörden und den Gerichten in aller Regel deutlich strafmildernd gewürdigt.

237 In der Praxis der Finanzverwaltung spielt die **Zahlungsfrist** allerdings eine merkwürdig **geringe Rolle**. Häufig wird sie nicht festgesetzt. Wird sie festgesetzt, sind nach unserer Erfahrung die Strafsachenstellen flexibel, wenn es um eine Verlängerung geht (Tz. 244). Es ist allerdings nicht immer positiv, wenn die Frist nicht gesetzt wird. Wird eine Selbstanzeige abgegeben und hat der Anzeigende die nötige Liquidität, um die nachzuentrichtenden Steuern zu zahlen, wird sodann jedoch mit einer über Jahre sich hinziehenden Steuerfahndungsprüfung begonnen, so dass die Steuern erst nach drei Jahren festgesetzt werden, so kann es geschehen, dass die ursprünglich vorhandenen Geldmittel inzwischen betrieblich eingesetzt wurden und für die Steuerzahlung nicht mehr verfügbar sind. In vielen Fällen sollte der Berater selbst eher darauf drängen, dass die Steuern gezahlt werden, als dass die Zahlung aufgeschoben wird.

238 Zu überlegen ist auch, der Selbstanzeige sofort einen Scheck über die verkürzten Beträge beizufügen, um den **Lauf** der **Hinterziehungszinsen abzuschneiden**[1].

---

1 Diesen Gesichtspunkt übersieht HEINE, 17. Deutscher Steuerberatertag 1994, Protokoll, 1995, 137, der von der Sofortzahlung abrät; wie hier: STAHL, Rz. 196.

Bei der Fristbestimmung handelt es sich nach hA um eine besondere **strafrechtliche Frist**[1]. Sie muss ausdrücklich als solche bestimmt sein. Die übliche steuerrechtliche Frist auf dem Steuerbescheid ist nicht eine Frist iSd. § 371 AO. Bei der für die Fristbestimmung notwendigen Ermessenserwägung sind folglich strafrechtliche Zwecke maßgebend[2].   239

Einige Strafsachenstellen gehen jetzt dazu über, in einem Formblatt pauschal die **Steuerfristen** als die des § 371 Abs. 3 AO zu bestimmen. Es bestehen erhebliche Bedenken, ob die Strafverfolgungsbehörden auf diese Weise die Fristsetzungsmacht delegieren können[3].   240

Die Frist wird wegen ihres Charakters (s. Tz. 239) von der **Bußgeld-** und **Strafsachenstelle bestimmt**[4]. Liegt das Ermittlungsverfahren in der Hand der Staatsanwaltschaft oder ist das Verfahren bereits bei Gericht anhängig, sind Staatsanwaltschaft und Gericht ebenfalls für die Fristsetzung zuständig[5].   241

Äußerst umstritten ist, ob und mit welchem **Rechtsmittel** die Fristsetzung angegriffen werden kann. Überwiegend wird die Anrufung der ordentlichen Gerichte – nicht der Finanzgerichte – zugelassen; teilweise wird jede Anfechtbarkeit verneint und die Überprüfung dem Strafverfahren in der Hauptsache überlassen[6].   242

Problematisch sind die **Maßstäbe** für die **Zahlungsfrist** selbst. Das LG Koblenz[7] überträgt die Stundungsregeln der AO auf die Zahlungsfrist. Das LG Hamburg[8] billigt demgegenüber eine Frist von sieben Tagen, wenn sich der Anzeigende vorher darauf einstellen konnte. Das AG Saarbrücken konkretisiert die angemessene Frist mit „nicht mehr als sechs Monaten"[9]. Allgemein praktizierte Regeln gibt es hier noch nicht.   243

---

1 Joecks in Franzen/Gast/Joecks, § 371 Rz. 110, 116; Kohlmann, § 371 Rz. 97 ff., 103 (Okt. 1998); Kratzsch in Kohlmann (Hrsg.), 301.
2 Joecks in Franzen/Gast/Joecks, § 371 Rz. 107 ff.
3 Streck, DStR 1996, 288, 290; Stahl, Rz. 195, 200.
4 Joecks in Franzen/Gast/Joecks, § 371 Rz. 110, 115.
5 Joecks in Franzen/Gast/Joecks, § 371 Rz. 115; Kohlmann, § 371 Rz. 100 ff. (Okt. 1998); Kemper in Rolletschke/Kemper, § 371 Rz. 93–95 (Mai 2005).
6 Joecks in Franzen/Gast/Joecks, § 371 Rz. 116 f.; Kohlmann, § 371 Rz. 109 (Okt. 1998). Der **BFH** hat den Finanzrechtsweg verneint: BFH IV R 94/77 vom 17. 12. 1981, BStBl. 1982 II, 352.
7 LG Koblenz 105 JS (Wi) 17.301/83 – 10 LKs vom 13. 12. 1985, wistra 1986, 79.
8 LG Hamburg (50) 187/86 Ns vom 4. 3. 1987, wistra 1988, 317.
9 9 As 86/83 vom 21. 6. 1983, wistra 1983, 268, mit Anm. von Bilsdorfer, DStZ 1983, 415.

244 Ist die **Frist** gesetzt, so kann sie vom Finanzamt **verlängert** werden[1]. Die Verlängerung muss jedoch vor Ablauf der Frist ausgesprochen werden. Wird innerhalb der Frist nicht gezahlt, weil noch rechtzeitig ein Stundungsantrag gestellt wurde, über den erst nach Fristlauf entschieden wurde, ist die Wirksamkeit der Selbstanzeige zweifelhaft. Unabhängig davon, ob der Stundungsantrag nachträglich abgelehnt oder gewährt wird, ist die Selbstanzeige – berücksichtigt man nur den Gesetzeswortlaut – nicht wirksam[2]. Die strafrechtliche Norm des § 371 Abs. 3 AO kennt keine „Hemmung" des Ablaufs für die Dauer des Entscheidungsprozesses.

245 **Frist** und Fristverlängerung nach **§ 371 Abs. 3 AO** und **steuerliche Zahlungsfrist** und ihre Stundung können folglich auseinanderfallen.

246 Die Strafsachenstellen setzen Zahlungsfristen auch dann, wenn die Finanzämter die **Steuer noch nicht festgesetzt** haben. Hierdurch wird die Frist des § 371 Abs. 3 AO nicht ausgelöst, da auch sie nur die bescheidmäßig festgesetzte Steuer betrifft. Das Problem ist offen; daher sollte der Betroffene nach Möglichkeit gleichwohl die gesetzte Frist einhalten.

247 Auch der **Umfang der Nachzahlungspflicht** folgt strafrechtlichen Gesichtspunkten. Betroffen sind nur die strafrechtlich verkürzten Steuern, für die noch keine Strafverfolgungsverjährung eingetreten ist. Steuerliche **Nebenleistungen**, wie zB Hinterziehungszinsen, Säumniszuschläge etc. unterliegen nicht der Nachzahlungspflicht[3].

248 Findet das **Kompensationsverbot** des § 371 Abs. 4 S. 3 AO (s. Tz. 1012) Anwendung, kann zwar eine strafbare Handlung vorliegen. Wegen der im steuerlichen Festsetzungsverfahren zulässigen Verrechnungsmöglichkeiten fällt jedoch keine Steuerschuld an[4]. Eine Nachzahlungspflicht entfällt.

249 Im Falle einer **Steuerverkürzung auf Zeit** (s. Tz. 1013) besteht der Hinterziehungserfolg aus dem Zinsvorteil des Stpfl. Nur dieser und nicht

---

1 Joecks in Franzen/Gast/Joecks, § 371 Rz. 119.
2 Joecks in Franzen/Gast/Joecks, § 371 Rz. 119; Kohlmann, § 371 Rz. 106 (Okt. 1998); Kemper in Rolletschke/Kemper, § 371 Rz. 92 f. (Mai 2005). Die Autoren verweisen auf die **Praxis**, die regelmäßig eine kurze **Nachfrist** gewährt, wenn der Verlängerungsantrag rechtzeitig gestellt war, aber erst nach Fristende abgelehnt wurde. Teilweise wird in der Literatur (Wassmann, ZfZ 1990, 44) auch von einer Hemmung des Fristablaufs bis zur Entscheidung über den Verlängerungsantrag ausgegangen.
3 Joecks in Franzen/Gast/Joecks, § 371 Rz. 103.
4 Vgl. Stahl, Rz. 181.

etwa der volle Steuerbetrag kann Gegenstand der Nachzahlungspflicht sein[1].

Nicht restlos geklärt ist die für die Praxis bedeutsame Frage, wie weit   250
die Zahlungspflicht geht, wenn **fremde Steuern** hinterzogen werden.
Es gilt der Grundsatz, nach dem nur der eigene Vorteil der Tat Gegenstand der Nachzahlungspflicht sein kann, dh. nur die eigene „Beute"
ist beim Finanzamt abzuliefern[2]. Hat der Täter der Steuerhinterziehung nur eine unzutreffende Steuererklärung abgegeben oder hieran
mitgewirkt, ohne selbst einen eigenen Steuervorteil zu erhalten, besteht für ihn keine Nachzahlungspflicht. Beispiel: Arbeitnehmer hinterzieht für Arbeitgeber, Geschäftsführer zugunsten der GmbH. Eine
Mindermeinung in der Literatur vertritt die Ansicht, jeder wirtschaftliche Vorteil reiche aus, um zur Nachzahlungspflicht zu gelangen[3]. Soweit die Hinterziehung zugunsten der GmbH auch für den Geschäftsführer von Vorteil ist, muss er folglich selbst zahlen, um die Wirksamkeit der Selbstanzeige zu erreichen. Der **BGH** fordert einen unmittelbaren Vorteil aus der Tat, zB die durch die Hinterziehung ermöglichte
Unterschlagung[4]. Die Ansicht des BGH ist in das Kreuzfeuer der Kritik
geraten; sie wird als zu eng[5] und zu weit[6] abgelehnt, findet aber auch
Zustimmung[7]. Die Finanzverwaltung hat sich dem BGH angeschlos-

---

1 Nach dieser „wirtschaftlichen Betrachtungsweise" kann im Rahmen der
Nachzahlung nur gefordert werden, was dem Fiskus bei steuerehrlichem Verhalten tatsächlich zugeflossen wäre (JOECKS in Franzen/Gast/Joecks, § 371
Rz. 105). Zu formalistisch weist STAHL (Rz. 182 f.) darauf hin, dass § 371 Abs. 3
AO die Nachzahlung von „Steuern" voraussetzt. Beim Zinsnachteil des Staates handle es sich jedoch nur um eine Nebenleistung iSv. § 235 AO. Er kommt
zu dem Ergebnis, dass der komplette Steuerbetrag bezahlt werden müsse. Bei
dieser Ansicht würde zB im Verhältnis von Umsatzsteuervorauszahlung und
Jahresveranlagung häufig eine Doppelzahlung vorliegen, die zu einer soforti-
gen Erstattung führte. Letztlich muss auch hier berücksichtigt werden, dass
es sich bei der Nachzahlung um eine rein strafrechtlich zu betrachtende Voraussetzung handelt, bei der nur der **inkriminierte Vorteil** abgeschöpft werden soll.
2 KOHLMANN, § 371 Rz. 93.2 (Okt. 1998).
3 Literaturdarstellung bei JOECKS in Franzen/Gast/Joecks, § 371 Rz. 98–102;
BILSDORFER, BB 1981, 490; weitere Nachweise bei DUMKE, BB 1981, 117.
4 BGH 3 StR 130/79 vom 4. 7. 1979, NJW 1980, 248.
5 BILSDORFER, BB 1981, 490, und wistra 1984, 135.
6 DUMKE, BB 1981, 117; REISS, NJW 1980, 1291.
7 STAHL, Rz. 174 f.; KOHLMANN, wistra 1982, 4; GÖGGERLE, GmbHR 1980, 173,
und wohl auch FRANZEN, DStR 1983, 323. Zum BGH s. auch BRINGEWAT, JZ
1980, 347.

sen[1]. Zum angestellten, abhängigen Geschäftsführer, der an der GmbH nicht beteiligt ist, hat der BGH entschieden, dass die Selbstanzeige auch dann wirkt, wenn die Nachzahlung nicht erfolgt[2]. Der Praktiker kann hier auf sicherem Grund nicht bauen, es sei denn, er geht vorsorglich davon aus, dass auch die Selbstanzeige des Nicht-Steuerschuldners „zur Absicherung" der rechtzeitigen Zahlung bedarf.

251 In welcher **Form** und durch wen die Zahlung erbracht wird, ist unerheblich. So ist beispielsweise die Begleichung durch Aufrechnung mit fälligem Steuerguthaben[3] oder die Zahlung durch unbeteiligte Dritte[4] wirksam.

252 **Teil-Zahlungen** führen zur Teil-Straffreiheit[5].

7. Die Sperren

253 **Vor** der **Abgabe** der **Selbstanzeige** muss geprüft werden, ob eine der **Sperren** des § 371 Abs. 2 AO eingetreten ist. Die Sperren sind: Erscheinen des Prüfers (Tz. 255 ff.), Einleitung des Strafverfahrens (Tz. 264 ff.), Entdeckung der Tat und Kenntnis des Täters von der Entdeckung bzw. vorwerfbare Nichtkenntnis (Tz. 268 ff.).

254 Ist die **Selbstanzeige gesperrt**, kann sie gleichwohl **sinnvoll** sein. Die Sperre bezieht sich auf bestimmte Jahre oder Sachverhalte. Außerhalb dieser Sperre kann die Selbstanzeige ihre Wirksamkeit entfalten. Die Möglichkeit der Bestrafung wird eingeschränkt. Würde der gesamte Hinterziehungssachverhalt eine Freiheitsstrafe rechtfertigen, bleibt durch die Beschränkung „nur" eine Geldstrafe[6]. Selbst für die Veranlagungszeiträume und Steuerarten, für die eine Sperre wirksam ist, kommt es zwar zur Bestrafung. Im Rahmen der Strafzumessung ist jedoch die Offenbarung der Tat durch den Hinterzieher deutlich zu seinen Gunsten zu werten[7].

---

1 BStBl. 1981 I, 625; glA auch OLG Stuttgart 1 Ss (23) 205/84 vom 4. 5. 1984, wistra 1984, 239.
2 BGH 3 StR 224/87 vom 22. 7. 1987, StV 1988, 19.
3 JOECKS in Franzen/Gast/Joecks, § 371 Rz. 121.
4 STAHL, Rz. 178.
5 KOHLMANN, § 371 Rz. 114 f. (Okt. 1998).
6 Zu diesen Überlegungen s. RAINER, DStR 1992, 901; STRECK, DStR 1996, 288.
7 TRÖNDLE/FISCHER, StGB, § 46 Rz. 50.

a. Sperre I: Erscheinen des Prüfers

Mit dem Erscheinen des Prüfers ist eine Selbstanzeige nicht mehr möglich[1]. **„Erscheinen"** ist im Sinn des Allgemeinverständnisses dieses Wortes zu verstehen. Betritt der Prüfer das Haus, ist er erschienen[2]. Die Übersendung der **Prüfungsanordnung** im Falle einer Außenprüfung nach §§ 193 ff. AO ist demnach ebenso wenig ausreichend wie die telefonische Ankündigung der Prüfung oder die Vereinbarung eines Prüfungstermins. Der Prüfer muss die örtlichen Gegebenheiten in der ernsten Absicht, eine steuerliche Prüfung durchzuführen, **betreten**, zB das Fabriktor durchschreiten oder die „Schwelle zur Eingangstür über-schreiten[3]".

255

„Erscheinen" beim Stpfl. ist Voraussetzung. Das „Erscheinen" im Rah-men von Ermittlungsmaßnahmen bei Dritten, zB zu einer Bankdurch-suchung, hindert nicht die Selbstanzeige.

256

Der Prüfer ist auch dann zur Prüfung erschienen, wenn die Prüfung vereinbarungsgemäß beim **Steuerberater** erfolgt[4]. Zweifelhaft ist, ob die Sperre auch eintritt, wenn der Prüfer im **Finanzamt** die Prüfung durchführt. Nach dem Wortlaut des § 371 Abs. 2 Nr. 1a AO ist dieses zu verneinen; denn hier kann man nicht von einem Erscheinen des Prüfers sprechen[5]. Von einer Prüfung wird man jedoch ausgehen müs-sen, wenn der Stpfl. dem Prüfer keinen geeigneten Raum zur Verfü-gung stellen kann und deshalb – gegebenenfalls auf Vorladung – dem startbereiten Prüfer die Unterlagen im Finanzamt übergibt[6].

257

Der Prüfer erscheint auch dann zur Prüfung, wenn es um eine **Einzel-ermittlungsmaßnahme**, nicht um eine Außenprüfung geht[7]. Der Um-

258

---

1 Vgl. hierzu grundsätzlich SCHICK, Außenprüfung und strafrechtliche Selbstan-zeige – Zum Zusammentreffen zwischen Besteuerungsverfahren und Steuer-strafverfahren, in Klein/Vogel (Hrsg.), Der Bundesfinanzhof und seine Recht-sprechung, FS für v. Wallis, 1985, 477.
2 JOECKS in Franzen/Gast/Joecks, § 371 Rz. 138.
3 KOHLMANN, § 371, Rz. 123.2 (Okt. 1998); MÖSBAUER, StBp. 1997, 57.
4 JOECKS in Franzen/Gast/Joecks, § 371 Rz. 144.
5 KOHLMANN, § 371 Rz. 126 (Okt. 1998); RÜPING in Hübschmann/Hepp/Spitaler, § 371 Rz. 166 (Nov. 2000); **anders** jedoch KEMPER in Rolletschke/Kemper, § 371 Rz. 38 f. (Dez. 2003).
6 JOECKS in Franzen/Gast/Joecks, § 371 Rz. 145 f.
7 BayObLG RReg. 4 St 155/86 vom 17. 9. 1986, wistra 1987, 77; MÖSBAUER, NStZ 1988, 11; ausreichend ist jede Prüfung iSv. § 171 Abs. 4 und 5 AO (JOECKS in Franzen/Gast/Joecks, § 371 Rz. 140).

Umfang der Sperrwirkung

fang der Sperrwirkung bestimmt sich nach dem sachlichen Umfang der Einzelüberprüfung. Einzelermittlungen an Amtsstelle durchkreuzen nicht die Möglichkeit der Selbstanzeige[1].

259 Der **Umfang** der **Sperrwirkung** bestimmt sich im Fall einer Außenprüfung iSv. §§ 193 ff. AO nach der Prüfungsanordnung[2]. Wird die Prüfungsanordnung wegen Rechtswidrigkeit zurückgenommen oder eingeschränkt, entfällt die Sperrwirkung mit Wirkung ex tunc, dh. von Anfang an[3].

260 Umstritten ist, ob die **Umsatzsteuer-Nachschau,** § 27b UStG, eine steuerliche Prüfung iSv. § 371 Abs. 2 Nr. 1a AO darstellt. Dagegen spricht, dass es sich hierbei schon nach den Gesetzesmaterialien um keine „Außenprüfung" iSv. §§ 193 ff. AO handeln soll[4]. Ferner ist sie – entsprechend ihrem Zweck, über aktuelle umsatzsteuerliche Fragen Auskunft zu geben – gegenwartsbezogen[5] und wegen Verstoßes gegen das Zitiergebot des Art. 19 Abs. 1 S. 2 GG verfassungswidrig[6]. Selbst wenn man dennoch von einer Sperrwirkung ausgehen sollte, ist diese jedenfalls auf die Umsatzsteuer und die konkret überprüften Veranlagungs-

---

1 MERKT, DStR 1987, 710, in einem Beitrag zu BayObLG RReg. 4 St 155/86, aaO (S. 73 FN 7).
2 So BGH 3 StR 465/87 vom 15. 1. 1988, MDR 1988, 429 = wistra 1988, 151, mit Anm. von FRANZEN, wistra 1988, 194; dazu WEYAND, StBp. 1989, 106; BayObLG RReg. 4 St 309/84 vom 23. 1. 1985, wistra 1985, 117, mit zust. Anm. von GREZESCH, StV 1985, 510; LG Verden KLs 10 Js 5127/85 vom 27. 3. 1986, wistra 1986, 228; BGH 5 StR 226/99 vom 5. 4. 2000, wistra 2000, 219; JÄGER, wistra 2000, 227; inzwischen auch JOECKS in Franzen/Gast/Joecks, § 371 Rz. 149; noch aA: FRANZEN, wistra 1986, 210. Beachtlich **weitgehend** HEINE (OFD München), 17. Deutscher Steuerberatertag 1994, Protokoll, 1995, 137: Bei der **Aufdeckung** von **Dauersachverhalten** über den Prüfungszeitraum hinaus sperre die Prüfung nicht.
3 STAHL, Rz. 258 ff.; KOHLMANN, § 371 Rz. 155.5 (Okt. 1998); KEMPER in Rolletschke/Kemper, § 371 Rz. 45 (Dez. 2003); krit. SCHMIDT-LIEBIG, StBp. 1987, 245 und JOECKS in Franzen/Gast/Joecks, § 371 Rz. 162, der auf die Anwendbarkeit von „Verwertungsverboten" rekurriert.
4 JOECKS in Franzen/Gast/Joecks, § 371 Rz. 140a mit Hinweis auf BT-Drucks. 14/6883. Das allein ist noch kein Ausschlussgrund, da auch Einzelermittlungen die Sperrwirkung entfalten können (vgl. Tz. 258).
5 GRÖTSCH, Persönliche Reichweite der Sperrwirkung im Rahmen des § 371 Abs. 2 AO unter besonderer Berücksichtigung von Personen- und Kapitalgesellschaften, Hamburg, Diss., 2003, 39; CRÖSSMANN, StBp. 2002, 165. Das Argument schützt nicht davor, dass die Finanzverwaltung eine Sperrwirkung für den aktuellen Voranmeldungszeitraum annimmt.
6 GAST-DE HAAN, PStR 2002, 264.

zeiträume begrenzt[1]. Geht die Nachschau in eine Außenprüfung über, liegt eine Sperrwirkung mit den dort geltenden Grundsätzen vor[2].

Die **Steuerfahndungsprüfung** setzt im Gegensatz zur normalen Außen- 261
prüfung eine Prüfungsanordnung nicht voraus. Bedeutet das Erscheinen der Steuerfahndung keine Einleitung des Strafverfahrens (was für
sich schon eine Sperre nach § 371 Abs. 2 Nr. 1b AO darstellt,
Tz. 264 ff.), bestimmt sich bei ihrem Erscheinen die Sperrwirkung nach
dem sachlichen, tatsächlichen Umfang der Prüfung[3]. Die Sperre des
Erscheinens des Prüfers gilt bei Steuerfahndern auch dann, wenn das
Strafverfahren von der Staatsanwaltschaft geleitet wird[4].

Nach **Abschluss** der **Prüfung lebt** die Möglichkeit der Selbstanzeige 262
wieder **auf**. So die herrschende, jedoch bestrittene Ansicht und Verwaltungspraxis[5]. Maßgebend für das Wiederaufleben ist die Bekanntgabe des Berichtigungsbescheides oder der Mitteilung nach § 202
Abs. 1 S. 3 AO, dass die Prüfung zu keinen Änderungen geführt hat[6].

Hat der Stpfl. dem Finanzamt lediglich eine **Selbstanzeige angekün-** 263
digt, so soll die sodann beginnende Außenprüfung keine Sperrwirkung
haben[7]; diese Ansicht ist sehr weitgehend. Sie sollte die Beratungspraxis nicht leiten. Anders, wenn der Steuerpflichtige dem Finanzamt eine

---

1 SPATSCHECK/EHNERT, AO-Stb. 2003, 304.
2 Vgl. Tz. 255 ff.
3 Vgl. zB OLG Celle 3 Ss 219/84 vom 21. 12. 1984, wistra 1985, 84; KOHLMANN, § 371 Rz. 158.4 (Okt. 1998 und 2002). Die Durchsuchung wegen Verdachts der Mineralölsteuerhinterziehung sperrt wegen des engen **sachlichen Zusammenhangs** nach § 371 Abs. 2 Nr. 1a AO auch hinsichtlich einer Umsatzsteuerhinterziehung, BGH 1 StR 859/82 vom 19. 4. 1983, NStZ 1983, 559.
4 LG Stuttgart 10 KLs 137/88 vom 21. 8. 1989, NStZ 1990, 1879, mit Anm. von GALLANDI.
5 JOECKS in Franzen/Gast/Joecks, § 371 Rz. 204 f.; KOHLMANN, § 371 Rz. 160.2 (Okt. 1998); BILSDORFER, wistra 1984, 132; BRENNER, StBp. 1979, 4; MÖSBAUER, NStZ 1988, 11.
6 BGH 5 StR 38/94 vom 23. 3. 1994, wistra 1994, 228, 229; KOHLMANN, § 371 Rz. 161 (Okt. 1998); MÖSBAUER, NStZ 1988, 11; aA – Beendigung der Prüfungshandlungen bzw. Schlussbesprechung – LENCKNER/SCHUMANN/WINKELBAUER, wistra 1983, 123, 172; JOECKS in Franzen/Gast/Joecks, § 371 Rz. 206.
7 So noch OLG Frankfurt 1 Ss 854/61 vom 18. 10. 1961, NJW 1962, 974. Kritisch ist ferner, dass die angekündigte Selbstanzeige mangels Übermittlung aller zur Veranlagung erforderlichen Informationen noch nicht wirksam sein dürfte (vgl. Tz. 209 f.) und gleichzeitig durch die Mitteilung der Grundzüge des Hinterziehungssachverhalts die Sperre der „Tatentdeckung" (vgl. Tz. 268 ff.) eingetreten ist.

noch unvollständige Selbstanzeige – zB mit vorläufig geschätzten Zahlen – erstattet, zur Ergänzung eine Frist erbittet und innerhalb dieser Frist mit einer Prüfung begonnen wird (s. oben Tz. 213).

b. Sperre II: Einleitung des Steuerstraf- oder Bußgeldverfahrens

264 Die Sperre des § 371 Abs. 2 Nr. 1b AO – **Einleitung** eines **Straf- oder Bußgeldverfahrens** – führt in der Praxis zu wenig rechtlichen Problemen.

265 Alleine die Einleitung reicht nicht aus; erforderlich ist die **Bekanntgabe**.

266 Der **Umfang** der Sperre bestimmt sich nach dem Inhalt der Einleitung. Die in der Einleitungsverfügung beschriebene „Tat" iSv. § 371 Abs. 2 Nr. 1a AO wird von der Rechtsprechung[1] nach Steuerart, Besteuerungszeitraum und Steuerpflichtigem bestimmt. Entsprechend weit ist die Sperrwirkung[2]. Eine rechtswidrige Einleitungsverfügung, die unklar, pauschal und unbestimmt – etwa nur auf eine „Steuerhinterziehung in nicht rechtsverjährter Zeit" – Bezug nimmt, kann keine Sperrwirkung entfalten[3].

267 Auch bei der Bekanntgabe der Einleitung eines Straf- oder Bußgeldverfahrens **lebt** die Selbstanzeige-Möglichkeit nach dem Abschluss des Straf- oder Bußgeldverfahrens wieder **auf**[4].

c. Sperre III: Tatentdeckung

268 Eine Sperre der Selbstanzeige tritt auch ein, wenn die Tat **ganz** oder **teilweise entdeckt** ist und der Täter dies **wusste** oder bei **verständiger Würdigung** der **Sachlage** damit **rechnen musste** (§ 371 Abs. 2 Nr. 2 AO).

---

1 BGH 5 StR 226/99 vom 5. 4. 2000, wistra 2000, 219, 226.

2 **Beispiele**: Einleitung wegen unrichtiger Erbschaftsteuererklärung hindert nicht die Selbstanzeige wegen vorangegangener Schenkung (LG Hamburg [50] 7/89 vom 22. 2. 1989, wistra 1989, 328); Einleitung wegen Vermögensteuerhinterziehung hindert nicht die Selbstanzeige wegen Einkommen-, Umsatz- und Gewerbesteuerhinterziehung (BGH 3 StR 183/90 vom 6. 6. 1990, wistra 1990, 308).

3 KOHLMANN, § 371 Rz. 192 (Sept. 2001); VOLK, wistra 1998, 281 Zur Frage, ob unklare oder zu pauschal formulierte Durchsuchungsbeschlüsse als Bekanntgabe iSv. § 371 Abs. 2 Nr. 1b AO gewertet werden können, s. TESKE, wistra 1988, 287.

4 So JOECKS in Franzen/Gast/Joecks, § 371 Rz. 208.

Bevorstehende Tatentdeckung

Mit der Entdeckung musste der Täter rechnen, wenn er anhand der ihm bekannten Tatsachen den Schluss hätte ziehen müssen, dass die Tat entdeckt war, weil eine Behörde von der Hinterziehungstat erfahren hatte[1]. Dieser Ausschluss der Selbstanzeige ist der schwierigste Sperrtatbestand, weil er nicht klar und eindeutig zu konkretisieren ist.

Zur **Problematik** folgender **Fall** der **Praxis:** Bei der Durchsuchung eines privaten Pkw an der Schweizer Grenze – gesucht wird Gold – findet der Zollbeamte Schweizer Kontoauszüge. Er nimmt diese mit in das Dienstgebäude, um sie nach wenigen Minuten zurückzugeben. Es handelt sich um ein dem Kapital und den Zinsen nach „schwarzes Konto". Selbstanzeige noch möglich? Ein Steuerstrafverfahren ist noch nicht eingeleitet (Sperre II); da der Zollbeamte keine Steuerprüfung, sondern eine Zollprüfung vornimmt, ist auch noch kein Prüfer zur Prüfung erschienen (Sperre I). Fraglich ist, ob die Tat entdeckt ist (Sperre III). Es kann davon ausgegangen werden, dass der Zoll die Auszüge copiert und an das zuständige Finanzamt schickt. Die Tatentdeckung steht also zwingend bevor. Gleichwohl: | 269

Die **bevorstehende Tatentdeckung** ist noch **keine** Tatentdeckung. Selbst die zwingend zu erwartende Entdeckung ist eben ein zukünftiges Ereignis und nicht ein schon eingetretenes[2]. **Freiwilligkeit** ist nicht Tatbestandsbedingung für die Selbstanzeige[3]. | 270

Der **BGH** hat in diesem Sinn entschieden. Nach einer Entscheidung vom 13. 5. 1983[4] ist eine Tatentdeckung | 271

- nicht schon bei einem Tatverdacht anzunehmen,
- nicht schon dann gegeben, wenn Ermittlungen aufzunehmen sind,
- selbst dann nicht gegeben, wenn das Finanzamt zu der Schlussfolgerung gelangt, eine Steuerverkürzung sei vorgenommen.

---

1 JOECKS in Franzen/Gast/Joecks, § 371 Rz. 198.
2 STAHL, Rz. 313; JOECKS in Franzen/Gast/Joecks, § 371 Rz. 185 f.
3 S.o. Tz. 183.
4 BGH 3 StR 82/83 vom 13. 5. 1983, NStZ 1983, 415. Bestätigung durch BGH 3 StR 315/84 vom 24. 10. 1984, NStZ 1985, 126; 3 StR 55/88 vom 27. 4. 1988, wistra 1988, 308; 5 StR 77/93 vom 30. 3. 1993, wistra 1993, 227; 5 StR 226/99 vom 5. 4. 2000, wistra 2000, 219; dazu GÖGGERLE/FRANK, BB 1984, 398; BLUMERS, wistra 1985, 85; BRAUNS, wistra 1985, 177, 324; LOHMEYER, StB 1985, 297. Folgend – unter Änderung der eigenen Rspr. – OLG Celle 1 Ss 367/83 vom 24. 1. 1984, wistra 1984, 116; zustimmend HENNEBERG, BB 1984, 1679; **krit.** LITZIG, Harzburger Protokoll '83, 55 ff.; BILSDORFER, DStZ 1985, 188; DÖRN, wistra 1993, 169.

272 Nach der erwähnten BGH-Entscheidung bedarf es vielmehr „einer **Konkretisierung** des **Tatverdachts**, die gegeben ist, wenn bei **vorläufiger Tatbewertung** die **Wahrscheinlichkeit** eines **verurteilenden Erkenntnisses gegeben** ist" (BGH, aaO). Der BGH ging in dem Urteil von 1983 noch davon aus, dass es auf die Tatentdeckung ankomme; die **Täterentdeckung** sei **nicht** entscheidend. Die jüngere BGH-Rechtsprechung[1] fordert zu Gunsten des Steuerpflichtigen nicht nur die Entdeckung der Tat, sondern auch des Täters. Zwar muss er nicht namentlich feststehen, doch zum Zeitpunkt der Tatentdeckung zumindest identifizierbar sein[2].

273 Seit der Einführung der „Überwachung des grenzüberschreitenden Bargeldverkehrs", heute geregelt in § 12a ZollVG, dürfen Zollbeamte bei **Grenzkontrollen** die Reisenden befragen, ob Bargeld oder gleichgestellte Zahlungsmittel im Wert von 15 000 Euro oder mehr mitgeführt werden. Unabhängig davon, wie die Antwort ausfällt, kann nach § 10 ZollVG durchsucht werden. Werden – zufällig – Informationen über mögliche Schwarzgeldanlagen im Ausland gefunden, dürfen diese an das für den Betroffenen zuständige Finanzamt weitergeleitet werden, § 12a Abs. 3 S. 2 ZollVG. Für den durchsuchten Steuerpflichtigen beginnt mit dem Aufgriff ein Wettlauf. Solange der Abgleich mit der durchgeführten Veranlagung noch nicht erfolgt ist, liegt keine Tatentdeckung vor. Eine Selbstanzeige kann erst dann nicht mehr abgegeben werden, wenn das zuständige Veranlagungsfinanzamt aufgrund der in der Regel per Fax zugeleiteten ausländischen Bankunterlagen den Abgleich mit der bisherigen Veranlagung durchgeführt und die Hinterziehung somit entdeckt hat[3]. Die Durchführung einer zollamtlichen Grenzüberwachung selbst stellt keine Steuerprüfung iSv. § 371 Abs. 2 Nr. 1a AO dar, so dass insofern keine Sperrwirkung vorliegt[4].

274 Tatverdacht, Ermittlungen, bevorstehende Entdeckungen reichen idR folglich nicht aus, eine Tatentdeckung vorzunehmen. Aus der darge-

---

1 AaO, 5 StR 226/99 vom 5. 4. 2000, wistra 2000, 219. Zwar sei nach dem Wortlaut des § 371 Abs. 2 Nr. 2 AO nur die Entdeckung der „Tat" erforderlich. Doch komme es zB bei der Frage, ob der Täter mit einer Entdeckung rechnen musste, auch auf subjektive Tatbestandsmerkmale an. Diese seien ohne eine Vorstellung vom Täter und dessen Horizont nicht möglich.
2 Ebenso: STAHL, Rz. 331 f.; KOHLMANN, § 372 Rz. 210 (Okt. 1998); JOECKS in Franzen/Gast/Joecks, § 371 Rz. 190 f.; GRÖTSCH, 168 oben.
3 SPATSCHECK/ALVERMANN, BB 1999, 2107, 2110.
4 STAHL, Rz. 318; BORNHEIM, AO-StB 2001, 276.

stellten BGH-Rechtsprechung folgt vielmehr: **Kontrollmitteilungen** in der Steuerakte stellen idR keine Tatentdeckung dar[1]. Das gilt uE selbst dann, wenn zu der in der Kontrollmitteilung angegebenen Einkunftsart überhaupt keine Einkünfte erklärt sind. Denn die Kontrollmitteilung kann falsch sein; der Stpfl. kann entsprechend hohe Betriebsausgaben oder Werbungskosten haben[2]. Die Kontrollmitteilung veranlasst Ermittlungen des Finanzamts, führt aber nicht aus sich selbst heraus bereits zu einer Tatentdeckung.

Allein die **Nichtangabe** oder **verspätete Abgabe** von **Erklärungen** und **Voranmeldungen** führt idR noch nicht zur Tatentdeckung[3]. Es fehlen jegliche Anhaltspunkte dafür, dass der Stpfl. vorsätzlich gehandelt haben könnte[4]. Soweit BILSDORFER[5] über die Praxis im Saarland berichtet, wonach bei Nichtabgabe von Steuererklärungen dem Stpfl. mitgeteilt werde, wenn er innerhalb einer bestimmten Frist eine Erklärung nicht abgebe, gehe man von einer Steuerhinterziehung aus, und soweit daraus das Vorliegen der Sperre des § 371 Abs. 2 Nr. 2 AO hergeleitet wird, ist dem nicht zu folgen; die Tatentdeckung kann nicht durch eine Fiktion angenommen werden. 275

Ein **Indiz** für die Tatentdeckung ist die Einleitung eines Strafverfahrens oder der Beginn der Prüfung, ob ein Strafverfahren einzuleiten ist, zB Abgabe des Vorgangs an die Bußgeld- und Strafsachenstelle[6]. 276

Zur Frage der Tatentdeckung bei Steuerfahndungsermittlungen im **Bankenbereich** s. Tz. 607 ff. 277

---

1 Ebenso: STAHL, Rz. 319 ff.; JOECKS in Franzen/Gast/Joecks, § 371 Rz. 188. Zu den Bemühungen, dem aus der Sicht der Steuerstrafverfolgung gegenzusteuern, vgl. DÖRN, DStZ 1992, 620; wistra 1993, 169.
2 Dagegen nimmt das LG Koblenz 105 Js (Wi) 16.966/83 – 4 Ls – 12 Ns vom 13. 3. 1985, DStR 1985, 668 = wistra 1985, 204, eine **Tatentdeckung** durch **Kontrollmitteilung** an; zustimmend WINKELBAUER, wistra 1986, 100. Das LG hatte über den Sonderfall einer Rechnungsausstellung mit Umsatzsteuerausweis, jedoch ohne entsprechende umsatzsteuerliche Erklärung zu entscheiden. Die „Kontrollmitteilung" war eine Copie der Rechnung des Stpfl., stammte also aus seiner eigenen Sphäre. Die Entscheidung des LG's ist nicht verallgemeinerbar.
3 Vgl. GÖGGERLE/FRANK, BB 1984, 398, 399; BAUR, 1983, 498 (dieser allerdings noch ohne Berücksichtigung der BGH-Entscheidung, Tz. 270).
4 STAHL, Rz. 327.
5 wistra 1984, 132 ff.
6 Zur Frage, ob ein Geständnis gegenüber der Staatsanwaltschaft eine Selbstanzeige beinhalte oder ausschließe s. STRECK/OLGEMÖLLER, DStR 1994, 966.

Gewerbsmäßige Steuerhinterziehung, § 370a AO

278 Als **Tatentdecker** kommen neben den Beamten der Finanzverwaltung Polizeibeamte, Staatsanwälte und Richter in Betracht. Diese sind nach § 116 AO verpflichtet, dienstlich erlangte Tatsachen, die den Verdacht einer Steuerstraftat vermitteln, an die Steuerfahndungsabteilungen weiterzuleiten. Privatpersonen sind nur dann taugliche Tatentdecker, wenn damit zu rechnen ist, dass sie ihr positives Wissen über eine Hinterziehung an die Ermittlungsbehörden weiterleiten[1].

279 Eine **Teilentdeckung** sperrt die Selbstanzeige nach dem Wortlaut des § 371 Abs. 2 Nr. 2 AO **insgesamt**, dh. nicht nur hinsichtlich des entdeckten Teils der Schwarzeinkünfte oder -umsätze, sondern für alle Angaben in dem betreffenden Jahr[2] und den von der Teilentdeckung berührten Steuerarten.

280 Kommt es infolge der Tatentdeckung zur Einleitung eines Ermittlungsverfahrens, gelten die hinsichtlich des **Wiederauflebens** der Selbstanzeigemöglichkeit zur Sperre II, § 371 Abs. 2 Nr. 1b AO, unter Tz. 267 gemachten Ausführungen. Offen ist, wann im Falle der Tatentdeckung eine Selbstanzeige wieder möglich ist, wenn kein Ermittlungsverfahren eingeleitet wird und kein Prüfungsverfahren folgt. Einigkeit besteht jedenfalls darin, dass die Selbstanzeigemöglichkeit nicht für immer ausgeschlossen sein soll. Erfolgt eine Mitteilung, dass die Tatentdeckung als entkräftet gilt, kann hieran angeknüpft werden. In anderen Fällen wird in der Literatur[3] in Analogie zu § 171 Abs. 4 S. 3 AO eine Sechs-Monats-Frist angenommen, binnen der ein Ermittlungsverfahren eingeleitet worden sein muss. Ansonsten lebt die Selbstanzeigemöglichkeit wieder auf, bis sie mit Erreichen der strafrechtlichen Verjährung hinfällig wird.

d. Sperre IV: Gewerbsmäßige Steuerhinterziehung, § 370a AO

281 Im Fall der gewerbsmäßigen Steuerhinterziehung des § 370a AO (vgl. Tz. 1015 ff.) ist eine Selbstanzeige mit strafbefreiender Wirkung ausgeschlossen. Nach § 370a S. 3 AO liegt lediglich ein „**minder schwerer Fall**" vor, was zu einer bloßen Strafrahmenverschiebung führt. Die Freiheitsstrafe beläuft sich dann pro Tat nur noch auf drei Monate bis zu fünf Jahren, § 370a S. 2 AO. Im Ergebnis wird die Selbstanzeigemöglichkeit hierdurch entwertet. Der Hinterzieher wird es nicht als

---

1 JOECKS in Franzen/Gast/Joecks, § 371 Rz. 193.
2 BGH 5 StR 226/99 vom 5. 4. 2000, wistra 2000, 219.
3 STAHL, Rz. 345; JOECKS in Franzen/Gast/Joecks, § 371 Rz. 209.

„goldene Brücke" ansehen, wenn er statt fünf Jahren nur drei Jahre ins Gefängnis muss. Alles, was zB ein Geschäftsmann mit einer Selbstanzeige erreichen möchte, nämlich die Vermeidung einer Bestrafung, Nichtöffentlichkeit des Verfahrens etc. wird durch die Unmöglichkeit, Straffreiheit zu erlangen, vereitelt. Gemessen an dem Fiskalzweck der Selbstanzeige[1], müsste gerade bei Hinterziehungen größeren Umfangs eine die Steuergelder in die Staatskasse bringende Selbstanzeigemöglichkeit gegeben sein. Deshalb wird – neben generellen verfassungsrechtlichen Bedenken gegen die Norm[2] – die Einschränkung der Selbstanzeige in S. 3 als verfassungswidrig angesehen[3]. Solange der Gesetzgeber den § 370a AO noch nicht „gestrichen" hat, muss er bei der Selbstanzeigeberatung berücksichtigt und dem Betroffenen die Risikolage vor Augen geführt werden. Droht zB die Betriebsprüfung und ist mit der Aufdeckung einer Hinterziehung mit größter Wahrscheinlichkeit zu rechnen, sollte – ungeachtet des § 370a S. 3 AO – dennoch eine Selbstanzeige abgegeben werden. Der Steuerpflichtige hat in diesem Fall nichts zu verlieren. Die Wahrscheinlichkeit, dass die Norm der gewerbsmäßigen Steuerhinterziehung vom BGH und BVerfG gehalten werden wird, ist gering (vgl. Tz. 1016).

8. Folgen

Die wirksame Selbstanzeige führt, soweit sie reicht, zur **Straffreiheit** aufgrund eines persönlichen Strafaufhebungsgrundes[4]. 282

Die Wirkung der Selbstanzeige ist **unabhängig** davon, ob die **Selbstanzeige** als solche vom **Finanzamt** erkannt wird. Im Erlassweg regelt die Finanzverwaltung, welche Selbstanzeige der Bußgeld- und Strafsachenstelle zuzuleiten ist[5]; erforderlich sei ein konkretes Verdachtsmoment oder die ausdrückliche Kennzeichnung als Selbstanzeige. Selbst in letzterem Fall ist die Selbstanzeige häufig nur an die BuStra 283

---

1 S. Tz. 179.
2 S. Tz. 1016.
3 SPATSCHECK/WULF, DB 2001, 2572; DIES., DB 2002, 392; DIES., NJW 2002, 2983.
4 Vgl. KOHLMANN, § 371 Anm. 25 (Okt. 1998); andere sehen in der Selbstanzeige einen Strafausschließungsgrund, Nachweise bei JOECKS in Franzen/Gast/Joecks, § 371 Rz. 32; weitgehend theoretischer Streit. Praktische Konsequenzen: Selbständige Prüfung bei jedem Beteiligten, in Hauptverhandlung Freispruch und keine Verfahrenseinstellung, Analogieverbot und in dubio pro reo-Grundsatz sind anwendbar (vgl. JOECKS, aaO, Rz. 33 f.).
5 Vgl. Nr. 115 AStBV (St) 2004, BStBl 2003 I 655, 681.

Teil-Selbstanzeige

weiterzuleiten, wenn eine bestimmte, betragsmäßig festgelegte Schwelle an Mehrsteuern überschritten wird. Die OFD Karlsruhe[1] hat den Betrag mit mehr als 5000 Euro im Jahr oder insgesamt mehr als 15 000 Euro festgelegt. Nur eine Ausnahme ist vorgesehen, bei der alle Selbstanzeigen unabhängig von ihrem Betrag den BuStraStellen vorzulegen sind[2]: Es handelt sich um diejenigen der Beamten[3] und Richter[4]. Dies sind Anweisungen für die verwaltungsinterne Behandlung; sie besagen nichts zur Folge einer Selbstanzeige. Eine Selbstanzeige wirkt auch dann strafbefreiend, wenn sie vom Finanzamt nicht sofort als Selbstanzeige erkannt wird.

284 Wird eine **Berichtigung** nach **§ 153 AO** von dem Finanzamt als Selbstanzeige gewertet und dem Berichtigenden dies mitgeteilt, so kann er diese Qualifikation nicht mit einem Rechtsmittel angreifen; dies ist erst bei Folge-Verwaltungsakten, zB Hinterziehungszinsbescheiden, möglich.

285 Umstritten sind die Wirkungen einer **Teil-Selbstanzeige**[5]. Der Stpfl. erklärt 10 000 Euro Zinsen für 2003 nach; hinterzogen waren aber 15 000 Euro. Nach hA im Schrifttum und auch wohl in der Rechtsprechung der Gerichte unterhalb des BGH reicht die Wirkung der Selbstanzeige entsprechend dem Wortlaut des § 371 Abs. 1 AO jedenfalls „insoweit", wie die Erklärung reicht, jedoch nicht darüber hinaus. Die Teil-Selbstanzeige wird also anerkannt; im Beispielsfall kann nur noch eine Bestrafung wegen 5000 Euro nichterklärter Zinsen erfolgen[6]. Demgegenüber hat der **BGH** in einer Entscheidung vom 14. 12. 1976[7]

---

1 Vgl. zum verwaltungsinternen Verfahren OFD Karlsruhe, 2004-02-02 S 0700-0735 I vom 2. 2. 2004, Tz. 5.4.

2 OFD Karlsruhe aaO Tz. 5.4.1.

3 Kritisch Brauns in Kohlmann-FS, 387 ff., der in der Weitergabe der Informationen aus der Selbstanzeige einen Verstoß gegen das Steuergeheimnis sieht.

4 Zur bundesweiten Regelung siehe BMF vom 10. 5. 2000, BStBl. 2000 I, 494. Ab einem Betrag von – damals – 5000 DM (= 2556,46 Euro) sieht das BMF gestützt auf § 30 Abs. 4 Nr. 5 AO vor, den Dienstherrn zu benachrichtigen.

5 Zur Frage, bis zu welchem Differenzbetrag zwischen Erklärung und Steuerfestsetzung man noch von einer „Voll-Selbstanzeige" ausgeht, vgl. Tz. 222.

6 Zur hA vgl. Scheurmann-Kettner in Koch/Scholtz, § 371 Rz. 16; Joecks in Franzen/Gast/Joecks, § 371 Rz. 75 f.; Heine, 17. Deutscher Steuerberatertag 1994, Protokoll, 1995, 138; Stahl, Rz. 118–120.

7 1 StR 196/76 vom 14. 12. 1976, BB 1978, 698; inzwischen auch für eine Teilwirksamkeit unter ausdrücklicher Aufgabe der gegenteiligen Kommentierung in den Vorauflagen: Kemper in Rolletschke/Kemper § 371, Rz. 26a und 27 (Juni 2003).

erkannt, dass eine Selbstanzeige dann, und zwar insgesamt, nicht mehr vorliege, wenn der nacherklärte Betrag weiter hinter dem nichterklärten zurückbleibe[1]. Hier besteht Unsicherheit im Recht, weniger in der **Praxis**, die die Teilselbstanzeige weitgehend anerkennt. Da für den nicht nacherklärten Betrag durch die Teil-Selbstanzeige Tatentdeckung[2] eingetreten ist, scheidet regelmäßig eine Berichtigung des Restbetrags mit strafbefreiender Wirkung aus[3]. Vor diesem Hintergrund sollte das Zahlenmaterial sorgfältig geprüft und kann von bewussten Teil-Selbstanzeigen nur abgeraten werden.

Eine Selbstanzeige im Zeitraum, für den eine Steuer-**Freiheitsstrafe** zur **Bewährung ausgesetzt** ist, über eine Steuerstraftat im Bewährungszeitraum kann uE nicht zum Widerruf der Bewährung führen[4].   286

Durch die Selbstanzeige werden **Steuerfolgen**, die an die verspätete Abgabe von Erklärungen, an die Nichtabgabe oder an die Hinterziehung geknüpft sind, nicht ausgeschlossen. Das gilt für den Verspätungszuschlag, die Steuerhaftung nach § 71 AO, für die Festsetzungsverjährung und für **Hinterziehungszinsen**[5]. Während früher bei den Finanzbehörden die Möglichkeit der Festsetzung von Hinterziehungszinsen weniger bekannt gewesen sein mag[6], erfolgt heute nach unserer Erfahrung deren Festsetzung nahezu ausnahmslos.   287

Auch im Hinblick auf diese **steuerlichen Folgen** hat die **Selbstanzeige** jedoch einen eindeutigen **Vorteil**: Stellt die Strafverfolgungsbehörde wegen der Selbstanzeige das Strafverfahren ein, muss die Finanzbehörde selbständig die Hinterziehung ermitteln. Sie trägt die objektive Beweislast. Das Finanzamt kann nicht auf Strafakten zurückgreifen[7].   288

Die Selbstanzeige ist **kein Geständnis** im strafrechtlichen Sinne[8], denn sie enthält lediglich die Nacherklärung eines steuerlich erheblichen Sachverhalts. Weder eine rechtliche Würdigung noch subjektive Elemente, wie zB Vorsatz oder Fahrlässigkeitserwägungen, gehören in den Wortlaut der Selbstanzeige. Auch wer „vorsorglich" eine Selbstanzeige erstattet, kann später jede Steuerhinterziehung verneinen.   289

---

1 Ablehnung bei LEISE, BB 1978, 698, und BARSKE, DB 1978, 2155.
2 S. Tz. 268 ff.
3 Ebenso: STAHL, Rz. 120; JOECKS in Franzen/Gast/Joecks, § 371 Rz. 78.
4 Vgl. STRECK/SPATSCHECK, NStZ 1995, 269.
5 S. Tz. 1229 ff.
6 So WANNEMACHER, StbJb. 1980/81, 441.
7 Vgl. hierzu STRECK, DStR 1985, 11.
8 Vgl. JOECKS in Franzen/Gast/Joecks, § 371 Rz. 12.

„Fremdanzeige"

Selbst das Bestreiten des objektiven Tatbestands einer Hinterziehung ist noch möglich, zB wenn der Anzeigende den objektiven Tatbestand aus Rechtsgründen bestreitet. Ebenso kann der Stpfl. nach der Einstellung eines Strafverfahrens wegen der Selbstanzeige im Hinblick auf die steuerlichen Konsequenzen (s. Tz. 1175 ff. – Verjährung –, 1209 ff. – Bestandskraft –, 1229 ff. – Hinterziehungszinsen –, 1242 ff. – Haftung –) die Hinterziehung bestreiten.

290 Die Nacherklärung oder Berichtigung erklärungspflichtiger Angaben, dh. die Selbstanzeige, unterliegt dem **Steuergeheimnis**: § 30 AO findet Anwendung. Zwar nimmt § 30 Abs. 4 Nr. 4b AO solche Angaben aus dem Schutz des Steuergeheimnisses aus, die ohne Rechtspflicht erklärt worden sind; eine solche Erklärungspflicht ist nicht gegeben, da niemand sich eines Delikts selbst beschuldigen muss. Trotz dieses Weigerungsrechts besteht jedoch dem Grunde nach die steuerliche Pflicht fort (vgl. auch § 393 Abs. 1 AO)[1]; sie tritt nur hinter das Weigerungsrecht zurück.

291 Die Selbstanzeige schützt nicht vor **Ermittlungen**; eine Selbstanzeige kann eine Steuerfahndung auslösen (Tz. 166).

9. Nacherklärung nach § 153 AO mit Drittwirkung („Fremdanzeige")

292 Im Dornröschenschlaf befinden sich die Möglichkeiten des **§ 371 Abs. 4 AO**. Dieser besagt: Wird eine Anzeige nach § 153 AO rechtzeitig und ordnungsgemäß abgegeben, so wird ein **Dritter,** der diese Erklärung abzugeben unterlassen oder unrichtig abgegeben hat, **strafrechtlich nicht verfolgt,** es sei denn, dass ihm die Einleitung eines Straf- oder Bußgeldverfahrens bekanntgegeben worden ist.

293 **Beispiel:** Eine GmbH hat die beiden Geschäftsführer A und B. A hinterzieht Lohnsteuer zugunsten der GmbH. B stellt dies fest und gibt eine Nacherklärung nach § 153 AO ab. Nach § 371 Abs. 4 AO wird jetzt auch A steuerstrafrechtlich nicht verfolgt.

294 Nach richtiger Ansicht gilt dies sowohl für die **ursprüngliche Steuerhinterziehung** wie für den Fall der **Steuerhinterziehung aufgrund von § 153 AO** selbst[2]. Beispiel: A und B übernehmen die Geschäftsführung

---

1 STRECK/SPATSCHECK, wistra 1998, 334.

2 STAHL, Rz. 347; JOECKS in Franzen/Gast/Joecks, § 371 Rz. 228; LG Bremen Qs 84b Ds 860 Js 2205/97 vom 26. 6. 1998, wistra 1998, 317; FÜLLSACK, wistra 1997, 285. OLG Stuttgart 1 Ws 1/96 vom 31. 1. 1996, wistra 1996, 190 will

einer GmbH. A stellt fest, dass sein Vorgänger Lohnsteuern hinterzogen hat; er unternimmt nichts (= Steuerhinterziehung durch Verletzung des § 153 AO). B stellt die Hinterziehung der Vorgänger später fest und gibt sofort eine ordnungsgemäße Erklärung nach § 153 AO ab; auch diese erstreckt sich auf A.

Hat der Steuerhinterzieher, auf den sich die Wohltat des § 371 AO **295** erstreckt, zum eigenen Vorteil gehandelt, so gilt § 371 Abs. 3 AO entsprechend. Er wird nur dann nicht verfolgt, wenn er die zu seinen Gunsten **hinterzogenen Steuern** innerhalb einer bestimmten angemessenen Frist **zahlt** (Tz. 235 ff.). Im Übrigen ist eine Steuerzahlung, um strafrechtlich nicht verfolgt zu werden[1], nicht erforderlich.

Von einem „Dornröschenschlaf" sprachen wir (Tz. 292), da die Vor- **296** schrift in der Praxis nur eine geringe Rolle spielt. Möglicherweise wird ihre Wirksamkeit hin und wieder übersehen. Sie bietet sich aber auch zur **Gestaltung** an: Der Geschäftsführer einer GmbH kann zu eigenen Gunsten eine Selbstanzeige nicht mehr abgeben, da eine Betriebsprüfung oder ein Steuerfahndungsverfahren schwebt[2]. Die Gesellschafter der GmbH bestellen einen weiteren Geschäftsführer. Dieser stellt die Tat fest und gibt sofort die Erklärung nach § 153 AO ab. Nach dem Wortlaut des § 371 Abs. 4 AO müsste sich diese jetzt auch auf den ersten Geschäftsführer erstrecken. Da durch eine solche Gestaltung versucht wird, nicht nur die Strafbarkeit des § 370 AO zu vermeiden, sondern auch die Regeln des § 371 Abs. 1 bis 3 AO auszuschalten, sollte von dieser Möglichkeit nur mit großer Vorsicht Gebrauch gemacht werden.

10. Leichtfertige Steuerverkürzung

Bei leichtfertiger Steuerverkürzung kennt § 378 Abs. 3 AO nur die **297** **Sperre** der **Einleitung** eines **Straf- oder Bußgeldverfahrens.** Der Verdacht einer leichtfertigen Steuerverkürzung ist im Steuerfahndungs-

---

hingegen § 317 Abs. 4 AO nur auf die Verletzung des § 153 AO anwenden; zum Meinungsstreit s. STAHL, aaO.

1 Abweichend zum Normalfall der Selbstanzeige liegt kein persönlicher Strafaufhebungsgrund vor. Die prozessuale Konsequenz ist, dass kein Freispruch, sondern nur eine Verfahrenseinstellung erfolgt.

2 Hierin liegt die Besonderheit der „Fremdanzeige". Die Sperren I und III, dh. Prüfererscheinen und Tatentdeckung, schließen die Anwendung der Norm nicht aus (DÖRN, INF 1997, 329).

verfahren selten[1]. Neben der Verletzung von Erkundigungspflichten[2] ist einer der wenigen gerichtlich entschiedenen Fälle derjenige, dass dem Steuerberater ein blanko unterschriebenes Einkommensteuererklärungsformular übergeben wird[3]. Auf eine ausführlichere Darstellung wird verzichtet.

298 Problematisch ist, dass die **sonstigen Ordnungswidrigkeiten** eine Selbstanzeige nicht kennen; dh., dass auch dort, wo eine Selbstanzeige greift, eine Bußgeldahndung wegen **Steuergefährdung** (§ 379 AO)[4] und wegen **Gefährdung** von **Abzugsteuern** (§ 380 AO)[5] möglich ist[6], aber in der Praxis seltenst umgesetzt wird.

IV. Flucht ins Ausland

299 Die Möglichkeit einer Fahndungsprüfung weckt hin und wieder die Überlegung, sich einer Strafverfolgung durch **Absetzen ins Ausland** zu entziehen. Lohnt die Flucht ins Ausland? Regelmäßig: Nein. Bei Steuerdelikten sind Haftgründe vermeidbar (s. Tz. 450 ff.); das gilt auch bei hohen Hinterziehungsbeträgen[7]. Die Flucht ins Ausland schafft den Haftgrund, der einem für das gesamte folgende Verfahren anhängt. Die Auseinandersetzung mit der Steuerfahndung setzt voraus, dass der Betroffene dem Verteidiger und Berater für Informationen zur Verfügung steht. Steuerfahndungsverfahren, in denen der Be-

---

1 Vgl. hierzu auch bestätigend DÖRN, wistra 1994, 10; STAHL, Rz. 353–357.
2 OLG Celle 22 Ss 198/97 vom 1. 10. 1997, wistra 1998, 196.
3 BayOLG 4 St RR 2/2002 vom 1. 3. 2002, wistra 2002, 355.
4 BVerfG vom 11. 7. 1997, wistra 1997, 297; OLG Celle 2 Ss (OWi) 313/78 vom 17. 7. 1979, StRK AO 1977 § 379 R. 1; DÖRN, wistra 1995, 7.
5 BVerfG aaO; OLG Celle 2 Ss (OWi) 343/74 vom 31. 1. 1975, MDR 1975, 598, und BayObLG RReg. 4 St 266/79 vom 3. 3. 1980, DStR 1980, 385; DÖRN, wistra 1995, 7.
6 JOECKS in Franzen/Gast/Joecks, § 371 Rz. 212, weist zu Recht darauf hin, dass schon fraglich ist, ob die im Rahmen der Selbstanzeige mitgeteilten Informationen überhaupt im Bußgeldverfahren verwandt werden dürfen (vgl. hierzu: KOHLMANN, § 379 Rz. 69, 74 (Sept. 2001)). Die Bundessteuerberaterkammer, DStR 1980, 543, und der deutsche Steuerberaterverband, Stbg. 1981, 12, fordern zu Recht, die Wirkung der befreienden Selbstanzeige auf diese Bußgeldtatbestände auszudehnen. Die **Befreiung** von **Strafe** muss die von einem **Bußgeld umfassen**.
7 Die Zeitschrift PStR druckt regelmäßig Strafmaßtabellen ab, vgl. zB PStR 2001, 18 f. Hinsichtlich deren Handhabung und Höhe gibt es allerdings örtlich sehr stark **unterschiedliche Gepflogenheiten**.

troffene im Ausland ist, sind für die Verteidigung nur sehr schwer zu führen. Hat der Flüchtige im Inland ein Unternehmen, so ist auch hier in Fahndungszeiten die Anwesenheit des Unternehmers unbedingt erforderlich.

Folgender **Praxisfall** veranschaulicht diese Hinweise: Nach einer   300
Selbstanzeige, die zu 1 Mio. Euro Nachsteuern führt, packte der Stpfl.
die Koffer, nahm die Kinder aus der Schule und verschwand nach
Spanien. Eine Kurzschlussreaktion mit tiefgreifenden Folgen. Vorher
lag kein Haftgrund vor; jetzt war er gegeben. Das Unternehmen hätte
die Selbstanzeige verkraftet; als Betrieb ohne Führung fiel es in den
Konkurs.

Bei der **Beratung** ist große **Vorsicht** geboten[1]. Der Rat zur Flucht kann   301
Strafvereitelung (§ 258 StGB) und folglich strafbar sein. In gleicher
Weise strafbar ist die unzutreffende Beantwortung der von Ermittlern
gestellten Frage, wo sich der flüchtige Mandant aufhalte. Gibt der
Berater wahrheitswidrig an, er wisse es nicht, kann der Tatbestand des
§ 258 StGB erfüllt sein. Die richtige Antwort wäre hier die Berufung
auf die Verschwiegenheitspflicht als Berater gewesen.

Die **Information** über das **Auslieferungsrecht**, über Staaten, die wegen   302
Steuerdelikten ausliefern, und über Staaten, die nicht ausliefern[2], ist
rechtmäßig. **Wichtig** für die **Beratung** ist, dass Auslieferungsverträge
nur den Anspruch auf Auslieferung regeln. Darüber hinaus muss bedacht werden, dass **jeder Staat ausliefern kann**. Auch Staaten mit
anerkanntem Ruf der Nichtauslieferung können, wenn es die Staatsraison gebietet, Nichtstaatsangehörige an die Bundesrepublik ausliefern.

In die Beratung einfließen muss, dass nach §§ 7, 8 PaßG ein **Pass**   303
entzogen werden kann, wenn sich der Betroffene einer Strafverfolgung oder Strafvollstreckung im Inland oder seinen steuerlichen Verpflichtungen entziehen will[3].

.

---

1 Vgl. auch DAHS, Handbuch, Rz. 54.
2 Siehe hierzu Tz. 481 ff.
3 Dazu als **Demonstrationsurteil** VGH Baden-Württemberg I 2951/78 vom 5. 2.
   1979, RIW 1979, 422.

B. Der Eingriff der Steuerfahndung und die Ermittlungen bei dem Beschuldigten

I. Das erste Erscheinen

1. Telefonanruf; Erörterungsschreiben

304 Die Fahndung **ruft** – in seltenen Fällen – **an**, um ihr Erscheinen anzukündigen oder um Informationen zu erfragen. Hier ist sofortige Beratung geboten. Die Selbstanzeige ist noch möglich (Tz. 255 ff.).

305 Das Gleiche gilt, wenn der Stpfl. ein **Erörterungsschreiben** vor der Fahndung erhält, wie dies in der Zeit der Ermittlungen gegen Anleger bei luxemburgischen, schweizerischen und liechtensteinischen Banken von 1994 bis ca. 2000 zur Ermöglichung einer zeitnahen Abarbeitung der Massenverfahren tausendfach geschah (vgl. Tz. 607 ff.).

306 Hin und wieder werden von Fahndern sogar bewusst diese unspektakulären Wege des ersten Erscheinens gewählt, um die **Möglichkeit** einer **Selbstanzeige** offenzuhalten. Da die Selbstanzeige eine „Einladung" des Gesetzgebers ist (Tz. 179), verhält sich der Fahnder in diesen Fällen gesetzeskonform. Zwar ist die Selbstanzeige möglicherweise durch die Sperre des § 371 Abs. 2 Nr. 2 AO (Entdeckung der Tat) gefährdet (Tz. 268 ff.); gleichwohl wird der Berater häufig auch hier auf eine Selbstanzeige drängen, wenn man durch sie nur gewinnen, nicht aber mehr verlieren kann. Da die Strafverteidigung idR den objektiven Tatbestand (Steueranspruch) bestreitet und bezweifelt, die wirksame Selbstanzeige diesem Bemühen zumindest den strafrechtlichen Sinn nimmt, sollte von der Steuerfahndung den Betroffenen weit häufiger die Möglichkeit der Selbstanzeige eröffnet werden.

2. Das persönliche Erscheinen der Fahnder

307 Das **persönliche Erscheinen** der Fahnder sperrt die Selbstanzeige (§ 371 Abs. 2 Nr. 1 AO, Tz. 255 ff.). Unabhängig davon, ob das Strafverfahren eingeleitet wird oder nicht, muss sich der Betroffene so betrachten, als sei er Objekt der Strafverfolgung. Jeder Schritt muss ab sofort sorgsam überlegt und mit dem Verteidiger abgesprochen werden.

308 Erscheinen die Fahnder **ohne Hausdurchsuchungsbefehl** (dazu Tz. 315 f.), hindert das nicht die sofort durch sie angeordnete Hausdurchsuchung[1]. Gleichwohl sollte man die eigenen Räume nicht frei-

---

1 Bei **Gefahr im Verzug**, s. Tz. 354.

willig der Durchsuchung preisgeben. Das Recht auf die Unverletzlichkeit der Wohnung ist als Grundrecht geschützt (Art. 13 GG). Die eigene Intimsphäre sollte, soweit sie sich durch die eigenen vier Wände verkörpert, nur aufgrund des prozessual notwendigen Akts, dh. „justizförmig", für Zwecke der Strafverfolgung geöffnet werden.

3. Die rechtlichen Folgen des Erscheinens der Steuerfahndung

Erscheint die Steuerfahndung in der erkennbaren Absicht, steuerstrafrechtlich zu ermitteln, so ist das **Steuerstrafverfahren eingeleitet** (§ 397 Abs. 1 AO). Verbindet die Fahndung ihr Erscheinen mit einer Hausdurchsuchung, so sind die Voraussetzungen des § 397 Abs. 1 AO erfüllt; das Steuerstrafverfahren ist eingeleitet. Dies ist nur ein Beispiel. Jede Ermittlungshandlung der Fahndung mit strafrechtlichem Hintergrund in Bezug auf eine bestimmte Person leitet das Steuerstrafverfahren ein. Die Einleitung ist in den Akten zu vermerken (§ 397 Abs. 2 AO). Sie ist dem Beschuldigten spätestens mitzuteilen, wenn er zur Mitwirkung bei der Ermittlung aufgefordert wird (§ 397 Abs. 3 AO). Die konkrete Ermittlungshandlung gegenüber einem bestimmten Steuerbürger, zB die Hausdurchsuchung bei diesem Steuerbürger, die ihn in eine Lage versetzt, die strafrechtliche Ermittlung gegen ihn zu erkennen, umfasst die Mitteilung der Einleitung des Strafverfahrens.

Wird gegenüber einer bestimmten Person steuerstrafrechtlich ermittelt, hat sie alle **Rechte** des **Beschuldigten** im Strafverfahren, insbesondere das **Aussageverweigerungsrecht** (§ 136 StPO). Steuerlich kann niemand gezwungen werden, sich selbst einer Straftat zu bezichtigen (§ 393 Abs. 1 AO; s. dazu im Einzelnen Tz. 509 ff., 522 ff.).

Die Mitteilung, dass ein Steuerstrafverfahren eingeleitet ist, führt ohne weitere Prüfung zu der Rechtsfolge des § 393 Abs. 1 AO: Die **steuerrechtliche Mitwirkung** kann nicht mehr erzwungen werden[1]. Die Finanzbehörde, auch die Steuerfahndung, darf nicht mehr prüfen, ob sich der Steuerbürger selbst einer Straftat bezichtigen könnte und deshalb die Zwangsmittel ausgeschlossen sind. S. dazu Tz. 510.

Die Einleitung des Strafverfahrens schließt die Möglichkeit der **Selbstanzeige** aus; s. Tz. 264 ff.

Das Erscheinen der Steuerfahndung unterbricht idR die **steuerstrafrechtliche Verjährung** oder zeigt eine derartige Unterbrechung an. Nach § 78c StGB wird die Verjährung ua. unterbrochen

309

310

311

312

313

---

1 Ausführlich mwN: STRECK/SPATSCHECK, wistra 1998, 334.

Die Hausdurchsuchung

- durch die erste Vernehmung des Beschuldigten (§ 78c Abs. 1 Nr. 1 StGB);
- durch die Anordnung der ersten Vernehmung des Beschuldigten (§ 78c Abs. 1 Nr. 1 StGB);
- durch die Bekanntgabe, dass gegen ihn das Ermittlungsverfahren eingeleitet ist – was eben durch eine Durchsuchung geschieht – oder durch die Anordnung der Bekanntgabe (§ 78c Abs. 1 Nr. 1 StGB);
- durch die richterliche Beschlagnahmeanordnung (§ 78c Abs. 1 Nr. 4 StGB);
- durch die richterliche Durchsuchungsanordnung (§ 78c Abs. 1 Nr. 4 StGB);
- durch den Haftbefehl (§ 78c Abs. 1 Nr. 5 StGB);
- durch die Bekanntgabe oder Anordnung eines Bußgeldverfahrens (§ 376 AO).

314 Der Beginn der Steuerfahndungsprüfung führt zur **Ablaufhemmung** der **steuerlichen Verjährung** (§ 171 Abs. 5 AO; Tz. 1175 ff.).

II. Die Hausdurchsuchung

1. Anordnung

315 Ist die **Hausdurchsuchung angeordnet**, muss sich ihr der Betroffene in der großen Vielzahl der Fälle beugen. Unmittelbare Rechtsbehelfe hindern nicht die Vollziehung (§ 307 Abs. 1 StPO)[1]. Faktisches Erwehren ist rechtswidrig (§ 113 StGB). Selbst der verständliche **Ruf** nach dem **Steuerberater** oder **Anwalt** bringt nur psychologische, aber im eigentlichen Sinne keine Rechtshilfe.

Hausdurchsuchungen werden durch den **Richter**, bei **Gefahr im Verzug**[2] auch durch die **Staatsanwaltschaft** oder die **Steuerfahndung** angeordnet (§ 105 Abs. 1 StPO). Jeder Fahndungsbeamte kann also unmittelbar – formlos[3] – eine Durchsuchung anordnen. In der

---

1 **Aussetzung** nach § 307 Abs. 2 StPO möglich; dazu Tz. 400 f.
2 Zu dem Begriff „**Gefahr im Verzug**" s. Tz. 317, 354 u. dortige FN.
3 MEYER-GOSSNER, § 105 Rz. 3. Allerdings treffen den Ermittlungsbeamten anschließend konkrete Dokumentationspflichten, um später eine richterliche Überprüfung überhaupt möglich zu machen (BVerfG 2 BvR 1444/00 vom 20. 2. 2001, NStZ 2001, 382; PARK, Rz. 91).

Fahndungspraxis ist der richterliche Durchsuchungsbeschluss die Regel[1].

In der Praxis **beantragt** hin und wieder die **Steuerfahndung** selbst den Durchsuchungsbefehl. Umstritten ist, ob ihr dieses Antragsrecht zusteht oder ob der Antrag nicht von der Staatsanwaltschaft oder der Bußgeld- und Strafsachenstelle zu stellen ist[2]. Nach richtiger Auffassung hat sie dieses Antragsrecht nicht (s. Tz. 317). Dies gilt allerdings nur, wenn die Steuerfahndung einem Finanzamt zugeordnet ist, ohne dass das Finanzamt zugleich über die Funktion der Bußgeld- und Strafsachenstelle verfügt. Antragsberechtigt ist allenfalls das Finanzamt, nicht eine Dienststelle. Hat ein Finanzamt sowohl die **Funktion** der **Bußgeld-** und **Strafsachenstelle** wie auch die der Steuerfahndung (s. Tz. 1 ff.), hat es das Antragsrecht[3].

316

---

1 Das soziologisch gewonnene Ergebnis von NELLES, Kompetenzen und Ausnahmekompetenzen in der Strafprozessordnung, Diss. Münster, 1979, Beschlagnahmen und Durchsuchungen würden **überwiegend** wegen „Gefahr im Verzug" von Staatsanwälten und ihren Hilfsbeamten angeordnet, können wir für die Fahndungspraxis **nicht** bestätigen (ebenso: JOECKS in Franzen/Gast/Joecks, § 399 Rz. 27). Vielmehr ergibt sich schon unmittelbar aus Art. 13 Abs. 2 GG, dass regelmäßig nur ein Richter in das grundgesetzlich geschützte Recht der Unverletzlichkeit der Wohnung eingreifen darf. Bestünde der von NELLES damals beschriebene Zustand heute in bestimmten Regionen noch fort, würde dies allein die Durchsuchungsanordnung rechtswidrig machen (vgl. PARK, aaO, Rz. 23 ff., 56 ff.). Vor diesem Hintergrund muss zumindest der Versuch einer telefonischen Kontaktaufnahme mit einem Gericht unternommen werden (BbgVerfG VfGBbg 94/02 vom 21. 11. 2002, NJW 2003, 2305). Hierfür müssen die Gerichte einen Bereitschaftsdienst einrichten (AMELUNG, NStZ 2001, 337), der jedenfalls tagsüber, aber bei Bedarf auch nachts zur Verfügung steht (BVerfG 2 BvR 1481/02 vom 10. 12. 2003, NJW 2004, 1442). Eine vom Gericht zunächst mündlich erteilte Anordnung ist schriftlich zu bestätigen (MEYER-GOSSNER, § 105 Rz. 3; ganz gegen Möglichkeit des mündlichen Beschlusses: HARMS, DRiZ 2004, 25).

2 **Für eigenes Antragsrecht** KÜSTER, BB 1980, 1371; **dagegen:** JOECKS in Franzen/Gast/Joecks, § 404 Rz. 54; KOHLMANN, § 404 Rz. 48.1 (Mai 2004); das LG Hildesheim 22 Qs 3/80 vom 10. 11. 1980, BB 1981, 356, verlangt einen Antrag der Bußgeld- und Strafsachenstelle oder der Staatsanwaltschaft; dazu Anm. von VON ELSNER, Stbg. 1981, 61; wie LG Hildesheim AG Hamburg 160 Gs 322/79, mitgeteilt von KÜSTER, aaO, 1373; LG Düsseldorf III Qs 33/82 vom 21. 4. 1982, WM 1982, 624; LG Freiburg IV Qs 72/86 vom 16. 7. 1986, wistra 1987, 155; LG Berlin 514 Qs 1/88 vom 8. 2. 1988, wistra 1988, 203; HENNEBERG, BB 1976, 1557; RÜPING, StVj 1991, 322, 324.

3 JOECKS in Franzen/Gast/Joecks, § 404 Rz. 55; AG Kempten 2 Gs 517/86 vom 24. 3. 1986, wistra 1986, 271, mit Anm. von CRATZ; LG Stuttgart 6 Qs 57/87 vom 25. 6. 1987, wistra 1989, 40, mit Anm. von FREY.

317   Allerdings kann die Steuerfahndung sich nach § 163 Abs. 2 S. 2 StPO **unmittelbar** an das **Gericht** wenden, wenn die „schleunige Vornahme richterlicher Untersuchungshandlungen erforderlich" ist. Das Gericht kann bei „Gefahr im Verzug" ohne staatsanwaltlichen Antrag entscheiden (§ 165 StPO). Auf diese Ausnahme-Not-Brücke verweist die Steuerfahndung, um ihren unmittelbaren Verkehr mit dem Gericht zu rechtfertigen[1]. Bezweckt werden soll jedoch die institutionelle Ausschaltung der Staatsanwaltschaft. Denn in aller Regel ist in Fahndungsfällen eine schleunige Vornahme des richterlichen Durchsuchungsbefehls, dh. die Nicht-Einschaltung der Bußgeld- und Strafsachenstelle oder der Staatsanwaltschaft, nicht erforderlich. Für die prinzipielle Verkehrung des Regel-/Ausnahmeverhältnisses ist jedoch § 163 StPO nicht geschaffen[2].

318   Erfolgt im Einzelfall die **Anordnung** der Durchsuchung durch die **Staatsanwaltschaft** oder die **Steuerfahndung,** kann entsprechend § 98 Abs. 2 S. 2 StPO die richterliche Entscheidung beantragt werden[3]. Diese Möglichkeit besteht idR jedoch nur zu Beginn oder während der Durchführung. Ist die Durchsuchung vollständig vorüber, ist der Antrag ebenso wie das Rechtsmittel gegen die Entscheidung des Richters nur noch mit besonderem Feststellungsinteresse zulässig (s. Tz. 387 f.).

319   Zwischen richterlicher Anordnung und der Durchsuchung vergeht einige Zeit, oft sind es Wochen. Fraglich ist, **wie lange** der **Beschluss Gültigkeit** hat. Der Beschluss kann nur so lange Bestand haben, wie der Sachverhalt, der dem Richter mit dem Antrag vorgetragen wurde, andauert. Der Vollzug eines richterlichen Beschlusses bei verändertem Sachverhalt ist rechtswidrig. Das BVerfG[4] hält die Durchführung einer richterlichen Durchsuchungsanordnung für rechtswidrig, wenn sie nicht **spätestens** nach sechs Monaten vollzogen wurde. Während die Rechtsprechung[5] kleinere Überschreitungen der Frist von zB zwei Tagen für unschädlich hält, wird vor allem in der älteren Literatur eine deutlich einschränkendere Ansicht vertreten: Sind **vier Wochen** verstrichen, spricht die Vermutung eindeutig für die Änderung des Sach-

---

1 Vgl. zB Scheurmann-Kettner in Koch/Scholtz, § 404 Rz. 21.
2 Zustimmend Rüping, StVj 1991, 322, 325; Meyer-Gossner, § 163 Rz. 26.
3 Meyer-Gossner, § 105 Rz. 16; BGH 1 BJs 93/77 vom 16. 12. 1977, NJW 1978, 1013; OLG Stuttgart 4 VAs 234/76 vom 5. 5. 1977, NJW 1977, 2276.
4 2 BvR 1992/92 vom 27. 5. 1997, NJW 1997, 2165; hierzu: Dauster, StraFo 1998, 408; Rabe von Kühlewein, GA 2002, 650 unter h).
5 LG Zweibrücken Qs 103/02 vom 23. 9. 2002, NJW 2003, 156.

verhalts[1]. Unabhängig von allen Fristen wird eine Durchsuchungsanordnung jedenfalls unzulässig, wenn sich die Ermittlungslage erkennbar geändert hat[2].

Die **Durchsuchung verbraucht** den Durchsuchungsbefehl. Dies gilt   320
auch dann, wenn der Betroffene die Durchsuchung **freiwillig** gestattet.
Die subjektive Durchsuchungsabsicht und die tatsächliche Durchsuchung sind ausreichend[3].

2. Voraussetzungen

Voraussetzung für die Durchführung ist der **Verdacht** der **Steuerhin-**   321
terziehung oder einer **Steuerordnungswidrigkeit**. Diese Schwelle ist
in der Praxis äußerst niedrig.

Der **Durchsuchungsbeschluss** muss durch tatsächliche Angaben den   322
Tatvorwurf konkretisieren, außerdem müssen nach Möglichkeit die
Beweismittel in etwa umschrieben sein, denen die Durchsuchung gilt[4];
nur unter dieser Bedingung kann die Rechtmäßigkeit, insbesondere
die Verhältnismäßigkeit (Tz. 324), geprüft werden. „Ein Durchsuchungsbefehl erfüllt nicht die rechtsstaatlichen Mindestanforderungen
der Messbarkeit und Kontrollierbarkeit des Eingriffs in das Grundrecht
des Art. 13 Abs. 1 GG, wenn er beim Vorwurf der Steuerhinterziehung
weder die Art der Steuer bestimmt noch eine zeitliche Eingrenzung
des Tatvorwurfs enthält, obwohl derartige Angaben möglich gewesen
wären, ohne den Zweck der Strafverfolgung zu gefährden"[5]. Ein

---

1 Vgl. LG Saarbrücken 8 Q 92/93 vom 11. 3. 1993, Stbg 1994, 40: Der Durchsuchungsbeschluss ist „unverzüglich" zu vollziehen. Die ANWEISUNGEN hiel-
   ten demgegenüber in den ersten Entwürfen eine Geltungsdauer von sechs
   Monaten für rechtens; dagegen BLUMERS, DB 1982, 1645; FELIX/STRECK, wistra
   1982, 165; HAMACHER, DStZ 1982, 495; rechtfertigend ZELLER, DB 1982, 2662,
   und DStZ 1982, 295. Kritisch zu Vorratsbeschlüssen auch RÜPING, StVj 1991,
   322, 326.
2 MEYER-GOSSNER, § 105 Rz. 8 mwN.
3 BVerfG 2 BvR 1687/02 vom 12. 2. 2004, StV 2004, 633; LG Hamburg, 620 Qs
   29/03 vom 5. 5. 2003, wistra 2004, 36; RENGIER, NStZ 1981, 378; s. auch MEYER-
   GOSSNER, § 105 Rz. 14.
4 BVerfG 2 BvR 294/76 vom 26. 5. 1976, NJW 1976, 1735; 2 BvR 988/75 vom
   24. 5. 1977, NJW 1977, 1489; LG Mönchengladbach 12 Qs 59/86 (4) vom 20. 3.
   1986, StV 1986, 246.
5 BVerfG 2 BvR 910/88 vom 23. 6. 1990, StV 1990, 483; BURKHARD, wistra 2000,
   118 f.

Gebot der Verhältnismäßigkeit

Durchsuchungsbeschluss muss demnach neben der Bezeichnung des Beschuldigten enthalten:

- Eine Bezeichnung der **Straftat**, deren angebliche Begehung Anlass zur Durchsuchung gibt[1];
- materielle Angaben über den **Inhalt des Tatvorwurfs**[2];
- eine konkretisierende Angabe der **Verdachtsgründe**[3];
- **Zweck, Ziel** und **Ausmaß** der Durchsuchung[4];
- insbesondere die beispielhafte Angabe der **Beweismittel**, denen die Durchsuchung gilt[5].
- Umstritten ist, ob auch die Auffindungsvermutung als „Bindeglied zwischen Durchsuchungszweck und -objekt" mit kriminalistischer Wahrscheinlichkeit plausibel gemacht werden muss[6].

Gegen dieses Gebot wird in der Praxis nicht selten verstoßen, und zwar auch durch die Gerichte. Selbst widersprüchliche Begründungen der Strafverfolgungsbehörde lassen die Gerichte genügen[7].

323 **Nächtliche Hausdurchsuchungen** sind nur eingeschränkt zulässig (§ 104 StPO). Die Steuerfahndung erscheint selten nachts, so dass diese Vorschrift nur geringe Bedeutung hat.

324 Die Durchsuchung steht unter dem **Gebot** der **Verhältnismäßigkeit** der **Mittel**. Je intensiver die Folgen des Eingriffs sind, um so stärker ist die Durchsuchung eingeschränkt[8]. In aller Regel sind die übliche Beschlagnahme und Durchsuchung nach herrschendem Verständnis verhältnismäßig. Dies hängt einmal damit zusammen, dass der Anfangsverdacht nach Fahndererfahrung so hoch angesiedelt wird, dass Durchsuchung und Beschlagnahme angemessen erscheinen. Zum an-

---

1 BVerfG 2 BvR 436/01 vom 9. 11. 2002, NStZ 2002, 212; LG Koblenz 10 Qs 61/ 03 vom 1. 3. 2004, wistra 2004, 438.
2 BVerfG 2 BvR 2158/98 vom 22. 3. 2999, StV 1999, 519; BGH 4 StR 142/03 vom 27. 5. 2003, NStZ 2004, 275.
3 BVerfG 2 BvR 1245//01 vom 29. 1. 2002, NStZ-RR 2002, 172.
4 BVerfG 2 BvR 1028/02 vom 5. 12. 2002, StV 2003, 203; 2 BvR 1761/01 vom 4. 6. 2002, StV 2003, 205.
5 BVerfG 2 BvR 2212/99 vom 5. 5. 2000, NStZ 2000, 601.
6 PARK, aaO, Rz. 78–80 mwN.
7 Beachtenswert wegen des rechtsstaatlichen Niveaus allerdings eine Entscheidung des LG Köln 117 Qs 3/83 vom 25. 4. 1983, StV 1983, 275.
8 MEYER-GOSSNER, § 102 Rz. 15; BVerfG 2 BvR 294/76 vom 26. 5. 1976, NJW 1976, 1735; 2 BvR 988/75 vom 24. 5. 1977, NJW 1977, 1489; 2 BvR 417/88 vom 26. 6. 1990, StV 1990, 529.

deren wird generell die Durchsuchung als Mittel der Strafverfolgung von nur geringen Angemessenheitsbedingungen abhängig gemacht.

Die Praxis kennt Durchsuchungen in **steuerlichen Bagatellsachen**, zB   325
bei Zinsdelikten oder bei dem Verdacht falscher Spendenbescheini-
gungen. Es ist wenig erfolgversprechend, sich vor den Beschwerde-
kammern wegen des Verstoßes gegen das Verhältnismäßigkeitsgebot
gegen die Zwangsmaßnahmen zu wenden.

Kritik: Da die Durchsuchung für den Betroffenen einen einschneiden-   326
den Eingriff darstellt, der sich als Verletzung der Intimsphäre tief in
das Bewusstsein einprägt, ist die Praxis der geringen Schwelle zum
Durchsuchungsbeschluss äußerst bedenklich und sollte von Praxis,
Wissenschaft und Gerichtsbarkeit überdacht werden. Auch ist in Erin-
nerung zu rufen, dass die Durchsuchung das Grundrecht der Unverletzlichkeit der Wohnung (Art. 13 Abs. 1 GG) verletzt. Dieser **Grund-
rechtseingriff** gebietet, nur bei gravierenden Verdachtsgründen die
Unverletzlichkeit zu durchbrechen[1].

Aus dem Gebot der Verhältnismäßigkeit der Mittel folgt auch, dass   327
sich in einem **Betriebsprüfungsverfahren** die Betriebsprüfung auf jeden Fall zuerst der Mittel der AO bedienen muss, bevor sie einen
Beschlagnahmebeschluss über eine Bußgeld- und Strafsachenstelle
beantragt[2].

Generell bezieht sich der Verhältnismäßigkeitsgrundsatz im Bereich   328
der Durchsuchung und Beschlagnahme nicht nur auf das „Ob" überhaupt, sondern auch auf die **Durchführung**[3]. Wenn der Verhältnismäßigkeitsgrundsatz im Steuerfahndungsverfahren überhaupt konkrete
Auswirkungen von Wesentlichkeit zeigt, so in dem Bereich der Durchführung[4]. Aufgrund dieses Grundsatzes sind zB bei der Beschlagnahme von Buchführungs- und Geschäftsführungsunterlagen dem Beschuldigten regelmäßig **Copien** zur Fortführung des Geschäfts zur Verfügung zu stellen[5]. Die Kosten der Copien trägt der Beschuldigte[6].

---

1 BVerfG 2 BvR 396/94 vom 23. 3. 1994, StV 1994, 353 mit Anmerkung STRECK.
2 LG Köln, aaO (S. 94 FN 7).
3 BVerfG 2 BvR 294/76 (S. 94 FN 8).
4 Vgl. SCHÄFER in Löwe/Rosenberg, § 94 Rz. 51 ff., § 105 Rz. 33.
5 Vgl. MEYER-GOSSNER, § 94 Rz. 18; SCHÄFER in Löwe/Rosenberg, § 94 Rz. 63 ff.;
   abl. KOCH, wistra 1983, 63: Weder könne sich idR die Staatsanwaltschaft mit
   Copien begnügen, noch seien idR den Beschuldigten Copien zu überlassen.
   Zumindest das Letztere (Überlassung von Copien) ist jedoch idR nach dem
   Verhältnismäßigkeitsgrundsatz geboten, um den Fortbestand eines Betriebes

Durchführung der Durchsuchung

3. Durchführung

329 Durchsuchung ist das **amtlich** erlaubte **Suchen** nach Beweismitteln. Zu den **Räumen** und **Gegenständen**, auf die sich regelmäßig eine Fahndungsdurchsuchung erstreckt und erstrecken kann, gehören die Wohnung, Zweitwohnung, Ferien-, Wochenendhäuser, Jagdhütten, gewerbliche und betriebliche Räume, Praxis, Schuppen, Garagen, Schränke, Betten, Safes, Pkw, Schiffe, Behältnisse, Aktentaschen, Handtaschen, Koffer und – immer wichtiger werdend – EDV-Anlagen. Zur Durchsuchung der Person und zur körperlichen Durchsuchung s. Tz. 351 f.

330 Der **Inhaber** der zu durchsuchenden Räume darf bei der Durchsuchung anwesend sein (§ 106 StPO). Inhaber ist der Gewahrsamsinhaber. Ist die Wohnung gemietet, darf der Mieter, nicht der Vermieter anwesend sein.

331 Der Inhaber kann **Dritten** gestatten, seine Rechte als Inhaber wahrzunehmen und insofern an der Durchsuchung teilzunehmen[1]. Nur wenn die Durchsuchung gestört wird, ergibt sich für die Steuerfahndung das Recht des § 164 StPO, s. Tz. 334, 344.

332 Der **Beschuldigte** – sofern er nicht Inhaber ist – und der Verteidiger haben kein Recht auf Anwesenheit[2]. Das heißt jedoch nur, dass auf sie nicht gewartet werden muss. Ist der Verteidiger anwesend, darf er nicht ferngehalten werden, da hier in aller Regel ein Fall des § 164 StPO nicht vorliegt[3]. In der Praxis wird die Anwesenheit des Verteidigers zumeist gebilligt.

---

nicht zu gefährden (vgl. auch SCHÄFER, aaO). KOCH befasst sich auch mit dem Problem, wer die Copien zu fertigen habe; nach seiner Ansicht – er ist selbst Staatsanwalt – obliegt diese Aufgabe nicht der Staatsanwaltschaft, sondern dem erkennenden Gericht; dagegen SIEG, wistra 1984, 172. In der Praxis ist der Beschuldigte idR bereit, die Copien vor Abgabe der Originale zu fertigen. Jedenfalls ist ihm auch noch später zu gestatten, auf eigene Kosten Copien anzufertigen (MEYER-GOSSNER, § 94 Rz. 18).

6 **AA** – Kosten trägt die Strafverfolgungsbehörde – gegen die hA SCHÄFER in Löwe/Rosenberg, § 94 Rz. 65, mit dem zutreffenden Hinweis, dies sei die Konsequenz aus der Rechtmäßigkeit einer nur eingeschränkt zulässigen Beschlagnahme.

1 MEYER-GOSSNER, § 106 Rz. 2; SCHÄFER in Löwe/Rosenberg, § 106 Rz. 5 f.

2 MEYER-GOSSNER, § 106 Rz. 2; SCHÄFER in Löwe/Rosenberg, § 106 Rz. 11, 13.

3 Nach § 164 StPO kann der durchsuchende Beamte „Störer" der Durchsuchung festnehmen. Liegt keine solche Störung vor, kommt eine Entfernung vom Durchsuchungsort nicht in Betracht. MEYER-GOSSNER, § 106 Rz. 3; RENGIER, NStZ 1981, 375. Staatsanwalt STYPMANN, wistra 1982, 11, **befürwortet** sogar die **Anwesenheit** eines **Verteidigers**.

Ist der Eigentümer oder Inhaber der durchsuchten Räume **nicht anwe-**   333
send, so muss auf ihn nicht gewartet werden (vgl. § 106 StPO). Ist bei
der Durchsuchung weder ein Richter noch ein Staatsanwalt zugegen[1],
so sind, „wenn möglich, ein Gemeindebeamter oder zwei Mitglieder
der Gemeinde zuzuziehen" (§ 105 Abs. 2 StPO). Diese Vorschrift wird
häufig von der Steuerfahndung nicht beachtet[2], obwohl sie gerade
auch die Beamten schützt[3]. Der Beschuldigte kann auf die Einhaltung
des § 105 Abs. 2 StPO verzichten[4].

Der von der Durchsuchung Betroffene, auch wenn er Beschuldigter ist,   334
kann zu Beginn und während der Durchsuchung grundsätzlich **tele-**
fonieren und Telefongespräche empfangen. Eine generelle Telefonsperre ist unzulässig[5]. Dies wird von der Fahndung hin und wieder
bestritten[6]. Der Betroffene hat auch das Recht, alleine zu telefonieren.
Durch das Telefongespräch wird in aller Regel die Durchsuchung nicht
tangiert, so dass § 164 StPO (s. Tz. 344) nicht anwendbar ist[7]. Im Hinblick auf diese Vorschrift wird man allenfalls das Telefonieren aus der
Pförtnerloge in die Chefetage untersagen können, um eine vorzeitige
Benachrichtigung vom Erscheinen der Steuerfahndung zu hindern[8].
Unbestreitbar darf der Beschuldigte oder Betroffene mit seinem Verteidiger oder Berater sofort, allein und ohne Mithörmöglichkeit an dem
hierfür auszuschaltenden Lautsprecher telefonieren[9].

---

1 Die Anwesenheit eines Amtsanwalts oder eines Vertreters der Finanzbehörde, der einem Staatsanwalt nach § 399 Abs. 1 AO gleichsteht, soll ebenfalls
ausreichend sein (LG Koblenz, wistra 2004, 438, 440).

2 Das Recht räumt den Ermittlungsbehörden einen Ermessensspielraum ein,
MEYER-GOSSNER, § 105 Rz. 11. UE ist zweifelhaft, ob die **Missachtung dieser**
Vorschrift in der Vielzahl der Fälle noch rechtens ist. Aus der Rechtswidrigkeit der Durchsuchung folgt jedoch nicht die Möglichkeit, die Verwertung
beschlagnahmter Beweismittel zu hindern, s. Tz. 396. Die bewusste Missachtung gibt jedoch dem Betroffenen die Möglichkeit, Notwehr auszuüben und
Widerstand zu leisten (SCHÄFER in Löwe/Rosenberg, § 105 Rz. 56).

3 RENGIER, NStZ 1981, 374.

4 MEYER-GOSSNER, § 105 Rz. 12.

5 Vgl. PARK, Rz. 191.

6 Vgl. den Sachverhalt OLG Stuttgart 2 VAs 158/71 vom 7. 6. 1972, NJW 1972,
2146.

7 KREKELER, wistra 1983, 45.

8 RENGIER, NStZ 1981, 375.

9 PARK, Rz. 191 mit Hinweis auf §§ 137 Abs. 1 S. 1 und 148 StPO; V. BRIEHL/
EHLSCHEID, § 3 Rz. 328; RENGIER, NStZ 1981, 375; KREKELER, wistra 1983, 43,
45; Nr. 63 Abs. 8 AStBV (St) 2004.

Zufallsfunde

335 Der Beschuldigte oder andere Personen sind nicht verpflichtet, bei der Durchsuchung **anwesend zu bleiben**. Ihr Entfernen stört die Durchsuchung nicht, so dass die Voraussetzungen des § 164 StPO nicht vorliegen (s. Tz. 344). Allenfalls für eine sehr kurze einleitende Zeitspanne, in der die Fahndung einen Überblick gewinnen will, ist es gerechtfertigt, den Anwesenden das Verlassen des Raumes zu verbieten, um Verdunkelungen zu verhindern[1].

336 Die Steuerfahndung kann bei der Durchsuchung **Papiere** selbst **durchsehen** (§ 404 AO). Das Recht der Durchsicht erstreckt sich auch auf Privatpapiere, sofern sie steuerlich von Bedeutung sind, was man jedoch erst durch die Durchsicht feststellen kann. Verschlossene Schriftstücke dürfen geöffnet werden. Hierbei handelte es sich lange Zeit um ein Sonderrecht der Fahndung. Inzwischen dürfen auch die „Ermittlungspersonen" iSv. § 152 GVG[2] auf Anweisung der Staatsanwaltschaft eine Durchsicht der Papiere durchführen (§ 110 StPO).

337 **Nehmen** die **Fahnder** die **Unterlagen ohne vollständige Durchsicht** in die Diensträume **mit**, so setzt sich hier die Durchsuchung fort (vgl. Tz. 320, 410). In diesem Fall hat der Inhaber der Papiere auch bei der Durchsuchung in der Dienststelle ein Teilnahmerecht. Dies ist zwar nicht Fahndungspraxis, ergibt sich aber zwingend aus der ratio legis der §§ 106, 110 Abs. 2 StPO.

338 Der Betroffene ist **nicht verpflichtet**, der Fahndung zu **helfen**, Unterlagen herauszusuchen usw. Er kann sich völlig passiv verhalten. Der Beschuldigte ist auch nach § 95 StPO nicht zur Herausgabe von Beweismitteln verpflichtet[3].

339 **Zufallsfunde** sind bei der Durchsuchung gefundene Gegenstände, die auf das Vorliegen einer anderen Straftat hindeuten. Für sie gilt § 108 StPO. Sie sind einstweilen in Beschlag zu nehmen. Die Staatsanwaltschaft ist zu unterrichten. Auf § 108 StPO stützen sich die Fahnder, wenn sie nur über einen eingeschränkten Durchsuchungsbeschluss verfügen. Man ist versucht, dem Zufall durch eine intensive „Umschau" ein wenig nachzuhelfen, um plangerecht Zufallsfunde zu entdecken[4]. Oder man beteiligt an der Durchsuchung wegen anderer

---

1 RENGIER, NStZ 1981, 375.
2 Früher „Hilfsbeamte der Staatsanwaltschaft".
3 MEYER-GOSSNER, § 95 Rz. 5.
4 Weder das „gezielte" Suchen nach Zufallsfunden ist zulässig noch das Suchen von Gegenständen, auf die sich die Durchsuchungsanordnung gerade

Delikte „planvoll" Steuerfahnder, um auch zufällig Unterlagen zur Steuerhinterziehung aufzufinden[1].

Die **einstweilige Beschlagnahme** bei Zufallsfunden kann vom Richter in eine **endgültige** umgewandelt werden[2]. Hiergegen kann Beschwerde eingelegt werden. Dies ist das Verfahren, in dem sodann vorgebracht werden kann, von einem „Zufall" könne keine Rede sein.   340

Sucht die Steuerfahndung bestimmte Unterlagen, gibt sie der Betroffene sofort **freiwillig** heraus, ist der in der richterlichen Anordnung genannte Durchsuchungszweck erreicht. Die weitere Durchsuchung ist rechtswidrig. Weitere Funde sind auch als Zufallsfunde (Tz. 339) nicht mehr beschlagnahmbar[3].   341

Nach § **107 StPO** erhält der Betroffene eine Mitteilung über den Grund der Durchsuchung. Außerdem hat er Anspruch auf ein **Verzeichnis** der **beschlagnahmten Gegenstände.** Man sollte darauf achten, dass alle Gegenstände, die die Fahndung mitnimmt, in dem Verzeichnis nach § 107 S. 2 StPO festgehalten werden. Dies kann zB bei Aktenordnern oder anderweitig zusammengefassten Papieren problematisch sein. Allerdings wird die Pflicht zur Aufzeichnung der mitgenommenen Unterlagen nicht durch ihre Vielzahl eingeschränkt. Der Betroffene kann darauf bestehen, dass zumindest die Anzahl der Blätter der Ordner und Akten vermerkt wird[4]. Die Aufzeichnung muss zu einer Identifizierbarkeit führen[5]. Empfehlenswert kann sein, selbst Akten mit Seitenzahlen zu versehen. In der Praxis findet sich häufig die Angabe „5 Leitzordner"; dies ist unzureichend[6]. Ein Beweismittel für das, was mitgenommen wurde, ist damit nicht geschaffen. Völlig unzulänglich sind die Angaben wie „ein Karton mit Schriftverkehr", „Bündel Brie-   342

---

nicht bezieht (LG Berlin 518 Qs 44/03 vom 15. 1. 2004, NStZ 2004, 571); EHLERS, BB 1978, 1515, und als plastischen **Beispielsfall** LG Bonn 37 Qs 57/80 vom 1. 7. 1980, NJW 1981, 292.

1 LG Bremen 43 Qs 398/84 vom 13. 7. 1984, wistra 1984, 241.
2 MEYER-GOSSNER, § 108 Rz. 7.
3 Die Durchsuchung endet mit Erreichung des Durchsuchungszwecks (MEYER-GOSSNER, § 105 Rz. 14; STYPMANN, wistra 1982, 12).
4 Vgl. SCHÄFER in Löwe/Rosenberg, § 107 Rz. 3, und MEYER-GOSSNER, § 107 Rz. 3. Die Gegenstände müssen **„nach Art und Zahl"** aufgeführt werden; LG Stade, 12 Qs 3/2001 vom 3. 9. 2001, wistra 2002, 319; LOHMEYER, StB 1982, 3.
5 MEYER-GOSSNER, aaO (FN 4).
6 KREKELER, wistra 1983, 46.

fe" oder „14 div. Unterlagen"[1]. Die Bezeichnung ist nur ausreichend, wenn man zu einem späteren Zeitpunkt konkrete Unterlagen sucht und anhand der sog. „Nachweisung" deren Verbleib, dh. den Umstand der erfolgten Beschlagnahme, nachweisen und ggf. Copien anfordern kann. Teilweise tauchen in der strafrechtlichen Hauptverhandlung Beweismittel auf, von denen nicht ermittelt werden kann, wo sie beschlagnahmt wurden, was dem Beschuldigten zB den ihm günstigen Nachweis vereitelt, dass Scheinrechnungen nur vorbereitet, aber noch nicht in den Verkehr gebracht wurden. Hat das durchsuchte Objekt mehrere Zimmer und zB einen privat und einen geschäftlich genutzten Teil, ist der Ort des Auffindens exakt festzuhalten. Im Zweifelsfall muss pro Zimmer ein Nachweisungsblatt erstellt werden. Zum Rechtsschutz im Verweigerungsfall s. Tz. 430 f.

343 Ein Anspruch, sich **Copien** von den beschlagnahmten Unterlagen zu fertigen, besteht grundsätzlich nicht; insoweit gilt das Recht der Akteneinsicht (s. Tz. 871 ff.), das die Entscheidung in das Ermessen der Verfolgungsbehörde legt. Eine Einschränkung wird jedoch durch den Grundsatz der Verhältnismäßigkeit insbesondere im Rahmen der Beschlagnahme von benötigten Geschäftsunterlagen regelmäßig gegeben sein[2] (s. Tz. 324).

344 Die Durchsuchungsbeamten können Personen, die die Durchsuchung stören, **vorübergehend festnehmen (§ 164 StPO)**. Erforderlich ist eine Störung der Durchsuchung. Telefongespräche oder das Entfernen des Beschuldigten hindern nicht die Durchsuchung. Die Festnahme ist das äußerste Mittel; nach dem Grundsatz der Verhältnismäßigkeit sind mildere Maßnahmen vorzuziehen[3].

345 Zum Gebot der **Verhältnismäßigkeit** der **Mittel** bei der Durchführung einer Durchsuchung s. Tz. 324 ff.

4. Hinweise zur Praxis

346 **Typischer Ablauf der Durchsuchung:** Die Fahndung beginnt mit mehreren Prüfern – zumeist morgens zwischen 7.00 Uhr und 8.00 Uhr – selten montags – zugleich in der Privatwohnung, im Betrieb und am

---

1 Nicht ausreichend Nr. 69 Abs. 2 AStBV (St) 2004, BStBl. 2003, 655, 670, nach der zB die Sammelbezeichnung „ein Karton Schriftverkehr mit den Lieferanten 19.. bis .." genügen soll. Vgl. Nack in Karlsruher Kommentar, § 107 Rz. 4.
2 Meyer-Gossner, § 94 Rz. 18 mwN.
3 Meyer-Gossner, Einl. Rz. 20 f., § 164 Rz. 3; Rengier, NStZ 1981, 375.

Arbeitsplatz; Wohnzimmer, Küche, Keller, Kinderzimmer, Schlafzimmer müssen preisgegeben werden. Pkw, Brief-, Hand- und Aktentaschen werden nicht übersehen. Schränke sind ebenso wie sonstige geschlossene Behältnisse zu öffnen. Fahnder haben – ebenso wie die Staatsanwaltschaft und deren Ermittlungspersonen – das Recht, alle Papiere und Schriftstücke sofort durchzusehen, um zu beurteilen, was beweiserheblich ist (Tz. 336). Besondere Augenmerke richten sich auf Briefe, Notizzettel, Notizbücher, Kalender, Schmierzettel, Bankunterlagen, Kontoauszüge, Schlüssel (Safe), Computer, E-Mails und sonstige EDV. Keiner wird den Fahnder hindern, einen Augenblick zu lange bei einer Sache zu verweilen, die nichts steuerlich Erhebliches darstellt oder beweist; die Sekunden, die hier „treffen" können, kann kein Richter wägen. Das Privatleben öffnet sich nicht nur der Strafverfolgung; Intimsphären zwischen Kindern und Eltern und unter Ehegatten werden aufgerissen. Fahnder sind oft junge Prüfer; selten nehmen Fahnderinnen an den Durchsuchungen teil; zwei Faktoren, die in ihren Belastungswirkungen nicht unterschätzt werden dürfen. Ein jeder kann im Spiegel des eigenen häuslichen Bereichs ermessen, was hier geschieht.

Verhaltensregeln für Hausdurchsuchungen: Es hat keinen Zweck, die   347
Hausdurchsuchungen durch kleine Stolpersteine zu hindern. Man muss die Durchsuchung geschehen lassen. Der Betroffene kann sowohl seinen Berater als auch einen Anwalt anrufen; es besteht keine Telefonsperre. Durchsuchung einerseits und Einlassung (dh. Aussage) zu den Vorwürfen andererseits sind sorgfältig zu trennen. Fahnder drängen häufig darauf, dass sich der Betroffene sofort anlässlich der Durchsuchung einlässt. Vernehmung und Durchsuchung sollen verbunden werden, möglicherweise, um den Überraschungseffekt auszunutzen. Eine Grundregel für die Verteidigung im Fahndungsverfahren heißt: Keine Einlassung anlässlich der Durchsuchung. Dies ist schon deshalb richtig, weil sich der Betroffene regelmäßig in einem Zustand der Erregung befindet, der als psychische Grundlage einer Aussage weder der Fahndung noch der Verteidigung nutzt.

Zur Vernehmung von **Zeugen** anlässlich der Durchsuchung s. Tz. 557 ff.   348

Die Durchsuchung kann während des **gesamten** Strafverfahrens erfolgen. Sie ist auch **mehrfach hintereinander** möglich. Die zweite Durchsuchung – aufgrund erneuter Anordnung – ist allerdings nicht häufig, weil die Steuerfahndung idR annimmt, dass sie bei der zweiten Durchsuchung kaum noch fündig wird. Die Ausnahmen bestätigen die Regel, wenn die Fahndung hofft, bei der zweiten Durchsu-   349 chung Überraschung und Sorglosigkeit ausnutzen zu können. Zur bei der zweiten Durchsuchung gefundenen **Verteidigerpost** bzw. Zusammenstellungen und interne Stellungnahmen für Verteidigungszwecke s. Tz. 729 ff.

350   Zum **Rechtsschutz** s. Tz. 386 ff.

III. Durchsuchung der Person und körperliche Durchsuchung

351   Die Durchsuchung kann sich nach § 102 StPO auch auf die **Person** und ihre **Bekleidung** beziehen. Die Steuerfahndung kann in diesem Fall zB die Taschen der Kleider durchsehen und prüfen, ob der Beschuldigte Gegenstände in seiner Kleidung versteckt hält. Die Ausführungen zur Hausdurchsuchung, Tz. 315 ff., gelten entsprechend. Diese Durchsuchung stützt sich auf die gleiche Rechtsnorm wie die Hausdurchsuchung.

352   Die **körperliche Untersuchung** des Beschuldigten regelt § 81a StPO. Gegenstand dieser Beweisermittlung ist der Körper des Beschuldigten selbst. Die körperliche Durchsuchung spielt im Steuerfahndungsverfahren eine geringe Rolle. Selbst bei den in der Praxis immer wieder vorkommenden verschluckten Beweisunterlagen – hier greift zB § 81a StPO ein – hat die Durchsuchung wenig Sinn, da die Unterlage zerstört sein dürfte. Die Anordnung trifft der Richter (§ 81a Abs. 2 StPO), bei Gefährdung des Untersuchungserfolgs die Staatsanwaltschaft oder die Steuerfahndung. Das Verschlucken einer Notiz, die sich noch im Mund des Beschuldigten befindet, kann die Steuerfahndung mithin hindern.

IV. Die Beschlagnahme

1. Anordnung

353   Die Durchsuchung dient dem Auffinden von **Beweisgegenständen**. Die Steuerfahndung kann Beweisgegenstände im Wege der Beschlagnahme oder freiwilligen Herausgabe in die **amtliche Verwahrung** überführen.

354   Die Beschlagnahme wird durch den **Richter**, bei **Gefahr im Verzug** durch die **Staatsanwaltschaft** oder die **Steuerfahndung** – möglich: formlos – selbst angeordnet (§ 98 Abs. 1 StPO). „Gefahr im Verzug" liegt vor, wenn der Zweck der Beschlagnahme gefährdet ist, falls zuvor

der Richter angerufen würde[1]. Über die „Gefahr im Verzug" entscheidet der Fahnder nach eigener pflichtgemäßer Beurteilung; jedoch steht
ihm hierbei kein eigener Beurteilungsspielraum zu, da es sich um einen unbestimmten Rechtsbegriff handelt[2]. Ein tatsächlicher oder recht-
licher Irrtum führt nicht zur Rechtsunwirksamkeit[3]. Ist allerdings die
Annahme von Gefahr im Verzug objektiv unter keinem Gesichtspunkt
vertretbar, so kann der rechtswidrigen Durchsuchung und Beschlagnahme ein Verwertungsverbot folgen[4].

Beschlagnahmt die Steuerfahndung **ohne richterliche Anordnung**, so   355
soll sie binnen drei Tagen die richterliche Bestätigung beantragen,
wenn bei der Beschlagnahme weder der von ihr Betroffene noch ein
Angehöriger anwesend war oder wenn bei Anwesenheit diese Personen ausdrücklich widersprechen (§ 98 Abs. 2 S. 1 StPO). Hierbei handelt es sich um eine bloße Sollvorschrift, die die Beschlagnahme nicht
unwirksam macht[5]. Unabhängig von der Steuerfahndung kann auch
der Betroffene jederzeit eine gerichtliche Entscheidung über die Beschlagnahme beantragen (§ 98 Abs. 2 S. 2 StPO). Über das Recht nach
§ 98 Abs. 2 S. 2 StPO ist der Betroffene zu belehren (§ 98 Abs. 2 S. 7
StPO); auch eine Verletzung dieser Pflicht führt nicht zur Rechtswidrigkeit der Beschlagnahme.

Die von der Steuerfahndung erwirkten **Hausdurchsuchungsbefehle**   356
enthalten teilweise mit **allgemeinen Worten** auch **Beschlagnahmean-
ordnungen** für etwa aufzufindende Beweisgegenstände. Zweifelhaft
ist, ob dies richterliche Beschlagnahmen sind[6]. Regelmäßig sind hier

---

1 Zum Begriff **„Gefahr im Verzug"** und dem Umgang damit im Bereich von
  Durchsuchung und Beschlagnahme s.o. Tz. 317 und MEYER-GOSSNER, § 98
  Rz. 6: Sie liegt vor, wenn die richterliche Anordnung nicht eingeholt werden
  kann, ohne den Zweck der Beschlagnahme (oder Durchsuchung) zu gefährden, was in Deutschland – jedenfalls tagsüber – praktisch nicht der Fall sein
  darf (vgl. BVerfG 2 BvR 1444/00 vom 20. 2. 2001, NJW 2001, 1121).
2 MEYER-GOSSNER, § 98 Rz. 7; PARK, StraFo 2001, 159; noch von einer Ermessensentscheidung ausgehend: OLG Stuttgart 1 Ss 666/68 vom 11. 12. 1968,
  NJW 1969, 760.
3 MEYER-GOSSNER, § 98 Rz. 7.
4 Vgl. OLG Koblenz 1 Ss 93/02 vom 6. 6. 2002, NStZ 2002, 660; LG Osnabrück
  13 Js 13349/90 vom 26. 11. 1990, StV 1991, 152; s. auch AG Offenbach 21 Gs
  19 Js 3253.3/91 vom 19. 2. 1991, StV 1991, 153; KREHL, NStZ 2003, 461, 463;
  BEICHEL/KIENINGER, NStZ 2003, 10, 11; KLEMKE, Anmerkung zu LG Dresden
  5 Qs 86/2003 vom 24. 9. 2003 in StraFo 2004, 13, 15.
5 SCHÄFER in Löwe/Rosenberg, § 98 Rz. 46.
6 Grundsätzlich ist eine Verbindung zulässig, wenn im Übrigen alle Voraussetzungen erfüllt werden (PARK, Rz. 453).

Voraussetzungen

die Beweismittel nicht ausreichend konkretisiert[1]. Eine wirksame Beschlagnahme liegt nicht vor[2]. Liegt keine hinreichende Beschlagnahme vor, so beschlagnahmt die Steuerfahndung bei Gefahr im Verzug aus eigener Kompetenz, was die Folgen des § 98 Abs. 2 S. 1, 2 StPO auslöst (Tz. 355)[3].

357   Parallel zu den obigen Ausführungen zum Durchsuchungsbeschluss (vgl. Tz. 322[4]) muss somit der richterliche Beschlagnahmebeschluss notwendig folgenden **Inhalt** haben[5]:

– Angabe des **Beschuldigten,**

– Angabe des **Strafbarkeitsvorwurfs,**

– konkrete **Bezeichnung** der beschlagnahmten Gegenstände,

– Angabe des Beschlagnahme**zwecks** und der Beweisbedeutung,

– bei Bedarf: Abwendungsbefugnisse im Rahmen des **Verhältnismäßigkeitsgrundsatzes**[6], zB Copien statt Originale[7].

2. Voraussetzungen

358   Voraussetzung ist der **Verdacht** einer **Steuerhinterziehung** oder **Steuerordnungswidrigkeit.** Auch hier ist die Verdachtsschwelle in der Praxis gering. S. auch Tz. 321 ff.

359   Der Beschluss muss zum Ausdruck bringen, zu welchen **Delikten** die zu beschlagnahmenden Unterlagen Beweismittel sein können[8]. Hiergegen wird oft verstoßen. Schriftliche Unterlagen scheinen die unwiderlegbare Vermutung in sich zu tragen, grundsätzlich Beweismittel für Steuerdelikte darzustellen.

---

1 Gl.A: MEYER-GOSSNER, § 98 Rz. 9. Vgl. auch LG Stuttgart 9 Qs 80/86 vom 11. 7. 1986, StV 1986, 471: „Die Beschlagnahmegegenstände müssen im Beschlagnahmebeschluss so genau bezeichnet sein, dass weder bei dem durch die Anordnung Betroffenen noch bei dem die Beschlagnahme Durchführenden Zweifel über den Umfang der Maßnahme bestehen können."
2 OLG Düsseldorf 2 Ws 501/82 vom 21. 7. 1982, StV 1982, 513.
3 Vgl. auch OLG Düsseldorf, aaO (FN 2).
4 Nachweise und Fundstellen dort.
5 PARK, Rz. 459 ff.
6 BANDISCH, AnwBl. 1992, 355.
7 SK-RUDOLPHI, § 98 Rz. 17 (Apr. 1994).
8 S. Zusammenfassung der notwendigen Inhalte der Anordnung unter Tz. 357. SCHÄFER in Löwe/Rosenberg, § 98 Rz. 20; OLG Düsseldorf 2 Ws 905/82 u. 20/83 vom 4. 2. 1983, StV 1983, 407.

Eine unmittelbare Beschlagnahme von **Geld** kommt nur dann in Betracht, wenn das beschlagnahmte Geld ein Beweismittel darstellt, was in der Regel nicht der Fall ist[1]. Der Umstand, dass überhaupt Bargeld in entsprechender Höhe vorhanden war, kann schon durch die Aussage der Durchsuchungsbeamten nachgewiesen werden. Alternativ ist denkbar, dass das Bargeld unter Zeugen gezählt wird und der Betroffene den Fundort und die Höhe des Geldbetrags schriftlich bestätigt[2]. Hierfür ist eine Beschlagnahme der Scheine – nach dem Verhältnismäßigkeitsgrundsatz[3] – nicht erforderlich. Soweit es zB auf die Nummerierung von Geldscheinen ankommt, reichen Copien aus.   360

Die Beschlagnahme des Geldes zur **Sicherung** der **Steuerschuld** ist unzulässig; sie kann nur in seltenen Fällen im Wege der „**Zurückgewinnungshilfe**"[4] auf § 111b StPO iVm. §§ 73 ff. StGB gestützt werden[5]. In der Praxis war zu erkennen, dass die Strafverfolgungsbehörden diese neu entdeckte Möglichkeit des „Zugriffs" auf fremde Vermögenswerte immer mehr ausweiteten. Die hiermit einhergehenden Probleme sind immens. Wird zB bei einem Unternehmen eine solche Zurückgewinnungshilfe-Aktion durchgeführt, kann von heute auf morgen Zahlungsunfähigkeit mit Folge der Insolvenz eintreten, selbst wenn sich im weiteren Verfahren die Unschuld des Betroffenen erweist. Ferner lassen sich wirtschaftlich sinnvolle Einigungen häufig schneller und besser mit Finanzbeamten als mit Strafrichtern verhandeln. Deshalb ist schon eine leicht rückläufige Tendenz der Anwendung zu erkennen. Die Fahndungsbehörden veranlassen wieder – wie früher – eine Sicherung nach den Regeln der §§ 324 ff. AO – Arrest – (vgl. Tz. 485 ff.).   361

Die Beschlagnahme ist auch bei vorliegendem **Einverständnis** zur Herausgabe möglich; der Betroffene kann die Beschlagnahme durch sein Einverständnis nicht abwenden[6]. Im Einzelfall kann die Steuerfahndung die Beschlagnahme vorziehen, da nur sie den Strafrechtsschutz des § 136 StGB (Siegelbruch) vermittelt. Wird das Einverständnis zur Herausgabe später **widerrufen**, berührt dies nicht unmittelbar die amt-   362

---

1 KLOS, wistra 1987, 121; DÖRN, wistra 1990, 181.
2 LG Berlin 505 Qs 27/89 vom 26. 2. 1990, wistra 1990, 157.
3 MEYER-GOSSNER, § 94 Rz. 18.
4 MEYER-GOSSNER, § 111b Rz. 6.
5 Kritisch PARK, Rz. 793; DERS., StraFo 2002, 73, 77; LG Berlin 505 Qs 27/89 vom 26. 2. 1990, wistra 1990, 157; hierzu DÖRN, wistra 1990, 181.
6 Vgl. BGH 1 BJs 182/55, StB 28/56 vom 7. 9. 1956, NJW 1956, 1805; MEYER-GOSSNER, § 94 Rz. 13.

liche Verwahrung. Der Widerruf kann als Antrag auf gerichtliche Entscheidung gewertet werden[1]; notfalls schafft die Fahndung durch eine jetzt erfolgende Beschlagnahme die Rechtsgrundlage für das amtliche Verwahrungsverhältnis.

363   Für die Beschlagnahme spielen die **Eigentumsverhältnisse** keine Rolle.

364   Auch für das Beschlagnahmerecht gilt das Gebot der **Verhältnismäßigkeit** der **Mittel**; die Ausführungen zur Durchsuchung gelten entsprechend, Tz. 324 ff. Zur Fertigung von Copien s. Tz. 324.

365   Die **Rechtmäßigkeit** der **Beschlagnahme** ist **unabhängig** von der **Rechtmäßigkeit** einer **Durchsuchung**, die zur Beschlagnahme führte[2]. Diese Rechtslage ist für den Laien kaum einsichtig, da er spontan aus der Rechtswidrigkeit einer Durchsuchung die Rechtswidrigkeit der Beschlagnahme folgert. Krasse Verstöße bei der Durchsuchung können im Ausnahmefall jedoch zur Rechtswidrigkeit bei der Beschlagnahme und zu einem Verwertungsverbot führen[3].

366   Zur **Beschlagnahme** anlässlich der **Durchsuchung** s. auch Tz. 329 ff.

367   Soweit eine **Beschlagnahme rechtswidrig** ist – zB Verstoß gegen ein Beschlagnahmeverbot –, dürfen die rechtswidrig beschlagnahmten Gegenstände nicht verwertet werden[4]. Zum Verwertungsverbot s. auch Tz. 1144 ff. Zur Herausgabe oder Vernichtung von **Copien** s. Tz. 426. Aus Tz. 365 folgt, dass die **Rechtswidrigkeit** der **Durchsuchung** noch nicht zwingend zu einem Verwertungsverbot hinsichtlich der beschlagnahmten Gegenstände führt. Zum **steuerlichen Verwertungsverbot** s. Tz. 1156 ff.

3. Durchführung

368   Die beschlagnahmten und freiwillig herausgegebenen Beweismittel werden in **amtliche Verwahrung** überführt. Die Verwahrung erfolgt durch die Staatsanwaltschaft, durch das Finanzamt (Bußgeld- und Strafsachenstelle) oder – die Regel – die Steuerfahndung. Die Beschlagnahme ist auch in anderer Weise möglich. So können Räume

---

1 Antrag nach § 98 Abs. 2 StPO; dazu Tz. 387 ff.
2 MEYER-GOSSNER, § 94 Rz. 21; BGH 1 StR 455/03 vom 18. 11. 2003, NStZ 2004, 449; LG Wiesbaden 14 Qs 143/77 B vom 3. 3. 1978, NJW 1979, 175.
3 Vgl. BGH, aaO (FN 2); LG Bonn 37 Qs 57/80 vom 1. 7. 1980, NJW 1981, 292.
4 Vgl. zB MEYER-GOSSNER, § 97 Rz. 46 und 48; PARK, Rz. 640 ff.; RÜPING, Beweisverbote, 54 ff.

oder Behältnisse – zB der Safe – durch Versiegelung beschlagnahmt werden. Die beschlagnahmten Gegenstände stehen unter dem **strafrechtlichen Schutz** des § 133 StGB (Verwahrungsbruch) und des § 136 StGB (Siegelbruch).

In der Fahndungspraxis ist die **freiwillige Herausgabe** nicht selten, da der Betroffene ohnehin keine Möglichkeit hat, den Gegenstand zurückzuhalten. Die freiwillige Herausgabe ist nicht empfehlenswert[1]. Gegen die freiwillige Herausgabe kann keine Beschwerde eingelegt werden. Zwar kann sie später widerrufen werden, was in der Regel die Beschlagnahme zur Folge hat[2]. Wird ein Gegenstand jedoch beschlagnahmt, kann er selbst nicht zur Rechtfertigung der Beschlagnahme herangezogen werden[3]. War er zuerst freiwillig herausgegeben, kann er die spätere Beschlagnahme rechtfertigen.   369

Wird die Beschlagnahme **gestört**, gilt das zu Tz. 344 Gesagte entsprechend.   370

Die Beschlagnahme erlischt mit der Einstellung des Strafverfahrens oder mit der Rechtskraft eines Strafurteils[4]. Sie erlischt ebenfalls, wenn sie von Gericht, Staatsanwaltschaft oder Fahndung aufgehoben wird. Während des Verfahrens kann zB die Fahndung, was häufig geschieht, die Beschlagnahme durch Herausgabe der Unterlagen aufheben.   371

Die beschlagnahmten Gegenstände sind nach Aufhebung der Beschlagnahme **herauszugeben**. War die Sache beschlagnahmt worden, ist sie an den Gewahrsamsinhaber herauszugeben, in dessen Gewahrsam sie vorgefunden und beschlagnahmt worden war[5]. War die Sache   372

---

1 AA PARK, Rz. 631, der die Möglichkeit außer Acht lässt, den Fahndungsbeamten die in dem Durchsuchungs- und Beschlagnahmebeschluss genannten Unterlagen herauszusuchen, wodurch eine weitere, unangenehme Durchsuchung, zB von Unternehmen mit der Gefahr von Zufallsfunden, vermieden wird. Diese Unterlagen werden jedoch nicht einfach übergeben, sondern müssen beschlagnahmt werden. So werden einerseits Durchsuchungen vermieden, andererseits bleibt die volle Rechtsschutzmöglichkeit erhalten.
2 Vgl. SCHÄFER in Löwe/Rosenberg, § 94 Rz. 38.
3 Vgl. zB LG Koblenz 10 Qs 10, 23/84 vom 30. 10. 1984, Stbg. 1985, 7.
4 SCHÄFER in Löwe/Rosenberg, § 98 Rz. 56 ff.
5 MEYER-GOSSNER, § 94 Rz. 22; OLG Düsseldorf 2 Ws 582/89 vom 13. 12. 1989, NStZ 1990, 202: Soweit die RiStBV erlauben, die Sache an Dritte herauszugeben, sind sie rechtswidrig; LG Berlin 504-6/92 vom 26. 5. 1993, StV 1994, 179; SCHÄFER in Löwe/Rosenberg, § 94 Rz. 94; § 98 Rz. 66 ff.

freiwillig übergeben worden, erfolgt die Herausgabe an denjenigen, der sie freiwillig herausgegeben hatte. Der Herausgabeanspruch ist gegebenenfalls vor den ordentlichen Gerichten geltend zu machen[1].

373 Gegenstände, die die Steuerfahndung beschlagnahmt hat, darf sie nicht an das **Finanzamt** zur **Pfändung** herausgeben[2]. Ebenfalls dürfen im Strafverfahren beschlagnahmte Gegenstände nach Beendigung des Strafverfahrens nicht dem Finanzamt als Beweismittel für noch schwebende **Steuerverfahren** zur Verfügung gestellt werden[3]. Allenfalls wird man gestatten müssen, dass zugunsten des Finanzamtes Copien gezogen werden[4]. Diese Grundsätze gelten auch zwischen dem für die Steuerfahndung oder Bußgeld- und Strafsachenstelle zuständigen Finanzamt und dem für die Besteuerung zuständigen Finanzamt.

374 Umstritten ist die Frage, ob im Falle der Herausgabe von beschlagnahmten Gegenständen die Ermittlungsbehörde diese dem Empfänger „bringen" muss, oder ob dieser darauf verwiesen werden kann, sich die freigegebenen Sachen abzuholen. Nach zutreffender Ansicht handelt es sich um eine **Bringschuld**[5], dh. dem letzten Gewahrsamsinhaber müssen die Gegenstände dorthin gebracht werden, wo sie beschlagnahmt wurden[6].

375 Zum **Rechtsschutz** im Fall der Beschlagnahme s. Tz. 386 ff.

---

1 SCHÄFER in Löwe/Rosenberg, § 94 Rz. 73, und zwar nach Beendigung, nicht schon während der Beschlagnahme, OLG Stuttgart 1 U 41/84 vom 25. 4. 1984, wistra 1984, 240.

2 FG Baden-Württemberg IX 120/78 (VIII 3/77, VI 73/75) vom 29. 3. 1979, EFG 1979, 532.

3 AA MERKT, DStR 1990, 476, der annimmt, das Finanzamt könne mittels Steuerverwaltungsakte die Zurückhaltung anordnen. Dies ist unzutreffend. Das Finanzamt kann die Vorlage von Unterlagen, nicht aber Zurückhaltungsrechte verfügen.

4 MERKT, DStR 1990, 476.

5 MEYER-GOSSNER, § 94 Rz. 22; DAMRAU, NStZ 2003, 408; aA LG Hamburg 303 S 16/03 vom 20. 2. 2004, NStZ 2004, 512; **aA** BGH III ZR 271/04 vom 3. 2. 2005, PStR 2005, 124, zu der Frage, ob der Betroffene einen Anspruch auf Ersatz der für den Rücktransport erforderlichen Aufwendungen nach § 2 Abs. 2 Nr. 4 StrEG (vgl. Tz. 435) hat.

6 Zum Rechtsweg s. HOFFMANN/KNIERIM, NStZ 2000, 462.

V. EDV-Durchsuchung und Beschlagnahme

Kommen **Datenträger**, wie zB Festplatten, Disketten, CDs und DVDs, 376
oder Computerausdrucke als Beweismittel in Betracht, können sie als
bewegliche Gegenstände ebenfalls beschlagnahmt werden[1]. Die Fertigung von Copien stellt insofern das mildere Mittel dar und geht der
Beschlagnahme der gesamten Computeranlage zB eines Unternehmens vor[2]. Ist es möglich, die Beweismitteleigenschaft im Vorfeld auf
konkrete Dateien zu beschränken, muss die Beschlagnahmeanordnung dem entsprechen.

Nur wenn konkrete Anhaltspunkte dafür vorliegen, dass sich **verbor-** 377
gene oder **verschlüsselte Daten** auf einem Datenträger befinden, darf
der entgegengesetzte Weg eingeschlagen werden, bei dem der Origi-
nal-Datenträger beschlagnahmt wird, während dem Betroffenen zur
Aufrechterhaltung des Geschäftsbetriebs eine oder mehrere Copien
überlassen werden[3]. Das Argument, dass bei der bloßen Fertigung von
Copien für die Ermittlungsbehörden die Gefahr bestehe, Daten könnten unerkannt auf der zurückgelassenen Festplatte verbleiben, ist –
nur – in diesem Fall nicht zu entkräften.

Umstritten ist, was die Ermittlungsbehörden unternehmen dürfen, um 378
sich über das EDV-System des Betroffenen zunächst einen **Überblick**
zu verschaffen und anschließend beschlagnahmte Dateien zu **sichten**
und auszuwerten. Inzwischen ist in der Rechtsprechung anerkannt,
dass die EDV-Anlagen in Betrieb genommen werden dürfen, um überhaupt an die Daten zu gelangen[4]. Sind Spezialprogramme erforderlich,
um die Daten zu lesen, dürfen auch diese Programme auf der EDV-
Anlage des Betroffenen beschlagnahmt werden[5].

Das Lesen und Verarbeiten der Dateien geschieht auf der Grundlage 379
des § 110 StPO. Die Norm war zum Zeitpunkt ihrer Entstehung, zu
dem Computerdaten noch nicht von Bedeutung waren, dem Wortlaut
nach nur für die „**Durchsicht von Papieren**" konzipiert, wird jedoch

---

1 MEYER-GOSSNER, § 94 Rz. 4; 2 BVerfG BvR 1027/02 vom 12. 4. 2005, StraFo
2005, 286 mit dem Hinweis auf den neu eingefügten § 483 StPO, in dessen
Rahmen der Gesetzgeber offensichtlich die moderne Datenverarbeitung akzeptiert.
2 BVerfG 2 BvR 372/01 vom 18. 2. 2003, NStZ-RR 2003, 176.
3 BVerfG 2 BvR 1027/02 vom 12. 4. 2005, StraFo 2005, 286; SPATSCHECK/SPAT-
SCHECK, PStR 2000, 188.
4 MEYER-GOSSNER, § 102 Rz. 10a.
5 LG Trier 5 Qs 133/03 vom 16. 10. 2003, NJW 2004, 869.

auf Computerdaten analog angewandt[1]. Als Konsequenz hieraus ist stets darauf zu achten, dass nur die in § 110 Abs. 1 StPO bezeichneten Personen die Durchsicht vornehmen.

380 Besonderheiten gelten bei der sensiblen Beschlagnahme von EDV-Daten bei **Berufsgeheimnisträgern**, wie zB in Steuerberater-, Wirtschaftsprüfer- oder Rechtsanwaltsbüros. Im Rahmen dieses Verfahrens hat sich das **BVerfG**[2] vor kurzem grundsätzlich und ausführlich mit der Frage der EDV-Beschlagnahme befasst[3]:

381 Das BVerfG hatte über den Fall einer räumlich und persönlich mit einer **Steuerberatungsgesellschaft verflochtenen Rechtsanwaltskanzlei** zu entscheiden. Gegen einen der Sozien bzw. Gesellschafter, einen Rechtsanwalt und Steuerberater, lief ein Ermittlungsverfahren, in welchem dem Berater vorgeworfen wurde, zugunsten von Mandanten an Steuerhinterziehungen mitgewirkt zu haben. Im Rahmen der gegen den Berater in den Kanzleiräumen durchgeführten Durchsuchung der Staatsanwaltschaft wurde im Ergebnis der gesamte Datenbestand der beiden Beratungsgesellschaften, der vor allem Informationen über Mandanten enthielt, die mit dem Ermittlungsverfahren nichts zu tun hatten, beschlagnahmt. Hiergegen wurde von den Beratern Verfassungsbeschwerde erhoben.

382 Sehr deutlich stellt das BVerfG einen Eingriff in Grundrechtspositionen fest: Jedenfalls ist das **Recht auf informationelle Selbstbestimmung** (Art. 2 Abs. 1 iVm. Art. 1 Abs. 1 GG) der nicht vom Ermittlungsverfahren betroffen, quasi nur zufällig beteiligten Mandanten betroffen. In einer Vielzahl von Fällen werden so personenbezogene Daten unberechtigt von den Behörden gespeichert und ausgewertet. Ferner ist das Recht auf ein rechtsstaatliches faires Verfahren, Art. 2 Abs. 1 GG, betroffen. Der Zugriff auf den gesamten Datenbestand einer Rechtsanwaltssozietät und einer Steuerberatungsgesellschaft beeinträchtigt wegen des Umfangs in schwerwiegender Weise das für das jeweilige Mandatsverhältnis vorausgesetzte und rechtlich geschützte Vertrauensverhältnis zwischen den Mandanten und den für sie tätigen Berufsträgern. Rechtsanwalt und Steuerberater sind Organe der Rechtspflege. Um dieser Position gerecht zu werden, muss das Vertrauensverhältnis gewährleistet sein. Eine „freie Advokatur" genießt Grundrechtsschutz.

---

1 Park, Rz. 223.
2 2 BvR 1027/02 vom 12. 4. 2005, NJW 2005, 1917.
3 Vgl. Spatscheck, AnwBl. 2005, 566.

Soweit Eingriffe in die grundrechtlich geschützten Positionen auf der   383
Grundlage von § 94 StPO und der hiermit verbundenen Zweckbestim-
mung zulässig sind, muss die jeweilige Zwangsmaßnahme im Einzelfall am **Verhältnismäßigkeitsgrundsatz** und insbesondere am **Übermaßverbot** gemessen werden. Nur so kann verhindert werden, dass
die Ermittlungsbehörden Durchsuchung und Beschlagnahme zum verbotenen Suchen nach „Zufallsfunden", § 108 StPO, missbrauchen. Im
Einzelnen:

– Ein dauerhafter Zugriff auf den **Gesamtdatenbestand** ist dann nicht
  erforderlich, wenn auch nur so die beweiserheblichen Daten sichergestellt werden können.

– Die Möglichkeit einer **Trennung** der potentiell erheblichen von den
  restlichen Daten ist intensiv zu überprüfen. Als technische Umsetzung kommt die Erstellung einer Copie in Betracht, aus der die für
  das Verfahren irrelevanten Daten herausgelöscht werden.

– Der Zugriff kann durch die Möglichkeit der **materiellen Datenzu-
  ordnung** im Rahmen einer Datenstruktur begrenzt werden. Gegebenenfalls sind Suchbegriffe oder Suchprogramme einzusetzen.

– Die Prüfung der **Verfahrensrelevanz** ist im Rahmen einer „vorläufigen Sicherstellung" des Datenträgers vorzunehmen. Dieses Verfah-
  rensstadium der „Durchsicht", § 110 StPO, soll intensiv genutzt werden, um nur die verfahrensrelevanten und verwertbaren Daten letztlich einer Beschlagnahme zuzuführen.

– Von technischer Seite wird häufig vorgetragen, eine Beschlagnahme
  des Datenträgers sei insgesamt erforderlich, um **verborgene oder
  verschleierte Dateien** später sichtbar machen zu können. Dieses
  Argument gilt nicht ungeprüft und allgemein. Nur wenn im Einzelfall diese Gefahr vorgetragen wird, ist das Übermaßverbot nicht verletzt.

– Eine Beschlagnahme des gesamten Datenbestands ist hingegen zulässig, wenn eine **materielle Zuordnung der Daten** nach Mandanten, Verfahren etc. aufgrund der Struktur des Datenbestands **nicht**
  möglich ist.

Praxiskenntnis zeigt das BVerfG, indem es zumindest bei schwerwie-   384
genden, bewussten oder willkürlichen Verfahrensverstößen ein **Beweisverwertungsverbot** als Folge einer fehlerhaften Durchsuchung
und Beschlagnahme von Datenträgern und der darauf vorhandenen
Daten für geboten hält. Nur zu häufig neigen Ermittlungsbehörden
dazu, im Eifer der Datensuche großzügig mit Beschlagnahmeverboten

umzugehen. Das Grundrecht auf informationelle Selbstbestimmung bzw. Effektuierung des Vertrauensverhältnisses im Mandat kann nur gesichert werden, wenn von Anfang an klar ist, dass unberechtigt erhobene Daten später nicht zu Beweiszwecken herangezogen werden dürfen[1].

385 Der Beschluss des BVerfG gibt den Beratern Anlass, die in der eigenen Kanzlei vorhandene **Datenstruktur** auf Trennbarkeit, Zuordenbarkeit und Eindeutigkeit hin zu **überprüfen**. Problematisch ist dieses Postulat des BVerfG, da moderne EDV-Systeme mit sog. „Verbunddaten" arbeiten. In Datenbanken sind Informationen in unterschiedlichen Feldern abgelegt, zB alle personenbezogenen Daten in einer Oracle-Datenbank. Textdateien oder ähnliche Daten werden in Sammelordnern gespeichert und lediglich mit den Stammdaten verknüpft. Auf diese Weise ist eine Trennung, zB nach Ordnern, nicht möglich. Als einzige Lösung kommt in Betracht, die Programme mit Selektions- und Export-Funktionen zu versehen, die zB alle für den Mandanten X in Betracht kommenden Daten auf einen externen Datenträger kopieren. Ist keine Absonderung möglich, riskiert der Berater, dass zB sein gesamtes Sicherungsband mit Daten betreffend alle Mandanten beschlagnahmt wird, was Schadensersatzansprüche nach sich ziehen kann.

VI. Rechtsschutz bei Durchsuchung und Beschlagnahme

1. Allgemeines

386 Der **Rechtsschutz** gegen strafprozessuale Zwangsmaßnahmen ist **lückenhaft, zersplittert, uneinheitlich** und für den Bürger äußerst unbefriedigend.

2. Rechtsmittel des Strafverfahrens

a. Beschwerde

387 Das **Überprüfungssystem** der StPO ist wie folgt geregelt[2]:

– **Beschlagnahmeanordnung** durch den **Richter** (Amtsgericht): Beschwerde (§§ 304 ff. StPO); Entscheidung durch das Landgericht.

---

1 SPATSCHECK, AnwBl. 2005, 566, 567.
2 Übersicht bei LASER, NStZ 2001, 120; vgl. hierzu auch RÜPING in Kohlmann (Hrsg.), 267 ff.

- **Beschlagnahmeanordnung** bei **Gefahr im Verzug** durch **Beamte**: Antrag auf richterliche Entscheidung (Amtsgericht, § 98 Abs. 2 StPO) und anschließend Beschwerde (§§ 304 ff. StPO; s. auch Tz. 426 ff.); Entscheidung durch das Landgericht.

- **Durchsuchungsanordnung** durch den **Richter** (Amtsgericht): Beschwerde (§§ 304 ff. StPO); Entscheidung durch das Landgericht.

- **Durchsuchungsanordnung** bei **Gefahr im Verzug** durch **Beamte**: Antrag auf richterliche Entscheidung (Amtsgericht, § 98 Abs. 2 StPO analog) und anschließend Beschwerde (§§ 304 ff. StPO; Tz. 426); Entscheidung durch das Landgericht.

- Wird die **nachträgliche Feststellung** der Rechtswidrigkeit von bereits durch Vollzug erledigten Eingriffsmaßnahmen der Staatsanwaltschaft und ihren Ermittlungspersonen beantragt, findet – je nachdem von wem die Maßnahme angeordnet wurde – entweder § 98 Abs. 2 StPO analoge Anwendung oder die Beschwerde ist nach § 304 StPO statthaft[1]. Zum Rechtsmittel gegen die **Art und Weise** einer abgeschlossenen Durchsuchung vgl. Tz. 430 ff.

Mit der Entscheidung des **LG** ist die rechtliche Überprüfung bei den 388 ordentlichen Gerichten **abgeschlossen**; es bleibt noch die **Verfassungsbeschwerde** beim BVerfG.

Beschwerdeberechtigt bei der Anfechtung eines Beschlusses des AG 389 ist jeder, dessen Rechte durch den Beschluss „betroffen" werden (§ 304 Abs. 2 StPO)[2].

Beschwerdeberechtigt ist in erster Linie der **Beschuldigte**. Dies gilt uE 390 auch, wenn infolge der Beschuldigung bei Dritten – zB Bank – durchsucht wird. Da es um seine Beziehung zu dem Dritten – zB Bankkonto –, um seine Beschuldigung und um seine etwaigen Beweismittel geht, ist er jedenfalls mittelbar betroffen und muss das Beschwerderecht haben[3].

---

1 MEYER-GOSSNER, § 98 Rz. 23, § 105 Rz. 16 und vor § 296 Rz. 18a; LASER, NStZ 2001, 120. Nach BVerfG 2 BvR 817/90, 728/92, 802 und 1065/95 jeweils vom 30. 4. 1997, BVerfGE 96, 27, ist im Hinblick auf die Rechtsweggarantie des Art. 19 Abs. 4 S. 1 GG bei Konstellationen, in denen wegen der kurzen Dauer des Eingriffs, zB Durchsuchung oder – je nach Fall – Beschlagnahme, ein „normales" Rechtsmittel nicht möglich ist, die spätere Beantragung der Feststellung der Rechtswidrigkeit und somit eine gerichtliche Überprüfung des Eingriffs zulässig.

2 Vgl. MEYER-GOSSNER, § 304 Rz. 6.

3 MEYER-GOSSNER, § 304 Rz. 7. Im Einzelfall ist zu differenzieren: Die Durchsuchung „seiner" Bank kann vom Betroffenen nicht angefochten werden (LG

Verwertungsverbot

391   Auch der **Nicht-Beschuldigte** hat das Beschwerderecht, wenn seine Rechte berührt werden. Das gilt zB stets für den Gewahrsamsinhaber der durchsuchten Räume und der Beweismittel[1]. Bei der Durchsuchung einer Bank kann folglich die Bank als juristische Person Beschwerde einlegen.

392   In den Beschwerdeverfahren gibt es keinen **Vertretungszwang**. Der Beschuldigte kann sich selbst vertreten. Ein Anwalt kann die Beschwerde führen. Soweit der Steuerberater zur Verteidigung berechtigt ist, kann auch er das Beschwerdeverfahren vor dem Landgericht führen[2].

393   Die Beschwerde ist an keine **Frist** gebunden. Sie kann folglich auch noch zeitlich sehr viel später eingelegt werden, wenn dies im Einzelfall zweckmäßig ist.

394   Die Beschwerde wird bei dem **Gericht**, dessen Entscheidung angefochten wird, schriftlich oder zu Protokoll der Geschäftsstelle eingelegt (§ 306 StPO).

395   Der **Antrag** im Beschwerdeverfahren, der förmlich in der StPO nicht vorgeschrieben ist, geht auf Aufhebung des Beschlusses oder seine Modifizierung, zB zu gestatten, die Beschlagnahme durch Fertigung von Copien abzuwenden (Tz. 328).

396   Das **Verwertungsverbot** folgt als mögliche Rechtsfolge aus der erfolgreichen Beschwerde (s. Tz. 434, 1144 ff.). Es wird nicht eigens beantragt und vom Gericht festgestellt. Nachdem das LG Bonn in einem Beschluss[3] gleichwohl ausdrücklich das Verwertungsverbot ausgesprochen und selbst das BVerfG ein mögliches Verwertungsverbot zur Disziplinierung der Ermittlungsbeamten in seine Entscheidung vom 12. 4. 2005[4] aufgenommen hat, kann es nur förderlich sein, die Feststellung des Verwertungsverbots ausdrücklich zu beantragen.

Köln 117 Qs 3/83 vom 25. 4. 1983, StV 1983, 275), wohl aber die dort durchgeführte Beschlagnahme seiner Kontounterlagen (KG 2 AR 26/99 – 3 Ws 116/99 vom 5. 5. 1999, NJW 1999, 2979). Soweit in der Literatur (Pfeifer, § 304 Rz. 1) zwischen unmittelbarer und mittelbarer Betroffenheit unterschieden wird, bleibt dies ungenau und ist für die Praxis wenig tauglich.

1 Matt in Löwe/Rosenberg, § 304 Rz. 51.
2 Streck, KÖSDI 1982, 4472.
3 LG Bonn 37 Qs 57/80 vom 1. 7. 1980, NJW 1981, 292.
4 2 BvR 1027/02, StraFo 2005, 286.

Eine **Begründung** der Beschwerde „ist nicht vorgeschrieben, aber zulässig und zu empfehlen"[1].   397

In dem Beschwerdeverfahren hat die Überprüfung **formeller** und **verfahrensrechtlicher Bedingungen** der Durchsuchungs- und Beschlagnahmebeschlüsse einen hohen, in Relation zum Tatverdacht sogar einen höheren Stellenwert. Den **Tatverdacht** selbst in den Mittelpunkt der Beschwerde zu stellen, ist mit Vorsicht zu verfolgen. Das Beschwerdegericht entscheidet nicht, ob eine Hinterziehung vorliegt, sondern nur darüber, ob ein Verdacht hinsichtlich der Hinterziehung besteht. Ein Verdacht lässt sich schnell bejahen, was später in den Beschwerdeentscheidungen nachlesbar ist. Im weiteren Fahndungsverfahren gewinnt sodann die eigentlich nur den Verdacht bejahende Entscheidung einen eigenen Argumentationswert zugunsten der Fahndung. Da ihr Verdacht von einem Landgericht bestätigt wurde, ist später die Entscheidung des Landgerichts Beleg für die Hinterziehung.   398

Nach der Beschlagnahme befinden sich die Unterlagen im Gewahrsam der Strafverfolgung. Diese ist grundsätzlich nicht gehindert, während der **Dauer des Gerichtsverfahrens** die Unterlagen bereits **auszuwerten**.   399

§ 307 Abs. 2 StPO ermöglicht dem Beschlussgericht (Amtsgericht) oder dem Beschwerdegericht (Landgericht), die **Vollziehung** des **Beschlusses auszusetzen**.   400

Wird der Antrag nach § 307 Abs. 2 StPO gestellt, so erfolgt in der **Praxis** häufig keine ausdrückliche Aussetzung. Das Gericht nimmt die beschlagnahmten Unterlagen in Gewahrsam. Oder: Die Unterlagen werden versiegelt. Hierdurch wird die faktische Aussetzung erreicht.   401

Ergeben sich bereits während der Durchsuchung ernste Bedenken hinsichtlich der Rechtmäßigkeit und wird die Beschwerde angekündigt (zB bei der Durchsuchung einer Beraterpraxis), so sind die Fahnder idR bereit, sofort eine **Versiegelung** zuzulassen. § 110 Abs. 2 S. 2 StPO kann entsprechend angewandt werden.   402

Die einstweilige Nichtauswertung der beschlagnahmten Unterlagen durch das Finanzamt während des strafprozessualen Beschwerdeverfahrens kann nicht beim **Finanzgericht** im Wege der einstweiligen Anordnung erreicht werden[2].   403

---

1 MEYER-GOSSNER, § 306 Rz. 5.
2 FG Rheinland-Pfalz V 1a/79 vom 22. 1. 1979, EFG 1979, 377.

Akteneinsichtsrecht

404 Im Beschwerdeverfahren gibt es kein eigenes **Akteneinsichtsrecht**.

405 Legt der **Verteidiger** Beschwerde für den Beschuldigten ein, so steht ihm das Akteneinsichtsrecht nach **§ 147 StPO zu**, das jedoch regelmäßig in diesem Stadium des Verfahrens noch nicht zu einem Recht erstarkt ist. Da das Ermittlungsverfahren im Normalfall noch nicht abgeschlossen sein wird, kann die Einsichtnahme mit dem Hinweis auf die Gefährdung des Untersuchungszwecks verweigert werden (vgl. § 147 Abs. 2 StPO). Die Straf- und Bußgeldsachenstelle macht in der Praxis hiervon regelmäßig Gebrauch, wenn zB noch weitere Vernehmungen geplant sind oder Rechtshilfe im Ausland beantragt wurde.

406 Da die hiervon zu unterscheidende Akteneinsicht im Beschwerdeverfahren auch nicht untersagt ist, steht es im **Ermessen** des **Gerichts**, Einsicht zu gewähren. Die Entscheidung über den Antrag erfolgt nach den Maßstäben des Gebots, rechtliches Gehör zu gewähren[1]. Die Praxis ist uneinheitlich. Überwiegend wird die Einsicht gewährt.

407 Die StPO kennt jedoch einen Schutz gegen die Verwertung von Schriftsätzen, Urkunden usw., zu denen der **Gegner** noch **nicht gehört** wurde: Wird insoweit das rechtliche Gehör verletzt, kann nach **§§ 33a, 311a StPO** beantragt werden, nach Anhörung erneut zu entscheiden. Die an sich unangreifbare Entscheidung eines Landgerichts in Beschwerdesachen wird folglich noch einmal überprüft.

408 Durch die gewährte Akteneinsicht werden die **Interessen** der **Strafverfolgungsbehörde** nicht berührt, da sie die Dispositionsmöglichkeit hat, dem Gericht nur solche Unterlagen vorzulegen, die der Beschwerdeführer einsehen kann[2]. Sie ist also nicht zur vollständigen Vorlage verpflichtet; was sie jedoch dem Gericht vorlegt, muss dem rechtlichen Gehör zugeführt werden.

409 **Empfehlung:** Um später dieses Recht voll ausschöpfen zu können, um die Verletzung des rechtlichen Gehörs deutlich zu machen, sollte daher in Beschwerdeverfahren Akteneinsicht beantragt werden. Die Nichtgewährung ist später der erste Beleg für die Verletzung des rechtlichen Gehörs. Voraussetzung ist natürlich, dass das Beschwerdegericht Informationen ohne Anhörung verwertet hat. Hier ist eine sorgfältige Analyse der Entscheidung des Landgerichts notwendig.

---

1 MATT in Löwe/Rosenberg, § 308 Rz. 5.
2 Vgl. LG Köln 117 Qs 3/83 vom 25. 4. 1983, StV 1983, 275.

Durchsicht von Unterlagen

Gerade für die Fahndungsverfahren ist bedeutsam: Die **Durchsicht** von **Unterlagen** ist **Teil** der **Durchsuchung**. Während dieser Durchsicht ist die Beschwerde gegen die Durchsuchung jedenfalls noch möglich[1] und zur Vermeidung von Zufallsfunden auch sinnvoll. Dies gilt auch dann, wenn die Fahndung die Unterlagen zur Durchsicht mitgenommen hat[2]. Nur ausnahmsweise erfolgt bereits während der Durchsuchung eine vollständige Durchsicht der Unterlagen, so dass die Beschwerde gegen die Durchsuchung in Steuerfahndungsfällen eine geraume Zeit möglich bleibt.

410

Um diese **Beschwerde-Zeit** „festzuhalten", sollte der Antrag nach § 307 Abs. 2 StPO auf einstweiligen Rechtsschutz gestellt werden; s. Tz. 400 f.

411

Eine besondere **Beratungsaufgabe** ist die Antwort auf die Frage, **ob das Beschwerdeverfahren durchgeführt** wird.

412

Die **Schwelle** zur **richterlichen Unterschrift** unter einen Durchsuchungs- und Beschlagnahmebeschluss oder zu seiner Bestätigung ist so **gering**, dass sie häufig kaum spürbar ist. Es ist nicht recht verständlich, in welchem Maß die Richter in diesem Bereich ihr richterliches Anordnungsrecht an die Steuerfahndung faktisch delegiert haben[3]. Ein Anfangsverdacht wird erschreckend schnell bejaht[4]. Hausdurchsuchungen in Bagatellsachen sind keine Einzelfälle. Der Einbruch in das Grundrecht der Unverletzlichkeit der Wohnung (Art. 13 GG) wird erlaubt, selbst wenn im Verhältnis zur Gesamtsteuerschuld ein nur geringer Betrag in Frage steht. In das Grundrecht wird eingegriffen, obwohl – möglicherweise etwas mühevoller – das Ziel auch in anderer Weise zu erreichen wäre.

413

Gleichwohl gibt es **Gründe** für die **Beschwerde**[5]:

414

Der **Tatverdacht** ist so **gering**, dass er einen Durchsuchungs- und Beschlagnahmebeschluss nicht trägt; seltener Fall[6].

---

1 S.o. Tz. 387 und MEYER-GOSSNER, § 105 Rz. 15 f., sowie zur überholten Rechtslage: BGH 1 BJs 6/71, StB 34/73 vom 13. 8. 1973, NJW 1973, 2035; KG 1 Ws 297/74 vom 8. 11. 1974, NJW 1975, 355; OLG Karlsruhe 3 VAs 4/79 vom 6. 7. 1979, NJW 1979, 2527; LG Köln 117 (62) Qs 3/80 vom 7. 4. 1981, NJW 1981, 1746; LG Göttingen 11 Qs 572-576/81 3/82 vom 5. 4. 1982, StV 1982, 364.
2 So im Fall LG Göttingen, aaO (FN 1).
3 Vgl. MAYER-WEGELIN, DStZ 1984, 246.
4 Vgl. zur Kritik MAYER-WEGELIN, DStZ 1984, 245.
5 Vgl. STRECK, StV 1984, 348.
6 Vgl. zB LG Köln 117 Qs 3/83 vom 25. 4. 1983, StV 1983, 275.

415 Der Durchsuchungs- und Beschlagnahmebeschluss weist sonstige – eindeutige – **formelle** und **verfahrensrechtliche Mängel** auf: Hier kann durch das Beschwerdeverfahren ein Verwertungsverbot erreicht werden. Selbst wenn ein solches Verfahren zwar erfolgreich, jedoch ohne Verwertungsverbot endet, die Beschlüsse also ordnungsgemäß wiederholt werden könnten, sollte das Beschwerdeverfahren durchgeführt werden, um der Fahndung die eigene „Rechtsempfindlichkeit" deutlich zu machen.

416 Das Beschwerdeverfahren wird durchgeführt, um den **„guten Glauben" Dritten gegenüber** zu dokumentieren. Beispiel: Eine Bank wird vollständig (also nicht nur bezüglich eines Kunden) durchsucht. Die Bank muss uE die Beschwerde führen, um ihren Kunden nicht das Argument zu liefern, sie lasse sich allzu leicht und ohne Gegenwehr durchsuchen. Dazu auch Tz. 608 ff.

417 Der Eingriff ist so **gravierend**, dass man ihn nur landgerichtlich überprüft hinnehmen sollte. Beispiel: Durchsuchung einer **Steuerberaterkanzlei** (s. auch Tz. 756 ff.).

418 Das Beschwerdeverfahren verspricht **weitere Informationen** von Seiten der Fahndung oder Staatsanwaltschaft, weil sie hierzu zur Abwehr der Beschwerde gezwungen sind.

419 Durch das Beschwerdeverfahren soll, was legitim ist, **Zeit** gewonnen werden, zB um Selbstanzeige noch zu ermöglichen.

420 Es werden **grundrechtliche** Probleme angesprochen, zB bei der Durchsuchung eines Presseorgans oder einer Parteidienststelle. Da der Rechtsweg bereits mit dem Landgericht abgeschlossen ist, ermöglicht das Beschwerdeverfahren einen schnellen Rechtsgang zum BVerfG (s. Tz. 433 f.).

421 Nirgends werden die beschlagnahmten Gegenstände so **exakt** und **dokumentativ verzeichnet** wie in Gerichtsbeschlüssen.

422 Während bei der ersten Verfügung das Amtsgericht nur recht unzureichend informiert ist, erfolgt regelmäßig im Beschwerdeverfahren eine **Aktenvorlage**. Diese kann Überraschungen bringen, wofür eine Entscheidung des LG Bonn[1] Beleg ist. Diese Möglichkeit kann nur durch das Beschwerdeverfahren eröffnet werden.

---

1 LG Bonn 37 Qs 57/80 vom 1. 7. 1980, NJW 1981, 292.

Im Übrigen kann bereits die in diesem Rechtskreis herrschende **Un-** 423
sicherheit der **Gerichte**[1] das Beschwerdeverfahren veranlassen.

Beschwerdeverfahren werden grundsätzlich deshalb durchgeführt, um 424
die Gerichte für die Problematik der „schnellen und leichten Durchsu-
chungs- und Beschlagnahmebeschlüsse" zu **sensibilisieren.** Hier ist
natürlich eine Abstimmung mit den Einzelinteressen des Mandanten
erforderlich.

Gegen die Einlegung der Beschwerde kann – neben der häufig erfah- 425
renen Erfolglosigkeit – sprechen, dass der rechtswidrige, nicht korri-
gierte Durchsuchungs- und Beschlagnahmebeschluss nicht die **straf-**
rechtliche Verjährung nach § 78c Abs. 1 Nr. 4 StGB unterbricht[2].

Hat die **Beschwerde** gegen eine Beschlagnahmeanordnung **Erfolg,** so 426
sind die **Unterlagen** sofort **herauszugeben.** Copien dürfen nicht zu-
rückgehalten, gefertigte Copien müssen herausgegeben oder vernich-
tet werden (vgl. auch Tz. 433). Zwar bleibt die Beschlagnahmemöglichkeit grundsätzlich bestehen; das Gleiche gilt für die Möglichkeit,
wegen „Gefahr im Verzug" zu beschlagnahmen. „Gefahr im Verzug"
besteht jedoch wegen der Aufhebung der Beschlagnahme nur wenige
Stunden, nicht drei Tage nach der Beschlagnahmeaufhebung[3].

Problematisch ist, ob und wie eine **erneute** richterliche **Überprüfung** 427
herbeigeführt werden kann, wenn die erste Beschwerde zurückgewie-
sen wurde.

Wurde die **Beschwerde** gegen den Durchsuchungsbeschluss **zurück-** 428
gewiesen, ist eine erneute Überprüfung nicht mehr möglich.

Im Fall der Beschlagnahme **dauert** die **Rechtsbelastung an. Entfällt** der 429
Verdacht einer Straftat oder der Beweiswert des beschlagnahmten Gegenstandes oder ändern sich in anderer Weise die für die Beschlagnahme erheblichen Umstände, so kann uE das Gericht erneut angerufen werden, um die Rechtmäßigkeit der Beschlagnahme zu überprüfen. § 98 Abs. 2 StPO ist hier entsprechend anzuwenden.

---

1 STRECK, StV 1984, 348.
2 TRÖNDLE/FISCHER, § 78c Rz. 7; KREKELER, wistra 1983, 45.
3 Zur Verfügbarkeit des „Richters" vgl. Tz. 354 und S. 103 FN 1. Beispielsfall s.
  LG Hannover, mitgeteilt von VON ELSNER, Stbg. 1981, 62.

Art und Weise der Durchführung

b. Antrag nach §§ 23 ff. EGGVG

430 Der Antrag nach §§ 23 ff. EGGVG ist kein Rechtsbehelf, um das Durchsuchungsverfahren dem **Grunde nach** zu überprüfen[1].

431 Ist nicht die Beschlagnahme oder Durchsuchung dem Grunde nach Gegenstand des Rechtsmittels, sondern die **Art** und **Weise** ihrer **Durchführung**, so war nach früher überwiegender Rechtsprechung nach §§ 23 ff. EGGVG das OLG anzurufen[2]. So konnte zB bei der Weigerung, ein ordnungsgemäßes **Verzeichnis** nach **§ 107 StPO** zu erstellen, der Rechtsweg nach §§ 23 ff. EGGVG beschritten werden[3].

432 **Heute** sieht der BGH als statthaften Rechtsbehelf gegen die **Art** und **Weise** der Durchführung – auch einer bereits abgeschlossenen – Durchsuchung einen **Antrag nach § 98 Abs. 2 S. 2 StPO analog** an; unabhängig davon, wer die Durchsuchung angeordnet hat[4]. Unklar ist die Situation, wenn bereits im richterlichen Durchsuchungsbeschluss die Art der Durchführung vorgegeben ist. Da man sich bereits gegen eine richterliche Entscheidung wendet, ist nach zutreffender Ansicht die Beschwerde das richtige Rechtsmittel[5].

3. Verfassungsbeschwerde

433 Die prozessualen Maßnahmen der **Durchsuchung** und **Beschlagnahme** können, auch wenn strafverfahrensrechtliche Rechtsbehelfe ausscheiden, mit der Verfassungsbeschwerde beim BVerfG angegriffen werden[6]; das gilt auch, wenn Durchsuchungen abgeschlossen sind[7]. Beispiel: Eine heimliche Tonbandaufnahme darf nicht beschlagnahmt und verwertet werden[8].

---

1 OLG Hamm 7 VAs 77/82 vom 23. 12. 1982, NStZ 1983, 232.
2 Vgl. OLG Stuttgart 2 VAs 158/71 vom 7. 6. 1972, NJW 1972, 2146; im Einzelnen sehr streitig.
3 BGH 1 BJs 93/77 StB 210/78 vom 21. 11. 1978, BGHSt 28, 206; BGH 5 AR (VS) 8/90 vom 26. 6. 1990, BGHSt 37, 79, 82.
4 BGH 5 AR (VS) 2/98 vom 7. 12. 1998, BGHSt 44, 265; BGH 5 AR (VS) 1/99 vom 25. 8. 1999 BGHSt 45, 183.
5 Meyer-Gossner, § 105 Rz. 17; Fezer, NStZ 1999, 151; aA Katholnigg, NStZ 2000, 155.
6 2 BvR 416/88 vom 23. 6. 1990, StrafV 1990, 529; 2 BvR 910/88 vom 23. 6. 1990, StrafV 1990, 483. Zur Problematik, das BVerfG im Fall der Durchsuchung einer **Bank** anzurufen, s. Tz. 653 ff.
7 S. FN 6.
8 BVerfG 2 BvR 454/71 vom 31. 1. 1973, BVerfGE 34, 238, ein Steuerstrafverfahren betreffend.

Ist eine Beschlagnahme verfassungswidrig, dürfen die beschlagnahm-   434
ten Gegenstände ebenfalls **nicht verwertet** werden. Das BVerfG nimmt
dies immer häufiger ausdrücklich in die Entscheidung auf[1]. Aus dem
Verwertungsverbot folgt, dass auch Copien von rechtswidrig beschlagnahmten Unterlagen herauszugeben oder zu vernichten sind[2]. Zum
steuerlichen Verwertungsverbot s. Tz. 1144 ff.

4. Gesetz über die Entschädigung für Strafverfolgungsmaßnahmen

Wird der betroffene Staatsbürger **freigesprochen** oder kommt es zu   435
einer **Einstellung** des **Verfahrens**, kann er Ersatz des ihm durch die
Beschlagnahme oder Durchsuchung entstandenen Vermögensscha-
dens nach den Vorschriften des „Gesetzes über die Entschädigung für
Strafverfolgungsmaßnahmen"[3] verlangen. Zu den Vermögensschäden
gehören auch die Verteidigungskosten, soweit sie sich auf die Beschlagnahme oder Durchsuchung beziehen[4]. Das Gesetz hat im Fahndungsverfahren keine große Bedeutung. Bei einer Einstellung kann
eine Entschädigung nur gewährt werden, wenn dies der Billigkeit entspricht; dies soll bei der in der Praxis häufig vorkommenden Verfahrenseinstellung nach § 153a StPO idR zu verneinen sein[5].

5. Schadensersatz

Aus dem öffentlich-rechtlichen Verwahrungsverhältnis (s. Tz. 353 ff.)   436
folgen **Sorgfalts-** und **Obhutspflichten**. Werden sie verletzt und erleidet der Eigentümer einen **Schaden** – zB wenn der Gegenstand nicht
mehr oder nur beschädigt herausgegeben werden kann –, so steht ihm
ein Schadensersatzanspruch zu. Für den Schadensersatz- und Herausgabeanspruch sind die ordentlichen Gerichte zuständig[6].

---

1 Vgl. BVerfG 2 BvR 1027/02, aaO (S. 114 FN 4); BVerfG 2 BvR 988/75, vom
   24. 5. 1977, NJW 1977, 1489.
2 BVerfG 2 BvR 988/75, aaO (FN 1); OLG Stuttgart 4 VAs 234/76 vom 5. 5. 1977,
   NJW 1977, 2276.
3 Vom 8. 3. 1971, BGBl. 1971 I, 157, letzte Änderung vom 13. 12. 2001, BGBl.
   2001 I, 3574, 3577 (StrEG).
4 Meyer-Gossner, Anh. 5 § 7 Rz. 5.
5 Meyer-Gossner, aaO, § 3 Rz. 2 sowie die konkreten Ausschlussgründe der
   §§ 5 und 6 StrEG.
6 Meyer-Gossner, § 94 Rz. 23; LG Hamburg 303 S 16/03 vom 20. 2. 2004, NStZ
   2004, 512.

437 Neben der Entschädigungsmöglichkeit nach Tz. 435 kann der Betroffene den **allgemeinen zivilrechtlichen Schadensersatzanspruch** nach Art. 34 GG, § 839 BBG wegen Amtspflichtverletzung geltend machen, der durch das StrEG nicht ausgeschlossen wird[1].

6. Dienstaufsichtsbeschwerde

438 Schließlich kann sich der Steuerbürger gegen alle Maßnahmen der Fahndung anlässlich der Durchsuchung und Beschlagnahme mit der **Dienstaufsichtsbeschwerde** wenden; dazu weiter Tz. 951 ff.

VII. Beschlagnahme der Post

439 Die Beschlagnahme der Post, die an den Beschuldigten gerichtet oder für ihn bestimmt ist, auf dem Postweg ist – ua. auch bei Steuerdelikten – nach §§ 99, 100 StPO in einem in den erwähnten Bestimmungen **besonders geregelten Verfahren** möglich[2]. Die Praxiserfahrung lehrt, dass von dieser Möglichkeit kaum Gebrauch gemacht wird.

VIII. Abhören des (Mobil-)Telefons (TÜ)

440 Die Überwachung und die Aufnahme des Fernmeldeverkehrs auf Tonträger, das Abhören des Telefons, erlaubt § 100a StPO nur bei im Einzelnen aufgezählten Delikten. Hierzu zählt die **Steuerhinterziehung** nach §§ 370 ff. AO selbst **nicht.**

441 Entgegen dieser Regelung ist es eine **weit verbreitete**, durch den Verteidiger nicht ausräumbare **Annahme**, die Steuerfahndung höre regelmäßig die Telefone ab. Entsprechend der Rechtsregel zeigt auch die Praxis, dass die Fahndung im Normalfall keine Telefone abhört[3]. Das Wissen der Steuerfahndung, das den Mandanten zur Annahme verleitet, sein Telefon sei abgehört, hat der Prüfer idR aus den ihm vorliegenden Unterlagen.

---

1 MEYER-GOSSNER, Anh. 5 Vorbem. Rz. 3.
2 Von der Postbeschlagnahme muss die bereits beim Empfänger angekommene Post unterschieden werden. Hier gelten die allgemeinen Beschlagnahmegrundsätze, vgl. Tz. 353 ff.
3 Zu problematischen Grauzonen s. allerdings DEPPING, StB 1995, 97.

Zu dieser Regel gibt es **Ausnahmen**: Bei Umsatzsteuerkarussellen[1]   442
kann der Verdacht einer Strafbarkeit wegen „**Bildung einer kriminellen Vereinigung**", § 129 StGB, aufkommen[2]. Nach § 100a Nr.
1c) StPO
kommt in diesem Fall eine Telefonüberwachung in Betracht. Gleiches
gilt nach § 100a S. 1 Nr. 2 StPO, wenn ein **Geldwäscheverdacht** nach
§ 261 StGB vorliegt. Da das Verbrechen der gewerbsmäßigen Steuerhinterziehung nach § 370a AO taugliche Vortat einer Geldwäsche-
handlung sein kann, ist – lässt man verfassungsrechtliche Bedenken
gegen § 370a AO außer Betracht[3] – eine Telefonüberwachung (TÜ)
nicht auszuschließen. Eine TÜ kann jedoch nicht auf einen Geldwäscheverdacht gestützt werden, wenn wegen der Vortatbeteiligung
nach § 261 Abs. 9 S. 2 StGB eine Bestrafung nicht in Betracht kommt
und die Vortat, wie zB § 370a AO, selbst keine Katalogtat des § 100a
StPO darstellt[4].

IX. Überwachung des E-Mail-Verkehrs

Für den Zugriff auf Mailboxen sind **vier Phasen** zu unterscheiden: Das   443
Absenden der Nachricht bis zum Ankommen im Speicher des Mailbox-Betreibers (Phase 1), das „Ruhen" der Nachricht auf dem Speichermedium des Mailbox-Betreibers (Phase 2) und das Abrufen der
Nachricht durch den Empfänger – vom Netzzugang des Mailbox-Betreibers bis zum Netzzugang des Empfängers (Phase 3). Als vierte und
letzte Phase kommt die Speicherung im Posteingang des Empfängers,
dh. auf dessen Festplatte, in Betracht.

Für die Überwachung und Aufzeichnung der Nachrichtenübermittlung   444
in **Phase 1** und **Phase 3** gelten die strengen Vorschriften über die **Telefonüberwachung** (TÜ) nach den §§ 100a und 100b StPO[5].

Fraglich ist, was für die im Speicher des die Mailbox-Betreibers „ru-   445
henden" Nachrichten in **Phase 2** gilt:

---

1 Zum Begriff vgl. KINDSDORFER, PStR 2004, 52; WEGNER, PStR 2004, 243.
2 WEGNER, PStR 2004, 101 mit Hinweis auf BGH 5 StR 364/03 vom 16. 4. 2003.
3 Zur Verfassungsmäßigkeit vgl. Tz. 1016.
4 BGH 5 StR 423/02 vom 26. 2. 2003, wistra 2003, 305.
5 NACK in Karlsruher Kommentar, § 100a Rz. 7 aE; MEYER-GOSSNER, § 100a
   Rz. 2; BGH 2 BJs 94/94-6 u.a. vom 31. 7. 1995, NJW 1997, 1934 ff.; PALM/ROY,
   NJW 1996, 1791, 1793.

446   Für die zweite Phase wenden manche die **Beschlagnahmevorschrift** nach § 94 StPO an[1]. Begründet wird dies damit, dass die §§ 94 ff. StPO von der technischen Entwicklung überholt worden seien und dass keine Vorschrift ausdrücklich passe. Die Nachricht sei zwar beim Empfänger noch nicht angekommen, liege aber beim Provider – quasi als Empfangsbote des Empfängers – zum jederzeitigen Abruf bereit. Nach dieser Ansicht unterliegen die Nachrichten wegen der Empfangsboten-Überlegung – ähnlich wie der Brief, der im Fach eines Hotelgastes zur Abholung bereitliege – der einfachen Beschlagnahme nach § 94 StPO.

447   Das **LG Hanau**[2] vermag den Übermittlungsvorgang vom Absenden der Nachricht bis zum Ankommen im Speicher des Mailbox-Betreibers, das „Ruhen" der Nachricht auf dem Speichermedium des Mailbox-Betreibers und das Abrufen der Nachricht durch den Empfänger vom Netzzugang des Mailbox-Betreibers bis zum Netzzugang des Empfängers – zu Recht – rechtlich nicht in unterschiedliche Phasen aufzuteilen. Deswegen ist das „Ruhen" der Nachricht auf dem Speichermedium des Mailbox-Betreibers begrifflich noch als Übermittlung anzusehen. Sämtliche den Betreibern von Telekommunikationsnetzen zur Übermittlung anvertrauten Kommunikationsvorgänge und -inhalte genießen den Schutz des Art. 10 Abs. 1 GG. Dieser Schutz kann nicht zufällig davon abhängen, zu welchem Zeitpunkt der Empfänger einer Nachricht diese vom Speichermedium des Mailbox-Betreibers abruft. Der gesetzliche Schutz des Fernmeldegeheimnisses endet erst dann, wenn die Nachricht bei dem Empfänger angekommen ist. Dies ist im Falle von E-Mails erst gegeben, wenn sie am PC des Empfängers zur Entgegennahme zur Verfügung stehen. Bedingt diese Entgegennahme noch die Übermittlung vom Speicher des Mailbox-Betreibers zum Empfänger-PC, so ist sie vorher noch nicht beim Empfänger angekommen. Eine Aufspaltung des komplizierten Übermittlungsvorgangs würde dem Schutz des Fernmeldegeheimnisses zuwiderlaufen. Nach dieser Ansicht ist der gesamte Vorgang als **einheitliche Informationsübermittlung** anzusehen und dem Schutz der TÜ-Regelung des § 100a StPO zu unterstellen[3].

448   Die **vierte Phase** dürfte an die Grenzen des eigentlichen Überwachungsvorgangs stoßen[4]. Die Nachricht wird nicht mehr transportiert,

---

1 LG Ravensburg 2 Qs 153/02 vom 9. 12. 2002, NJW 2003, 2112; NACK in Karlsruher Kommentar, § 100a Rz. 8.
2 3 Qs 149/99 vom 23. 9. 1999, NJW 1999, 3647.
3 Ebenso: MEYER-GOSSNER, § 100a Rz. 2.
4 DECKERS, StraFo 2002, 109, 112.

sondern ist (vergleichbar mit einem auf dem Tisch des Empfängers offen liegenden Brief) bereits angekommen. Es wird argumentiert, die Daten seien vom Empfänger bereits abgerufen, aber nur zufällig noch nicht gelöscht. Der Kommunikationsvorgang ist jedenfalls abgeschlossen, so dass die Vorschriften der **Beschlagnahme** gem. §§ 94 ff. StPO zum Zuge kommen[1].

X. Observation

Im Einzelfall kann die Steuerfahndung auch Örtlichkeit und Personen **bedeckt ausforschen** und beobachten. Derartige Observationen sind nicht häufig. Die rechtlichen Grenzen sind unklar[2]. Der Steuerbürger muss auf jeden Fall mit ihnen rechnen.   449

XI. Verhaftung und vorläufige Festnahme

Ein Ermittlungsverfahren wegen des Verdachts der Steuerhinterziehung führt nicht zwangsläufig zur Untersuchungshaft. Es müssen zusätzlich **Haftgründe** vorliegen. Bei rechtzeitiger Beratung sind sie **vermeidbar**.   450

1. Untersuchungshaft

Die Verhängung der Untersuchungshaft nach §§ 112 ff. StPO ermöglicht die Inhaftierung eines bislang noch nicht Verurteilten, der deshalb nach Art. 6 Abs. 2 MRK an sich in vollem Umfang als unschuldig anzusehen ist. Einziger Zweck der Untersuchungshaft ist, die **Durchführung eines geordneten Strafverfahrens** zu gewährleisten und die spätere Vollstreckung einer eventuell als Ergebnis des Verfahrens festgesetzten Freiheitsstrafe sicherzustellen[3]. Vor diesem Hintergrund ist jeweils im Einzelfall sorgfältig abzuwägen, ob die Interessen des Gemeinwohls, zu denen auch die Durchführung der Strafrechtspflege gehört, die Verhängung der Untersuchungshaft zwingend gebieten[4] oder ob nicht auch ein milderes Mittel ausreichend ist[5]. Der Verhält-   451

1 Ebenso: NACK, Karlsruher Kommentar, § 94 Rz. 4.
2 Vgl. hierzu PUMP, wistra 1987, 54; WENDEBORN, 140 ff.
3 MEYER-GOSSNER, vor § 112 Rz. 4 mwN.
4 BVerfG 2 BvR 1070/79 vom 6. 2. 1980, NJW 1980, 1448.
5 BVerfG 1 BvR 296/66 vom 27. 7. 1966, BVerfGE 20, 144, 147.

Haftgründe

nismäßigkeitsgrundsatz ist ausdrücklich in § 112 Abs. 1 S. 2 StPO genannt.

452 Ein Haftbefehl setzt einen **dringenden Tatverdacht** und das Vorliegen eines **Haftgrundes** voraus, § 112 Abs. 1 S. 1 StPO.

453 **Dringender Tatverdacht** ist gegeben, wenn die Wahrscheinlichkeit groß ist, dass der Beschuldigte Täter oder Teilnehmer einer Straftat ist[1]. Insofern ist eine Prognoseentscheidung erforderlich, wobei die spätere Verurteilung wahrscheinlich[2], jedenfalls möglich[3] sein muss. Hierbei darf der dringende Tatverdacht nicht nur auf bloße Vermutungen gestützt sein, sondern muss sich aus bestimmten, bereits ermittelten Tatsachen herleiten lassen[4].

454 Nach § 112 Abs. 2 StPO kommen im Fall der Steuerhinterziehung die drei **Haftgründe** der Flucht, der Fluchtgefahr und der Verdunkelungsgefahr in Betracht (hierzu im Einzelnen ab Tz. 455). Soweit in § 112a StPO die Wiederholungsgefahr als weiterer Haftgrund genannt wird, kommt dieser nur bei ganz bestimmten Taten zur Anwendung, zu denen die Steuerhinterziehung nicht gehört. Der Steuerstrafverteidiger gewinnt im Laufe seiner beruflichen Tätigkeit den Eindruck, als ob sich in der Praxis der Staatsanwaltschaften und Haftrichter inzwischen „gewohnheitsrechtlich" fundierte, im Hinblick auf eine schnelle Aufklärung überaus effektive, aber rechtsstaatlich abwegige Haftgründe eingespielt hätten[5]. So kann man zB immer wieder feststellen, dass selbst die hartgesottensten Hinterzieher nach längerer Untersuchungshaft eine deutlich größere Geständnis- und Kooperationsbereitschaft zeigen als zuvor[6]. Welcher Ermittler kann von sich sagen, dieser Versuchung immer widerstanden zu haben? Bei Verfahren mit Öffentlichkeitswirkung kann es der Zwang, schnelle Ergebnisse erzielen zu müssen, sein, der Anlass für Verhaftungen bietet. Befindet sich der Täter erst in Untersuchungshaft, kann ohne öffentlichen Druck ermittelt werden. In Haftbefehlen liest man solche Ausführungen freilich nicht. Sie nachzuweisen, ist quasi unmöglich.

---

1 MEYER-GOSSNER, § 112 Rz. 5.
2 So PARIGGER, NStZ 1986, 211.
3 MEYER-GOSSNER, § 112, Rz. 5 mit Hinweis auf BGH 1 BJs 205/78/StB 16/79 vom 6. 4. 1979; NStZ 1981, 94. Abwägend: DECKERS, StV 2001, 116.
4 MEYER-GOSSNER, § 112 Rz. 7.
5 Von PAEFFGEN, NJW 1990, 537, als „apogryphe Haftgründe" bezeichnet. Ablehnend LEMME, wistra 2004, 288.
6 Ebenso: FLORE in Flore/Dörn/Gillmeister, Teil 5, B I aE.

a. Flucht, § 112 Abs. 2 Nr. 1 StPO

Der Haftgrund der Flucht liegt vor, wenn der Beschuldigte **flüchtig** ist, 455
zB seine Wohnung aufgibt und ins Ausland reist, oder wenn er sich, zB
unter falschem Namen, **verborgen** hält.

Der **Ausländer**, der mit bekannter Adresse in seinem Heimatland lebt 456
und sich dort zur Verfügung hält, ist nicht flüchtig[1].

b. Fluchtgefahr, § 112 Abs. 2 Nr. 2 StPO

Sie ist gegeben, wenn es wahrscheinlicher ist, dass sich der Beschul- 457
digte **dem Strafverfahren entzieht**, als dass er sich ihm stellen werde[2].

Für Fluchtgefahr sprechen[3]: 458

– auffälliger Wohnungs- und Arbeitsplatzwechsel,

– Verwendung falscher Namen,

– Fehlen fester familiärer und beruflicher Bindungen,

– plötzliche Veräußerung von Immobilien,

– Abheben größerer Bargeldbeträge,

– Vermögen im Ausland und Fremdsprachenkenntnisse,

– nach der Rechtsprechung[4] auch eine besonders hohe Straferwartung[5].

Gegen Fluchtgefahr kann angeführt werden: 459

– jeweils das Gegenteil der unter Tz. 458 angeführten Punkte und in
Steuerstrafverfahren zusätzlich

– **Besicherung** des – angeblich – hinterzogenen Betrags mit inländi-
schem Vermögen oder jedenfalls die Perspektive, den Betrag in an-
gemessener Zeit aufbringen zu können[6] sowie

– mehrfache Rückkehr aus dem Ausland während des Ermittlungsverfahrens.

1 OLG Bremen BL 159/97 vom 7. 8. 1997, NStZ-RR 1997, 334; LG Hamburg 620
Qs 19/02 vom 1. 3. 2002, StV 2002, 205.
2 MEYER-GOSSNER, § 112 Rz. 17 mwN.
3 MEYER-GOSSNER, § 112 Rz. 20 mwN.
4 OLG Hamburg 3 Ws 121/01 vom 23. 8. 2001, StV 2002, 490.
5 Str., vgl. zum Meinungsstand: MEYER-GOSSNER, § 112 Rz. 23–25. Die Höhe der
Straferwartung kann schon deshalb nicht allein maßgeblich sein, da sie subjektiv sehr unterschiedlich wahrgenommen und empfunden wird.
6 WALISCHEWSKI in Wannemacher, Tz. 4361.

Verdunkelungsgefahr

460 Ein **Ausländer**, der sich in sein Heimatland zurückbegeben hatte, ist nur fluchtverdächtig, wenn er erklärt, er werde sich dem Verfahren nicht stellen. Die „allgemeine Besorgnis", der Angeklagte werde sich später einer eventuellen Strafvollstreckung nicht stellen, trägt die Annahme von Fluchtgefahr nicht[1].

c. Verdunkelungsgefahr, § 112 Abs. 2 Nr. 3 StPO

461 Der Haftgrund der Verdunkelungsgefahr ist verwirklicht, wenn das Verhalten des Beschuldigten den dringenden Verdacht begründet[2], er werde auf **sachliche** (zB Urkunden, Buchführungsunterlagen, ua.) und **persönliche Beweismittel** (Zeugen) einwirken **und** dadurch die **Ermittlung der Wahrheit erschweren.**

462 Das ist **nicht** der Fall, wenn der Betroffene lediglich die ihm zustehenden **strafprozessualen Rechte** geltend macht. So können die Verweigerung einer Einlassung, der Widerruf des Geständnisses oder die Nichtnennung von Mittätern und Komplizen ebenso wenig die Verdunkelungsgefahr begründen, wie der Umstand, dass die Steuerfahndung ihre Ermittlungen noch nicht abgeschlossen oder angeblich wichtige Zeugen noch nicht vernommen hat[3].

463 Hinzukommen muss die **Erschwerung der Wahrheitsermittlung** durch das Handeln des Betroffenen. So sind zB nicht jegliche Gespräche mit – potentiellen – Zeugen ein Grund, Verdunkelungsgefahr anzunehmen. Nur wenn auf die Zeugen durch Täuschung, Drohung oder Ausnutzung eines Autoritätsverhältnisses in unlauterer Weise zu einer Verschleierung der Wahrheit hin eingewirkt wird, kann sie in Betracht kommen[4].

464 Hiermit ist nicht zu vereinbaren, dass die Rechtsprechung bei Hinterziehungsdelikten, die häufig im Zusammenhang mit Scheinrechnungen, „Briefkasten-Firmen" oder unzutreffenden Buchungen vorkommen, allein schon aus diesem Grund den Haftgrund der Verdunkelungsgefahr annimmt[5]. Vielmehr ist in jedem Einzelfall „**aufgrund**

---

1 OLG Karlsruhe 3 Ws 44/04 vom 1. 3. 2004, StV 2005, 33; Böhm, NStZ 2001, 633, 636; Dahs/Riedel, StV 2003, 416.
2 Eine bloße theoretische Möglichkeit oder Absicht ist nicht ausreichend. Es muss eine konkrete Gefahr bestehen (OLG Hamm 2 Ws 326/03 vom 12. 1. 2004, StraFo 2004, 134).
3 Meyer-Gossner, § 112 Rz. 28 f. mwN.
4 Saarländisches OLG 1 Ws 109/02 vom 3. 6. 2002, StV 2002, 489.
5 Rechtsprechungsnachweis und Kritik hierzu bei Krekeler, wistra 1982, 8 ff.

bestimmter Tatsachen" (§ 112 Abs. 2 S. 1 StPO) eine sorgfältige Überprüfung durchzuführen[1].

Die Verdunkelungsgefahr kann ferner von dem **Steuerberater** oder 465
Steuerbevollmächtigten ausgehen, der entweder dem Mandanten zu
helfen sucht oder die eigene Teilnahme am Delikt des Mandanten verdunkeln will. Hier kann die Verdunkelung zur Begünstigung (§ 257
StGB) oder Strafvereitelung (§ 258 StGB) werden.

2. Zuständigkeit und Verfahren

Die Untersuchungshaft wird durch einen **schriftlichen Haftbefehl** des 466
Richters angeordnet, § 114 Abs. 1 StPO.

Dem Beschuldigten, der aufgrund des Haftbefehls verhaftet wird, ist 467
dessen Inhalt **bekannt zu geben** und eine **Abschrift** zu übergeben,
§ 114a StPO. Er muss unverzüglich dem zuständigen Haftrichter, dh.
dem Richter, der den Haftbefehl erlassen hat, **vorgeführt** werden,
§ 115 StPO. Unverzüglich bedeutet so bald wie möglich, jedoch allerspätestens am Tag nach der Ergreifung[2]. Kommt die Staatsanwaltschaft und ihre Ermittlungsbeamten, die für die Vollstreckung des
Haftbefehls zuständig ist (§ 36 Abs. 2 StPO), dem nicht nach, kann
eine Strafbarkeit wegen Freiheitsberaubung in Betracht kommen[3].

Während die Vorführung vor den zuständigen Richter neben dem pro 468
zessual vorgeschriebenen Angebot einer Vernehmung (§ 115 Abs. 2
StPO) in aller Regel Gericht, Staatsanwaltschaft und Verteidigung die
Möglichkeit eines ersten Orientierungsgesprächs gibt, ist das bei einer
Vorführung vor den „nächsten" Richter nicht der Fall. Vor diesen ist
der Beschuldigte nach § 115a StPO vorzuführen, wenn der zuständige
Richter oder dessen Vertreter nicht innerhalb der unter Tz. 467 genannten Frist erreichbar ist. Der nächste Richter kennt den Fall nicht.
Seine einzige Aufgabe ist nach § 115a Abs. 2 S. 3 StPO, zu überprüfen,
ob der ihm Vorgeführte mit demjenigen identisch ist, der in dem Haftbefehl genannt wird, und ob der Haftbefehl noch gültig ist[4]. Inhaltliche
Entscheidungen kann er nicht treffen, sondern lediglich wichtige Informationen unverzüglich an den zuständigen Richter weitergeben[5].

---

1 WALISCHEWSKI in Wannemacher, Rz. 4363 f.
2 MEYER-GOSSNER, § 115 Rz. 4 f.
3 TRÖNDLE/FISCHER, § 239 Rz. 8.
4 MEYER-GOSSNER, § 115a Rz. 5.
5 MEYER-GOSSNER, § 115a Rz. 6.

Verschubung

Haftbefehlseröffnungen vor dem nächsten Richter sind regelmäßig für alle Beteiligten äußerst frustrierend: Der Verhaftete und sein Verteidiger wollen keine förmliche Vernehmung zur Sache zu Protokoll geben, wie § 115a Abs. 2 S. 1 StPO dies vorsieht, sondern alle diejenigen Argumente vortragen, die zeitnah einen Entscheidungsbefugten davon überzeugen, dass keine Haftgründe vorliegen. Der nächste Richter, der diese Aufgabe unerwartet neben seinen normalen Verfahren erledigt, sieht sich außerstande, den Vortrag der Verteidigung zu würdigen, da er außer dem Haftbefehl keine weiteren Verfahrensinformationen hat. So muss davon ausgegangen werden, dass die Vorführung vor den nächsten Richter als bloße Förmlichkeit das Verfahren nicht fördert. Vielmehr kann es taktisch sinnvoller sein, sich gleich schriftlich an den zuständigen Richter zu wenden.

469 Wird der Beschuldigte zB aufgrund eines Haftbefehls eines Leipziger Haftrichters in Dortmund aufgegriffen, ist es unmöglich, ihn bis zum Ablauf des nächsten Tages dem „zuständigen" Leipziger Richter vorzuführen. Nachdem der „nächste" Haftrichter in Dortmund eine Identitätsfeststellung hinsichtlich des Betroffenen und eine Wirksamkeitsfeststellung hinsichtlich des Haftbefehls durchgeführt hat, wird der Beschuldigte auf Wunsch[1] dem zuständigen Richter in Leipzig vorgeführt werden. Hierzu wird er **„verschubt"**. Das bedeutet, dass der Verhaftete über fest eingerichtete Gefangenentransportstrecken mit Bussen von Dortmund nach Leipzig gebracht wird. Da es keine direkte Verbindung gibt, kann der Weg über Hamburg, Rostock etc., führen. So ist es keine Seltenheit, wenn Untersuchungshäftlinge auf diese Weise 14 Tage „unterwegs" sind. Für den Verteidiger ist dies äußerst unangenehm, als er in dieser Zeit kaum Kontakt zu seinem Mandanten halten kann. Tagsüber fährt dieser Bus und jeden Abend übernachtet er in einer anderen Justizvollzugsanstalt. Wenn in der Literatur gefordert wird, dass auch Einzeltransporte eingesetzt werden müssen[2], kommt dies in der Praxis aus Kostengründen nur sehr selten vor. Die langandauernde Verschubung von Untersuchungshäftlingen, die noch nicht einmal „ihrem" Haftrichter vorgeführt wurden, ist rechtsstaatlich bedenklich.

---

1 § 115a Abs. 3 StPO.
2 So MEYER-GOSSNER, § 115a Rz. 8.

3. Rechtsmittel und „Verschonungsbeschluss"

Solange der Beschuldigte sich in Untersuchungshaft befindet, kann er 470
jederzeit **Haftprüfung** nach § 117 StPO beantragen. Ferner ist gegen
den Haftbefehl als richterliche Entscheidung die **Beschwerde** nach
§ 304 Abs. 1 StPO zulässig.

Als eine besondere Ausprägung des Verhältnismäßigkeitsgrundsatzes 471
ordnet § 116 StPO an, dass der Haftbefehl **außer Vollzug** gesetzt werden muss, wenn weniger einschneidende Maßnahmen in Betracht
kommen.

Ist der Haftbefehl auf **Fluchtgefahr** gestützt, kommen namentlich Mel- 472
deauflagen, Hinterlegung von Personalausweis bzw. Reisepass und die
Leistung einer Kaution in Frage, § 116 Abs. 1 StPO. Die Höhe der Kaution hat sich ausschließlich an den persönlichen wirtschaftlichen Ver-
hältnissen des Betroffenen und nicht zB an dem zum Vorteil eines
Unternehmens verursachten Vermögensschaden zu messen. In Steuerstrafsachen wird die Haftverschonung häufig von der Leistung einer
Sicherheit im Hinblick auf die angebliche Steuerschuld oder gleich
von der Bezahlung der vorläufig berechneten **Steuerschuld** direkt an
die Finanzkasse abhängig gemacht. Letzteres hat den steuerlichen
Vorteil, dass hierdurch der Zinslauf (vgl. Tz. 1229) unterbrochen wird.

Wird der Haftbefehl auf **Verdunkelungsgefahr** gestützt, so kommt 473
Haftverschonung durch die Verhängung eines **Kontaktverbots** zu Mit-
beschuldigten und Zeugen in Betracht, § 116 Abs. 2 StPO.

4. Vorläufige Festnahme

Wer auf „frischer Tat" betroffen oder verfolgt wird, kann von „jeder- 474
mann", dh. jedem Bürger, – ausschließlich – zur **Feststellung der Identität** nach § 127 Abs. 1 StPO **vorläufig festgenommen** werden. Bei Gefahr im Verzug sind die Staatsanwaltschaft sowie die Beamten des
Polizeidienstes auch zur vorläufigen Festnahme befugt, wenn die Voraussetzungen für den Erlass eines Haftbefehls vorliegen.

5. Beratungsüberlegungen

Ist eine Verhaftung denkbar, so sollte für diesen Fall **Vorsorge** getrof- 475
fen werden.

Die Möglichkeit der Verhaftung muss mit dem Berater **(Verteidiger)** 476
durchgesprochen werden. Zur Flucht ins Ausland s. Tz. 299 ff. Die

konkret anstehende Verhaftung ist häufig mit der von der Staatsanwaltschaft offen oder verdeckt angebotenen Versuchung verbunden,
ihr durch ein Vollgeständnis oder gar „Übergeständnis" zu entgehen.
Der Versuchung erliegen Mandanten, die ihren Anwalt nicht sofort
erreichen können und die den Verhaftungsfall nicht ausreichend vor-
ausgedacht haben. Auch hier gilt als Grundsatz (s. auch Tz. 496): Kein
Geständnis ohne Verteidiger.

477   Der **Haftbefehl** kann **außer Vollzug** gesetzt werden (§ 116 StPO). Hierbei können Auflagen angeordnet werden. Wichtigste Auflage zur Ver-
minderung der Fluchtgefahr ist die Kaution.

478   Die **Kaution** bezweckt die Minderung oder den Ausschluss des Flucht-
reizes. Die Staatsanwaltschaft verlangt häufig die Sicherung der Steuerschuld, sofern diese nicht schon gesichert ist, zuzüglich eines Zusatz-
betrags zur Strafsicherung[1]. Wer mit der Möglichkeit der Verhaftung
rechnet, muss die Kautionsstellung vorbereiten. Ist er verhaftet, sind
ihm häufig die Wege verschlossen, optimal und ausreichend die Sicherungsmittel zu beschaffen.

479   An die **Honorierung** des **Verteidigers** muss gedacht werden. Die
Beratung in Haftsachen ist außerordentlich zeitintensiv und eilbedürf-
tig.

480   Für Kaution und Honorierung muss die **Verfügungsmöglichkeit** über
Geld oder Vermögensgegenstände durch einen Dritten (Ehefrau,
Freund, Angestellter usw.) bestehen.

XII. Auslieferung und Europäischer Haftbefehl

481   Am 23. 8. 2004 trat in Deutschland das **Europäische Haftbefehlsgesetz**
(EuHbG) in Kraft[2]. Es setzte einen Rahmenbeschluss des EU-Rats vom
13. 6. 2002 um[3] und führte auf Bundesebene den sog. europäischen
Haftbefehl ein. Dieser ermöglichte es den deutschen Behörden erstmals, deutsche Staatsangehörige aufgrund eines Europäischen Haftbefehls an andere EU-Mitgliedsstaaten auszuliefern.

---

1 Gegen eine Forderung auf Rückzahlungen einer bar hinterlegten Kaution
kann **nicht** mit **Steuerforderungen aufgerechnet** werden (BGH III ZR 219/83
vom 24. 6. 1985, HFR 1986, 541).
2 BGBl. 2004 I, 1748.
3 ABL Nr. L 190 vom 18. 7. 2002, 1.

Mit Urteil vom 18. 7. 2005 hat das **BVerfG** das EuHbG für **insgesamt**   482
nichtig erklärt[1]. Es stützte sich im Wesentlichen auf folgende Argumente: Das EuHbG genüge nicht den verfassungsrechtlichen Ansprü-
chen des Art. 16 Abs. 2 S. 2 GG. Danach ist eine Auslieferung von
deutschen Staatsangehörigen innerhalb der EU auf der Grundlage eines Gesetzes erlaubt, soweit rechtsstaatliche Grundsätze gewahrt sind.
Das BVerfG hat hieraus das Erfordernis entwickelt, dass der Rahmenbeschluss und die darin enthaltenen Umsetzungsspielräume grund-
rechtsschonend vom deutschen Gesetzgeber umzusetzen seien. In Bezug auf das EuHbG sei dies aber nicht geschehen. Insbesondere sehe
das Gesetz kein Rechtsmittel gegen einen Auslieferungsbewilligungs-
bescheid vor. Außerdem habe der deutsche Gesetzgeber nicht von der
im EU-Rahmenbeschluss vorgesehenen Möglichkeit Gebrauch gemacht, die Auslieferung deutscher Staatsangehöriger zu verweigern,
wenn die Straftat einen Inlandsbezug aufweist.

Seit diesem Urteil ist die Rechtslage in Deutschland unsicher. Durch   483
die Nichtigkeit des EuHbG gilt **wieder die alte Rechtslage**, dh. die
früheren **bilateralen Auslieferungsabkommen** – zuletzt auf der Grundlage des Übereinkommens über die Auslieferung zwischen den Mitgliedsstaaten der EU vom 27. 9. 1996[2] – sind wieder gültig. In diesen
hatte sich Deutschland zwar ausnahmslos vorbehalten, keine eigenen
Staatsbürger auszuliefern, zum Teil sind diese zeitlich befristeten Vorbehalte aber abgelaufen. Da im gegenwärtig gültigen Recht jedenfalls
**keine Durchführungsvorschriften für eine Auslieferung von deut-
schen Staatsangehörigen** existieren (vgl. § 2 IRG), ist davon auszugehen, dass bis zum Erlass eines neuen Umsetzungsgesetzes deutsche
Staatsangehörige von Deutschland nicht ausgeliefert werden. Entsprechende Vorgaben existieren auf Ebene des Bundesjustizministeriums.
Möglich ist aber nach wie vor der umgekehrte Fall, dass ein im EU-
Ausland befindlicher Deutscher nach Deutschland ausgeliefert wird.
Hier stellt sich gegenwärtig nur die Frage, auf welcher Grundlage eine
solche Auslieferung erfolgen kann. Die anderen EU-Mitgliedsstaaten
haben inzwischen alle den EU-Rahmenbeschluss umgesetzt. Richtet
also Deutschland ein Auslieferungsersuchen an einen EU-Nachbarn,
ist nicht klar, ob dieser – im Verhältnis zu Deutschland – die alten
Ablieferungsabkommen oder sein eigentlich gem. Art. 31 des EU-Rahmenbeschlusses vorrangiges Durchführungsgesetz zum EU-Haftbefehl

---

1 BVerfG 2 BvR 2236/04 vom 18. 7. 2005, NJW 2005, 2289.
2 ABL C 313/11 vom 23. 10. 1996.

anwenden muss. Dies kann insbesondere im Bereich der Fiskalstraftaten von Bedeutung sein. Nach dem früher geltenden § 6 Abs. 3 des Übereinkommens über die Auslieferung zwischen den Mitgliedsstaaten der EU vom 27. 9. 1996 konnten die einzelnen Mitgliedsstaaten die Auslieferung wegen fiskalischer Straftaten auf bestimmte Steuerarten beschränken. Dies ist nach Art. 4 Nr. 1 des EU-Rahmenbeschlusses nicht mehr möglich.

484 Die gegenwärtige Rechtsunsicherheit wird durch den **Erlass eines neuen Umsetzungsgesetzes** in naher Zukunft wieder entfallen. Ein vom Kabinett am 25. 1. 2006 verabschiedeter Entwurf liegt den Gesetzgebungsgremien nun vor[1]. In diesem Entwurf hat die Bundesregierung das ursprüngliche EuHbG im Grundsatz beibehalten und lediglich die Regelungen geändert, die das BVerfG ausdrücklich beanstandet hat. Insbesondere regelt der Gesetzesentwurf eine gerichtliche Überprüfungsmöglichkeit der Bewilligungsentscheidung. Außerdem wurde gegenüber dem ursprünglichen EuHbG der Kreis der vom europäischen Haftbefehl Betroffenen erweitert. Nunmehr sollen nicht nur deutsche Staatsangehörige, sondern auch ausländische Staatsbürger nach den Regelungen des EuHbG ausgeliefert werden, wenn sie in Deutschland mit einem deutschen Familienangehörigen oder Lebenspartner in familiärer oder lebenspartnerschaftlicher Gemeinschaft leben. Schließlich hat die Bundesregierung entsprechend den Vorgaben des BVerfG solche Straftaten von der Auslieferung zum Zwecke der Strafverfolgung ausgenommen, die einen maßgeblichen Bezug zu Deutschland aufweisen. Diese Einschränkung ist im Bereich der Fiskalstraftaten von erheblicher Bedeutung. Da hier ein Inlandsbezug idR gegeben sein dürfte, können Deutsche und ihnen gleichgestellte ausländische Staatsbürger für in Deutschland hinterzogene Steuern auch zukünftig nur hier strafrechtlich verfolgt werden.

XIII. Die Sicherung der mutmaßlichen Steuerschuld

485 Die **Sicherung** der **Steuerschuld** oder die Vollstreckung[2] hinterzogener Steuern sind nicht die vornehmliche Aufgabe der Steuerfahndung. Gleichwohl prüft die Steuerfahndung regelmäßig auch, ob der mögliche Steueranspruch gefährdet ist.

---

1 BR-Drucks. 70/2006.
2 Zur Zusammenarbeit Steuerfahndung/Vollstreckung s. Tz. 10 ff. sowie PUMP, StBp. 1987, 157.

Erscheint der **Steueranspruch gefährdet**, so wird der unmittelbare Ein-   486
griff der Steuerfahndung, je nach den Umständen des Einzelfalls, von
einer unmittelbaren Sicherstellung der mutmaßlichen Steuerschuld,
die hinterzogen sein soll, begleitet. Dies geschieht durch **Arrestanord-
nung** und nachfolgende Einzelvollstreckung (§§ 324 ff. AO).

Der Arrest muss **innerhalb eines Monats vollzogen** sein (§ 324 Abs. 3   487
AO). Dies zu wissen, ist für die Beratung wichtig. Gelingt es, mit
Sicherheitsleistungen und Verhandlungen über diesen Monat zu kom-
men, kann aus dem Arrest nicht mehr vollstreckt werden.

Neben der Vollstreckung von Steuerbescheiden und Arrestanordnun-   488
gen kennt die Praxis auch die **freiwillige Absicherung** der möglichen
Nachforderung. Dem Finanzamt werden aufgrund freiwilliger Absprachen Grundschulden oder mehrere Gegenstände zur Sicherheit abgetreten bzw. übertragen.

An die Stelle des Arrestes kann nicht die **Geldbeschlagnahme** anläss-   489
lich der Durchsuchung treten; s. Tz. 360 f.

Der von dem Fahndungsverfahren und der Anordnung des Arrestes   490
betroffene **Mandant** ist bei dem ersten Zugreifen der Finanz- und
Strafverfolgungsbehörde regelmäßig nicht gewillt, die von der Fahndung gemutmaßte Steuerschuld zu akzeptieren, und erst recht nicht,
diese zu zahlen. Die ersten Schätzungen der Fahndung sind auch
häufig nicht von der Art, als Realität annehmbar zu sein. Gleichwohl sollte man häufig alles unternehmen, um das Finanzamt zu
sichern.

Es ist für die **Beratung** eine schwierige Aufgabe, sowohl an der **Steuer-**   491
fahndungsfront als auch gegen die **Vollstreckungsstelle** zu kämpfen.
Die Vollstreckungsstelle ist mit ihren unmittelbaren Zugriffsmöglich-
keiten in der Lage, nicht nur sofort einen Betrieb stillzulegen, sondern
auch durch Pfändungen das Privatleben empfindlich zu treffen. Man
sollte sich nach Möglichkeit alsbald mit der Vollstreckungsstelle arran-
gieren, um sich sodann völlig auf die Fahndung konzentrieren zu können. Auch wenn eine Sicherung nicht in der vom Finanzamt geforderten Höhe möglich ist, sollte zuerst die Beratungskonzentration auf diesen Bereich gerichtet werden.

Regelmäßiges und auch regelmäßig akzeptiertes **Sicherungsmittel** ist   492
die **Grundschuld**. Benötigt der Betroffene die Grundschulden nicht
anderweitig, handelt es sich um ein billiges Sicherungsmittel, da nur
die Eintragungskosten anfallen. Hat sich das Finanzamt noch nicht mit

einer Sicherungshypothek ins Grundbuch eintragen lassen, empfiehlt sich die Bestellung einer Eigentümer-Briefgrundschuld, die mit Brief dem Finanzamt abgetreten wird. Auf diese Weise wird die Eintragung des Finanzamts im Grundbuch vermieden.

493 Ein entscheidender **Hinweis** für den **Mandanten**: Die Höhe des Arrestbetrages bzw. der Steuerschuld, die abzusichern ist, präjudiziert in keiner Weise die endgültige Steuerschuld. Dies ist die Rechtslage; dies entspricht aber auch der tatsächlichen Erfahrung. Die Sicherheitsleistung umfasst also kein „Geständnis" oder „Anerkenntnis". Selbst die Bezahlung der angeblichen Steuerschuld wäre für das weitere Verfahren nicht präjudizierend. Insofern arbeitet das Finanzamt wie eine Bank. Kommt es letztlich zu keiner Mehrsteuer, wird der zuviel gezahlte Betrag dem Steuerpflichtigen erstattet und nach Maßgabe des § 233a AO mit 6% pro Jahr verzinst. Diese Guthabenzinsen sind wiederum steuerpflichtig. Je nach Vermögensstruktur und Anlageverhalten des Mandanten kann eine Rendite von 6% vor Steuern attraktiv sein.

494 Der Steuerfahndung stehen demnach grundsätzlich **zwei Möglichkeiten** zur Verfügung, die von ihr behauptete Steuerschuld zu sichern: In Betracht kommt die Zurückgewinnungshilfe nach § 111b Abs. 1 und 4 StPO (s. Tz. 361) sowie der Arrest nach §§ 324 ff. AO (s. Tz. 486). In der Praxis ist die Zurückgewinnungshilfe das einschneidendere, starrere, strafverfahrensrechtlich orientierte Mittel. Es lässt häufig keine schnelle Einigung zu, um zB den Fortbestand eines Unternehmens zu sichern. Allein schon die Vermischung strafrechtlicher und abgabenrechtlicher Verfahrenswege macht den Steuerfahndern als Finanzbeamten und dem Strafrichter beim Amtsgericht eine Kooperation schwierig. Erfahrene Fahnder wählen dieses massive Mittel, wenn das Ziel die **„Vertreibung" des Hinterziehers** ist und man bewusst nicht davon ausgeht, dass dieser die Fahndungsaktion übersteht, wie das zB bei Umsatzsteuerkarussellen[1] oder ausländischen Subunternehmern im Baugewerbe der Fall ist. Die flexiblere Möglichkeit der Sicherung einer vorläufig festgestellten Mehrsteuer bietet der dingliche Arrest nach §§ 324 ff. AO. Unabhängig vom Vorliegen einer Straftat kann hier die Steuerschuld in Kooperation von Steuerfahndung und Veranlagungsfinanzamt, dh. innerhalb der Finanzverwaltung, gesichert werden. Mit dem Veranlagungsfinanzamt, dem es auch darauf ankommt, einen **Steuerzahler zu erhalten**, können regelmäßig schneller Abspra

---

1 Vgl. Tz. 442.

chen zur Fortführung eines Unternehmens getroffen werden, als mit dem strafrechtlich orientierten Amtsrichter. Dieser Weg wird häufig eingeschlagen, wenn man vom wirtschaftlichen Fortbestehen des Steuerpflichtigen nach der Fahndungsmaßnahme ausgeht.

XIV. Einlassung, Auskünfte und Mitwirkung des Beschuldigten

Die Fahndung zeigt regelmäßig ein drängendes Interesse an einer   495
alsbaldigen **Einlassung** und einer aufklärenden **Mitwirkung** des Fahndungsbetroffenen[1].

1. Einlassung und Weigerungsrechte im Strafverfahren

Der Beschuldigte kann sich zum **Strafvorwurf äußern**.   496

Die Steuerfahndung gewährt – ob man will oder nicht – spätestens mit   497
der Beendigung ihrer Tätigkeit, aber auch während ihrer Ermittlungsarbeit, dem Betroffenen die **Möglichkeit** zur **Stellungnahme**; er wird angehört oder – nach dem Sprachgebrauch der StPO – vernommen. Wichtig ist für die Strafverfolgungsbehörde die eingeräumte Möglichkeit; denn hierzu ist sie nach § 163a Abs. 1 S. 1 StPO verpflichtet. Zwar kann diese Vernehmung auch noch durch die Staatsanwaltschaft oder Bußgeld- und Strafsachenstelle erfolgen; in der Praxis erfolgt jedoch die erste Vernehmung nach § 163a Abs. 1 S. 1 StPO idR durch die Fahndung. Wurde die Möglichkeit gewährt, kann die Verfolgungsbehörde ohne erneute Kontaktaufnahme mit dem Beschuldigten oder seinem Verteidiger entscheiden, wie sie nach Beendigung der Ermittlungen weiter verfährt. Sie kann sofort Anklage erheben oder einen Strafbefehl beantragen. Klug und vernünftig sind diese Überraschungsentscheidungen nicht, aber auch nicht rechtswidrig; sie sind im Übrigen nicht die Regel.

Die Anhörung kann auch **schriftlich** erfolgen (§ 163a Abs. 1 S. 2 StPO).   498

In strafprozessualer Hinsicht steht dem Beschuldigten ein **Aussageverweigerungsrecht** zu, über das er zu Beginn der ersten Vernehmung zu   499
belehren ist (vgl. § 136 Abs. 1 S. 2 StPO); der Beschuldigte kann das Aussageverweigerungsrecht **frei** – also beliebig – in Anspruch nehmen; strafrechtlich werden hieran keine nachteiligen Folgen ge-

---

1 Ist er nämlich **geständnisbereit**, wird der Fahndung **Arbeit erspart**.

Pflicht zum Erscheinen

knüpft[1]. Bevor die Gefahr besteht, dass sich der Mandant in Widersprüche verstrickt, sollte der Verteidiger darauf drängen, von dem Recht, keine Angaben zu machen, Gebrauch zu machen[2]. Schweigen ist das am schwersten zu widerlegende Argument[3]. Zu jedem späteren Zeitpunkt, dh. insbesondere nach Durchführung der Akteneinsicht (vgl. Tz. 871 ff.), können Angaben nachgeholt werden. Nachträglich als unzutreffend erkannte Angaben glaubhaft zu berichtigen, ist hingegen nur schwer möglich.

500   Der Beschuldigte ist auch im Übrigen zu keiner den Sachverhalt aufklärenden **Mitwirkung,** zB zur Herausgabe von Beweismitteln und Unterlagen[4], verpflichtet.

501   Im Strafverfahren ist der Beschuldigte **nicht verpflichtet,** einer **Ladung** der **Steuerfahndung** Folge zu leisten. Eine **Pflicht** zum **Erscheinen** besteht nur gegenüber der Staatsanwaltschaft, der Bußgeld- und Strafsachenstelle (vgl. § 163a Abs. 3 StPO) und dem Gericht.

502   Die **Ladung** durch die Staatsanwaltschaft, die Bußgeld- und Strafsachenstelle und das Gericht kann förmlich – schriftlich (§ 133 StPO) –, aber auch formlos, zB telefonisch, erfolgen. In jedem Fall ist der Verteidiger von dem Termin zu benachrichtigen (§§ 163a Abs. 3, 168c Abs. 5 StPO). Eine gesetzliche Pflicht, den Verteidiger von einer Ladung durch die Fahndung zu benachrichtigen, besteht nicht. Die Benachrichtigung kann dadurch erzwungen werden, dass der Beschuldigte nur dann bereit ist, vor der Fahndung auszusagen, wenn sein Verteidiger benachrichtigt und ihm die Anwesenheit gestattet (s. Tz. 503) wird.

503   Der Betroffene hat keinen Rechtsanspruch darauf, dass sein **Verteidiger** bei seiner **Vernehmung** durch die Steuerfahndung **anwesend**

---

1 Schweigt der Beschuldigte in vollem Umfang, dürfen daraus keine für ihn nachteiligen Schlüsse gezogen werden. Hingegen darf teilweises Schweigen des Beschuldigten als Beweisanzeichen verwertet werden. (vgl. MIEBACH, NStZ 2000, 236; MEYER-GOSSNER, § 261 Rz. 16 ff.). Insbesondere in einem frühen Stadium des Ermittlungsverfahrens, in dem gerade dem Verteidiger noch nicht alle Umstände des Sachverhalts bekannt sind, sollte man mit Angaben, soweit sie nicht eindeutig zugunsten des Mandanten verifizierbar sind, sehr vorsichtig sein.
2 Vgl. Beratungsüberlegungen unter „Hinweise zu Praxis" Tz. 537 ff.
3 Spruch eines Sprüchekalenders, eingerahmt im Büro von STRECK, den Mandanten sicher im Blickfeld.
4 MEYER-GOSSNER, § 95 Rz. 5.

ist[1]. Ein Anwesenheitsrecht ist erst gegeben, wenn die Bußgeld- und Strafsachenstelle (oder die Staatsanwaltschaft bzw. das Gericht) die Vernehmung durchführt (§ 399 Abs. 1 AO, §§ 163a Abs. 3, 168c Abs. 1 StPO). Gestattet die Steuerfahndung die Teilnahme – was die Regel ist –, hat der Verteidiger ein Hinweis- und Fragerecht[2].

Der Beschuldigte selbst hat keinen Anspruch auf eine **Abschrift,** 504 Durchschrift oder Copie der **Aussage.** Die StPO untersagt jedoch nicht die Überlassung einer Abschrift. Der Verteidiger hingegen hat nach § 147 Abs. 3 StPO insoweit jederzeit Anspruch auf Akteneinsicht. Hieraus folgt in der Praxis die Üblichkeit, zumindest dem anwesenden Verteidiger nach der Vernehmung eine Durchschrift zu überlassen[3].

Sowohl die StPO (§§ 136, 163a StPO) als auch die AO (§ 393 AO) ver- 505 pflichten zur **Rechtsbelehrung,** die nicht selten dort, wo die Pflicht die Steuerfahndung trifft, unterbleibt. Das Strafprozessrecht ist äußerst zurückhaltend, aus der Verletzung von strafprozessualen Belehrungspflichten ein strafrechtliches oder steuerliches Verwertungsverbot herzuleiten. Nach anfänglichem Zögern erkennt heute die Rechtsprechung des BGH ein **strafrechtliches Verwertungsverbot** an[4]. Dies kann auf die Pflicht nach § 393 Abs. 1 S. 4 AO, dh. auf die steuerliche Belehrungspflicht, übertragen werden. Konsequent wäre, parallel hierzu ein **steuerliches Verwertungsverbot** anzunehmen[5]. Dem folgen Rechtsprechung und FinVerw. jedoch nicht[6].

---

1 HL: MEYER-GOSSNER, § 163 Rz. 16; RIESS in Löwe-Rosenberg, § 163a Rz. 95 f.; aA zB SCHÄFER, MDR 1977, 980, mit dem bemerkenswerten Hinweis, dass die **Anwesenheit** eines **Anwalts** bei der **Vernehmung** durch die „vom Erfolgsdenken geprägte" **Polizei** wohl **nötiger** sei. In diesem Sinne auch WEGEMER, NStZ 1981, 247. Für ein Anwesenheitsrecht des Verteidigers s. 65. DJT, Abt. Strafrecht, Tz. II, NJW 2004, 3244.
2 MEYER-GOSSNER, § 163 Rz. 16; RIESS in Löwe-Rosenberg, § 163a Rz. 96.
3 Nr. 51 Abs. 6 AStBV (St) 2004, BStBl. 2003 I, 655, 666; befürwortet auch von MEYER-GOSSNER, § 163a Rz. 32.
4 BGH 1 StR 625/67 vom 30. 4. 1968, BGHSt. 22, 129; 4 StR 19/68 vom 31. 5. 1968, BGHSt. 22, 170; 1 StR 366/73 vom 14. 5. 1974, BGHSt. 25, 325; deutliche Wende zugunsten des Beschuldigten in BGH 5 StR 190/91 vom 27. 2. 1992, NJW 1992, 1463; dazu KIEHL, NJW 1993, 501; STRECK/SPATSCHECK, wistra 1998, 334, 337 mwN, sowie Tz. 519 f.
5 STRECK/SPATSCHECK, wistra 1998, 334, 338.
6 BFH XI R 10, 11/01 vom 23. 1. 2002, BStBl. 2002 II, 328; Nr. 11 Abs. 3 AStBV (St) 2004, vgl. Tz. 496 ff.

2. Auskünfte und Mitwirkung im Steuerverfahren

a. Mitwirkungspflicht

506 Im Besteuerungsverfahren unterliegen der Stpfl. und Dritte **umfangrei-chen Mitwirkungspflichten**. Nach §§ 90 Abs. 1, 93 Abs. 1 S. 1 und 200 Abs. 1 AO haben sowohl die am Verfahren unmittelbar Beteiligten als auch „andere Personen" der Finanzbehörde beispielsweise die zur Feststellung eines für die Besteuerung erheblichen Sachverhalts erforderlichen Auskünfte zu erteilen. Weiter sind sie nach §§ 97, 100 Abs. 1 und 200 Abs. 2 AO verpflichtet, dem Finanzamt Gegenstände und Unterlagen, insbesondere Geschäftsbücher und Aufzeichnungen, die für die Besteuerung von Bedeutung sind, vorzulegen und eine wahrheitsgemäße Steuererklärung abzugeben[1]. Weigerungsrechte des Beteiligten selbst gibt es im Besteuerungsverfahren grundsätzlich nicht. Gegen den Stpfl. und Dritte, die Auskunfts- und Mitwirkungspflichten verletzen, sind Zwangsmittel zulässig. Hier kommen Zwangsgeld, Ersatzvornahme und unmittelbarer Zwang nach §§ 328 ff. AO in Betracht.

b. Einschränkung bei Gefahr strafrechtlicher Verfolgung

507 Wird hingegen gegen den Steuerpflichtigen ein steuerstrafrechtliches Ermittlungsverfahren eingeleitet, kann er als „Beschuldigter" nach strafprozessualen Grundsätzen nicht mit staatlichem Zwang zur Selbstbelastung, dh. zur Aussage gegen sich selbst, gezwungen werden, §§ 136, 136a StPO. Dieses Prinzip des „nemo tenetur se ipsum accusare" (niemand ist verpflichtet, sich selbst zu belasten = **Nemo-tenetur-Prinzip**) ergibt sich ua. aus Art. 2 Abs. 1 iVm. Art. 1 GG und hat somit Verfassungsrang[2]. Das Verbot eines Zwangs zur Selbstbelastung ergibt sich zudem aus Art. 14 Abs. 3 g des Internationalen Pakts über staatsbürgerliche und politische Rechte vom 16. 12. 1966, ratifiziert durch das Gesetz vom 17. 12. 1973[3]. Ferner ist das Nemo-tenetur-Prinzip in Art. 6 Abs. 1 der Konvention zum Schutze der Menschenrechte und Grundfreiheiten (MRK)[4] festgeschrieben[5]. Demnach ist das

---

1 Ausführlich: HELLMANN, Das Neben-Strafverfahrensrecht der Abgabenordnung, 1995, 79 f.
2 BVerfG 1 BvR 116/77 vom 13. 1. 1981, BVerfGE 56, 37, 49.
3 BGBl. 1973 II, 1533 sowie ROGALL in Kohlmann-FS, 2003, 465, 468 f.
4 MRK vom 4. 11. 1950, BGBl. 1952 II, 685; in Deutschland in Kraft getreten am 15. 6. 1989, BGBl. 1989 I, 1059.
5 JOECKS in Franzen/Gast/Joecks, § 393 Rz. 8.

Recht des Beschuldigten, im Strafverfahren keine Aussage zu machen oder sonstige, aktive Mitwirkungshandlungen erbringen zu müssen, national und international umfangreich und eindeutig geregelt und bei der Auslegung nachrangiger Normen zu berücksichtigen[1]. Da die Ermittlungen im Steuerstrafverfahren stets den gleichen Sachverhalt wie das hierzu parallel verlaufende Besteuerungsverfahren betreffen, wäre der Stpfl. – gäbe es keine Lösung dieser Regelungskollision – zur aktiven Mitwirkung unter Zwangsmittelandrohung im Besteuerungsverfahren verpflichtet und hätte gleichzeitig ein Recht, die Aussage und sonstige Aufklärungshandlungen zu verweigern.

c. Konfliktlösung in der geltenden Abgabenordnung

Will man dem Beschuldigten sein strafprozessuales Recht, keine Angaben machen zu müssen, erhalten, bestehen theoretisch **mehrere Möglichkeiten**, dieses Problem zu lösen[2]. Denkbar ist, die Mitwirkungspflichten des Stpfl. gänzlich außer Kraft zu setzen, soweit ein Ermittlungsverfahren wegen einer Steuerstraftat gegen ihn eingeleitet worden ist oder er sich bei Erfüllung seiner Pflichten einer Straftat bezichtigen müsste[3]. Auch ist es möglich, diese Mitwirkungspflichten zwar bestehen zu lassen, jedoch auf die Anwendung von Zwangsmitteln in diesem Zusammenhang zu verzichten. Weiter kann man an der Erzwingbarkeit der Mitwirkungspflichten festhalten und die strafrechtliche Unverwertbarkeit der Erkenntnisse festschreiben. Schließlich ist denkbar, das rechtsschutzschwächere Besteuerungsverfahren bis zur Entscheidung über das rechtsschutzintensivere Strafverfahren auszusetzen. | 508

In der **aktuellen gesetzlichen Regelung**[4] wurden die zweite und dritte Variante kombiniert[5]: | 509

Nach § 393 Abs. 1 S. 1 AO bleiben Rechte und Pflichten des Stpfl. sowie der Finanzbehörde im Besteuerungsverfahren und im Strafverfahren formal getrennt voneinander bestehen. Der Stpfl. bleibt also

---

1 STRECK/SPATSCHECK, wistra 1998, 334, 335; RÜSTER, Der Stpfl. im Grenzbereich zwischen Besteuerungsverfahren und Strafverfahren, 1989, 27 ff.; ROGALL, Der Beschuldigte als Beweismittel gegen sich selbst, 1977, 67 ff.
2 ROGALL in Kohlmann-FS, 2003, 465, 471.
3 STRECK/SPATSCHECK aaO.
4 S. auch Tz. 515, 520 f.
5 Vgl. HELLMANN in Hübschmann/Hepp/Spitaler, AO, § 393 Rz. 38 ff. (Nov. 1999); JOECKS in Franzen/Gast/Joecks, § 393 Rz. 5.

Keine Zwangsmittel

trotz des Ermittlungsverfahrens wegen einer Steuerstraftat **auskunfts-pflichtig**[1].

510 Andererseits dürfen jedoch zur Durchsetzung der steuerlichen Mitwir-kungspflicht **keine Zwangsmittel** eingesetzt werden, wenn dies zu ei-ner „Selbstbelastung" des Stpfl. führen würde (§ 393 Abs. 1 S. 2 AO). Der Stpfl. ist hierüber zu **belehren** (§ 393 Abs. 1 S. 4 AO)[2]. Die Gefahr einer „Selbstbelastung" iSv. § 393 Abs. 1 S. 2 AO ist gegeben, wenn die Erfüllung der Mitwirkungspflicht einen **Anfangsverdacht für die Verfolgung der Straftat** begründen könnte[3]. Hierbei muss es sich um eine Steuerstraftat (§ 369 Abs. 1 AO) oder eine Steuerordnungswidrig-keit (§ 377 Abs. 1 AO) handeln. Das Zwangsmittelverbot gilt ebenfalls, wenn – wie beim Subventionsbetrug (§ 264 StGB) hinsichtlich der Ge-währung von Investitionszulagen – in Sondergesetzen ausdrücklich auf das Steuerstrafverfahrensrecht verwiesen wird[4]. Wurde bereits ein Steuerstrafverfahren eingeleitet, ist nach der unwiderlegbaren gesetz-lichen Vermutung des § 393 Abs. 1 S. 3 AO von der Gefahr einer Selbstbelastung auszugehen; die Einleitung eines Ordnungswidrigkei-tenverfahrens hat – folgt man dem Wortlaut der Vorschrift – diese Wir-kung nicht.

511 Der **hinterziehende Bürger** dürfe **nicht besser behandelt** werden als der **ehrliche Steuerbürger**. Dies ist das stets wiederholte Argument[5] zur Rechtfertigung des herrschenden Rechtszustandes, das schon we-gen seiner Eingängigkeit[6] gefährlich und misstrauenserweckend ist. Der Vergleich ist richtig, aber eben nur auf der Rechtsebene des Steu-errechts. Im Hinblick auf die Steuerzahlungspflicht soll der Hinterzie-her keine Vorteile genießen, die dem gutwilligen Zahler nicht zukom-men. Zu fragen ist aber auch: Soll der Hinterzieher strafrechtlich schlechter behandelt werden als der Dieb, Betrüger oder Totschläger, weil er im Übrigen nicht besser behandelt werden darf als der gut-willige Zahler? Erst in dieser „Kombination" sind die Rechtswerte ein-gefangen, die die Konfliktsituation umfasst. Gibt es kein probates Mit-

---

1 BFH XI B 6/01 vom 19. 9. 2001, BStBl. 2002 II, 4.
2 Vgl. Tz. 1144 ff.
3 Joecks, aaO, S. 141 FN 5, § 393 Rz. 20 mwN.
4 ZB § 9 InvZulG, § 20 BerlinFG, § 6 StahlInvZulG.
5 S. zB Finanzausschuss BT-Drucks. 7/4292 zu § 208 AO und – wiederhold – zu § 393 AO; BVerfG 2 BvL 18/93 vom 12. 4. 1996, HFR 1996, 597; BFH XI B 170/97 vom 23. 7. 1999, BFH/NV 2000, 7.
6 Das Argument „besticht durch seine Schlichtheit", Kohlmann, § 404 Anm. 93 (Sept. 1997).

tel zur Konfliktlösung, so kann es im Einzelfall richtig sein, den Hinterzieher steuerlich besser zu behandeln als den gutwilligen Steuerzahler, um ihn strafrechtlich nicht schlechter zu behandeln als sozial schädlichere Kriminelle.

Das Zwangsmittelverbot gilt unmittelbar nur für den **Stpfl.** isv. § 33 AO, unerheblich, ob er Täter oder Teilnehmer ist[1]. Weiter fällt hierunter der **gesetzliche Vertreter** oder **Geschäftsführer** isv. § 34 AO, der für einen Beteiligten (§ 78 AO) Auskünfte zu geben hat.

512

Erfüllt der Stpfl. dennoch seine steuerliche Mitwirkungspflicht und verschafft hierdurch den Behörden Kenntnisse, die auf die Begehung anderer Straftaten hindeuten, dürfen diese gegen ihn grundsätzlich nicht für die Verfolgung der sonstigen **Nichtsteuerstraftaten** verwandt werden (§ 393 Abs. 2 S. 1 AO)[2].

513

Teilweise wird in der Literatur vertreten, unmittelbar nach Beendigung des Steuerstrafverfahrens lebe die Möglichkeit, die ununterbrochen bestehende steuerliche Mitwirkungspflicht mit Zwangsmitteln (§ 328 AO) durchzusetzen, wieder auf[3]. Das Verbot des § 393 Abs. 1 S. 2 AO enthält jedoch **keine konkrete zeitliche Begrenzung.** Hieraus sowie im Hinblick auf die ebenfalls zeitlich nicht formal eingeschränkte Wirkung des Nemo-tenetur-Prinzips wird die Intention des Gesetzgebers deutlich, nach der von Zwangsmitteln im Besteuerungsverfahren – ohne jeden Vorbehalt – stets abgesehen werden muss, soweit sich der Stpfl. der Gefahr einer Selbstbelastung aussetzen würde[4]. Diese Voraussetzung kann auch noch nach Beendigung des Strafverfahrens erfüllt sein[5]. Beispielsweise schützt ein Freispruch vor einer Wiederaufnahme des Verfahrens ebenso wenig wie die Einstellung des Verfahrens nach § 398 AO[6] oder § 170 Abs. 2 StPO. Es besteht allein dann kein steuerliches Zwangsmittelverbot, wenn der Durchführung des Strafverfahrens ein absolutes Verfolgungshindernis, wie zB Verjährung, entgegensteht[7].

514

---

1 KOHLMANN, § 393 Rz. 45 ff. (Okt. 2002); JOECKS in Franzen/Gast/Joecks, § 393 Rz. 22.
2 Ausführlich: JARKE, wistra 1997, 325; SPRIEGEL, wistra 1997, 321.
3 WOLTER, StBp. 1972, 261.
4 ROGALL, Der Beschuldigte als Beweismittel gegen sich selbst, 1977, 167.
5 KOHLMANN, § 393 Rz. 51 (Okt. 2002); JOECKS, aaO, § 393 Rz. 35.
6 JOECKS, aaO, § 393 Rz. 35. Nach § 362 Nr. 4 StPO ermöglicht ein Geständnis – als welches Angaben im Besteuerungsverfahren ggf. angesehen werden können – eine Wiederaufnahme des durch ein freisprechendes Urteil abgeschlossenen Strafverfahrens zu Ungunsten des Angeklagten.
7 HELLMANN in Hübschmann/Hepp/Spitaler, § 393 Rz. 92 ff. (Nov. 1999).

d. Schätzungsfälle

515 Soweit die Finanzbehörde die Besteuerungsgrundlagen nicht ermitteln oder berechnen kann, hat sie diese zu schätzen (§ 162 Abs. 1 AO). Eine Schätzung ist insbesondere vorzunehmen, wenn der Stpfl. über seine Besteuerungsgrundlagen **keine ausreichenden Erklärungen** zu geben vermag, eine weitere Auskunft oder eine Versicherung an Eides statt verweigert oder seine **Mitwirkungspflicht** nach § 90 Abs. 2 AO **verletzt**. Das Gleiche gilt, wenn der Stpfl. Bücher oder Aufzeichnungen, die er nach den Steuergesetzen zu führen hat, nicht vorlegen kann oder wenn die Buchführung oder die Aufzeichnungen der Besteuerung wegen Mangelhaftigkeit nicht nach § 158 AO zugrunde gelegt werden (§ 162 Abs. 2 AO) kann. Ziel einer solchen steuerlichen Schätzung ist es, aufgrund der bekannten Anhaltspunkte denjenigen Betrag zu bestimmen, welcher der Wirklichkeit am nächsten kommt[1]. Hierbei soll das Finanzamt bei groben Verstößen des Stpfl. gegen seine steuerlichen Mitwirkungspflichten innerhalb seines durch die Anhaltspunkte gegebenen Spielraums an die oberste Grenze gehen können[2]. Insofern wird in Kauf genommen, dass im Rahmen einer griffweisen Schätzung bei nur spärlichen Anhaltspunkten der Stpfl. trotz sorgfältiger Abwägung aller Umstände durch das Schätzungsergebnis stärker belastet wird, als es den verwirklichten Besteuerungsgrundlagen entspricht[3]. Macht der Stpfl. eine niedrigere Steuerschuld geltend, trifft ihn die Darlegungs- bzw. Beweislast.

516 Da er als Stpfl. trotz der Einleitung des strafrechtlichen Ermittlungsverfahrens nicht von seiner steuerlichen Mitwirkungspflicht befreit ist, sondern diese nur nicht mit Zwangsmitteln durchgesetzt werden kann, liegen die tatbestandlichen **Voraussetzungen** des § 162 Abs. 1, Abs. 2 S. 1 AO für eine **Schätzung** vor: Der Stpfl. ist seiner Erklärungspflicht nicht nachgekommen, weshalb der Behörde die erforderlichen Besteuerungsgrundlagen nicht vorliegen. Wird nun vom Finanzamt eine Schätzung der Besteuerungsgrundlagen von noch nicht nach § 169 Abs. 2 S. 1 AO verjährten Veranlagungszeiträumen durchgeführt, orientiert sich diese allein an den „**steuerlichen**" Schätzungsmethoden[4]. An

---

1 BFH I R 50/00 vom 20. 12. 2000, BStBl. 2001 II, 949; BFH vom 31. 8. 1967, BStBl. 1967 II, 686.
2 BFH IV 184/63 vom 9. 3. 1967, NJW 1967, 2380.
3 BAUM in Koch/Scholtz, § 162 Rz. 4 ff.; JOECKS in Franzen/Gast/Joecks, § 370 Rz. 58.
4 Zur Schätzung im Strafverfahren vgl. Tz. 1032 ff.

sich wird es für unzulässig angesehen, den Stpfl., der – legal – seine Mitwirkungspflicht verweigert, mit einer besonders nachteiligen Schätzung zu „bestrafen". Vielmehr ist es geboten, diesen wie jemanden zu behandeln, der unverschuldet seiner Mitwirkungspflicht nicht nachkommen kann[1]. In der Praxis geht jedoch die Steuerfahndung – der steuerlichen Schätzungsmethode folgend – an die allerhöchste Grenze dessen, was möglich erscheint. Hierbei wird von der FinVerw. teilweise bewusst in Kauf genommen, dass die Schätzungsfeststellungen wahrscheinlich deutlich über der tatsächlich verwirklichten Steuerschuld liegen. Als Rechtfertigungsgrund für solche „**Strafschätzungen**" wird stets angeführt, der Stpfl. habe sich die für ihn negativen Schätzungsergebnisse selbst zuzuschreiben. Würde er entsprechende Angaben machen bzw. Unterlagen vorlegen, käme die Veranlagung zu einer wesentlich günstigeren Steuerfolge[2].

e. Ausschlussfristen

Der Beschuldigte wird durch die Schätzung im Besteuerungsverfahren, will er die ungünstige Steuerfolge nicht als „Strafsteuer" hinnehmen, trotz seines strafprozessualen Rechts, keine Aussage machen zu müssen, genötigt, Angaben zu machen und Unterlagen vorzulegen. Dies trifft zunächst für das eigentliche Veranlagungsverfahren und die sich anschließenden Rechtsbehelfsverfahren zu. Ob das Finanzamt dem Stpfl. im Einspruchsverfahren eine Ausschlussfrist nach § 364b AO zur Einspruchsbegründung setzen kann, wenn hinsichtlich dieses Veranlagungszeitraums gleichzeitig ein strafrechtliches Ermittlungsverfahren eingeleitet ist, wurde bislang in Rechtsprechung und Literatur noch wenig problematisiert[3]. Eine solche Vorgehensweise **verstößt gegen das Zwangsmittelverbot** des § 393 Abs. 1 S. 2 AO[4]. Die Setzung einer Ausschlussfrist zur „Richtigstellung" der von der FinVerw. geschätzten

517

---

1 STRECK, BB 1984, 202; HELLMANN, Das Neben-Strafrecht der Abgabenordnung, 1995, 117.
2 STRECK/SPATSCHECK, wistra 1998, 334, 338 f.; TIPKE/KRUSE, § 103 Rz. 2 ff. (Mrz. 2004).
3 JOECKS in Franzen/Gast/Joecks, § 393 Rz. 30a aE.
4 AA WISSER in Klein, § 393 Rz. 7, der die Zwangssituation verkennt und nur die im Gesetz ausdrücklich genannten Zwangsmittel als unzulässig ansehen will. Diese Einschätzung berücksichtigt nicht die zeitliche Entstehungsgeschichte der Normen. Hätte der wesentlich jüngere § 364b AO schon zum Zeitpunkt der Ausgestaltung des § 393 Abs. 1 S. 2 AO bestanden, wäre er in der Aufzählung der unzulässigen Zwangsmittel enthalten.

Indizwirkung

Zahlen steht im Hinblick auf die Zwangslage beim Stpfl. der Aufforderung zur Mitwirkung unter Zwangsmittelandrohung gleich. Dem Finanzamt bleibt es jedoch unbenommen, eine negative Einspruchsentscheidung zu treffen und somit die Frage der Art der steuerlichen Mitwirkungspflicht des Beschuldigten auf die finanzgerichtliche Ebene zu verlagern. Dort ist beispielsweise eine ohne Angabe der Beschwer eingelegte finanzgerichtliche Klage bereits unzulässig, § 65 FGO.

f. Auswirkung auf das Strafverfahren

518   Die steuerliche Schätzung hat mittelbaren Einfluss auf das Strafverfahren: Zwar ist der Strafrichter nicht zwingend an eine bestandskräftige Veranlagung im Besteuerungsverfahren gebunden. Doch hat diese jedenfalls **starke Indizwirkung**. In der Praxis ist der häufig steuerrechtlich unerfahrene Strafrichter dankbar für die Vorgaben der Experten der Finanzämter sowie der Finanzgerichte und übernimmt diese ohne strenge Kontrolle im Strafurteil. Dies mag auch der Hintergrund gewesen sein, weshalb der Gesetzgeber in § 396 AO die Möglichkeit geschaffen hat, das Strafverfahren bis zum rechtskräftigen Abschluss des Besteuerungsverfahrens auszusetzen[1]. Demnach blieben die Nachteile, die der Stpfl. durch eine zu seinen Ungunsten vorgenommene Schätzung erfährt, nicht auf das Besteuerungsverfahren beschränkt. Sie haben vielmehr Auswirkung auf das Strafverfahren. Für den Beschuldigten, der von seinem strafprozessualen Recht, jegliche Mitwirkungshandlungen zu verweigern, Gebrauch macht, besteht deshalb wegen der Schätzungsmöglichkeit der FinVerw. nicht nur die Gefahr, eine „Strafsteuer" zu bezahlen, sondern auch im Strafverfahren ein deutlich negativeres Urteil hinnehmen zu müssen. Eine völlige Aufhebung der Mitwirkungspflicht hinsichtlich der strafrechtlich betroffenen Zeiträume für die Dauer des Strafverfahrens würde insofern – de lege ferenda – einer eventuellen steuerlichen und somit auch strafrechtlich relevanten „Strafschätzung" des Finanzamts den Boden entziehen[2]. Die in § 393 Abs. 1 Nr. 2 AO für das Verhältnis von steuerlicher Mitwirkungspflicht und Strafverfahren getroffene Regelung verstößt demnach gegen das Nemo-tenetur-Prinzip[3] und ist somit **verfassungswidrig**[4].

---

1 Die Norm spielt in der Praxis keine Rolle.
2 Ähnlich: JOECKS in Franzen/Gast/Joecks, § 393 Rz. 6–8.
3 Ebenso: KOHLMANN in Tipke-FS, 1995, 504 ff., der jedoch im Wege einer verfassungskonformen Auslegung ein strafrechtliches „Verwertungsverbot" solcher „Horrorschätzungen" annimmt und nur hierdurch die Verfassungsmäßigkeit der Vorschrift „rettet"; STRECK/SPATSCHECK, wistra 1998, 334, 340.

g. Verwertungsverbote

Zu **Verwertungsverboten** bei Drohung mit Strafschätzungen oder bei
Verletzung der Belehrungspflicht s. Tz. 1144 ff.

519

h. Aktuelle Erklärungspflichten

Neben der Behandlung der strafrechtlich relevanten Altjahre ist zu
klären, welche Rechte und Pflichten dem Stpfl. in nicht vom Strafverfahren tangierten, neuen Veranlagungszeiträumen, für die **noch keine
Erklärungen abgegeben** wurden, zustehen. Ist er von der Erklärungspflicht befreit? Darf er, ohne sich erneut strafbar zu machen, „falsche"
Erklärungen abgeben?

520

An sich erlaubt § 393 Abs. 1 S. 2 AO nicht, unrichtige Erklärungen für
„neue" Veranlagungszeiträume abzugeben und somit verbotene
Handlungen vorzunehmen bzw. neues Unrecht zu schaffen. Das hinter
der Norm stehende Nemo-tenetur-Prinzip garantiert zunächst nur das
Recht zur Passivität[1]. Würde man in der Argumentation an dieser Stelle Halt machen[2], käme man jedoch zu völlig unbefriedigenden Ergebnissen. Das bestehende Zwangsmittelverbot für die im Ermittlungsverfahren befindlichen Zeiträume würde leerlaufen, wenn der Stpfl. gezwungen wäre, für Folgejahre zB plötzlich Zinseinkünfte iHv. mehreren hunderttausend Euro zu erklären. Die Rückrechnung auf die
Altjahre stellte nur noch eine mathematische Aufgabe dar. Vor diesem

521

---

4 AA: BFH XI B 6/01 vom 19. 9. 2001 BStBl. 2002 II, 4; SÖHN in Hübschmann/
Hepp/Spitaler, § 103 Rz. 6a f. (Nov. 1993); RÜSTER, Der Stpfl. im Grenzbereich
zwischen Besteuerungsverfahren und Steuerstrafverfahren, 1989, 45 f., 53;
REISS, Besteuerungsverfahren und Strafverfahren, 1987, 264 ff.; kritisch: HELL-
MANN in Hübschmann/Hepp/Spitaler, § 393 Rz. 41 ff. (Nov. 1999); differenzierend: ROGALL, Der Beschuldigte als Beweismittel, 1977, 171 ff.; praxisfremd:
HELLMANN, Das Neben-Strafverfahrensrecht der Abgabenordnung, 1995,
111 ff., der „Strafschätzungen" für ganz seltene Ausnahmen hält und deshalb
von der Verfassungsmäßigkeit der Norm ausgeht. Er übersieht, dass allein die
Drohung einer Strafschätzung für einen Verstoß gegen das Nemo-tenetur-
Prinzip ausreicht.
1 RÜSTER, aaO (FN 4), 58 f.; JOECKS, in Franzen/Gast/Joecks, § 393 Rz. 37.
2 So aber der BGH, zB 5 StR 452/01 vom 10. 1. 2002, wistra 2002, 149, der nicht
nur für den – seltenen – Fall, dass noch eine strafbefreiende Selbstanzeige
abgegeben werden kann, an einer strafbewehrten Mitwirkungs- und Erklärungspflicht festhält. S. hierzu KOHLMANN, § 393 Rz. 53 ff. (Nov. 2004); SALDITT,
PStR 2001, 141; DERS., PStR 2002, 142.

Hintergrund werden verschiedene dogmatische Ansätze unternommen, das Problem in den Griff zu bekommen[1].

522 Nach zutreffender Ansicht ergibt die erweiternde Auslegung des § 393 Abs. 1 S. 3 AO, dass für die neuen Veranlagungszeiträume bereits **keine Erklärungspflicht** besteht. Die Frage einer möglichen Hinterziehungsstrafbarkeit stellt sich somit erst gar nicht. Während diese Ansicht zunächst nur in der Literatur[2] vertreten wurde, hatte mit dem OLG Hamburg[3] ein erstes Gericht entsprechend entschieden. In diesem Beschluss argumentiert das OLG Hamburg ausführlich: Vorliegend stehe nicht – wie im Normalfall des § 393 Abs. 1 S. 2 und 3 AO – die Anwendung von Zwangsmitteln iSd. § 328 AO im Raum, sondern die Strafandrohung für den Fall, dass eine andauernde Erklärungspflicht nicht erfüllt werde. Durch die nachgeholte Angabe von Umsätzen, Einkünften etc. würde der Stpfl. notwendigerweise selbst offenbaren, dass er zuvor Steuern verkürzt habe. Insofern sei die Regelung lückenhaft. Im Strafverfahren könne die eine Selbstbelastung beinhaltende Erklärung des Tatverdächtigen nicht erzwungen werden (§ 136 Abs. 1 S. 1 StPO). Das Nemo-tenetur-Prinzip präge als übergeordneter Rechtsgrundsatz das gesamte Strafverfahren. Im Besteuerungsverfahren scheiden Zwangsmaßnahmen zur Herbeiführung der Erklärung gleichfalls aus (§ 393 Abs. 1 S. 2 und 3 AO). Nur die Androhung von Kriminalstrafe als im Vergleich zu den Zwangsmitteln des § 328 AO grundsätzlich schärferes Instrument zur faktischen Erzwingung einer steuerlichen Erklärung sei nicht ausdrücklich geregelt. Bei der Ausfüllung dieser Lücke sei zu beachten, dass das Schweigerecht des Beschuldigten als Schutz vor Selbstbezichtigungen, das aus Art. 1 Abs. 1, Art. 2 Abs. 1 GG herzuleiten sei und somit Verfassungsrang habe, nicht nur in strafrechtlichen, sondern auch in anderen Verfahren gelte und ein umfassendes Auskunftsverweigerungsrecht garantiere[4].

---

1 ZB Böse, wistra 2003, 48ff. unter Anwendung der Grundsätze der „**omissio libera in causa**" oder Ulsenheimer (GA 1972, 1 ua. vgl. Literaturzusammenstellung bei Joecks in Franzen/Gast/Joecks, § 393 Rz. 38) mit **Zumutbarkeitserwägungen**. Demnach soll die Nichtabgabe oder Abgabe einer unzutreffenden Erklärung nur zulässig sein, wenn nicht durch eine wirksame Selbstanzeige, § 371 AO, ohne weitere Nachteile Straffreiheit erlangt werden kann.

2 ZB Vorauflage unter Rz. 1058; Streck/Spatscheck, wistra 1998, 334, 341 f.

3 2 StO 1/96 vom 7. 5. 1996, wistra 1996, 239.

4 BVerfG vom 13. 1. 1981, BVerfGE 56, 37, 43, 49. Dieser vom OLG angeführten Entscheidung des BVerfG lag der Fall eines Gemeinschuldners zugrunde, dessen Erklärungspflicht im Konkursverfahren wegen einer möglichen Verwertung der Informationen im Strafverfahren eingeschränkt wurde.

Die jüngste **BGH-Rechtsprechung** hat die Zwangslage des Beschuldig-   523
ten in den dem Ermittlungszeitraum nachfolgenden Jahren erkannt
und versucht dieser auf zweifache Weise gerecht zu werden: In einem
Urteil vom 5. 5. 2004[1] nähert sich der 5. Strafsenat der hier vertretenen
Ansicht an, indem er in den geschilderten Konfliktfällen eine **unge-
nauere Erklärung**, zB nur die Angabe eines Betrags ohne Verteilung
auf Einkunftsquellen, zulässt. Der gleiche Senat geht in dem Beschluss
vom 12. 1. 2005[2] davon aus, dass sich für die im Rahmen der steuerrechtlichen Offenbarungspflichten gemachten zutreffenden Angaben
unmittelbar aus dem Verbot des Selbstbelastungszwangs ein *„strafrechtliches Verwendungsverbot"* ergibt.

i. Verfahren

Die **Auskunftsersuche** der **Steuerfahndung** ergehen **schriftlich** oder   524
mündlich. Ein Anspruch auf Schriftlichkeit besteht nicht (§§ 93, 208
Abs. 1 AO). In der Praxis entspricht die Fahndung regelmäßig der
Bitte, die Fragen schriftlich zu formulieren.

Die Auskünfte können **schriftlich, mündlich** oder **fernmündlich** erteilt   525
werden (§ 93 Abs. 4 AO).

Die Steuerfahndung kann im Steuerverfahren anordnen, dass der Be-   526
schuldigte an **Amtsstelle erscheint** (§ 93 Abs. 5 AO). In diesem Fall ist
der Beschuldigte zum Erscheinen verpflichtet. Ist das Strafverfahren
eingeleitet, kann das Erscheinen nicht erzwungen werden (§ 393
Abs. 1 AO; s. auch Tz. 506 ff.).

Wendet sich die Fahndung abgabenrechtlich an den Beschuldigten, so   527
muss sie den **Bevollmächtigten** des Beschuldigten benachrichtigen
(§ 80 Abs. 3 AO). Das gilt auch, wenn die Steuerfahndung das persönliche Erscheinen anordnet.

Soweit die Fahndung als Fiskalbehörde tätig wird oder der Steuerbür-   528
ger abgabenrechtlich mündlich Auskünfte erteilt, hat der **Berater** ein
Teilnahmerecht (§ 80 Abs. 3, 4 AO)[3].

---

1 BGH 5 StR 139/03 vom 5. 5. 2004, wistra 2004, 427 mit Anmerkung ODENTHAL.
2 5 StR 191/04, NJW 2005, 763.
3 BROCKMEYER in Klein, § 93 Anm. 18. Auch wenn der Wortlaut des § 80 Abs. 3,
   4 AO die Vernehmung nicht eindeutig umfasst, so würde der Ausschluss
   eines Teilnahmerechts „dem Geist" dieser Vorschriften „widersprechen" (TIP-
   KE/KRUSE, § 93 Rz. 9 und 27 [Okt. 2004]).

529 Bei einer Vernehmung nach den Regeln der AO hat der Betroffene Anspruch auf **Aushändigung** einer Abschrift des **Protokolls** (§ 93 Abs. 6 AO).

530 Zur Möglichkeit des „**Umschaltens**" vom **Strafverfahren** zum **Steuerverfahren** und umgekehrt s. Tz. 23 ff.

3. Insbesondere: Betriebsprüfung und Steuerfahndung

531 Im Rahmen seiner steuerlichen Mitwirkungspflicht ist der Beschuldigte der Steuerfahndung gegenüber verpflichtet, eine **Prüfung** der **Buchführung,** Bücher und Unterlagen zu ermöglichen. Die in Tz. 506 ff. dargestellte Problematik gilt grundsätzlich auch hier. Die Steuerfahndung kann auch mit einer **Außenprüfung** iS der §§ 193 ff. AO beauftragt werden; in diesem Fall gelten für sie die Rechte und Pflichten der §§ 193 ff. AO; s. Tz. 13; dieser nicht häufige Fall wird nachfolgend, abgesehen von Tz. 536, nicht weiter behandelt.

532 Die Steuerfahndung **prüft** idR in der **eigenen Dienststelle.** Erstreckt sich die Prüfung auf die Buchführung, ist jedoch auch eine Prüfung im **Betrieb** möglich (vgl. §§ 208 Abs. 1 S. 3, 200 Abs. 1 S. 1 und 2, Abs. 2 AO). Die Fahnder sind berechtigt, Grundstücke und Betriebsräume zu betreten und zu besichtigen (§§ 208 Abs. 1 S. 3, 200 Abs. 3 AO).

533 Nach §§ 208 Abs. 1 S. 3, 200 Abs. 2 AO findet die Prüfung, wird nicht in der Dienststelle geprüft, in den **Geschäftsräumen** oder, soweit ein zur Durchführung der Außenprüfung geeigneter Geschäftsraum nicht vorhanden ist, in den **Wohnräumen** oder an **Amtsstelle** statt; ein geeigneter **Arbeitsraum** ist zu Verfügung zu stellen[1].

534 Die Prüfung in den **privaten Wohnräumen** bedarf auf jeden Fall im Hinblick auf Art. 13 GG der **Zustimmung** des Stpfl.; eine Verpflichtung, die Zustimmung zu erteilen, besteht nicht[2].

535 Die **Prüfung** im **Betrieb,** das **Betreten** und die **Besichtigung** der **Betriebsräume** können steuerlich **nicht erzwungen** werden; § 208 Abs. 1 S. 3 AO nennt bei der Verweisung auf § 200 AO ausdrücklich den Vorbehalt zugunsten von § 393 Abs. 1 AO. Folgt man der in Tz. 508 ff. wiedergegebenen Ansicht, wonach auch im Steuerverfahren nach

---

1 Nach § 6 BpO (vom 15. 3. 2000, BStBl. 2000 I, 368 mit Ergänzung vom 11. 12. 2001, BStBl. 2001 I, 984) findet die Betriebsprüfung grundsätzlich in den Geschäftsräumen statt. Nur ausnahmsweise sind andere Prüfungsorte zulässig.
2 FG Düsseldorf II 31/80 vom 4. 12. 1980, EFG 1981, 382.

§ 393 Abs. 1 AO ein Mitwirkungsverweigerungsrecht besteht, so kann der Betroffene auch aus diesem Grund die Prüfung in den eigenen Räumen verweigern.

Die FinVerw. lässt häufig **Steuerfahndung** und **Betriebsprüfung ne-** **beneinander** prüfen[1]. Derartige Doppelprüfungen sind eine verfahrensmäßige Unart[2], weil sie die ohnehin unklaren Kompetenzen der Steuerfahndung weiter verwischen. Dies gilt einmal rechtlich: Soweit die Betriebsprüfung prüft, wird ausdrücklich festgestellt oder stillschweigend unterstellt, dass ausschließlich die AO und keine strafprozessualen Schutzrechte gelten. Dies ist unrichtig. Die Schutzrechte folgen aus der Beschuldigtenstellung, nicht aus der Funktion des prüfenden Beamten. Dies gilt zum anderen personell: Die Vielzahl der Prüfer mit unterschiedlichen Funktionen führt zu einer unerträglichen Verwirrung des Geprüften. Für den Steuerbürger kann es hier nur einen Wegweiser geben: Soweit eine Fahndungsprüfung schwebt, erfolgt sie umfassend; in ihr gliedert sich die Außenprüfung ein. Für den Beschuldigten gibt es nur eine Steuerfahndungsprüfung[3].

536

4. Hinweise zur Praxis

Wichtiger Gegenstand der Beratung im Fahndungsverfahren ist – unter Berücksichtigung der dargestellten rechtlichen Gegebenheiten – der **richtige Zeitpunkt** der **Einlassung.** Eine Aussage zu Beginn der Fahndung ist wenig ratsam[4]. Eine Einlassung sollte sich im Laufe des

537

---

1 Vgl. hierzu OFD Frankfurt, Stbg. 1981, 168, mit organisatorischen Hinweisen, die allerdings nicht die Probleme des Betroffenen lösen und lösen wollen. KLOS/WEYAND (StBp. 1989, 157, 161) sehen die Aufgabe der Steuerfahndung in dem „ersten strafrechtlichen Schlag", dh. in der Durchsuchung, Beschlagnahme und einer ersten Sichtung der Beweismittel. Die mit der Auswertung verbundene Feinarbeit könne von der Betriebsprüfung wahrgenommen werden.
2 Auch wenn dies rechtlich unmittelbar nicht angreifbar sein mag (BFH IV B 177/86 vom 30. 9. 1987, BFH/NV 1988, 415). Zur Problematik FG Bremen 292 075/K5 vom 24. 8. 1992, EFG 1993, 204. Eine Außenprüfung soll auch ausschließlich zur Feststellung der Höhe der hinterzogenen Beträge angeordnet werden dürfen (BFH XI R 37/97 vom 19. 8. 1998, DB 1998, 2351).
3 STRECK in Kohlmann (Hrsg.), 247 ff.; zustimmend KOHLMANN, in Tipke-FS, 487, 498. Zum Verhältnis des Straf- und Steuerrechts im Einzelnen in dieser Prüfung s. Tz. 23 ff.
4 Auch wenn dies von Nicht-Berater-Seite empfohlen wird (vgl. zB aus der Feder eines ehemaligen Fahnders, s. die Empfehlungen von PUMP, Inf. 1986, 242, und StBp. 1989, 209).

Verfahrens nicht ändern (Tz. 130). Widerruft der Betroffene oder ändert er seine Aussage, so wird dies stets gegen ihn sprechen. Eine Einlassung, die konstant bestätigt wird, gewinnt mit der Zeit an Glaubhaftigkeit (Tz. 129). Ein Verteidiger wird regelmäßig raten, sich allenfalls dann zu äußern, wenn er die Akten eingesehen hat. Da die Fahndung im Laufe der Ermittlungen die Einsicht idR verweigert, wird die Einlassung an das Ende der Fahndung oder in die nachfolgenden Phasen des Verfahrens rücken.

538 In der **Beratung** liegt allerdings das **Problem** darin, dass der **Steuerbürger selten Verständnis** für den Nutzen des Schweigerechts hat. Hierfür gibt es verschiedene Gründe. In jedem Krimi erfährt der Bürger, dass der Beschuldigte – nicht belehrt oder sogar getäuscht – aussagt[1]. Die Aussage ist geradezu das harmonische Ende, das auch ein harmonisches Ende des Strafverfahrens zu indizieren scheint. Außerdem hat sich der Hinterzieher – oft jahrelang – eine Erläuterungsgeschichte für bestimmte verdächtige Abläufe zurechtgelegt, die er gerne loswerden will. Die Geschichten sind nie durch kritische Partner erprobt. Allein im Wege der Selbstsuggestion glaubt der Beschuldigte an die Überzeugungskraft der Erklärung. Lässt man ihn aussagen, folgt die ernüchternde Erkenntnis, dass die Steuerfahndung allenfalls höflich lächelt, aber nichts glaubt. Und schließlich ist tief verwurzelt das Gefühl, werde man alles gestehen, sei alsbald alles wieder gut und die Steuerfahndung würde das Verfahren einstellen. Ein Gefühl, das seine Wurzeln in Kindheitserlebnissen hat. Der Junge zertrümmert beim Fußballspielen eine Scheibe und gesteht dies alsbald der Mutter. Sie streicht dem Bub über die Haare: Hauptsache, du warst ehrlich; so ist alles wieder gut. Die Steuerstrafverfolger sind keine Mütter, streichen nicht über die Haare und beenden insbesondere bei einem Geständnis nicht das Verfahren. Sie geben den Geständigen zur Bestrafung frei; denn das Geständnis ist und bleibt das beste Beweismittel gegen den Geständigen[2].

---

1 S. Haas, Columbo – Lösegeld für eine Leiche oder: Columbo und das Nemo-tenetur-Prinzip, NJW 1996, 1120.

2 Es sei daran erinnert, dass in der Verfolgungswirklichkeit die **Geständnisbereitschaft** und die **Gefahr** einer **Bestrafung** in einem **proportionalen Verhältnis** stehen; je größer die Geständnisbereitschaft, um so wahrscheinlicher die Bestrafung. S. dazu Blankenburg, ZRP 1978, 263. Der Grund dieses Sachverhalts: Erst das Geständnis beseitigt die Beweisschwierigkeiten; s. auch Seckel, 251 ff.; Wannemacher, StbJb. 1980/81, 445. Bitteres Bonmot: „Wer viel gestanden hat, wird lange sitzen". Hingegen: Das **Leugnen der Tat**, selbst das „hartnäckige Leugnen" bei „klarer Beweislage", ist kein zulässiger

Gegen Schweigen kann nicht argumentiert werden

Der Berater muss folglich **für das Schweigen** – zumindest zu Beginn   539
des Verfahrens – mit guten Gründen **werben**.

Gegen Schweigen kann **nicht argumentiert** werden[1]. Dem Schweigen   540
kann nicht mit Nachfragen begegnet werden. Dem Schweigen kann
man nicht Unglauben entgegensetzen. Demgegenüber: Gegen eine
Aussage kann argumentiert werden. Aussagen kann man mit Gegen-
fragen begegnen. Aussagen kann man einfach nicht glauben. Beispiel 1: Haben Sie ein Konto in der Schweiz? Antwort: Schweigen. Vernehmung ist beendet. Beispiel 2: Haben Sie ein Konto in der Schweiz?
Antwort: Ja, eines in Basel. Nachfrage: Warum laden Sie einen Bankangestellten in Zürich zum Essen ein? Antwort: Ich wollte eine weitere
Bankverbindung eröffnen; daraus wurde nichts. Steuerfahndung: Glauben wir nicht. Sie haben mehr als ein Konto. Wir schätzen.

Schweigen darf von Rechts wegen nicht zu Lasten des Beschuldigten   541
ausgelegt werden. Sagt der Beschuldigte allerdings aus, verweigert er
aber auf **einzelne Fragen** die Antwort, so kann dies gewertet werden.
Daraus folgt: Besser vollständiges Schweigen als Teilschweigen[2].

Zwar mag es richtig sein, dass Geständnisse **strafmildernd** wirken.   542
Aber auch dies ist eine Erkenntnis voller Relativität. Ein Geständnis
kann bewirken, dass der Verfolgte nicht zu drei Jahren ohne Bewährung, sondern zu zwei Jahren mit Bewährung verurteilt wird. Zu Beginn des Steuerfahndungsverfahrens ist jedoch noch völlig unklar, ob
der Verfolgte überhaupt bestraft wird.

In vielen Fällen wird man zur **Einlassung** folglich erst vor den **Buß-**   543
geld- und Strafsachenstellen raten. Die Frage der Einlassung kann
hier Hand in Hand mit der Überlegung gehen, wie das Verfahren
strafrechtlich abgewickelt wird. Die Bußgeld- und Strafsachenstellen
sind oft an einem einvernehmlichen Procedere interessiert, in welches
die Einlassung eingebettet werden kann.

Anders wird man allerdings entscheiden können, wenn durch ein   544
schnelles Geständnis eine abgesprochene und **akzeptable Straffolge**

Strafverstärkungsgrund, Tröndle/Fischer, § 46 Rz. 50; BGH 2 StR 144/98 vom
2. 9. 1998, BGHR StPO, § 261, Aussageverhalten, 16; OLG Köln 1 Ss 957/79
vom 24. 11. 1979, MDR 1980, 510.
1 Goethe, West-östlicher Divan: „Wer schweigt, hat wenig zu sorgen; der
Mensch bleibt unter der Zunge verborgen".
2 Siehe zum teilweisen „beredten Schweigen" Meyer-Gossner, § 261 Rz. 17;
Miebach, NStZ 2000, 236 ff.

erreicht werden kann. Dies ist jedoch nur dann sinnvoll, wenn die Straffolge **gesichert** ist. Steuerfahnder sind für die Strafzumessung nicht zuständig und können deshalb auch keine Zusage treffen. Allein die Hoffnung auf eine milde Sanktion ist kein hinreichender Grund.

545 Dem Steuerbürger steht die Möglichkeit offen, **strafprozessual** die **Aussage** vorerst zu **verweigern, abgabenrechtlich** im Steuerfahndungsverfahren jedoch bereits die erforderlichen **Auskünfte** zu **geben.** Dies hat den Vorteil, dass die strafrechtlich erheblichen subjektiven Tatsachen ausgeklammert bleiben. Die Auskünfte können sich insoweit ausschließlich auf die Besteuerungsgrundlagen konzentrieren.

546 Während des Fahndungsverfahrens sollte sich nur der **Verteidiger** bzw. der **Berater** äußern. Auskünfte, Schreiben usw. des Beschuldigten sind Einlassungen, die faktisch unverrückbar feststehen.

547 In die Überlegung einzubeziehen ist: Jeder Vortrag, jede Erläuterung, jede Klarstellung während der Ermittlungen wird im **Fahndungsbericht verarbeitet** werden. Dies ist richtig, wenn man sich einigt. Kommt es nicht zur Einigung, wird die Steuer- und Steuerstrafverfolgung fortgesetzt, ist es fraglich, ob es eine gute Verteidigerleistung ist, für fehlerfreie, überzeugende Steuerfahndungsberichte zu sorgen. In diesem Fall sind fehlerhafte Berichte gute Berichte, da sie durch den nachfolgenden Sachvortrag angegriffen werden können.

548 Hat man sich aus hinreichenden Verteidigungsüberlegungen gleichwohl zu einer **unmittelbaren Vernehmung** des Beschuldigten entschlossen, so sollte eine Vernehmung **allein** durch die Steuerfahndung oder die Bußgeld- und Strafsachenstelle (bzw. Staatsanwaltschaft), dh. die Vernehmung **ohne Rechtsbeistand**, stets abgelehnt werden; die „einseitige Vernehmung durch eine Partei" birgt immer die Gefahr unbewusster Benachteiligung.

549 In der Praxis findet man selten die Vernehmung, die nach Maßgabe einer **Strategie** nicht dem Beschuldigten die eigene Einlassung ermöglicht, sondern ihn zu Auskünften führen will, die er eigentlich nicht geben will[1].

---

1 BEHRENDT, Harzburger Protokoll '81, 57. **Zur „Anleitung"** für eine solche Vernehmung s. SECKEL, 251 ff. Zitat (S. 256): „Auch dürfte es bei besonders „widerspenstigen" Beschuldigten tunlich sein, die Fragestellung derart zu wechseln, dass diesen der Sinn der Befragung nicht mehr einsichtig ist und sie entsprechend Dinge aussagen, die sie für sich behalten wollten. Die mit aller Gründlichkeit zu betreibende Zermürbungsstrategie erscheint gerade bei

Für die **Technik** des **protokollarischen Festhaltens** einer **Aussage** gilt   550
als **Praxis**: Der Vernehmende formuliert und diktiert, was er als Antwort des Vernommenen gehört zu haben glaubt. Der anwesende Verteidiger muss Wort für Wort mit gespannter Aufmerksamkeit verfolgen
und die Richtigkeit des Diktats kontrollieren. Der Vernommene ist der
absolute Herr dessen, was seine Aussage sein soll; im Zweifel gilt
seine Formulierung. Die Formulierungen des vernehmenden Beamten
können bereits von einem bestimmten Zweck her geleitet sein, zB
durch das vermutete Ergebnis oder den gesetzlichen Hinterziehungstatbestand. Gerade deshalb ist auch von einer Vernehmung ohne
Rechtsbeistand abzuraten. Die Formulierung kann aber auch bereits
durch ein positives Ergebnis bestimmt sein. Beispiel – eher bei Buß-
geld- und Strafsachen- als bei Fahndungsstellen feststellbar –: Die
Formulierungen zielen – zB als Voraussetzung eines bereits abgesprochenen Abschlusses[1] – deutlich auf eine Beseitigung des Vorsatzes ab,
weit klarer als durch den Vernommenen ausgedrückt. Auch dies muss
der Verteidiger feststellen; ein Eingreifen ist in diesem Fall selten sinnvoll.

An die Stelle der unmittelbaren Anhörung kann die **schriftliche Ein-**   551
lassung oder Stellungnahme treten, s. Tz. 498, 525.

Es ist im Einzelfall zu prüfen, welcher Weg optimaler ist. Die **münd-**   552
liche Stellungnahme wirkt **unmittelbarer**; sie ist **überzeugender**; sie ist
das „Wort des Beschuldigten". Die **schriftliche** Stellungnahme erlaubt
die **größere Disziplin**; sie ist das „Wort des Anwalts". Kombinationen
beider Wege sind möglich. Der Anwalt kann auch der schriftlichen
Auskunft oder Einlassung des Beschuldigten selbst helfend zur Seite
stehen.

Ähnliche Überlegungen, wie hier zur Aussage und Vernehmung aus-   553
gesprochen, gelten für **sonstige Mitwirkungshandlungen**.

Auch hier bedarf die Frage, **wann** und **in welcher Weise** mitgewirkt   554
wird, sorgfältiger Überlegungen. Es ist nicht unsere Erfahrung, dass
in Steuerfahndungsverfahren Mitwirkung honoriert wird, was zu be-
dauern ist.

---

schwierigen Sachverhaltsermittlungen unumgänglich." – Zur Technik einer
belastenden Vernehmung in Steuersachen s. BRENNER, StWa. 1981, 10; dagegen FELIX, KÖSDI 1981, 4038, anlässlich einer Grundsatzkritik an den BREN-
NER'schen Literaturbeiträgen. Zu weiteren Unarten der Fahndung bei der
Vernehmung WEGEMER, NStZ 1981, 247.
1 Vgl. auch WANNEMACHER, StbJb. 1980/81, 446.

555 **Wird mitgewirkt,**

- so wird diesen Informationen nicht geglaubt,
- so werden die Informationen als nicht ausreichend angesehen,
- so erzeugt eine Antwort die nächste Frage,
- so werden Informationen in erster Linie benutzt, um sie zu widerlegen.

556 Um **spitz** zu formulieren: Die Mitwirkungspflicht wird von den Prüfern nicht geliebt, weil ihre Erfüllung zur Aufklärung führt, sondern weil man ihre **Nichterfüllung** und ihre Mängel **schätzt**, die sodann unter der Überschrift „Verletzung von Mitwirkungspflichten" erlauben, Besteuerungsgrundlagen frei zu schätzen oder sonstige belastende Steuerfolgen zu ziehen.

C. Ermittlungen bei Dritten

I. Die Rechte und Pflichten der Zeugen und Auskunftspersonen

1. Vernehmungen und Auskünfte

557 Die Fahndung kann **strafprozessual** und **abgabenrechtlich** Auskünfte bei **Dritten** einholen oder diese als Zeugen vernehmen[1]. Zu den Schranken eines Wechsels in der Verfahrensart s. Tz. 23 ff. und unten Tz. 566 ff.

558 Es besteht für die Zeugen **strafprozessual** keine **Pflicht**, bei der **Fahndung** zu **erscheinen** und auszusagen, auch dann nicht, wenn sie förmlich geladen werden[2].

559 Strafprozessual ist der Dritte (Zeuge) nur verpflichtet, einer **Ladung** der **Bußgeld-** und **Strafsachenstelle** (§ 399 Abs. 1 AO iVm. § 161a Abs. 2 StPO) oder der **Staatsanwaltschaft** (§ 161a Abs. 2 StPO; vgl. §§ 48 ff. StPO) Folge zu leisten.

560 Sind Steuerfahndung und Bußgeld- und Strafsachenstelle **Teil desselben Finanzamts** (vgl. Tz. 34 ff.), so muss die Ladung deutlich machen, ob die Steuerfahndung (keine Pflicht zu erscheinen) oder ob die Bußgeld- und Strafsachenstelle (Pflicht zu erscheinen) tätig wird; vgl. auch Tz. 567 f.

---

1 HM, s. hierzu im Einzelnen Tz. 1 ff., 23 ff., STAHL, KÖSDI 1990, 8074, 8076. Vgl. auch – durchaus krit. – LAULE, DStZ 1984, 599.
2 MEYER-GOSSNER, § 163 Rz. 37.

Von der Ermittlungstätigkeit **erfährt** der Beschuldigte **nicht notwendig** 561
etwas. Der **Verteidiger** hat bei der Vernehmung eines Dritten, erfolgt
sie durch die Steuerfahndung oder die Staatsanwaltschaft **kein Anwesenheitsrecht**; über Termine wird er nicht benachrichtigt[1]. S. jedoch
Tz. 574.

Die Staatsanwaltschaft oder die Straf- und Bußgeldsachenstelle nach 562
§§ 386, 399 Abs. 1 AO, falls sie das Ermittlungsverfahren selbständig
führt, kann auch die **richterliche Vernehmung** eines Zeugen beantragen (§ 162 StPO). Der Zeuge muss erscheinen. In diesem Fall ist auch
dem Beschuldigten und dem Verteidiger die Anwesenheit gestattet
(§ 168c Abs. 2 StPO). Beschuldigter und Verteidiger sind von dem Termin zu benachrichtigen (§ 168c Abs. 5 S. 1 StPO). Die Benachrichtigung unterbleibt, wenn sie den Untersuchungszweck gefährden würde (§ 168c Abs. 5 S. 2 StPO). Auf die Verlegung eines Termins haben
die zur Anwesenheit Berechtigten keinen Anspruch (§ 168c Abs. 5 S. 3
StPO).

Rechtfertigt die Fahndung hingegen ihre **Aufforderung**, zur Verneh- 563
mung zu **erscheinen, abgabenrechtlich**, muss der Dritte der Aufforderung nachkommen (§§ 208, 93 Abs. 5 AO); er ist zur **Aussage verpflichtet.**

Ein **Anwesenheitsrecht** haben Verteidiger oder steuerlicher Vertreter 564
im steuerlichen Ermittlungsverfahren nicht, sondern erst im Rechtsbehelfsverfahren (§ 365 Abs. 3 AO); dieses Anwesenheitsrecht besteht
auch, wenn die Steuerfahndung für die Zwecke des Einspruchsverfah-
rens ermittelt, wogegen in der **Praxis** häufig **verstoßen** wird.

Da eine strafprozessuale Pflicht, vor der Steuerfahndung auszusagen, 565
nicht besteht, gibt es keine besonderen **Formvorschriften** für die **Ladung**; die für die Staatsanwaltschaft geltenden Vorschriften wird man
jedoch idR entsprechend anwenden können[2]. Die Pflicht, vor der
Staatsanwaltschaft zu erscheinen und auszusagen, erfordert eine
schriftliche oder mündliche Ladung[3]. Die Ladung muss die Tat, um die
es geht, erkennbar machen und zum Ausdruck bringen, dass der

---

1 Vgl. die fehlenden Bestimmungen in § 161a StPO; MEYER-GOSSNER, § 161a
Rz. 3 aE.
2 Vgl. MEYER-GOSSNER, Vor § 48 Rz. 24. Für die **Staatsanwaltschaft** gelten wiederum die **§§ 48 ff. StPO** entsprechend (§ 161a Abs. 1 S. 2 StPO).
3 MEYER-GOSSNER, § 161a Rz. 3.

Ladung

Dritte als Zeuge vernommen wird[1]. Das Verfahren gerichtlicher Ladungen ist in §§ 48 ff. StPO geregelt.

566 Das **Ladungsverfahren** nach der **AO** regelt § 93 AO. In der Ladung ist anzugeben, worüber Auskünfte erteilt werden sollen; auch hier muss klargestellt werden, dass der Dritte als Zeuge Auskünfte erteilen soll (§ 93 Abs. 5 S. 2 und 3 AO).

567 Wegen der unterschiedlichen Erscheinungs- und Aussagepflicht, je nachdem, ob die Steuerfahndung als Polizei- oder Fiskalbehörde tätig wird, muss die **Fahndung** in der **Ladung ausdrücklich angeben**, ob sie auf der abgabenrechtlichen **Präsenz-** und **Aussagepflicht besteht**. Andernfalls kann der Dritte davon ausgehen, dass die Fahndung als Polizeibehörde ermittelt und eine Erscheinens- und Aussagepflicht nicht bestehen. S. hierzu auch Tz. 30.

568 Hat die Fahndung auf einer Ebene des Verfahrens begonnen, muss sie die Eingriffsmittel und die Kompetenzen dieses Verfahrens einsetzen. Die Fahndung kann sich nicht in einer **Einzelaktion** eines **Verfahrensmittels** des **anderen Verfahrens bedienen**, weil ihr dies im Augenblick günstiger erscheint. Insofern ist es der Fahndung verwehrt, einen Zeugen, der im Strafverfahren nicht erscheinen will, durch eine plötzliche Umschaltung in der Verfahrensart zum Erscheinen nach § 93 AO zu zwingen[2]. Diese Einzelaktion wäre eine zweckwidrige Verfahrensausnutzung. Will die Fahndung wechseln, so muss dies aufgrund einer kontrollierbaren Ermessensausübung zur Verwirklichung des Zwecks des anderen Verfahrens geschehen[3].

569 Wegen der fehlenden strafprozessualen Pflicht, vor der Fahndung auszusagen, und der Ladungsbedingungen im Übrigen besteht **keine Pflicht** eines Zeugen, bei dem plötzlichen oder zufälligen Zusammensein mit einer Ermittlungsperson **sofort auszusagen**[4]. Dies ist erheblich für den Fall der Durchsuchung. Die „zwanglose" Vernehmung anlässlich einer Durchsuchung, zB der Sekretärin, des Buchhalters oder anderer Mitarbeiter, unterliegt keinem Zwang. Der Dritte kann der Fahndung gegenüber die Aussage verweigern und auf das Erfordernis einer ordnungsgemäßen Ladung verweisen; dies sollte die Regel sein.

---

1 MEYER-GOSSNER, § 161a Rz. 3.
2 Zustimmend STAHL, KÖSDI 1990, 8076.
3 S. hierzu auch Tz. 26 ff.
4 STAHL, KÖSDI 1990, 8076.

Ferner hat der Zeuge das Recht, vor der Aussage sich eines **Rechts-** 570
beistandes zu versichern (Tz. 592 ff.); auch dies ermöglicht, eine tatsächliche Ladungsfrist zu erzwingen[1]. Unserer Erfahrung nach akzeptieren die Strafverfolger die **einstweilige Weigerung** der Aussage im
Hinblick auf eine zeitgebende Ladung, sofern der Dritte eine selbstbewusste Eindeutigkeit zeigt.

Zeugen können strafprozessual[2] und abgabenrechtlich[3] auch **schrift-** 571
lich vernommen bzw. um Auskünfte ersucht werden. In der StPO ist
dieses Verfahren die Ausnahme; in § 93 AO stellt es mit konkreten
Erfordernissen den Regelfall dar. Abweichend von § 93 Abs. 2 S. 2 AO
kann der Zeuge allerdings nicht verlangen, dass das Auskunftsverlangen schriftlich ergeht (§ 208 Abs. 1 AO). Für die Frage der Auskunfts-
und Zeugnispflicht gilt das in Tz. 557 ff. Gesagte entsprechend.

Soweit Zeugen **protokollarisch** vernommen werden, Hinweis auf das 572
in Tz. 550 Gesagte. Wort für Wort der Aussage ist wichtig. Die Aussage
kann dem Zeugen zB in einer späteren strafrechtlichen Hauptverhandlung vorgehalten werden (§ 253 StPO). Widersprüche mindern sodann
die Glaubwürdigkeit.

Der Zeuge hat keinen Anspruch auf eine **Abschrift**, Durchschrift oder 573
Copie der Aussage[4]; § 93 Abs. 6 AO spricht nur von dem Recht der
Beteiligten auf eine Abschrift; der Zeuge ist nicht Beteiligter. Die StPO
und AO verbieten die Überlassung einer Copie jedoch nicht ausdrück-
lich. Die Praxis ist uneinheitlich. Es bleibt dem Zeugen und seinem
Beistand unbenommen, selbst ein Protokoll zu fertigen, was ratsam ist.

Der Dritte kann dem Fahndungsbetroffenen über die **Ermittlungen** 574
berichten; ebenso kann der Beschuldigte bei dem Dritten das Erscheinen der Steuerfahndung ankündigen. Gefahrenpunkte sind insoweit
nur für den Dritten die §§ 257, 258 StGB (Begünstigung und Strafvereitelung) und die Verdunkelungsgefahr als Haftgrund für den Beschuldigten selbst.

---

1 Einschränkend RENGIER, NStZ 1981, 376, der dies nur für den tatverdächtigen
  Zeugen gelten lassen will.
2 § 251 Abs. 1 Nr. 1 StPO, bei Zustimmung durch Verteidigung und Staatsanwaltschaft.
3 § 93 AO.
4 Ablehnend, da es auf den jeweiligen Erinnerungszustand des Zeugen ankomme: MEYER-GOSSNER, § 163a Rz. 32.

2. Herausgabe; Durchsuchung und Beschlagnahme

575 **Dritte** – nicht der Beschuldigte[1] – sind nach § 95 StPO zur **Herausgabe** von **Beweismitteln** verpflichtet; die Herausgabe kann erzwungen werden[2]; umstritten ist, wer das Herausgabeverlangen stellen kann[3]. Das Herausgabeverfahren, das seinen Grund in § 95 StPO hat, ist in der Praxis selten.

576 Auch bei **Dritten**, bei Zeugen und bei an einer mutmaßlichen Hinterziehung Unbeteiligten kann eine **Hausdurchsuchung** vorgenommen werden, um Beweismittel sicherzustellen. Voraussetzung ist, dass konkrete Umstände vorliegen, aus denen zu schließen ist, dass sich bestimmte Beweisgegenstände im Gewahrsam dieser Personen befinden (§ 103 StPO).

577 Die Beweismittel können sodann bei diesen Dritten **beschlagnahmt** werden (vgl. § 94 StPO). Praktische **Beispiele**: Durchsuchungs- und Beschlagnahmebeschluss bei Banken (s. Tz. 607 ff.); Durchsuchung von Beraterkanzleien (s. Tz. 709 ff.).

578 Soweit ein Aussageverweigerungsrecht besteht, besteht für bestimmte Gegenstände ein **Beschlagnahmeverbot**; s. hierzu Tz. 729 und Tz. 709 ff. betr. das Beschlagnahmeverbot für Beraterunterlagen. Zur EDV-Beschlagnahme bei Berufsgeheimnisträgern vgl. Tz. 380 ff.

579 Für **amtliche Schriftstücke** und Akten anderer Behörden gilt § 96 StPO. Ist die Anforderung möglich, werden die Schriftstücke oder Akten gleichwohl nicht herausgegeben, bleibt auch gegenüber Behörden die Möglichkeit der Durchsuchung und Beschlagnahme[4].

580 Auch bei diesen Ermittlungshandlungen haben der Beschuldigte und sein Verteidiger **kein Teilnahmerecht**.

---

1 S. Tz. 338.

2 Vgl. § 95 Abs. 2 StPO unter Hinweis auf die **Zwangsmittel** des § 70 StPO; LG Arnsberg 3 Rs 359/82 vom 16. 4. 1983, wistra 1985, 205.

3 Vgl.: Frühere Rspr.: Herausgabe kann derjenige verlangen, der beschlagnahmen kann (LG Bonn 37 Qs 116/82 vom 11. 11. 1982, WM 1982, 1371); aA und heute herrschende Rspr.: Richter, Staatsanwalt, Steuerfahndung, Polizei können ohne weitere Voraussetzungen das Verlangen stellen (LG Gera 2 Qs 412/99 vom 30. 9. 1999 und LG Halle 22 Qs 28/99 vom 6. 10. 1999, NStZ 2001, 276; LG Koblenz 4 Qs 167/01 vom 31. 10. 2001, wistra 2002, 359; MEYER-GOSSNER, § 95 Rz. 2; SCHÄFER, wistra 1983, 102).

4 Vgl. BGH 1 BGs 90/92/2 BIs 186/91/5 vom 18. 3. 1992, wistra 1992, 220.

3. Weigerungsrechte

Der Dritte kann die **Vernehmung** bei der Steuerfahndung im **Strafver-** 581
fahren verweigern; s. Tz. 558, aber auch Tz. 563.

Die Zeugen haben außerdem – strafprozessual und abgabenrechtlich – 582
in bestimmten Fällen **Zeugnisverweigerungsrechte.**

Zu ausländischen **Auskunftsverboten** und **Weigerungsrechten** s. 583
Tz. 685 ff. Personen, die mit dem Beschuldigten **verlobt, verheiratet,**
verwandt oder **verschwägert** sind, können nach § 52 StPO und § 101
AO die Aussage verweigern[1].

Aus **beruflichen Gründen** können bestimmte **Berufsangehörige** die 584
Aussage verweigern (§§ 53, 53a StPO und § 102 AO). Zu dem im Fahndungsverfahren wichtigen Weigerungsrecht der Angehörigen der
steuerberatenden Berufe s. Tz. 714 ff., zum nicht bestehenden Bankgeheimnis s. Tz. 621 ff. Das steuerliche Weigerungsrecht der **Presse**
(§ 102 Abs. 1 Nr. 4 AO) bezieht sich nur auf den redaktionellen Teil;
ein **Chiffregeheimnis** für Anzeigen gibt es nicht (s. Tz. 707 f.).

Das bei einem Notar errichtete öffentliche **Testament** (§ 2232 BGB) ist 585
immer in die besondere **amtliche Verwahrung** zu bringen (§ 34 Beur-
kundungsgesetz). Nach § 2248 BGB kann ein eigenhändiges Testament auf Verlangen des Erblassers in besondere amtliche Verwahrung
gebracht werden. Zur amtlichen Verwahrung s. § 2258a und § 2258b
BGB. Es gibt **keinen Schutz** gegen Beschlagnahme des in öffentlicher
Verwahrung befindlichen Testaments.

Schließlich kann jeder Zeuge die Auskunft verweigern, wenn die Be- 586
antwortung ihm selbst oder einem Angehörigen, der ein Aussageverweigerungsrecht hat, die **Gefahr** zuziehen würde, wegen einer **Straftat**
oder einer **Ordnungswidrigkeit verfolgt** zu werden (§ 55 StPO und
§ 103 AO). Die Verfolgungsgefahr ist ausreichend; nicht erforderlich
ist, dass der Zeuge tatsächlich eine Straftat oder Ordnungswidrigkeit
begangen hat[2].

---

1 Zur genauen Bestimmung des Verwandtschafts- und Schwägergrades Hinweis auf den Gesetzestext.
2 Das Auskunftsverweigerungsrecht besteht schon, wenn die Bejahung oder
Verneinung einer Frage den Zeugen oder seinen Angehörigen in die Gefahr
der Verfolgung bringt. Es reicht aus, dass die Gefahr der Verfolgung droht
(OLG Hamm 1 Ws 346 + 352/97 vom 13. 10. 1997, StraFo 1998, 119). § 55
StPO gilt auch, wenn der Zeuge über Tatsachen Auskunft geben müsste, die

Auskunftsverweigerungsrecht

587 Diese Auskunfts- und Zeugnisverweigerungsrechte stehen Dritten und Zeugen zu, **nicht** dem **Beschuldigten**; zu seinen Rechten s. Tz. 495 ff.

588 Auskunfts- und Zeugnisverweigerungsrechte sind geschaffen, um **ausgeübt** zu werden. Die verbreitete **Scheu**, die **Auskunft** in dem vermeintlichen Glauben zu **verweigern**, man **schade** dem Beschuldigten durch die Weigerung, ist nicht gerechtfertigt. Ggf. soll man die Beratung suchen, ob man von dem Weigerungsrecht Gebrauch macht oder nicht.

589 **Unmittelbare Mitarbeiter** des Beschuldigten oder seiner Tätigkeit **nahestehende Personen**, die die Hinterziehung möglicherweise kennen oder unterstützt haben, belässt die Steuerfahndung häufig im „Zeugenstand". Beispiel: Persönliche Sekretärin des Beschuldigten, Buchhaltungsleiter, „rechte Hände" usw. Der Zeugenstand scheint der Fahndung die Aussagepflicht des Zeugen zu garantieren. Der „Zeuge" selbst steht vor der Alternative: Deckt er den Hinterzieher, steuert er auf eine strafbare Falschaussage oder einen Meineid zu, sagt er die Wahrheit, bekennt er sich zu seiner Beteiligung. In solchen Fällen muss idR der Zeuge im Wege der Beratung dahin geführt werden, von dem Aussageverweigerungsrecht der § 55 StPO, § 103 AO in vollem Umfang Gebrauch zu machen. Die Beratung hat mit der psychologischen Schwierigkeit zu kämpfen, dass der Dritte sich in der Rolle des Zeugen sicherer fühlt als in der Rolle desjenigen, der sich zu einem Aussageverweigerungsrecht bekennt[1]. Die deutliche Darstellung der Folgen der Aussage, sei sie wahr, sei sie falsch, überwindet dieses Problem jedoch in der Praxis. Die Fahndung akzeptiert regelmäßig die Aussageverweigerung und versucht nicht, mit rechtlichem oder tatsächlichem Druck eine Aussage zu erzwingen.

590 **Aussagen**, die trotz eines bestehenden **Auskunftsverweigerungsrechts** gemacht werden, können von den Finanzbehörden **frei** verwertet werden; sie unterliegen nicht dem Steuergeheimnis (§ 30 Abs. 4 Nr. 4b AO). Auf diese Weise erlangte Informationen können also auch an die

---

den Verdacht **mittelbar** begründen, zB ein Teilstück in einem „**mosaikartigen**" Beweisgebäude, das mit anderen Informationen zusammen für den Zeugen belastend sein kann (BVerfG 2 BvR 1249/01 vom 6. 2. 2002, NJW 2002, 1411; BVerfG 2 BvR 281/03 vom 30. 4. 2003, NJW 2003, 3045).

1 Auf die Formulierung gegenüber der Ermittlungsbehörde ist zu achten. Falsch: Wenn ich aussage, werde ich bestraft werden. Richtig: Im Falle der Aussage besteht die Gefahr der Strafverfolgung. Noch besser: Der Zeuge macht von § 55 StPO Gebrauch.

Staatsanwaltschaft weitergegeben werden zur Verfolgung anderer als
Steuerdelikte.

Soweit sich bestimmte Berufsgruppen auf Zeugnisverweigerungsrech- 591
te berufen können, steht ihnen im Strafverfahren nach § 97 StPO ein
Beschlagnahmeprivileg zu. Das Aussageverweigerungsrecht kann
nicht durch Beschlagnahmeaktionen unterlaufen werden. Den für das
Fahndungsverfahren wichtigen Fall der Durchsuchung einer Berater-
kanzlei wird in Tz. 709 ff. behandelt. In entsprechender Weise ist in
§ 104 AO das abgabenrechtliche Weigerungsrecht normiert, bestimmte
Unterlagen herauszugeben; dazu auch Tz. 763.

4. Rechtsbeistand

Zeugen haben bei einer **strafprozessualen** Vernehmung das Recht, mit 592
einem **Rechtsbeistand** zu erscheinen[1]. Inzwischen ist dies in § 68d
StPO[2] für Verbrechen und Vergehen, die entweder in einer Aufzählung enthalten oder „von erheblicher Bedeutung" sind, sogar ausdrücklich gesetzlich geregelt. Die „normale" Steuerhinterziehung gehört, anders als die „gewerbsmäßige" Steuerhinterziehung nach
§ 370a AO[3], nicht zum Anwendungsbereich der Norm, weshalb insofern weiterhin die Rechtsprechung des BVerfG[4] Geltung findet.

Rechtsbeistand kann der **Rechtsanwalt**[5], in Steuerfahndungsverfahren 593
auch der **Steuerberater** sein[6]; dies gilt zumindest, wenn der Berater
den Zeugen in dem Verfahren notfalls als Verteidiger, s. Tz. 72 ff., vertreten könnte. Ein **mittelloser Zeuge** hat keinen Anspruch auf die kos-
tenfreie Beiordnung eines Rechtsbeistandes[7].

Dieses Recht erstarkt erst zu einem voll durchgreifenden Recht bei 594
einer Vernehmung durch die **Bußgeld-** und **Strafsachenstelle**, die

---

1 BVerfG 2 BvR 747-753/73 vom 8. 10. 1974, BVerfGE 38, 105; Meyer-Gossner,
   Vor § 48 Rz. 11, § 161a Rz. 10; Thomas, NStZ 1982, 489; Wagner, DRiZ 1983,
   21; Stahl, KÖSDI 1990, 8080; Adler, StraFo 2002, 146.
2 Eingefügt durch das Zeugenschutzgesetz vom 30. 4. 1998, BGBl. 1998 I, 820.
3 Vgl. Tz. 1015.
4 S. FN 1.
5 Vor Gericht trägt der Anwalt als Zeugenbeistand nach herrschender Übung
   keine Robe.
6 Der Rechtsbeistand muss nach der Entscheidung des BVerfG nicht notwendig
   Rechtsanwalt sein (BVerfG, aaO, FN 1; Wagner, DRiZ 1983, 23).
7 BVerfG 2 BvR 307/83 vom 12. 4. 1983, NStZ 1983, 374; dazu Haufe, StV 1983.
   489.

Anwesenheitsrecht des Verteidigers

Staatsanwaltschaft und das **Gericht**. Bei der Fahndung wird ein Anwesenheitsrecht des Beistands ebenso verneint[1] wie das Anwesenheitsrecht des Verteidigers bei der Vernehmung durch die Fahndung (s. Tz. 501, aber auch Tz. 503). Das Anwesenheitsrecht kann jedoch faktisch erzwungen werden. Denn da der Zeuge bei der Steuerfahndung nicht zu erscheinen braucht (Tz. 501), kann er das Erscheinen von der Anwesenheit des Rechtsbeistandes abhängig machen. In der Praxis gestattet die Fahndung idR die Anwesenheit.

595 Der Beistand hat **nicht mehr Rechte** als der **Zeuge**. Er hat kein eigenes Recht auf Akteneinsicht[2]. Der Zeuge selbst muss den Beistand über Termine usw. unterrichten; der Beistand wird von der Strafverfolgungsbehörde nicht informiert und geladen[3]. Ist der Beistand verhindert, so wird hierdurch eine bestehende Pflicht des Zeugen zum Erscheinen und zur Aussage nicht berührt[4]. Der Beistand hat die Aufgabe, den Zeugen bei der Formulierung seiner Aussage zu beraten. Er hat ein Rederecht[5]. Die „Rechte" des Beistands sind – insgesamt gesehen – recht gering[6].

596 Angesichts dieser eingeschränkten Stellung des Beistands liegt kein Verstoß gegen **§ 146 StPO** vor, wenn der **Verteidiger** des **Beschuldigten** als **Beistand** eines **Zeugen** auftritt. Allenfalls ist zu fragen, ob es im Rahmen der Verteidigung klug ist, sich auf diese Weise mit einem Zeugen zu identifizieren oder ihm den Anschein der Parteilichkeit zu geben. Je nach der Entwicklung der Stellung des Zeugen zum Beschuldigten kann es zu einer Interessenkollision kommen, mit der Folge, dass der Zeugenbeistand und Verteidiger die Vertretung in beiden Verfahren niederlegen muss und auch der „ursprüngliche" Mandant in einer für ihn schwierigen Situation einen neuen Berater einarbeiten muss. Deshalb ist hiervon abzuraten.

597 Ebenfalls gilt **§ 146 StPO nicht** für den **Beistand**. Ein Anwalt kann folglich mehrere Zeugen als Beistand begleiten[7].

---

1 MEYER-GOSSNER, § 163 Rz. 16.
2 MEYER-GOSSNER, Vor § 48 Rz. 11; aA WAGNER, NStZ 2004, 101.
3 MEYER-GOSSNER, Vor § 48 Rz. 11.
4 BGH StB 19/89 – 1 BJs 72/87 vom 19. 5. 1989, NStZ 1989, 484, mit berechtigter Kritik durch die Anm. von KREHL, NStZ 1990, 192.
5 THOMAS, NStZ 1982, 493.
6 Für eine vorsichtige **Ausdehnung**: HAMMERSTEIN, NStZ 1981, 125; THOMAS, NStZ 1982, 489. Dagegen lese man die gebündelten Negativrechte bei MEYER-GOSSNER, Vor § 48 Rz. 11. Man spürt hier förmlich die **Abneigung** der Justiz gegen Zeugenbeistände.
7 LAUFHÜTTE in Karlsruher Kommentar, § 146 Rz. 4.

In der Praxis versuchen die Vernehmungsbeamten häufig zu ergrün- 598
den, ob es eine Nähebeziehung oder Informationsaustausch zwischen
dem Beschuldigten und seinen Beratern und dem Zeugenbeistand
gibt. Gerade ungeübte Vernehmende sehen in dem Zeugenbeistand
einen Störer des Verfahrens. Sie haben Angst, dass der ursprünglich
zurechtgelegte „Vernehmungsplan" nicht umgesetzt werden kann, da
der Beistand auf eine genaue Protokollierung und die Einhaltung der
Verfahrensrechte des Zeugen drängt. So ist der Hintergrund für Fragen, wie sich der Zeuge und sein Beistand kennen gelernt haben oder
von wem der Beistand sein Honorar erhält, nicht nur Neugierde. Insofern steht dem Zeugen bzgl. der Anbahnung des Beratungsverhältnisses und für jedes Beratungsgespräch ein **Auskunftsverweigerungsrecht** zu[1]. Der Berater unterliegt ohnehin der Berufsverschwiegenheit
und hat deshalb ein Zeugnisverweigerungsrecht[2]. Von beidem sollte
konsequent Gebrauch gemacht werden.

Das verfassungsmäßig garantierte Recht, mit einem Rechtsbeistand zur 599
Vernehmung zu erscheinen, gilt auch **abgabenrechtlich**. Es gibt keinen sachlichen Grund, die Rechte des Zeugen nach der AO geringer
zu normieren als nach der StPO.

5. Rechtsbehelfe

Zu den Rechtsbehelfen im Steuerfahndungsverfahren s. Tz. 865 ff. 600

6. Entschädigung

Der Zeuge hat im Fahndungsverfahren, gleichgültig ob er strafprozes- 601
sual (§§ 71 StPO, 404, 405 S. 2 AO) oder abgabenrechtlich (§§ 107, 405
AO) gehört wird, Anspruch auf Entschädigung nach dem **Justizvergü-
tungs- und Entschädigungsgesetz** (JVEG).

II. Kunden, Lieferanten, Arbeitgeber, Arbeitnehmer

Das so scheinbar problemlose Ermittlungsrecht bedeutet häufig einen 602
an die **Grenze** der **Existenzvernichtung** gehenden Eingriff. Die Fahndungsermittlungen beim **Arbeitgeber**, bei den eigenen **Arbeitnehmern** des Geprüften setzen die Arbeitsverhältnisse aufs Spiel. Wird ein

1 OLG Düsseldorf V 21/88 vom 29. 1. 1991, NStZ 1991, 504.
2 Vgl. Tz. 714.

Kunden und Lieferanten

Unternehmen geprüft und beginnt die Fahndung, bei **Kunden** und **Lieferanten** zu forschen, können Kundenverhältnisse zerstört und Lieferantenbeziehungen zerschnitten werden[1]. Diese Folgen kennt der qualifizierte Fahnder. In der Praxis werden diese Ermittlungsmöglichkeiten zum Teil mit großer Vorsicht gehandhabt; zum Teil kann der Fahnder der Versuchung nicht widerstehen, das Antasten dieses Lebensnervs als Druckmittel zu benutzen; zum Teil bewegen sich die Fahnder auf diesem Gebiet mit einer kaum zu überbietenden Tollpatschigkeit.

603   Sobald derartige Ermittlungen drohen, sollte der Berater oder Verteidiger erwägen, der Fahndung die gewünschten **Informationen** zu **beschaffen**, die sie bei unmittelbaren Ermittlungen ohnehin erhalten würde. So kann die Umsatzüberprüfung beim Kunden oder Lieferanten häufig durch den Betroffenen selbst, zB durch Beschaffung entsprechender schriftlicher Kunden- oder Lieferantenbestätigungen, erfolgen. Auf jeden Fall sollten die potentiellen „Dritten" über die Möglichkeit einer Anfrage durch die Steuerfahndung vorbereitet werden, um Schäden durch das unvorbereitete Erscheinen der Fahndungsprüfer zu verhindern oder so gering wie möglich zu halten.

604   Die geplante Vernehmung einiger oder aller **Arbeitnehmer** ist ein hin und wieder anzutreffendes Druckmittel der Steuerfahndung (zB bei vermuteten Lohnsteuerverkürzungen). Druck erzeugt die Tatsache der Vernehmung, nicht ihr Ergebnis. Wo die Vernehmung der Arbeitnehmer als solche hingenommen werden kann, wo sie tatsächlich durchgeführt wird, wird sich zeigen, dass die Vernehmung einer Vielzahl von Zeugen ein schlechtes Beweismittel zugunsten der Steuerfahndung darstellt. Die Fahndung weicht in solchen Fällen auf die Vernehmung nur weniger Arbeitnehmer aus, deren Ergebnis sodann „hochgerechnet" wird. Je weniger Arbeitnehmer angehört werden, um so weniger Widersprüche zeigen sich. In solchen Fällen muss die Verteidigung überlegen, ob sie darauf besteht, dass alle Arbeitnehmer vernommen werden.

605   Im Übrigen ist in die Überlegung einzubeziehen: Je mehr die Fahndung spürt, dass bestimmte **Ermittlungen** vom **Betroffenen nicht gewünscht** werden, um so eher wird sie sich für die Ermittlung entscheiden, da sie nicht weiß, ob allein die Existenzgefährdung die Furcht vor der Ermittlung begründet. Oft verhindert daher gerade eine großzügi-

---

1 Vgl. den empörten „Aufschrei" eines Beraters in Stbg. 1979, 60.

ge Einladung zu den Ermittlungen ein Tätigwerden der Steuerfahndung.

Steuerfahndungsermittlungen gehören im Übrigen zum Alltag. Die **Rufschädigung** ist idR **geringer**, als der Betroffene befürchtet. Der Berater wird oft zum **gelassenen** Durchstehen raten. S. auch Tz. 695 f.   606

III. Banken als „Dritte"

Nahezu ohne jede Rücksichtnahme gehen **Fahnder** gegen **Banken** vor.   607
Als Dritte sind sie abgabenrechtlich zu **Auskünften** und **Herausgabe** von **Unterlagen** verpflichtet; strafprozessual können Bankangestellte als Zeugen vernommen werden; Banken können **durchsucht**, Bankunterlagen können **beschlagnahmt** werden. Unmittelbar Beteiligte wird die Bank, wenn gegen ihre Leiter und Mitarbeiter wegen des **Verdachts** der **Beteiligung** an der Steuerhinterziehung des Bankkunden ermittelt wird. Im Einzelnen[1]:

1. Die inländischen Banken als „Dritte"

a. Auskunftspflichten und Zugriffsmöglichkeiten

Die inländische Bank ist „**Dritte**" in einem Steuerfahndungsverfahren,   608
wenn sich dieses gegen den **Bankkunden** richtet und kein Mitarbeiter der Bank als Beschuldigter angesehen wird. Der Bankkunde steht im Mittelpunkt des Interesses der Steuerfahndung. Die Bank wird nur zur **Informationsbeschaffung** angegangen.

Abgabenrechtlich können sich Finanzamt (§ 93 AO) und Steuerfahndung (§§ 208, 93 AO) an die Bank wegen Auskünften wenden[2]. Eine   609
eidliche Vernehmung ist nach § 94 AO möglich. Unterlagen und Urkunden, dh. Bankbelege, sind nach § 97 AO vorzulegen. Die Pflichten können mit den Zwangsmitteln der AO (§§ 328 ff. AO) erzwungen werden.

---

1 Vgl. auch STRECK/MACK, BB 1995, 2138; BILSDORFER, DStR 1996, 953; HAACK, NWB F 13, 929 (1/1999); STRECK, WM 1999, 719; und die nachfolgend zitierten.
2 Vgl. BFH VIII 215/85 vom 22. 8. 1989, BFH/NV 1990, 210; VIII R 1/86 vom 23. 10. 1990, BStBl. 1991 II, 277, betr. ein ermessenswidriges Auskunftsverlangen.

Sammelauskünfte

610   Im **EU-Bereich** gelten die Informationspflichten und Quellensteuern der Zinsrichtlinie; dazu in Deutschland die Zinsinformationsverordnung vom 6. 1. 2005 (BStBl. I 2005, 29)[1].

611   Ab dem 1. 4. 2005 können sich die Finanzämter und die Steuerfahnder auch über das Bundesamt für Finanzen, heute: Bundeszentralamt für Steuern, die **Stammdaten aller in der Bundesrepublik geführten Konten** beschaffen (**§ 93 Abs. 7 AO** und die Anweisungen im AO-Anwendungserlass). Die Steuerfahndung hatte diese Möglichkeit in Steuerstrafverfahren schon seit dem 1. 4. 2003 (§ 24c Abs. 3 KWG). Damit gilt: **Im Inland geführte Konten** sind den Finanzbehörden gegenüber wie **bekannte** zu behandeln.

612   Finanzamt und Steuerfahndung können die Bank auch zu sog. **Sammelauskünften** auffordern[2]. Allerdings sind Ermittlungen ins Blaue unzulässig. Die Bank kann verpflichtet werden, für eine Vielzahl von Fällen Auskünfte zu erteilen und Unterlagen vorzulegen, wenn hierfür ein hinreichender Anlass gegeben ist. Aufgrund konkreter Anhaltspunkte und allgemeiner Erfahrungen muss das Auskunftsersuchen der Besteuerung dienen. Sammelauskünfte sind nicht dafür da, ohne hinreichenden Anlass im Wege einer Rasterfahndung bestimmte Gruppen von Bankkunden vollständig zu erfassen[3].

613   Im **Strafverfahren** können Bankangestellte als **Zeugen** vernommen werden. Die Bank kann **durchsucht** und Unterlagen können **beschlagnahmt** werden (durch sog. Bankbeschluss). Auf diese Weise erhält die Steuerfahndung nicht nur Zugriff auf bestimmte Kundenkonten, sondern auch auf die CpD-Konten und sonstige Nebenkonten. Im **EU-Bereich** ist die Informationsbeschaffung in jüngster Zeit dergestalt aus-

---

1 Mit nachfolgenden Änderungen. In Kraft getreten am 1. 7. 2005 (BGBl. I 2005, 1695). Dazu das BMF-Einf.-Schreiben vom 6. 1. 2005, BStBl. 2005 I, 29 mit nachfolgenden Ergänzungen.

2 Vgl. hierzu BFH VII R 30/86 vom 24. 3. 1987, BStBl. 1987 II, 484, mit HFR-Anm. 1987, 443, gegen FG Bremen II 61/82 vom 19. 12. 1985, EFG 1986, 269; BFH VII R 1/87 vom 24. 10. 1989. BStBl. 1990 II, 198; VII B 28/99 vom 25. 7. 2000, BStBl. 2000 II, 643; VII B 152/01 vom 21. 3. 2002, BStBl. 2002 II, 495; FG Baden-Württemberg 4 V 24/04 vom 14. 7. 2005, EFG 2005, 1822 betr. **Bonusaktien** der **Telekom**. Zur Unzulässigkeit von Sammelauskünften im Hinblick auf die **Verfassungswidrigkeit** der Besteuerung von **Spekulationsgewinnen** s. BFH VII B 85/03 vom 21. 10. 2003, BStBl. 2004 II, 36; FG Münster 11 K 6956/02, 6949/02, 6945/02 vom 25. 6. 2004, EFG 2004, 1656; s. auch VON WEDELSTAEDT, DB 2004, 948; WEINREICH, DStR 2002, 1925.

3 BFH VII B 28/99, aaO.

gedehnt, dass es in Strafverfahren innerhalb der EU praktisch **kein Bankgeheimnis** mehr gibt[1].

Problematisch sind die **Beschaffung** von **Informationen** und Prüfungs- 614
handlungen von **Betriebsprüfern** innerhalb einer **Bank-Bp.**, die mit den Besteuerungsverhältnissen der Bank nichts zu tun haben, sondern allein auf die Ermittlung von Besteuerungsgrundlagen der Bankkunden abzielen. Hier hat die Rechtsprechung deutliche Grenzen gezogen[2].

Zum Verhältnis der abgaben- und strafprozessualen Rechtskreise zu- 615
einander s. Tz. 23 ff. Die **Steuerfahndung bevorzugt** das **strafrechtliche Verfahren**; daneben werden aber auch die Wege der AO genutzt. Die Steuerfahndung kann sich bei der Bank die Informationen abholen, die dort zu einem Bankkunden gespeichert sind. Es ist nicht übertrieben, festzustellen, dass inländische Banken von der Steuerfahndung wie eine zu ihren Gunsten eingerichtete Buchführung benutzt werden.

Diese Rechtslage ist den Banken geläufig. Die meisten Banken haben 616
sich auch **organisationsmäßig** auf die Anfragen und Bankbeschlüsse **eingerichtet.**

b. Rechtsschutz

Geht die Steuerfahndung **strafrechtlich** gegen die Bank vor, bestimmt 617
sich der Rechtsschutz nach den Normen der **StPO.**

Sieht man von der Berufung und Revision gegen Strafurteile ab, so 618
steht im Mittelpunkt die **Beschwerde** nach **§§ 304 ff. StPO.** Von praktischer Bedeutung in Bankenverfahren ist mithin die Anfechtung von Durchsuchungs- und Beschlagnahmebeschlüssen. Sie sind mit der Be-

---

1 S. das Gesetz vom 16. 10. 2001 zu dem Übereinkommen über die Rechtshilfe in Strafsachen zwischen den Mitgliedstaaten der Europäischen Union vom 22. 2. 2005, BGBl. 2005 II, 661, in Kraft getreten am 2. 2. 2006; dazu PStR 3/2006, 47.
2 Nach BFH VIII R 33/95 vom 18. 2. 1997, BStBl. 1997 II, 499, hindert § 30a AO nicht die Fertigung von Kontrollmitteilungen, wenn hierfür ein hinreichender Anlass besteht; deutlich einschränkend hingegen die VII. Senat: VII B 40/97 vom 28. 10. 1997, BFH/NV 1998, 424; VII B 277/00 vom 6. 2. 2001, BStBl. 2001 II, 306; ausdehnend dann wiederum VII B 290/99 vom 28. 8. 2001, BStBl. 2001 II, 665; II R 3/04 vom 29. 6. 2005, BFH/NV 2006, 1 betr. Anlage in der Schweiz; Schleswig-Holsteinisches FG V 288/00 vom 28. 11. 2000, EFG 2001, 182; FG Baden-Württemberg 3 K 72/99 vom 28. 3. 2003, EFG 2003, 1139 und 3 K 240/98 vom 28. 3. 2003, EFG 2003, 1140; großzügiger zu Gunsten der FinVerw. noch 3 K 59/98 vom 21. 7. 2000, EFG 2000, 1218; auch FG Köln 9 K 8039/97 vom 7. 11. 2000, EFG 2002, 66. Dazu auch STRECK/PESCHGES, DStR 1997, 1993; LÜBBEN/ZÜHLKE, StBp. 1999, 169; HAMACHER, DB 1996, 2460.

schwerde anzugreifen. Wird die Bank als „Dritter" angegangen, sind solche Anfechtungen – betreffen sie einzelne Kunden – allerdings selten, da die Erfolgsaussichten äußerst gering sind[1].

619 Wird die Steuerfahndung im Bereich der sog. **Vorfelduntersuchung** nach § 208 Abs. 1 Nr. 3 AO tätig (Tz. 10 f.), fordert sie also Informationen und Unterlagen an, ohne dass sich das Verfahren gegen einen bestimmten Beschuldigten richtet, so können diese Maßnahmen mit dem Einspruch angefochten werden. Der Finanzrechtsweg steht offen[2].

620 Problematisch ist der Rechtsschutz dann, wenn die Steuerfahndung in einem Verfahren gegen einen bestimmten Bankkunden als Strafverfolgungsorgan tätig wird und sich auf die **Ermittlungsmöglichkeiten** der **AO** stützt. Aus der doppelten Funktion der Steuerfahndung (§ 208 Abs. 1 Nr. 1 und 2 AO) sollte eigentlich folgen, dass, wenn die Steuerfahndung nach den Regeln und mit den Mitteln der AO tätig wird, das Rechtsschutzsystem der AO und der FGO zur Verfügung steht. Der BFH entschied anders[3]; er schließt den Weg zu den Finanzgerichten aus. Allerdings ist der Weg zu den Finanzgerichten dann wieder offen, wenn sich die Ermittlungstätigkeit im Wesentlichen in Besteuerungsverhältnissen auswirkt[4]. Richtig ist, dass sich die Frage der Rechtmäßigkeit strafprozessualer Maßnahmen im Strafprozessverfahren, nicht vor den Finanzgerichten entscheidet[5].

c. Bankgeheimnis und Auskunfts-/Aussageverweigerungsrecht

621 Die **Abgabenordnung** und **Strafprozessordnung** gewähren den **Banken** und ihren **Angestellten kein Auskunfts- und Aussageverweigerungsrecht**[6].

622 Die Bediensteten der **öffentlich-rechtlichen Kreditinstitute** (zB Sparkassen) müssen im Strafverfahren zuvor nach den öffentlich-rechtlichen Vorschriften von der Verschwiegenheitspflicht entbunden werden (§ 54 StPO); dies räumt ihnen bezüglich des Bankgeheimnisses eine Sonderstellung allerdings nicht ein, da die Genehmigung idR er-

---

1 **Ausnahme** zB, wenn die Steuerfahndung schon weiß, was sie erst suchen und beschlagnahmen will (LG Bonn 37 Qs 10/95 vom 2. 6. 1995, WM 1995, 1974).
2 BFH VII R 82/85 vom 29. 10. 1986, BStBl. 1988 II 359; Tz. 939.
3 So in dem Verfahren BFH VII R 2/82 vom 20. 4. 1983, BStBl. 1983 II, 482. Der BMF war dem Verfahren beigetreten.
4 S. im Einzelnen Tz. 940.
5 BFH VIII B 91/01 vom 29. 1. 2002, BFH/NV 2002, 749.
6 **StPO**: S. MEYER-GOSSNER, § 53 Rz. 3; **AO**: BROCKMEYER in Klein, § 102 Anm. 13.

teilt werden muss[1]. Abgabenrechtlich sind die öffentlich-rechtlichen Kreditinstitute gegenüber den Steuerbehörden nach § 105 Abs. 1 AO von der Verschwiegenheitspflicht entbunden. Allerdings sind sie nicht zur Amtshilfe verpflichtet (§ 111 Abs. 3 AO). Dies stellt sie jedoch nicht von der allgemeinen Auskunftspflicht frei; die §§ 93 ff. AO finden auf die öffentlich-rechtlichen Institute wie auf privatrechtliche Banken Anwendung[2]. Ebenso besteht für die Mitarbeiter eine Zeugnispflicht im finanzgerichtlichen Verfahren[3].

In Steuersachen gibt es **kein Bankgeheimnis**. Auch wenn in anderem rechtlichen Zusammenhang ein Bankgeheimnis begründet wird[4], so nimmt die Steuerfahndung hierauf keine Rücksicht. Strafrechtlich soll das Bankgeheimnis durch § 41 BDSG geschützt sein[5]; der Datenschutz ist jedoch zugunsten der Steuerbehörden durch die Eingriffsmöglichkeiten der AO durchbrochen[6]. Der Beschuldigte muss davon ausgehen, dass ihn bei den Steuerfahndungsermittlungen kein Bankgeheimnis schützt[7]. 623

Auch der sog. **Bankenerlass**[8] gab keinen Schutz. Er galt bereits nach eigenem Selbstverständnis nicht für die Steuerfahndung, wenn steuerstrafrechtlich ermittelt wurde (was die Regel ist). 1988 wurde er durch § 30a AO abgelöst. Allerdings normiert auch diese Vorschrift kein Bankgeheimnis[9]. Sein Inhalt: 624

1 Lauer, Inf. 1981, 198; vgl. § 62 BBG.
2 Rüsken in Klein, § 111 Rz. 15; Bilsdorfer, DStR 1984, 498, 502 f. und DStZ 1984, 416.
3 BFH XI B 55/92 vom 21. 12. 1992, BStBl. 1993 II, 451, mit HFR-Anm. 1993, 397 und Vorinstanz FG Münster 13 K 422/89 vom 13. 3. 1992, EFG 1992, 571.
4 Sicher ist, dass das Bankgeheimnis zumindest aus dem Bankvertrag abgeleitet werden kann.
5 Ungnade, WM 1984, 646.
6 BVerfG 2 BvR 1493/89 vom 27. 6. 1991, BStBl. 1991 II, 654, 668.
7 Auch die **Tendenz** im internationalen Bereich geht dahin, das Bankgeheimnis zugunsten des Fiskus **einzuschränken**. Für die **Bewertung** im **außereuropäischen Bereich** sollte man immer wieder über die Grundregeln nachdenken: Je sicherer das Bankgeheimnis, desto unsicherer die Möglichkeit, im Krisenfall über das Geld verfügen zu können.
8 BStBl. 1979 I, 599; aufgehoben BStBl. 1989 I, 124, im Hinblick auf § 30a AO.
9 Der **BFH schränkt** die **Wirksamkeit** des **§ 30a AO** mit dem Ziel **ein**, die Besteuerung von Zinseinkünften nicht zu hindern (BFH VIII R 33/95 vom 18. 2. 1997, BStBl. 1997 II, 499); dazu Haremberg, FR 1997, 493; Geurts, DStR 1997, 1871; dazu Vogt/Kramer, WM 1997, 2156 – kritisch –; und Bilsdorfer, StBp. 1997, 262 – kritisch, da das Erhebungsdefizit unterschätzt wird. Im Hinblick auf die Vereinheitlichung der Zinserfassung im **EU-Bereich** wird die **Neugestaltung** des § 30a AO gefördert (zB Ehrhardt-Rauch/Rauch, DStR 2002, 57).

625 Nach **Abs.** 1 haben die Finanzbehörden auf das **Vertrauensverhältnis** zwischen den Banken und deren Kunden besondere Rücksicht zu nehmen. – Dies ist zumindest für das Fahndungsverfahren eine Leerformel.

626 Nach **Abs.** 2 dürfen von den Banken **nicht kontinuierliche Informationen** verlangt werden. – Spielt für das Fahndungsverfahren keine Rolle.

627 Nach **Abs.** 3 ist es dem **Bankprüfer untersagt**, von korrekt eingerichteten Konten Kontrollmitteilungen zu fertigen. – Ohne Bedeutung für das Fahndungsverfahren. Die Einschränkung betrifft nicht die Abwicklung von Kundenvorgängen über CpD-Konten oder andere Allgemeinkonten.

628 Nach **Abs.** 4 soll in **Steuererklärungsformularen** nicht nach Konten gefragt werden. – Keine Bedeutung für das Fahndungsverfahren.

629 Nach **Abs.** 5 gilt das **allgemeine Recht** für **Einzelermittlungen.** Dieser Absatz ist für Steuerfahndungsverfahren einschlägig; Einzelermittlungen sind zulässig. Außerhalb des Strafverfahrens soll „ein Kreditinstitut erst um Auskunft und Vorlage von Urkunden gebeten werden, wenn ein Auskunftsersuchen an den Steuerpflichtigen nicht zum Ziel führt oder keinen Erfolg verspricht" (§ 30a Abs. 5 S. 2 AO). Da sich Finanzämter allgemein erst an Dritte wenden, wenn diese Bedingungen gegeben sind, kann dies kaum Ausdruck eines Bankgeheimnisses sein.

630 Der § 30a AO gilt folglich nach eigenem Selbstverständnis **nicht** für die **Steuerfahndung**, wenn steuerstrafrechtlich und steuerlich im Einzelfall ermittelt wird (was die Regel ist)[1].

631 In diesen Rahmen gehört auch die Diskussion, ob die Finanzverwaltung die **Lieferung rechtswidrig** erlangter **Kundendaten bezahlen** darf[2]. Dies ist uE abzulehnen[3], in der Praxis kam es hierzu nicht.

632 Von besonderer Art ist der Fall der **Commerzbank** International S.A., Luxemburg (**Cisal**)[4]. Die Bank wurde mit der Drohung **erpresst**, Bankdaten von Kunden an die Finanzverwaltung und die Staatsanwaltschaft zu übergeben, wenn man nicht einen Betrag zahlen wolle. Zur Zahlung kam es nicht. Die Daten gelangten in die Hand der Staats-

---

1 Vgl. BFH VII B 11/00 vom 15. 6. 2001, BStBl. 2001 II, 624; VIII B 152/01 vom 21. 3. 2002, BStBl. 2002 II, 495, dazu Teubner/Wattenberg, BB 2003, 444.
2 Vgl. Spiegel 1/1998, 29; Esskandari, DStZ 1999, 322.
3 Vgl. Wendt, DStZ 1998, 145.
4 S. dazu Klos, Inf. 1995, 609; App/Klos, ZIP 1995, 1573.

anwaltschaft, die sie an die Steuerfahndung weitergab. Das Bemühen der Bank, die Herausgabe und die Verwertung für rechtswidrig zu erklären, scheiterte[1]. Daten, die für **ausländische Finanzverwaltungen** von Bedeutung sein können, können nach den Regeln des § 117 AO, des EG-AHG oder zwischenstaatlichen Vereinbarungen, zB Doppelbesteuerungsabkommen, weitergegeben werden[2].

d. Unterrichtung der Bankkunden

Holt die Steuerfahndung bei einer bestimmten Bank Auskünfte ein oder nimmt sie bezüglich bestimmter Konten Durchsuchungen oder Beschlagnahmehandlungen vor, ist die Bank nicht gehindert, den **Kunden zu unterrichten**[3]. Dies gilt selbst dann, wenn die Steuerfahndung um Stillschweigen gebeten hat[4]. Zwar ist an die Gefahr der Begünstigung (§ 257 StGB) und Strafvereitelung (§ 258 StGB) zu denken. Die Voraussetzungen dieser Delikte, ebenso Verdunkelungsgefahr (Haftgrund), dürften bei Banken jedoch nur in extremen Ausnahmefällen vorliegen[5].   633

Streitig ist, ob es neben der Unterrichtungsmöglichkeit eine **Informationspflicht** gibt. Dies wird zum Teil aus Bankenkreisen verneint, ist uE jedoch zu bejahen[6]. Eigentlich sollte es selbstverständlich sein, dass die Bank aus dem Bankvertrag mit dem Kunden heraus verpflichtet ist, diesen zu unterrichten, wenn sie an Dritte Daten, Informationen und Unterlagen des Kunden herausgibt. Dies muss nicht ausdrücklich vereinbart sein; die Unterrichtung kann auch als aus dem Bankvertrag abzuleitende Nebenpflicht begründet werden.   634

Unterrichtet die Bank nicht, obwohl sie verpflichtet ist, kann dies **Schadensersatzansprüche** des Bankkunden auslösen. Schaden ist sicher nicht die infolge der Ermittlungen zu Recht festgesetzte Steuer. Trägt der Bankkunde jedoch vor, er hätte, wäre er unterrichtet worden,   635

---

1 OLG Frankfurt 3 VAs 25, 26/95 vom 20. 12. 1995, RIW 1996, 268; dazu Klos, wistra 1996, 176.
2 Vgl. Klos, IStR 1998, 142.
3 Bilsdorfer, DStR 1984, 500, DStZ 1984, 416, und Inf. 1995, 6, 11; Ungnade, WM 1984, 647; Ransiek, wistra 1999, 401; Dörn, StBg. 1999, 319.
4 Ungnade/Kruck, WM 1980, 258, 267; Ungnade, WM 1984, 647.
5 Ungnade/Kruck, aaO (FN 4), 267; Ungnade, aaO (FN 4), 647.
6 Ungnade/Kruck, aaO (FN 4), 262, 267; Ungnade, aaO (FN 4), 647; zweifelnd Bilsdorfer, aaO (FN 3), Inf. 1995, 6, 12.

Kostenerstattung

eine Selbstanzeige erstattet, so kann der Schadensersatz die angefallene Geldstrafe umfassen[1].

636 Eine separate Entscheidung ist, in welcher **Form** Bankkunden informiert werden sollen. Formblätter oder Rundschreiben[2] können Strafverfolger provozieren; sie können Anlass sein, die Frage der Informationsberechtigung zu problematisieren. Werden Kunden persönlich oder telefonisch unterrichtet, ist dagegen für den informierenden Bankmitarbeiter uU die Grenzziehung zwischen Information, steuerlicher Beratung und Beihilfe bzw. die Eingrenzung auf die Information schwierig. Gleichwohl raten wir dazu, die persönliche Unterrichtung der schriftlichen vorzuziehen.

637 Eine Unterrichtung liegt regelmäßig nicht durch das allgemeine „**Pressewissen**" vor. Wenn der Kunde der D-Bank liest, dass die Steuerfahndung bei der D-Bank ermittelt, so weiß er noch nicht konkret, dass die Bank auch seine Unterlagen und Daten herausgibt.

e. Kostenerstattung

638 Im Auskunftsfall kann die Bank Kostenerstattung begehren. Bei einem **abgabenrechtlichen Auskunftsverlangen** (§ 93 AO) findet § 107 AO und damit das Justizvergütungs- und Entschädigungsgesetz entsprechend Anwendung[3]. Dies gilt auch, wenn – was die Regel ist – ein Auskunfts- mit einem Vorlageverlangen kombiniert wird[4]. Offen ist die Frage, ob die Erstattungspflicht bei der unmittelbaren Vorlage von Urkunden nach § 97 AO entfällt[5].

639 Im **Strafverfahren** hat die Bank unmittelbar einen Anspruch nach dem Justizvergütungs- und Entschädigungsgesetz[6].

640 Die Banken lassen sich hin und wieder auf den Kostenstreit mit der Steuerfahndung nicht ein, sondern **belasten** mit den Kosten das **Konto** des **Kunden**. Dies ist sicher dann rechtens, wenn der Kunde selbst die

---

1 S. Tz. 705 f.
2 So BILSDORFER, aaO (S. 173 FN 3), Inf. 1995, 12.
3 BGH VII R 91/79 vom 23. 12. 1980, BStBl. 1981 II, 392; AStBV (St) 2004, Nr. 125.
4 BFH VII R 113/84 vom 24. 3. 1987, BStBl. 1988 II, 163.
5 BFH vom 24. 3. 1987, aaO (FN 483), lässt die Frage offen.
6 Zu § 17a ZSEG – Vorgänger des Justizvergütungs- und Entschädigungsgesetzes – s. zB OLG Frankfurt 2 Ws 186/90 vom 5. 9. 1990, WM 1991, 160.

Bank gebeten hat, die Kopien zu fertigen, oder wenn er mit der Belastung einverstanden ist. Im Übrigen ist die Abbuchung uE rechtswidrig. Sie findet auch in den Allgemeinen Geschäftsbedingungen keine Rechtsgrundlage. Mit Auskünften gegenüber der Steuerfahndung kommt die Bank der eigenen Pflicht zur Zeugenschaft nach und erfüllt nicht die Pflichten oder Obliegenheiten des Kunden. Allerdings – auch das ist gesicherte Erfahrung – hat der Bankkunde im Steuerfahndungsverfahren – und zwar während des Verfahrens ebenso wie nach dessen Abschluss – regelmäßig kein Interesse daran, sich mit der Bank über die Kostenbelastung auseinander zu setzen.

f. Empfänger- und Treugeberbenennung (§§ 160 und 159 AO)

Inzwischen hat die Steuerfahndung auch § 160 AO als Ermittlungsinstrument im Bankenbereich entdeckt. Wer Ausgaben steuerwirksam geltend machen will, muss den Empfänger benennen; anderenfalls ist der Abzug ausgeschlossen. Dazu allgemein Tz. 1053 ff.   641

Eine Bank zahlt bei der Abwicklung von Tafelgeschäften gegen Aushändigung der Zinsscheine **Zinsen.** Die Bank zahlt Zinsen auf Anleihen, deren Schuldner sie selbst ist. Muss sie in diesen Fällen jeweils sicherstellen, dass sich aus ihren Unterlagen der Geldempfänger ergibt? Steuerprüfern, die tagtäglich mit § 160 AO zu tun haben, fällt es schwer, einen Grund zu finden, warum § 160 AO keine Anwendung finden soll. Von Bankenseite wird dies abgelehnt[1]. § 160 AO wird teleologisch reduziert. Die Anwendung des § 160 AO sei ermessenswidrig. Welchen Weg die Auslegung hier gehen wird, ist noch offen. Der BFH hat entschieden, dass der **Emittent** von **Inhaberschuldverschreibungen (§§ 793 ff. BGB)** nicht verpflichtet ist, den Gläubiger der verbrieften Ansprüche nach § 160 AO zu benennen[2].   642

Ähnliche Probleme stellen sich zu **§ 159 AO.** Hiernach muss der, der behauptet, dass er Rechte oder Sachen nur als Treuhänder oder Vertreter für einen anderen innehat, diesen Dritten benennen. Zahlt ein Kundenbetreuer Gelder für einen Bankkunden auf ein Konto ein, ohne den Bankkunden zu benennen, so erwägt die Steuerfahndung, diese Gelder dem Kundenbetreuer als eigene Gelder zuzurechnen. Der Druck dieser Rechtsfolge kann ausreichen, den Kundenbetreuer zu   643

---

1 Vgl. Dahm/Hamacher, DStZ 1992, 753.
2 BFH I R 31/03 vom 25. 2. 2004, BStBl. 2004 II, 582; I R 13/03 vom 25. 2. 2004, BFH/NV 2004, 1209.

Vorstand oder Mitarbeiter als „Beschuldigte"

veranlassen, den Bankkunden preiszugeben, und zwar selbst dann, wenn ihm selbst als Beschuldigten ein Aussageverweigerungsrecht zur Seite steht. Oder: Die Bank transportiert Wertpapiere nach Luxemburg. Auf diesen Transport wendeten Steuerfahnder § 159 AO mit der Folge an, die Wertpapiere ummittelbar der Bank zuzurechnen, und zwar als Kapitalzugang mit nachfolgender Zinszurechnung[1].

2. Vorstand oder Mitarbeiter der inländischen Bank als „Beschuldigte"[2]

a. Allgemeines

644 Stehen Bankangestellte – Vorstand oder Mitarbeiter – selbst im Verdacht, die Steuerhinterziehung des Bankkunden, sei es als Mittäter, Anstifter oder Gehilfe, zu unterstützen[3], richtet sich die **Ermittlungs-**

---

1 S. hierzu Leisner, DB 2002, 2015; FG München 15 K 2293/01 vom 3. 8. 2004, EFG 2004, 1730.

2 **Einmal** sind die Banken angesprochen, die als Ermittlungsopfer gewollt oder ungewollt in die **Presse** gelangten; vgl. – die Hinweise auf die Presseveröffentlichungen sind zufällig herausgegriffen –: Dresdner Bank (FAZ vom 25. 1. 1994, 11; vom 7. 1. 1998, 18, 17. 9. 1997, 23, 25. 3. 1999, 17, 26. 3. 1999, 25; Spiegel 5/1994, 76, 16/1994, 102 und 21/1994, 104, 39, 52/1997; Focus 46/ 1994, 338); H.C.M. (FAZ vom 4. 2. 1995, 14; Spiegel 7/1995, 88); Nord/LB (Hannoversche Allgemeine vom 26. 4. 1995 und 27. 4. 1995); Merrill Lynch (Focus 24/1995 vom 12. 6. 1995, 20); Deutsche Bank in Saarbrücken (DM 8/ 95, 14); Commerzbank (FAZ vom 28. 2. 1996; 15; Spiegel 10/1996, 94, 11/ 1996, 114); Trinkaus & Burkhardt (Spiegel 11/1996, 126); WestLB und Sparkassen (Spiegel 37/1996, 22); DG Bank (FAZ vom 5. 3. 1997, 23); Vereins- und Westfalenbank (FAZ vom 2. 10. 1997, 27); zur türkischen Zentralbank FG Düsseldorf 16 K 3684/02 vom 25. 4. 2005, EFG 2005, 1661 u. 16 K 1387/04 vom 25. 4. 2005, EFG 2005, 1660. Zusammenstellung auch in der Wirtschaftswoche 1997/19 vom 1. 5. 1997. **Zum anderen** die Banken, denen es gelang, Fahndungsverfahren **diskret** durchzustehen und zu erledigen. **Allgemein** zur Steuerfahndung bei Banken Tipke, BB 1998, 241; Streck, WM 1999, 719; Joecks, WM 1998, Sonderbeil. Nr. 1. Zu **verfassungsrechtlichen Fragen** im Zusammenhang mit den Steuerfahndungsmaßnahmen gegen Banken s. Papier/Dengler, BB 1996, 2593, 2541. Zur fraglichen **EG-Rechtswidrigkeit** der Fahndungswelle gegen deutsche Banken s. Ditges/Grass, BB 1998, 1390; aufgenommen zB von BFH VII B 277/00 vom 6. 2. 2001, BStBl. 2001 II, 306; das Argument hat in der Praxis keinen Erfolg.

3 Die Tatbestandsbedingungen einer solchen **Mittäterschaft, Anstiftung** oder **Beihilfe** werden hier nicht dargestellt. S. dazu BGH 5 StR 624/99 vom 1. 8. 2000, wistra 2000, 340; Messner, DB 1996, 2196; Ransiek, wistra 1997, 41; Vossmeyer, DStR 1998, 842; Behr, wistra 1999, 245; Harzer/Vogt, StraFo

maßnahme gegen die Bank. Diese kann insgesamt betroffen sein; dies muss nicht so sein. Ist dem teilnahmeverdächtigen Mitarbeiter ein bestimmter Bereich, zB eine Zweigstelle, zuzuordnen, so können sich die Ermittlungen auch nur auf diesen Bereich erstrecken. In jedem Fall ist jetzt nicht mehr eine einzelne Kundenbeziehung, sondern der Verdacht, Bankchefs oder -angestellte hätten in einer Vielzahl von Fällen die Hinterziehung der Kunden gefördert, Gegenstand des Verfahrens.

b. Konfrontation oder Kooperation

Die Bank gerät in ein schwieriges **Spannungsverhältnis.** Da sich der strafrechtliche Verdacht am Anfang idR nicht gegen bestimmte Bankangestellte, sondern gegen Bankangestellte schlechthin richtet, könnte die Bank durch Ausübung der strafrechtlichen Verweigerungsrechte jegliche Mitwirkung ablehnen. Unterlagen werden nicht herausgesucht und herausgegeben. Computer werden nicht geöffnet und entschlüsselt. Wird mit dieser Möglichkeit gespielt, setzt dem die Steuerfahndung entgegen: Dann müsse man eben alle Unterlagen beschlagnahmen und mitnehmen, notfalls die Bank, Filiale oder Zweigstelle schließen, um selbst die geforderten Unterlagen herauszusuchen. Die Bank steht in der Spannung zwischen Mitwirkung und erheblicher Beeinträchtigung ihrer Tagesarbeit.

645

Die Banken lösen dieses Spannungsverhältnis in unterschiedlicher Weise. Die einen suchen die **Konfrontation.** Das Gegenstück ist die Entscheidung zur **falschen Kooperation.** Es wird einfach „blind" mitgewirkt. Ohne jegliche Kontrolle und Überlegung wird der Steuerfahndung alles gegeben, was sie verlangt.

646

Eine **Mitwirkung** kann besser laufen. Die Bank tritt der Steuerfahndung gegenüber durch einen Mitarbeiter auf, der nicht belastet ist. Beginn der Kooperation heißt sodann nicht, dass die Bank einfach alles tun muss, was die Steuerfahndung verlangt. Die „Waffe" der Bank ist die Fülle der Informationen, über die sie allein verfügt und auf die die Steuerfahndung zugreifen will. Die „Ressource" Steuerfahndung ist beschränkt. Ihr ist es regelmäßig objektiv unmöglich, alle Bankkunden zu überprüfen. Wird von Seiten der Bank das Fahndungsinteresse und die Fahndungsberechtigung grundsätzlich anerkannt, wird sie ein offenes Ohr für Vorschläge der Banken haben, die Untersuchungen auf

647

2000, 39; Behr, BB 2000, 2240; Löwe-Krahl, Steuerhinterziehung bei Bankgeschäften, 2. Aufl., 2000; Samson/Schillhorn, wistra 2001, 1; zurückhaltend BFH VIII B 271/04 vom 25. 11. 2005, BFH/NV 2006, 483.

bestimmte Kontenverhältnisse zu beschränken. Der archimedische Punkt, mit dem sich ein Steuerfahndungsverfahren bewegen lässt, liegt in der Anerkennung der sich schneidenden Erkenntnisse: Nahezu alle **Rechte** liegen bei der **Steuerfahndung**; die Last ist groß, sie durchzusetzen. Die **Bank** verfügt über kaum Rechte, aber über die **Leichtigkeit**, die **Informationen** zu **verschaffen**.

c. Der Tag der Durchsuchung

648 Jede Bank sollte auf den **Tag** einer **Durchsuchung vorbereitet** sein. „Planspiele" sind keine Strafvereitelung[1]. Auch die Möglichkeit der **Selbstanzeige** ist zu erwägen[2]. Uns haben Fahnder über ihr Erstaunen berichtet, wie unsicher und laienhaft im Einzelfall Bankvorstände und -mitarbeiter bei einer Durchsuchung reagieren. Im Streit muss man wissen, wann der Tag des Gegners, wann die eigene Zeit ist. Die **Durchsuchung** ist der **Tag** der **Strafverfolgung**. Sie muss durchgestanden werden.

649 Für den Tag der Durchsuchung muss eine **eindeutige Zuständigkeits-** und **Verantwortungszuweisung** bestehen. Es sollte einen Gesprächspartner für die Steuerfahndung geben, der die Durchsuchung managt und der auch hierauf vorbereitet ist. Weglauf-Syndrome sind ebenso verheerend wie ein Viel-Köche-Management von allen Vorstandsmitgliedern. Für Mitarbeiter und Steuerfahndung muss es eine klare und unumstößliche Verantwortungszentrierung geben.

650 Die Durchsuchung ist **nicht** die Gelegenheit von **Aussagen**. Aussagen an diesem Tag können idR nur Schaden anrichten. Bei der Steuerfahndung muss niemand aussagen[3]. Beschuldigte haben ein Aussageverweigerungsrecht. Zeugen sollten ihr Recht in Anspruch nehmen, zuerst einen Zeugenbeistand zu beauftragen[4]; der Wille, dieses Recht in Anspruch zu nehmen, gibt den die Sachlichkeit fördernden Zeitaufschub.

651 Was beschlagnahmt werden soll, ist **aufzuzeichnen** (vgl. § 107 StPO). Die Frage, ob man zur **freiwilligen Herausgabe** bereit sei, ist zu **verneinen**; anderenfalls ist die Beschwerdemöglichkeit nicht mehr gegeben. S. Tz. 369.

---

1 S. Tz. 176.
2 Zur Diskussion der Frage, ob eine **Bank insgesamt Selbstanzeige** erstatten kann, insbesondere zum sog. **Monheimer Modell** s. VOSSMEYER/VENN, StBg. 1998, 260; PLEWKA, BB 1998, 1337; DITGES/GRASS, BB 1998, 1978; SPATSCHECK, DB 2000, 492; Wirtschaftswoche 1998 Nr. 14, 176.
3 S. Tz. 501, soweit im Strafverfahren ermittelt wird.
4 Tz. 592 ff.

Allerdings können an diesem Tag der Durchsuchung bereits erste 652
Überlegungen und Gespräche zur **Alternative** begonnen werden, den
Weg der **Kooperation** oder **Konfrontation** zu gehen. S. Tz. 647 ff. Dem
Plan der Steuerfahnder, eine große Zahl von Unterlagen (in Presse-
berichten werden daraus: „Wagenladungen") mitzunehmen, kann
durch die **Zurverfügungstellung** eines **Raums**, der zugunsten der
Steuerfahndung versiegelt wird, begegnet werden. Auf diese Weise ist
bereits durch die räumlichen Gegebenheiten die Kooperation vorge-
zeichnet.

d. Anfechtung von Durchsuchungs- und Beschlagnahmebeschlüssen

Wird im Bereich eines **Bankkunden** ermittelt und bezieht sich die Er- 653
mittlung der Steuerfahndung auf die Bankverbindungen dieses einen
Kunden, wird die Bank regelmäßig **nicht** die **Rechtsmittelkontrolle**
suchen[1].

Anders, wenn sich die Durchsuchungsaktion auf die Bank insgesamt 654
bezieht. Zwar gilt auch hier, dass eine Beschwerde gegen Durchsu-
chungs- und Beschlagnahmebeschlüsse regelmäßig **wenig Aussicht
auf Erfolg** hat. Dies gilt insbesondere für die Begründungsebene, es
fehle an einem hinreichenden Tatverdacht. Die Schwelle des Tatverdachts ist für Durchsuchungs- und Beschlagnahmebeschlüsse so gering, dass sie – geht man davon aus, dass die Steuerfahndung ohnehin
nur mit einer gewissen Vorsicht den Generalangriff auf eine Bank unternimmt – regelmäßig zu nehmen ist. Allerdings wird die Bank das
Beschwerdeverfahren durchführen, um den „guten Glauben" ihren
Bankkunden gegenüber zu **dokumentieren.** Für die Bank ist es fatal,
wenn sich dem Kunden der Eindruck aufdrängt, die Steuerfahndung
brauche nur zu erscheinen, um alle Abwehrkräfte der Bank zum Erliegen zu bringen. Die Beschwerde muss durchgeführt werden. Bestätigt das Landgericht den Durchsuchungs- und Beschlagnahmebeschluss, so kann man dem Bankkunden belegen, man habe alles unternommen, um die Ermittlungen abzuwehren.

Gegen die landesgerichtliche Entscheidung gibt es nur den **Weg** zum 655
BVerfG (Tz. 433 f.). Es ist fraglich und bedarf sorgfältiger Beratung, ob
eine Bank diesen Weg gehen soll. Im spektakulären Fall der Dresdner
Bank hat sich die Bank entschlossen, den 2. Senat des BVerfG anzu-

---

1 S. Tz. 617 ff.

rufen. Die Anrufung war nicht erfolgreich[1]. Es lässt sich in der Tat fragen, ob es sinnvoll ist, zum Schutz gegen die Steuerfahndung gerade den Senat des BVerfG anzurufen, der das Parlament verpflichtete, für eine gerechtere Besteuerung der Zinsen zu sorgen.

e. Presse

656   Die Steuerfahndung erscheint, soll die **Presse**, sollen die Medien **benachrichtigt** werden? Muss etwaigen Presseinformationen der Ermittler gegengesteuert werden?

657   Jede Presse- und Medienveröffentlichung eines Steuerfahndungseingriffs in eine Bank **hindert** die möglichst **reibungslose Abwicklung** des Steuerfahndungsverfahrens. Die Ermittler haben durchweg kein Interesse an derartigen Veröffentlichungen, weil auch ihre Arbeit behindert wird. Das gilt selbst dann, wenn staatsanwaltliche Pressestellen Informationen herausgeben. Fahndungsverfahren lassen sich fernab von allen Medien besser führen als in ihrem ständigen Spiegel. Selbst wenn – was oft nicht zu vermeiden ist – zu Beginn des Eingriffs in den Medien berichtet wird, sollten die Steuerfahndungsermittlungen auf die Dauer wieder in Vergessenheit der Öffentlichkeit gelangen. Banken und ihre Kunden profitieren davon. Dies muss auch den Bankvorständen und -mitarbeitern verdeutlicht werden.

658   Wird diese **Medienstille gesucht**, so kommt dem die **Dauer** von Steuerfahndungsverfahren und die Schnelllebigkeit der Nachrichten ebenso entgegen wie die Tatsache, dass das Steuerhinterziehungsdelikt und die Ermittlungstätigkeit der Fahndung – sieht man von der Startdurchsuchung ab – ziemlich uninteressant und langweilig sind. Mit Schlagzeilen wird über den ersten Zugriff berichtet. Eine kontinuierlich anhaltende Berichterstattung gibt es nicht. Von Zeit zu Zeit wird das Verfahren noch einmal aufgegriffen, ohne dass es nennenswert neue Informationen gibt. Über den Schlusspunkt wird nahezu nie berichtet.

---

1 BVerfG 2 BvR 396/94 vom 23. 3. 1994, StV 1994, 353 – Dresdner Bank I, Durchsuchung –; 2 BvR 894/94 vom 13. 12. 1994, ZIP 1995, 101 – Dresdner Bank II, Beschlagnahme von 40 000 Einzahlungsbelegen und Scheckkopien –. Zu den Vorentscheidungen des AG und LG Düsseldorf s. AG 1994, 119. Zu den Entscheidungen des BVerfG: STRECK, StV 1994, 355; OTTO, StV 1994, 409; CARL/KLOS, wistra 1994, 211, und DStZ 1994, 391; LEISNER, BB 1994, 1941, und BB 1995, 10. Zur Durchsuchung vor der Entscheidung des BVerfG: TRZASKALIK, DB 1994, 550; ARNDT, KÖSDI 1994, 9760. Das BVerfG wird seine Haltung nicht ändern, s. zB BVerfG 2 BvR 972/00 vom 1. 3. 2002, wistra 2002, 298.

f. Politischer Einfluss

Der Versuch, **politischen Einfluss** auf Steuerfahndungsverfahren zu 659
nehmen, ist nicht kalkulierbar, idR eher mit nachteiligen als mit positiven Folgen verbunden. Was Oberbehörden oder Ministern auf dem
Tisch liegt, erlaubt den unteren Beamten nicht mehr die Verhandlung,
den Kompromiss. Im Übrigen scheuen die Politiker heute den Eingriff
in laufende Verfahren wie der Teufel das Weihwasser.

g. „Kontenwahrheit" (§ 154 AO)

An dieser Stelle geben wir **keinen Kommentar** zu § 154 AO. Wichtig 660
ist jedoch der Hinweis, dass § 154 AO in Bankenverfahren eine besondere Bedeutung hat. § 154 AO befasst sich mit der sog. „Kontenwahrheit". Nach Abs. 1 darf niemand auf einen falschen oder erdichteten
Namen für sich oder einen Dritten ein Konto errichten oder Buchungen
vornehmen lassen, Wertsachen (Geld, Wertpapiere, Kostbarkeiten) in
Verwahrung geben oder verpfänden oder sich ein Schließfach geben
lassen. Nach § 154 Abs. 2 AO hat der, der ein Konto führt, Wertsachen
verwahrt usw., sich zuvor Gewissheit über die Person und die Anschrift des Verfügungsberechtigten zu verschaffen und die entsprechenden Angaben in geeigneter Form festzuhalten. Er hat außerdem
sicherzustellen, dass er jederzeit Auskunft darüber geben kann, über
welche Konten und Schließfächer eine Person verfügungsberechtigt
ist.

Diese nüchterne Gesetzesvorschrift, gegen die nichts einzuwenden ist, 661
findet eine erste **ausdehnende Auslegung** im **Anwendungserlass zur
AO** der Finanzverwaltung. Hier liest man – neben anderen Ausdeh-
nungen – mit einem Mal das Verbot, Geschäftsvorfälle über **CpD-Konten** abzuwickeln, wenn der Name des Beteiligten bekannt ist oder un-
schwer ermittelt werden kann und für ihn bereits ein entsprechendes
Konto geführt wird. Was ein CpD-Konto ist, wird nicht erläutert. Weiter
ist bestimmt, dass sich Kreditinstitute vor jeder Erledigung von Aufträ-
gen, die über ein Konto abgewickelt werden sollen – also nicht nur bei
Errichtung des Kontos, wie der Wortlaut des § 154 Abs. 2 AO verstanden werden kann –, Gewissheit über die Person und die Anschrift des
Verfügungsberechtigten verschaffen müssen. Legt man die Formulierung des Anwendungserlasses neben den Gesetzestext, so blickt man
auf zwei unterschiedliche Normengefüge, die nur einen lockeren Zusammenhang haben; dass der Anwendungserlass § 154 AO auslegt, ist
eher zu ahnen als zu verstehen.

Formale Kontenwahrheit

662 Jede Bank muss wissen, dass sich die **Finanzverwaltung** und die **Steuerfahndung** am **Anwendungserlass** (nicht am Gesetz) orientieren, auch wenn letztlich nur das Gesetz, nicht der Anwendungserlass maßgebend ist.

663 **Auslegungsfreudige Finanzbeamte**, hier sind insbesondere CARL/KLOS zu nennen[1], gehen zum Teil noch einen Schritt weiter. Mit dem Geist des § 154 AO, seinem selbstformulierten Sinn und Zweck verpflichten sie die Bank zu jedweder Dokumentation, die der Finanzverwaltung die Arbeit, Steuersünder aufzuspüren, erleichtert. § 154 AO wird tatbestandsunabhängig zur „ausgelagerten Steuerüberwachung"[2]. „Die Kontenwahrheitspflicht soll im steuerlichen Interesse das Erkennen und Aufbewahren der ‚Papierspur' von Bankbewegungen ermöglichen"[3]. Um sich aus der Tatbestandsbegrenzung zu befreien, wird das „Konto" kurzerhand zu jedweder Geschäftsbeziehung Bankkunde/Bank[4] und die „Wahrheitspflicht" des § 154 AO auch auf den Geldempfänger ausgedehnt[5]. Im Streit sind hier insbesondere Geldeinzahlungen bei inländischen Instituten auf die Konten ausländischer Banken. Muss der Einzahlende hier seinen Namen nennen? Dem Wortlaut des § 154 AO ist dies mitnichten zu entnehmen. Nach Sinn und Zweck, wie ihn CARL/KLOS definieren und beschwören, soll dies aber so sein[6]. Dass die Steuerfahnder die Beiträge aus diesen Federn schätzen, versteht sich.

664 Der **Bundesgerichtshof** hat mit Macht gegengesteuert[7]: § 154 AO ist ausschließlich eine Vorschrift, die die sog. **formale Kontenwahrheit** gewährleisten soll. Ob der angegebene Inhaber das Konto für eigene oder fremde Rechnung führt (sog. materielle Kontenwahrheit), ist unerheblich. Der BGH lehnt jede extensive, den Tatbestand verlassende Auslegung des § 154 AO ab. Auch das Ziel, Steuerhinterzieher zu verfolgen, erlaube es nicht, den Wortlaut des Gesetzes zu verlassen.

---

1 Vgl. zB DStZ 1994, 391, NWB F 2, 5635 (5/1991), und insb. DStZ 1995, 296.
2 DStZ 1995, 298.
3 DStZ 1995, 298.
4 DStZ 1995, 299.
5 DStZ 1995, 299.
6 Von ihnen, DStZ 1995, 299, wie folgt begründet: „Wer Bargeld auf ein fremdes Konto einzahlt, darf nicht über die Person des Auftraggebers täuschen oder im Unklaren lassen. Nur diese Sicht der Dinge wird dem Normzweck der Vorschrift gerecht."
7 BGH XI ZR 237/93 vom 18. 10. 1994, BB 1995, 62.

Konten auf falschen oder erdichteten Namen

Wenn der Gesetzgeber eine extensive Anwendung gewollt habe, hätte er sie formulieren können[1].

Dass der **Gesetzgeber** ähnlich denkt, ist darüber hinaus belegbar. Erst das Geldwäschegesetz vom 25. 10. 1993 hat die Notwendigkeit der Identifikation einzahlender Personen eingeführt. Aus der Begründung des Entwurfs zu § 2 GwG[2]: „Nach geltendem Recht gibt es keine Identifikationspflicht bei Bargeldeinzahlungen. § 154 Abs. 2 AO regelt lediglich ... die Sorgfaltspflichten, die bei der Eröffnung eines Kontos, bei der Verwahrung oder Pfandannahme von Wertsachen oder bei der Eröffnung eines Schließfachs zu beachten sind ... Eine Identifikation dessen, der auf ein Konto einzahlt, findet hingegen nach § 154 Abs. 2 AO nicht statt. Sie wird auch nach der EWG-Geldwäsche-Richtlinie nicht gefordert, ist jedoch kriminalpolitisch wünschenswert."

665

h. Blockierung der Konten, die auf falschen Namen eingerichtet sind, und Haftung

Guthaben auf **Konten,** die auf **falschen** oder **erdichteten Namen** eingerichtet sind, dürfen nur mit Zustimmung des für die Einkommen- und Körperschaftsteuer des Verfügungsberechtigten zuständigen Finanzamts ausgezahlt werden (vgl. **§ 154 Abs. 3 AO**). Auf diese Weise werden Guthaben blockiert. Das zuständige Finanzamt wird allerdings seine Zustimmung dann erteilen, wenn die Beträge als Anzahlung auf die Steuerfahndungsmehrergebnisse erbracht werden. Fordert das Finanzamt Sicherheiten, können solche Konten auch dem Sicherheitszweck dienen. Wird gegen § 154 Abs. 3 AO verstoßen, so haften Bank und der handelnde Mitarbeiter nach § 72 AO[3]. Die Haftung erstreckt sich auf die Steueransprüche, die infolge der Verletzung des § 154 Abs. 3 AO nicht realisiert werden können. Wir können aus der Praxis bestätigen, dass es sich nicht um eine „tote" Haftungsnorm handelt, die nicht genutzt wird. Verstöße gegen § 154 Abs. 1 AO sind im Übrigen eine Ordnungswidrigkeit nach § 379 Abs. 2 Nr. 2 AO.

666

---

1 Zur europarechtlichen Bedenklichkeit der Auslegung und Handhabung des § 154 AO s. HAMACHER, DB 1995, 2284.
2 GwG vom 25. 10. 1993, BGBl. 1993 I, 1770; RegE, BT-Drucks. 12/2704.
3 Vgl. BFH III R 35/85 vom 17. 2. 1989, BStBl. 1990 II, 263, mit HFR-Anm. 1989, 471; aA – Haftung nur des Bankmitarbeiters – LOOSE in Tipke/Kruse, § 72 Rz. 2 (Okt. 2004).

Zuverlässigkeit nach § 33 Abs. 1 Nr. 2 KWG

i. Haftung der Bankangestellten nach § 71 AO

667 Haben sich Bankangestellte als Mittäter, Anstifter oder Gehilfen an der Steuerhinterziehung eines Bankkunden beteiligt, **haften** sie nach **§ 71 AO** für die hinterzogene Steuer (s. auch Tz. 1242 ff.). Dies ist ein Risikobereich für Bankangestellte, der nicht unterschätzt werden darf.

668 Daran ändert selbst eine wirksame **Selbstanzeige** der **Bankangestellten** nichts: Es entfällt lediglich die Strafbarkeit, nicht die Haftung.

j. Steuerstrafverfolgung und Zuverlässigkeit nach § 33 Abs. 1 Nr. 2 KWG

669 Richtet sich das Steuerstrafverfahren gegen einen Bankvorstand, so geht es nicht nur um eine steuerstrafrechtliche Sanktion, sondern zugleich um das Verdikt des Bundesamts für das Kreditwesen, der Beschuldigte sei **nicht mehr „zuverlässig"**. Nach § 36 KWG ivm. § 35 Abs. 2 Nr. 3 KWG und § 33 Abs. 1 Nr. 2 KWG kann das Bundesaufsichtsamt für das Kreditwesen die Abberufung von iSv. § 33 Abs. 1 Nr. 2 KWG unzuverlässigen Geschäftsleitern einer Bank verlangen.

670 Die **Beteiligung** an einer **Steuerhinterziehung** kann die **Unzuverlässigkeit indizieren.** Wird der leitende Bankangestellte bestraft, und sei es nur durch einen Strafbefehl, so gerät die Zuverlässigkeit in Gefahr. Problematisch ist schon die Sanktion des § 153a StPO. Hier gibt es Geldsanktionen, die das Aufsichtsamt noch hinnimmt, andere, die die Zuverlässigkeit berühren. Maßgebend scheint in der Tat die Höhe des Geldbetrags zu sein, der zu zahlen ist. Bevor die Zustimmung zur Einstellung nach § 153a StPO in solchen Fällen erteilt wird, müssen die Folgen im Hinblick auf die Zuverlässigkeit nach Möglichkeit mit dem Bundesamt abgestimmt werden.

k. Zeitablauf

671 Wird gegen eine Bank mit dem Verdacht ermittelt, Bankangestellte hätten den Bankkunden bei Steuerhinterziehungen geholfen, werden sich Bankangestellte auf ein **langes Verfahren** einrichten müssen.

672 Es gilt hier eine fast **zwingende zeitliche Abfolge**: Zuerst werden die Fälle der Bankkunden bearbeitet, und zwar zumeist bis zum steuerstrafrechtlichen Abschluss. Dann folgt die Bearbeitung der Akten der Bankangestellten. Da es sich bei den Bankkunden um eine beträcht-

liche Anzahl von Steuerstrafverfahren handelt, vergeht viel Zeit, bis die Fälle der Bankmitarbeiter zur Entscheidung anstehen.

Dies zehrt an den Nerven, muss jedoch **nicht immer nachteilig** sein. 673 Einmal nähert man sich der Zeitgrenze der Verjährung, überschreitet diese vielleicht sogar. Zum anderen mindert sich mit der zeitlichen Entfernung zur Tat die Schwere der möglichen Sanktion. Schließlich gehört zu unserer Erfahrung, dass die Verfolgungsintensität zugunsten von Gehilfen und Anstiftern spürbar nachlässt, ist das Verfahren des Hauptbeteiligten, nämlich des Stpfl. selbst, erledigt.

3. Ausländische Banken

a. Allgemeines

Auch im **Ausland anfallende Kapitaleinkünfte** des im Inland unbe- 674 schränkt Stpfl. sind **steuerpflichtig**. Auf diese Selbstverständlichkeit müssen Steuerberater immer wieder hinweisen, weil die Mandanten oft glauben, mit der Entfernung des Landes, in dem Kapitalien angelegt sind, nehme die Steuerpflicht ab.

Auch bei der Nichtversteuerung ausländischer Zinserträge kann man 675 mitwirken. Auch hier gibt es **Mittäter, Anstifter** und **Gehilfen**. Die verbale Entlastung, man suche die Kapitalanlage im Ausland, um der Zinsabschlagsteuer zu entgehen, wolle jedoch im Übrigen die Zinserträge ordnungsgemäß versteuern, ist wenig überzeugend. Allein der Kostenaufwand der Einschaltung ausländischer Banken ist größer als der hier angestrebte Zinseffekt.

b. Ermittlungen der Steuerfahndung im Ausland

Regelmäßig wird das Ausland für Kapitalanlagen in der Erwartung ge- 676 wählt, dass das Finanzamt solche Kapitalanlagen nicht entdecken könne. Man entscheidet sich für bestimmte ausländische Staaten, weil diese, so ist man informiert, jede **Amts- und Rechtshilfe ablehnen**.

In der Tat setzt die Grenze zum Nachbarstaat dem Finanzamt auch die 677 **Grenze** der **Ermittlungsmöglichkeit.** Jenseits der Grenze ist hoheitliches Handeln dem deutschen Finanzbeamten völkerrechtlich untersagt, s. Tz. 22, 765 ff. Diese direkte und verbotene Aktion wird ersetzt durch die Möglichkeit, mit Hilfe der **internationalen Rechts- und Amtshilfe** aufgrund von Doppelbesteuerungsabkommen, aufgrund von besonderen Abkommen oder aufgrund von strafrechtlichen Vereinbarungen Ermittlungen anstellen zu können.

678   Im Bereich der Steuerfahndungsermittlungen spielt bei ausländischen Kapitalerträgen nach unserer Erfahrung die **internationale Amtshilfe** eine **geringe Rolle.** Dies gilt auch dann, wenn der ausländische Fiskus bei Banken Ermittlungen anstellen könnte.

679   Die Finanzverwaltung kommt zumindest bei der Steuererhebung mit den **Mitteln** der **AO** schneller und **besser** zum Zuge. Weiß das Finanzamt um eine bestimmte Kontenverbindung – zB weil ein einziger Kontoauszug gefunden wurde –, so benötigt das Finanzamt die internationale Amtshilfe nicht. Das Finanzamt wird den Steuerpflichtigen auffordern, die Kontounterlagen vorzulegen. Kommt der Steuerpflichtige dieser Mitwirkung nicht nach, **schätzt** das Finanzamt das Auslandsvermögen und die Auslandserträge. Die Schätzung wird idR so ausfallen, dass der Stpfl. gezwungen ist, die Unterlagen zu beschaffen, will er einer Überbesteuerung entgehen. Allein mit dem Argument, die Schätzung sei überhöht und willkürlich, wird er nicht gehört werden. Die Entgegnung, diese Überhöhung sei nur dann glaubhaft, wenn sie belegmäßig dargetan ist, ist so wirksam, dass sich ihr auch ein Finanzrichter nicht entziehen wird.

680   Daraus folgt für die **Beratung** im Regelfall: Ist dem Finanzbeamten ein Auslandskonto definitiv bekannt, so wird dem Stpfl. nichts anderes übrigbleiben, als das **Konto offenzulegen.**

c. Über die Entdeckung ausländischer Konten

681   Offenbar gehört es zu dem **Vergnügen** einer Kapitalanlage im Ausland, sie als Auszug oder Anlagepapier gegenständlich betrachten zu können. Anders ist es nicht zu erklären, dass Betriebsprüfer und Steuerfahnder bei ihrer Tätigkeit in den privaten und betrieblichen Räumen der Steuerpflichtigen immer wieder auf **Belege** über **Auslandskonten** stoßen.

682   **Steuerfahnder** sollen außerdem – so wird berichtet – **privat** in Luxemburg **ermitteln,** welche deutschen Wagen vor welchen Banken parken. Sodann sollen sie dem Amtskollegen am Zoll einen Tipp geben, der ihn veranlasst – Europa hin, Europa her –, den Wagen herauszuwinken und Unterlagen zu durchsuchen. Die Unterlagen werden kopiert und sofort zurückgegeben. Die Kopien gehen an die FinVerw. zur weiteren Überprüfung. Sicher ist, dass solches Handeln von der Steuerfahndung

bestritten wird. Dann ist es eben der Beamte „Zufall", der dazu führt, dass an der Grenze immer wieder Unterlagen über ausländische Konten entdeckt werden, die den Weg zum Wohnsitzfinanzamt finden. Das Schengener Abkommen wirkt an den inneren EG-Grenzen jetzt dem Zufall entgegen, erhöht allerdings die **Gefährdung** an den **Außengrenzen** (zB gegenüber der Schweiz) und bei **Kontrollen innerhalb** der EG-Staaten. Nachdem die Steuerfahndung im Übrigen inzwischen an die **Auslandsbanken** (Töchter) wirkungsvoller über die Inlandsbanken (Mütter) herankommt, dürfte das Aufgreifen von Einzelfällen an der Grenze oder im Land in der Tat nur noch eine Folge des Zufalls sein.

Der Betroffene muss wissen: In diesen Fällen ist die **Selbstanzeige** noch **möglich**[1].   683

Die **Rechtmäßigkeit** der Handlung des Zolls (oder bei Kontrollen im Inland der Polizei) ist in diesen Fällen mit großen **Fragezeichen** zu versehen. Der Zollbeamte beschlagnahmt der Sache nach die Unterlagen. Dies kann er nur, wenn er selbst einen Tatverdacht hat. Die allgemeine Vermutung ersetzt den Tatverdacht nicht. Auch die Beschlagnahme des Zufallsfunds setzt den Tatverdacht voraus. Zu Recht hat der Chef des Aachener Amtsgerichts – zugleich Vorsitzender des Schöffengerichts – die Rechtswidrigkeit dieser Zollamtshilfe gebrandmarkt[2]. Aus der Rechtswidrigkeit folgt, dass die Kontounterlagen nicht verwertet werden dürfen. Das Verwertungsverbot bezieht sich aber nur und ausschließlich auf die konkreten Kontounterlagen. Das Wissen um das Konto darf verwertet werden. Führen die Unterlagen zu weiteren Erkenntnissen, so können auch sie verwertet werden. Dies ist die für den Beschuldigten missliche Folge, dass dem deutschen Strafprozessrecht eine Fernwirkung von rechtswidrigen Handlungen fremd ist (vgl. Tz. 1167 ff.).   684

d. Ausländische Auskunfts- und Aussageverweigerungsrechte

Ein hoher Anteil der **Angestellten** der Luxemburger Banken **wohnt in Deutschland**. Was liegt näher, als diese Luxemburger Bankangestellten zu vernehmen und zu befragen über das, was sich in der Luxemburger Bank abspielt. Können diese Bankangestellten den deutschen Ermittlungsorganen ein Luxemburger Bankgeheimnis, ein **Luxemburger Auskunftsverweigerungsrecht** entgegensetzen?   685

---

1 Vgl. Tz. 268 ff.
2 BIRMANNS, IWB Informationsaustausch F 13, 769 (7/1990).

Luxemburg

686 Weder das deutsche **Strafprozessrecht**[1] noch das deutsche **Steuerrecht**[2] erkennen **ausländische Auskunfts-** und **Aussageverweigerungsrechte an.** Fraglich ist, ob § 55 StPO oder § 103 AO greifen, wonach die Aussage verweigert werden kann, wenn man sich einer Strafverfolgung aussetzt. Kann der Luxemburger Bankangestellte mithin
deshalb die Aussage verweigern, weil er in Luxemburg eine Strafverfolgung befürchten muss? Fraglich und streitig ist, ob die Auskunftsverweigerungsrechte von § 55 StPO und § 103 AO voraussetzen, dass
die Gefahr der Strafverfolgung bezüglich einer vorangegangenen
Straftat besteht, oder ob es ausreicht, dass die Strafverfolgung wegen
der Aussage nicht ausreicht[3]. Im Abgabenrecht scheint man einmütig
der Ansicht zu sein, dass es sich um eine der Aussage vorangehende
Straftat handeln muss[4]. Hier gibt es also wenig Rechtsschutz für den
im Inland wohnenden Angestellten der ausländischen Bank.

687 Diese Angestellten sollte man jedoch darauf aufmerksam machen,
dass sie bei der **Steuerfahndung** überhaupt **nicht** aussagen müssen
(Tz. 77, 558). Möglicherweise handeln sie sich dann allerdings eine
Vernehmung bei der Staatsanwaltschaft oder der Straf- und Bußgeldsachenstelle ein, wo sie verpflichtet sind, zu erscheinen und aussagen
müssen. Außerdem sollten sie darüber belehrt werden, dass ihnen das
strafprozessuale und abgabenrechtliche Auskunftsverweigerungsrecht
des § 55 StPO und des § 103 AO deshalb zur Seite steht, weil sie sich
möglicherweise der Strafverfolgung wegen Beteiligung an einer Steuerhinterziehung des Bankkunden aussetzen. Insofern kann es sinnvoll
sein, den Mitarbeiter in den Stand des Beschuldigten, und sei es nur
über die Inanspruchnahme der Auskunftsverweigerungsrechte des

---

1 Vgl. DAHS in Löwe/Rosenberg, § 53 Rz. 3 mit Darstellung der – insbesondere
europarechtlichen – Probleme.
2 Vgl. BFH I R 75/78 vom 16. 4. 1980, BStBl. 1981 II, 492, und I R 32/84 vom
16. 4. 1986, BStBl. 1986 II, 736, betreffend Art. 273 Schweizerisches Strafgesetzbuch. S. im Übrigen DRESSLER, StBp. 1992, 149, zur Unbeachtlichkeit ausländischer Auskunftsverbote im deutschen Steuerrecht.
3 Abl. MEYER-GOSSNER, § 55 Rz. 4; LG Stuttgart 11 ARs 1/92 vom 24. 4. 1992,
NStZ 1992, 455, betreffend Art. 273 Schweizer StGB mit Kritik von ODENTHAL,
NStZ 1993, 52; aA LG Freiburg IV Qs 101/85 vom 16. 12. 1985, NJW 1986,
3036.
4 SÖHN in Hübschmann/Hepp/Spitaler, § 103 Rz. 12 (Nov. 1993); TIPKE in Tipke/
Kruse, § 103 Rz. 8 (Mrz. 2004); BFH XI B 55/92 vom 21. 12. 1992, BStBl. 1993
II, 451; BFH I R 32/84, aaO (FN 2), streift das Problem durch die Bemerkung,
es sei bezüglich einer Strafverfolgung nichts vorgetragen worden.

§ 55 StPO und des § 103 AO, zu versetzen. Beschuldigter zu sein ist hier besser als Zeuge.

4. Aspekte des Bankkunden

a. Mitwirkung – inländische Banken

Über die **Rechte** der **Steuerfahndung gegenüber** den **Banken** haben wir oben berichtet (Tz. 607 ff.). **688**

Allerdings nutzt die Steuerfahndung nicht immer sofort die ihr zustehenden Rechte. Sie geht mit **unterschiedlicher Intensität** vor. Die „sanfte Modalität" überlässt es den Geprüften, die Bankunterlagen zu beschaffen. Allerdings trägt hier der Betroffene die Kosten[1]. In der nächsten Stufe lässt sich die Steuerfahndung eine Anweisung von den Betroffenen geben, die es der Bank erlaubt, die Auskünfte zu geben. Hier wird der Schein der Freiwilligkeit bejaht, obwohl man sich der Augenwischerei bewusst sein sollte. Auch hier trägt der Bankkunde idR die Kosten[2]. Die Steuerfahndung kann sich sodann mit einem rein steuerlichen Auskunftsersuchen unmittelbar an die Bank wenden. Im Übrigen entspricht es den Fahndungsgepflogenheiten, bei der Bank mit einem Durchsuchungsbeschluss zu erscheinen und zu ermitteln. **689**

Leider ist es gesicherter Bestand unserer Erfahrung, dass die Steuerfahndung auch bei freiwilliger Herausgabe von Bankunterlagen oder Informationsbeschaffung durch den Betroffenen mit einem **Durchsuchungsbeschluss nachkontrolliert.** Hat man dies mehrfach erlebt, neigt man zu dem Rat, die Steuerfahndung möge sich die Unterlagen stets selbst beschaffen. Legt der Beschuldigte selbst Unterlagen vor, so heißt dies offensichtlich in den Augen der Steuerfahndung: Es gibt noch mehr Konten, von denen abgelenkt werden soll. **690**

Hinzu kommt: Die Unterlagen von 20 Konten zu fordern ist ein Leichtes. Selbst mit entsprechenden Bankbeschlüssen diese Unterlagen zu beschaffen, bereitet **Arbeit** und **Ärger.** Die **Mitarbeit** wird von der Steuerfahndung in solchen Fällen **kaum honoriert.** Gegen Ende des Steuerfahndungsverfahrens weiß keiner mehr, ob Kontenunterlagen beschafft oder vom Stpfl. vorgelegt wurden. Bittet der Beschuldigte die Steuerfahndung, sich die Unterlagen selbst zu beschaffen – schon um der Gerechtigkeit im höchsten Maße Genüge zu tun –, so verschafft er **691**

---

1 S.o. Tz. 638 ff.
2 HAKENBECK, BB 1981, 1640.

sich darüber hinaus die Chance, dass die Steuerfahndung angesichts der anstehenden Arbeit eben nicht mehr alle 20 Konten durchforstet. In einem Fall schien allerdings die Mitarbeit angebracht: Der Mandant hatte noch alle angeforderten Unterlagen der verschiedenen Kontenkreise. Leider lagen diese recht ungeordnet in mehreren Kartons. Die Kartons wurden der Steuerfahndung übergeben. Die Ordnung für die Steuerfahndung herzustellen war sicher nicht mehr Aufgabe des Beschuldigten und seines Verteidigers. Wir erhielten nach Abschluss des Steuerfahndungsverfahrens diese Kartons unbesehen zurück.

b. Vollständigkeitserklärung und Negativbescheinigungen

692 Die Steuerfahndung fordert hin und wieder **Vollständigkeitserklärungen** oder **Negativbescheinigungen** von Banken. Im ersten Fall soll die Bank bestätigen, dass sie über alle Bankverbindungen eines Kunden Auskunft gegeben hat. Im zweiten Fall geht die Bescheinigung dahin, dass eine bestimmte Person keine Kontenbeziehungen zur Bank hat.

693 Die **Banken** sind **vorsichtig** mit derartigen Bescheinigungen. Zumeist enthalten sie relativierende Formulierungen, die die Erklärung auf das Wissen des zeichnenden Bankangestellten zurückführen. Beispiel: „Die Unterlagen und Auskünfte wurden nach bestem Wissen herausgesucht und übermittelt; bewusst wurden keine Unterlagen zurückbehalten"[1]. Derartige relativierte Erklärungen führen dazu, dass auch hier die Steuerfahndung misstrauisch ist und bei den Banken nachprüft[2]. Sollte mit der Erklärung erreicht werden, dass die Steuerfahndung nicht bei der Bank erscheint, ist der Zweck verfehlt.

694 Wir neigen zu dem Rat, die **Beschaffung** solcher Erklärungen **abzulehnen,** weil sich der mit ihr verfolgte Zweck nicht erreichen lässt.

c. Rufschädigung

695 Die **Angst** des Bankkunden vor einer **Rufschädigung** führt oft dazu, dass man willfährig bemüht ist, für die Bank Unterlagen zu beschaffen, um das Erscheinen der Steuerfahndung bei der Bank zu verhindern.

---

1 Vgl. Stbg. 1979, 209.
2 Allerdings kann durch eine Beschlagnahmeanordnung die Vollständigkeitserklärung nicht veranlasst werden (LG Bonn 37 Qs 10/95 vom 2. 6. 1995, WM 1995, 1974).

Die **Rufschädigung** ist weit **weniger gravierend,** als der Betroffene 696
annimmt. Die Steuerfahndung geht inzwischen bei den Banken ein
und aus. Ihre Sonderlichkeit wird nicht mehr dem Bankkunden angelastet. Die Bank interessiert nur, ob die Steuerfahndungsermittlungen
die Kreditverhältnisse berühren. Eben aus diesem Grund sollte der
Bankkunde die Bank selbst über das Steuerfahndungsverfahren und
die Möglichkeit eines Besuchs der Steuerfahndung unterrichten.

d. Mitwirkung – ausländische Banken

Der Beschuldigte muss, wird bei ausländischen Banken ermittelt, **nicht** 697
mitwirken. Allerdings haben wir darauf hingewiesen, dass es in gewissen Fällen einen faktischen Zwang zur Mitarbeit gibt. (Tz. 645 ff.).

e. Selbstanzeige

Ist die Bank insgesamt Gegenstand eines Steuerfahndungsverfahrens, 698
so muss jeder **Bankkunde** damit **rechnen,** dass auch seine **Bankbezie-**
hungen überprüft werden. Dies gilt auch für Geldbewegungen ins
Ausland.

In diesem Stadium der Ermittlungen müssen Bankkunden überlegen, 699
ob sie eine **Selbstanzeige** erstatten. Die Sperren des § 371 Abs. 2 AO
greifen regelmäßig nicht. Gegen den Bankkunden ist ein Steuerstrafverfahren zumeist noch nicht eingeleitet. Bei ihm findet auch keine
Prüfung statt. Fraglich könnte allenfalls sein, ob seine Tat „entdeckt"
ist (§ 371 Abs. 2 Nr. 2 AO). Stoßen die Ermittler bei einer Bank auf
Auslandskonten des Bankkunden oder dessen Geldbewegungen ins
Ausland, die möglicherweise den Schluss zulassen, dass Zahlungsvor-
gänge oder Auslandskonten verdeckt werden sollten, so ist im Sinne
der Rechtsprechung die **Tat noch nicht entdeckt** (hierzu Tz. 268 ff.).
Die Tat kann erst dann entdeckt sein, wenn der Ermittler die persönlichen Steuerakten beizieht und sich anhand dieser Steuerakten ergibt,
dass bestimmte Zinserträge oder Kapitalien nicht versteuert sind. Auch
in diesem Fall liegt eine Entdeckung dann noch nicht vor, wenn zwar
Zinsen erklärt sind, sich aus der Erklärung aber nicht ergibt, dass
gerade die festgestellten Zinsbeträge nicht deklariert sind.

f. Schwarzgeldkonto im Ausland und der Tod

700   Zu dem Thema „Selbstanzeige" gehört auch der Problembereich eines **Schwarzgeldkontos** im **Ausland** und dessen Vorbereitung auf den **Tod** des Kontoinhabers.

701   Wer ein Schwarzgeldkonto im Ausland hat, geht zunächst einmal davon aus, dass er dieses noch lange wird genießen können. Eine **Vorsorge** für den **Tod** wird **nicht** getroffen. Stirbt der Inhaber plötzlich, so gibt es für den Erben oft nicht einmal Informationen über das Vorhandensein eines solchen Kontos. Wir möchten wohl wissen, wie viele herrenlose Konten auf diese Weise bei ausländischen Banken geführt werden.

702   Trifft der Inhaber eine Regelung, sollte er darüber nachdenken, was es heißt, dem **Nachfolger** ein **Hinterzieherkonto** zu überlassen.

703   Er geht wahrscheinlich davon aus, dass auch der Erbe dieses Konto verschweigt. Dies mag bei einem Erben – der die Sache mit sich selbst ausmachen kann – noch angehen. Hat der Kontoinhaber aber **mehrere Erben**, so zwingt er diese zu einer **Hinterziehergemeinschaft**. Eine solche Gemeinschaft wird keinen Bestand haben. Ein Mitglied der rechtswidrigen Zwangsverbindung wird – aus Berufsgründen, aus Ängstlichkeit, des guten Schlafs, vielleicht auch der Steuermoral wegen – ausbrechen. Es reicht aber ein Ausbrecher, um das Konto für alle offenzulegen. Unabhängig von diesem Zwangsmechanismus folgt die Erklärungspflicht aus § 153 AO. Unterlässt man die Nacherklärung für den Erblasser, so ist auch dies Steuerhinterziehung durch Unterlassen.

704   **Erfolgt** die **Nacherklärung**, sei es nach § 153 AO, sei es als Selbstanzeige, und müssen die Zinsen für zehn Jahre zurück nachversteuert werden, so geht – nimmt man Hinterziehungszinsen hinzu – ein beträchtlicher Teil des Kontos an das Finanzamt. War das Konto auch vom Kapital her „schwarz", so können die Erben glücklich sein, wenn der Stand des Schwarzgeldkontos ausreicht, um alle Verpflichtungen (Einkommensteuer, Umsatzsteuer, Gewerbesteuer, Vermögensteuer, Hinterziehungszinsen) abzudecken. Dies sollte für den Kontoinhaber Anlass sein, zu **Lebzeiten** zu **überlegen**, das Schwarzgeldkonto in ein **Weißgeldkonto umzuwandeln**. Für die Erben sind 40 000 Euro weiß ein größerer Gewinn als 100 000 Euro schwarz.

g. Schadensersatzansprüche gegen die Bank

Schadensersatzansprüche sind möglich, wenn die Bank den Kunden **nicht** darüber **unterrichtet**, dass sie Daten und Informationen an die Steuerfahndung weitergibt (Tz. 635). 705

Bankmitarbeiter müssen bei der **Steuerfahndung nicht aussagen**, sondern erst bei den Straf- und Bußgeldsachenstellen oder bei der Staatsanwaltschaft. Hieraus könnte gefolgert werden, dass Aussagen bei der Steuerfahndung Schadensersatzansprüche der Kunden auslösen können. Wir haben Zweifel, ob dies richtig ist. Wenn abzusehen ist, dass die nicht gegebene Aussagepflicht gegenüber der Steuerfahndung problemlos durch die Aussagepflicht gegenüber den Straf- und Bußgeldsachenstellen oder der Staatsanwaltschaft ersetzt werden kann, kann es keine Pflichtverletzung bedeuten, wenn bereits bei der Steuerfahndung ausgesagt wird. 706

IV. Presse

Presseangehörige haben abgabenrechtlich nach § 102 Abs. 1 Nr. 4 AO und strafprozessual nach § 53 Abs. 1 Nr. 5 StPO ein **Auskunfts-** und **Zeugnisverweigerungsrecht**, was den redaktionellen Teil der Zeitung anbetrifft. 707

Im Übrigen gibt es **kein „Chiffre-Geheimnis"**[1]. Das Finanzamt kann ebenso wie die Steuerfahndung nach § 93 Abs. 1 S. 1 AO bzw. § 208 Abs. 1 Nr. 3 AO eine Zeitung um Auskünfte über die Namen von Zeitungsinseraten angehen, sofern für solche Steuerermittlungen Anlass besteht. Der BFH hat zB einen solchen Anlass bejaht, wenn ausländische Immobilien zum Verkauf angeboten werden[2]. 708

V. Beratende Berufe

1. Allgemeines

Zu den Dritten, die als Auskunftspersonen oder Zeugen in Anspruch genommen werden können, gehören auch **Rechtsanwälte**, **Notare**, 709

---

1 Vgl. BFH VII R 82/85 vom 29. 10. 1986, BStBl. 1988 II, 359; VII R 106/89 vom 7. 8. 1990, BStBl. 1990 II, 1010; kein Verfassungsverstoß: BVerfG 1 BvR 33/87 vom 6. 4. 1989, WM 1989, 1623.
2 Vgl. BFH VII R 82/85, aaO (FN 1).

Verschwiegenheitspflicht

Wirtschaftsprüfer, Steuerberater, Steuerbevollmächtigte und **Rechtsbeistände.** Die nachfolgende Darstellung befasst sich schwerpunktmäßig mit dem Beratungsverhältnis zum steuerlichen Berater[1].

710   Berater und Mandant verbindet ein enges **Vertrauensverhältnis.** Vertrauen fordert **Verschwiegenheit.** Die Rechtsordnung steht diesem Vertrauensverhältnis und seiner Verschwiegenheit nicht misstrauisch gegenüber[2], wohl aber hin und wieder die Steuerfahndung[3]. Aus dem Vertrauensverhältnis folgt die berufsrechtliche Verschwiegenheitspflicht, normiert in § 57 Abs. 1 StBerG. **Strafrechtlich** wird die Verschwiegenheitspflicht durch § 203 StGB geschützt.

711   In die Verschwiegenheitspflicht fügen sich das **Aussageverweigerungsrecht** des § 53 Abs. 1 Nr. 3 StPO – strafprozessual – und das gleichzeitig einschlägige Verweigerungsrecht des § 102 AO – abgabenrechtlich – nahtlos ein (s. Tz. 714 ff. und 759 ff.)[4].

712   Aus dem Aussageverweigerungsrecht folgt sachlogisch das Verbot, die **Unterlagen** und Gegenstände zu **beschlagnahmen**, die von diesem Beratungsverhältnis umschlossen werden (§ 97 StPO; s. Tz. 729 ff.).

---

1 S. auch SDRENKA, StB 1990, 334. Besonderheiten bei **Wirtschaftsprüfern** s. LG Bonn 37 Qs 59/01 vom 29. 10. 2001 mit Anmerkung WEHNERT, StV 2002, 68, bei **Notaren** s. AMELUNG, DNotZ 1984, 195, bei **Syndikusanwälten**, für die das Beschlagnahmeprivileg grundsätzlich ebenfalls gilt s. ROXIN, NJW 1995, 17 ff.; QUEDENFELD/FÜLLSACK, Rz. 667; differenzierend: HASSEMER, wistra 1986, 1; PARK, Rz. 522. Zu **Ärzten, Krankenunterlagen** und **Patientenkartei** s. die Memmingen-Entscheidung des BGH 1 StR 120/90 vom 3. 12. 1991, MDR 1992, 272; dazu LORENZ, MDR 1992, 313.

2 S. STRECK, StbKongrReg. 1981, 163 ff., mwN. **Positiv** zum **Auskunftsverweigerungsrecht** des **Steuerberaters** Schlesw.-Holst. OLG 1 Ws 129/82 vom 7. 4. 1982, StB 1982, 163; LG Hannover 44 StL 16/83 vom 9. 1. 1984, Stbg. 1984, 275. S. auch FELIX/STRECK/KORN, Baden-Badener Verhaltensgrundsätze bei Zugriff von Steuerstrafverfolgern auf Informationen und Unterlagen des Steuerberatungsmandats, KÖSDI 1982, 4873, und die Grundsätze der Steuerberaterkammer Nordbaden, KÖSDI 1983, 5131. Zum **anwaltlichen Berufsgeheimnis** und seiner aktuellen Bedeutung und Tragweite s. HENSSLER, NJW 1994, 1817.

3 Wie gering dieses Vertrauensverhältnis im Einzelfall geachtet wird, belegen die Ausführungen von HEINE (OFD München), der die Durchsuchung einer Steuerberaterkanzlei aufgrund von § 103 StPO (Tz. 759 ff.) als den Regel- und Normalfall in Steuerfahndungsverfahren ansieht (17. Deutscher Steuerberatertag 1994, Protokoll, 1995, 139).

4 Zum **Schutzgegenstand** des § 53 Abs. 1 Nr. 3 StPO s. BVerfG BvR 65/74 vom 15. 1. 1975, BVerfGE 38, 312, 323; BGH 3 StR 195/55 vom 12. 1. 1956, BGHSt. 9, 59, 61; und des § 102 AO: TIPKE/KRUSE, Vor § 101 (Mrz. 2004).

Das Beschlagnahmeverbot ist eine akzessorische Ergänzung der Aussageverweigerung[1].

Der **Rechtsbeistand** hat weder ein Aussageverweigerungsrecht, noch   713
kann er sich auf das Beschlagnahmeprivileg berufen[2]. Ist der Steuerberater gleichzeitig Rechtsbeistand, so stehen ihm Aussageverweigerungsrecht und Beschlagnahmeprivileg als Steuerberater zu; dieser Schutz kann nicht dadurch unterlaufen werden, dass man ihn nur als Rechtsbeistand ansieht[3].

2. Das strafprozessuale Aussageverweigerungsrecht nach § 53 Abs. 1 Nr. 3 StPO

Die **Angehörigen** der **steuerberatenden** Berufe (Steuerberater, Steuer-   714
bevollmächtigte, Rechtsanwälte, Wirtschaftsprüfer, vereidigte Buchprüfer – nicht: Rechtsbeistände[4] –) sind nach § 53 Abs. 1 Nr. 3 StPO zur **Verweigerung** des **Zeugnisses** berechtigt[5]. Ein **Eidesverweigerungsrecht** besteht daneben nicht.

Auf das Verweigerungsrecht nach § 53 Abs. 1 Nr. 3 StPO können sich   715
auch **Sozien** einer **Beratungspraxis** berufen, die nicht unmittelbar die Beratung durchgeführt haben und für die § 53a StPO (s. Tz. 716) nicht gilt[6]. Ebenso wie der zivilrechtliche Vertrag über die Beratung mit der Sozietät abgeschlossen ist, besteht das Vertrauensverhältnis, das § 53 StPO schützen will, unabhängig davon, wer sich nach außen hin für den Mandanten bevollmächtigt, zu allen Sozien[7]. Fraglich ist, ob die Gemeinschafter einer **Bürogemeinschaft** sich auf das Aussageverweigerungsrecht eines Mitgemeinschafters berufen dürfen: Die lose sachliche Zweckverbindung spricht dagegen. Die Organe einer **Steuerbe-**

---

1 Vgl. BVerfG 1 BvR 586/62, 610/63, 512/64 vom 5. 8. 1966, NJW 1966, 1603, 1607; LG Aachen 24 Qs 6/79 vom 1. 10. 1979, MDR 1981, 160 = KÖSDI 1981, 4077; Meyer-Gossner, § 97 Rz. 24; Nack in Karlsruher Kommentar, § 97 Rz. 5; Bringewat, NJW 1974, 1740; Felix, KÖSDI 1981, 4056 f.
2 Meyer-Gossner, § 53 Rz. 3.
3 LG Koblenz 10 Qs 10, 23/84 vom 30. 10. 1984, Stbg. 1985, 7.
4 S. Tz. 713.
5 Verteidiger, die keine Rechtsanwälte sind, werden gesondert in § 53 Abs. 1 Nr. 2 StPO genannt.
6 Tipke in Tipke/Kruse, § 102 Rz. 13 (Mrz. 2004), betr. das steuerliche Verweigerungsrecht.
7 Simon/Vogelberg, 305.

ratungsgesellschaft hingegen können sich idR auf § 53 StPO berufen[1].

716 § 53a StPO dehnt das Aussageverweigerungsrecht auf sog. **Berufshelfer** aus. Gehilfen und Auszubildenden der Angehörigen des steuerberatenden Berufs steht das Aussageverweigerungsrecht zu. Hierzu zählen alle Mitarbeiter, Angestellte und zur Ausbildung befindliche Personen der Beratungspraxis[2]. Berufshelfer sind nicht nur diejenigen, die berufsmäßig in das Beratungsverhältnis eingeschaltet sind, sondern auch sonstige Gehilfen. Auf das Aussageverweigerungsrecht kann sich die Ehefrau des Beraters berufen, die gelegentlich Telefongespräche entgegennimmt, ebenso die Kinder oder Eltern des Beraters, die kurzfristig an der Beratungstätigkeit durch Hilfsdienste teilnehmen[3]. Voraussetzung ist, dass ein Zusammenhang zwischen der Hilfstätigkeit und der Beratungstätigkeit besteht[4]. Ebenfalls können sich auf das Aussageverweigerungsrecht die Angestellten solcher Einrichtungen berufen, deren sich der Berater bei seiner Tätigkeit bedient, zB DATEV-Mitarbeiter[5].

717 Das Recht zur Aussageverweigerung **überdauert** die **aktive Berufstätigkeit**. Es bleibt bestehen, auch wenn der Berater die Praxis aufgibt oder den Beruf wechselt[6].

718 Das Aussageverweigerungsrecht der Berater **bezieht** sich auf das, „was ihnen in dieser Eigenschaft **anvertraut** worden oder **bekanntge-**

---

1 Sie sind Steuerberater, Rechtsanwälte usw. (vgl. § 50 StBerG), und ihnen steht in dieser Eigenschaft das Zeugnisverweigerungsrecht zu.
2 Vgl. DAHS in Löwe/Rosenberg, § 53a Rz. 2, 5.
3 MEYER-GOSSNER, § 53a Rz. 2; DAHS in Löwe/Rosenberg, § 53a Rz. 2.
4 DAHS in Löwe/Rosenberg, § 53a Rz. 2.
5 Für § 102 AO: TIPKE in Tipke/Kruse, § 102 Rz. 13 (Mrz. 2004); unklar MEYER-GOSSNER, § 53a Rz. 2, der jedenfalls für den Fall, dass selbständige Gewerbetreibende aufgrund von **Einzelaufträgen** für den Berufsträger tätig werden, § 53a StPO – zu Recht – für nicht anwendbar hält. Hierunter ist zB der Detektiv zu fassen. Offen bleibt, ob derjenige, der aufgrund eines **Dauervertragsverhältnisses** bzw. für seinen DATEV-Genossen tätig wird, als Berufshelfer anzusehen ist. Da Organisationen wie zB die DATEV lediglich die – dauerhafte – Auslagerung von Abteilungen von Steuerberatungskanzleien darstellen, sind die dort Tätigen Berufshelfer der Berater iSv. § 53a StPO. Ferner zeigt die für Ärzte geltende Regelung in § 97 Abs. 2 S. 2 StPO, nach der das Beschlagnahmeverbot auch für – der DATEV vergleichbare – ärztliche Abrechnungsstellen gilt, dass der Gesetzgeber das Outsourcing von Hilfstätigkeiten als eine die Beschlagnahmefreiheit nicht tangierende Gestaltungsmöglichkeit ansieht. Bzgl. **DATEV** s. auch Tz. 764 und S. 210 FN 2.
6 MEYER-GOSSNER, § 53 Rz. 10: § 54 Abs. 4 StPO wird entsprechend angewandt.

worden ist" (§ 53 Abs. 1 Nr. 3 StPO). Es erstreckt sich auf alle Tatsachen des Beratungsverhältnisses, seien sie dem Berater vom Mandanten oder von Dritten bekanntgeworden. Alle Tatsachen in Bezug auf die Besteuerungsgrundlagen, die steuerliche Erklärung, alle Gestaltungen usw. werden von § 53 Abs. 1 Nr. 3 StPO erfasst[1]. Die Kenntnis einer vollendeten oder versuchten Steuerhinterziehung fällt unter das Aussageverweigerungsrecht; eine Anzeigepflicht ist mit dem Beratungsverhältnis unvereinbar. Ein anderes Problem, von dem Aussageverweigerungsrecht sorgfältig zu trennen, ist die Frage, ob und bei welchem Verhalten sich der Berater selbst einer strafbaren Handlung, zB einer Steuerverkürzung, schuldig macht[2]. Da jedoch in diesem Fall das eigene Verweigerungsrecht nur noch verstärkt würde – niemand muss sich einer Straftat bezichtigen –, kann die Kenntnis von der Hinterziehung des Mandanten das Zeugnisverweigerungsrecht nicht einschränken.

Über die Ausübung des Zeugnisverweigerungsrechts **entscheidet** der **Berater frei**, eigenständig und in eigener Verantwortung. Diese Entscheidungsfreiheit wird im Strafprozessrecht mit großem Nachdruck betont[3]. Die strafprozessuale Bewertung dieser Freiheit darf jedoch nicht darüber hinwegtäuschen, dass der Berater wegen § 57 Abs. 1 StBerG und der Strafsanktion des § 203 StGB grundsätzlich nicht frei ist. Er darf nicht aussagen[4]. Er muss von seinem Aussageverweigerungsrecht Gebrauch machen, es sei denn, die Aussage ist gesetzlich oder durch andere Rechtfertigungsgründe gerechtfertigt. 719

Die **gegen** den **Steuerberater** selbst gerichtete **Strafverfolgung**[5] gibt ihm einen Rechtfertigungsgrund auszusagen[6]. 720

---

1 Für eine weite Grenzziehung des Gegenstandes der Aussageverweigerung Schlesw.-Holst. OLG 1 Ws 129/82 vom 7. 4. 1982, StB 1982, 163.

2 S. dazu FELIX/STRECK, Stbg. 1981, 78; STRECK, StbKongrRep. 1981, 163 ff.; DERS., BB 1984, 2205; BLUMERS, StbJb. 1983/84, 319. SPATSCHECK in Steuerberater-Handbuch 2005, Teil 1, E.

3 DAHS in Löwe/Rosenberg, § 53 Rz. 7, 13; die Freiheit wird selbst dann prozessual akzeptiert, wenn sich der Berater nach § 203 StGB strafbar machen könnte (hL: DAHS, [aaO], mwN und Hinweisen auf die Kritik).

4 Vgl. RENGIER, Die Zeugnisverweigerungsrechte im geltenden und künftigen Strafverfahren, 1979, 19.

5 Hierzu SPATSCHECK in Steuerberater-Handbuch 2005, Teil 1, E.

6 HL: LENCKNER in Schönke/Schröder, § 203 Rz. 33; MEYER-GOSSNER, § 53 Rz. 5. Zu § 57 StBerG s. GEHRE, StBerG, 5. Aufl. 2005, § 57 Rz. 69.

Befreiung vom Beratungsgeheimnis

721 Über die **Ausübung** des Aussageverweigerungsrechts des Berufshelfers (§ 53a StPO) **entscheidet** der Angehörige des steuerberatenden Berufs als der Praxisinhaber (§ 53a Abs. 1 S. 2 StPO).

722 Es besteht **keine Pflicht**, den Berater über sein Aussageverweigerungsrecht zu **belehren**[1]. Das Strafverfahrensrecht geht davon aus, dass die Berufsträger über die Schweigepflicht und die Aussageverweigerungsrechte unterrichtet sind[2].

723 Die **pflichtwidrige** Aussage führt nicht zu einem Verwertungsverbot[3].

724 Der Berater, der sich auf sein Verweigerungsrecht beruft, **scheidet** als **Zeuge aus**[4]. Auch die Zeugnisverweigerung darf als solche nicht berücksichtigt werden[5].

725 **Entbindet** der Mandant den Berater von der **Verpflichtung** zur Verschwiegenheit, so **muss** der **Berater aussagen** (§ 53 Abs. 2 StPO). Die Entbindung kann auch nur hinsichtlich **bestimmter Sachverhaltskomplexe** erfolgen[6]. Die Entbindung kann **widerrufen** werden[7].

726 Die **Befreiung** vom Beratungsgeheimnis **erklärt** der **Mandant** als Träger des Geheimhaltungsinteresses; hat der Berater mehrere Mandanten zum gleichen Gegenstand, muss er von allen entbunden werden[8].

727 Umstritten ist, wem das Befreiungsrecht zusteht, wenn **neben** den **Mandanten** eine **Person** tritt, die ein ebenso großes **Interesse** an der **Geheimhaltung** hat und die sachnotwendig an dem Vertrauensverhältnis partizipiert. Problematisch ist dies zB für den Fall der in Insolvenz gefallenen GmbH oder GmbH & Co KG. Reicht die Befreiung durch den **Insolvenzverwalter** oder muss auch der Geschäftsführer befreien, der die Gesellschaft in dem Zeitraum leitete, der Gegenstand der Aussage sein soll? Nach zutreffender Ansicht ist die Befreiung durch den

---

1 MEYER-GOSSNER, § 53 Rz. 44.
2 MEYER-GOSSNER, § 53 Rz. 44.
3 MEYER-GOSSNER, § 53 Rz. 6.
4 DAHS in Löwe/Rosenberg, § 53 Rz. 68.
5 DAHS in Löwe/Rosenberg, § 53 Rz. 68.
6 DAHS in Löwe/Rosenberg, § 53 Rz. 70 ff.; MEYER-GOSSNER, § 53 Rz. 49.
7 DAHS in Löwe/Rosenberg, § 53 Rz. 70 ff.; MEYER-GOSSNER, § 53 Rz. 49.
8 DAHS in Löwe/Rosenberg, § 53 Rz. 71. Zur **Kollision**, wenn der Steuerberater bei mehreren Mandanten **teils entbunden, teils nicht entbunden** wird, vgl. KRIBS-DREES, DStZ 1978, 51.

Geschäftsführer und den Insolvenzverwalter zu verlangen[1], sofern der Geschäftsführer sich als Organ der Körperschaft dem Berater anvertraut hat[2].

Bei einem **Wechsel in der Geschäftsführung** einer GmbH oder dem Vorstand einer AG ist sowohl die Entbindungserklärung des gegenwärtigen als auch eines früheren Vertretungsberechtigten, der dem Zeugen Tatsachen anvertraut hat, erforderlich[3].   728

3. Beschlagnahmeverbot

Gegenstände, die als Beweismittel in einem Strafverfahren von Bedeutung sein können, können **beschlagnahmt** werden (§ 94 StPO; s. Tz. 353 ff., 575 ff.). Um derartige Beweismittel zu finden, können Wohnräume und sonstige Räume **durchsucht** werden. Die Durchsuchung bei dem Tatverdächtigen erlaubt § 102 StPO (s. Tz. 315 ff.); die Durchsuchung bei dem Dritten rechtfertigt § 103 StPO (s. Tz. 575 ff.).   729

§ 97 Abs. 1 StPO formuliert für die beratenden Berufe ein **Beschlagnahmeverbot**:   730

„Der Beschlagnahme unterliegen nicht

1. schriftliche Mitteilungen zwischen dem Beschuldigten und den Personen, die nach § 53 Abs. 1 Nr. 1 bis 3a (StPO) das Zeugnis verweigern dürfen;

2. Aufzeichnungen, welche die in § 53 Abs. 1 Nr. 1 bis 3a (StPO) Genannten über die ihnen vom Beschuldigten anvertrauten Mitteilungen oder über andere Umstände gemacht haben, auf die sich das Zeugnisverweigerungsrecht erstreckt;

3. andere Gegenstände ..., auf die sich das Zeugnisverweigerungsrecht ... erstreckt."

Das Beschlagnahmeverbot gilt entsprechend bei den beruflichen **Hilfspersonen** iSv. § 53a StPO (§ 97 Abs. 4 StPO).   731

---

1 OLG Schleswig 1 Ws 160, 161/80 vom 27. 5. 1980, NJW 1981, 194; LG Düsseldorf IIIa Qs 107/58 vom 18. 3. 1958, NJW 1958, 1152; LG Saarbrücken, 8 Qs 73/95 vom 26. 5. 1995, wistra 1995, 239 (Entbindung durch ehem. GF zwingend erforderlich); Dahs in Löwe/Rosenberg, § 53 Rz. 71; Gülzow, NJW 1981, 267; aA LG Lübeck 4 Qs 171/77 vom 7. 6. 1977, NJW 1978, 1014; OLG Oldenburg 1 Ws 242/04 vom 28. 5. 2004, NJW 2004, 2176 (Entbindung nur durch Insolvenzverwalter); LG Hamburg 616 Qs 41/0113 vom 6. 8. 2001, NStZ-RR 2002, 12 mwN.
2 So OLG Schleswig 1 Ws 160, 161/80, aaO (FN 1); zutreffend präzisierend Haas, wistra 1983, 183.
3 Meyer-Gossner, § 52 Rz. 46.

Freiwillige Herausgabe

732 Das Beschlagnahmeverbot ist ein „akzessorischer Umgehungsschutz" für ein gegebenes Zeugnisverweigerungsrecht (vgl. Tz. 712). Das Beschlagnahmeverbot knüpft an das Aussageverweigerungsrecht an.

733 Eine **freiwillige Herausgabe** von Mandantenunterlagen verletzt das Verschwiegenheitsgebot und stellt möglicherweise eine Verletzung von Privatgeheimnissen iSv. § 203 StGB dar. Die freiwillige Herausgabe ist folglich idR untersagt[1]; erfahrungsgemäß verkennen Steuerberater häufig diese Verpflichtung. Erfolgen Durchsuchung und Beschlagnahme, ist sorgfältig darauf zu achten, dass das Protokoll über die Beschlagnahme nicht von einer „freiwilligen Herausgabe" spricht[2].

734 Das Beschlagnahmeverbot setzt voraus, dass sich der Gegenstand im **Gewahrsam** der zur Verweigerung des Zeugnisses Berechtigten befindet (§ 97 Abs. 2 S. 1 StPO). Gewahrsam heißt tatsächliche Verfügungsmacht, tatsächliches In-den-Händen-Halten durch den Berater[3]. Folglich sind die eigenen Aufzeichnungen des Mandanten sowie die Beraterpost, die sich nicht beim Berater, sondern beim Beschuldigten befindet, nicht beschlagnahmefrei[4].

735 Hiervon macht die Rechtsprechung zum **Schutz** des **Verteidigungsverhältnisses** eine Ausnahme: Alle Mitteilungen zwischen dem Beschuldigten und seinem Verteidiger sind auch beschlagnahmefrei, wenn sie sich bei dem Beschuldigten oder auf dem Weg zwischen ihm und dem Verteidiger befinden[5]. Hierzu zählen zB Bankunterlagen[6]. **Verteidiger-**

---

1 Vgl. zB für **Anwälte** Rechtsanwaltskammer Frankfurt, KÖSDI 1981, 4151 = StV 1981, 52; STRECK, StbKongrRep. 1981, 163 ff.

2 Vgl. Steuerberaterkammer Köln, Mitteilungsblatt 10-12/1978, 47, Anm. 97.

3 MEYER-GOSSNER, § 97 Rz. 11.

4 AA allein KAPP/ROTH, ZRP 2003, 404. Eine solche Ausweitung des Beschlagnahmeprivilegs ist bedenklich. Geht man davon aus, dass zB bei kartellrechtlicher Beratung oder bei Unternehmenskäufen nur in enger Abstimmung mit dem Berater agiert wird, läge letztlich nur dem Beschlagnahmeverbot unterliegender Schriftwechsel vor. Diese Situation würde die Gefahr, dass die Ermittlungsbehörden gleich ein Ermittlungsverfahren gegen den Berater wegen Beihilfe einleiten, erhöhen. Nur auf diese Weise hätten sie Gelegenheit, Kenntnis des relevanten Schriftwechsel zu erlangen.

5 Hergeleitet aus § 148 StPO, der den ungehinderten Verkehr zwischen dem Beschuldigten und seinem Verteidiger postuliert; BVerfG 2 BvR 2248/00 vom 30. 1. 2002, NStZ 2002, 377; BFH 1 B Js 6/71 – StB 34/73 vom 13. 8. 1973, NJW 1973, 2035; 3 StR 28/82 vom 24. 3. 1982, NJW 1982, 2508; StB 15/88 vom 4. 5. 1988, StV 1988, 468, mit Anm. von SCHMIDT, StV 1989, 421; LG Mainz 5 Qs 4/85 vom 23. 5. 1986, NStZ 1986, 473; AG Frankfurt 91 Js 32948/86-931 Gs vom 14. 4. 1988, StV 1988, 482, mit Anm. von SCHMIDT, aaO; MEYER-GOSSNER,

post ist somit auch in der Hand des Mandanten beschlagnahmefrei. Gleiches gilt für Aufzeichnungen, die sich ein Beschuldigter zu Verteidigungszwecken gemacht hat, gleich auf welchem Medium sie sich befinden. So kann er zB einen Ring-Ordner mit der Aufschrift „Verteidigungsunterlagen" anlegen, in dem er alle beschlagnahmefreien Schriftstücke sammelt oder auf seinem Computer einen Ordner mit gleichem Namen erstellen, in dem alle Dateien, E-Mails etc. gespeichert werden[1].

Das **Beschlagnahmeverbot** ist bereits bei der **Anordnung** einer **Durchsuchung** zu **berücksichtigen**. Die Durchsuchung ist unzulässig, wenn sie sich auf Gegenstände erstreckt, die unter § 97 StPO fallen[2]. Was entgegen § 97 StPO beschlagnahmt wurde, unterliegt einem **Verwertungsverbot**[3].   736

Ausnahme 1 von dem Beschlagnahmeverbot: Die **Entbindung** von der **Verschwiegenheitspflicht** hebt das Beschlagnahmeverbot auf[4]. Die geschützten Gegenstände werden beschlagnahmefähig[5], gleichgültig, ob der Befreiende weiß, welche Gegenstände der Aussageverweigerungsberechtigte in Händen hat[6].   737

Damit ist große **Vorsicht** bei der Entbindung vom Beratergeheimnis geboten. Wer seinen Berater von der Verschwiegenheitspflicht befreit, gibt alle Unterlagen des Beratungsverhältnisses, die man möglicherweise im Einzelnen nicht kennt, dem Zugriff der Strafverfolgungsbehörden endgültig preis.   738

---

   § 97 Rz. 37 und § 148 Rz. 8; KOHLMANN, Wpg. 1982, 78; allerdings gilt auch § 97 Abs. 2 S. 3 StPO: **Verteidigerpost** kann **beschlagnahmt** werden bei dem **Verdacht** der **Tatbeteiligung**; vgl. BGH 3 StR 28/82, aaO, und MEYER-GOSSNER, § 97 Rz. 38 und § 148 Rz. 8 mwN.

6 LG Fulda 2 Qs 51/99 vom 12. 10. 1999, NJW 2000, 1508.

1 BVerfG 2 BvR 2248/00, aaO; LG München 5 Qs 80/00613 vom 26. 7. 2000, NStZ 2001, 612.

2 MEYER-GOSSNER, § 97 Rz. 1.

3 BVerfG BvR 1027/02 vom 12. 4. 2005, StraFo 2005, 286; in den Einzelheiten str., vgl. MEYER-GOSSNER, § 97 Rz. 46 ff.; NACK in Karlsruher Kommentar, § 97 Rz. 9 f.

4 MEYER-GOSSNER, § 97 Rz. 24. Die Wechselwirkung zwischen Entbindung und Beschlagnahmeverbot ist im Einzelnen umstritten.

5 MEYER-GOSSNER, § 97 Rz. 24; OLG Nürnberg Ws 267/56 vom 17. 8. 1956, NJW 1958, 272, mit krit. Anm. von KAUFMANN.

6 MEYER-GOSSNER, § 97 Rz. 24.

739 Die in der **Praxis** anzutreffende **bereitwillige Befreiung** vom **Beratungsgeheimnis** ist daher äußerst **bedenklich**.

740 Die Befreiung kann auch **teilweise, zB eingeschränkt** auf bestimmte Sachverhaltskomplexe, erfolgen.

741 Der Mandant kann auch nur ein **Einverständnis** mit der **Beschlagnahme**, eventuell eingeschränkt auf bestimmte Unterlagen, erklären, ohne den Berater von der Verschwiegenheitspflicht im Übrigen zu entbinden. In diesem Fall ist die Beschlagnahme möglich; der Berater behält das Aussageverweigerungsrecht.

742 Wird die **Befreiung widerrufen**, was möglich ist, so entsteht das Beschlagnahmeverbot nicht rückwirkend, sondern vom Zeitpunkt des Widerrufs an[1]. Was sich bis zu diesem Zeitpunkt bereits im Gewahrsam der Strafverfolgungsorgane befindet, bleibt weiter beschlagnahmefähig und kann verwertet werden.

743 **Ausnahme 2 von dem Beschlagnahmeverbot: Teilnahmeverdacht** und **Deliktsgegenstände.** „Die Beschränkungen der Beschlagnahme gelten nicht, wenn die zur Verweigerung des Zeugnisses Berechtigten einer Teilnahme oder eine Begünstigung, Strafvereitelung oder Hehlerei verdächtig sind oder wenn es sich um Gegenstände handelt, die durch eine Straftat hervorgebracht oder zur Begehung einer Straftat gebraucht oder bestimmt sind oder die aus einer Straftat herrühren" (§ 97 Abs. 2 S. 3 StPO).

744 Neben der Beschlagnahmemöglichkeit wegen Verdachts der Teilnahme besteht die Beschlagnahmemöglichkeit bei dem Verdacht einer **eigenen vorsätzlichen Tat** des Beraters, zB der **eigenen Steuerhinterziehung**; in diesem Fall müssen die Mandantenunterlagen Beweismittel zu dieser Tat sein. Außerdem besteht die prinzipielle Beschlagnahmemöglichkeit wegen eines eigenen selbständigen Fahrlässigkeitsdelikts, zB einer leichtfertigen Steuerverkürzung zu eigenen Gunsten oder zugunsten des Mandanten. Wegen des Gebots der Verhältnismäßigkeit der Mittel scheidet jedoch eine Durchsuchung wegen einer Ordnungswidrigkeit in aller Regel aus[2].

745 Der Verdacht der Teilnahme des § 97 Abs. 2 S. 3 StPO muss sich auf **konkrete Fakten** stützen[3]. Da es um die Einschränkung des Beschlag-

---

1 MEYER-GOSSNER, § 97 Rz. 25.
2 SEITZ in Göhler, Ordnungswidrigkeitengesetz, 2006, vor § 59 Rz. 108.
3 MEYER-GOSSNER, § 97 Rz. 20; KREKELER, NJW 1977, 1417, 1426.

nahmeprivilegs geht, ist der Begriff der Teilnahme eng auszulegen[1]. Nach dem Grundsatz der Verhältnismäßigkeit muss er um so gewichtiger sein, je stärker – intensiver – der Eingriff ist. Diese Relation ist gerade bei dem Eingriff in Beraterpraxen zu berücksichtigen[2].

Die **Strafverfolgungsbehörden** begegnen im Hinblick auf die Steuerberaterpraxis dem Beschlagnahmeverbot mit Vorliebe dadurch, dass sie den **Verdacht** der **Steuerstraftat** auch auf den **Berater erstrecken.** Dieser Weg bietet sich geradezu an[3], zumal der spätere Wegfall des Verdachts nicht zu einem Verwertungsverbot führt[4]. Das Beschlagnahmeverbot droht jedoch auf diese Weise in Leerlauf zu geraten. Der Verdacht der Teilnahme muss vor der Beschlagnahme und nicht mit Hilfe der beschlagnahmten Gegenstände ausreichend konkret begründet werden[5]. Die Beraterfunktion und die Mitwirkung an der objektiv falschen Erklärung reichen nicht aus, um den Verdacht zu begründen[6]. Es müssen detaillierte Verdachtsmomente auch hinsichtlich der subjektiven Tatseite vorliegen, die anzeigen, dass der Berater vorsätzlich eine Hinterziehung unterstützt oder eine vollendete Hinterziehung begünstigen will[7].

Ausnahme 3 von dem Beschlagnahmeverbot: Beschlagnahmefrei sind einmal „schriftliche Mitteilungen" zwischen Berater und Mandant und Aufzeichnungen des Beraters (§ 97 Abs. 1 Nr. 1 und 2 StPO). Hierzu zählen der gesamte Schriftverkehr, Briefe, Zettel, Vermerke, Notizen, kurz: die Handakten des Beraters[8]. Ferner gehören hierzu alle **Entwürfe,** die noch nicht zur Veröffentlichung oder Weitergabe bestimmt sind, wie zB Vertrags-, Bilanz- und Schriftsatzentwürfe[9]. Beschlagnahmefrei sind außerdem „andere Gegenstände", auf die sich das Zeugnisver-

746

747

---

1 SCHILLER, StV 1985, 172.
2 KREKELER, NJW 1977, 1417, 1427; STRECK, StbKongrRep. 1981, 163 ff.; Deutscher Steuerberaterverband, Stbg. 1981, 210.
3 Vgl. schon GEHRE, DStR 1967, 328.
4 BGH 2 StR 43/82 vom 20. 10. 1982, NJW 1983, 85.
5 LG Koblenz 10 Qs 10, 23/84 vom 30. 10. 1984, Stbg. 1985, 7; MEYER-GOSSNER, § 97 Rz. 20.
6 Vgl. hierzu LG Hamburg 38 Qs 181/66 vom 9. 11. 1966, DStR 1967, 327 = KÖSDI 1981, 4078; GEHRE, DStR 1967, 328, und NJW 1977, 710; FELIX, KÖSDI 1981, 4059; STRECK, StbKongrRep. 1981, 163 ff.; KOHLMANN, Wpg. 1982, 76.
7 Vgl. SCHILLER, StV 1985, 169.
8 Die für **DATEV** bestimmten Unterlagen sind auch bei der DATEV geschützt (§§ 97 Abs. 4, 53a StPO); zweifelhaft, s.o. Tz. 716 und 764. Zur **Retenturkunde** des Notars LG Köln 117 (62) Qs 3/80 vom 7. 4. 1981, NJW 1981, 1746.
9 SCHÄFER in Löwe/Rosenberg, § 97 Rz. 111; PARK, Rz. 540.

weigerungsrecht erstreckt (§ 97 Abs. 1 Nr. 3 StPO). **Beschlagnahmefähig** sind folglich die Unterlagen, die diesen **Bedingungen nicht genügen**. Es gibt kein generelles „Asyl" für alle dem Berater übergebenen Schriftstücke. Umstritten ist dies besonders für **Buchführungsunterlagen** (Tz. 750 ff.).

748 **Beschlagnahmefähig** sind zudem **Unterlagen**, die dem Berater gerade im Hinblick auf das Beschlagnahmeverbot übergeben wurden, die **keinen Bezug** zu dem **Beratungs-** und **Vertrauensverhältnis** haben und letztlich vor den Strafverfolgungsorganen **versteckt** werden sollen[1]. Um hier nicht eine bequeme Eingangstür in das Beschlagnahmeverbot zu schaffen, darf der Gegenstand jedoch in keinem denkbaren Bezug zu dem Mandat stehen[2].

749 Uneinheitlich wird die Frage beurteilt, inwieweit von Dritten erstellte Unterlagen, auf denen der Berater **handschriftliche Vermerke**, Stellungnahmen etc. angebracht hat, beschlagnahmefähig sind. Wird zB dem Steuerberater das Gutachten eines Dritten mit der Bitte um steuerrechtliche Stellungnahme zugesandt, ist dieses Dokument keine Aufzeichnung iSv. § 97 Abs. 1 Nr. 2 StPO, die der Berater **im Rahmen des Mandats** selbst erstellt hat. Nach zutreffender Ansicht erstreckt sich das Beschlagnahmeverbot auch auf vom Beschuldigten oder von Dritten erstellte Unterlagen, die nicht erst aus dem geschützten Vertrauensverhältnis hervorgegangen sind, jedoch in enger Verbindung hiermit stehen[3]. In jedem Fall sind die handschriftlichen Anmerkungen des Beraters auf dem Dokument erst aus dem geschützten Mandatsverhältnis heraus entstanden. Sie sind untrennbar mit der Urkunde verbunden und führen insgesamt zu deren Beschlagnahmefreiheit[4].

---

1 MEYER-GOSSNER, § 97 Rz. 39 (allerdings im Einzelnen zu weitgehend; so sollen „Überführungsstücke" generell beschlagnahmefähig sein); RÜPING, Beweisverbote, 56; LG Fulda 2 Qs 51/99 vom 12. 10. 1999, NJW 2000, 1508.
2 KRÄMER, BB 1975, 1225, 1228; GÜLZOW, NJW 1981, 266.
3 PARK, Rz. 546 ff.; NACK in Karlsruher Kommentar, § 97 Rz. 11; SCHÄFER in Löwe/Rosenberg, § 97 Rz. 48; SIMON/VOGELBERG, 301; aA LG Darmstadt 9 Qs 1188/87 vom 18. 3. 1988, NStZ 1988, 286 mwN.
4 Es handelt sich um Aufzeichnungen iSd. Nr. 2 (MEYER-GOSSNER, § 97 Rz. 29). Diskutiert werden kann noch darüber, ob nur die Seiten, auf denen sich tatsächlich handschriftliche Anmerkungen finden, auszutrennen und beschlagnahmefrei sind. Dies lässt jedoch unberücksichtigt, dass allein schon der Umstand, wo, dh. auf welchen Seiten, Anmerkungen gemacht wurden, beweisrelevant ist.

4. Bilanz- und Buchführungsunterlagen

Problematischer Streitpunkt der Praxis ist die Frage, inwieweit die **750** **Buchführung** und **Buchführungsunterlagen** des **Mandanten**, die sich bei dem Berater befinden, **beschlagnahmefrei** sind[1].

In breiter Vielfalt werden hier **einschränkende Ansichten** vertreten. **751** Buchführungsunterlagen und Belege sind hiernach grundsätzlich **beschlagnahmefähig**[2]. Die Finanzverwaltung folgt dem in Nr. 58 Abs. 1 AStBV (St)[3]. Ähnlich eng auch das Hans. OLG Hamburg[4]: Bilanz- und Buchführungsunterlagen seien instrumentae sceleris, also Tatwerkzeuge, iSv. § 97 Abs. 2 S. 3 StPO (Tz. 743). Das LG Berlin[5] will das Zeugnisverweigerungsrecht und das Beschlagnahmeverbot auf die Steuerberatung konzentrieren und hier die Buchführung nur einschließen, solange Bilanzen noch nicht gefertigt sind; nach Erstellung der Abschlüsse sollen die Unterlagen dem Beschlagnahmeschutz entzogen sein. Das LG Saarbrücken[6] nimmt die zur Kontierung übergebenen Unterlagen aus dem Beschlagnahmeprivileg heraus, weil das Kontieren – irrig – keine Steuerberatung sei.

Richtiger Ansicht nach besteht allgemein für die bei dem Berater **752** befindlichen Buchführungsunterlagen ein **Beschlagnahmeverbot**[7]. Bei

---

1 Argumentationsübersicht bei SCHÄFER in Löwe/Rosenberg, § 97 Rz. 111–117.

2 LG Braunschweig 37 Qs 67/78 vom 23. 6. 1978, NJW 1978, 2108 = KÖSDI 1981, 4079; folgend BIRMANNS, MDR 1981, 102; STÄHLER, 109; LG Stuttgart 10 Qs 96/83 vom 5. 8. 1983, wistra 1985, 41; LG München 27 Qs 8/84 vom 3. 8. 1984, StB 1984, 13, mit Anm. von BIRNER, StB, aaO, und wistra 1985, 42; LG Hannover 6 Js 7884/83 vom 28. 12. 1983, StB 1985, 52; LG München I 19 Qs 3/88 vom 22. 4. 1988, wistra 1988, 326; LG Hildesheim 22 Qs 1/88 vom 21. 4. 1988, wistra 1988, 327; MOSSBURGER, wistra 1989, 252. Nach BRENNER, BB 1984, 137, sind die Buchführungsunterlagen beschlagnahmefähig, bei Nichtherausgabe soll die Beteiligung an einer strafbaren Urkundenunterdrückung (§ 274 StGB) vorliegen; dagegen PESTKE, StBg. 1986, 39.

3 AStBV (St) 2004, BStBl. 2003 I, 655, 667f., wo in Nr. 58 Abs. 1 aE ausdrücklich auf die uneinheitliche Rechtsprechung hingewiesen wird. GIA HEINE (OFD München), 17. Deutscher Steuerberatertag 1994, Protokoll, 1995, 141 ff.

4 1 Ws 7/81, 1 Ws 13/81 vom 8. 1. 1981, MDR 1981, 603; folgend LG Aachen 15 Qs 9/81 vom 16. 3. 1981, MDR 1981, 603; ähnlich auch FREUND, NJW 1976, 2002; SCHÄFER, wistra 1985, 12; KLOS, Inf. 1985, 553.

5 514a/514 Qs 73/76 vom 10. 11. 1976, NJW 1977, 725; in diesem Sinn wohl auch MEYER-GOSSNER, § 97 Rz. 40.

6 5 Qs 49/83 vom 6. 4. 1984, wistra 1984, 200.

7 Ebenso: OLG Köln, 2 Ws 149/91, vom 7. 5. 1991, NStZ 1991, 452 (für WP-Prüfungsbericht); PARK, Rz. 546; SIMON/VOGELBERG, 304; SCHUMANN, wistra 1995, 50, 51 f.

einer unbefangenen Anwendung des Gesetzes wird man keine Schwierigkeiten haben, die dem Berater übergebenen Buchführungsunterlagen unter § 97 Abs. 1 Nr. 3 StPO zu subsumieren. Es sind „andere Gegenstände", auf die sich das Zeugnisverweigerungsrecht erstreckt[1]. Immerhin erwähnt § 33 StBerG die Fertigung der Steuerbilanz ausdrücklich als unmittelbare Aufgabe des steuerberatenden Berufs. Dass die Buchführungstätigkeit nicht ausschließlich in der Hand der steuerberatenden Berufe liegt[2], heißt nicht, dass sie nicht gleichwohl zu ihrem Berufsbild zu rechnen ist[3]. Die Unterlagen und Belege befinden sich auch in der tatsächlichen Herrschaftsmacht des Beraters und damit in seinem Gewahrsam[4]. Vom Berater erstellte Buchführungsunterlagen fallen im Übrigen bereits unter § 97 Abs. 1 Nr. 2 StPO[5]. Das Finanzamt kann auf § 104 Abs. 2 AO zurückgreifen (s. Tz. 759).

753 Die **Begründungen** für die **Beschlagnahmefähigkeit überzeugen nicht.** Buchführungsunterlagen sind keine instrumentae sceleris, soweit es sich nicht um gefälschte Belege handelt[6]. Das entscheidende Gegenargument muss aus der spezifischen Natur des Steuerberatungsverhältnisses hergeleitet werden[7]. Ein wesentlicher Teil der schriftlichen Unterlagen des Beratungsverhältnisses, des Schriftverkehrs, der Aktenvermerke beschäftigt sich mit Steuererklärungen. Sie sind qualitativ nicht anders zu beurteilen als die Buchführungsunterlagen. Sind die Buchführungsunterlagen, die die Steuererklärung vorbereiten, allein deshalb beschlagnahmefähig, weil sich die Steuererklärung später als nicht richtig herausstellt, so ist das Beratungsverhältnis dem Zugriff der Strafverfolgungsorgane weitestgehend geöffnet. Um überhaupt dem Beschlagnahmeverbot einen das Vertrauensverhältnis schützenden Raum zu geben, müssen alle die Steuererklärung vorbereitenden

1 PESTKE, Stbg. 1986, 39, 40.
2 BVerfG 1 BvR 697/72 vom 18. 6. 1980, NJW 1981, 33; 1 BvR 807/80 vom 27. 1. 1982, NJW 1982, 1687.
3 Gegen LG Stuttgart 10 Qs 96/83 vom 5. 8. 1983, wistra 1985, 41. Wie hier VOLK, DStR 1989, 338, 341.
4 Gegen LG Aachen 86 Qs 74/84 vom 11. 10. 1984, MDR 1985, 163, und BIRMANNS, MDR 1981, 102, 103; wie hier MEYER-GOSSNER, § 97 Rz. 40; SIMON/ VOGELBERG, 302; FELIX, KÖSDI 1981, 4058; KOHLMANN, Wpg. 1982, 76; PESTKE, Stbg. 1986, 39, 40; VOLK, DStR 1989, 338, 340.
5 HEILMAIER, DStR 1980, 519.
6 GlA KOHLMANN, Wpg. 1982, 77. AA allerdings insoweit VOLK, DStR 1989, 338, 343; STRECK in StbKongrRep. 1981, 163 ff.
7 Vgl. hierzu auch VOLK, DStR 1989, 338.

Schriftstücke einschließlich der Buchführungsunterlagen grundsätzlich unter dem Beschlagnahmeprivileg stehen. Der Umfang der Beschlagnahme steht schließlich – wie jede Maßnahme der Strafverfolgung – unter dem Gebot der Verhältnismäßigkeit der Mittel. Der Eingriff in die Beratungspraxis ist abzuwägen gegenüber dem Rechtsgut eines funktionierenden Beratungsverhältnisses. Die Strafverfolgung in Steuersachen dient dem Steueraufkommen. Es kann keinem Zweifel unterliegen, dass das Steuerberatungsverhältnis mit weit größerer Wirksamkeit zum richtigen Steueraufkommen beiträgt als die Strafvorschriften der AO zur Steuerhinterziehung. Folglich ist im Zweifel die Beschlagnahmevorschrift nicht anzuwenden und das Beschlagnahmeverbot zu bejahen. Wichtiger ist es, das Beratungsverhältnis allgemein nicht zu gefährden, als im Einzelfall gewaltsam die Mandantenunterlagen bei dem Berater zu ergreifen und die Beratungssphäre generell dem Misstrauen auszusetzen.

Das grundsätzliche Beschlagnahmeverbot entspricht einer **weitverbreiteten Judikatur**[1] und der **Lehre**[2]. 754

---

1 LG Köln 33 Qs 8/60 vom 27. 5. 1960, NJW 1960, 1874; LG Aachen 24 Qs 6/79 vom 1. 10. 1979, MDR 1981, 160; LG Koblenz Qs 170/68-286/68 (2) vom 21. 1. 1969, DStR 1969, 350; LG Kassel, ohne Az. und Datum, StB-Kammer Köln, Mitteilungsblatt 4/1979 = KÖSDI 1981, 4078; LG Koblenz 10 Qs 10, 23/84 vom 30. 10. 1984, Stbg. 1985, 7; LG Stade 12 Qs 5/83 vom 27. 10. 1983, wistra 1986, 41; LG Stade 13 Qs 4/85 vom 24. 3. 1986, NStZ 1987, 38 mit krit. Anm. von BIRMANNS; OLG Köln 2 Ws 149/91 vom 7. 5. 1991, NStZ 1991, 452 betr. WP-Berichte.

2 Vgl. hierzu GEHRE, NJW 1977, 710; SCHEURMANN-KETTNER in Koch/Scholtz, § 399 Rz. 32; HEILMAIER, DStR 1980, 519; GÜLZOW, NJW 1981, 265; FELIX, KÖSDI 1981, 4056 ff.; STRECK, StbKongrRep. 1981, 163 ff.; MITTELSTEINER, DStR 1976, 340, 342; StB-Kammer Köln, Mitteilungsblatt 4-6/1977, 6, Anm. 21; RÜPING, Beweisverbote, 56; DERS., Strafverfahren, 84; DERS. in Kohlmann (Hrsg.), 272; BEHRENDT, Harzburger Protokoll '81, 92; KOHLMANN, Wpg. 1982, 70, 74; HÖSER, MDR 1982, 535; BAUWENS, wistra 1985, 179; BEHRENDT, Harzburger Protokoll '85, 163, 201 ff.; PESTKE, Stbg. 1986, 39; SPÄTH, Stbg. 1988, 393; SDRENKA, Stbg. 1988, 164; GILGAN, Stbg. 1988, 167; SCHREIBER, Die Beschlagnahme von Unterlagen beim Steuerberater, 1993, 99 ff., 130 ff.; VOLK, DStR 1989, 338, allerdings insoweit relativierend, als er zur Annahme von „Deliktsgegenständen" (Tz. 743) neigt. Der Deutsche Steuerberaterverband fordert im Anschluss an FELIX (aaO) eine „Bannmeile" um Beraterkanzleien, Stbg. 1981, 210; PARK, Rz. 546; SIMON/VOGELBERG, 304; QUEDENFELD/FÜLLSACK, Rz. 670.

5. Anderkonten

755 Das strafrechtliche **Zeugnis-** und das abgabenrechtliche **Auskunftsverweigerungsrecht** (dazu nachfolgend Tz. 714 ff.) beziehen sich auch auf
Anderkonten. Das Gleiche gilt hinsichtlich des **Beschlagnahmeprivilegs** bzgl. der Unterlagen, die das Anderkonto betreffen, soweit sie
sich im Gewahrsam des Beraters befinden. Die das Anderkonto füh-
rende Bank hat allerdings kein Aussageverweigerungsrecht. Die Informationen und die Unterlagen, über welche die Bank verfügt, stehen
der Steuerfahndung zur Verfügung[1]. Im Übrigen muss glaubhaft sein,
dass es sich um echte Anderkonten handelt[2]. Werden über diese Konten auch Eigenmittel des Anwalts, zB Honorarzahlungen, abgewickelt,
entfallen die Verweigerungsrechte und Privilegien.

6. Rechtsmittel bei Durchsuchung und Beschlagnahme

756 Angesichts der **Unklarheiten** der **rechtlichen Grenzen** des **Beschlagnahmeprivilegs** sollte sie jeder Berater **zugunsten** des **Beratungsverhältnisses** auslegen. Der Berater sollte gegen Durchsuchungen und
Beschlagnahmehandlungen, die die Beratungsunterlagen betreffen,
idR Beschwerde (§ 304 StPO; dazu Tz. 386 ff.) einlegen. Nur die über-
prüfte, richterliche Entscheidung kann in das Mandat eingreifen.
Ebenso wie es Pflicht des Beraters ist, idR die Aussage zu verweigern
(s. Tz. 714), ist es Pflicht des Beraters, dem Verschwiegenheitsgebot
durch eine sorgfältige Beachtung des Beschlagnahmeverbots zu entsprechen. Hieraus folgt nach zutreffender Ansicht die Pflicht, rechtskräftig über den Eingriff entscheiden zu lassen[3].

757 Soweit der Berater gegen die Durchsuchung[4] und die Beschlagnahme
Beschwerde einlegt, haben diese **keine aufschiebende Wirkung** (§ 307

---

1 Vgl. BVerfG 2 BvR 1558/89 vom 9. 10. 1989, wistra 1990, 97; LG Aachen 86 Qs
63/98 und 86 Qs 99/98 vom 16. 10. 1998, NJW 1999, 2381; OLG Frankfurt
2 AuslS 10/01 vom 22. 8. 2001, NJW 2002, 1135; LG Würzburg Qs 323/89 vom
20. 9. 1989, wistra 1990, 118; krit. STAHL, wistra 1990, 94.
2 Vgl. BFH VIII R 355/82 vom 7. 3. 1989, BFH/NV 1989, 753.
3 GlA FELIX, KÖSDI 1981, 4059; STRECK, StbKongrRep. 1981, 163 ff.; Baden-Badener Verhaltensgrundsätze, KÖSDI 1982, 4873; StB-Kammer Nordbaden, KÖSDI
1983, 5131. Ähnl. auch GILGAN, Stbg. 1989, 321. Das gilt selbst dann, wenn auch
hier kaum über nennenswerte Erfolgsaussichten berichtet werden kann; vgl.
WINKELBAUER, DStR 1978, 693. Im Übrigen wird geraten, die Kammer zu unterrichten, vgl. StB-Kammer Köln, Mitteilungsblatt 4-6/1977; GILGAN, aaO.
4 Zur Zulässigkeit s. auch Tz. 387 ff.

Abs. 1 StPO). Allerdings können das anordnende oder das Beschwerdegericht (idR AG oder LG) die Vollziehung aussetzen (§ 307 Abs. 2 StPO); s. dazu Tz. 400 f., die auch hier gelten.

Da die Steuerfahndung jedoch selbst die Unterlagen durchsehen kann (s. Tz. 336), erfolgen **Rechtsbehelfe** oft **nicht rechtzeitig.** Es gibt keinen zwingenden Schutz vor der Durchsicht der Mandantenunterlagen durch die Fahndung vor einer rechtskräftigen Überprüfung; angesichts der Schwere des Eingriffs und der nichtkontrollierbaren Auswirkungen eines rechtswidrig erlangten Wissens – mögen die Unterlagen selbst auch als Beweismittel nicht verwertbar sein – ist diese Rechtslage äußerst bedenklich. In der Praxis zeigt die Steuerfahndung die Bereitschaft, auf die Durchsicht der Unterlagen vorläufig zu verzichten, wenn die Durchsuchung und Beschlagnahme angegriffen werden sollen. Die Unterlagen werden bis zur rechtskräftigen Entscheidung oder zur Entscheidung nach § 307 Abs. 2 StPO **versiegelt.** Die Regelung des § 110 Abs. 2 StPO wird entsprechend angewandt. Der Berater hat auf diese Verfahrensweise einen Rechtsanspruch, da auch die Art und Weise der Durchsuchung und Beschlagnahme unter dem Vorbehalt des Verhältnismäßigkeitsgrundsatzes steht (Tz. 383). 758

7. Das abgabenrechtliche Auskunftsverweigerungsrecht nach § 102 AO

Die **AO** regelt das Aussageverweigerungsrecht der Angehörigen der steuerberatenden Berufe in **§ 102 Abs. 1 Nr. 3b AO.** Es entspricht im Wesentlichen dem Weigerungsrecht nach § 53 StPO. Die § 53a StPO entsprechende Regelung für die Berufshelfer findet sich in § 102 Abs. 2 AO. Der Helferbegriff geht hier ebenso weit wie in § 53a StPO[1]. 759

Eine **Belehrungspflicht** besteht auch nach der AO nicht[2]. 760

Was die Verwaltung unter **Verstoß** gegen § 102 AO erfährt, darf sie **nicht verwerten**[3]. 761

§ 102 Abs. 3 AO bestimmt, dass das **Aussageverweigerungsrecht** für den Berater und den Berufshelfer **entfällt,** wenn eine **Befreiung** von der Verschwiegenheitspflicht ausgesprochen wird; vgl. oben Tz. 737 ff. 762

---

1 S.o. Tz. 714, 716; vgl. auch BROCKMEYER in Klein, § 102 Anm. 10.
2 TIPKE/KRUSE, § 102 Rz. 22 (Mrz. 2004); s. auch oben Tz. 722.
3 TIPKE in Tipke/Kruse, Vor § 101 Rz. 2 aE, § 102 Rz. 14 (Mrz. 2004).

8. Die abgabenrechtliche Verweigerung der Herausgabe von Unterlagen nach § 104 AO

763 Dem Beschlagnahmeverbot des Strafverfahrensrechts entspricht das **Weigerungsrecht** der beratenden Berufe, **Urkunden** des **Mandatsverhältnisses** herauszugeben (§ 104 Abs. 1 AO). § 104 Abs. 2 AO **schränkt** jedoch **ein**: Herauszugeben sind die Unterlagen, die für einen Beteiligten des Besteuerungsverhältnisses aufbewahrt werden, hierzu zählen auch die Geschäftsbücher und Aufzeichnungen des Beteiligten[1]. Die AO gibt insoweit einen Herausgabeanspruch, jedoch kein Durchsuchungs- und Herausnahmerecht.

764 Wird die **DATEV** von einem Finanzamt unter Hinweis auf § 104 AO zur Vorlage von Kontenausdrucken aufgefordert, liegt – erklärt nicht der Stpfl. selbst die Freigabe – die Entscheidung darüber, ob die DATEV dieser Aufforderung nachkommt, in der Hand des Steuerberaters. Verweigert der Berater der DATEV gegenüber die Freigabe, ist der nachfolgende Streit um die Herausgabepflicht mit dem Berater zu führen[2].

D. Ermittlungen im Ausland und für das Ausland – Auskünfte von dem Ausland und für das Ausland[3]

I. Überblick

765 Die **deutsche Finanzverwaltung** darf im **Ausland nicht ermitteln**. Die **ausländische** Finanzverwaltung darf im **Inland nicht ermitteln**. Die Hoheitsmacht endet an der Staatsgrenze[4]. Ein Übergreifen der Strafverfolgungstätigkeit des einen Staates in das Gebiet des anderen ist unzulässig, im Einzelfall sogar strafbar[5]. Dies hebt jedoch die Notwen-

---

1 Vgl. MOSSBURGER, wistra 1989, 252.
2 Vgl. hierzu STRECK/MACK, Stbg. 1988, 82; dazu sodann SEBIGER, Stbg. 1988, 164. S. zur DATEV auch Tz. 716 und S. 196 FN 5.
3 Ausführlich: SPATSCHECK/ALVERMANN, IStR 2001, 33. Zum Sonderfall von strafrechtlichen Ermittlungen über das Internet s. SPATSCHECK/ALVERMANN, wistra 1999, 333.
4 BVerfG 2 BvR 475/78 vom 22. 3. 1983, RIW/AWD 1983, 703, 705; TIPKE/KRUSE, § 117 Rz. 2 (Mrz. 2004). Sog. „Prinzip der formellen Territorialität", vgl. MEYER-GOSSNER, Einl. Rz. 210.
5 Siehe zB Art. 271 des schweizerischen Strafgesetzbuchs; GLESS, NStZ 2000, 57; NAGEL, Beweisaufnahme im Ausland, 1988, 19; VOGEL, DBA, 3. Aufl., 1996, Einl. Rz. 10.

digkeit nicht auf, dass deutsche Finanzämter auch Auslandssachverhalte steuerlich beurteilen müssen.

Die **Ermittlungsgrenze** gilt **allgemein**, zB für   766

– Auskunfts- und Vorlageersuchen,

– tatsächliche Beweiserhebungen,

– Augenscheineinnahmen,

– Zustellungen,

– Vollstreckungen.

Die Ermittlungsgrenzen gelten auch für die **Steuerfahndung**.   767

Die Unzulässigkeit wird nicht durch die **Zustimmung** des Betroffenen   768
oder durch die **Mitwirkungswilligkeit** eines Zeugen beseitigt. Das Territorialitätsprinzip steht nicht zur Disposition des Einzelnen. Nur der ausländische Staat kann die Unzulässigkeit aufheben[1]. Will die Steuerfahndung dennoch Informationen im Zusammenhang mit dem fremden Staat einholen, ist sie auf die Instrumentarien der Rechts- und Amtshilfe angewiesen.

Amts- und Rechtshilfeverfahren sind voneinander zu trennen. **Amts-**   769
hilfe ist die Hilfe, die eine Behörde der anderen in Verwaltungssachen gewährt, **Rechts**hilfe die Unterstützung in strafrechtlichen Angelegenheiten[2]. Für die Finanzbehörde gilt die Faustregel: Im Steuerstrafverfahren gelangen Regeln über die zwischenstaatliche Rechtshilfe, im Besteuerungsverfahren über die zwischenstaatliche Amtshilfe zur Anwendung[3]. Ermittlungsmaßnahmen ohne eindeutige Rechtsgrundlage sind anzufechten bzw. im Strafverfahren als fehlerhafte Beweiserhebung zu rügen.

II. Rechtsgrundlagen

1. Internationale Rechtshilfe in Strafsachen

Im Rechtshilfeverkehr sind sowohl multi- und bilaterale Vereinbarun-   770
gen als auch innerstaatliches Recht zu beachten.

---

1 BVerfG, 2 BvR 475/78 vom 22. 3. 1983, RIW/AWD 1983, 703, 705. Zu ausländischen Auskunftsverboten s. Tz. 685 ff.

2 Vgl. § 59 Abs. 2 IRG; CARL/KLOS, Leitfaden zur internationalen Amts- und Rechtshilfe in Steuersachen, 1995, 68, [Aufl. 1999 vergriffen].

3 Vgl. MÜLLER/WABNITZ/JANOWSKY, Wirtschaftskriminalität, 4. Aufl., 1997, 312; HEINE, Harzburger Prot., 1998, 303, 337; DANNECKER, StVj. 1990, 124, 137.

771   Das **Europäische Rechtshilfeübereinkommen** (EuRhÜbk) vom 20. 4. 1959[1], in Kraft seit 1. 1. 1977, regelt als multinationales Abkommen insbesondere die Rechtshilfe bei Zeugenvernehmungen, Zustellungen und Durchsuchungen, nicht dagegen Auslieferungen. Vertragspartner sind fast alle Mitglieder des Europarats sowie Israel, die sich gegenseitig zur möglichst umfassenden Rechtshilfe verpflichten[2]. In der zuletzt neu ausgehandelten Fassung des Übereinkommens[3] sind weitere erhebliche Erleichterungen im Rechtshilfeverkehr vorgesehen[4].

772   Von Bedeutung für das Steuerstrafverfahren ist Art. 2a) EuRhÜbk. Hiernach kann die **Rechtshilfe vom ersuchten Staat verweigert** werden, wenn sich das Ersuchen auf eine sog. **Fiskalstraftat**, dh. ua. auch Steuerhinterziehung, bezieht. Allerdings haben sich zahlreiche Vertragsstaaten im Zusatzprotokoll zum EuRhÜbk vom 17. 3. 1978[5] verpflichtet, von dieser Verweigerungsmöglichkeit nicht Gebrauch zu machen. Mit einigen Staaten sind darüber hinausgehende Zusatzvereinbarungen geschlossen worden. Umfassende Rechtshilfe ist insbesondere mit Belgien, Dänemark, Frankreich, Griechenland, Italien, den Niederlanden, Norwegen, Österreich[6] und Schweden vereinbart[7].

773   Weitere Erleichterungen im Rechtshilfeverkehr zwischen den Benelux-Staaten, Frankreich und Deutschland finden sich in Art. 50 des **Schengener Durchführungsübereinkommens** (SDÜ) vom 19. 6. 1990[8] für den Bereich der Verbrauch- und Mehrwertsteuern sowie des Zolls[9]. Direkte Steuern sind hiervon nicht betroffen. Die Rechtshilfe kann nach Art. 51 Abs. 4 SDÜ verweigert werden, wenn der verkürzte Betrag 25 000 ECU,

---

1 BGBl. 1964 II, 1369; BGBl. 1976 II, 1799.
2 Vgl. die Übersicht bei SCHOMBURG/LAGODNY, Internationale Rechtshilfe in Strafsachen, 3. Aufl., 1998, Hauptteil II B, EuRhÜbk, vor Art. 1.
3 EG-ABl. Nr. C-251 vom 2. 9. 1999, 1 ff.
4 Siehe SCHOMBURG, NJW 2000, 340, 341; GLESS, NStZ 2000, 57, 59 f. S. ferner **Abfragemöglichkeit von Konten** im EU-Ausland mit Ermittlungspflicht des Bankinstituts durch den Vertragsstaat, BGBl. 2005 II, 662. Am 2. 2. 2006 in Deutschland in Kraft getreten.
5 BGBl. 1990 II, 124, in Kraft seit 6. 6. 1991.
6 Allg. zur österreichischen Rechtshilfe in Strafsachen, insbesondere im Zusammenhang mit dem Bankgeheimnis s. LANSER, wistra 1999, 213 ff.
7 Vgl. CARL, DStZ 1993, 653, und die Kurzübersicht bei SCHOMBURG/LAGODNY, aaO, Hauptteil II B 1, ZP-EuRhÜbk, vor Kap. 1; zum Rechtshilfeverkehr mit der Schweiz s. KLOS, INF 1999, 545 ff. und Tz. 798.
8 BGBl. 1993 II, 1010, 1902; 1998 II, 1968.
9 Hierzu SCHOMBURG/LAGODNY, aaO, § 50 SDÜ, Anm. 1 ff. Ausführlich: PLÖCKINGER/LEIDENMÜHLER, wistra 2003, 81, 82.

das entspricht 25 000 Euro –, nicht übersteigt. Die im straf- und völkerrechtlichen Schrifttum vieldiskutierte grenzüberschreitende Observati-
on nach Art. 40 SDÜ[1] ist im Rahmen von Steuerfahndungsermittlungen
aufgrund der Einschränkungen des § 40 Abs. 4 und 7 SDÜ unzulässig.

Ferner existieren eine Vielzahl von einzelnen **bilateralen Verträgen**, die   774
entweder außerhalb der europäischen Abkommen Rechtshilfevereinba-
rungen begründen oder bereits bestehende Abkommen intensivieren,
zB mit Portugal, Tunesien, dem ehemaligen Jugoslawien oder Monaco[2].

Schließlich sind die innerstaatlichen Rechtshilfegesetze des jeweils er-   775
suchten Staates zu beachten. Sie regeln die dortigen Rechtshilfevoraus-
setzungen und den Verfahrensablauf nach Eingang des Ersuchens. In
Deutschland richtet sich die Rechtshilfe, soweit nicht internationale
Vereinbarungen vorgehen[3], nach dem „**Gesetz über die internationale
Rechtshilfe in Strafsachen**" (IRG) vom 23. 12. 1982[4]. Umfangreiche Ver-
waltungsanweisungen für den Rechtshilfeverkehr mit ausländischen
Behörden normieren die „Richtlinien für den Verkehr mit dem Ausland
in strafrechtlichen Angelegenheiten" (RiVASt) vom 18. 9. 1994[5].

2. Internationale Amtshilfe in Fiskalsachen

Es kommen sowohl multi- und bilaterale Vereinbarungen als auch   776
innerstaatliches Recht zur Anwendung, wobei zwischen den dargestellten Rechtsgrundlagen **keine Rangfolge** existiert. Eine gute Übersicht mit dem aktuellen Stand der Abkommen bietet das BMF-Schreiben vom 25. 1. 2006[6].

Sämtliche von der Bundesrepublik Deutschland abgeschlossenen **Dop-**   777
pelbesteuerungsabkommen (DBA) enthalten sog. Auskunftsklauseln,
die völkerrechtlich zum Informationsaustausch verpflichten[7]. Zu unterscheiden ist zwischen sog. großen und kleinen Auskunftsklauseln:

---

1 Siehe GLESS, NStZ 2000, 57, 58 f.
2 SCHELLER, Ermächtigungsgrundlagen für die Internationale Rechts- und Amtshilfe zur Verbrechensbekämpfung, 1997, 44; Schnellübersicht bei SCHOMBURG,
  NJW 2003, 3393.
3 MEYER-GOSSNER, Einl. Rz. 215.
4 BGBl. 1982 I, 2071.
5 Abgedruckt zB bei GRÜTZNER/PÖTZ, Internationaler Rechtshilfeverkehr in
  Strafsachen, 2. Aufl., 1998, I.A.4.
6 BStBl. 2006 II, 26 ff.
7 Vgl. Art. 26 des OECD-Musterabkommens; hierzu ausführlich EILERS in Deba-
  tin/Wassermeyer, DBA, Art. 26 MA (Dez. 2002); Vereinbarungen über die

EG-Amtshilferichtlinie

– Die **große Auskunftsklausel** bezieht sich auf Informationen, die entweder zur Durchführung des DBA oder des innerstaatlichen Rechts eines Vertragsstaates, soweit es unter das DBA fallende Steuern betrifft, erforderlich sind. Diese Klausel wurde mit den kontinentaleuropäischen Staaten und anderen Industriestaaten (Ausnahmen: Schweiz, Japan) vereinbart[1].

– **Kleine Auskunftsklauseln** sind insbesondere mit den meisten Entwicklungsländern sowie der Schweiz vereinbart worden. Nach diesen sind lediglich Auskünfte zulässig, die der Durchführung des Abkommens selbst dienen.

778 Ausführliche Regelungen der internationalen steuerlichen Amtshilfe finden sich darüber hinaus in der **EG-Amtshilferichtlinie** 77/99/ EWG[2], die in Deutschland durch das EG-Amtshilfe-Gesetz umgesetzt wurde[3]. Der hier vereinbarte Umfang der Amtshilfe zwischen den EU-Staaten entspricht im Wesentlichen dem Inhalt einer großen Auskunftsklausel in einem DBA. Vorgesehen sind drei Arten der Auskunftserteilung[4]:

– Auskünfte **auf Ersuchen**, § 2 Abs. 1 EG-AmtshilfeG, sollen erteilt werden, wenn sie für die zutreffende Steuerfestsetzung im ersuchenden Staat erheblich sind und nicht besondere Gründe (siehe im Einzelnen §§ 3, 4 EG-AmtshilfeG) auf Seiten des ersuchten Staates entgegenstehen.

– **Spontanauskünfte** gem. § 2 Abs. 2 EG-AmtshilfeG sind in den dort abschließend geregelten Fällen, insbesondere auch bei Verdacht auf Steuerverkürzung, zulässig[5].

Amtshilfe in Vollstreckungsangelegenheiten finden sich insb. in den DBA mit Belgien, Dänemark, Frankreich, Luxemburg, den Niederlanden, Norwegen, Schweden und den USA, vgl. Tz. 1.2.2. BMF-Schreiben IV B 4 – S 1320-1/80 vom 20. 1. 2000, BStBl. 2000 I, 102, 103.

1 Vgl. Tipke/Kruse, § 117 AO, Rz. 17 f. (Mrz. 2004).
2 Vom 19. 12. 1977, ABIEG 1977 Nr. L 336/15.
3 Siehe Art. 2 des Steuerbereinigungsgesetzes 1986 vom 19. 12. 1985, BGBl. 1985 I, 2436, 2441 und bei Carl/Klos, aaO, 266 ff.; ausführlich Wolffgang/ Hendricks in Beermann, Steuerliches Verfahrensrecht, § 117 AO, Rz. 172 ff.; zur zwischenstaatlichen Amtshilfe bei der Steuererhebung (Beitreibung) s. BMF-Schreiben vom 20. 1. 2000, BStBl. 2000 I, 102, 103.
4 Siehe auch Wolffgang/Hendricks, aaO, § 117 AO, Rz. 185.
5 Zu Einzelheiten und Verwaltungspraxis ua. SenFin. Bremen S 1320-121 vom 21. 3. 2000, IStR 2000, 371 f.; EuGH C-420/98 vom 13. 4. 2000, IStR 2000, 334, 335.

- **Automatische Auskünfte** gem. § 2 Abs. 3 EG-AmtshilfeG werden ua. im Falle der Lieferung von Neufahrzeugen und der Arbeitnehmerüberlassung erteilt. Darüber hinaus wurde ein Informationsaustauschsystem über innergemeinschaftlichen Verkehr verbrauchsteuerpflichtiger Waren vereinbart, § 2 a EG-AmtshilfeG.

Für den Bereich der **Umsatzsteuer** von hoher praktischer Relevanz ist   779
die VO (EWG) Nr. 218/92 des Europäischen Rates vom 27. 1. 1992[1], die
sog. „**VO-Zusammenarbeit**". Sie überwacht die Umsatzbesteuerung
der grenzüberschreitenden Geschäfte und sieht ua. einen umfassenden EDV-Informationsaustausch vor[2]. Ergänzt werden die Bestimmungen durch Regelungen zur Kooperation bei der Beitreibung von Steuererforderungen[3]. Für den Bereich der Zollsachen greift die „Amtshilfe-VO" Nr. 515/97[4], mit der insbesondere ein umfangreiches Zollinformationssystem eingeführt wurde[5].

Weiterhin existieren mit Dänemark, Finnland, Italien, Norwegen,   780
Österreich und Schweden gesonderte **Abkommen über weitgehenden
Informationsaustausch** in Steuersachen. Nach Art. 4 des deutsch-österreichischen Vertrags über Rechtsschutz und Rechtshilfe in Abgabensachen vom 4. 10. 1954[6] ist sogar der unmittelbare Verkehr zwischen
der deutschen OFD und den österreichischen Finanzlandesdirektionen
zulässig[7].

Greift keine der vorstehenden internationalen Übereinkünfte, kann als   781
Auffangtatbestand **§ 117 Abs. 1 AO** zur Anwendung gelangen. Die
Vorschrift regelt ausschließlich die Rechte und Pflichten der deutschen
Finanzverwaltung im Amtshilfeverkehr; die Erwähnung der Rechtshilfe im Tatbestand ist unzutreffend[8].

---

1 ABlEG 1992 Nr. L 24/1, BStBl. 1999 I, 256 ff.
2 Sog. Mehrwertsteuer-Informationssystem (MIAS); hierzu und insgesamt zur Zusammenarbeits-VO BOGDANDY/ARNDT, EWS 2000, 1, 3 ff.
3 Richtlinie 76/3087/EWG; ausführlich BMF-Schreiben IV B 4 – S 1320-1/00 vom 20. 1. 2000, BStBl. 2000 I, 102 ff.; siehe auch BOGDANDY/ARNDT, EWS 2000, 1, 3.
4 Vom 13. 3. 1997, ABlEG 1997 Nr. L 81/1.
5 Näher BOGDANDY/ARNDT, EWS 2000, 1, 2 f.
6 BStBl. 1955 I, 434.
7 BMF-Schreiben vom 30. 3. 1999, BStBl. 1999 I, 227, 232; SenFin. Bremen, S 1320-121 vom 21. 3. 2000, IStR 2000, 371 f.
8 CARL/KLOS, aaO, 70.

Beweisverwertungsverbote

III. Auslandsermittlungen der Steuerfahndung im Grenzbereich zwischen Rechts- und Amtshilfe

782 Die Finanzbehörde und insbesondere die Steuerfahndung kann sowohl im Besteuerungsverfahren als auch im Steuerstrafverfahren tätig werden, §§ 393 Abs. 1, 208 AO. Daraus folgert die Rechtsprechung, dass der Steuerfahndung bei ihren Ermittlungen grundsätzlich sowohl die Rechts- als auch Amtshilfeinstrumentarien zur Verfügung stehen[1]. Dem Betroffenen ist **offenzulegen**, für welchen Weg sich die Behörde entschieden hat[2].

783 Die Steuerfahndung scheut sich häufig, der Forderung nach einer Benennung der Ermittlungsgrundlage nachzukommen[3]. Berater und Verteidiger sollten hier hartnäckig bleiben: Im Besteuerungsverfahren haben sie die Möglichkeit, die Ablehnung des Auskunftsersuchens mit dem **Einspruch** anzufechten und die Mitteilung der Besteuerungsgrundlagen nach § 364 AO zu beantragen[4], im Strafverfahren können die fehlerhafte Beweiserhebung und der Verstoß gegen den Anspruch auf **rechtliches Gehör** gerügt werden.

784 Bei Steuerfahndungsermittlungen besteht allerdings – unabhängig von der förmlichen Einleitung eines Ermittlungsverfahrens – die **Regelvermutung**, dass ihre Handlungen eine strafrechtliche Grundlage haben[5].

IV. Beweisverwertungsverbote

785 Erweisen sich Steuerfahndungsermittlungen vor dem Hintergrund der Amts- und Rechtshilfebestimmungen als unzulässig, wird der Verteidiger ihre Nichtverwertbarkeit im Strafverfahren geltend machen. Dies gestaltet sich problematisch: Der BGH hat in mehreren Entscheidungen das **Vorliegen eines Verfahrenshindernisses** bei völkerrechtlichen Verstößen im Ermittlungsverfahren mit der Begründung **verneint**, dass die völkerrechtlichen Bestimmungen nur zwischenstaatliche Beziehun-

---

1 BFH I B 28/86 vom 29. 10. 1986, BStBl. 1987 II, 440, 441; BMF-Schreiben vom 30. 3. 1999, BStBl. 1999 I, 227, 230.
2 CARL/KLOS, aaO, 69.
3 Siehe auch BILSDORFER, StraFo 1999, 145, 148.
4 Str., ob vorherige Anhörung erforderlich, vgl. EuGH C-420/98 vom 13. 4. 2000, IStR 2000, 334 f. (WN/Staatssecretaris van Financien).
5 BILSDORFER, StraFo 1999, 145, 148.

gen beträfen und sich hieraus keine Rechte des Einzelnen ableiten ließen[1].

Nach der Literatur[2] und der Rechtsprechung des BGH kommt es als   786
Folge völkerrechtlicher Verstöße zu einem **Beweisverwertungsverbot**.
Ein solches Verbot greift nach BGH 3 StB 5/90 vom 4. 4. 1990[3] und
3 StB 8/90 vom 30. 4. 1990[4] zumindest dann, wenn die Völkerrechts-
verletzung auch die rechtlich geschützte Sphäre des Beschuldigten
betrifft[5]. Dies ist bei Verstößen gegen die allgemeinen Grundsätze der
internationalen Rechtshilfe der Fall[6] und wird durch BGH 3 StR 11/87
vom 8. 4. 1987[7] bestätigt: Die Verwendung von unter Verstoß gegen
Rechtshilfeabkommen erlangten Beweismitteln führt als völkerrechtlicher Reflex zu einem Beweisverwertungsverbot zugunsten des Beschuldigten[8].

V. Beratungsüberlegungen

Bei grenzüberschreitenden Sachverhalten muss berücksichtigt werden: 787
Es gibt kein Land, das mit absoluter Sicherheit keine Amts- oder
Rechtshilfe leistet. Jeder ausländische Staat kann auch außerhalb be-
stehender Abkommen **freiwillig Hilfe leisten**. Diese wird bei Steuer-
delikten zwar idR nur zurückhaltend gewährt. Sicherer Schutz vor Er-
mittlungen und/oder Auslieferung besteht jedoch in keinem Fall.
„Stpfl." haben oft vom Hörensagen oder durch Medienberichte die
Vorstellung, die Geschäftstätigkeit im und/oder der Geldtransfer ins
Ausland seien ausreichend, um sie den Finanzbehörden zu entziehen.
Das Gegenteil ist oft der Fall: Der Steuerinländer mit Geschäftstätig-
keit, Geld- oder Sachvermögen im Ausland kann sich des besonderen
Augenmerks der Finanzbehörden gewiss sein.

---

1 BGH 3 StB 8/90 vom 30. 4. 1990, BGHSt 37, 30 ff.; 3 StR 551/85 vom 9. 4. 1986,
  BGHSt 30, 347, 349; 4 StR 187/85 vom 30. 5. 1985, NStZ 1985, 464; 4 StR 120/
  83 vom 2. 8. 1984, NStZ 1984, 563.
2 Vgl. SPATSCHECK/ALVERMANN, wistra 1999, 333, 335 mwN; HARINGS, 280; DANN-
  ECKER, StVj 1990, 124, 143 ff.
3 JZ 1990, 1031 ff.
4 BGH 3 StB 8/90 vom 30. 4. 1990, BGHSt 37, 30 ff. = JZ 1990, 1033 ff., mit
  Anm. SCHROEDER.
5 BGH 3 StB 5/90, aaO, 1031; 3 StB 8/90, JZ 1990, 1033, 1034.
6 Siehe auch HARINGS, 280 f.
7 BGH 4 ARs 18/85 vom 10. 10. 1985, BGHSt 33, 329, 334 ff.
8 BGH 3 StR 11/87, aaO, 344; GLESS, NStZ 2000, 57, 58 mwN.

788 Andererseits bieten sich der Steuerfahndung in keinem Land so **umfangreiche Informationsmöglichkeiten** wie im Inland. In der Fahndungspraxis funktionieren Amts- und Rechtshilfe mit kaum kontrollierbarer Wirksamkeit. IdR herrscht eine gewisse Unlust, für den ausländischen Fiskus zu arbeiten. Die Rechtshilfe wird in den meisten Ländern deutlich zurückhaltender gewährt als die Amtshilfe. Das Ergebnis eines Ersuchens ist oft unbefriedigend bis unverwertbar. Will die Steuerfahndung den Zweitwohnsitz in Marbella durchsuchen, benötigt sie die Mithilfe der spanischen Kollegen und der spanischen Justiz. Das Rechtshilfeersuchen muss formal ordnungsgemäß erstellt und übersetzt werden. Bis sich vor Ort ein zuständiger Beamter und sodann der zuständige Richter gefunden hat, können bereits Monate vergehen. Rückfragen müssen ebenfalls zunächst übersetzt und auf dem gleichen Wege beantwortet werden. Auf diese Weise können nach Antragstellung schnell zweieinhalb Jahre vergehen, bis die beantragte Durchsuchung in Spanien erfolgt. Das Ermittlungsergebnis ist regelmäßig dürftig.

789 Allerdings ist festzustellen, dass die Zusammenarbeit vor allem in **Grenzgebieten** auch hervorragend funktionieren kann. Die im sog. „kleinen Grenzverkehr" praktizierte Zusammenarbeit deutscher und ausländischer Behörden ist nicht zu unterschätzen. Hier können innerhalb weniger Stunden ohne Einhaltung von Formalien Auslandsinformationen erlangt werden, die sodann auf dem vorgeschriebenen Dienstweg nachträglich „wasserdicht" gemacht werden[1]. Geradezu ein Musterbeispiel an Kooperation und effektivem Informationsaustausch ist die Zusammenarbeit im Zollwesen, die auf einer deutlich längeren Tradition als der Rechts- und Amtshilfeverkehr in Steuersachen beruht[2].

790 Wird Hilfe geleistet, kann der deutsche Fahnder dennoch nicht unmittelbar tätig werden. Die Ermittlungen vor Ort werden **durch die ausländische Behörde** geführt. Auf die Art und Weise der Ermittlungen und deren Intensität kann die Steuerfahndung nur begrenzten Einfluss nehmen. Unmittelbare Aktivitäten deutscher Fahnder vor Ort sind nicht erlaubt. Das gilt auch dann, wenn Ermittlungen nur von Deutschland aus geführt werden. Es besteht keine Befugnis, unmittelbaren Schriftverkehr oder Telefonate mit ausländischen Zeugen, Zweigstellen oder Geschäftspartnern des inländischen Steuerpflichtigen zu führen. Finden sich Vermerke wie „unter der Telefonnummer des angegebenen (ausländischen) Unternehmens meldet sich ..." in

---

1 Vgl. Bilsdorfer, StraFo 1999, 145, 148.
2 Vgl. Bogdandy/Arndt, EWS 2000, 1, 2 f.

den Akten, sind diese Ermittlungen rechtswidrig. Unzulässig sind auch Auslandsermittlungen deutscher Fahnder über das Internet[1] ohne vorherige Zustimmung des ausländischen Staates.

Nicht verhindert werden kann zumeist die zumindest **faktische Fernwirkung** rechtswidrig erlangter Ermittlungsergebnisse. Im gerichtlichen Verfahren lassen sich zwar einzelne Rechtsverstöße nachweisen, in den seltensten Fällen kann aber die Nichtberücksichtigung des gesamten Ermittlungsergebnisses durchgesetzt werden[2]. Die Steuerfahndung stützt sich idR auch nicht unmittelbar auf ihre Auslandsermittlungen, sondern zieht hieraus lediglich Schlüsse für weitere, sodann erlaubte Nachforschungen. **791**

Erhält der Stpfl. oder sein Berater von Amts- oder Rechtshilfeermittlungen mit strafrechtlichem Hintergrund Kenntnis und ist ihm die förmliche Einleitung des Ermittlungsverfahrens noch nicht bekanntgegeben, ist stets die Möglichkeit der **Selbstanzeige** zu prüfen[3]. Dies gilt erst recht, wenn ausländische Behörden aufgrund eigener Ermittlungen Informationen oder Beweismittel erlangen, die der deutschen Finanzbehörde noch unbekannt sind und für die Besteuerung im Inland von Bedeutung sein können. Zwar kann nach Auffassung des BGH[4] eine Tatentdeckung iSd. § 371 Abs. 2 Nr. 2 AO bereits mit Kenntniserlangung durch die ausländische Behörde gegeben sein. Dies hängt jedoch zum einen von der Wahrscheinlichkeit der Rechtshilfegewährung[5], vor allem aber von der Frage ab, ob die ausländische Behörde nach ihrem Kenntnisstand eine Steuerhinterziehung zumindest für überwiegend wahrscheinlich halten muss. Da der hierfür erforderliche Abgleich mit den inländischen Besteuerungsunterlagen in aller Regel nicht möglich ist, kommt eine Tatentdeckung nur in Ausnahmefällen in Betracht. **792**

Das Standardargument des Finanzamts bei Auslandssachverhalten im Besteuerungsverfahren ist der Verweis auf die **erhöhte Mitwirkungspflicht** bei Auslandssachverhalten nach § 90 Abs. 2 AO. Weiß das Finanzamt zB um eine bestimmte Kontenverbindung – ein Kontoauszug genügt –, benötigt es die Amtshilfe nicht. Es wird den Steuerpflichtigen **793**

---

1 Ausführlich Spatscheck/Alvermann, wistra 1999, 333 ff.
2 Siehe auch Bilsdorfer, StraFo 1999, 145, 148.
3 Vgl. Tz. 176.
4 3 StR 10/87 vom 12. 8. 1987, BGHSt 35, 36, 38; 3 StR 37/87 vom 13. 5. 1987, wistra 1987, 293.
5 So auch BGH 3 StR 10/87, aaO; 3 StR 37/87, aaO; Kohlmann, § 371 Rz. 219 (Okt. 1998).

auffordern, die Kontounterlagen vorzulegen. Kommt er der Aufforderung nicht nach, wird das Finanzamt schätzen. Diese Schätzung fällt in der Regel so aus, dass der Steuerpflichtige faktisch zur Offenlegung gezwungen wird. Noch weitergehende Mitwirkungspflichten normieren §§ 16, 17 AStG. Außerhalb von „Bankenfällen" – hier kann das Finanzamt in den meisten Ländern das ausländische Bankgeheimnis über die Rechts- und Amtshilfe nicht durchbrechen – ist bei fehlender Mitwirkung des Stpfl. die Schätzungsbefugnis des Finanzamts allerdings nicht ohne weiteres erfüllt. Zwar können aus der Verletzung der Mitwirkungspflicht nach § 90 Abs. 2 AO negative Schlüsse gezogen werden. Es kommt jedoch nicht zur automatischen Umkehr der Beweislast[1]. BILSDORFER[2] weist zu Recht darauf hin, dass das Finanzamt auch weiterhin alle zumutbaren Ermittlungsmöglichkeiten auszuschöpfen hat.

794 Ein weiterer „Dauerbrenner" in Auslandsfällen ist § 160 AO[3]. Das Finanzamt kann den **Betriebsausgabenabzug versagen**, wenn der Stpfl. auf Verlangen der Finanzbehörde den Gläubiger oder Empfänger der Zahlung nicht benennt. Die Vorschrift wird von der Finanzverwaltung bei ausländischen Zahlungsempfängern idR unnachgiebig angewandt, eröffnet dem Steuerpflichtigen und seinem Berater jedoch auch Argumentationsspielraum. Ist eine plausible Sachverhaltsdarstellung möglich, hat der Streit um den Betriebsausgabenabzug Aussichten auf Erfolg. Die Rechtsprechung zu § 160 AO befindet sich im Fluss[4]. Eine Strafbarkeit kommt im Anwendungsbereich der Vorschrift nur bei Teilnahme an fremder Steuerhinterziehung in Betracht[5].

VI. Ermittlung von Auslandssachverhalten im Inland

1. Informationszentrale Ausland

795 Im Bundeszentralamt für Steuern werden zentral Unterlagen über steuerliche Auslandsbeziehungen jeglicher Art gesammelt, §§ 5 Abs. 1 Nr. 6 FVG, 88a AO. Darüber hinaus wurde dort die sog. **Informationszentrale für Auslandsbeziehungen (IZA)** eingerichtet, in der Informa-

---

1 Vgl. BFH III R 129/85 vom 9. 9. 1991, BStBl. 1992 II, 55, 56; BILSDORFER, StraFo 1999, 145, 147.
2 AaO, 147.
3 Ausführlich SPATSCHECK/ALVERMANN, DStR 1999, 1427 ff.
4 Übersicht bei SPATSCHECK/ALVERMANN, aaO.
5 Siehe BGH 2 StR 64/85 vom 22. 11. 1985, BGHSt 33, 385 ff.; OLG Karlsruhe, wistra 1985, 163 ff.; SPATSCHECK/ALVERMANN, aaO, 1430.

tionen über alle Bereiche des Auslandsverkehrs zusammengetragen und abgerufen werden können[1]. Die Finanzbehörden sind gehalten, sich dieser Informationen zu bedienen[2]. Allerdings beruhen auch diese nur auf einer Sammlung von Tatsachen, die als solche zu würdigen sind. Unmittelbare Rechtswirkungen – dies hat der BFH[3] bestätigt – kommen ihnen auch im Besteuerungsverfahren nicht zu.

Die Informationsmöglichkeit beim BMF kann sich für die Finanzverwaltung auch zum Bumerang entwickeln. Im Amtshilfeverfahren gilt der Grundsatz des § 93 Abs. 1 Nr. 3 AO, wonach ausländische Staaten erst dann um Auskunft ersucht werden sollen, wenn die Sachverhaltsaufklärung durch den Steuerpflichtigen nicht zum Ziel führt oder keinen Erfolg verspricht. Zwischenstaatliche Amtshilfe kommt erst in Betracht, wenn die **Beweismöglichkeiten im Inland ausgeschöpft** sind[4]. Gleiches muss aufgrund des Eingriffs in das Recht auf informationelle Selbstbestimmung für die Rechtshilfe gelten[5]. Auch Vertreter der FinVerw. gehen von einem Verfahrensfehler aus, wenn das Finanzamt es unterlässt, Auskünfte bei der IZA einzuholen[6]. 796

2. Überwachung des grenzüberschreitenden Bargeldverkehrs[7]

Siehe hierzu Tz. 273 f. 797

VII. Schweiz, Liechtenstein und Luxemburg

1. Rechtshilfe der Schweiz[8]

Rechtsgrundlage ist Art. 3 Abs. 3 des am 1. 1. 1983 in Kraft getretenen Bundesgesetzes vom 20. 3. 1981 über die internationale Rechtshilfe in 798

---

1 QUEDENFELD/FÜLLSACK, Rz. 874.
2 Vgl. zum Ganzen BILSDORFER, StraFo 1999, 145, 148 f.; siehe auch BFH IV B 41/99 vom 13. 12. 1999, BFH/NV 2000, 817, 818; IV B 76/86 vom 25. 8. 1986, BStBl. 1987 II, 481 ff.
3 BFH I B 34/99 vom 25. 11. 1999, BFH/NV 2000, 677 f.
4 TIPKE/KRUSE, AO/FGO, § 117 AO, Rz. 9 (Mrz. 2004); RÜSKEN in Klein, § 117 Anm. 12.
5 Siehe auch DRESSLER, wistra 1989, 165; aA CARL, DStZ 1993, 653, 655; DANNECKER, StVj. 1990, 138 f.
6 So CARL/KLOS, aaO, 59; aus Sicht des Finanzrichters BILSDORFER, StraFo 1999, 145, 149.
7 Ausführlich hierzu SPATSCHECK/ALVERMANN, BB 1999, 2107 ff.
8 Ausführlich: HOLENSTEIN, PStR 2005, 16 ff.

Strafsachen. Voraussetzung ist ein **Abgabebetrug**. Die Schweiz differenziert zwischen strafloser **Steuerumgehung** (Gestaltungsmissbrauch), der **einfachen Steuerhinterziehung** durch schlichte Abgabe unzutreffender Steuererklärungen sowie den **Betrugsdelikten**.

799 Nach schweizerischer Definition liegt ein **Betrugsdelikt** vor, wenn bei den Einkommensteuern gefälschte, verfälschte oder inhaltlich unwahre **Urkunden** verwandt werden[1]. Bei den übrigen Steuern des Bundes (zB Mehrwertsteuer) liegt ein Abgabebetrug vor, wenn bewirkt wird, dass dem Gemeinwesen durch ein arglistiges Verhalten in erheblichem Ausmaß Abgaben vorenthalten werden. Auch hier kommt als Hauptanwendungsfall die Verwendung gefälschter, verfälschter oder inhaltlich unwahrer Urkunden in Betracht. Nach schweizerischem Recht ist auch die **Falschbeurkundung**, dh. die inhaltlich unzutreffende Urkunde als Täuschung ausreichend. Als Urkunden gelten ferner Bilanzen und Erfolgsrechnungen.

800 Für den Fall, dass keine unrichtigen Urkunden im Spiel sind, wird eine arglistige Täuschung und somit ein Steuerbetrug nach schweizerischem Recht angenommen, wenn ein „**Lügengebäude**" aufgebaut wird. Hierunter versteht man zB Scheingesellschaften, Abdeckrechnungen etc.

801 Die Einreichung einer unvollständigen **Einnahmenüberschussrechnung** mit der Steuererklärung stellt keinen Abgabebetrug dar, solange der Stpfl. nicht entweder buchführungspflichtig ist oder freiwillig Buch führt.

802 Es wird die „**kleine Rechtshilfe**" gewährt, die die Zustellung von Schriftstücken, die Beweiserhebung, die Herausgabe von Akten und Schriftstücken sowie die Herausgabe von Gegenständen oder Vermögenswerten zur Einziehung oder zur Rückerstattung an den Berechtigten umfasst[2].

803 Auf den ins Ausland übermittelten Beweismitteln wird ein **Spezialitätsvorbehalt** angebracht, nach dem die Beweismittel ausschließlich zur strafrechtlichen Verfolgung des – nach Schweizer Maßstäben – Abgabenbetrugs verwandt werden dürfen.

---

1 Art. 186 des Bundesgesetzes vom 14. 12. 1990 über die direkte Bundessteuer – DBG-Art. 59 des Bundesgesetzes vom 14. 12. 1990 über die Harmonisierung der direkten Steuern der Kantone und Gemeinden – StHG.
2 Art. 63 Abs. 2 IRSG.

Zu Beginn des Rechtshilfeverfahrens prüft das Bundesamt für Justiz 804
summarisch, ob das Rechtshilfegesuch zur Durchführung weitergeleitet wird. Es ergeht eine nicht selbständig anfechtbare „**Eintretensver-
fügung**". Auf diese folgt der Vollzug der Maßnahme.

Eine „**vereinfachte Ausführung**" ist möglich, wenn alle Berechtigten 805
der Herausgabe zustimmen. Die Unterlagen werden umgehend an den
rechtshilfeersuchenden Staat übermittelt. Wendet sich der Betroffene
gegen die Herausgabe, ergeht eine **Schlussverfügung**, die gemeinsam
mit den zuvor ergangenen Maßnahmen anfechtbar ist.

Rechtsmittel ist die **Verwaltungsgerichtsbeschwerde** an das Bundes- 806
gericht oder – soweit zuvor eine Kantonalbehörde zuständig war – es
ist der dort zulässige Instanzenzug vorgeschaltet. Rechtsmittel haben
aufschiebende Wirkung.

Nur der **nominelle Kontoinhaber** ist zur Beschwerde berechtigt, nicht 807
der wirtschaftlich Berechtigte oder in den Unterlagen Genannte.

2. Amtshilfe der Schweiz[1]

Deutschland hat mit der Schweiz ein **Doppelbesteuerungsabkommen** 808
abgeschlossen, das in Art. 27 Abs. 1 eine erweiterte Auskunftsklausel
beschränkt auf **Betrugsdelikte** enthält. Zur Definition des Steuerbe-
trugs vgl. Tz. 799. Die Einleitung eines Steuerstrafverfahrens ist nicht
erforderlich. Nach einer Übergangsbestimmung im Revisionsprotokoll
ist die erweiterte Auskunftsklausel nur auf Betrugsdelikte anwendbar,
die am oder nach dem 1. 1. 2004 begangen wurden.

Betrifft die Amtshilfe die Bitte um Beschaffung und Weiterleitung von 809
Urkundsbeweisen im Hinblick auf eine **Ersttat**, dh. eine Tat, die in
direktem Zusammenhang mit der gewünschten Amtshilfemaßnahme
steht, ist das schweizerische Bankgeheimnis kein Hindernis.

Anders als bei der Rechtshilfe dürfen die im Rahmen der Amtshilfe 810
erlangten Informationen zur **Steuernachveranlagung** verwandt werden. Eine strafrechtliche Auswertung kommt nur in Betracht, wenn
auch die Voraussetzung der Rechtshilfe erfüllt ist, was regelmäßig der
Fall sein wird.

Gegen die Schlussverfügung der eidgenössischen Steuerverwaltung 811
kann **Verwaltungsgerichtsbeschwerde** mit aufschiebender Wirkung
eingelegt werden.

---

1 Ausführlich: HOLENSTEIN, PStR 2005, 67 ff.

3. Die Schweiz nach Inkrafttreten der „Bilateralen II"[1]

812 Die „Bilaterale II" umfasst ein Vertragswerk zwischen der **Schweiz** und der **Europäischen Union**, das aus acht Abkommen besteht. Sie wurden am 26. 10. 2004 in Luxemburg unterzeichnet und am 17. 12. 2004 vom schweizerischen Parlament genehmigt. Für steuerstrafrechtliche Zwecke von Bedeutung sind drei dieser Abkommen:

- Abkommen zwischen der schweizerischen Eidgenossenschaft und der EG über Regelungen, die den in der Richtlinie 2003/48/EG des Rates im Bereich der Besteuerung von **Zinserträgen** festgelegten Regelungen gleichwertig sind, siehe hierzu Tz. 610.

- Abkommen über die Zusammenarbeit zwischen der schweizerischen Eidgenossenschaft und der EG zur **Bekämpfung von Betrug und sonstigen rechtswidrigen Handlungen**, die ihre finanziellen Interessen beeinträchtigen.

- Abkommen zwischen der schweizerischen Eidgenossenschaft, der Europäischen Union und der EG über die Verpflichtung dieses Staates zur Umsetzung, Anwendung und Entwicklung des **Schengen-Besitzstandes**[2] siehe Tz. 773.

813 Das **Betrugsbekämpfungsabkommen** tritt in Kraft, sobald die EG, ihre Mitgliedsstaaten und die Schweiz das Abkommen nach ihrem innerstaatlichen Recht ratifiziert haben. Es ist nur auf die Amts- und Rechtshilfe bei den **indirekte Steuern** anwendbar, dh. nicht auf Ertragsteuern, Erbschaft- oder Schenkungsteuern.

814 Wesentliche **Neuregelungen**:

- Amts- und Rechtshilfe wird auch bei der **einfachen Steuerhinterziehung** gewährt, soweit die hinterzogene Steuer mindestens 25 000 Euro beträgt.

- **Vollstreckung** von Steuerforderungen.

- **Herausgabe** von Vermögenswerten zur Einziehung.

- Rechtshilfe bei „**Geldwäscherei**".

- **Anwesenheit von Amtsträgern** des ersuchenden Staates bei Ermittlungshandlungen im ersuchten Staat.

- Im Betrugsbekämpfungsabkommen ist das **Spezialitätsprinzip** fest verankert.

---

1 Ausführlich: HOLENSTEIN, PStR 2005, 118 ff.
2 Die Schweiz hat im Rahmen einer **Volksabstimmung** vom 5. 6. 2005 mit einer Mehrheit von 54,6% die Ratifizierung des Abkommens akzeptiert.

Weiterhin ist jede Rechts- und Amtshilfe uneingeschränkt zulässig, so-   815
weit sie zur **Entlastung** eines Verfolgten ergeht.

Soweit der Verdacht wegen **anderer Delikte** besteht (Betrug, Untreue,   816
Bankrott usw.), wird Rechts- und Amtshilfe gewährt.

4. Liechtenstein

Deutlich restriktiver agiert **Liechtenstein**, das auch im Falle des Steuer-   817
betrugs keine Rechtshilfe gewährt. Eine solche ist nach dem Liechtensteiner Rechtshilfegesetz von 1992 nur möglich, wenn gemeinrechtli-
che Delikte, wozu ua. die Geldwäsche gehört, betroffen sind[1].

5. Luxemburg

Zu **Luxemburg**, seinen Banken und Bankmitarbeitern s. oben Tz.   818
674 ff.

E. Beendigung des Ermittlungsverfahrens

I. Die abschließende Besprechung

Das Fahndungsverfahren kennt **keine** § 201 AO entsprechende **forma-**   819
lisierte Schlussbesprechung. Gleichwohl kommt es regelmäßig zu einer sog. **abschließenden Besprechung.**

Soweit die Steuerfahndung eine **Außenprüfung** iSv. §§ 193 ff. AO   820
durchführt, ist sie zur Schlussbesprechung verpflichtet (§ 201 AO). Das
FG Hamburg nimmt ebenfalls die Pflicht zur Schlussbesprechung an,
wenn die Steuerfahndung im Rahmen eines Rechtsbehelfsverfahrens
eine betriebsprüfungsähnliche Prüfung durchführt[2].

Diese „**abschließende Besprechung**" des Fahndungsverfahrens ist   821
eine tatsächliche Gegebenheit im Steuerfahndungsverfahren[3]. Sie
kann auch die Funktion haben, dem Beschuldigten das in Tz. 783 er-

---

1 Quedenfeld/Füllsack, Rz. 884; Gassner, StraFo 2002, 1; Wagner, PStR 2001,
    52.
2 VI 109/80 vom 21. 11. 1980, EFG 1981, 325. Wird hiergegen verstoßen, be-
    steht kein Verwertungsverbot hinsichtlich der Prüfungsfeststellungen (FG
    Hamburg III 133/01 vom 3. 1. 2003, DStRE 2003, 1038).
3 Kohlmann, § 404 Rz. 84.1 (Sept. 2001). Sie kann im Finanzrechtsweg nicht
    erzwungen werden; BFH V B 54/89 vom 4. 9. 1989, BFH/NV 1990, 151.

wähnte rechtliche Gehör zu geben. Tatsächliche und rechtliche Funktionen können unterschiedlich wahrgenommen werden. Es ist sehr wohl möglich, den Fall bis zur Einigung zu erörtern und in der Vernehmung nach § 163a StPO das Aussageverweigerungsrecht auszuüben.

822 Spätestens zu diesem Zeitpunkt haben Mandant und Verteidiger eine der beiden **Alternativen** ausgewählt, die sich als Grundmuster des Abschlusses eines Fahndungsverfahrens anbieten.

II. Einigung oder streitige Beendigung

823 **Entweder** bleibt der Sachverhalt **vollständig** oder **weitgehend streitig**; die finanzgerichtliche Auseinandersetzung bahnt sich an. Dies verlängert das Verfahren um Jahre; 2–20 Jahre sind ein möglicher Rahmen. Ein Schlussstrich ist nicht möglich; die psychologische Belastung bleibt; der Ausgangspunkt für ein Strafverfahren kann positiv sein.

824 **Oder aber** man sucht die **Einigung** mit der Steuerfahndung. Diese ist häufig einigungswillig; sie ist auch kompromissbereit und entschlossen, den ihr zur Verfügung stehenden Ermessens- und Beurteilungsspielraum bis an die zulässigen Grenzen auszunutzen. Die Steuerbelastung für den Betroffenen wird geringer. Die Fixierung für das Strafverfahren ist nicht optimal. Das Verfahren wird beträchtlich verkürzt. Ein „Schlussstrich" rückt in greifbare Nähe.

825 Der im Verhandlungsweg erreichten **Einigung** mit der Fahndung haftet das Merkmal des Handels, des **„Deals"** an, den es in dem Recht und Gesetz verpflichteten Steuer- und Strafrecht eigentlich nicht geben darf. Die Praxis des Arrangements scheint hier das Recht zu überspielen; es wird von Grauzonen und vom Dämmerlicht gesprochen[1]. Die **Praxis** kann auf die **Einigung nicht verzichten**. Sie ist als Möglichkeit aus der Natur der Sache zwingend erforderlich. Die überlastete deutsche Verwaltung und Justiz wäre ohne Einigungen nur schwer in der Lage, die Vielzahl der Verfahren zu erledigen[2]. So wird es auch von der Rechtsprechung als sachgerecht angesehen, durch Abspra-

---

1 Vgl. TIPKE, StuW 1979, 198; ISENSEE, Die typisierende Verwaltung, 1976, 191; MUELLER/WABNITZ/JANOVSKY, Kap. 12 Rz. 9, sprechen von der Missachtung des Legalitätsprinzips in Schlussbesprechungen.
2 BRAUN, AnwBl. 2000, 222.

chen einer zügigeren und somit gerechteren Bearbeitung aller Verfahren zu dienen[1]. Soweit ein rechtlich schlechtes Gewissen bleibt, richtet sich dies nicht in erster Linie gegen die Praxis, sondern offenbart eine fehlende wissenschaftliche Durchdringung der Einigungspraxis, eine fehlende wissenschaftliche Erhellung des Dämmerlichts[2]. Als Berater hat man keine Wahl. Dem Mandanten geht es nicht um „puristische Rechtsfindung im klassischen Sinne", er hat nichts davon[3]. Lässt sich das von ihm erstrebte Ergebnis im Wege des Deals schnell und geräuschlos erreichen, sind dem Berater trotz der theoretischen Klärungsmöglichkeit noch so interessanter Rechtsfragen die Hände gebunden.

1. Steuerliche Verständigung

Die **Einigung** mit der Steuerbehörde **gibt es**, seitdem es **Finanzämter** **gibt**. Der Steuerbürger akzeptiert eine bestimmte Steuerlast in Übereinstimmung mit dem Finanzamt. Die Einigung drückt Akzeptanz der Steuerlast aus. Für den Bürger hat eine solche Einigung – subjektiv gesehen – eine **größere Legitimationskraft** als jedes Steuergesetz. Ein Steuergesetz, das sich nur mit Steuerbescheid und Zwangsvollstreckung Anerkennung verschaffen kann, ist dem Bürger stets ein „Weniger" als die Steuerzahlung aufgrund einer Einigung. Die steuerliche Einigung hat daher durchaus auch einen staatstragenden Wert[4].

826

Bis zur „tatsächlichen Verständigung" (Tz. 828 ff.) gab es die Einigung als **Instrument** des „**Fair play**" zwischen Steuerbürger und Finanzverwaltung. Man einigte sich auf einen Sachverhalt oder eine Steuerfolge. Die Einigung war ohne Bindungskraft. Sie realisierte sich erst durch bestandskräftige Steuerbescheide. Bis zu diesem Zeitpunkt musste das

827

---

1 BGH, NJW 2004, 1396, 1397.
2 Vgl. hierzu auch Schick, Vergleiche und sonstige Vereinbarungen zwischen Staat und Bürger im Steuerrecht, 1967; Streck, Erfahrungen mit der Rechtsanwendungspraxis der Finanzämter (einschließlich Außenprüfungsstellen) bei der Abgrenzung der Betriebsausgaben/Werbungskosten von den Privatausgaben, in: Söhn, Die Abgrenzung der Betriebs- oder Berufssphäre von der Privatsphäre im Einkommensteuerrecht, 1980, 273, 289 ff., zum Thema: „Besteuerungswirklichkeit und Normauslegung"; Jenetzky, Die Misere der Steuerverwaltung, StuW 1982, 273; Stolterfoht, Vereinfachender Gesetzesvollzug durch die Verwaltung – Die Verständigungsvereinbarung als Methodenproblem, DStJG 21 (1998), 233.
3 Wehnert, StV 2002, 219, 220.
4 Streck, StuW 1993, 366.

„Fair play" durchgehalten werden. Für die Bindung standen als Alternative die Zusage der Behörde und die Bindung aufgrund von Treu und Glauben zur Verfügung. Im Verhältnis zu dem tatsächlich geübten Einvernehmen spielten allerdings diese Instrumente eine sehr untergeordnete Rolle. Die Rechtsprechung hatte die Bedingungen für eine bindende Zusage oder eine Bindung aufgrund von Treu und Glauben so hoch geschraubt, dass ihnen selten entsprochen wurde.

828   Der qualitative Durchbruch kam mit der **tatsächlichen Verständigung**. Diese beruht letztlich auf der Erkenntnis, dass § 88 Abs. 1 S. 2 AO es in das pflichtgemäße Ermessen der Finanzbehörde legt, Art und Umfang der Ermittlungen zu bestimmen. Hierbei soll sie sich nach pflichtgemäßem Ermessen der Beweismittel bedienen, die sie für erforderlich hält, § 92 S. 1 AO. Im Bereich der Sachverhaltsaufklärung steht der Finanzbehörde somit ein **Ermittlungsspielraum** zu, den sie im Konsens mit dem Stpfl. ausfüllen kann[1]. Es fehlt allein an gesetzlichen Vorschriften, die einen Rahmen vorgeben.

829   Der BFH hat beginnend mit seinem Urteil vom 11. 12. 1984[2] senatsübergreifend das Rechtsinstitut der tatsächlichen Verständigung als **richterliches Gewohnheitsrecht** eingeführt und seitdem konsequent fortentwickelt[3]. Rechtsdogmatisch wird die tatsächliche Verständigung von der Rechtsprechung unmittelbar aus dem Grundsatz von Treu und Glauben hergeleitet[4].

830   Folgende **Voraussetzungen** müssen vorliegen[5]:

– Die Verständigung darf **keine Rechtsfragen**, sondern nur Fälle **erschwerter Sachverhaltsermittlung** zum Gegenstand haben, insbesondere Schätzungsfälle.

– Die **zuständige Behörde**, also regelmäßig das Veranlagungsfinanzamt, muss durch einen Amtsträger, der zur Entscheidung über die Steuerfestsetzung befugt ist, mitwirken.

– Die Verständigung darf zu **keinem offensichtlich unzutreffenden Ergebnis** führen.

---

1 SEER in Tipke/Kruse, § 85 Rz. 50 (Feb. 2002).
2 VIII R 131/76 vom 11. 12. 1984, BStBl. 1985 II, 354.
3 BFH BStBl. 1991 II, 45; 1995 II, 32; BFH/NV 1994, 290; 1998, 498; 2000, 537; 2001, 1491.
4 BFH/NV 2000, 537, 538. Kritisch hierzu die Lehre, die einen **öffentlich-rechtlichen Vertrag** annimmt (OFFERHAUS, DStR 2001, 2093, 2097, mwN).
5 SEER in Tipke/Kruse, § 85 Rz. 56 (Feb. 2002).

Von dem Grundsatz, dass eine Verständigung über Rechtsfragen un- 831
zulässig ist, macht der BFH nur eine Ausnahme, wenn die Rechtsfragen in einem so **engen Zusammenhang mit Tatsachen** stehen, dass
eine sachgerechte Trennung nicht möglich ist[1], wie zB bei der tatsächlichen Verständigung über die „Angemessenheit" einer Geschäftsfüh-
rer-Gesamtvergütung als Grenze zur vGa iSv. § 8 Abs. 3 S. 2 KStG[2]. Ob
die Bindungswirkung bei **Dauersachverhalten** über die Streitjahre hinaus auch für zukünftige Veranlagungszeiträume Geltung hat[3], ist noch
nicht abschließend geklärt.

Während der BFH eine **formlose**, mündliche tatsächliche Verständi- 832
gung grundsätzlich anerkennt[4], ist aus Beweisgründen dringend zur
Schriftform zu raten. Üblicherweise wird dies in einer Urkunde bei
Anwesenheit aller Beteiligten oder im Umlaufverfahren umgesetzt. Es
reicht jedoch aus, dass der Vertragsschluss durch einen konkreten
Briefwechsel oder ein an Amtsstelle aufgenommenes Protokoll nachweisbar ist[5].

Für die Finanzbehörde muss ein **innerbehördlich** zur Entscheidung 833
über die Steuerfestsetzung **zuständiger Amtsträger** beteiligt sein. Das
sind regelmäßig der Vorsteher, dessen ständiger Vertreter, der jeweilige Veranlagungssachgebietsleiter und in Rechtsbehelfssachen der Leiter der Rechtsbehelfsstelle[6]. Hierzu gehören nicht: Betriebsprüfer,
Steuerfahnder oder Vollstreckungsbeamter. Wurde das Veranlagungsfinanzamt nicht beteiligt, ist die tatsächliche Verständigung „schwe-
bend unwirksam". Die Heilung tritt durch die Umsetzung der Verständigung durch Auswertungsbescheide des Veranlagungsfinanzamts
ein[7]. Sind von der Verständigung zB der Stpfl., dessen GmbH oder die
Personengesellschaft, an der er beteiligt ist, betroffen, müssen mehrere
tatsächliche Verständigungen mit den jeweils neu zu ermittelnden Beteiligten gefertigt werden.

---

1 Seer, aaO, Rz. 57.
2 BFH/NV 1998, 498, 499.
3 So jedenfalls FG Saarland, EFG 1998, 686.
4 BFH/NV 2001, 2: Das Fehlen der Schriftlichkeit stelle ein Indiz gegen den
Rechtsbindungswillen dar.
5 Seer in Tipke/Kruse, § 85 Rz. 63 (Feb. 2002).
6 Organschaftliche Vertretungsmacht nach außen haben idR nur die Sachgebietsleiter.
7 FG Hamburg II 125/89 vom 4. 12. 1991, EFG 1992, 379; FG Baden-Württemberg 3 K 132/86 vom 26. 3. 1992, EFG 1992, 706; FG Saarland 1 K 8/92 vom
30. 9. 1992, EFG 1993, 279; Streck, StuW 1993, 367.

Tatsächliche Verständigung

834 Soweit der Gegenstand der tatsächlichen Verständigung reicht, führt dessen Tatbestandswirkung zu einem **materiellen Einwendungsausschluss** des Stpfl.[1].

835 Die Grenze der Bindungswirkung stellt die **Nichtigkeit** der tatsächlichen Verständigung dar. Sie wird zB angenommen, wenn der Verständigungsinhalt zu einer offensichtlich unzutreffenden Besteuerung führt[2] oder gegen das Koppelungsverbot verstoßen wird[3]. Umstritten ist, ob eine Anfechtung nach §§ 119 ff. BGB analog zulässig ist[4].

836 In der **Praxis** der Besteuerung, auch der Steuerfahndung, kann von einem „**Siegeszug**" der tatsächlichen Verständigung gesprochen werden. Es ist regelmäßig eher die FinVerw., die auf eine Verständigung drängt, als der Stpfl.

837 Soweit die tatsächliche Verständigung auf **rechtliche Kritik** stößt, teilen wir sie nicht[5]. Es gehört zu unserem sicheren Erfahrungsbestand, dass die Steuerrechtsanwendung im Massenverfahren nicht so möglich ist, wie es der Student lernt, nämlich nach Maßgabe einer Sachverhaltsermittlung mit anschließender Subsumtion unter eine Rechtsnorm. Die Einigung und damit das Überspielen des Rechts sind sachnotwendig; daran wird kein steuerrechtlicher Legalist und Purist etwas ändern können.

838 Es bestehen eher **Bedenken**, ob die tatsächliche Verständigung in allen Fällen das Ziel erreichen wird, das sie anstrebt, nämlich die **Befriedung** eines **Steuerrechtsstreits** durch die Einigung. Einigungen ohne Bindungen setzen voraus, dass das „Fair play" bis zur Bestandskraft von Bescheiden durchgehalten wird. Nicht geregelte Nebenpunkte, Missverständnisse können in der Regel problemlos nach den Regeln des fairen Umgangs „nachgeregelt" werden[6]. Gibt es eine bindende

---

1 SEER in Tipke/Kruse, § 85 Rz. 65 (Feb. 2002).
2 FG Baden-Württemberg EFG 1999, 932. Die bewusste Herbeiführung einer offensichtlich unzutreffenden tatsächlichen Verständigung kann selbst als Steuerhinterziehung oder Beihilfe hierzu strafbar sein (BGH vom 26. 10. 1998, wistra 1999, 103, 106; SPATSCHECK/MANTAS, PStR 1999, 198).
3 Akzeptiert der Stpfl. zB eine Hinzuschätzung im Gegenzug zu der Zusage, kein Ermittlungsverfahren einzuleiten, werden Besteuerung und Strafverfolgung dysfunktional auf sachfremde Weise miteinander verkoppelt (FG Münster 8 V 5581/95 E ua. vom 29. 1. 1996, EFG 1996, 464).
4 EICH, AO-StB 2001, 236, mwN.
5 S. STRECK, StuW 1993, 368.
6 So auch MACK, DStR 1991, 272.

230

tatsächliche Verständigung, schiebt sich zwischen die Partner eine neue normative Ebene. Es geht nicht darum, eine Einigung zu vervollständigen und durchzuhalten, sondern einen Vergleich auszulegen. Die Vernünftigkeit des Miteinander-Umgehens tritt hinter den Auslegungsstreit, die Frage „Wie einigen wir uns?" tritt hinter die Frage „Wie haben wir uns geeinigt?" zurück. Das Streitpotential wird erhöht[1]. Hinzu kommt das noch unentwickelte „Recht" der Nichtigkeit, Unwirksamkeit und Anfechtbarkeit der Verständigungen, das eher den Streit als das Einvernehmen nach sich zieht.

Soweit die **Steuerfahndung** die Einigung anstrebt, um Steuerpflichtigen und Berater zu binden, tappt sie häufig selbst in die **Bindungsfalle**. Nach langjähriger Erfahrung will sich eher die FinVerw. aus einer Verständigung lösen als der Stpfl.[2].   839

In **Steuerfahndungs-** und **Steuerstrafsachen** führte die tatsächliche Verständigung zuerst zusätzlich zu der Befürchtung, Steuerstrafrichter würden – fast kritiklos – tatsächliche Verständigungen als **Geständnisse** übernehmen, weil sie ihnen mühevolle Sachverhaltsermittlung in einer Hauptverhandlung ersparen[3]. Diese Befürchtung hat sich zwischenzeitlich nicht bewahrheitet. Die Steuerstrafrichter haben deutlich erkannt, dass die tatsächliche Verständigung nicht einer Bestrafung zugrunde gelegt werden kann. So dürfen sich die Strafgerichte nicht auf die Feststellungen der FinVerw. verlassen, sondern sind stets verpflichtet, eine eigene Beweiserhebung durchzuführen und selbst die hinterzogenen Steuern zu berechnen[4]. Die tatsächliche Verständigung ist deshalb kein Geständnis[5]. Denn durch den Vergleich der Verständigung soll gerade ein nicht aufklärbarer Sachverhalt erfasst werden. Ein steuerstrafrechtliches Geständnis kann sich nur auf die gesetzlich geschuldete Steuer beziehen. Wer „vergleichsweise" bereit ist, Steuern nachzuzahlen, gesteht nicht im steuerstrafrechtlichen Sinne, Steuern verkürzt zu haben. Gleichwohl ist nicht zu übersehen, dass das   840

---

1 Vgl. in diesem Sinn auch GROSSE, StBp 1986, 58.
2 Hierzu STRECK, StuW 1993, 368.
3 Vgl. STRECK/SCHWEDHELM, DStR 1986, 713; BILSDORFER, Inf. 1991, 195; MACK, DStR 1991, 272.
4 Zur Darlegungspflicht in strafgerichtlichen Urteilen: BGH 5 StR 469/04 vom 15. 3. 2005, wistra 2005, 307 mwN.
5 RANDT in Franzen/Gast/Joecks, § 404 Rz. 92a; EICH, Die tatsächliche Verständigung im Steuerverfahren und Steuerstrafverfahren, 1992, 66 ff.; STRECK, StuW 1993, 369.

Eindeutige Formulierung

Streitlosstellen des Finanzamts immer noch Auswirkungen auf den Strafrichter haben kann.

841 Ist eine tatsächliche Verständigung gefunden, formuliert und unterschrieben worden, kann der **Steuerstrafverteidiger** die **Rechtfertigung** dieser **Verständigung** nutzen. Die Überlegungen zu Tz. 840 kehren sich um. Denn nunmehr ist dokumentiert, dass ein schwieriger, im Einzelnen nicht aufklärbarer Sachverhalt vorliegt. Im Steuerstrafverfahren muss dieser Sachverhalt aber aufgeklärt werden, will man nicht vor den Unklarheiten kapitulieren. Hiervon ausgehend, wird inzwischen das Instrument der tatsächlichen Verständigung in Einzelfällen virtuos genutzt, **strafrechtlich** relevante **Sachverhalte** von strafrechtlich irrelevanten Sachverhalten zu **trennen**. Letztere werden Gegenstand einer tatsächlichen Verständigung; die ersteren sind für eine solche Verständigung tabu.

842 Im Rahmen der Verteidigung ist die tatsächliche Verständigung mithin **ambivalent**. Sie ist mit Vorsicht einzusetzen, soweit sie wie ein **Geständnis** wirken kann; sie ist zu **nutzen**, weil sie die **Beweisbarkeit** der Hinterziehung kräftig **in Frage stellt** (Tz. 841)[1].

843 Zur **praktischen Durchführung** der tatsächlichen Verständigung:

Die tatsächliche Verständigung erfüllt nur dann ihren Zweck, wenn sie **inhaltlich klar** und **eindeutig** ist. Allein schon deshalb ist eine schriftliche **Protokollierung** empfehlenswert[2] und in der Praxis die Regel.

844 Ebenfalls ist in der Praxis das Problem der **eindeutigen Formulierung** von nicht zu unterschätzender Bedeutung. Denn regelmäßig erfolgt die Formulierung nach langen und ermüdenden Verhandlungen einer Schlussbesprechung. Soll jetzt noch eine klare, widerspruchsfreie und erschöpfende Vereinbarung in Worte gefasst werden, so grenzt das häufig ans menschlich Unmögliche (dazu auch Tz. 847). Je einfacher und schnörkelloser der Verständigungstext ist, desto weniger ist er später angreifbar. Begründungen, warum ein bestimmter Ansatz gewählt wurde, gehören ebenso wenig in eine tatsächliche Verständigung, wie Absichtserklärungen.

845 Selbst **Finanzrichter** haben **Schwierigkeiten**, in der Ruhe des Aufsatzschreibens **klare Vereinbarungen** zu formulieren. Eine tatsächliche

---

1 Zur Gefahr einer Steuerhinterziehung durch eine tatsächliche Verständigung s. STRECK, StuW 1993, 369 und SPATSCHECK/MANTAS, PStR 1999, 198.
2 S.o. Tz. 828 ff.

Verständigung darf nämlich nicht so aussehen, wie Pump[1] sie vorgeschlagen hat:

„Über die Feststellungen in der Betriebsprüfung ist Einigung im Sinne einer tatsächlichen Verständigung erzielt worden. Danach ist im einzelnen von folgenden Besteuerungsgrundlagen auszugehen:

1. Im Jahr 1990 erfolgte insgesamt eine Hinzuschätzung von ... DM.

2. Es wird von einem durchschnittlichen Mehrwertsteuersatz von ... vH ausgegangen.

3. Vorsteuern werden in Höhe von ... DM berücksichtigt.

4. Auch über die übrigen Feststellungen der Betriebsprüfung, wie sie sich aus der Anlage ergeben, ist Einvernehmen im Sinne der tatsächlichen Verständigung erzielt worden. "

Offen bleibt in diesem Verständigungsvorschlag, wozu eine Hinzuschätzung erfolgt. Eine Einigung über einen durchschnittlichen Mehrwertsteuersatz ist ausgeschlossen, da es sich um eine Einigung in einer Rechtsfrage handelt. Die Schätzung bezüglich der Vorsteuern lässt offen, ob hier eine Einigung über einen Sachverhalt oder eine Rechtsfrage stattfindet. Dass auch die übrigen Feststellungen der Betriebsprüfung in die tatsächliche Verständigung übernommen werden, ist insofern zweifelhaft, als die übrigen Feststellungen in der Regel unstreitig sind und sich somit einer tatsächlichen Verständigung entziehen.

Höchst problematisch ist das **Bielefelder Formular** der tatsächlichen Verständigung[2]. Innerhalb Nordrhein-Westfalens übernahm hier die Steuerfahndung Bielefeld eine Vorreiterrolle. Sie entwickelte das erste Formular, das – was nicht vorwerfbar ist – typische Fehler eines ersten Formulars enthielt und das – was bürokratiegemäß ist – sodann auch trotz dieser Fehler nicht mehr geändert wurde. Es beginnt mit einer Verständigung über Besteuerungsgrundlagen. Es bezieht sich auf die Rechtsprechung des BFH. Die Gesprächsteilnehmer stimmen darin überein, dass die Ermittlung des Sachverhalts erschwert ist. Zum Zweck der Verfahrensbeschleunigung und Herstellung des Rechtsfriedens wird daraufhin eine tatsächliche Verständigung dergestalt getroffen, dass Umsätze und Gewinne im bestimmten Umfang geschätzt werden. Sodann wendet sich das Formular dem „Strafverfahren" zu. Es belehrt den Betroffenen darüber, dass hier eine Bindung nicht möglich ist. Es heißt dann wörtlich: „Der Beschuldigte erklärt: Ich räume ein, die sich aus der tatsächlichen Verständigung ergebenden Mehr-

846

---

1 Inf. 1990, 485.
2 Ebenso: Kohlmann, § 404 Rz. 84.1 (Sept. 2001).

Einigung über den Sachverhalt

steuern vorsätzlich verkürzt zu haben." Mit einem Federstrich wird der tatsächlichen Verständigung die Basis entzogen. Denn was gestanden ist, ist nicht unklar. Was nicht unklar ist, bedarf keiner tatsächlichen Verständigung. Hinzu kommt, dass der Betroffene mit einem solchen Geständnis der Gnade des Strafrichters ausgeliefert wird. Mit dem Geständnis verfügt er über das sicherste Beweismittel. Verteidigungsmittel gibt es kaum. Nach zutreffender Einschätzung führt dieses Formular unmittelbar in den Geltungsbereich des § 136a StPO. Derartige Geständnisse sind unverwertbar.

847 Die BFH-Rechtsprechung zur tatsächlichen Verständigung erlaubt die Einigung über den Sachverhalt, **nicht** aber die **Einigung** über das **Recht** (Tz. 828 ff). Diese Differenzierung ist schon theoretisch zweifelhaft. Denn letztlich „sind alle Fragen, die für eine rechtliche Entscheidung von Bedeutung sind, Rechtsfragen"[1]. Für die Praxis stellt sie kein Problem dar. Jeder qualifizierte Finanzbeamte oder Berater ist in der Lage, jeden **Einigungsgehalt** in den **Sachverhalt** zu **verlagern**, auch wenn es im Grunde um rechtliche Streitigkeiten geht. Der BFH verbietet eine Verständigung über die (rechtliche) Steuerfreiheit von Einnahmen[2]. Also vereinbart man, dass solche Einnahmen nicht anfallen oder ihnen in gleicher Höhe Betriebsausgaben gegenüberstehen.

848 Wenn nicht in einer Schlussverhandlung ein eindeutiger Text formuliert werden kann, dem die Beteiligten zustimmen können, so **empfiehlt** sich, zuerst **Entwürfe** auszutauschen und sodann die Verständigung in einem abschließenden Treffen oder im **Umlaufverfahren** zu zeichnen.

849 Das für die Besteuerung **zuständige Finanzamt** sollte auf jeden Fall die Verständigung **mitunterzeichnen** (vgl. Tz. 830).

850 Zur **Praxis** der **Einigung ohne Rechtsbindung**:

Die Einigung ohne Rechtsbindung wird erst durch **Steuerbescheide** in **Rechtswirkungen** umgesetzt. Obwohl diese Einigung den Bürger und seinen Berater nicht verpflichtet, bringt es zumeist keine Vorteile, sich einseitig von ihr zu lösen. Für den Berater ist es gefährlich, wenn sein Wort nicht mehr gilt. Schnell hängt ihm der Ruf nach, „wortbrüchig" geworden zu sein. Dies gilt auch für die beteiligten Finanzbeamten. Nur überzeugende neue Umstände rechtfertigen – für beide Seiten –

---

1 SCHICK, Vergleiche und sonstige Vereinbarungen zwischen Staat und Bürger, 1967, 33; vgl. ablehnend auch SEER, StuW 1995, 213, 222.
2 BFH VIII R 131/76 vom 11. 12. 1984, BStBl. 1985 II, 354.

das Lösen von dem Einvernehmen. Hiervon zu trennen ist das gerade bei der nicht bindenden Einigung mögliche Nachbessern und Vervollständigen (s. Tz. 844).

Es gibt mithin **zwei Weisen** der **Einigung**, die sorgfältig zu trennen 851 sind. Einmal die bindende Einigung über den Sachverhalt; zum anderen die rechtlich nicht bindende Einigung, die als Absprache über ein gleichförmiges und bestimmtes Verhalten, auch über die Rechtsanwendung, bewusst jedoch ohne rechtliche Bindung, zu werten ist. In jeder abschließenden Besprechung, in jeder abschließenden Verhandlung sollte ausdrücklich klargestellt werden, welche Einigung gewollt ist.

2. Strafrechtliche Verständigung

Gegenstand der abschließenden **Besprechung** sind die **steuerlichen** 852 Feststellungen und Rechtsfolgen. **Ausgeklammert** werden idR die **strafrechtlichen** Folgen. Die Fahndung hat hier ebensowenig Entscheidungskompetenz wie hinsichtlich der Steuerrechtsfolgen. Während jedoch davon ausgegangen werden kann, dass das Finanzamt der Steuerfahndungseinigung folgt, gilt die gleiche tatsächliche Gegebenheit für das Strafverfahren nicht. Für die Einbeziehung der Straffolgen in eine Einigung fehlt folglich der kompetente Verhandlungspartner.

Gleichwohl kann in Einzelfällen auch das **Strafverfahren „miterle-** 853 **digt"** werden, wenn die Bußgeld- und Strafsachenstelle oder die Staatsanwaltschaft an der Verhandlung teilnimmt. Dies kann auch dadurch geschehen, dass die Steuerfahndung vorab intern eine Abklärung mit der Strafverfolgungsbehörde erreicht. Das Interesse der Fahndung an einer Einigung bestimmt hier die Möglichkeit der Miterledigung.

Im Übrigen – dh. idR – sind bezüglich der Straffolgen der **Beschuldigte** 854 und sein **Verteidiger auf sich gestellt.** Daraus folgt das Gebot, nur nach sorgfältiger Prüfung bindende Absprachen mit der Steuerfahndung über den Sachverhalt zu treffen. Richtig kann in solchen Fällen sein, einer Einigung **unter dem Vorbehalt** zuzustimmen, dass ein **akzeptabler strafrechtlicher Abschluss** gefunden wird. Nicht selten geht in solchen Fällen von der Fahndung ein sanfter Druck zugunsten einer vernünftigen strafrechtlichen Regelung aus. Im Steuerverfahren müssen in diesen Fällen etwaige **Auswertungsbescheide** mit dem Einspruch **angefochten** werden, um die Einigung nicht bestandskräftig werden zu lassen. Die Begründung wird bis zur Erledigung des Strafverfahrens zurückgestellt. Um dieses dem Finanzamt zu erleichtern, wird auf die Aussetzung der Vollziehung verzichtet. Gelingt die strafrechtliche Erledigung nicht, müssen die Einsprüche voll durchgezogen werden. Dies ist sodann kein Abweichen von der Einigung, da sie unter dem Vorbehalt einer hinnehmbaren strafrechtlichen Beurteilung stand.

855 Ferner ist bei der Prüfung, ob eine **Einigung** angestrebt werden soll, zu **berücksichtigen**:

Eine **Bestrafung** kann nur erfolgen, wenn die **hinterzogenen Steuern feststehen**. Hier trifft den Beschuldigten keine Beweislast; diese liegt bei den Strafverfolgungsbehörden. Daraus folgt: Je exakter die Feststellungen, je substantiierter die Schätzungen der Fahndung sind, um so eher können die Strafverfolgungsbehörden auf die Ermittlungen zurückgreifen. Umgekehrt gilt das Gegenteil.

856 Die **Art** der **Steuerfolge** kann einen besseren Ausgang des Steuerstrafverfahrens sichern. Gelingt es zB, einen ungeklärten Vermögenszuwachs nicht als gewerbliche Einkünfte, sondern als sonstige Einkünfte iS von § 22 Nr. 3 EStG zu qualifizieren, so dokumentiert sich bereits in dieser Qualifikation die Unmöglichkeit, hinterzogene Steuern nachzuweisen.

857 Will sich die Strafverfolgungsbehörde an steuerliche **Schätzungen** anlehnen, so setzt dies voraus, dass sie nachvollziehbar, durchschaubar sind. Je pauschaler, nichtssagender die steuerliche Schätzung ist, um so günstiger ist die Ausgangsposition im Strafverfahren[1]. Der „Sicherheitszuschlag" etwa ist strafrechtlich grundsätzlich unbrauchbar. Folglich: Die oft als ärgerlich empfundene Untugend von Prüfern oder Fahndern, von ihnen „gewollte" runde Zahlen anzusetzen, ist strafrechtlich günstiger als der konkrete, lückenlos geführte steuerliche Nachweis.

858 Anders als bei der tatsächlichen Verständigung im Besteuerungsverfahren ist die Bindungswirkung von **Absprachen im Ermittlungsverfahren umstritten**[2]. So sind Verständigungen außerhalb der gerichtli-

---

1 Zur Verpflichtung des Strafgerichts eigene Feststellungen und Steuerberechnungen zu erstellen, vgl. Tz. 1009.
2 Vgl. Randt in Franzen/Gast/Joecks, § 404 Rz. 102.

chen Hauptverhandlung derzeit Vertrauenssache[1]. Um so wichtiger ist es, alle zuständigen Entscheidungsträger einzubeziehen. So ist zB im Falle der Zusage, bei Akzeptanz eines bestimmten Hinterziehungsbetrags und dessen Begleichung das Ermittlungsverfahren nach § 153a StPO einzustellen, die Zustimmung der Straf- und Bußgeldsachenstelle, so sie das Verfahren selbständig führt, ansonsten der Staatsanwaltschaft erforderlich. Die Steuerfahndung oder gar die Betriebsprüfung können keine „bindenden" Zusagen geben. Bei der Einstellung gegen Zahlungsauflage mit Zustimmung des Gerichts ist folglich auch der zuständige Richter einzubeziehen. Der zugesagte Abschluss kann nur noch scheitern, wenn einer der Beteiligten nicht Wort hält, was in der Praxis seltenst vorkommt oder wenn er versetzt wird. Selbst wenn der Verhandlungsstand in der Akte dokumentiert ist, besteht immer noch ein Restrisiko, dass der neue Staatsanwalt oder Richter die mit seinem Vorgänger vereinbarte Sanktion für unzureichend hält[2]. Die Verhandlungen gehen in die zweite Runde.

Nach langem Zögern hat der BGH die Verbindlichkeit der schon zuvor praktizierten „**Höchststrafenabrede**" anerkannt und hiermit eine Art „Verfahrensordnung[3]" für Absprachen **im Strafprozess** aufgestellt[4]. 859

Für die Verständigung im Sinne der Tateinräumung durch den Angeklagten gegen Zusicherung einer milden Sanktion **im Hauptverfahren** gelten folgende **Regeln**[5]: 860

(1) Die Verständigung muss unter Mitwirkung aller Verfahrensbeteiligten in **öffentlicher Hauptverhandlung** stattfinden. Vorgespräche außerhalb sind zulässig.

(2) Das Ergebnis der Verständigung muss im **Hauptverhandlungsprotokoll** niedergelegt werden. Schweigt das Protokoll hierzu, gilt die Abrede als nicht zustande gekommen[6].

---

1 Str. vgl. zum Streitstand MEYER-GOSSNER, Einl. Rz. 119 h, der differenziert: Die Staatsanwaltschaft sei an eine Zusage zur Verfahrensbeschränkung (zB § 154 Abs. 1 StPO) gebunden, hingegen sei die Festlegung auf eine Sanktion *vor* der Hauptverhandlung unzulässig. Offen bleibt, was gilt, wenn – wie im Fall einer Einstellung nach § 153a Abs. 1 StPO – keine Hauptverhandlung folgt.
2 Str. zur Bindungswirkung von Zusagen im Ermittlungsverfahren vgl. LANDAU, DRiZ 1995, 132.
3 So: WEIGEND, NStZ 1999, 57.
4 BGH vom 28. 8. 1997, wistra 1997, 341; vom 20. 4. 1999, wistra 1999, 300, 303 und vom 21. 4. 1999, wistra 1999, 306, 308; RANDT in Franzen/Gast/Joecks, § 404 Rz. 101 mwN.
5 MEYER-GOSSNER, Einl. Rz. 119e, mwN.
6 BGH 3 StR 61/01 vom 15. 3. 2001, NStZ 2001, 555.

(3) Das Gericht muss das Geständnis **überprüfen**.

(4) Vom Gericht darf nur eine **Strafobergrenze**, keine konkrete Strafe zugesagt werden[1].

(5) Allgemeine **Strafzumessungskriterien** sind zu berücksichtigen[2]. Ein vor der Urteilsverkündung erklärter **Rechtsmittelverzicht** ist unwirksam[3].

Ob überhaupt und wenn ja, wie diese Rechtsprechungsgrundsätze auf das Ermittlungsverfahren übertragbar sind, ist umstritten[4]. Sie spielen jedenfalls derzeit in der Praxis keine Rolle.

861 Soweit das Vorliegen einer **Hinterziehung** oder leichtfertigen Steuerverkürzung **Bedingung bestimmter Steuerfolgen** ist (Beispiel: Verjährung, Bestandskraft, Hinterziehungszinsen, Haftung), sollte die Auseinandersetzung mit der Steuerfahndung nicht mit der Diskussion über das Vorliegen der Hinterziehung befrachtet werden. Die Steuerfahndung muss rollenspezifisch stets von der Hinterziehung ausgehen; es ist zuviel verlangt, bereits von ihr das Eingeständnis, eine Hinterziehung oder leichtfertige Verkürzung liege nicht vor, zu erwarten. Ausweg: Die Fragen bleiben ausgeklammert. Man bedient sich hypothetisch der Annahme der Fahndung, es liege eine Hinterziehung vor, stellt jedoch in der Verhandlung klar, dass diese Frage letztlich erst später mit dem Finanzamt geklärt werde. Um dies nicht als unnötige Gesprächsbelastung wirken zu lassen, wird auf den sachlichen Gesichtspunkt verwiesen, dass es ohnehin sinnvoll sei, zuerst die Ent-

---

1 Hieran ist das Gericht gebunden, wenn sich nicht in der weiteren Hauptverhandlung für das Gericht schwerwiegende neue Umstände zulasten des Angeklagten ergeben. Sollte das der Fall sein, muss das Gericht mit der gleichen Förmlichkeiten darauf hinweisen.

2 Dem Angeklagten darf kein zusätzliches Verhalten „angesonnen" werden, dessen Zweck mit der Tat und dem Gang der Hauptverhandlung in keinem inneren Zusammenhang steht, zB über die Schadenswiedergutmachung hinausgehende Erfüllung einer Forderung des Fiskus oder Spenden an gemeinnützige Vereinigungen (BGH 4 StR 371/03 vom 19. 2. 2004, NStZ 2004, 338; SCHÖCH, NJW 2004, 3464).

3 BGH 3 StR 415/02 und 3 StR 368/02 vom 24. 7. 2003, NJW 2003, 3426; MEYER-GOSSNER, StraFo 2003, 401. Auch nach dem Urteil im Rahmen einer Absprache erklärte Rechtsmittelverzicht ist unwirksam, wenn der Betroffene nicht zuvor „qualifiziert" belehrt wurde, dh., wenn er nicht darüber belehrt wurde, dass er trotz der Absprache frei in seiner Entscheidung ist, ein Rechtsmittel einzulegen oder darauf zu verzichten (BGH GSSt 1/04 vom 3. 3. 2005, StV 2005, 311).

4 Vgl. Tz. 858.

scheidung der Bußgeld- und Strafsachenstelle, der Staatsanwaltschaft oder der Strafgerichte abzuwarten.

Der vorstehende Hinweis gilt insbesondere für die **Verjährungsdiskussion** (Tz. 944 ff.). 862

III. Der Fahndungsbericht

Die Fahndungsprüfung endet mit einem **Fahndungsbericht**. Dies ist 863
kein gesetzliches „Muss", aber die Regel. Der Bericht dient dem Finanzamt und den Strafverfolgungsorganen als Basis für ihre Tätigkeit. Die Steuerfahndung kann auch – was heute die Regel ist – für das Finanzamt und die Strafverfolgungsbehörden **getrennte** Berichte schreiben[1].

Der Fahndungsbericht ist kein Verwaltungsakt. Er kann **nicht** mit dem 864
Einspruch angegriffen werden. Zu dem Fahndungsbericht kann man Stellung nehmen. Ob dies zweckmäßig ist, entscheidet sich nach der Verfahrensart, nämlich nach den Zweckmäßigkeitsüberlegungen der Vertretung im Steuerverfahren und im Strafverfahren. Die Entscheidung kann unterschiedlich ausfallen. Sobald der Fahndungsbericht vorliegt, gabelt sich das Verfahren. Steuer- und Strafverfahren trennen sich (s. Tz. 962 ff.).

F. Rechte und Rechtsschutz im Steuerfahndungsverfahren

I. Verteidigung

Wesentliches Mittel des Rechtsschutzes in Steuerfahndungsverfahren 865
ist die **Möglichkeit** der **Verteidigung**. Dazu Tz. 63 ff., außerdem die vielfältigen Hinweise im laufenden Text; darüber hinaus behandeln wir hier besondere Rechte des Betroffenen und seines Verteidigers.

II. Eigene Ermittlungen des Verteidigers

Der Verteidiger hat das Recht, **eigenständig Ermittlungstätigkeiten** 866
durchzuführen[2]. Er kann Zeugen befragen, Sachverständige hören und Ortsbesichtigungen durchführen.

---

1 Vgl. Nr. 44, AStBV (St) 2004, BStBl. 2003 I, 655, 665.
2 Vgl. DAHS, Handbuch, Rz. 255 ff.; GILLMEISTER in Brüssow/Gatzweiler/Krekeler/Mehle, 189 ff.; RICHTER in Peters-FS, 1984, 235, 245 ff.

Akteneinsicht

867 Allerdings hat der Verteidiger **nicht** die Möglichkeit, Zeugen mit der Maßgabe zu **laden**, dass sie zum Erscheinen verpflichtet sind. Auch ist kein Zeuge verpflichtet, dem Verteidiger eine Auskunft zu geben.

868 Erteilt der Zeuge Auskünfte, so sollten diese **wahr** sein. Unwahre Aussagen bringen den Zeugen in die Gefahr der Strafverfolgung wegen Strafvereitelung oder Begünstigung.

869 Staatsanwaltschaft und Steuerfahndung begegnen derartigen eigenen Ermittlungstätigkeiten mit **Misstrauen**. Der Verteidiger muss dies tatsächlich in Rechnung stellen und sich – mehr als rechtlich geboten – bemühen, den Anschein von Beeinflussung und Begünstigung zu vermeiden.

870 Der Verteidiger sollte dem **Beschuldigten** in der Regel **untersagen, selbst** zu **ermitteln**, da sich bei ihm sehr schnell die Ermittlungstätigkeit zur Verdunklungsgefahr verdichtet. Hält der Beschuldigte Ermittlungen für erforderlich, sollte er diese Notwendigkeit seinem Verteidiger vortragen.

III. Akteneinsicht

1. Strafprozessuales Recht auf Akteneinsicht

871 Recht auf Akteneinsicht hat im Strafverfahren der **Verteidiger**, nicht der Betroffene selbst (§ 147 Abs. 1 StPO).

872 Solange die Ermittlungen nicht abgeschlossen sind – dh. also im laufenden Fahndungsverfahren –, steht die Gewährung der Akteneinsicht im **Ermessen** der Ermittlungsbehörde (§ 147 Abs. 2 StPO). Regelmäßig wird die Akteneinsicht nicht gewährt, solange das Fahndungsverfahren andauert[1]. Der Antrag auf Akteneinsicht kann beschränkt werden auf **einzelne Schriftstücke**. Nicht selten wird insoweit die Fahndung Akteneinsicht gewähren, wenn dies für eine Mitwirkungshandlung des Betroffenen erforderlich ist.

873 Der Verteidiger hat jederzeit **Anspruch** auf Einsicht in die **Einlassungen** des **Beschuldigten** und in **Sachverständigengutachten** (§ 147 Abs. 3 StPO). Dieses Recht ist zB dann von Bedeutung, wenn sich der

---

1 Es ist auch verfassungsmäßig nicht zu beanstanden, wenn die Staatsanwaltschaft keine Auskünfte über den **Grund** der **Einleitung** und die **Verdachtsmomente** gibt, BVerfG 2 BvR 1138/83 vom 8. 11. 1983, NStZ 1984, 228.

Betroffene erst nach einer Einlassung für einen Verteidiger entscheidet oder wenn er dem Verteidiger „aus den Zügeln läuft" und sich zu einer Einlassung ohne Beistand entschließt.

Zweifelhaft ist der **Gegenstand** der Akteneinsicht. Nach § 147 StPO   874
gehören hierzu die **Akten** und die amtlich verwahrten **Beweisstücke**; auch auf beschlagnahmte Gegenstände erstreckt sich folglich das Recht auf Akteneinsicht; zum Einsichtsrecht anlässlich der Beschlagnahme s. Tz. 343.

Wenn nach Abschluss der Fahndung die Bußgeld- und Strafsachen-   875
stelle (oder die Staatsanwaltschaft) die prozessuale Regie übernimmt, beginnt ihre Akte regelmäßig mit dem Fahndungsbericht als einem „Extrakt" des bisherigen Verfahrens. Fraglich ist, ob sich der Anspruch auf Akteneinsicht auch auf die **Fahndungsakte** erstreckt. Die Praxis lehrt, dass die Einsicht in die Fahndungsakte nicht immer gewährt wird. Diese Üblichkeit steht im Widerspruch zu dem **Gebot** der **Aktenvollständigkeit**, wonach zu den Ermittlungsakten alle Schriftstücke vom Zeitpunkt des ersten Zugriffs durch die Polizei an rechnen[1]. Folgt man diesem Prinzip, so kann kein Zweifel daran bestehen, dass sich das Recht auf Akteneinsicht auch auf die Fahndungsakte bezieht[2]. Der Verteidiger sollte stets auf Vorlage der Fahndungsakte bestehen, wenn er vermutet, dass der „Steuerfahndungsextrakt" die positiven Feststellungen nicht in der Weise herausstellt, wie dies nach dem Sachverhalt und den Ermittlungen geboten wäre; anderenfalls kann sich das Bestehen auf Beiziehung der Fahndungsakte auch als Kunstfehler herausstellen.

Verfahrensmäßig wird über das Recht auf Akteneinsicht häufig unmit-   876
telbar durch die Fahndung entschieden. Korrekt ist dieser Ablauf

---

1 BVerfG 2 BvR 864/81 vom 12. 1. 1983, StV 1983, 177 = NJW 1983, 1043, mit sehr **eindeutigen Formulierungen zugunsten** des **Akteneinsichtsrechts**. Vgl. NJW 1983, 1043, 1044: „Das Recht auf Akteneinsicht umschließt die vollständigen Akten, die dem Gericht vorliegen oder im Fall der Erhebung der Anklage nach § 199 Abs. 2 S. 2 StPO von der Staatsanwaltschaft vorzulegen wären (vgl. BVerfG, NJW 1983, 131 = ... Akten in diesem Sinne umfassen ... sämtliche vom ersten Zugriff der Polizei (§ 163 StPO) an gesammelten be- und entlastenden Vorgänge, die im Rahmen der Ermittlungen gegen den Beschuldigten entstanden sind, sowie herangezogene Beiakten."). Vgl. in ähnl. Sinne auch OLG Koblenz 1 Ws 64 und 162/81 vom 12. 3. 1981, NJW 1981, 1570; Meyer-Gossner, § 147 Rz. 14 ff.

2 Franzen/Gast/Joecks, § 392 Rz. 46. Ebenfalls zählt Schäfer, NStZ 1984, 204, die Akten der Hilfsbeamten zu den Akten des § 147 StPO.

nicht. Zur Entscheidung befugt ist die Bußgeld- und Strafsachenstelle, sofern sie noch die Befugnisse der Staatsanwaltschaft ausübt. Gegen ihre Ablehnung ist die Beschwerde an die OFD gegeben[1]. Als Alternative kann der Weg zur Staatsanwaltschaft gewählt werden. Diese wird gebeten, den Fall zu übernehmen und Akteneinsicht zu gewähren.

877 Gegen die **Ablehnung** der Akteneinsicht ist nur in den in § 147 Abs. 5 StPO aufgeführten Fällen ein Rechtsmittel gegeben. Diese gesetzliche Regel schließt Rechtsmittel in anderen Fällen aus[2].

878 Akteneinsicht erfolgt grundsätzlich in den **Räumen** der **Staatsanwaltschaft** oder des Finanzamts.

879 Es besteht kein Recht auf die Herstellung von **Copien** oder **Abschriften** durch die Einsicht gewährende Behörde.

880 Auf Antrag werden die Akten – nicht die Beweisstücke – dem **Verteidiger** in seine **Kanzleiräume überlassen** (§ 147 Abs. 4 StPO); es besteht keine Pflicht zur Überlassung; sie ist jedoch allgemein üblich; nach Nr. 187 Abs. 2 RiStBV sollen die Akten überlassen werden, „soweit nicht wichtige Gründe entgegenstehen". Wird sie dennoch verwehrt, ist die Anfechtung der Ablehnung nicht möglich (§ 147 Abs. 4 S. 2 StPO).

881 Zweifelhaft könnte sein, ob die **Steuerakten** zu den Akten zählen, die in die Praxis überlassen werden, oder zu den Beweisstücken, für die dies nicht gilt. In der Praxis werden die Steuerakten ganz überwiegend mitversandt. Dies ist auch rechtens[3]. Akten als solche sind keine Beweismittel; erst durch die Benennung einzelner Schriftstücke werden die Einzelstücke zu Beweismitteln. Zu dieser „Benennung" kommt es aber idR nicht; erfolgt sie, können die Beweismittel der Steuerakte entnommen werden; diese selbst kann mit den Akten versandt werden. Der Zustimmung des Finanzamts zur Einsicht in die

---

1 Es handelt sich nicht um eine Beschwerde nach der AO, sondern um eine nicht förmliche **Sachaufsichtsbeschwerde** im Strafverfahren, vgl. MEYER-GOSSNER, Vor § 296 Rz. 22.

2 MEYER-GOSSNER, § 147 Rz. 40. Zum Rechtsweg **nach Abschluss der Ermittlungen** s. Tz. 886.

3 GlA WANNEMACHER, StbJb. 1980/81, 444; KOHLMANN, § 392 Rz. 151 (Sept. 1994); DAHS, Handbuch, Rz. 992; FRANZEN/GAST/JOECKS, § 392 Rz. 46; MEYER-GOSSNER, § 147 Rz. 16. Die Ansicht von SCHÄFER, NStZ 1984, 206, Beiakten anderer Behörden – auch Steuerakten – könnten nur wie Beweismittel bei den Strafverfolgern eingesehen werden, ist abzulehnen.

Steuerakten bedarf es nicht. Soweit mit den Steuerakten, die beigezogen werden, Verhältnisse bekannt werden, die grundsätzlich dem Steuergeheimnis unterliegen, greift § 30 AO nicht, wenn die Information für das Steuerstrafverfahren verwertet werden soll (§ 30 Abs. 4 Nr. 1 AO; Tz. 901)[1]. Findet keiner der Ausnahmetatbestände des § 30 Abs. 4 AO (Tz. 901 ff.) Anwendung, handelt es sich um unverwertbare Beiakten oder unverwertbare Teile der Beiakten[2].

In dem Akteneinsichtsrecht und der Überlassung der Akten spiegelt sich das **Vertrauen wider, das der Verteidiger** als **Organ** der **Rechtspflege** genießt. Dem Recht entsprechen **Sorgfaltspflichten**. Die Akten sind sorgfältig aufzubewahren. Sie sind alsbald durchzusehen und ohne Verzögerung zurückzugeben. Der Verteidiger ist berechtigt, Abschriften oder Copien zu fertigen; er darf auch die Akten insgesamt ablichten[3].   882

Das Recht auf Akteneinsicht steht dem Verteidiger zu. Folglich ist es   883 dem Verteidiger idR untersagt, dem **Beschuldigten** die Originalakte auszuhändigen. Allerdings ist es zulässig, den Beschuldigten zur Akteneinsicht hinzuzuziehen[4].

Der Verteidiger ist berechtigt, den **Mandanten zu unterrichten**. Er darf   884 ihm auch Copien der Akte oder eines Auszugs aus den Akten überlassen[5]. Dies ist nur dann unzulässig, wenn der Mandant die Copien für sachfremde Zwecke verwenden will[6]. Es ist ratsam, den Mandanten schriftlich zu belehren, überlassene Ablichtungen nur zur eigenen Information und zur Verteidigung zu benutzen sowie sie Dritten nicht zugänglich zu machen.

Das Recht auf Akteneinsicht einschließlich der Möglichkeit der Über-   885 lassung der Akten in die Büroräume steht auch dem **Steuerberater** zu, falls er Verteidiger ist. Ebenso gelten für ihn die in Tz. 882 ff. erwähnten Pflichten und Einschränkungen.

Nach **Abschluss** des **Ermittlungsverfahrens** ist die Gewährung der   886 Akteneinsicht ausschließlich Sache der Justizverwaltung, insbesonde-

---

1 Franzen/Gast/Joecks, § 392 Rz. 46.
2 Schäfer, NStZ 1984, 208.
3 Meyer-Gossner, § 147 Rz. 6 f. Daraus folgt nicht die Pflicht, der **Staatsanwaltschaft Akteneinsicht** zu geben, wenn die Originalakte verschwunden oder zerstört ist, Waldowski, NStZ 1984, 448, gegen Rösmann, NStZ 1983, 446.
4 Meyer-Gossner, § 147 Rz. 9.
5 Meyer-Gossner, § 147 Rz. 20; Gatzweiler, StV 1985, 251.
6 Meyer-Gossner, § 147 Rz. 20 ff.

Abgabenrechtliches Recht auf Akteneinsicht

re der aktenverwahrenden Behörde, der Staatsanwaltschaft. Zu ablehnenden Entscheidungen s. die Rechtsbehelfsmöglichkeit des § 147 Abs. 5 StPO. Folgerichtig muss dies auch gelten, wenn die Steuerstraf oder Steuerfahndungsakten nach Abschluss des Verfahrens von der FinVerw. verwahrt werden. Der BFH hat jedoch gegen die Entscheidung, die Einsicht in eine solche Akte zu verwehren, den Finanzrechtsweg eröffnet[1].

2. Abgabenrechtliches Recht auf Akteneinsicht

887   Nicht zu vergessen sind neben diesem strafprozessualen Akteneinsichtsrecht die **abgabenrechtlichen Rechte**.

888   Grundsätzlich hat der Stpfl. **kein Recht** auf **Einsicht** in die vom Finanzamt verwahrten **Steuerakten**[2]. Zur Einsicht im Hinblick auf das Einsichtsrecht bei Gericht s. Tz. 894.

889   Geht das Steuerverfahren in ein **Rechtsbehelfsverfahren** über, so hat der Einspruchs- oder Beschwerdeführer Anspruch auf **Mitteilung** der **Besteuerungsunterlagen (§ 364 AO)**. Diese Möglichkeit wird anstelle eines Akteneinsichtsrechts gewährt. Der Begriff der Besteuerungsunterlage ist weit auszulegen. Er bezieht sich auf alle Berechnungsgrundlagen, Gutachten, Beweismittel, Beweiserhebungen, Zeugenaussagen, Vermerke über Beweiserhebungen, Rechtshilfeersuchen, Schätzungsunterlagen und -methoden usw.[3].

890   Die **Praxis** zeigt, dass die Finanzämter gerade bei **Steuerfahndungsverfahren** mit ihrer **Informationspflicht** in **Schwierigkeiten** geraten. Bei der Auswertung des Steuerfahndungsberichts übernimmt man dessen Ergebnisse, ohne die Besteuerungsunterlagen, die § 364 AO anspricht, im Einzelnen zu kennen. Diese befinden sich bei der Fahndung, in den Fahndungs- oder in den Strafakten. Wird das Finanzamt aufgefordert, seiner Pflicht nach § 364 AO nachzukommen, reagiert es häufig hilflos. Es wird auf das strafprozessuale Einsichtsrecht verwiesen (das möglicherweise noch nicht zu einem Recht erstarkt ist,

1 BFH IV R 2/76 vom 2. 12. 1976, BStBl. 1977 II, 318; bei **berechtigtem Interesse** ist die **Einsicht** in eine Steuerfahndungsakte **zu gewähren** (Nds. FG I 368/89 vom 8. 12. 1992, EFG 1993, 531, einen **Steuerberater** betreffend).
2 BROCKMEYER in Klein, Anm. zu § 364 AO. Das **Finanzamt kann** allerdings im Wege des pflichtgemäßen Ermessens **Akteneinsicht gewähren**; vgl. AnwErl. AO, zu § 364 AO.
3 Vgl. die übereinstimmende Kommentierung zu § 364 AO.

244

Tz. 872), auf die eigene Unmöglichkeit, weil die Unterlagen, zB Zeugenaussagen, nicht greifbar seien, auf die eigene Unkenntnis – man möge sich doch wegen der Schätzungsmethode an die Fahndung wenden –, oder das Informationsrecht wird einfach bestritten.

Diese Schwierigkeiten der Finanzämter dürfen aber auf **keinen** Fall zu einer **Rechtsverkürzung** führen. Der Verstoß gegen § 364 AO ist ein Verstoß gegen das Gebot rechtlichen Gehörs[1] und damit ein schwerer Verfahrensfehler[2].   891

Solange das Finanzamt seiner Informationspflicht nicht nachkommen kann, müssen die **Steuerbescheide** in ihrer **Vollziehung ausgesetzt** werden[3].   892

Im **finanzgerichtlichen Verfahren** setzt sich die Pflicht des § 364 AO fort (**§ 75 FGO**).   893

Außerdem besteht im finanzgerichtlichen Verfahren schließlich der **uneingeschränkte Anspruch** auf Einsicht in die den Streitfall betreffenden Akten (**§§ 78, 71 Abs. 2 FGO**); auch die dem Gericht vorgelegten **Steuerakten** können eingesehen werden. Hier ist das Recht nicht auf den Verteidiger oder Prozessvertreter beschränkt; auch der **Kläger** selbst, auch wenn er im Strafverfahren Beschuldigter ist, kann die Akten einsehen.   894

Fraglich ist auch hier, ob die **Fahndungsakten** zu den den **Streitfall betreffenden Akten** gehören. Die Fahndungsakten sind als Ermittlungsakten auch im Steuerstreit von wesentlicher Bedeutung. Es besteht kein Anlass und keine Rechtfertigung, § 71 Abs. 2 FGO insoweit einzuschränken. In der Praxis ist die Einsicht in die Fahndungsakten im finanzgerichtlichen Verfahren kein Problem.   895

---

1 BROCKMEYER in Klein, Anm. zu § 364, TIPKE in Tipke/Kruse, § 364 Rz. 1 (Mrz. 2003).

2 So bereits RFH IVa A 70/21 vom 22. 6. 1921, Mrozek-Kartei, AO § 240 R. 1; TIPKE in Tipke/Kruse, § 364 Rz. 1 (Mrz. 2003).

3 Dies folgt unmittelbar aus BFH VII R 71/77 vom 4. 4. 1978, BStBl. 1978 II, 402; ähnlich auch VIII B 112/83 vom 14. 2. 1984, BStBl. 1984 II, 443; HFR 1984, 286, mit Anm.: „Die Entscheidung ist eine Warnung an die Finanzverwaltung, die sich um die Frucht mühevoller Ermittlungsarbeit bringt, wenn nicht wenigstens eine ihrer Behörden ... die Ermittlungsergebnisse zusammenhängend darstellt, in Zahlen fasst und rechtlich einordnet ...".

IV. Steuergeheimnis

896 Das **Steuergeheimnis** hat zwar keinen Verfassungsrang[1], erhält seine **zentrale Bedeutung** jedoch durch die **umfassende Pflicht** der Steuerbürger, sich dem Finanzamt zu **offenbaren**[2].

897 Dem Steuergeheimnis unterliegen sowohl **Informationen**, die im **Steuerverfahren**, als auch solche, die im **Steuerstrafverfahren** bekannt geworden sind (§ 30 Abs. 2 Nr. 1a und b AO).

898 Die **Steuerfahndung** hat nach § 30 Abs. 1 AO das Steuergeheimnis zu wahren.

899 An das Steuergeheimnis sind im Steuerstrafverfahren auch die **Staatsanwaltschaft** und die **Strafgerichte** gebunden[3]. Über Steuerstrafverfahren dürfen folglich keine Mitteilungen an die Presse gegeben werden[4]. Allerdings wird dieses Verbot in der Praxis häufig umgangen oder verletzt. „So richtig" fühlt sich die Justiz an das Steuergeheimnis nicht gebunden.

900 Verhältnisse, die in **öffentlichen Gerichtsverhandlungen** erörtert werden, sind bekannt und können nicht mehr offenbart werden[5].

901 Die **Offenbarung** – dh. die Verletzung des Steuergeheimnisses – ist **zulässig**, wenn sie der **Durchführung** eines **Steuerverfahrens** oder eines **Steuerstrafverfahrens** dient (§ 30 Abs. 4 Nr. 1 AO).

902 Dieser Ausnahmetatbestand ist die Rechtfertigung für die das Steuergeheimnis durchbrechende **Kontrollmitteilung**[6].

---

1 BVerfG 2 BvE 11, 15/83 vom 17. 7. 1984, BStBl. 1984 II, 634.

2 Vgl. Drüen in Tipke/Kruse, § 30 Rz. 4 ff., (Mrz. 2004); zum Stellenwert des Steuergeheimnisses Benda, DStR 1984, 351, und DStZ 1984, 159.

3 Vgl. Drüen in Tipke/Kruse, § 30 Rz. 34, (Mrz. 2004). Hierzu auch Hans. OLG Hamburg 2 VAs 7/95 vom 24. 8. 1995, StV 1996, 307; Blesinger, wistra 1991, 239, 294. Zu § 30 AO und den Rechten des **parlamentarischen Untersuchungsausschusses** s. BVerfG 2 BvE 11, 15/83 vom 17. 7. 1984, BStBl. 1984 II, 634; VG Mainz 1 L 48/85, 1 L 49/85 vom 19. 9. 1985, BB 1985, 2159; FG Hamburg III 127/85 vom 11. 7. 1985, EFG 1985, 539.

4 Vgl. im Einzelnen zu diesem presserechtlichen Problem OLG Hamm 1 VAs 7/80 vom 14. 7. 1980, NJW 1981, 356; Felix, NJW 1978, 2134; Drüen in Tipke/Kruse, § 30 Rz. 34 (Mrz. 2004); dagegen Schomberg, NJW 1979, 526; vgl. weiter Kürschner, DRiZ 1981, 401.

5 Zum **Ausschluss** der **Öffentlichkeit** in **Gerichtsverhandlungen** zum Schutz des Steuergeheimnisses s. § 172 Nr. 2 GVG und Rüping/Arloth, DB 1984, 1795.

6 Hierzu und die im Einzelnen notwendige Abwägung Hans. OLG Hamburg 2 VAs 7/95 vom 24. 8. 1995, StV 1996, 307.

Die Offenbarung ist weiterhin zulässig, wenn sie an anderer Stelle im **Gesetz zugelassen** ist (§ 30 Abs. 4 Nr. 2 AO)[1]. Beispiel: § 31 Abs. 2 AO erlaubt die Weitergabe von Informationen an die Träger der **Sozialversicherung**, § 31a AO lässt in bestimmtem Umfang Mitteilungen zur Bekämpfung der **illegalen Beschäftigung**, § 31b AO zur Bekämpfung der Geldwäsche, zu.

903

Die Information **ausländischer Behörden** ist nach § 117 AO möglich; außerdem regeln **zwischenstaatliche Abkommen** den Auskunftsverkehr (Tz. 765 ff.).

904

Der Verdacht einer **Berufspflichtverletzung** eines Steuerberaters kann nach § 10 StBerG der Berufskammer mitgeteilt werden.

905

Die Offenbarung ist zulässig, wenn der Betroffene **zustimmt** (§ 30 Abs. 4 Nr. 3 AO).

906

Die Offenbarung ist zur Durchführung eines Strafverfahrens wegen einer Tat, die keine Steuerstraftat darstellt, zulässig, wenn die **Information** in einem **Steuerstrafverfahren erlangt** ist. Das gilt nicht für Tatsachen, die der Stpfl. in **Unkenntnis** der **Einleitung** eines **Steuerstrafverfahrens** oder bereits **vor** der **Einleitung** eines Steuerstrafverfahrens im Besteuerungsverfahren dem Finanzamt mitgeteilt hat (§ 30 Abs. 4 Nr. 4a AO).

907

Weiterhin können Informationen zur Durchführung von Strafverfahren wegen Straftaten, die keine Steuerstraftaten sind, verwertet werden, sofern die Informationen dem Finanzamt **ohne steuerliche Verpflichtung** oder unter **Verzicht** auf ein **Aussageverweigerungsrecht** mitgeteilt werden (§ 30 Abs. 4 Nr. 4b AO). Hier zeigt sich, wie problematisch es sein kann, in einem Steuerstrafverfahren auf ein Aussageverweigerungsrecht zu verzichten. Die Aussage ist in diesem Fall uneingeschränkt auch für andere Straftaten verwertbar[2].

908

Soweit man annimmt, dass **§ 393 Abs. 1 AO** die steuerlichen Pflichten im Steuerstrafverfahren dahingehend modifiziert, dass sie hinter die strafprozessualen Rechte zurücktreten[3], werden Mitwirkungsinforma-

909

---

1 S. hierzu die Zusammenstellung bei Drüen in Tipke/Kruse, § 30 Rz. 74 ff. (Mrz. 2004), die einen zögern lässt, überhaupt noch von einem Steuergeheimnis zu sprechen.
2 AnwErl. AO zu § 30 Abs. 4 Nr. 4 AO.
3 Vgl. Tz. 506 ff.

Zwingendes öffentliches Interesse

tionen gleichwohl nicht „freiwillig" iSv. § 30 Abs. 4 Nr. 4b AO erbracht[1].

910   Schließlich ist die Verletzung des Steuergeheimnisses möglich, wenn „für sie ein **zwingendes öffentliches Interesse** besteht; ein zwingendes öffentliches Interesse ist namentlich gegeben, wenn (a) Verbrechen und vorsätzliche schwere Vergehen gegen Leib und Leben oder gegen den Staat und seine Einrichtungen verfolgt werden oder verfolgt werden sollen, (b) Wirtschaftsstraftaten verfolgt werden oder verfolgt werden sollen, die nach ihrer Begehungsweise oder wegen des Umfangs des durch sie verursachten Schadens geeignet sind, die wirtschaftliche Ordnung erheblich zu stören oder das Vertrauen der Allgemeinheit auf die Redlichkeit des geschäftlichen Verkehrs oder auf die ordnungsgemäße Arbeit der Behörden und der öffentlichen Einrichtungen erheblich zu erschüttern, oder (c) die Offenbarung erforderlich ist, zur Richtigstellung in der Öffentlichkeit verbreiteter unwahrer Tatsachen, die geeignet sind, das Vertrauen in die Verwaltung erheblich zu erschüttern; die Entscheidung trifft die zuständige oberste Finanzbehörde im Einvernehmen mit dem Bundesminister der Finanzen; vor der Richtigstellung soll der Steuerpflichtige gehört werden" (§ 30 Abs. 4 Nr. 5 AO).

Wegen der wenig scharf umrissenen Ausnahmetatbestände handelt es sich um die **problematischste** Vorschrift innerhalb des § 30 AO[2].

911   Die **Aufzählung** der Fälle, in denen das öffentliche Interesse die Offenbarung gebietet, ist **nicht abschließend**.

Zu den Fällen, in denen das öffentliche Interesse **bejaht** wird, wird auf die Kommentierung verwiesen.

912   Greift § 30 Abs. 4 Nr. 5 AO ein, kann auch die **Presse** unterrichtet werden[3].

913   Schließlich bestimmt § 30 Abs. 5 AO allgemein, dass **vorsätzlich falsche Angaben** des Betroffenen den Strafverfolgungsbehörden gegenüber offenbart werden dürfen. Beispiel: Der Stpfl. erschleicht sich mit einer falschen Steuerbilanz einen Kredit; dies kann der Staatsanwaltschaft angezeigt werden.

914   Zum **Schutz** des **Anzeigenden** nach § 30 AO s. Tz. 169.

---

1 STRECK in Kohlmann (Hrsg.), 243.
2 Vgl. DRÜEN in Tipke/Kruse, § 30 Rz. 119 (Mrz. 2004): „Achillesferse des Steuergeheimnisses".
3 Vgl. im Einzelnen OLG Hamm 1 VAs 7/80 vom 14. 7. 1980, NJW 1981, 356.

Die Verletzung des Steuergeheimnisses ist **strafbar** nach § 355 StGB. 915

Außerdem kann die Verletzung **disziplinarrechtlich** geahndet werden. 916

Schließlich kann die unbefugte Verletzung des Steuergeheimnisses 917
den **Amtshaftungsanspruch** nach § 839 BGB iVm. Art. 34 GG auslösen.

V. Rechtsmittel und Rechtsbehelfe

1. Allgemeines

Rechtsbehelfe gegen Maßnahmen der Steuerfahndung spielen in der 918
Praxis **keine große Rolle**. Das formalisierte Recht gewährt nur geringen Rechtsschutz. Aus Überlegungen der Verteidigung unterlässt man
häufig, die verbleibenden Mittel einzusetzen. Mit der Fahndung strei-
tet man durch tatsächliches Verhalten, durch Agieren und Reagieren.

Größere Bedeutung haben Rechtsbehelfe und Rechtsmittel für in An- 919
spruch genommene **Dritte**.

Das Recht der **Rechtsbehelfe** ist **unübersichtlich, tatsächlich** und 920
rechtlich unklar. Dies liegt zum einen an der unbefriedigenden Regelung der Rechtsbehelfe der Strafprozessordnung im Ermittlungsverfahren. Dies liegt zum anderen an der Doppelfunktion der Fahndung,
die es ihr tatsächlich ermöglicht, im Unklaren zu lassen, aufgrund
welcher Rechtsgrundlage sie ermittelt und welcher Rechtsbehelf zur
Anwendung kommt. Die Fahndung muss diese letztgenannte Unklarheit beseitigen. Sie muss aussprechen und festlegen, welche Rechtsgrundlage sie für eine bestimmte Maßnahme heranzieht. Sie muss
durch die Klarheit ihres Verfahrens die Wahl des richtigen Rechtsbe-
helfs ermöglichen. S. Tz. 23 ff.

Die „**Anweisungen**" behandeln – als Erlass der Ermittlungsbehörden – 921
Rechtsmittel und Rechtsbehelfe unbefriedigend und dürftig (ASt BV
(St) 2004, Nr. 90 ff. und verstreut).

Über die nachfolgende Darstellung hinaus werden im jeweiligen Sach- 922
zusammenhang die Mittel des Rechtsschutzes behandelt, ua. zur
Hausdurchsuchung und zur **Beschlagnahme** in Tz. 353 ff., zur **Verhaf-
tung** in Tz. 470 ff., allgemein zu Ermittlungen bei **Dritten** in Tz. 600, zu
Maßnahmen gegen **Banken** Tz. 617 ff., 653 ff., zur **Beschlagnahme** bei
Beratern in Tz. 656 ff., zur **Akteneinsicht** in Tz. 876 f., zum **Fahndungs-
bericht** in Tz. 864, zu **§ 160 AO** in Tz. 1105 ff. und im **Zollverfahren**
Tz. 1301 ff.

2. Strafprozessuale Rechtsmittel

923 Die Ermittlungsmaßnahmen können strafprozessual nur angefochten werden, wenn dies die StPO ausdrücklich vorsieht[1].

924 Maßnahmen strafprozessualer Art, die durch den **Richter** angeordnet sind – zB Durchsuchung, Beschlagnahme –, werden mit der **Beschwerde** der StPO angefochten (§ 304 StPO).

925 Strafprozessuale Maßnahmen, die die **Verfolgungsorgane** selbst einleiten – zB Beschlagnahme bei Gefahr im Verzug durch den Fahnder –, unterliegen der in der StPO im Einzelnen geregelten Rechtskontrolle durch die Gerichte (s. zB betr. Beschlagnahme und betr. Hausdurchsuchung Tz. 386 ff.).

926 Wird die **Durchführung** eines **richterlichen Beschlusses** im Rahmen des Strafprozessrechts gerügt, sind die Oberlandesgerichte nach §§ 23 ff. EGGVG zur Kontrolle aufgerufen. Beispiel: Die Steuerfahndung verbietet anlässlich einer gerichtlich angeordneten Durchsuchung das Telefonieren; dies kann vor dem zuständigen OLG nach §§ 23 ff. EGGVG gerügt werden; s. Tz. 430 ff.

927 Folgt man dem **BFH** (s. Tz. 940; dort auch zur Bedenklichkeit dieser Rechtsprechung), so wird der **Rechtsweg** nach §§ **23 ff. EGGVG** zum **Regel-Rechtsbehelf** im Fahndungsverfahren[2]. Maßnahmen der Steuerfahndung sind nach der Ansicht des BFH regelmäßig **Justizverwaltungsakte**, die auf diesem Anfechtungsweg anzugreifen sind. Dazu zählen zB Auskunftsersuchen und Herausgabebegehren der Steuerfahndung.

928 Da der Rechtsweg nach §§ 23 ff. EGGVG für Strafverfahren im Einzelnen umstritten und im Steuerfahndungsverfahren **nicht eingeübt** ist, kann von einer sicheren Rechtsbehelfsmöglichkeit im Fahndungsverfahren noch keine Rede sein.

929 Anzurufen sind nach § 23 EGGVG die ordentlichen Gerichte, und zwar nach § 25 Abs. 1 EGGVG das **OLG**. In **NRW** ist die Alleinzuständigkeit des **OLG Hamm** gegeben[3]. Die Anrufung des OLG macht das

---

1 Verfassungsrechtlich unbedenklich, s. BVerfG 2 BvR 1731/82 vom 19. 12. 1983, NStZ 1984, 228.
2 Vgl. auch SEER in Tipke/Kruse, § 208 Rz. 121, 138 (Mrz. 2004) u. § 33 FGO Rz. 63 ff. (Jul. 2002).
3 Vgl. OLG Düsseldorf 3 Ws 455/84 vom 27. 9. 1984, wistra 1985, 123: Das gilt auch dann, wenn an ein anderes OLG durch das FG verwiesen wurde.

Kontrollverfahren schwerfällig; auch besteht sicher eine tatsächliche Scheu, ein OLG anzurufen.

Soweit **Steuerberater** verteidigen können, können sie ihre Mandanten auch vor dem OLG vertreten.   930

Nach § 24 Abs. 2 EGGVG kann das OLG erst angerufen werden, wenn ein vorgesehenes vorangehendes **Rechtsbehelfsverfahren** durchgeführt worden ist. Zweifelhaft ist, ob auf diesem Weg entgegen der BFH-Rechtsprechung (Tz. 940) doch bei der abgabenrechtlich begründeten Tätigkeit der Steuerfahndung der steuerrechtliche **Einspruch** vorrangig einzulegen ist.   931

Der Antrag auf gerichtliche Entscheidung muss **innerhalb eines Monats** nach Zustellung oder schriftlicher Bekanntgabe des Bescheids oder, soweit ein Rechtsbehelfsverfahren vorausgegangen ist, nach Zustellung dieses Bescheids schriftlich oder zur Niederschrift der Geschäftsstelle des OLG oder eines AG gestellt werden (§ 26 EGGVG). Der Antrag kann also nur beim zuständigen OLG oder bei jedem beliebigen AG eingereicht werden[1]. Eine mündliche Bekanntgabe des Bescheids, der angefochten werden soll, setzt eine Frist nicht in Lauf[2]. Im Hinblick auf diese Frist ist die Unklarheit, ob bei steuerlichen Maßnahmen **zuerst** das **steuerliche Einspruchsverfahren** zu durchlaufen ist (Tz. 931), besonders problematisch, weil der Betroffene mit der unzulässigen Beschwerde die Frist des § 26 EGGVG versäumt; andererseits kann die fehlende Beschwerde die Unzulässigkeit des Antrags nach § 23 EGGVG (wegen § 24 Abs. 2 EGGVG) begründen.   932

In der **Praxis** ist im Hinblick auf diese Unklarheit zu empfehlen, sowohl Einspruch einzulegen als auch sofort den Antrag nach § 23 EGGVG zu stellen.   933

Das Verfahren nach § 23 EGGVG ist **kostenpflichtig** (§ 30 EGGVG).   934

In der Praxis spielt die Anfechtung von Maßnahmen der Steuerfahndung für den Beschuldigten eine geringe Rolle. Von Bedeutung ist sie jedoch für **Dritte**, die von der Steuerfahndung in Anspruch genommen werden[3]. Allerdings hat hier die Rechtsprechung des BFH inzwischen   935

---

1 Vgl. MEYER-GOSSNER, § 26 EGGVG Rz. 1.
2 MEYER-GOSSNER, aaO (FN 1), Rz. 4.
3 Im Verfahren BFH VII R 2/82 vom 20. 4. 1983, BStBl. 1983 II, 482, hatte sich eine **Bank** gegen ein Auskunftsersuchen gewehrt. In dem Verfahren OLG

die Anrufungsmöglichkeit der Finanzgerichte wieder erweitert (Tz. 948).

3. Steuerliche Rechtsbehelfe

936 Soweit die Fahndung als Steuerbehörde bei ihren Ermittlungen die **Mittel** des **Steuerverfahrens** einsetzt – zB Auskunftsersuchen nach der AO (vgl. Tz. 17) –, können diese Maßnahmen mit dem **Einspruch** (§ 347 AO) angegriffen werden, und zwar von jedem, der durch diese Maßnahme beschwert ist. Über den Einspruch entscheidet das Finanzamt. Gegen die Einspruchsentscheidung ist die Klagemöglichkeit vor dem Finanzgericht gegeben.

937 Voraussetzung für diese formalisierten Rechtsbehelfe ist jeweils ein **angreifbarer Verwaltungsakt.** Das tatsächliche Verhalten der Steuerfahndung ist, sofern es sich nicht als derartiger Rechtsakt darstellt, allenfalls mit der Dienstaufsichtsbeschwerde angreifbar[1].

938 Nach der herrschenden Ansicht[2] ist mithin ein **doppelter Rechtsweg** möglich: Rechtfertigt die Steuerfahndung alle Maßnahmen strafprozessual, gelten die strafrechtlichen Rechtsmittel (Tz. 923 ff.), rechtfertigt sie die Maßnahmen steuerrechtlich, gelten die abgabenrechtlichen Rechtsbehelfe.

939 Dies gilt auch nach der Rechtsprechung des BFH bei **Vorfelduntersuchungen (§ 208 Abs. 1 Nr. 3 AO**; Tz. 10 f.). Sie ordnet die Rechtsprechung den steuerlichen Ermittlungen zu. Der Finanzrechtsweg ist gegeben[3].

940 Im Übrigen entschied der **BFH anders** zu den Ermittlungen nach **§ 208 Abs. 1 Nr. 2 AO** (Tz. 8)[4]. Er schließt mittels § 33 Abs. 2 S. 2 FGO (bzw.

Hamm 1 VAs 133/84 vom 4. 6. 1985, WM 1985, 996, war das Verfahren einer Bank an das OLG verwiesen worden. Nachdem zwischenzeitlich das Steuerstrafverfahren erledigt war, begehrte die Bank, die Rechtswidrigkeit des Ersuchens festzustellen. Da die Steuerfahndung jedoch mit keiner Zwangsmaßnahme gedroht hatte, fehlte nach OLG Hamm das Feststellungsinteresse.

1 Vgl. Hess. FG VI 246/59 vom 18. 7. 1961, EFG 1962, 170.
2 S. Tz. 1 ff., 23 ff., SEER in Tipke/Kruse, § 33 FGO Rz. 63 ff. So auch der BdF in der in Tz. 940 wiedergegebenen BFH-Rechtsprechung.
3 BFH VII R 82/85 vom 29. 10. 1986, BStBl. 1988 II, 359.
4 BFH VII R 2/82 vom 20. 4. 1983, BStBl. 1983 II, 482 (ähnlich Vorinstanz Schleswig-Holsteinisches FG III 247/79 vom 3. 11. 1981, EFG 1982, 284); VII B 136, 137/90 vom 25. 6. 1991, BFH/NV 1992, 254; FG München XII 269/83 vom

Abs. 3 nF), (die Vorschriften über die Zulässigkeit des Finanzrechts-
wegs „finden auf das Straf- und Bußgeldverfahren keine Anwendung") den Weg zu den Finanzgerichten aus. Die Ermittlung der Besteuerungsgrundlagen rechnet er zur Verfolgung der Steuerhinterziehung; sie sei untrennbar mit dieser verbunden und damit Teil des
Strafrechts. Ermittelt die Steuerfahndung erkennbar im Strafverfahren
oder wird ein Strafverfahren eröffnet, so ist der Finanzrechtsweg auch
dann ausgeschlossen, wenn sich die Steuerfahndung auf Eingriffsnor-
men der Abgabenordnung stützt.

Ohne Zweifel bewirkt die Rechtsprechung des BFH eine geradezu   941
geniale **Säuberung** der **Finanzgerichtsbarkeit** von unangenehmen
Steuerfahndungsfällen. Dieser in den Augen der Richter möglicherweise sympathische Zweck muss deshalb nicht rechtens sein. Es ist
schwer verständlich, dass ein bestimmtes Recht (hier: die Abgabenordnung) Eingriffe rechtfertigt, dass aber der Rechtsschutz dieses Rechts
nicht greifen soll. Dies zieht notwendig bis heute nicht geklärte Fragen
nach sich. **Unklar** ist, ob die Rechtsprechung auch für die **Vorverfah-
ren** gilt. Ist der Einspruch zulässig? Oder sind bereits diese Rechtsbehelfe ausgeschlossen? Wie sollen die Rechtsbehelfsbelehrungen lau-
ten? Wie sollen abgabenrechtliche Verwaltungsakte vollstreckt werden? Nach den Regeln der Abgabenordnung oder nach den Eingriffsmöglichkeiten der Strafprozessordnung? Wonach richtet sich der
Rechtsschutz gegen Vollstreckungsmaßnahmen?

Der BFH hält in diesen Fällen, dh. auch für Eingriffe auf der Grund-   942
lage der Abgabenordnung (!), den **Rechtsweg nach §§ 23 ff. EGGVG**
(Tz. 927 ff.) für gegeben. Fraglich ist, ob die Oberlandesgerichte diese
steuerrechtliche Rechtsprechung akzeptieren.

Aus der **Praxis** können wir berichten, dass die Rechtsprechung des   943
BFH dazu geführt hat, dass es **praktisch keinen Rechtsschutz** gibt. Die
Finanzgerichte verschließen sich. Der Weg zum OLG ist ungebräuch-
lich und nicht praktikabel.

---

9. 10. 1984, EFG 1985, 569; ZELLER, DStZ 1984, 330; LAULE, DStZ 1984, 599,
604. Nicht ganz folgerichtig eröffnet BFH I B 28/86 vom 29. 10. 1986, BStBl.
1987 II, 440, den Finanzrechtsweg dann, wenn es um Auskunftsersuchen im
europäischen Ausland geht. BFH VII R 92/79 vom 23. 12. 1980, BStBl. 1981 II,
349, und BFH V B 46/90 vom 21. 8. 1990, BFH/NV 1991, 142, sind nicht einschlägig, da sich der Antragsteller nur gegen strafverfahrensrechtliche Maßnahmen wandte.

944 **Kritik,** insbesondere nach dem **Wegfall** des strafrechtlichen **Fortsetzungszusammenhangs**[1]:

Der BFH verknüpft in der Entscheidung vom 20. 4. 1983 die steuerlichen Ermittlungen der Steuerfahndung auch deshalb unzertrennlich mit den strafrechtlichen Ermittlungen, weil es in § 208 Abs. 1 Nr. 2 AO laute, dass die Steuerfahndung die **Besteuerungsgrundlagen** nur „in den in Nr. 1 bezeichneten Fällen" zu ermitteln habe[2]. Also – so der BFH – lasse sich aus dem Gesetz folgern, dass die Steuerfahndung über eine eigenständige steuerliche Ermittlungskompetenz nicht verfüge; diese sei an die strafrechtliche Ermittlungskompetenz gebunden und nur mit dieser wirksam.

945 Was die **Ermittlungszeiträume** anbelangt, gab es für die Steuerfahndung angesichts dieser Rechtsprechung bisher keine Schwierigkeiten. Die steuerlichen Ermittlungen richteten sich nach dem 10-Jahres-Zeitraum des § 169 Abs. 2 S. 2 AO. Strafrechtlich konnte die 5-jährige Verjährung nach § 78 Abs. 3 Nr. 4 StGB durch den sog. Fortsetzungszusammenhang übersprungen werden. Steuerliche und strafrechtliche Ermittlungen konnten sich im Wesentlichen auf gleiche Zeiträume erstrecken. Der Große Senat des BGH hat jedoch durch einen Beschluss vom 3. 5. 1994[3] das Institut des Fortsetzungszusammenhangs aufgegeben. Der V. Senat ist dem für das Steuerstrafrecht[4] gefolgt. Damit gilt jetzt für das Steuerstrafrecht zwingend die 5-jährige Verjährungsfrist. Über diesen Verjährungszeitraum kann nicht mehr hinausgegangen werden. Für die strafrechtlichen Ermittlungen gibt es jetzt eine deutliche Zäsur. Da der 10-Jahres-Zeitraum des § 169 Abs. 2 S. 2 AO im Steuerrecht eine eigenständige gesetzliche Grundlage hat, gibt es jetzt **jenseits** der **strafrechtlichen fünf Jahre** einen **Zeitraum,** in welchem Hinterziehungssachverhalte **nur steuerlich,** nicht aber strafrechtlich relevant werden können.

946 Wenn aber die steuerlichen Ermittlungen der Steuerfahndung – wie oben dargestellt – zwingend an die strafrechtlichen Ermittlungen gekoppelt sind, so muss die **Frage** gestellt werden, **ob** die **Steuerfahndung jenseits** der **5-jährigen strafrechtlichen Verjährungsfrist** überhaupt **ermitteln darf**[5]? Die Frage kann auch auf Sonderprobleme er-

---

1 Vgl. auch STRECK, DStR 1994, 1724; DERS., DStJG 18 (1995), 173, 175.
2 BFH VII R 2/82 (S. 252 FN 4), 483, linke Spalte.
3 BFH GS St 2 und 3/93 vom 3. 5. 1994, NJW 1994, 1663.
4 BFH 5 StR 595/93 vom 20. 6. 1994, NJW 1994, 2368. Vgl. dazu auch BLESINGER, DStR 1994, 1371; DÖRN, Stbg. 1994, 398.
5 Verneinend wohl DITGES/GRASS, DStR 1992, 1001.

streckt werden: Darf die Steuerfahndung die Besteuerungsverhältnisse Verstorbener, die strafrechtlich nicht mehr belangt werden können, ermitteln? Nimmt man die Rechtsprechung des BFH beim Wort, so ist insoweit eine Steuerfahndungstätigkeit ausgeschlossen. Weil jedoch nicht sein kann, was nicht sein darf, wird man dieser Möglichkeit kaum nachträumen dürfen, sondern sicher erwarten müssen, dass die Steuerfahndung ermitteln wird wie bisher[1]. Und dass dies schließlich der **BFH zulässt**[2]. Damit stellen sich jedoch die **Fragen** des **Rechtswegs neu**.

Angenommen, die Steuerfahndung ermittelt die Besteuerungsgrund-   947
lagen der Jahre **1992 bis 2001** und fordert, gestützt auf § 93 AO, von einer Bank die Vorlage von Kontoauszügen. Bezüglich des Jahrs **1998** laufen die **strafrechtlichen** und die **steuerlichen Ermittlungen parallel**. Hier ist, bleibt es bei der BFH-Rechtsprechung, der Rechtsweg zu den Finanzgerichten nicht gegeben. Bezüglich des Jahrs **1992** ist strafrechtliche Verjährung eingetreten; die Verknüpfung mit dem Steuerstrafrecht entfällt mithin. Kann jetzt insoweit das Finanzgericht angerufen werden? **Teilt** sich bei einer solchen einheitlichen Anforderung der **Rechtsweg** nach Maßgabe der strafrechtlichen Verjährung? Muss also die Einspruchsentscheidung eine eventuell höchst differenzierende Rechtsbehelfsbelehrung ausweisen, die zuvor die strafrechtliche Verjährung prüft und berücksichtigt? Wir haben erhebliche Zweifel, dass es so kommen wird. Die Steuerfahndung wird ermitteln wie bisher. Der **BFH** wird darüber **nachdenken müssen**, ob er bei seiner **Rechtsprechung** zum **Rechtsweg bleibt**. Unserer Ansicht nach sollte der Rechtsweg in Abgabensachen wieder eröffnet werden, eine Rechtsfolge, die eigentlich selbstverständlich ist.

Inzwischen hat der BFH den **Finanzrechtsweg** partiell in den Fällen   948
des § 208 Abs. 1 Nr. 2 AO **geöffnet**: Immer dann, wenn die Steuerfahndungsermittlungen unmittelbaren Einfluss auf die **Besteuerung Dritter** oder die **abgabenrechtlichen Pflichten Dritter** haben, ist für die Dritten der Finanzrechtsweg gegeben[3].

---

1 So auch die aktuelle **Praxiserfahrung**. Kann sie **nur** im **Steuerverfahren** ermitteln, stehen ihr die **Rechte** der **StPO** natürlich **nicht** zu (TORMÖHLEN, wistra 1993, 174).
2 BFH VII B 45/97 vom 16. 12. 1997, BStBl. 1998 II, 231.
3 Vgl. zu dieser Rechtsprechungsentwicklung SEER in Tipke/Kruse, § 33 FGO Rz. 63 ff. (Jul. 2002); BFH VII B 40/97 vom 28. 10. 1997, BFH/NV 1998, 424; VII B 277/00 vom 6. 2. 2001, BStBl. 2001 II, 306.

Dienstaufsichtsbeschwerde

949 In der Rechtswegdiskussion im Fahndungsverfahren ist Rechtssicherheit noch nicht eingekehrt.

950 Die Rechtsprechung des BFH und ihre Problematik hat keine Auswirkung auf die **Anfechtung** der einer Steuerfahndung folgenden **Steuerbescheide**; hier bleibt es bei dem Rechtsweg zu den Finanzgerichten.

VI. Dienstaufsichtsbeschwerde

951 Gegen Maßnahmen der Steuerfahndung kann mit der Dienstaufsichtsbeschwerde angegangen werden. Durch sie wird ein **persönliches Verhalten** der Fahndungsbeamten gerügt. Es entscheidet die Dienstaufsichtsbehörde. Die Gerichte können idR nicht angerufen werden, da es sich um eine bloße innerdienstliche Kontrolle handelt.

952 Die Dienstaufsichtsbeschwerde ist ein **Kampfmittel**, das in der Hand eines Beraters sehr schnell **wirkungslos** wird[1]. Wer häufig Dienstaufsichtsbeschwerden einlegt, nimmt diesen Beschwerden zunehmend das Gewicht (also völlig anders als zB bei Einsprüchen, dh. bei formalisierten Rechtsbehelfen).

Regel: Ist die Dienstaufsichtsbeschwerde angebracht, sollte sie der **Betroffene** selbst einlegen. Die Wirkung ist – als „unmittelbarer Bürgerzorn" – spürbar intensiver.

VII. Befangenheit

953 Die strafprozessuale Möglichkeit der §§ 24 ff. StPO, Richter wegen **Befangenheit** abzulehnen, gilt nicht für die Staatsanwaltschaft und ihre Ermittlungspersonen[2], also auch nicht für die Steuerfahndung.

954 Dies ist **problematisch** und die Problematik ist auch **erkannt**[3]. Nachdem auch die AO 1977 die Möglichkeit einführte, Finanzbeamte we-

---

1 Nach einem bekannten Juristenwort ist die Dienstaufsichtsbeschwerde **formlos, fristlos, folgenlos**.
2 MEYER-GOSSNER, Vor § 22 Rz. 3.
3 Vgl. Joss, NJW 1981, 100, anknüpfend an BGH 1 StR 702/78 vom 25. 9. 1979, NJW 1980, 845, wo der BGH erstmals von möglichen Ausschließungsgründen spricht; FISCH, Ausschließung und Ablehnung des Staatsanwalts, in Bruns-FS, 1978, 385 ff.; SCHAIRER, Der befangene Staatsanwalt, 1983; SCHEDEL, Ausschließung und Ablehnung des befangenen oder befangen erscheinenden Staatsanwalts, Diss. Würzburg, 1984; MEYER-GOSSNER, Vor § 22 Rz. 3.

Schadensersatz

gen Befangenheit abzulehnen (s. Tz. 955), sollten auch die strafprozessualen Bedenken überwunden werden, die Strafverfolgungsbeamten wegen der Besorgnis der Befangenheit abzulehnen. In vielen Dienstaufsichtsbeschwerden geht es – zweckentfremdend – um den Anschein unsachgemäßer Behandlung. Der Befangenheitsantrag ist funktional richtiger.

Abgabenrechtlich eröffnet § 83 AO die Möglichkeit, einen Beamten wegen Besorgnis der Befangenheit abzulehnen. Diese Möglichkeit gilt auch in Bezug auf Fahndungsbeamte[1]. Die Ablehnung bezieht sich in diesem Fall auf die Funktion des Steuerermittlers.   955

Über den Befangenheitsantrag **entscheidet** der Leiter der Behörde, betrifft ihn selbst das Verfahren, die Aufsichtsbehörde (§ 83 Abs. 1 AO). Die Entscheidung ist uE – entgegen BFH und der hL[2] – mit der Beschwerde anfechtbar.   956

Da Fahndungsbeamte mit **doppelter Funktion** – als Steuer- und Polizeibeamte – tätig werden, ist es grundsätzlich denkbar und nicht systemwidrig, dass sie in einer der beiden Funktionen wegen Besorgnis der Befangenheit nicht tätig werden können (nach § 83 AO), während sie als reines Strafverfolgungsorgan weiter ermitteln können[3]. Allerdings dürfte es in diesem Fall zweckmäßig sein, diesen Beamten auch strafprozessual nicht mehr mit dem Fall zu befassen, da eine „hinkende" Tätigkeit den Aufgaben der Fahndung nicht gerecht wird.   957

VIII. Schadensersatz

Die schuldhafte **Amtspflichtverletzung** durch die Steuerfahndung verpflichtet das Land zum Schadensersatz nach den Regeln der Amtshaftungspflicht (§ 839 BGB, Art. 34 GG)[4]. Beispiel: 958

Die grund- und anlasslose Einleitung eines Steuerfahndungsverfahrens führte nach einem Urteil des LG Mainz zum Schadensersatzanspruch[5].   959

---

1 Seer in Tipke/Kruse, § 208 Rz. 13 (Mrz. 2004).
2 BFH IV B 60/80 vom 7. 5. 1981, BStBl. 1981 II, 634; Nds. FG VI 244/80 vom 1. 9. 1980, EFG 1981, 3; Tipke in Tipke/Kruse, § 83 Rz. 8 (Aug. 2000).
3 Natürlich nicht denkbar, soweit man die Steuerfahndung als reine Strafbehörde begreift, Tz. 15.
4 Seer in Tipke/Kruse, § 208 Rz. 13 (Mrz. 2004).
5 LG Mainz 4 O 320/79 vom 3. 7. 1980, Stbg. 1980, 203, und – ausführlicher – StB 1981, 149, mit Anm. von Stein.

Fortgang des Verfahrens

Zur Ersatzpflicht bei **Durchsuchungen** und **Beschlagnahmen** s. Tz. 436 f.

960 Zum **Gesetz** über die **Entschädigung** für **Strafverfolgungsmaßnahmen** s. Tz. 435; im Fahndungsverfahren ist hier nur eine Entschädigung bei Durchsuchung und Beschlagnahme sowie Untersuchungshaft von Bedeutung.

961 Zum Schadensersatz bei der Verletzung des **Steuergeheimnisses** s. Tz. 917.

G. Überblick über den Fortgang des Verfahrens

I. Strafverfahren

962 Im Strafverfahren warten die Bußgeld- und Strafsachenstellen häufig die **Rechtskraft** der **auswertenden Steuerbescheide** ab, um erst anschließend tätig zu werden. Rechtlich notwendig ist dies nicht; aus Verteidigersicht auch **nicht** zu **empfehlen** (Tz. 823 ff.).

963 In Gesprächen und Verhandlungen mit der BuStra-Stelle kann viel erreicht werden. Vorrangiges Ziel ist die **Vermeidung** der **Anklageerhebung**. Hierzu muss man das **Erledigungsinstrumentarium** kennen, mit dessen Hilfe das Strafverfahren beendet werden kann.

964 **Die Einstellung nach § 170 Abs. 2 StPO** ist dem **Freispruch** vergleichbar. Die **Zustimmung** des **Gerichts** ist **nicht** erforderlich. Die BuStra-Stellen **scheuen** die Einstellung nach § 170 Abs. 2 StPO. Die Sachbearbeiter sind Finanzbeamte. Wenn sie einstellen, wollen sie regelmäßig eine Gegenleistung. Daher die Tendenz zu § 153a StPO (s. Tz. 852 ff.). Die Einstellung nach § 170 Abs. 2 StPO beinhaltet **keinen „Strafklageverbrauch"**. Das Verfahren kann jederzeit wiederaufgenommen werden. Aus diesem Grund kann es für den Verteidiger oft ratsam sein, die freisprechende Einstellung zu verhindern und eine Einstellung nach § 153a StPO vorzuziehen.

965 **Einstellung** nach **§ 398 AO**: Es handelt sich um eine steuerstrafspezifische Einstellungsmöglichkeit wegen **Geringfügigkeit**. Die **Zustimmung** des **Gerichts** ist **nicht** erforderlich. In der **Praxis** spielt diese Einstellung eine geringe Rolle. **Kein Strafklageverbrauch**.

966 **Einstellung** nach **§ 153 Abs. 1 StPO**: Die BuStra-Stelle kann von der Verfolgung der Tat absehen, „wenn die Schuld des Täters als **gering** anzusehen wäre und kein öffentliches Interesse an der Verfolgung

besteht" (§ 153 Abs. 1 StPO). § 153 Abs. 1 StPO führt **nicht** zum **Strafklageverbrauch**. Da das Finanzamt die Voraussetzungen der Steuerhinterziehung selbständig prüfen kann, kann es, bejaht es diese Tatbestandsbedingungen, **Hinterziehungszinsen** festsetzen. Allerdings liegt sodann die gesamte Darlegungs- und Beweislast auf den Schultern des Finanzamts. Zur Unschuldsvermutung s. Tz. 1235. Die Einstellung nach § 153 StPO ist **nicht häufig** bei den BuStra-Stellen.

Einstellung nach § 153a StPO gegen Auflagen: Nach § 153a StPO können Steuerstrafverfahren eingestellt werden, wenn die Auflagen geeignet sind, das öffentliche Interesse an der Strafverfolgung zu beseitigen, und die **Schwere** der **Schuld nicht entgegensteht.**   967

Die **Auflage** besteht regelmäßig in einer **Geldzahlung** an eine gemeinnützige Einrichtung oder an die Staatskasse. Sie wird gemeinhin als „Geldbuße" bezeichnet. Tatsächlich ist die Auflage weder Buße noch Strafe, sondern überhaupt **keine strafrechtliche Sanktion.** Die Einstellung nach § 153a StPO ist das **Zaubermittel** zur Beendigung von Steuerstrafsachen. Da diese Einstellungsmöglichkeit schon im Wortlaut nicht auf Fälle geringer Steuerverkürzung beschränkt ist – die Auswirkung der Tat wird nicht erwähnt –, können auch Großverfahren nach § 153a StPO eingestellt werden. Zwar stoßen die Berater immer wieder auf die Behauptung, bei dieser oder jener BuStra-Stelle würden nur Kleinfälle nach § 153a StPO erledigt; dies sei die Gepflogenheit vor Ort. Man lasse sich hierdurch nicht in dem Bemühen beeinflussen, die Anwendung dieser Vorschrift zu erreichen. Letztlich wenden BuStra-Stellen und andere Steuerstrafverfolger diese Vorschrift immer dann an, wenn es ihnen zweckmäßig erscheint. Es gibt kein „in-einem-solchen-Fall-nie".   968

Die Einstellung bedarf der **Zustimmung** des **Gerichts,** der **BuStra-Stelle** und des **Beschuldigten.**   969

Die **Frist** für die Erfüllung der Auflagen, zB einer Zahlung, wird von der einstellenden Behörde festgesetzt. Die gesetzliche Höchstgrenze der Zahlungsfrist beträgt sechs Monate. Sie kann nachträglich noch einmal um drei Monate verlängert werden.   970

Zinsen auf die Auflagen fallen nicht an.   971

Die Strafsachenstellen gehen zunehmend dazu über, den **Staat** als **Geldempfänger** zu bezeichnen. Soll die Auflage an **gemeinnützige Institutionen** gehen, so kann der Beschuldigte hierauf Einfluss nehmen. Seine Wünsche werden mal berücksichtigt, mal bewusst über-   972 gangen. Benennt er eine ihm nahestehende gemeinnützige Organisation, so muss er bedenken, dass dieser Empfänger auch den Grund der Zahlung erfährt (nämlich Einstellung nach § 153a StPO). Dies kann verhindert werden, indem der Berater den Betrag ausschließlich unter Angabe des Aktenzeichens überweist.

973 Zweifelhaft ist, ob dem Beschuldigten **auferlegt** werden kann, **steuerliche Einsprüche** oder **Klagen** zurückzunehmen. In der Praxis ist feststellbar, dass die Auflagen tatsächlich teilweise solche Auflagen enthalten. Andere BuStra-Stellen erwarten, dass Einsprüche oder Klagen zurückgenommen werden, bevor sie den Weg der Einstellung beschreiten. Waren die Rechtsbehelfe und Klagen nur eingelegt worden, um zu einem vernünftigen Ergebnis mit der BuStra-Stelle zu gelangen, so gehen diese Auflagen, seien sie offiziell oder nicht offiziell, jedenfalls aus der Sicht des Beschuldigten in Ordnung. Will die BuStra-Stelle Rechtsstreitigkeiten beseitigen, die eigentlich nichts mit dem Steuerstrafverfahren zu tun haben, sollte man hierauf nicht eingehen.

974 Die Auflagen nach § 153a StPO sind, werden sie nun an den Staat oder an eine gemeinnützige Einrichtung erbracht, **nicht abzugsfähig** (§ 12 Nr. 4 EStG). Allerdings sind Auflagen denkbar, die der Sache nach zur Abzugsfähigkeit führen. Beispiel: Dem Beschuldigten wird auferlegt, Zahlungen auf betriebliche Steuern, zB Lohnsteuer, Umsatzsteuer, Gewerbesteuer zu erbringen.

975 Die Einstellung nach § 153a StPO führt **zum Strafklageverbrauch** (vgl. § 153a Abs. 1 S. 4 StPO).

976 Die Einstellung wird in **kein Register** eingetragen, vgl. Tz. 1330 ff.

977 Die Einstellung nach § 153a StPO lässt **steuerliche Nebenfolgen** wie Hinterziehungszinsen, Haftung etc. unberührt. Die Finanzämter setzen regelmäßig nach einer Einstellung des Verfahrens nach § 153a StPO **Hinterziehungszinsen** fest. Ihre Argumentation: Der Stpfl. habe zugestimmt. Voraussetzung des § 153a StPO sei eine geringe Schuld. Bereits diese geringe Schuld löse den Tatbestand der Hinterziehungszinsen aus. Regelmäßig stimmt der Beschuldigte einer Einstellung nach § 153a StPO nur aus pragmatischen Gründen zu, nicht um eine Tat zu gestehen. Man will die Sache vom Tisch haben, bereinigen. In diesem Stadium kann sich der Beschuldigte noch auf die Unschuldsvermutung des Strafverfolgten berufen[1]. Das **Steuerstreitverfahren** um die Hinter-

---

1 S. Tz. 1235.

ziehungszinsen kann also unbelastet durch ein „Geständnis" geführt werden.

Die Einigung über eine Einstellung nach § 153a StPO ist **nie unmöglich**. Schien der Weg zu dieser Einstellung zuerst verschlossen, hat man sich auf einen Strafbefehl (dazu Tz. 980) verständigt, so kann, ist dem Mandant die Nichtbestrafung dies wert, noch einmal versucht werden, mit dem doppelten Betrag des Strafbefehls die Einstellung nach § 153a StPO zu erreichen. Manchmal gelingt's. 978

Einstellung nach **§§ 154, 154a StPO**: Hierbei handelt es sich um Einstellungsinstrumente, mit deren Hilfe eine oft erhebliche Reduzierung der strafbefangenen Beträge erreicht werden kann. In der Verhandlung mit der BuStra-Stelle spielt diese Einstellungsmöglichkeit eine geringe Rolle. Wenn eine Einigung mit der BuStra-Stelle vorliegt, wird allerdings der Sachbearbeiter diese Vorschriften anwenden, um die steuerstrafbefangenen Beträge auf das Maß zu reduzieren, das die bereits erzielte Einigung ermöglicht. 979

Strafbefehl: Der **Strafbefehl** (§§ 407 ff. StPO) **bestraft**. Er wirkt wie ein Strafurteil. Es liegt folglich eine richtige Strafe vor. Ausgesprochen werden kann unter anderem eine Geldstrafe, eine Verwarnung mit Strafvorbehalt und eine Freiheitsstrafe bis zu einem Jahr, soweit sie zur Bewährung ausgesetzt wird. 980

Die Bestrafung erfolgt in einem **schriftlichen Verfahren**. Es kommt **nicht** zu einer **öffentlichen Hauptverhandlung**. Das Verfahren wird, obwohl es mit Strafe endet, stillschweigend erledigt. Gerade die **stillschweigende Erledigung** ist für viele Beschuldigte besonders **attraktiv**. 981

Es gilt aber auch: Der Strafbefehl ist häufig **teurer** als eine Geldstrafe oder eine zur Bewährung ausgesetzte Freiheitsstrafe, wenn diese durch ein Strafurteil nach einer Hauptverhandlung festgelegt werden. Steht der Beschuldigte finanziell schlecht da oder kümmert ihn die Öffentlichkeit einer Hauptverhandlung nicht, so kann die Anklageerhebung auch den günstigeren Weg darstellen. 982

Der Strafbefehl kann von der **BuStra-Stelle** (oder der Staatsanwaltschaft) **beantragt** werden. Der Antrag bedarf **keiner Zustimmung** durch den Beschuldigten oder den Verteidiger. Gleichwohl sind **abgestimmte Strafbefehle** die Regel. 983

Mit einem **nicht abgestimmten Strafbefehl** kann die BuStra-Stelle ein Strafverfahren vor das Gericht bringen, ohne dass sich die Staatsanwaltschaft mit dem Fall befasst. Wer dies nicht will, sondern die **Ab-** 984

gabe an die **Staatsanwaltschaft**, sollte mit einem Schriftsatz deutlich zum Ausdruck bringen, dass ein Strafbefehl nicht akzeptiert werden wird. Dies wird auch die Strafsachenstelle veranlassen, die Sache an die Staatsanwaltschaft abzugeben. In Fällen eines nicht abgestimmten Strafbefehls hofft die BuStra-Stelle darüber hinaus, der Beschuldigte werde die schriftliche Bestrafung schon **akzeptieren**. Oft haben Gespräche stattgefunden, wurden Beschuldigtenvernehmungen durchgeführt. Die BuStra-Stelle hat höchst unverbindlich Lösungen vorgeschlagen, die den Beschuldigten und seinen Verteidiger in Optimismus wiegen. Man erwartet ein Bußgeld oder eine Einstellung nach § 153a StPO. Was kommt, ist der Strafbefehl.

985 Bestraft wird in **Tagessätzen**. Der Gesamtbetrag ergibt sich aus zwei Komponenten: Anzahl der Tagessätze x Höhe des einzelnen Tagessatzes in Euro. Mit der **Höhe** des **Tagessatzes** soll ein verfügbares Tages-Nettoeinkommen abgeschöpft werden. Hier sind Strafsachenstellen flexibel. Maßgebend ist das aktuelle Einkommen. Die BuStra-Stellen begnügen sich oft mit vorsichtigen Schätzungen durch den Steuerberater. Die **Höhe** des **Tagessatzes** beträgt mindestens 1 Euro, höchstens 5000 Euro (§ 40 Abs. 2 StGB).

986 Für die **Anzahl** der **Tagessätze** verfügen die BuStra-Stellen über **Tabellen**. Tabellen sind für den Regelfall nicht oder schlecht verteidigter Beschuldigter. Jeder Verteidiger sollte zu erreichen suchen, dass sein Fall individuell beurteilt wird, weil er eben mit keinem anderen Fall vergleichbar ist und sich jeder Tabelle entzieht. In der **Praxis** wird auch vom **Produkt** auf die **Faktoren rückgeschlossen**. Man peilt eine bestimmte Summe an, die sodann in Tagessatz und Anzahl der Tagessätze zerlegt wird. Die Anzahl der Tagessätze beträgt **mindestens fünf, höchstens 360** volle Tagessätze (§ 40 StGB). Die Praxis hat, dem Gesetz folgend, den Rahmen gesprengt. Liegen mehrere Steuerhinterziehungen in sogenannter Tatmehrheit vor, so können bis zu **720 Tagessätze** dem Strafbefehl zugrunde gelegt werden (§ 54 Abs. 2 StGB). Um ein bestimmtes Ergebnis zu erreichen, kann dies dazu führen, dass eine inhaltlich zusammenhängende Steuerhinterziehung künstlich in zwei Hinterziehungstaten zerlegt wird.

987 Aus dem Vorgesagten ergibt sich, dass ein **Strafbefehl höchstens** über **3,6 Mio. Euro** verfügt werden kann. Solche Strafbefehle gibt es tatsächlich.

988 Jede Bestrafung durch Strafbefehl wird im **Zentralregister** eingetragen, vgl. Tz. 1330 ff.

Eine besondere Rolle spielt die **Grenze der 90 Tagessätze**. Verurteilun- 989
gen eines noch nicht Vorbestraften bis zu 90 Tagessätzen sind nicht in
ein Führungszeugnis aufzunehmen. Der Betroffene darf sich – trotz der
eingetragenen Strafe – als nicht vorbestraft bezeichnen. Vgl. §§ 53, 32
Abs. 2 Nr. 5 BZRG und Tz. 1335. Allerdings können auch in den Fällen
bis zu 90 Tagessätzen Gerichte, Staatsanwaltschaften, Finanzbehörden, Ausländerbehörden etc. Einblick in das Bundeszentralregister
nehmen. Gleichwohl findet der Strafbefehl bis zu 90 Tagessätzen eine
hohe Akzeptanz. Das Führungszeugnis bleibt sauber. Von ganz besonderem psychologischem Wert ist die gesetzliche Möglichkeit, sich als
nicht vorbestraft zu bezeichnen.

Legt das Finanzamt die im Strafbefehl als hinterzogen festgelegten 990
Beträge den **Hinterziehungszinsen** zugrunde, so kann hiergegen nur
im Ausnahmefall angegangen werden. Zwar gilt auch hier, dass das
Finanzamt eigenständig die Hinterziehung prüfen und bejahen muss.
Der Strafbefehl mit seiner Begründung stellt jedoch ein gutes Begrün-
dungselement für das Finanzamt dar. Der Berater muss schon überzeugend plausibel machen, dass bei einem einvernehmlichen Strafbefehl sich die Verständigung nur auf das Ergebnis, nicht auf die Begründung bezog. Oft greifen die Finanzämter mit den Hinterziehungszinsen über den Strafbefehl hinaus. Dies sollte man nicht hinnehmen.
Hier lohnt der Streit.

Der Strafbefehl führt zum **Strafklageverbrauch**. 991

Bußgeldverfahren: Die Überleitung eines Strafverfahrens in ein **Buß-** 992
geldverfahren ist jederzeit möglich. Ob dies geschieht, hängt hauptsächlich von der **Entscheidung** der BuStra-Stelle ab. Niemand kann
rational die Grenze zwischen § 370 AO und § 378 AO ziehen. Wenn
die BuStra-Stelle die Erledigung in einem Bußgeldbescheid will, ist es
möglich, wenn nicht, ist es schwierig zu erreichen.

In Steuerfahndungsverfahren spielt das Bußgeldverfahren **kaum eine** 993
Rolle. Findet man mit der Strafverfolgungsbehörde **nicht** zu einer **ein-**
vernehmlichen Erledigung, so wird **Anklage** erhoben oder gegen den
– nicht abgesprochenen – Strafbefehl Einspruch eingelegt; die Sache
kommt vor das Strafgericht.

Hat die **Staatsanwaltschaft** den Fall an sich gezogen (s. Tz. 39), tritt sie 994
an die Stelle der in Tz. 992 beschriebenen Bußgeld- und Strafsachenstelle.

II. Steuerverfahren

995 Liegt der Fahndungsbericht vor, wird zuerst das Finanzamt tätig. Das Finanzamt **schickt** idR den **Bericht** zu, sofern dies noch nicht durch die Steuerfahndung geschehen ist. Der Stpfl. kann hierzu **Stellung nehmen**.

996 Es folgen die **Auswertungsbescheide**. Die Ergebnisse der Fahndung werden in Steuerbescheiden festgelegt. Im Einzelfall werden Fahndungsberichte und Auswertungsbescheide zusammen versandt.

997 Gegen die Steuerbescheide können **Einsprüche** eingelegt werden. Hierüber entscheidet das Finanzamt durch die Einspruchsentscheidung.

998 Sodann kann **Klage** vor den Finanzgerichten (Finanzgericht, sodann, soweit zulässig, Revision zum BFH) erhoben werden.

999 **Zuständig** ist in diesem Verfahrensablauf, soweit noch nicht die Gerichte angerufen sind, das **Finanzamt**. Allerdings wird das Finanzamt die Stellungnahme, die Einspruchsbegründung, oft auch die Klagebegründung, intern an die Steuerfahndung weiterleiten, um deren Stellungnahme oder Meinungsäußerung einzuholen. Dies ist sicher sachlich berechtigt. Ärgerlich ist jedoch, wenn sich das Finanzamt praktisch durch dieses Weiterreichen aus der Verantwortung stiehlt und auf eine Briefträgerfunktion beschränkt, die Schriftsätze abschreibt und weitergibt. Letztlich muss das Veranlagungsfinanzamt die Bescheide verantworten, nicht die Steuerfahndung.

Dritter Teil

Einzelthemen im Zusammenhang

A. Normale, gewerbsmäßige und leichtfertige Steuerverkürzung

I. Steuerhinterziehung, § 370 AO

Unter den in § 369 Abs. 1 AO allgemein umschriebenen **Steuerstraf-** **taten** stellt in der Praxis der Grundtatbestand der vollendeten Steuerhinterziehung gem. § 370 Abs. 1 AO den häufigsten Anwendungsfall dar. 1000

Demnach wird mit Freiheitsstrafe bis zu fünf Jahren oder mit Geldstrafe bestraft, wer 1001

1. den Finanzbehörden oder anderen Behörden über steuerlich erhebliche Tatsachen unrichtige oder unvollständige Angaben macht,

2. die Finanzbehörden pflichtwidrig über steuerlich erhebliche Tatsachen in Unkenntnis lässt oder

3. pflichtwidrig die Verwendung von Steuerzeichen oder Steuerstemplern unterlässt

und dadurch Steuern verkürzt oder für sich oder einen anderen nicht gerechtfertigte Steuervorteile erlangt.

Täter einer Steuerhinterziehung **durch Handeln,** § 370 Abs. 1 Nr. 1 AO, kann jeder sein, der gegenüber den Finanzbehörden unzutreffende Angaben über **steuerlich erhebliche Tatsachen**[1] macht[2]. Neben der Abgabe von Steuererklärungen kommt jedes sonstige Auftreten, zB in Betriebsprüfungen oder im Vollstreckungsverfahren in Betracht. 1002

Bei der Variante der Steuerhinterziehung durch **Unterlassen,** § 370 Abs. 1 Nr. 2 AO, kommt nur der als Täter in Betracht, den eine **Erklärungs- oder Meldepflicht** trifft. Hinsichtlich der Frage, ob die Finanz- 1003

---

1 Nur die Angabe von Tatsachen, nicht eine aus Sicht der Finanzverwaltung „falsche" rechtliche Subsumtion ist nach dem eindeutigen Wortlaut tatbestandsmäßig (ebenso JOECKS in Franzen/Gast/Joecks, § 370 Rz. 128). Anders die Rechtsprechung: Sie fordert bei der Abweichung von der Rechtsansicht der Finanzverwaltung eine Offenbarung der Sachverhaltselemente, um dem Finanzamt eine eigene Subsumtion zu ermöglichen (BGH 5 StR 221/99 vom 10. 11. 1999, wistra 2000, 137, 140; kritisch: DÖRN, wistra 2000, 334).
2 JOECKS in Franzen/Gast/Joecks, § 370 Rz. 19, 123 ff.

behörde Kenntnis hatte, ist nach der Rechtsprechung[1] auf den jeweils zuständigen Finanzbeamten abzustellen.

1004 Der tatbestandsmäßige **Erfolg** tritt erst ein, wenn entweder eine Steuerverkürzung eingetreten ist oder ein nicht gerechtfertigter Steuervorteil erlangt wurde. Ansonsten kommt nur eine **versuchte Steuerhinterziehung** in Betracht, die nach § 370 Abs. 2 AO strafbar ist.

1005 Gegenstand der Verkürzung können neben den **klassischen deutschen Steuern** auch **Zölle** und Abschöpfungen sowie **EU-Abgaben** iSv. § 370 Abs. 6 S. 1 AO sein. Die **Kirchensteuer** zählt nicht zu den tatbestandsmäßigen Steuern[2].

1006 Der Eintritt des **Verkürzungserfolgs** ist in Einzelfällen umstritten[3]. Für den praktisch am häufigsten vorkommenden Fall der Steuerfestsetzung findet sich eine Legaldefinition in § 370 Abs. 4 S. 1 AO: Steuern sind namentlich dann verkürzt, wenn sie nicht, nicht in voller Höhe oder nicht rechtzeitig festgesetzt werden; dies gilt auch dann, wenn die Steuer vorläufig oder unter Vorbehalt der Nachprüfung festgesetzt wird oder eine Steueranmeldung einer Steuerfestsetzung unter Vorbehalt der Nachprüfung gleichsteht.

1007 Im Falle einer **zu niedrigen Veranlagung** durch das Finanzamt ist somit der Verkürzungserfolg eingetreten. Auf eine eventuelle Zahlung der Steuerschuld kommt es nicht mehr an.

1008 Wird im **Unterlassungsfall** keine Steuererklärung abgegeben und erfolgt demnach nicht nur keine rechtzeitige, sondern gar keine Steuerfestsetzung, nimmt die Rechtsprechung den Zeitpunkt des Verkürzungserfolgs an, wenn die **Veranlagungsarbeiten** für den betreffenden Veranlagungszeitraum **abgeschlossen** sind und sicher ist, dass keine Veranlagung mehr ergehen wird[4].

1009 Die **Höhe der Steuerverkürzung** ist maßgeblich für das Verschulden und hat somit unmittelbar Einfluss auf die Strafzumessung. Der Steuerschaden selbst ergibt sich im Wege einer **Differenzberechnung** der

---

1 Str., vgl. BayObLG vom 14. 3. 2002, wistra 2002, 393.
2 Niedersachsen hat als einziges Bundesland von Art. 4 Abs. 3 EGStGB Gebrauch gemacht und die §§ 369 ff. AO für anwendbar erklärt (RÖNNAU, wistra 1995, 47). In allen übrigen Bundesländern kommt subsidiär eine Strafbarkeit wegen Betrugs, § 263 StGB, in Betracht.
3 Vgl. JOECKS in Franzen/Gast/Joecks, § 370 Rz. 35 ff.
4 BGH vom 7. 11. 2001, BGHSt 47, 138; WULF, wistra 2003, 89.

tatsächlich festgesetzten Steuerschuld im Vergleich zu der gesetzlich geschuldeten Steuer, die bei inhaltlich zutreffender, rechtzeitiger Erklärungsabgabe festgesetzt worden wäre[1]. Hierzu hat der Tatrichter nach der Rechtsprechung des BGH[2] eindeutige **Feststellungen im Urteil** zu treffen: Bei der Verurteilung wegen Steuerhinterziehung reicht es regelmäßig nicht aus, dass die das Blankett ausfüllende steuerrechtliche Norm bezeichnet und die Summe der verkürzten Steuern in den Urteilsgründen mitgeteilt wird. Vielmehr muss der Tatrichter für jede Steuerart und jeden Besteuerungszeitraum unter Schuldgesichtspunkten so klare Feststellungen treffen, dass sowohl die dem Schuldspruch zugrunde liegenden steuerrechtlichen Gesichtspunkte als auch die Berechnung der verkürzten Steuern der Höhe nach erkennbar und für das Revisionsgericht nachvollziehbar werden. Es reicht demnach nicht aus, nur die Ergebnisse des Steuerfahndungsberichts in das Urteil zu übernehmen.

Wie der strafrechtlich relevante Verkürzungserfolg im Falle einer **verdeckten Gewinnausschüttung** zu bestimmen ist, hat der BGH[3] in einer vor kurzem veröffentlichten Entscheidung klar gestellt: Verurteilt der Tatrichter einen Angeklagten wegen einer als geschäftsführender Gesellschafter einer GmbH begangenen Körperschaftsteuerhinterziehung, so muss der Geschäftsführer bei der Ausurteilung der korrespondierenden Einkommensteuerhinterziehung wegen der gebotenen Gesamtbetrachtung der begangenen Steuerhinterziehungen strafzumessungsrechtlich so behandelt werden, als ob für die Gesellschaft steuerehrlich gehandelt wurde. Wird dem Gesellschafter-Geschäftsführer zusätzlich Einkommensteuerhinterziehung vorgeworfen, ist der strafrechtlich relevante Hinterziehungsbetrag in zwei Schritten zu berechnen: Zuerst ist bei den Einkünften aus Kapitalvermögen die „Brutto-vGa" unter Einschluss der bei der Gesellschaft anfallenden Körperschaftsteuer in Ansatz zu bringen. In einem zweiten Schritt ist fiktiv der bei steuerehrlichem Verhalten der Gesellschaft beim Gesellschafter abzuziehende Körperschaftsteuerbetrag anzurechnen. Andernfalls würde es zu einer steuerstrafrechtlich nicht hinzunehmenden Doppelbelastung des Angeklagten führen. Liegt hingegen die nach § 44 KStG aF zur Körperschaftsteueranrechnung notwendige Bescheinigung nicht vor oder ist die Körperschaftsteuerzahlung bei der GmbH nicht gedeckt, § 36a Abs. 1 EStG aF, darf nur die Netto-Dividende (= vGA) ohne Berücksichtigung der auf die Gewinnausschüttung entfallenen

1010

---

1 JOECKS in Franzen/Gast/Joecks, § 370 Rz. 63.
2 5 StR 469/04 vom 15. 3. 2005, wistra 2005, 307 f. mwN.
3 5 StR 301/04 vom 12. 1. 2005, wistra 2005, 144.

Körperschaftsteuer als Einkünfte aus Kapitalvermögen bei der **Berechnung des Gesellschaftergeschäftsführers** angesetzt werden. Alles andere würde zu einer unzulässigen Doppelbelastung des Gesellschaftergeschäftsführers führen.

1011 Zur Möglichkeit von **Schätzungen** vgl. Tz. 857.

1012 § 370 Abs. 4 S. 3 AO enthält als Ausnahme von der reinen Differenzbetrachtung ein Ausgleichs- bzw. **Kompensationsverbot**, nach dem eine Steuerverkürzung auch dann vorliegt, *wenn die Steuer, auf die sich die Tat bezieht, aus anderen Gründen hätte ermäßigt oder der Steuervorteil aus anderen Gründen hätte beansprucht werden können.* Die Auslegung dieser Vorschrift bereitet Probleme[1]. Für die Praxis kann aus der Kasuistik der nicht einheitlichen Rechtsprechung[2] folgende Anwendungs-Richtlinie gegeben werden[3]:

(1) Soweit eine Steuerminderung **von Amts** wegen zu berücksichtigen ist, entfällt das Kompensationsverbot. ZB Anrechnung des Körperschaftsteuerguthabens bei der Einkommensteuerhinterziehung im Fall einer verdeckten Gewinnausschüttung[4].

(2) Soweit ein **Antrag** des Steuerpflichtigen zur Erlangung einer Steuerminderung erforderlich ist und dieser erst nachträglich gestellt wird, greift das Kompensationsverbot ein.

(3) Soweit die Steuerminderung von einem **eigenen Verwaltungs- bzw. Prüfungsverfahren** abhängt, das erst nach der Tat durchgeführt wird, geht die jüngere Rechtsprechung von einem Kompensationsverbot aus[5]. Diese Rechtsprechung dürfte auch Auswirkung auf das Verhältnis von Grundlagenbescheid zu Folgebescheid haben. Für Verlust-

---

1 Zum Streitstand vgl. JOECKS in Franzen/Gast/Joecks, § 370 Rz. 64 ff.; SCHINDHELM, 34 f.

2 Der Grundgedanke der Rechtsprechung geht dahin, dem Strafrichter nicht zuzumuten, sich mit völlig fallfremden Steuerminderungsargumenten beschäftigen zu müssen. Nur wenn ein **unmittelbarer Zusammenhang** besteht, der Richter sich hiermit also ohnehin befassen muss und das Minderungsargument ohne weitere Behördenentscheidung selbst umsetzen kann, soll **kein** Kompensationsverbot vorliegen (vgl. BGH 5 StR 420/03 vom 5. 2. 2004, wistra 2004, 147 mit Anmerkung von BUSE in wistra 2004, 267).

3 QUEDENFELD/FÜLLSACK, Rz. 335 aE.

4 BGH 5 StR 301/04 vom 12. 1. 2005, wistra 2005, 144. Das gilt nur für den Fall, dass die GmbH die geschuldete Körperschaftsteuer tatsächlich bezahlt oder parallel eine Verurteilung wegen Körperschaftsteuerhinterziehung zugunsten der GmbH erfolgt, da es ansonsten zur Doppelbelastung käme.

5 BGH 5 StR 420/03 vom 5. 2. 2004, wistra 2004, 147.

vor- und Rückträge nach § 10d EStG bedeutet das: Liegt der 10d-Be-
scheid bereits zum Tatzeitpunkt vor, ist der Verlust zu berücksichtigen.
Ist der Bescheid bis zur Entscheidung des Strafgerichts noch nicht ergangen, soll der Steuervorteil, selbst wenn er für das Gericht klar erkennbar ist, unter das Kompensationsverbot fallen. Bei engem Verständnis der zitierten Rechtsprechung würde auch ein im Zeitraum von
Tatende bis zur Entscheidung des Strafgerichts tatsächlich, abschließend durchgeführtes 10d-Feststellungsverfahren nach dem Kompensationsverbot zu Unrecht nicht berücksichtigt werden. Eine solch strenge
Betrachtungsweise ist jedenfalls mit der Arbeitsökonomie des Gerichts
nicht zu rechtfertigen. Sie lässt unberücksichtigt, dass die Berücksichtigung des Verlusts nicht im Belieben des Gerichts steht, sondern von
Amts wegen erfolgen muss.

(4) Das Kompensationsverbot gilt ebenfalls, soweit eine **Ermessensentscheidung** des Finanzamts für die Steuerminderung erforderlich ist,
die jedoch erst nachträglich geltend gemacht wird. Hierunter fällt zB
die Anerkennung von Betriebsausgaben im Zusammenhang mit der
Empfängerbenennung nach § 160 AO.

(5) Selbst wenn kein das Kompensationsverbot entfallen lassender,
unmittelbarer Zusammenhang zwischen der Verkürzung und der Steuerminderung vorliegt, ist der Umstand, dass der Beschuldigte von einer „unter dem Strich" deutlich geringeren Gesamtsteuerschuld aus-
ging, jedenfalls für die Frage des Vorsatzes und somit für die **Strafzumessung** von Bedeutung[1]. Hiervon sind zB die Fälle der Umsatzsteu-
erverkürzung betroffen, in denen die Rechtsprechung dazu neigt, den
nach Entdeckung der Tat erstmalig geltend gemachten – allgemeinen
– Vorsteuerabzug dem Kompensationsverbot zu unterwerfen[2].

Bei einer **Steuerverkürzung auf Zeit** ist der objektive Tatbestand des   1013
§ 370 AO entsprechend der Definition *„nicht oder nicht rechtzeitig"* in
Abs. 4 S. 1 AO erfüllt. Die Differenzierung zwischen endgültiger und
zeitiger Hinterziehung erfolgt im subjektiven Tatbestand, dh. entsprechend dem Vorsatz: Hat der Stpfl. zB aus Liquiditätsgründen die zutreffende Steuerfestsetzung nur verzögert, ist die Höhe des Hinterzie-
hungsschadens allein vom Tatvorsatz umfasst, also nicht die Steuerschuld als solche, sondern nur der Zinsschaden, der dadurch entsteht,
dass dem Staat die Steuerzahlung verspätet zufließt[3]. Bei der Bemes-

1 Angelegt in BGH 5 StR 420/03 vom 5. 2. 2004, wistra 2004, 147.
2 BGH vom 24. 10. 1990, wistra 1991, 107.
3 JOECKS in Franzen/Gast/Joecks, § 370 Rz. 76 ff.

sung der Höhe des Verkürzungsschadens greift man auf den gesetzlichen Zinssatz von 6 vH in §§ 235, 238 AO zurück. Der Zinslauf beginnt mit dem Zeitpunkt, an dem die ursprüngliche, zu niedrige Steuerfestsetzung erfolgte oder erfolgt wäre, nicht bereits mit dem Entstehungszeitpunkt der Steuer[1]. Er endet mit der Bezahlung der Steuerschuld.

1014   Bei der strafrechtlichen Behandlung eines **Irrtums** des Stpfl. über rein **steuerliche Fragen** kennt das Steuerstrafrecht Besonderheiten. § 370 AO, der ein vorsätzliches Handeln des Täters voraussetzt, stellt eine **Blankettnorm** dar. Das bedeutet: In der Norm selbst ist nur das Verbot, Steuern zu verkürzen, festgehalten[2]. Ob überhaupt eine Steuerschuld besteht, ist in der AO nicht geregelt, sondern muss den einzelnen Steuergesetzen, wie zB EStG, UStG etc. entnommen werden. Diese gehören somit als Ausfüllung des Tatbestandsmerkmals „Steuern verkürzt" zum objektiven Tatbestand des § 370 AO. Irrt der Stpfl. demnach darüber, dass eine Steuer- oder Erklärungspflicht besteht und geht er zB davon aus, bestimmte Einnahmen seien nicht oder nicht in voller Höhe einkommensteuerpflichtig, befindet er sich im **Tatbestandsirrtum** iSv. § 16 Abs. 1 S. 1 StGB[3]. Die Strafbarkeit wegen § 370 AO scheidet mangels Vorsatz aus. Es kommt nach § 16 Abs. 1 S. 2 StGB nur die Bestrafung wegen fahrlässiger Begehungsweise in Betracht. Siehe hierzu Erläuterungen zu § 378 AO in Tz. 1017.

II. Gewerbs- oder bandenmäßige Steuerhinterziehung, § 370a AO

1015   Mit dem „Steuerverkürzungsbekämpfungsgesetz" vom 27. 12. 2001[4] hat der Gesetzgeber den **Verbrechenstatbestand** der „Gewerbsmäßi-

---

1 Zu dem frühen Entstehungszeitpunkt zB der Einkommensteuer mit Ablauf des Veranlagungszeitraums wäre auch regulär keine Steuerzahlung erfolgt, sondern erst nach Abgabe der Erklärung innerhalb der hierfür vorgesehenen Frist und einer sich anschließenden Veranlagung, also idR mindestens ein halbes Jahr später. Diese zeitliche Verzögerung stellt keine Hinterziehung dar, sondern ist dem Erklärungs- und Veranlagungssystem immanent. Sie kann deshalb nicht Teil des tatbestandlichen Verkürzungserfolgs sein.

2 Wer hierüber irrt, also meint, Steuern dürften hinterzogen werden, befindet sich im **Verbotsirrtum** nach § 17 StGB. Ist er nicht vermeidbar, kommt nur eine Strafmilderung in Betracht.

3 KOHLMANN, § 370 Rz. 219 ff. (Jun. 1992); aA wohl JOECKS in Franzen/Gast/Joecks, § 369 Rz. 99 ff., 103, 104.

4 BGBl. 2001 I, 3922.

gen Steuerhinterziehung" (§ 370a AO) eingeführt[1], der inzwischen nachgebessert wurde und heute so lautet:

Mit Freiheitsstrafe von einem Jahr bis zu zehn Jahren wird bestraft, wer in den Fällen des § 370

1. gewerbsmäßig oder

2. als Mitglied einer Bande, die sich zur fortgesetzten Begehung solcher Taten verbunden hat,

in großem Ausmaß Steuern verkürzt oder für sich oder einen anderen nicht gerechtfertigte Steuervorteile erlangt. In minder schweren Fällen ist die Strafe Freiheitsstrafe von drei Monaten bis zu fünf Jahren. Ein minder schwerer Fall liegt insbesondere vor, wenn die Voraussetzungen des § 371 erfüllt sind.

Der BGH hat – in einer als außergewöhnlich zu bezeichnenden Rechtsprechung, weil die Frage nicht entscheidungserheblich war – festgestellt, dass diese Vorschrift wegen ihrer **Unklarheit und Unbestimmtheit** den verfassungsmäßigen Anforderungen nicht entspricht[2]. Der Gesetzgeber arbeitet an einer Neufassung. Was aus der „Gewerbsmäßigen Steuerhinterziehung" wird, ist unklar und offen. In der Praxis spielt die Norm derzeit keine Rolle mehr[3]. {1016}

III. Leichtfertige Steuerverkürzung, § 378 AO

Es handelt sich um eine **Ordnungswidrigkeit**, die mit einer Geldbuße von bis zu 50 000 Euro geahndet werden kann. Täter kann der Stpfl. selbst oder derjenige sein, der *„bei der Wahrnehmung der Angelegenheiten eines Steuerpflichtigen"* mitwirkt. Letzteres trifft vor allem auf Steuerberater, Wirtschaftsprüfer und Rechtsanwälte[4] zu, soweit sie zB an der Erklärungserstellung beteiligt sind. Nach der Rechtsprechung ist nicht erforderlich, dass durch den Berater eigene Angaben gegenüber dem Finanzamt gemacht werden[5]. Aber auch leitende Angestellte, die nicht als Organe schon für die Erfüllung steuerlicher Pflichten verantwortlich sind, fallen in den Täterkreis[6]. {1017}

---

1 Ausführlich und kritisch: SPATSCHECK/WULF, DB 2001, 2572; DIES., DB 2002, 392; DIES., NJW 2002, 2983.

2 BGH 5 StR 85/04 vom 22. 7. 2004, NJW 2004, 2990; ebenso: HARMS in Kohlmann-FS, 2003, 413 ff.

3 Vgl. zur Selbstanzeige im Fall des § 370a AO Tz. 281.

4 JOECKS in Franzen/Gast/Joecks, § 378 Rz. 46 ff.

5 Str. vgl. BFH vom 19. 12. 2002, wistra 2003, 312, 314; aA ROLLETSCHKE, wistra 2004, 49. Unstreitig kommt eine Tatbestandserfüllung wegen Unterlassen nicht in Betracht, da den Berater keine eigene Erklärungspflicht trifft.

6 JOECKS in Franzen/Gast/Joecks, § 378 Rz. 12–18.

Scheingeschäft und Gestaltungsmissbrauch

1018 **Leichtfertigkeit** als eine besondere Form der Fahrlässigkeit wird angenommen, wenn der Täter aus besonderem Leichtsinn oder besonderer Gleichgültigkeit fahrlässig handelt, dh. ihm hätte sich die Gefahr der Tatbestandsverwirklichung aufdrängen müssen[1].

IV. Scheingeschäft und Gestaltungsmissbrauch als Hinterziehungstatbestand?

1. Abgrenzung

1019 Wortlaut:

§ 41 AO Unwirksame Rechtsgeschäfte

(1) Ist ein Rechtsgeschäft unwirksam oder wird es unwirksam, so ist dies für die Besteuerung unerheblich, soweit und solange die Beteiligten das wirtschaftliche Ergebnis dieses Rechtsgeschäfts gleichwohl eintreten und bestehen lassen. Dies gilt nicht, soweit sich aus den Steuergesetzen etwas anderes ergibt.

(2) Scheingeschäfte und Scheinhandlungen sind für die Besteuerung unerheblich. Wird durch ein Scheingeschäft ein anderes Rechtsgeschäft verdeckt, so ist das verdeckte Rechtsgeschäft für die Besteuerung maßgebend.

§ 42 AO Missbrauch von rechtlichen Gestaltungsmöglichkeiten

(1) Durch Missbrauch von Gestaltungsmöglichkeiten des Rechts kann das Steuergesetz nicht umgangen werden. Liegt ein Missbrauch vor, so entsteht der Steueranspruch so, wie er bei einer den wirtschaftlichen Vorgängen angemessenen rechtlichen Gestaltung entsteht.

(2) Abs. 1 ist anwendbar, wenn seine Anwendbarkeit gesetzlich nicht ausdrücklich ausgeschlossen ist.

1020 Der Regelungsinhalt des **§ 41 AO** erfasst alle **zivilrechtlich unwirksamen** Rechtsgeschäfte, während **§ 42 AO** zunächst eine **zivilrechtlich wirksame, aber missbräuchliche** Gestaltung voraussetzt. Die Vorschriften können daher nicht nebeneinander angewandt werden[2].

2. Scheingeschäft, § 41 Abs. 2 AO

1021 Das Steuerrecht folgt dem Grundgedanken der **wirtschaftlichen Betrachtungsweise**. Es knüpft deshalb für die Besteuerung ausschließlich an die tatsächlichen und nicht an „vorgetäuschte Gegebenheiten" an[3].

---

1 KOHLMANN, § 378 Rz. 61 f. (Nov. 1995).
2 KOHLMANN, § 379 Rz. 55 (Mai 2004).
3 BFH III R 36/72 vom 8. 12. 1972, BStBl. II 1973, 357.

272

Scheingeschäfte und Scheinhandlungen sind nach § 41 Abs. 2 AO für die Besteuerung **unerheblich.**

Ein Scheingeschäft liegt vor, wenn sich die Beteiligten darüber einig sind, dass das Erklärte in Wirklichkeit **zivilrechtlich nicht gewollt** ist, was automatisch bedeutet, dass es auch steuerrechtlich nicht gewollt sein kann[1]. Nach der Rechtsprechung liegt ein Scheingeschäft iSv. § 41 Abs. 2 AO vor, „wenn die Parteien einverständlich den äußeren Schein als Rechtsgeschäft hervorrufen, dagegen die mit dem betreffenden Rechtsgeschäft verbundenen Rechtswirkungen nicht eintreten lassen wollen[2]". 1022

Praktisch kann der Abschluss eines Scheingeschäfts, das ausschließlich vom Willen der Beteiligten abhängt, nur im Wege des Rückschlusses aus äußeren Tatsachen festgestellt werden[3]. Werden nur einzelne Teile der Vereinbarung wirklich vollzogen, so lässt sich daraus schließen, dass die Beteiligten nur dieses Geschäft gewollt haben und im Übrigen ein Scheingeschäft vorliegt[4]. **Kein Scheingeschäft** liegt vor, wenn der Abschluss gerade dieses Geschäfts nach der Vorstellung der Beteiligten notwendig ist, um den hiermit bezweckten Erfolg eintreten zu lassen[5]. 1023

Steuerstrafrechtlich besteht kein Unterschied zwischen Scheingeschäften und sonstigen Handlungen, die dem Finanzamt einen Sachverhalt vortäuschen, der hinsichtlich seiner steuererheblichen Merkmale mit der Wirklichkeit nicht übereinstimmt[6]. Kommt durch den Vortrag des Scheingeschäfts eine Steuerverkürzung zustande, ist der objektive Tatbestand der Steuerhinterziehung erfüllt. 1024

3. Missbrauch von Gestaltungsmöglichkeiten, § 42 AO

Umgehungsgeschäfte können begrifflich keine Scheingeschäfte sein. Die Absicht der Steuerumgehung ist nur zu verwirklichen, wenn das **Umgehungsgeschäft wirklich gewollt** ist. Hierzu muss die bürgerlich-rechtliche Vereinbarung wirksam sein – sie wird lediglich steuerlich 1025

---

1 BGH 5 StR 448/02 vom 20. 3. 2002, wistra 2002, 221.
2 BGH NJW 1982, 569.
3 BGH 5 StR 165/02 vom 12. 2. 2003, wistra 2003, 262.
4 KRUSE in Tipke/Kruse, § 41 Rz. 66 (Okt. 2004).
5 BGH V StR 484/01 vom 20. 3. 2002, wistra 2002, 221.
6 JOECKS in Franzen/Gast/Joecks, § 370 Rz. 136 f.

Scheingeschäft und Gestaltungsmissbrauch

nach § 42 Abs. 1 AO nicht anerkannt, weil sie eine missbräuchliche Gestaltung zum Zweck der Erlangung von Steuervorteilen darstellt[1].

1026 Die Rechtsprechung[2] **definiert** den Gestaltungsmissbrauch so: Durch den Missbrauch von Formen und Gestaltungsmöglichkeiten des Rechts darf die Steuerpflicht nicht umgangen oder gemindert werden. Eine Umgehung in diesem Sinne liegt vor, wenn eine Gestaltung gewählt wird, die **gemessen an dem erstrebten Ziel unangemessen** ist, der Steuerminderung dienen soll und durch die wirtschaftlichen oder sonst beachtlichen, nichtsteuerlichen Gründe nicht zu rechtfertigen ist. Unangemessen ist eine rechtliche Gestaltung, die ständige Beteiligte in Anbetracht des wirtschaftlichen Sachverhalts, insbesondere des erstrebten wirtschaftlichen Ziels, nicht wählen würden.

1027 Der Missbrauch von Gestaltungsmöglichkeiten ist grundsätzlich **nicht** als Steuerhinterziehung **strafbar**[3]. Ausnahmsweise kann jedoch ein Gestaltungsmissbrauch zur Strafbarkeit führen, wenn der Stpfl. oder ein Dritter das Finanzamt über Tatsachen, die ihn zur Wahl einer ungewöhnlichen Gestaltung bewogen haben oder über einzelne Merkmale der Gestaltung oder die dadurch geregelten Verhältnisse getäuscht oder bewusst im Unklaren gelassen und dadurch dem Finanzamt die Möglichkeit der Prüfung versperrt oder erschwert hat[4].

1028 Das LG Frankfurt[5] hat die Grenzen einer Strafbarkeit des Missbrauchs von Gestaltungsmöglichkeiten enger gezogen: Nach dem LG scheidet eine Verurteilung wegen Steuerhinterziehung auf der Grundlage der allgemeinen Grundsätze zu § 42 AO wegen **Verstoßes gegen das Bestimmtheitsgebot** nach Art. 103 Abs. 2 GG aus[6]. Die Unbestimmtheit der Tatbestandsmerkmale des § 42 AO und die „leerformelhafte" abstrakte Auslegung der Steuerrechtsprechung ermögliche keine verlässliche Orientierung über die Grenzen zwischen nicht zu beanstandenden Steuerersparnismaßnahmen und unerlaubter Steuerumgehung[7].

---

1 Kohlmann, § 370 Rz. 57 (Mai 2004).
2 BFH IV R 54/01 vom 8. 5. 2003, DStRE 2003, 132, mwN; Fallbeispiele, zB Basisgesellschaften, Anteilsrotation, Familienangehörige etc. bei Meyer, PStR 2005, 239 ff.
3 Joecks in Franzen/Gast/Joecks, § 370 Rz. 139; Kohlmann, § 370 Rz. 57 (Mai 2004); BFH, II B 123/99 vom 14. 12. 2000, BFH NV 2001, 738.
4 Kohlmann, § 370 Rz. 57; BGH 3 StR 55/90 vom 30. 5. 1990, wistra 1990, 307.
5 LG Frankfurt vom 28. 3. 1996, wistra 1997, 152 ff., rkr.
6 LG Frankfurt vom 28. 3. 1996, wistra 1997, 152, 153.
7 So auch Ulsenheimer, wistra 1983, 12, 15 ff.; aA Joecks in Franzen/Gast/Joecks, § 370 Rz. 140.

Eine „Hintertür" lässt das LG Frankfurt[1] im Anschluss an BGH vom 27. 1. 1982, 3 Str 217/81[2], allerdings für „**festumschriebene Fallgruppen**" des § 42 AO offen: Insbesondere die Gewinnverlagerung in das niedrigbesteuerte Ausland durch Einschaltung von Basisgesellschaften sei aufgrund der in der Rechtsprechung des BGH herausgearbeiteten Grundsätze ausreichend bestimmt.   1029

4. Sittenwidrige Geschäfte

Für die Besteuerung ist es nach § 40 AO ohne Bedeutung, ob ein Verhalten, das den Tatbestand eines Steuergesetzes ganz oder zum Teil erfüllt, gegen die guten Sitten verstößt. Sittenwidrigkeit und Nichtigkeit sind somit **für die Besteuerung unerheblich**, weshalb auch deliktische Einkünfte besteuert werden. Werden sie nicht deklariert, kommt eine Strafbarkeit wegen Steuerhinterziehung in Betracht.   1030

V. Besonderheiten des Subventionsbetrugs

Neben dem „klassischen Steuerstrafrecht" spielen häufig Probleme des Subventionsbetrugs iSd. § 264 StGB – etwa iVm. dem InvZulG – in Ermittlungsverfahren eine Rolle[3]. Die Tatbestandsvoraussetzungen sind für den Beschuldigten **deutlich schärfer** als bei der Steuerhinterziehung. So reicht beispielsweise die Angabe einer objektiv unzutreffenden, subventionserheblichen Tatsache selbst dann zur objektiven Tatbestandserfüllung aus, wenn die Subvention auch unabhängig hiervon gewährt worden wäre. Obwohl zB die Förderung nach dem InvZulG nach den Verfahrensvorschriften der AO vorgenommen wird, gibt es im Falle von Falschangaben beim Subventionsbetrug **keine Selbstanzeigemöglichkeit** iSd. § 371 AO.   1031

B. Schätzungen

I. Allgemeines

Wohl nirgends in der Besteuerungspraxis wird **mehr geschätzt** als im Steuerfahndungsverfahren. Die Steuerfahndung schätzt, wenn Besteuerungsgrundlagen **objektiv, wenn** sie bei einer Mitwirkungsver-   1032

---

1 LG Frankfurt vom 28. 3. 1996, wistra 1996, 152.
2 wistra 1982, 108, 109.
3 STRECK/SPATSCHECK, DStR Beihefter zu Heft 34/1997.

weigerung auf seiten des Stpfl. nicht feststellbar sind oder wenn die Fahndung den Angaben des Stpfl. keinen Glauben schenkt.

1033 **Diskussion** und **Streit** um Schätzungen sind ein wesentlicher Beratungsteil der Vertretung im Fahndungsverfahren. Die Fahndung ist bei Schätzungen beweglicher als in Streitfragen „dem Grunde nach".

1034 Die notwendige Unsicherheit, die jeder Schätzung anhaftet, geht im Fahndungsverfahren einher mit dem Bemühen, einen Rechtsstreit um Schätzungsbeträge zu vermeiden und eine **Einigung** zu erreichen. Durch die Einigung wird die Schätzung sicher. Dieser Ausschluss der Unsicherheit rechtfertigt, dass die einvernehmliche Schätzung für den Bürger positiver ausfällt als die streitige. Wenn die Fahndung nicht versteuerte Einnahmen mit 150 000 Euro schätzt und den Unsicherheitsfaktor und das Verfahrensrisiko mit y vH wägt, kann sie bei einer Einigung völlig legitim einen Abschlag durch Aufspaltung des Unsicherheitsrisikos „y" gewähren.

1035 Die **Rechtsprechung** ist äußerst zurückhaltend, bei streitigen Schätzungen zwingende Schätzungsmethoden zuzulassen[1]. Dem Berater werden hier für das Streit- und Verhandlungsgespräch eine Vielzahl von **Argumenten** geliefert. Es ist gerade seine Aufgabe, die Besonderheit des Einzelfalls herauszuarbeiten und somit pauschalen Schätzungen anhand von angeblichen Vergleichsfällen entgegenzutreten. Es lohnt sich immer, den nachweisbaren Lebenssachverhalt und die im Rahmen einer Schätzung hinzugedachten weiteren Besteuerungsgrundlagen im Einzelnen auf Plausibilität und Schlüssigkeit zu untersuchen[2]. Ferner ist zu überprüfen, ob wirklich alle vorhandenen Informationen ausgewertet wurden. Auch muss nicht jede Berechnung eines Computers richtig sein. Die einzelnen Rechenschritte und Eingaben sind zu erläutern[3].

1036 Letztlich nicht geklärt ist, **ob** bei einer **Verletzung steuerlicher Pflichten**, insbesondere von steuerlichen Mitwirkungspflichten, **zum Nach-**

---

1 Vgl. zur grundsätzlichen Anwendbarkeit der amtlichen Richtsatzsammlung als Erfahrungssätze, die im jeweiligen Fall auf die Besonderheiten angepasst werden müssen, sowie zur Aussagekraft eines Chi-Quadrat-Test FG Münster 8 V 2651/03 E, U vom 14. 8. 2003, EFG 2004, 9.
2 Zum „Aufsetzen" der Schätzung auf einen Lebenssachverhalt vgl. JOECKS in Fanzen/Gast/Joecks, § 370 Rz. 58.
3 ZB bei sog. Gastro-Programmen, die einen unterjährigen Zeit-Reihen-Vergleich in Gastronomiebetrieben durchführen, ist genau darauf zu achten, was eingegeben wurde. So kann die Verwechslung von Liefer- und Rechnungsdatum zu gewaltigen Auswirkungen führen.

teil des Stpfl. geschätzt werden darf. Die Rechtsprechung ist uneinheitlich[1]. Im Hinblick auf die Rechtsunklarheit sollten ausdrücklich
nachteilige Schätzungen und „Straf-"Zuschätzungen nicht akzeptiert
werden.

Zu der Frage, ob die **Nichtmitwirkung** im **Fahndungsverfahren** wegen   1037
der steuerlichen und strafrechtlichen Weigerungsrechte eine Pflichtverletzung darstellt, s.o. unter Tz. 506 ff. Eine Pflichtverletzung liegt
nach zutreffender Ansicht nicht vor. Nachteilige Schätzungen sind insoweit folglich auf jeden Fall unzulässig.

Im **Steuerstrafrecht** werden an den **Nachweis verkürzter Steuern** hö-   1038
here Anforderungen gestellt als bei der steuerlichen Schätzung der
Besteuerungsgrundlagen[2]. Das Strafgericht muss hierzu eine eigene
Beweisaufnahme durchführen und selbst Feststellungen treffen. An
bestandskräftige Steuerbescheide ist es hierbei nicht gebunden[3]. Dem
Täter muss der tatsächlich erzielte Gewinn nachgewiesen werden.
Zwar darf auch hier geschätzt werden, jedoch nur im Rahmen der
Beweisgrundsätze des ordentlichen Strafverfahrens: Es genügt nicht
eine „Wahrscheinlichkeit", sondern es muss die sichere Überzeugung
des Gerichts über die Höhe der geschätzten Besteuerungsgrundlagen
gefordert werden[4]. Das Schätzungsergebnis muss „mit an Sicherheit
grenzender Wahrscheinlichkeit" richtig sein[5]. Strafrechtlich muss folglich eine eigenständige, eigenverantwortliche Schätzung erfolgen[6], uU
unter Hinzuziehung von Sachverständigen. Eventuelle Zweifel sind
zugunsten des Stpfl. zu berücksichtigen[7]. „Von dieser Verpflichtung
entbindet nicht eine durch Stichproben gewonnene Überzeugung von

---

1 **Für nachteilige Schätzungen** zB BFH IV 184/63 vom 9. 3. 1967, BStBl. 1967
  III, 349, **gegen nachteilige Schätzungen** zB BFH V 241/64 vom 31. 8. 1967,
  BStBl. 1967 III, 686. Eine Benachteiligung im Falle von griffweisen Schätzungen, die fast ohne jegliche Tatsachengrundlage durchgeführt werden müssen, s. BAUM in Koch/Scholz, § 162 Rz. 4 ff.
2 STRECK/SPATSCHECK, wistra 1998, 334, 338 f.
3 JOECKS in Franzen/Gast/Joecks, § 370 Rz. 58.
4 BGH 5 StR 491/79 vom 4. 9. 1979, StRK AO 1977 § 370 R. 16; 5 StR 432/77
  vom 28. 2. 1978, StRK AO 1977 § 370 R. 3; JOECKS in Franzen/Gast/Joecks,
  § 370 Rz. 59; VOLK in Kohlmann-FS, 2003, 580 ff.
5 BGH 4 StR 131/60 vom 18. 11. 1960, BStBl. 1961 I, 495, 496.
6 Vgl. zB MARSCHALL, DStR 1979, 587 mwN; STYPMANN, Methoden zur Feststellung der Steuerverkürzung und Schätzung im Steuerstrafverfahren, wistra
  1983, 95; DÖRN, wistra 1993, 50; JOECKS, wistra 1990, 52.
7 VOLK in Kohlmann-FS, 2003, 580, 586.

der Zuverlässigkeit der Betriebsprüfung"[1]. Es reicht folglich nicht aus, sich ohne kritische Überprüfung auf die finanzamtlichen Ermittlungen zu stützen[2].

1039 Der **BGH fasst** die Schätzungsmöglichkeiten in seinem noch immer gültigen Beschluss vom 4. 2. 1992[3] **wie folgt zusammen**: „Grundsätzlich ist die Schätzung von Besteuerungsgrundlagen gemäß § 162 AO auch im Steuerstrafverfahren zulässig. Welche Schätzungsmethode dem vorgegebenen Ziel, der Wirklichkeit durch Wahrscheinlichkeitsüberlegungen möglichst nahe zu kommen, am besten gerecht wird, hat der Tatrichter selbst zu entscheiden. Er darf Schätzungen des Finanzamts oder der Steuerfahndungsstellen nur übernehmen, wenn er sie überprüft hat und von ihrer Richtigkeit auch unter Berücksichtigung der vom Besteuerungsverfahren abweichenden strafrechtlichen Verfahrensgrundsätze (§ 162 StPO) überzeugt ist. Die Schätzung muss schon nach steuerrechtlichen Grundsätzen insgesamt in sich schlüssig sein; ihre Ergebnisse müssen darüber hinaus wirtschaftlich vernünftig und möglich sein. Ihre Grundlagen müssen in den Urteilsgründen für das Revisionsgericht nachvollziehbar mitgeteilt werden. Die auszugsweise Wiedergabe von Saldenlisten, die im Ermittlungsverfahren erstellt und in der Hauptverhandlung von einem Angehörigen der Finanzbehörden als Zeugen erläutert worden sind, reicht dafür nicht aus."

1040 Die **erweiterte Mitwirkungspflicht** des **§ 90 Abs. 2 AO** bei Auslandsbeziehungen gilt im Steuerstrafverfahren nicht[4]. Eine Verletzung dieser Vorschrift kann mithin im Strafverfahren keine Schätzung rechtfertigen[5].

1041 Während die Finanzverwaltung in Schätzungsfällen zu Sicherheitszuschlägen neigt, berücksichtigen die Strafverfolgungsbehörden und -gerichte oft **Sicherheitsabschläge**, um die Umkehr der Beweislast im Steuerstrafverfahren zu berücksichtigen[6]. Solche Abschläge sprechen

1 BGH 5 StR 491/79 (FN 722).
2 STRECK, StRK-Anm. AO 1977, § 370 R. 16 (1980).
3 BGH 5 StR 655/91 vom 4. 2. 1992, wistra 1992, 147.
4 BGH 5 StR 134/94 vom 13. 10. 1994, wistra 1995, 67.
5 Jedoch sind **materielle steuerliche Voraussetzungen**, wie zB der Nachweis der Ausfuhr durch Belege für die Steuerbefreiung von Ausfuhren, auch im Strafverfahren von Bedeutung. Fehlen sie, wird von der Rechtsprechung die Steuerminderung versagt (STRECK/SPATSCHECK, wistra 1998, 334, 338 mwN).
6 Vgl. auch SEER in Tipke/Kruse, § 162 Rz. 6 (Mrz. 2004).

jedoch gerade für die Unsicherheit der Schätzungen; sie belegen den Mangel im Hinblick auf die erforderliche strafrechtliche Feststellung der hinterzogenen Steuern[1].

Auf jeden Fall entfallen für die steuerstrafrechtliche Beurteilung **Sicherheitszuschläge**[2].   1042

Gleichwohl ist zu beachten, dass eine steuerlich sicher **fundierte Hinzuschätzung** häufig strafrechtlichen Anforderungen standhält, zB wenn die Schätzung die Qualität hat, eine formell ordnungsgemäße Buchführung zu widerlegen. Immerhin wurde die Schätzung der hinterzogenen Steuern unter Ablehnung von Abzügen für zusätzlichen Wareneinsatz durch den BGH[3] gebilligt, weil laut Rohgewinnvergleich bei einem Juwelier der „ausgewiesene Wareneinsatz groß genug war, um die festgestellten Mehrerträge zu erzielen".   1043

Im Übrigen gilt für die Fahndungspraxis: Je **pauschaler** die Schätzungen oder Schätzungseinigungen sind, um so **günstiger** ist diese Ermittlungsweise für das Steuerstrafverfahren.   1044

II. Vermögenszuwachs- und Geldverkehrsrechnung

Die **Vermögenszuwachsrechnung (VZR)** und die **Geldverkehrsrechnung (GVR)** in allen Varianten haben in der Rechtsprechung hohen Stellenwert: Ein ungeklärter Vermögenszuwachs, der mit Hilfe einer VZR ermittelt wird, kann auch bei formell ordnungsgemäßer Buchführung zu der Annahme berechtigen, er stamme aus unversteuerten Einkünften.   1045

Auch zum Zweck der Bestrafung wegen **Steuerhinterziehung** sind dem Täter die Mehrergebnisse durch VZR nachweisbar[4]. Die Beweiskraft der im Einzelfall durchgeführten Berechnung muss allerdings weit zwingender sein als im Steuerverfahren (s. Tz. 1038)[5].   1046

Ihre Beweiskraft können VZR und GVR nur bei **logischer** und **sachlich fehlerfreier Erstellung** entwickeln. An die Widerlegung der Ergeb-   1047

---

1 Vgl. STYPMANN, wistra 1983, 97.
2 BILSDORFER, DStZ 1982, 299 ff.
3 5 StR 432/77 vom 28. 2. 1978, BB 1978, 1302 .
4 JOECKS in Franzen/Gast/Joecks, § 370 Rz. 59.
5 Zu einer missglückten Geldverkehrsrechnung s. BGH 5 StR 655/91 vom 4. 2. 1992, wistra 1992, 147.

nisse einer ordnungsmäßigen Buchführung durch VZR oder GVR sind strenge Anforderungen zu stellen. Das Ergebnis der Buchführung muss völlig außerhalb der Wahrscheinlichkeitsgrenzen liegen. Bei Prüfung der Logik, Vollständigkeit und der Ausschöpfung der Toleranzen – insbesondere im grundlegenden Schätzbetrag für den privaten Verbrauch – liegt ein erfolgversprechender Ansatzpunkt für die Vertretung und Beratung, wenn Hinzuschätzungen auf eine VZR/GVR gestützt werden sollen. Nicht selten sind Fehler oder Ungenauigkeiten feststellbar.

1048   Die **Methode** der Vermögenszuwachs- und Geldverkehrsrechnung haben wir im Einzelnen in der Aussenprüfung[1] **dargestellt**.

C. Treuhandschaft

1049   Wer behauptet, er besitze eine Sache, einen Geldbetrag, ein Konto nur als **Treuhänder**, muss auf Verlangen nachweisen, wem diese Gegenstände gehören. Anderenfalls sind sie ihm steuerlich zuzurechnen (§ 159 AO). Das Finanzamt entscheidet über das Verlangen, den Treugeber oder Eigentümer zu benennen, nach pflichtgemäßem Ermessen.

1050   Unklar ist die **steuerliche Folgerung**. Klar scheint zu sein, dass die Zurechnung vermögensteuerliche Wirkung hat. Ebenfalls hat der Treuhänder die tatsächlich angefallenen Erträge, zB Zinsen, zu versteuern. Unklar ist, ob dieser Vermögensgegenstand auch bei der Überprüfung des Vermögenszuwachses zuzurechnen ist. Als Argument für die Annahme nicht erklärter Einnahmen soll die Treuhandposition nach der Rechtsprechung herangezogen werden dürfen[2].

1051   Die Rechtsfolge des § 159 AO gilt nicht bei Trägern von **Berufsgeheimnissen**; nach § 159 Abs. 2 AO bleibt § 102 AO – Aussageverweigerungsrecht, s. Tz. 759 – unberührt. Verwalten Anwälte oder Steuerberater Fremdgelder, muss der Eigentümer nicht bekanntgegeben werden. Dies gilt insbesondere für **Anderkonten**. Voraussetzung ist aller-

---

1 Streck, Die Außenprüfung, 2. Aufl. 1993; noch heute aktuell.
2 Vgl. BFH I 242/54 U vom 17. 1. 1956, BStBl. 1956 III, 68; IV 579/56 S vom 29. 10. 1959, BStBl. 1960 III, 26; I 231/64 vom 27. 9. 1967, BStBl. 1968 II, 67; I R 7/85 vom 13. 11. 1985, BFH/NV 1986, 638; X B 20/89 vom 2. 10. 1989, BFH/NV 1990, 616; zurückhaltender I R 165/85 vom 28. 2. 1990, BFH/NV 1991, 75. Zu dem Thema auch Stahl, KÖSDI 1993, 9286; List, BB 1994, 1535; Meyer, DStR 1995, 1369.

dings, dass es sich um im Mandat anvertraute – vgl. § 102 Abs. 1 Nr. 3b AO – Gelder handelt; dies muss glaubhaft gemacht werden[1]. Wurde der Berufsträger von seiner Verschwiegenheitspflicht entbunden oder liegt ein Fall des § 104 Abs. 2 AO vor[2], findet § 159 Abs. 1 AO hingegen Anwendung.

Steuerstrafrechtlich spielt § 159 AO keine Rolle[3], da es sich um eine bloße Beweisvorschrift des Verfahrensrechts handelt. Ferner sind zwei Ermessensentscheidungen der FinVerw. erforderlich, um zu einer steuerlichen Zurechnung zu gelangen: 1052

– Im Hinblick auf das **Nachweisverlangen** des § 159 Abs. 1 S. 1 Halbsatz 1 AO besteht Ermessen. Nach zutreffender Ansicht handelt es sich hierbei um einen selbständigen Verwaltungsakt, der gesondert angefochten werden kann[4].

– Die eigentliche **Zurechnungsentscheidung** nach Prüfung des Ergebnisses des Nachweisverlangens steht ebenfalls im Ermessen der Behörde. Es handelt sich um eine unselbständige Entscheidung, die nur im Rahmen der Steuerfestsetzung angefochten werden kann[5].

D. Empfänger- und Gläubigerbenennung (§ 160 AO)

I. Zweck und Fahndungserheblichkeit

Wer **Ausgaben** steuerlich absetzen will, muss auf Befragung den **Empfänger** der **Zahlung** benennen (§ 160 AO)[6]. Der Zahlungsempfänger bzw. Gläubiger muss richtig bezeichnet sein. Bei der Anwendung des § 160 AO muss das Finanzamt auf zwei Stufen **Ermessen** aus-   1053

---

1 Vgl. BFH II R 220/83 vom 16. 10. 1986, BFH/NV 1988, 429; II R 234/82 vom 16. 10. 1986, BFH/NV 1988, 426; VIII R 355/82 vom 7. 3. 1989, BFH/NV 1989, 753; VIII B 133/94 vom 21. 4. 1995, BFH/NV 1995, 954; FG München 1 V 2055/02 ua. vom 2. 12. 2002, EFG 2003, 438; SEER in Tipke/Kruse, § 159 Rz. 14 (Jul. 2003).
2 Insbesondere Buchhaltung des Mandanten.
3 SEER in Tipke/Kruse, § 159 Rz. 6 aE (Jul. 2003); KRAUSE, DStR 1998, 553, 555; FG München 1 K 805/92 vom 26. 11. 1997, EFG 1998, 524 f.
4 Str., s. SEER in Tipke/Kruse, § 159 Rz. 18 (Okt. 2004) mwN.
5 SEER in Tipke/Kruse, § 159 Rz. 19 (Okt. 2004).
6 BFH I R 148/76 vom 17. 12. 1980, BStBl. 1981 II, 333; I R 228/78 vom 30. 3. 1983, BStBl. 1983 II, 654. Voraussetzung ist, dass dem Grunde nach Werbungskosten oder Betriebsausgaben vorliegen, was zuerst zu prüfen ist (BFH VIII R 37/03 vom 14. 6. 2005, DStRE 2006, 117).

Empfängerbenennung

üben[1]. Auf der ersten Stufe ist zu entscheiden, ob überhaupt ein Benennungsverlangen durchgeführt wird – hierzu Tz. 1082. Auf der zweiten Stufe kann das Finanzamt aufgrund des Ergebnisses des Benennungsverlangens die Ausgaben entweder ganz, teilweise oder überhaupt nicht anerkennen – hierzu Tz. 1105.

1054 **Zweck des § 160 AO:** Das Finanzamt soll in die Lage versetzt werden, jederzeit auf der Seite des Zahlungsempfängers die Steuerpflicht zu prüfen[2], um dort mögliche **Steuerausfälle** zu **verhindern**, die im Zusammenhang mit der Zahlung stehen[3]. Insoweit handelt es sich bei § 160 AO um gesetzlich sanktionierte Denunziation[4]. Außerdem sollte § 160 AO „verwerflichem Geschäftsgebaren", zB Schmiergeldzahlungen[5], vorbeugen[6].

1055 Der Zahlende **haftet** für die **Richtigkeit** der Benennung. Er trägt das Risiko, dass ihm von dem Zahlungsempfänger der richtige Name genannt wird. Ohne Belang ist, ob der Zahlende den Empfänger mit oder ohne Verschulden nicht benennen kann[7]. § 160 AO stellt eine Art „**Gefährdungshaftung**" dar[8].

1056 Die Frage der Empfängerbenennung spielt eine **erhebliche Rolle** in Fahndungsverfahren. **Beispiele: Löhne** werden mit falscher Empfängerbenennung verbucht oder werden als Einkäufe oder sonstige Leistungen kaschiert. **Subunternehmerverhältnisse** werden fingiert oder zur Verdeckung unerlaubter Arbeitnehmerüberlassung benutzt. Im **Landhandel** verkaufen Landwirte Korn auf den Namen dritter Personen; der Landhändler bezeichnet folglich den eigentlichen Zahlungsempfänger nicht richtig. Im **Schrotthandel** wird Schrott sowohl von Firmen als auch von Arbeitern und Angestellten von Firmen gekauft, bei denen Schrott anfällt; der Einkäufer arbeitet mit fingierten Firmen

---

1 SPATSCHECK/ALVERMANN, DStR 1999, 1427.
2 Zu dem Thema auch STAHL, KÖSDI 1993, 9286; LIST, BB 1994, 1535; MEYER, DStR 1995, 1369.
3 BFH XI R 10/89 vom 10. 3. 1999, DStRE 1999, 528, 530 f.
4 Was BFH I R 148/76 vom 17. 12. 1980 BStBl. 1981 II, 333 bestreitet, da der Steuerbürger die Benennung verweigern könne.
5 Hierzu Tz. 1129.
6 Str., BFH I R 148/76 vom 17. 12. 1980, BStBl. 1981 II, 333, mwN; nach JÜPTNER, FR 1985, 12, hat § 160 AO nur einen Zweck, nämlich dem Staat Einnahmen zu verschaffen.
7 Vgl. hierzu im Einzelnen: TIPKE in Tipke/Kruse, § 160 Rz. 5 (Okt. 2004).
8 SPATSCHECK/ALVERMANN, DStR 1999, 1427, 1429.

oder benennt wahrheitswidrig echte Firmen[1]. Ähnliche Probleme gibt es im **Antiquitäten- und Kunsthandel**[2].

II. Tatbestand

1. Empfängerbenennung

Der Stpfl. muss bei für die **Besteuerung erheblichen Ausgaben**[3], zB Betriebsausgaben, den **Empfänger benennen**. 1057

Empfänger ist derjenige, „dem der in der Betriebsausgabe der Steuerpflichtigen enthaltene wirtschaftliche Wert übertragen" wird[4]. 1058

Wird die Zahlung von einer **Hilfsperson** an den Empfänger weitergeleitet, ist nicht die Hilfsperson, sondern der Endempfänger zu benennen[5]. 1059

Erforderlich ist, dass **Name** und **Anschrift** zum Zahlungszeitpunkt genannt werden[6]. Geschäftsadresse reicht, Anschrift des Arbeitgebers soll nicht reichen[7]. Unzureichend ebenfalls die Angabe des Namens einer Person und des Gasthofs, wo man sie getroffen hat[8]. Der Zahlende muss Anschriftenänderungen nicht verfolgen. Hat er zuerst Name und Anschrift nicht benannt, kann er den Empfänger später noch – eventuell aufspüren und – benennen. 1060

---

1 Zum Schrotthandel s. Hess. FG X 369/76 vom 3. 12. 1980, EFG 1981, 323.
2 Zum Antiquitätenhandel vgl. FG Hamburg I 53/76 vom 11. 10. 1977, EFG 1978, 107.
3 Erfasst werden soll jede Art von steuerlich erheblicher Belastung oder Aufwendung (Tipke in Tipke/Kruse, § 160 Rz. 6 (Okt. 2004).
4 BFH X R 40/04 vom 20. 4. 2005 BFH/NV 2005, 1739, mit aktueller Zusammenstellung der Rechtsprechung.
5 Vgl. BFH X R 40/04 vom 20. 4. 2005, BFH/NV 2005, 1739; s. weiter Tz. 1065, 1067 ff.
6 Der Empfänger und dessen Finanzamt müssen ohne eigene Ermittlungen der Finanzbehörde des Zahlenden festgestellt werden können. Ggf. muss sich der Stpfl. durch die Vorlage von Personalausweis, Pass etc. über die Identität vergewissern. Sind Name und Adresse nur **fingiert**, ist dem Zahlenden die Gelegenheit zu „**Nachermittlungen**" zu geben (Tipke in Tipke/Kruse, § 160 Rz. 16 (Okt. 2004) mwN.
7 So betr. einen im Dienstverhältnis beschäftigten Arzt: Wohnanschrift erforderlich (BFH I R 46/94 vom 15. 3. 1995, BB 1995, 2256); vgl. weiter BMF vom 29. 12. 1989, DB 1990, 201; die Anschrift des Arbeitgebers des Geldempfängers sollte uE jedoch dann reichen, wenn über ihn mühelos die Anschrift des Arbeitnehmers ermittelt werden kann.
8 BFH IV R 142/85 vom 9. 4. 1987, BFH/NV 1987, 689.

§ 160 AO bei Schätzungen

1061 Es gibt Sachverhalte, in welchen **nicht jede einzelne Person**, die Gelder erhalten hat, benannt werden muss. In einer BFH-Entscheidung lag der Sachverhalt so, dass die „Belegschaft" von metallverarbeitenden Betrieben Schrott verkaufte[1]. Hier sah es der BFH nicht als erforderlich an, dass jedes einzelne Belegschaftsmitglied benannt wird. Es reiche aus, wenn der Anlieferer und die Firma der Belegschaft benannt werden. Die FinVerw. könne sodann die steuerpflichtigen Vorgänge ermitteln.

1062 § 160 AO gilt auch bei **Schätzungen**, dh. die Steuerfahndung kann bei einer Schätzung die Betriebsausgabenseite vernachlässigen, sofern die Empfänger nicht benannt werden[2]. Gleichwohl darf im Rahmen einer Schätzung § 160 AO nur dann angewandt werden, wenn Anhaltspunkte vorliegen, dass die Empfänger der im Rahmen der Schätzung zu berücksichtigenden Betriebsausgaben diese nicht versteuerten[3]; anderenfalls wäre die Anwendung des § 160 AO ermessensfehlerhaft (Tz. 1106).

1063 Um der Last des § 160 AO zu entgehen, werden **Gesellschaften** im **Ausland**, zumeist in **Niedrigsteuerländern**, gegründet, die als Empfänger benannt werden, im Übrigen jedoch nur die Gelder weiterleiten (sog. **Domizilgesellschaften**)[4].

1064 **Fallbeispiel:** Ein deutsches Unternehmen erhält Aufträge eines inländischen Unternehmens nur, wenn es Provisionszahlungen an eine Gesellschaft in einem Niedrigsteuerland (Liechtenstein, Kanal-Inseln, Gibraltar) zahlt. Der Zahlungsverkehr mit der ausländischen Gesellschaft wird offen abgewickelt. Als Empfänger wird die ausländische Gesellschaft genannt. Die Gesellschafter der ausländischen Gesellschaft sind unbekannt.

1065 Ausgehend von der Rechtsprechung zur **Hilfsperson** (Tz. 1059) hat der BFH erstmals in der Entscheidung vom 25. 8. 1986, die der Finanzverwaltung so wichtig war, dass sie alles unternahm, um sie, die zuerst an anderer Stelle veröffentlicht war, auch im Bundessteuerblatt einzurü-

---

1 BFH VIII R 350/82 vom 25. 11. 1986, BStBl. 1987 II, 286, mit HFR-Anm. 1987, 230; dazu auch Offerhaus, StBp. 1987, 70, 138.
2 BFH IV 152/52 vom 23. 10. 1952, StRK RAO § 205a R. 7; IV 248/63 vom 23. 3. 1966, BStBl. 1966 III, 360; IV 37/64 vom 5. 5. 1966, BStBl. 1966 III, 518.
3 BFH VI 147/59 U vom 15. 1. 1960, BStBl. 1960 III, 167.
4 Vgl. hierzu Tipke in Tipke/Kruse, § 160 Rz. 15 (Okt. 2004); Goertzen, FR 1994, 770.

cken, ausdrücklich zu **Domizilgesellschaften** Stellung bezogen[1]. Der Leitsatz lautet: „Als Empfänger von Ausgaben isd. § 160 (Abs. 1) S. 1 AO 1977 kann anstelle der im Ausland ansässigen Domizilgesellschaft die hinter ihr stehenden Personen oder Personenmehrheit anzusehen sein."

Inzwischen existiert eine gefestigte Rechtsprechung zu **Domizilgesell- 1066 schaften**, die so zusammengefasst werden kann[2]: Erbringt ein Stpfl. an eine – idR keine eigene wirtschaftliche Tätigkeit ausübende – Domizil- gesellschaft Zahlungen für Leistungen, die diese mangels fach- und branchenkundigen Personals nicht erbringen kann, so ist Zahlungs- empfänger nicht die Domizilgesellschaft, sondern diejenigen, an die die Gelder wirtschaftlich weitergeleitet worden sind[3]. Als solche kom- men die Anteilseigner[4], aber auch – zur Überprüfung eventueller Rückflüsse – die Auftragnehmer[5] der Domizilgesellschaft in Betracht.

Hieraus wurde inzwischen die **Standardvermutung** der Finanzverwal- 1067 tung in entsprechenden Auslandsfällen: Immer dann, wenn Geldzah- lungen an ausländische Gesellschaften erfolgten, fordert man, der tat- sächliche Empfänger „hinter der Gesellschaft" möge benannt werden. Hierbei lehrt die Praxis, dass die Finanzverwaltung idR diesen Emp- fänger tatsächlich gar nicht benannt haben will. Der Prüfer will die Rechtsfolge, die Kürzung der Betriebsausgaben (Tz. 1105 ff.). Nennt man nämlich weitere Empfänger „hinter der Gesellschaft", so folgt sehr schnell der Gegenzug der Fahndung, dies gerade sei nicht der Empfänger, oder: Man möge beweisen, dass dies der tatsächliche Empfänger sei. In der Entscheidung vom 25. 8. 1986[6] waren Honorar- zahlungen für **Architektenleistungen** an eine Gesellschaft in Liechten- stein geflossen. Unstreitig gab es keinen Architekten in dieser Gesell-

1 BFH IV B 76/86 vom 25. 8. 1986, BStBl. 1987 II, 481; zuvor BFH/NV 1987, 13; Vorinstanz FG München XII 284/85 vom 9. 4. 1986, EFG 1986, 506. Folgend Hess. FG 12 K 76/87 vom 11. 12. 1990, EFG 1991, 441.
2 Vgl. TIPKE in Tipke/Kruse, § 160 Rz. 15 (Okt. 2004) mwN.
3 BFH X 40/04 vom 20. 4. 2005, BFH/NV 2005, 1739, mit Zusammenstellung der aktuellen Rechtsprechung.
4 BFH X 40/04 aaO.
5 So BFH I R 108/97 vom 10. 11. 1998, BStBl. 1999 II, 121; aA SPATSCHECK/ ALVERMANN, DStR 1999, 1427, 1428: Es ist für den Stpfl. unzumutbar (hierzu Tz. 1083), wenn nicht unmöglich, Informationen außerhalb seiner eigenen Geschäftsbeziehung zu der Gesellschaft vorzulegen. Regelmäßig wird es sich bei den Auftragsverhältnissen zu Dritten um geschützte Geschäftsgeheim- nisse handeln.
6 S.o. BFH B 76/86 vom 25. 8. 1986, BStBl. 1987 II, 481.

schaft. Unstreitig hat die Liechtensteiner Gesellschaft nur von Zeit zu Zeit freie Mitarbeiter für Architektenleistungen in Anspruch genommen (so der Vortrag). Hier verlangt der BFH, dass diese „freien Mitarbeiter" benannt werden. In der Tat kann man es nicht als unbillig ansehen, dass die Benennung der Gesellschaft bei diesem Sachverhalt nicht ausreicht. Diese Entscheidung kann aber nicht als Beleg herangezogen werden, um grundsätzlich zu verlangen, die „Hintermänner" ausländischer Gesellschaften zu bezeichnen, und zwar auch dann, wenn die Gesellschaft sehr wohl die Leistung erbringen kann, die mit der Geldzahlung verbunden ist.

1068 Dass der **BFH nicht so weit gehen will**, wie die FinVerw. es gerne sieht, zeigt schon seine frühe Entscheidung vom 24. 3. 1987[1]. Es ging um ein **Darlehensverhältnis** einer Liechtensteiner Gesellschaft. Der BFH verlangte die Angabe, wer Gesellschafter der Liechtensteiner Gesellschaft ist. Da die Gesellschaft in der Lage war, die Darlehen zu geben, ist er bereits bei dieser Anforderung nicht so streng wie in der in Tz. 1065 behandelten Entscheidung. Es ging um die Aussetzung der Vollziehung. Der BFH gab dem Aussetzungsantrag statt. Bzgl. der hinter der Liechtensteiner Gesellschaft stehenden Gesellschafter führt der BFH aus: „Die Antragsteller haben eidesstattliche Versicherungen angeboten, wonach sie weder mittelbar noch unmittelbar an der X-AG (dies ist die Liechtensteiner Gesellschaft) beteiligt seien. Darüber hinaus haben sie Bescheinigungen der Y-AG und der schweizerischen Rechtsanwältin über die tatsächlichen Beteiligungsverhältnisse vorgelegt. Nach diesen Erklärungen werden Y-AG und X-AG von einem in der Schweiz ansässigen belgischen Staatsangehörigen beherrscht." Dies reichte dem BFH. Weiß man, wie zurückhaltend ansonsten die FinVerw. ist, irgendwelche Bestätigungen aus dem Ausland zu akzeptieren, so sieht man die dem Stpfl. positive Tendenz. Allerdings liest man auch in dieser Entscheidung: „Der Senat verkennt jedoch nicht, dass nach den Gesamtumständen des Streitfalls erhebliche Zweifel am Fremdkapitalcharakter der Darlehensbeträge bestehen bleiben. Es erscheint denkbar, dass aufgrund bisher nicht bekannter Tatumstände eine Zurechnung von Darlehenszuflüssen und Zinsen auf der Grundlage anderer gesetzlicher Vorschriften erfolgen muss." Dieser Satz erscheint wie eine Denksportaufgabe für die FinVerw.; denn die „anderen gesetzlichen Vorschriften" werden nicht genannt. Wie man in Tz. 1111 nachlesen kann, handelt es sich um § 162 AO.

---

1 BFH I B 156/86 vom 24. 3. 1987, BFH/NV 1988, 208.

Allerdings muss man für die Fahndungspraxis davon ausgehen, dass der BFH bei **unklaren Auslandsbeziehungen** grundsätzlich das **Benennungsverlangen** für **gerechtfertigt** hält[1].   **1069**

Der BFH vergisst jedoch nicht, immer wieder auf **Relativierungen** und Differenzierungen hinzuweisen. Bei „**handelsüblichen Liefergeschäften**" muss nicht nach weiteren Hintermännern gesucht werden[2]. Der **Hintermann hinter** dem **Hintermann** muss nicht benannt werden[3].   **1070**

Geht es um **Provisionszahlungen** an ausländische Gesellschaften, so sollte man die möglichen **Sachverhaltsalternativen** sorgfältig auseinanderhalten.   **1071**

Die ausländische Gesellschaft ist im wirtschaftlichen Sinn **Handelsvertreter**. Sie ist als solcher tätig. Die Betriebsausgaben sind anzuerkennen. Dem Gebot des § 160 AO – Empfängerbenennung – ist Genüge getan.   **1072**

Die ausländische Gesellschaft verwendet die Provision, um im Rahmen einer eigenständigen Entscheidung die **Auftraggeber**, und zwar deren Angestellte, zu **schmieren**[4]. Bei der ausländischen Gesellschaft bleibt nur ein Differenzbetrag hängen, nämlich das Entgelt für den Initiator. Das Unternehmen wird planvoll eingesetzt und gesteuert von einer **Person**, die mit dem **deutschen Zahlenden nichts zu tun hat**. Auch in diesem Fall ist der Betriebsausgabenabzug anzuerkennen. Das ausländische Unternehmen ist keine Hilfsperson, da es eine eigenständige Maklerfunktion ausübt. Die Steuerfahndung wird dies anders sehen.   **1073**

Theoretisch unproblematisch ist die Situation, wenn es um ein internationales Geschäft geht und sich hinter der Gesellschaft im Niedrigsteuerland **nicht** im **Inland steuerpflichtige Personen** verbergen. Da es ermessenswidrig ist, die Benennung dieser Personen zu verlangen (s. Tz. 1082 ff.), reicht idR die Benennung der ausländischen Gesellschaft. Allerdings ist dies nur theoretisch unproblematisch, weil es oft   **1074**

---

1 BFH X 40/04 vom 20. 4. 2005, BFH/NV 2005, 1739; BFH I R 8/91 vom 5. 11. 1992, BFH/NV 1994, 357; I B 145/93 vom 3. 12. 1993, BFH/NV 1994, 688; I R 40/92 vom 19. 1. 1994, BFH/NV 1995, 181; X R 73/91 vom 1. 6. 1994, BFH/NV 1995, 2; I R 126/94 vom 30. 8. 1995, BFH/NV 1996, 267. Vgl. auch FG Saarland 1 K 240/94 vom 25. 10. 1995, EFG 1996, 44.
2 BFH I R 40/92 vom 19. 1. 1994, BFH/NV 1995, 181.
3 BFH X R 73/91 vom 1. 6. 1994, BFH/NV 1995, 2.
4 Zur Behandlung von Schmiergeldzahlungen vgl. Tz. 1129 ff.

äußerst schwierig ist, glaubhaft zu machen, dass hinter der Gesellschaft nicht im Inland steuerpflichtige Personen stehen.

1075 Eine wesentliche Ergänzung zu § 160 AO enthält **§ 16 AStG**: Wird der Abzug von Betriebsausgaben begehrt, die an eine Person im Ausland gezahlt werden, „die mit ihren Einkünften … nicht oder nur unwesentlich besteuert wird", so ist der Empfänger iSv. § 160 AO erst dann genau bezeichnet, „wenn der Stpfl. alle Beziehungen offenlegt, die unmittelbar oder mittelbar zwischen ihm und der Gesellschaft, Person oder Personengesellschaft bestehen oder bestanden haben". Die Richtigkeit der Bezeichnung und der Angaben ist ggf. durch eine eidesstattliche Versicherung zu bestätigen (§ 16 Abs. 2 AStG).

1076 So belastend § 16 AStG ist, erlaubt die Vorschrift jedoch einen positiven **Umkehrschluss**: Die über die Empfängerbenennung hinausgehende Darstellung der in § 16 Abs. 1 AStG geforderten Umstände ist gerade bei § 160 AO nicht erforderlich[1].

1077 Die Erfüllung der vom Finanzamt verlangten Empfängerbenennung ist noch während der **Rechtsbehelfsverfahren** (Einspruch, Klage) möglich. Der **letzte Zeitpunkt** ist die mündliche Verhandlung vor dem Finanzgericht[2].

1078 Wird der Empfänger nach Bestandskraft des Bescheids doch noch ermittelt, liegt eine **neue Tatsache** iSv. § 173 Abs. 1 Nr. 2 AO vor, die bei Erfüllung der weiteren Tatbestandsvoraussetzungen[3] eine Bescheidänderung ermöglicht[4].

1079 Es ist also denkbar, die Benennung zeitlich zu verzögern, um dem Zahlungsempfänger die Möglichkeit der **Selbstanzeige** (s. Tz. 177) zu geben.

---

1 Obwohl dies in der Praxis häufig gefordert wird; vgl. Tz. 1065 ff. Ebenso: GOSCH, StBp 1999, 81, 82; SCHMITZ, IStR 1997, 193, 197; SPATSCHECK/ALVERMANN, DStR 1999, 1427, 1428; BFH X R 73/91 vom 1. 6. 1994, BFH/NV 1995, 2, 3 f.

2 RÜSKEN in Klein, § 160 Rz. 31; PADBERG, FR 1977, 560, 570. Das Finanzgericht wird jedoch die **Verfahrenskosten** bis zur korrekten Empfängerbenennung dem Steuerpflichtigen/Kläger auferlegen.

3 Zu denken ist hier vor allem daran, dass kein „grobes Verschulden" des Stpfl. vorliegen darf.

4 Str. TIPKE in Tipke/Kruse, § 160 Rz. 21 (Okt. 2004); BAUM in Koch/Scholtz, § 160 Rz. 15.

2. Benennungsverlangen

Der Empfänger muss erst **auf Verlangen** des Finanzamts bezeichnet werden. 1080

Der BFH verlangt ein **klares Verlangen** der Empfängerbenennung. Schwankt das Finanzamt mit der Anforderung, den Empfänger zu benennen, so kann die Folge des § 160 AO nicht gezogen werden[1]. 1081

Das Verlangen setzt eine **Ermessensentscheidung** voraus, die den Zweck des § 160 AO berücksichtigt[2]. 1082

§ 160 AO steht unter dem Gebot, dass das Verlangen, den Empfänger zu benennen, **zumutbar** sein muss[3]. Die Grenze wird jedoch außerordentlich weit gezogen. Drohende Geschäftsschädigung, Vertragsverletzungen, Vertrauensbrüche usw. reichen nicht aus, um die Benennung zu hindern[4]. Die **Grenze** ist erst erreicht, wenn die für den Stpfl. zu befürchtenden Nachteile, wie zB wirtschaftliche Existenzgefährdung, außer Verhältnis zum beabsichtigten Aufklärungserfolg, zB geringfügige Steuernachholung bei den Empfängern, stehen[5]. 1083

Wie weit im Falle einer Zahlung an **Domizilgesellschaften** die **Zumutbarkeit** der Empfängerbenennung geht, ist fein zu differenzieren: Grundsätzlich ist der wirkliche „wirtschaftliche" Empfänger, also die Person oder Personengruppe, an die die Gelder letztlich gelangt sind, zu benennen[6]. Bei einer Gesellschaft sind das in einem ersten Schritt die Gesellschafter mit Name und Anschrift. Bestehen jedoch konkrete Anhaltspunkte dafür, dass die Anteile an einer ausländischen Basisgesellschaft treuhänderisch für Dritte gehalten werden, kann das Finanz- 1084

---

1 Vgl. BFH VIII R 350/82, vom 25. 11. 1986, BStBl. 1987 II, 286.
2 TIPKE in Tipke/Kruse, § 160 Rz. 8 (Okt. 2004).
3 BFH IV 81/50 vom 23. 2. 1951, BStBl. 1951 III, 77; I 106/56 U vom 5. 6. 1956, BStBl. 1956 III, 206; I R 148/76 vom 17. 12. 1980, BStBl. 1981 II, 333; BFH X R 40/04 vom 20. 4. 2005, BFH/NV 2005, 1739, mwN.
4 TIPKE in Tipke/Kruse, § 160 Rz. 12 (Okt. 2004). Unzumutbar kann das Verlangen sein, wenn es in einem Einzelfall keinen Anlass gab, an einer angegebenen Anschrift zu zweifeln (Nds. FG VI 320/88 vom 8. 6. 1989, EFG 1990, 48; enger FG Bremen I 81/84 vom 21. 4. 1989, EFG 1990, 49). Unzumutbar kann das Benennungsverlangen sein, das sich an Erben desjenigen richtet, der die Zahlung geleistet hat (BFH VIII R 64/86 vom 22. 10. 1991, BFH/NV 1992, 449).
5 BFH IV B 76/86 vom 25. 8. 1986, BStBl. 1987, 481.
6 S. Tz. 1066; BFH X R 40/04 vom 20. 4. 2005, BFH/NV 2005, 1739.

amt deren Benennung verlangen[1]. Nur der Umstand, dass es sich um eine Gesellschaft mit Sitz im europäischen Ausland, zB in Großbritannien, handelt, begründet noch nicht die Annahme einer Domizilgesellschaft. Hat der Stpfl. im Vorfeld Erkundigungen über die ausländische Gesellschaft angestellt, die alle positiv ausfielen, und die Zahlungen ausschließlich unbar abgewickelt, hat er alles getan, was ihm zumutbar ist[2]. Es wäre ermessensfehlerhaft, von ihm im Rahmen der Empfängerbenennung etwas Unzumutbares zu verlangen. Gleiches gilt für die Frage eventueller Rückflüsse durch Vertragsbeziehungen der ausländischen Gesellschaft mit inländischen Stpfl., vgl. Tz. 1066.

1085 Der maßgebende **Zeitpunkt** für die Frage der Zumutbarkeit ist der Zeitpunkt der Abwicklung des Geschäfts[3].

1086 Aus dem Zweck des § 160 AO folgt, dass das Verlangen der Empfängerbenennung auch dann nicht rechtsmissbräuchlich ist, wenn die **Verausgabung** als **Betriebsausgabe** feststeht[4]; denn damit ist die Besteuerung beim Empfänger noch nicht gesichert.

1087 Wenn gesichert ist, dass die **Zahlung** bei dem Empfänger **nicht** der **deutschen Besteuerung** unterliegt, ist es ermessensfehlerhaft, die Empfängerbenennung zu verlangen.

1088 **Beispiel 1:** Schrotteinkauf von **Privaten**[5].

1089 **Beispiel 2:** Zahlungen, zB Honorare, an Personen oder Firmen, die mit den empfangenen Geldern im **Ausland** steuerpflichtig sind[6]. Vorsicht: Die FinVerw. erwähnt im Anwendungserlass zur AO ausdrücklich die Möglichkeit von **Kontrollmitteilungen** in das Ausland[7].

1090 **Allein** die **Möglichkeit** einer im Inland für den Empfänger nicht bestehenden Steuerpflicht reicht allerdings nicht aus, um von der Rechts-

---

1 BFH I R 28/02 vom 1. 4. 2003, BFH/NV 2003, 1241.
2 BFH I R 19/01 vom 17. 10. 2001, BFH/NV 2002, 609.
3 BFH X R 40/04 vom 20. 4. 2005, BFH/NV 2005, 1739.
4 BFH I R 66/86 vom 9. 8. 1989, BStBl. 1989 II, 995.
5 BFH IV 120/52 U vom 18. 9. 1952, BStBl. 1952 III, 275.
6 Vgl. hierzu Abschn. 4 Anwendungserlass zur AO (AEAO) zu § 160 AO; Hess. FG II 210/74 vom 24. 11. 1977, EFG 1978, 160; KALIGIN, RIW 1988, 634. Die Rechtslage ist für die Zukunft nicht gesichert: Dass ausländische Empfänger nicht benannt werden müssen, wird in Zweifel gezogen, vgl. HÖPPNER, JbFfSt. 1982/83, 119, unter Berufung auf die gemeinsamen Interessen der Steuerfisci; dagegen RÖNITZ, BECKER; positiv PELKA; alle JbFfSt. 1982/83, 120.
7 Abschn. 4 AEAO zu § 160 aE.

folge des § 160 AO abzusehen[1]. Die Belegführung, dass Zahlungen an einen Ausländer gegangen sind, muss also ernst genommen werden.

Beispiel 3: Beauftragung eines holländischen Subunternehmers, der im Inland über keine Betriebstätte verfügt[2]. 1091

In derartigen Fällen müssen aber auf jeden Fall die **Verausgabung** und der **betriebliche Anlass** glaubhaft gemacht werden, dh. die allgemeinen Bedingungen für die Betriebsausgaben[3]. 1092

Kennt die Steuerfahndung aufgrund eigener Ermittlungen oder sonstiger Umstände den **Empfänger** des Geldes, ist das Verlangen nach § 160 AO ebenfalls missbräuchlich[4]. 1093

Die Tatsache, dass in **früheren Betriebsprüfungen** ein Empfängernachweis nicht verlangt wurde, bindet das Finanzamt nicht[5]. 1094

Die Steuerfahndung verlangt hin und wieder über die reine Empfängerbenennung hinaus die Darstellung **weiterer Einzelheiten** des **Zahlungsvorgangs**. Dies ist rechtsmissbräuchlich. § 160 AO ist kein gesetzlich zugelassenes Druckmittel, um Beschuldigten- oder Zeugenaussagen zu erlangen[6], wobei nicht verkannt werden darf, dass je konkreter und nachvollziehbarer die Darstellung des Lebenssachverhalts durch den Stpfl. ist, desto eher wird das Finanzamt geneigt sein, auf eine förmliche Empfängerbenennung zu verzichten bzw. den Betriebsausgabenabzug anzuerkennen. 1095

3. Abgrenzung zu Entnahmen und Geschenken

Das Finanzamt kann dem Problem des § 160 AO dadurch ausweichen, dass es bereits in Zweifel setzt, **ob** die **Zahlung** eine **Betriebsausgabe** darstellt[7]. Liegt keine Betriebsausgabe vor, kann bereits aus diesem Grund die Streichung der Ausgabe erfolgen. 1096

Diese Abgrenzung ist ein **zentrales Problem** der Fahndungsprüfungen. Es geht um die Frage: Liegen überhaupt Betriebsausgaben 1097

---

1 BFH I R 7/81 vom 13. 3. 1985, BStBl. 1986 II, 318.
2 Vgl. STRECK/RAINER, KÖSDI 1981, 4130.
3 Dazu Tz. 1105, 1129 ff.
4 TIPKE in Tipke/Kruse, § 160 Rz. 11 (Okt. 2004); STRECK/RAINER, KÖSDI 1981, 4130; VON WALLIS, DStZ 1981, 69.
5 FG Baden-Württemberg III 86/77 vom 28. 9. 1978, EFG 1979, 110.
6 STRECK/RAINER, KÖSDI 1981, 4130. S. auch Tz. 1107.
7 Vgl. schon BFH I B 36/86 vom 9. 7. 1986, BStBl. 1987 II, 487.

vor? Oder handelt es sich bei den angeblichen Zahlungen an unbekannte Empfänger um **verdeckte Entnahmen** oder **Gewinnausschüttungen?**

1098 Die Frage muss nicht nur in dieser Alternative gestellt werden. Nicht selten unterliegen die Zahlenden der Versuchung, einer eindeutigen Betriebsausgabe, deren Empfänger man nicht benennen will, im „**Huckepack**" eine **verdeckte Entnahme aufzuladen.** Beispiel: Die Honorarzahlung an den Geldempfänger in der Schweiz beträgt 70 000 Euro; die Bücher des Stpfl. weisen 110 000 Euro aus. In der Schweiz erfolgt die Aufteilung: 70 000 Euro gehen an den tatsächlich Leistenden, 40 000 Euro auf ein verschwiegenes Konto. Der Finanzverwaltung wird der Betrag von 110 000 Euro als Honorarzahlung präsentiert.

1099 Zu den **Nachweisproblemen** in diesem Zusammenhang s. Tz. 1095.

1100 Die Zahlung, auf die § 160 AO anzuwenden ist, ist außerdem von dem **Geschenk** abzugrenzen. Denn auch für Geldzahlungen gilt grundsätzlich § 4 Abs. 5 Nr. 1 EStG. Ein Geschenk liegt nur bei **Unentgeltlichkeit** vor. Das Geschenk des § 4 Abs. 5 Nr. 1 EStG ist folglich von der Zuwendung abzugrenzen, die als Gegenleistung gedacht ist[1].

1101 Die **Unterscheidung** zwischen Geschenk und Gegenleistung ist von großer Tragweite. **Geschenk:** § 4 Abs. 5 Nr. 1 EStG ist anzuwenden. Die Aufzeichnungspflicht des § 4 Abs. 7 EStG greift ein. Zur Aufzeichnungspflicht gehört originär die Empfängerbenennung[2]. **Gegenleistung:** Hier gilt nur § 160 AO. Der Empfänger ist nur auf Anforderung zu nennen.

1102 Ein **Geschenk** liegt nach BFH IV R 46/78[3] vor,

– wenn nur das Wohlwollen errungen werden soll;

– wenn es um die Herstellung, Erhaltung oder Verbesserung persönlicher Kontakte geht;

– wenn Geschäftsbeziehungen anzuknüpfen, zu sichern oder zu verbessern sind.

---

1 Vgl. BFH IV R 46/78 vom 18. 2. 1982, BStBl. 1982 II, 394.
2 Vgl. R. 21 Abs. 2–4 und R. 22 EStR 2003.
3 BFH IV R 46/78 vom 18. 2. 1982, BStBl. 1982 II, 394; zu dieser Entscheidung s. LANG, JbFfSt. 1983/84, 195 ff.; STRECK, KÖSDI 1983, 4976; DERS., StRK-Anm. EStG (bis 1974) § 4 BetrAusg. R. 227; APITZ, FR 1983, 261.

Eine Zuwendung als **Gegenleistung** ist gegeben[1],　　　1103

– wenn die Zuwendung mit einer erwarteten oder bereits erbrachten Gegenleistung in Zusammenhang steht;

– wenn die Gegenleistung hinreichend konkret ist;

– wenn die Zuwendung im Hinblick auf eine bestimmte Handlung des Empfängers erbracht wird;

– wenn es sich um die Gegenleistung für die Herbeiführung eines bestimmten Geschäftsabschlusses handelt;

– wenn die Gegenleistung als echte Provision gedacht ist.

Um in der Praxis nicht in Schwierigkeiten mit den gesteigerten Rechts-　1104
bedingungen für Geschenke zu geraten, ist folglich ein hinreichend **konkreter Bezug** zwischen **Zahlung** und **Geschäft** herzustellen.

III. Rechtsfolgen

Wenn der geforderte Gläubiger oder Empfänger nicht benannt wird,　1105
sind „Schulden und andere Lasten, **Betriebsausgaben**, Werbungskosten und andere Ausgaben ... steuerlich regelmäßig **nicht** zu **berücksichtigen**" (§ 160 AO).

Die Rechtsfolge ist nicht zwingend, auch hier hat das Finanzamt　1106
pflichtgemäß **Ermessen** auszuüben[2].

Hingegen kann das Finanzamt nicht anstelle der Streichung der Aus-　1107
gaben usw. die Empfängerbenennung mit den **Zwangsmitteln** der AO erzwingen[3].

Nach dem Zweck des § 160 AO soll beim Steuerpflichtigen **nur** das　1108
erfasst werden, was beim Zahlungsempfänger an Steuerzahlung durch dessen Nichtbenennung verloren geht. Bei den Rechtsfolgen sind zur Vermeidung einer Doppelbelastung die **Steuerbedingungen des Empfängers**, soweit wie möglich, zu berücksichtigen[4]. Ist die Steuerbelastung des Empfängers niedriger als die des Zahlenden, kommt nur eine

---

1 Vgl. BFH, IV R 46/78 vom 18. 2. 1982, BStBl. 1982 II, 394.
2 Tipke in Tipke/Kruse, § 160 Rz. 19 (Okt. 2004).
3 Tipke in Tipke/Kruse, AO, § 160 Rz. 18 (Okt. 2004); Padberg, FR 1977, 560, 568.
4 Tipke in Tipke/Kruse, AO, § 160 Rz. 20 (Okt. 2004); BFH XI R 10/98 vom 10. 3. 1999, BStBl. 1999 II, 434, 437.

Schätzung

Teil-Nichtberücksichtigung in Betracht[1], alles andere wäre ein „übermäßiger Eingriff". Insbesondere können Betriebsausgaben des Empfängers angesetzt werden[2], sofern diese nicht bereits bei diesem vermutlich abgezogen sind[3]. Sind bei dem Zahlungsempfänger keine steuerlichen Erträge wahrscheinlich, entfällt folglich eine Streichung[4]. S. auch Tz. 1087.

1109   Richtig ist auch, die Rechtsfolge des § 160 AO auf die Einkommensteuer zu beschränken, wenn feststeht, dass der Empfänger nicht der **Gewerbesteuer** unterliegt[5].

1110   Aus dem gleichen Grund schließt die **Lohnversteuerung** die Anwendung des § 160 AO aus, da die Steuerpflicht des Zahlungsempfängers erfüllt ist[6].

1111   Diese unterschiedlichen **Steuerbedingungen** des **Empfängers** und die damit gegebenen Unsicherheiten können auch in einer **Schätzung** Ausdruck finden, so können zB nur 30 vH der fraglichen Zahlungen als Betriebsausgabe gestrichen werden, um hierdurch alle Umstände der Steuerminderung auf Seiten der Zahlungsempfänger auszudrücken[7]. Finanzamt und Finanzgericht können auch an die Stelle der Streichung der Betriebsausgaben eine Schätzung von Betriebsausgaben setzen[8].

1112   Stellt sich in einem Prozess heraus, dass das Verlangen, den Empfänger zu benennen, rechtswidrig oder unklar (vgl. Tz. 1081) war, so hat das Finanzamt **nicht** in jedem Fall die Möglichkeit, durch ein klares Verlangen der Empfängerbenennung **nachzubessern**. Wenn nämlich mit an Sicherheit grenzender Wahrscheinlichkeit anzunehmen ist, dass etwaige steuerpflichtige Vorgänge bei den Geldempfängern verjährt

---

1 BFH I R 66/86 vom 9. 8. 1989, BStBl. 1989 II, 995.
2 STRECK/RAINER, KÖSDI 1981, 4131.
3 BFH IV 37/64, aaO (FN 783).
4 BFH IV 120/52 U vom 18. 9. 1952, BStBl. 1952 III, 275.
5 BFH XI B 85/92 vom 20. 7. 1992, BFH/NV 1994, 241; FG Berlin I 381/85 vom 22. 1. 1987, EFG 1987, 389; FG Düsseldorf GK 4068/92 vom 18. 4. 1995, EFG 1995, 962. AA TIPKE in Tipke/Kruse, § 160 Rz. 20 (Okt. 2004); BFH I R 46/94 vom 15. 3. 1995, BB 1995, 2256 mit dem förmlichen Argument, das Gewerbesteuergesetz knüpfte an den nach dem EStG ermittelten Gewinn an.
6 STRECK/RAINER, KÖSDI 1981, 4131.
7 So zB FG Hamburg I 53/76 vom 11. 10. 1977, EFG 1978, 107 betr. einen Antiquitätenhändler. Vgl. auch TIPKE in Tipke/Kruse, § 160 Rz. 20 (Okt. 2004).
8 FG Köln II K 2169/93 vom 8. 11. 1995, EFG 1996, 318.

sind, hat § 160 AO seinen Sinn verloren. § 160 AO ist nicht mehr anzuwenden[1].

Zur Anwendung des § 160 AO bei **Schätzungen** s. Tz. 1111. 1113

Der Stpfl. kann durch die Nichtbenennung des Zahlungsempfängers 1114
rechtlich nicht zwingend verhindern, dass der **Geldempfänger** gleichwohl **gesucht** wird (so § 160 S. 2 AO). Allerdings besteht in der Fahndungspraxis eine hohe Wahrscheinlichkeit, dass sich in diesem Fall die
Fahndung mit der Streichung des Betriebsausgabenabzugs begnügt
und im Übrigen den Empfänger nicht weiter ermittelt.

Konzentriert sich die Rechtsanwendung auf § 160 AO, darf nicht über- 1115
sehen werden, dass **ähnliche Rechtsfolgen** nach **anderen Vorschriften**
gezogen werden können. In einer Entscheidung[2] gab der BFH zu, dass
es nach dem Sachverhalt nicht möglich sei, den Betriebsausgabenabzug nach § 160 AO zu kürzen. Gleichwohl erfolgte die Kürzung, nämlich nach **§ 162 AO**. Der BFH billigte sie deshalb, weil nach dem Ge-
samteindruck aller Umstände Betriebsausgaben nicht glaubhaft seien.
Für Betriebsausgaben trage der Stpfl. die Beweislast. Die im gegebenen Sachverhalt vorliegende Unklarheit gehe zu seinen Lasten.
S. auch oben Tz. 1055.

Diesen **Fallstrick** muss der Berater kennen. Auch das Finanzamt kann, 1116
wenn es mit § 160 AO nicht weiterkommt, auf § 162 AO ausweichen
und behaupten, es sei nicht glaubhaft, dass Betriebsausgaben vorliegen.

§ 160 AO erlaubt nur, steuerwirksame Ausgaben zu streichen. Die Vor- 1117
schrift **ermöglicht nicht**, aus der Nichtanerkennung sonstiger Rechts-
verhältnisse auf **steuerpflichtige Einnahmen** zu schließen. In einer
Entscheidung des BFH vom 16. 3. 1988[3] hatte das Finanzamt Darle-
hensverhältnisse zu einer Liechtensteiner Gesellschaft nicht anerkannt. Das Finanzamt hatte nach § 160 AO den Zinsabzug verwehrt
und die Darlehenssumme selbst dem Gewinn hinzugerechnet. Zwar
lässt der BFH die Kürzung des Zinsabzugs durchgehen, hält es jedoch
– zutreffend – mit § 160 AO für unvereinbar, dass der Kapitalbetrag
selbst dem Gewinn zugerechnet wird. § 160 AO kann nur den steuer-

---

1 BFH VIII R 189/85 vom 25. 11. 1986, BFH/NV 1987, 486.
2 BFH VIII R 189/85, vom 25. 11. 1986, BFH/NV 1987, 486.
3 BFH I R 151/85 vom 16. 3. 1988, BStBl. 1988 II, 759; dazu HALCZINSKY, NWB
   F 2, 5135 (Okt. 1988).

wirksamen Abzug versagen, nicht aber einen ohnehin nicht wirksamen Abzug zu Gewinn umqualifizieren. Allerdings stellte sich auch hier dem BFH die Frage, ob nicht von § 160 AO auf § 162 AO ausgewichen werden kann (Tz. 1115). Dazu die Entscheidung: „Die Anwendung des § 162 AO 1977 scheidet aus, weil zur Überzeugung des FG keine verdeckten Betriebseinnahmen angenommen werden können." Die Gefahr war gegeben; sie war gebannt, da es keine Indizien für nicht versteuerte Einnahmen gab.

1118 Der Stpfl. muss den Empfänger nur benennen. Er steht nicht dafür ein, dass das Finanzamt die **Steuern** vom **Zahlungsempfänger** auch tatsächlich **erhält**[1]. Wird ein Subunternehmer als Geldempfänger benannt und geht das Finanzamt wegen dessen Illiquidität leer aus, können gleichwohl die Rechtsfolgen des § 160 AO nicht angewandt werden.

1119 § 160 AO löst keine Rechtsfolgen bei der **Umsatzbesteuerung** aus[2]. Allerdings wird hier eine ähnliche Fiskalfolge dadurch erreicht, dass den Unternehmer, der einen Vorsteuerabzug anstrebt, die objektive Beweislast trifft, dass der ausgewiesene Unternehmer der Rechnungsaussteller, dh. der Leistende ist.

IV. Verfahrensfragen

1120 Das **Verlangen**, den Empfänger zu benennen, ist **kein eigenständiger Verwaltungsakt,** sondern eine nicht selbständig anfechtbare Vorbereitungshandlung zur gesonderten Feststellung von Besteuerungsgrundlagen oder zur Steuerfestsetzung[3]. Über die Rechtmäßigkeit der Anwendung des § 160 AO wird mithin im **Einspruchs-** und **Klageverfahren** bzgl. der **Steuerbescheide** gestritten, mit denen die nachteiligen Steuerfolgen des § 160 AO gezogen werden.

1121 Die **objektive Darstellungs- und Beweislast** trägt der Stpfl. insofern, als es darum geht, ob fingierte oder tatsächlich verausgabte Zahlungen vorliegen[4]. Liegen Betriebsausgaben vor, so trägt das Finanzamt

---

1 So PADBERG, FR 1977, 560, 571.
2 PADBERG, FR 1977, 560, 568.
3 BFH VIII R 371/83 vom 12. 9. 1985, BStBl. 1986 II, 537, mit HFR-Anm. 1986, 452; I R 67/84 vom 20. 4. 1988, BStBl. 1988 II, 927, mit HFR-Anm. 1989, 64; **aA** TIPKE in Tipke/Kruse, § 160 Rz. 7 und 25 (Okt. 2004).
4 PADBERG, FR 1977, 560, 571.

die objektive Darstellungs- und Beweislast, dass der benannte Empfänger falsch ist[1].

Gerade bei der Frage, ob **Zahlungen zB als Zinszahlungen** an **Ausländer** anzuerkennen sind (s. auch oben Tz. 1063 ff.), konzentriert sich die Diskussion auf die Frage des Nachweises und der Beweislast.   1122

Die OFD Hamburg[2] hat verfügt, dass der **Nachweis** durch **Eigenbelege**   1123 erfolgen kann; sie müssen neben der Unterschrift des Betriebsinhabers oder Geschäftsführers die Unterschrift einer weiteren Person – möglichst des Auszahlenden – tragen, wobei Familienangehörige ausgeschlossen sind. Man kann den Erlass wegen seines Ausschlusses der Familienmitglieder kritisieren; muss ihm jedoch eher Positives abgewinnen, als er von Seiten der Finanzverwaltung ein handhabbares Mittel der Glaubhaftmachung schafft. Ähnlich auch der Anwendungserlass zur AO[3]: „In geeigneten Fällen ist eine Erklärung der mit dem Geschäft betrauten Personen sowie des verantwortlichen Organs des Unternehmens zu verlangen, dass ihnen keine Umstände bekannt sind, die für einen Rückfluss der Zuwendung an einen inländischen Empfänger sprechen."

Im weiteren Verfahren ist es ungeschickt , wenn der **Steuerberater** die   1124 Geldzahlung in die Hand nimmt und er bezeugen soll, dass das Geld nicht an den Stpfl. (Unternehmer), sondern an einen Ausländer gelangt ist. Der Steuerberater wird auf diese Weise so in den betrieblichen Geschehensablauf eingebunden, dass seine eigenverantwortliche Beratung in einem Steuerstreitverfahren, in einer Steuerfahndungs- oder Betriebsprüfung tangiert ist.

Ist es erforderlich, nicht den formalen Geldempfänger, sondern den   1125 **wirtschaftlichen Empfänger**, die hinter vorgeschalteten Gesellschaften stehende Person zu benennen, so hängt der Erfolg einer solchen Benennung von der **Plausibilität** des **Sachverhaltsvortrags** ab. Die punktuelle Bezeichnung einer Person ist idR wenig überzeugend. Geschäfte, Abwicklung der Geschäfte und benannte Person müssen einen stimmigen Sachverhalt ergeben.

---

1 PADBERG, FR 1977, 560, 571. Str. **aA**, das Risiko von Unsicherheiten hinsichtlich der korrekten Empfängerbenennung dem Stpfl. anlastend: AEAO zu § 160 AO Abs. 3 aE.
2 Vom 24. 1. 1983, StEK EStG § 4 BetrAusg. Nr. 252.
3 AEAO zu § 160 AO Abs. 4 S. 4.

§ 160 AO und Schmiergelder

1126 Der BFH betont in einer Entscheidung[1], dass auch bei Leistungen ins Ausland den Stpfl. eine **erhöhte Mitwirkungspflicht** treffe. Die Entscheidung geht noch einen Schritt weiter: Aus der Nachweispflicht folge, dass auch der Name des Empfängers genannt werden müsse. Der BFH leitet dies aus den allgemeinen Grundsätzen der Buchführung ab. Dies steht im direkten Gegensatz zu § 160 AO, der sinnlos wäre, wenn sich die Empfängerbenennung bereits aus Buchführungsregeln ergäbe[2].

1127 Nach unserer **Erfahrung** hat die Tatsache, dass Auslandszahlungen inzwischen landauf, landab bekannt sind, dazu geführt, dass die Steuerfahndung und die Finanzämter **nicht kleinlich** mit der Anerkennung sind. Voraussetzung ist allerdings, damit steht und fällt die Anerkennung, dass das Finanzamt nicht zur Vermutung gelangt, ein Teil der Zahlungen sei in die eigene Tasche geflossen.

1128 Hat das Finanzamt nach der Benennung des Empfängers die Veranlagung endgültig durchgeführt, so ist die spätere **Berichtigung** zu Ungunsten nach § 173 Abs. 1 Nr. 1 AO wegen neuer Tatsachen ausgeschlossen[3]. Ebenfalls scheidet eine Berichtigung nach § 174 AO aus.

V. § 160 AO und Schmiergelder

1129 Die strafrechtliche und ertragsteuerliche Behandlung von Bestechungsgeldern, Schmiergeldzahlungen und ähnlichen „nützlichen Aufwendungen" wurde in den letzten Jahren mehrfach geändert[4]. Im Wesentlichen handelt es sich um **zwei Änderungen**:

1130 Mit dem Jahressteuergesetz 1996 vom 11. 10. 1995[5] wurde mit § 4 Abs. 5 S. 1 Nr. 10 EStG erstmals der zuvor bestehende Betriebsausgabenabzug **eingeschränkt**. Die Regelung gilt seit dem **Veranlagungszeitraum 1996**. Inhaltlich war die Abzugsmöglichkeit nur bei Vorliegen einer **rechtskräftigen Verurteilung** des Zuwendenden oder des Emp-

---

1 BFH IV R 46/78 vom 18. 2. 1982, BStBl. 1982 II, 394.
2 Vgl. auch STRECK, StRK-Anm. EStG (bis 1974) § 4 BetrAusg. R. 227; unzutreffend insoweit auch BUSCH, StBp. 1985, 228.
3 FG Düsseldorf/Köln VII 174/75 E vom 26. 10. 1977, EFG 1978, 108. Zur späteren Berichtigung zugunsten des Stpfl. vgl. Tz. 1212 ff.
4 BMF-Schreiben IV A 6 – S 2145-35/02 vom 10. 10. 2002, BStBl. I, 1031.
5 BGBl. 1995 I, 1250.

fängers oder im Falle einer **Verfahrenseinstellung** nach §§ 153 ff. StPO zu versagen.

Eine weitere deutliche Einschränkung erfuhr § 4 Abs. 5 S. 1 Nr. 10 EStG im Steuerentlastungsgesetz 1999/2000/2002 vom 24. 3. 1999[1]. Demnach greift das Abzugsverbot bereits ein, wenn die Zuwendung von Vorteilen eine **rechtswidrige Tat darstellt**, die den Tatbestand eines Strafgesetzes oder eines Gesetzes verwirklicht, das die Ahndung mit einer Geldbuße „zulässt". Folglich ist ein schuldhaftes Verhalten des Zuwendenden oder dessen Verurteilung oder eine Einstellung des gegen ihn gerichteten Verfahrens nicht mehr erforderlich. Ferner kommt es auf die Verfolgbarkeit nicht mehr an. § 4 Abs. 5 S. 1 Nr. 10 EStG gilt unmittelbar für die Gewinneinkunftsarten und nach § 9 Abs. 5 EStG sinngemäß für die Überschusseinkunftsarten. **1131**

Bei der **Prüfung**, ob Abzugsfähigkeit gegeben ist, ist so vorzugehen: **1132**
1. Es darf keine private Mitveranlassung vorliegen, sonst fallen die Ausgaben insgesamt unter das Aufteilungs- und Abzugsverbot nach § 12 EStG[2].

2. Die Versagung des Betriebsausgabenabzugs ist nur möglich, wenn eine **Aufwendung** vorliegt. Das ist nicht der Fall, wenn lediglich entgangene Einnahmen iSv. unentgeltlich erbrachten Dienstleistungen, der Hingabe verbilligter oder zinsloser Darlehen oder der Gewährung von Rabatten vorliegen[3]. **1133**

3. Nur wenn die Zuwendung der Vorteile eine **rechtswidrige Handlung** darstellt, die den Tatbestand eines **deutschen Strafgesetzes** erfüllt, kommt eine Einschränkung des Betriebsausgabenabzugs in Betracht. Abzustellen ist insofern auf das Handeln des Betriebsinhabers bzw. der vertretungsberechtigten Organe. **1134**

4. Problematisch ist, wenn die Tat oder Teile der Tat im **Ausland begangen** werden. Das Abzugsverbot greift nur ein, wenn die konkrete Tat vom Schutzbereich des deutschen Straftatbestandes erfasst wird, **1135**

1 BGBl. 1999 I, 402.
2 JOECKS in Franzen/Gast/Joecks, § 370 Rz. 148, überlegt, ob Bestechungsgelder nicht insgesamt als „Ausgaben der privaten Lebensführung" anzusehen sind und deshalb von Natur aus keine Betriebsausgaben darstellen.
3 Nach Rz. 8 des BMF-Schreibens vom 10. 10. 2002 sollen auch alle Nebenkosten im Zusammenhang mit den einschlägigen Straftaten und Ordnungswidrigkeiten zu diesen nicht abzugsfähigen Aufwendungen gehören. Hierzu werden insbesondere Beratungs-, Verteidigungs- und Gerichtskosten gezählt.

was sich durch eine Auslegung der jeweils einschlägigen Tatbestände ermitteln lässt. So ist beispielsweise die Strafbarkeit nach § 108b StGB sowie von Ordnungswidrigkeiten, wie zB § 119 Abs. 1 Nr. 1 Betriebsverfassungsgesetz oder § 81 Abs. 1 Nr. 1 GWB auf den Schutz inländischer Güter beschränkt, wo hingegen § 299 Abs. 3 StGB[1] auch den Schutz des ausländischen Wettbewerbs bezweckt. In einem weiteren Schritt ist zu prüfen, ob die im Ausland begangene Tat auch im Inland verfolgbar wäre.

1136 5. Die Finanzbehörde trifft die **Feststellungslast** für das Vorliegen der Voraussetzungen des § 4 Abs. 5 S. 1 Nr. 10 EStG[2]. Folglich muss das Finanzamt eine überaus komplizierte strafrechtliche Subsumtion der Entscheidung über die Gewährung des Betriebsausgabenabzugs voranstellen. Liegt lediglich ein Verdacht vor, kann die Gewährung des Betriebsausgabenabzugs auch nur vorläufig erfolgen[3].

1137 6. Die Finanzbehörde trifft bei der Aufforderung an den Stpfl. zur Mitwirkung einer Sachverhaltsaufklärung eine **Belehrungspflicht**[4]. So ist beispielsweise über die Möglichkeit der straf- bzw. bußgeldrechtlichen Selbstbelastung, das Zwangsmittelverbot etc. zu belehren. Wird gegen die Belehrungspflicht verstoßen, dürfen die erlangten Kenntnisse grundsätzlich **nicht strafrechtlich verwertet** werden; eine Verwendung im Besteuerungsverfahren soll hingegen zulässig sein[5].

1138 7. Kommt die Nichtabziehbarkeit von Betriebsausgaben sowohl nach § 4 Abs. 5 S. 1 EStG als auch wegen Nichterfüllung des Benennungsverlangens nach § 160 AO in Betracht, gilt für das **Verhältnis mehrerer Abzugsverbote untereinander**:

Die Finanzverwaltung[6] will ausschließlich auf die Verfahrensökonomie abstellen. Daraus ergeben sich zwei **mögliche Konstellationen**.

1139 Hat die FinVerw. lediglich einen **Verdacht**, dass eine strafbare Bestechungshandlung vorliegt, wird sie den Steuerpflichtigen – ggfs. nach Durchführung der Belehrung – zur Benennung des Zahlungsempfängers nach § 160 AO auffordern. So der Empfänger nicht ausreichend

---

1 Durch Gesetz vom 22. 8. 2002, BGBl. 2002 I, 3387, in Kraft seit 30. 8. 2002.
2 Der Stpfl. hat zuvor nachzuweisen, dass es sich dem Grunde nach um eine Betriebsausgabe handelt.
3 Tz. 29 des BMF-Schreibens vom 10. 10. 2002, aaO.
4 Tz. 30 des BMF-Schreibens vom 10. 10. 2002, aaO.
5 Tz. 30 des BMF-Schreibens vom 10. 10. 2002, aaO.
6 Tz. 35 des BMF-Schreibens vom 10. 10. 2002, aaO.

benannt wird, wird der Betriebsausgabenabzug versagt. In eine straf-
juristische Argumentation wird das Finanzamt nicht eintreten.

Sind hingegen die Voraussetzungen für die Anwendung des **Abzugs-** 1140
verbots nach § 4 Abs. 5 S. 1 Nr. 10 EStG ggfs. durch vorangegangene
Ermittlungen der Staatsanwaltschaft **eindeutig belegt**, erfolgt die Versagung des Betriebsausgabenabzugs nach dieser Norm. § 160 AO
spielt dann keine Rolle mehr.

VI. § 160 AO und Steuerhinterziehung

Die unterlassene Aufzeichnung der Zahlungsempfänger ist **keine** 1141
Steuerhinterziehung. Das Unterlassen der Aufzeichnung bewirkt für
sich keinen Verkürzungserfolg iSd. § 370 Abs. 4 AO[1]. Die bloße Nichtbeachtung des § 160 AO ist folglich nicht strafbar[2]. Nicht der Stpfl.,
sondern die Zahlungsempfänger verkürzen Steuern, wenn sie die Zahlungen dem Finanzamt verschweigen.

Selbst wenn der Stpfl. bei der Abgabe der Steuererklärung von der 1142
Verpflichtung zur Empfängerbenennung weiß und er dieser Pflicht
nicht nachkommen will, ist der Tatbestand der Steuerhinterziehung
nicht erfüllt. § 160 AO normiert eine **steuerliche Gefährdungshaftung**
für die Steuerschuld Dritter und keine eigenständige Steuerpflicht. Der
Betriebsausgabenabzug beim Zahlenden wird lediglich als Kompensa-
tion für den möglichen Steuerausfall beim Zahlungsempfänger versagt. Bei Anwendung des § 160 AO wird der Stpfl. somit nicht für eine
eigene, sondern eine potentielle, fremde Steuerverkürzung in Anspruch genommen. Auch die wissentliche Nichtbeachtung des § 160
AO kann daher allenfalls Teilnahme an der Steuerhinterziehung Dritter sein. Das gilt entgegen der im Urteil vom 26. 1. 1990[3] vertretenen
Auffassung des BGH sogar dann, wenn die Betriebsausgaben gar
nicht in der Buchführung erfasst waren und aus nichterklärten Einkünften bestritten wurden. Werden Schwarzeinkünfte durch entsprechende „schwarze" Betriebsausgaben kompensiert, liegt eine Steuer-

---

1 BGH 2 StR 64/85 vom 22. 11. 1985, BGHSt 33, 383, 385 ff.; FG Düsseldorf 14 K
   4740/92 vom 5. 12. 1996, EFG 1997, 588, 590; BUBLITZ, BB 1997, 167.
2 SPATSCHECK/ALVERMANN, DStR 1999, 1427, 1430, mwN; DANNECKER, wistra
   2001, 244; JOECKS in Franzen/Gast/Joecks, § 370 Rz. 147.
3 3 StR 472/98, wistra 1990, 232. Zu denken ist hier lediglich an eine Umsatz-
   steuerverkürzung, wenn die Zahlung mit unzutreffenden Belegen abgedeckt
   und hieraus ein Vorsteuerabzug geltend gemacht wurde.

Verwertungsverbote

verkürzung nur bei den Empfängern der Betriebsausgaben vor, wenn sie diese Einkünfte nicht erklären[1].

1143 Darüber hinaus steht einer Steuerhinterziehung im Rahmen von § 160 AO entgegen, dass die Vorschrift eine **Ermessensentscheidung** der Finanzbehörde voraussetzt[2]. Wie dieses Ermessen ausgeübt, ob das Benennungsverlangen gestellt wird, ist für den Stpfl. nicht vorhersehbar, so dass auch der subjektive Hinterziehungstatbestand entfällt[3]. Unterstützt der Zahlende aber die Hinterziehung des Empfängers, kann Mittäterschaft oder Beihilfe zu dessen Straftat vorliegen.

E. Verwertungsverbote

I. Verwertbarkeit rechtswidriger Sachverhaltsfeststellungen im Strafverfahren

1144 Das Problem der Verwertbarkeit **rechtswidriger Sachverhaltsfeststellungen** und Beweiserhebungen im **Strafverfahren** – und damit das Problem der strafrechtlichen Verwertungsverbote – ist eines der zentralen Themen des Strafverfahrensrechts; insoweit sei auf die Literatur und Judikatur zum Strafverfahren hingewiesen[4]. In den nachfolgenden Ausführungen beschäftigen wir uns mit spezifischen Besonderheiten des Steuerstrafverfahrens.

1145 Zur Rechtsgültigkeit einer **Beschlagnahme** bei **rechtswidriger Durchsuchung** s. Tz. 365 f.; zur Nichtverwertbarkeit rechtswidrig beschlagnahmter Gegenstände s. Tz. 367; zur umstrittenen Frage der Verwertbarkeit von Bankunterlagen, die in Verfahren gegen Bankmitarbeiter beschlagnahmt wurden, in den Verfahren gegen Bankkunden s. BFH VII B 28/99 vom 25. 7. 2000, BStBl. 2000 II, 643; VII B 277/00 vom 6. 2. 2001, DStR 2001, 350; VIII B 114/05 vom 19. 1. 2006, BFH/NV 2006, 709.

II. Verwertbarkeit rechtswidriger Sachverhaltsfeststellungen im Steuerverfahren

1146 Problematisch ist, ob **rechtswidrig** ermittelte **Sachverhalte Steuerveranlagungen** und anderen Steuerverwaltungsakten zugrunde gelegt

---

1 Nach BGH 3 StR 472/98 soll **kein** Fall des **Kompensationsverbots**, vgl. Tz. 1012, vorliegen.
2 FG Düsseldorf 14 K 4740/92 vom 5. 12. 1996, EFG 1997, 588, 590.
3 SPATSCHECK/ALVERMANN, aaO; MÜLLER, AO-StB 2005, 249, 252.
4 Vgl. einführend MEYER-GOSSNER, Einl. Rz. 50 ff. (insbes. Rz. 55); GÖSSEL in Löwe/Rosenberg, Einl. Abschn. K.

werden können oder ob dem ein Verwertungsverbot entgegensteht[1]. Die Frage der Verwertbarkeit festgestellter Tatsachen stellt sich einmal in der allgemeinen Form, zum anderen im Besonderen bei der Anwendung einzelner Normen, die Rechtsfolgen an die Feststellung bestimmter Tatsachen knüpfen, zB bei § 173 AO, dh. der Bestandskraftdurchbrechung bei neuen Tatsachen (s. dazu auch Tz. 1212 ff.).

III. Verwertung im Steuerverfahren ermittelter Sachverhalte im Strafverfahren

§ 393 Abs. 1 AO normiert die fortbestehende **Parallelwirkung** zwischen **Abgabenrecht** und **Strafverfahrensrecht**, wenn beide Verfahrensrechte sich in einem Sachverhalt berühren. Prinzipiell schränken sich beide Rechtskreise nicht ein. Die AO erlaubt eine minimale Konzession: Mitwirkungspflichten können nicht mehr erzwungen werden. Entsprechend dieser Regelung fordert das Steuerrecht auch noch im Steuerstrafverfahren und im Fahndungsverfahren dem Grunde nach volle Information; die Selbstbezichtigung wird in Kauf genommen; zur im Einzelnen umstrittenen Rechtslage s. Tz. 506 ff.   1147

Der im Steuerverfahren ermittelte Sachverhalt kann im Strafverfahren wegen Steuerdelikten **verwertet** werden[2]. § 393 Abs. 2 AO kennt ein Verwertungsverbot nur für Nicht-Steuerdelikte (s. Tz. 1150).   1148

Einen Anstoß zur **Änderung** der **Auslegung** des § 393 Abs. 1 AO sollte der Beschluss des **BVerfG** 1 BvR 116/77 vom 13. 1. 1981[3] zu §§ 75, 100, 101 KO bringen. Der Gemeinschuldner ist im Konkursverfahren nach § 100 KO zur Aussage verpflichtet, auch wenn er sich selbst einer Straftat bezichtigt. Diese Aussagen dürfen nach der Erkenntnis des BVerfG jedoch nicht im Strafverfahren verwendet werden, um das aus der Menschenwürde ableitbare Recht, sich nicht selbst einer Straftat zu bezichtigen, nicht zu verletzen[4]. Diese Erkenntnis vermag auch die   1149

---

1 Hierzu grundsätzlich, auch zum Meinungsstand, Söhn in Hübschmann/Hepp/Spitaler, § 88 Rz. 276 ff. (Nov. 2003); Tipke in Tipke/Kruse, § 88 Rz. 14 (Jul. 2002).
2 Vgl. BVerfG 2 BvR 330/88 vom 21. 4. 1988, wistra 1988, 302.
3 NJW 1981, 1431; dazu Stürner, NJW 1981, 1757; Streck, StV 1981, 362; Rengier, BB 1985, 720.
4 Das BVerfG, aaO, betont in bemerkenswerter Klarheit und Eindeutigkeit dieses Recht; vgl. Streck, StV 1981, 362; Streck/Spatscheck, wistra 1998, 334.

Steuerstrafrechtliches Verwertungsverbot

Konfliktsituation des § 393 Abs. 1 AO richtig und angemessen zu lösen. Oben in Tz. 508 ff. ist dargelegt, dass aus dem Konflikt zumindest ein Weigerungsrecht herzuleiten ist. Als Rechtsalternative bietet sich jedoch auch Folgendes an: Soweit die Finanzverwaltung für die Besteuerung Auskünfte fordert, bleibt es bei den Pflichten der AO. Umfassen diese Auskünfte eine Selbstbezichtigung, sind sie steuerstrafrechtlich mit einem Verwertungsverbot belegt[1]. In diese Richtung tendiert die neuere Rechtsprechung des BGH[2]. Die Steuerfahndung muss offenlegen, ob sie ihre Anforderungen abgabenrechtlich rechtfertigt oder ob sie strafprozessual tätig wird. Antworten aufgrund der AO führen, soweit ihr Inhalt den Steuerbürger belastet, zu Verwertungsverboten in strafrechtlicher Hinsicht. Nur durch ein solches Verwertungsverbot wird vermieden, „dass die staatlichen Strafverfolgungsbehörden weitergehende Möglichkeiten erlangen als in anderen Fällen der Strafverfolgung" (BVerfG, aaO). Es wird sichergestellt, dass der Steuerbürger einmal als Hinterzieher nicht über mehr Vorteile verfügt als der ehrliche Steuerbürger, zum anderen ist garantiert, dass der Hinterzieher nicht schlechter behandelt wird als sonstige Strafverfolgte (s. Tz. 511). Methodisch ist das Verwertungsverbot Ergebnis einer verfassungskonformen Auslegung des § 393 AO. Die Bindungen von Tradition und Rechtsbeharrung werden dieser klaren Trennung von Abgaben- und Strafverfahrensrecht mit Ablehnung gegenüberstehen. Es sei auch eingeräumt, dass sich die Steuerfahndungspraxis erheblich ändern müsste. Die heute anzutreffende von-Fall-zu-Fall-Wahl des jeweils stärksten Verfahrensmittels würde von einer rational überprüfbaren und in den Rechtsfolgen unterscheidbaren Wahl der Mittel abgelöst werden. Die Rechtsstaatlichkeit des Steuerfahndungsverfahrens könnte nur gewinnen. Ganz so neu wäre diese Trennung, gesichert durch ein Verwertungsverbot, im Übrigen nicht. Bei zeitlich nacheinanderfolgenden Steuer- und Strafverfahren wird die Frage der richtigen Abgrenzung in breitem Rahmen diskutiert; Verwertungsverbote werden zugunsten der zeitlich vorangehenden Steuersphäre und zum Nachteil des nachrangigen Strafverfahrens akzeptiert. Von der Beur-

---

1 So bereits REISS, NJW 1977, 1436; ausführlicher STRECK, StV 1981, 362; zustimmend KOHLMANN, FS Tipke, 1995, 487, 506; aA STÜRNER, NJW 1981, 1757. Ähnlich die Alternativlösung (zeitliche Versetzung) von RENGIER, aaO (S. 303 FN 3). AA allerdings BVerfG 2 BvR 330/88, aaO (S. 303 FN 2), in einer Entscheidung eines Vorprüfungsausschusses.
2 5 StR 191/04 vom 12. 1. 2005, wistra 2005, 148.

teilung bei zeitlicher Abtrennung bis zu derjenigen der sachlichen Abtrennung bei zeitlicher Gleichläufigkeit ist es kein qualitativ neuer Schritt, sondern nur eine folgerichtige Weiterentwicklung.

§ 393 Abs. 2 AO kennt ein ausdrückliches Verwertungsverbot: Soweit   1150
die Staatsanwaltschaft oder das Gericht in einem Strafverfahren aus
den Steuerakten Tatsachen oder Beweismittel erfährt, die der Stpfl. in
Erfüllung steuerlicher Pflichten in Unkenntnis eines Steuerstrafverfahrens dem Finanzamt mitgeteilt hat, dürfen diese Tatsachen oder Beweismittel **nicht** zur Verfolgung von Taten verwandt werden, die **keine
Steuerstraftaten** sind[1].

Nach § 393 Abs. 2 S. 2 AO gilt als **Ausnahme**, wenn ein zwingendes   1151
öffentliches Interesse iS von § 30 Abs. 4 Nr. 5 AO vorliegt[2]. Wegen der
Durchbrechung des Grundsatzes, wonach sich niemand selbst einer
Straftat bezichtigen muss, kann diese Ausnahme nur für Fälle schwerer Kriminalität gelten[3]. Es ist sogar zu bezweifeln, ob diese Einschränkung verfassungsgemäß ist[4].

Nur der **Stpfl.** ist **geschützt**, nicht Dritte; gegen sie darf mit den „ver-   1152
botenen" Tatsachen und Beweismitteln vorgegangen werden[5]. Dies ist
im Hinblick auf das Steuergeheimnis bedenklich.

Für **Informationen**, die von **dritter Seite** oder durch den Stpfl. **freiwil-**   1153
lig, ohne steuerliche Verpflichtung in die Steuerakten gelangt sind,
gilt das Verwertungsverbot nach derzeit noch herrschender, aber umstrittener Ansicht nicht[6].

---

1 Details sind umstritten. Vgl. zu § 393 Abs. 2 AO – neben der Kommentarliteratur – SPATSCHECK/ALVERMANN, AO-StB 2001, 165 mwN; MEINE, wistra 1985,
186; MÜLLER, DStR 1986, 699; für ein weites Verwertungsverbot: BayObLG
4 StRR 104/96 vom 6. 8. 1996, NJW 1997, 600; BayObLG 3 St RR 227/97 vom
18. 11. 1997, wistra 1998, 117; BayObLG 4 St RR 2/98 vom 18. 2. 1998, wistra
1998, 197. Enger: BGH 5 StR 159/99 vom 14. 6. 1999, wistra 1999, 341.
2 Beispielsfall BGH III ZR 123/79 vom 12. 2. 1981, WM 1981, 554.
3 OLG Stuttgart 2 Ss 772/86 vom 16. 4. 1986, wistra 1986, 191.
4 So OLG Stuttgart, aaO (S. 305 FN 3), und BVerfG 2 BvR 330/88, aaO (S. 303
FN 2). Für die Verfassungsmäßigkeit RÜSTER, wistra 1988, 49, mit einer auch
im Übrigen einschränkenden Auslegung des Verwertungsverbotes aus § 393
Abs. 2 AO.
5 WISSER in Klein, § 393 Rz. 27 f.
6 SCHEURMANN-KETTNER in Koch/Scholtz, § 393 Rz. 22; aA TIPKE in Tipke/Kruse,
§ 88 Rz. 17 (Jul. 2002).

1154 **Vorsätzlich falsche Angaben** sind nicht durch das Steuergeheimnis geschützt (§ 30 Abs. 5 AO; Tz. 913). Daraus wird hergeleitet, dass auch der Schutz des § 393 Abs. 2 AO in diesem Fall nicht greife[1].

1155 **Steuerliche Verwertungsverbote** wirken dann auch im Strafverfahren, wenn der sie tragende Grund allgemein gilt und nicht nur auf das Steuerverfahren bezogen ist, wenn es sich um sogenannte übergreifende Verwertungsverbote handelt[2].

IV. Verwertung im Strafverfahren ermittelter Sachverhalte im Steuerverfahren

1156 Der im **Steuerstrafverfahren** ermittelte **Sachverhalt** kann **steuerlich verwertet** werden. Auch die Erkenntnisse, die Durchsuchung und Beschlagnahme erbringen, dürfen den Steuerveranlagungen zugrunde gelegt werden. Dies ist der weitgehend streitlose Rechtszustand[3].

1157 Aus einem **strafrechtlichen Verwertungsverbot** folgt ein **steuerliches Verwertungsverbot**, sofern die zugrunde liegende Entscheidung **allgemein** gilt[4]; hier kann man von übergreifenden Verwertungsverboten sprechen[5].

1158 Grundsätzlich greifen Verwertungsverbote aufgrund von **Grundrechtsverletzungen** vom strafrechtlichen Verfahren auf das Steuerverfahren über[6].

1159 So kann das Steuerrecht die Konkretisierung des Gebots, die **Menschenwürde** zu **achten** (Art. 1 GG), in § 136a StPO nicht übergehen[7].

---

1 Scheurmann-Kettner in Koch/Scholtz, § 393 Rz. 24.

2 Streck/Spatscheck, wistra 1998, 334, 337; s. auch Tz. 519 ff.

3 Vgl. hierzu Streck/Spatscheck, wistra 1998, 334, 338 mwN; Seer, StuW 1991, 165.

4 Rüping, Beweisverbote, 33; s. weiter OFD Köln nach Stähler, 103; Endriss, DB 1976, 2087; Finken/Heilmaier, StbKongrRep. 1979, 186; Tipke in Tipke/Kruse, § 88 Rz. 15 (Jul. 2002), betr. § 136a StPO; Söhn in Hübschmann/Hepp/Spitaler, § 88 Rz. 289, 297 ff. (Nov. 2003); Streck in Kohlmann (Hrsg.), 229 ff.; Joecks in Franzen/Gast/Joecks, § 393 Rz. 50; Hellmann, 384 ff.

5 Streck, in Kohlmann (Hrsg.), 229 ff.

6 Tipke in Tipke/Kruse, § 88 Rz. 14 (Jul. 2002); Rüping, Beweisverbote, 39; Kohlmann, FS Tipke, 1995, 487, 497. Demgegenüber gibt Hildebrandt, DStR 1982, 24, dem Recht der Allgemeinheit auf Steuereinnahmen den Vorrang vor dem individuellen Grundrechtsschutz.

7 Söhn in Hübschmann/Hepp/Spitaler, § 88 Rz. 299 f. (Nov. 2003); Tipke in Tipke/Kruse, § 88 Rz. 14 (Jul. 2002); Kohlmann, FS Tipke 1995, 487, 495; FG

Das BVerfG[1] hat entschieden, dass **heimliche Tonbandaufnahmen** in einem Steuerstrafverfahren wegen Verstoßes gegen Art. 1, 2 GG nicht verwertet werden dürfen. Das Verwertungsverbot ist im Steuerverfahren wirksam; die heimliche Aufnahme und die infolge der rechtswidrigen Abhörung in der Strafakte befindlichen Informationen dürfen im Steuerverfahren nicht ausgewertet werden. Beschafft sich die Fahndung unter Verletzung von Art. 13 GG eigenmächtig Beweismaterial in der **Privatwohnung** des Stpfl., so ist dieses Material nicht im Steuerverfahren[2], aber auch nicht im Steuerstrafverfahren zu verwerten. Das Gleiche gilt in Ausnahmefällen für rechtswidrige Durchsuchungen, deren Ergebnisse auch steuerlich nicht verwertet werden dürfen[3]. Eine Ausnahme stellt die Telefonüberwachung dar: Die AO enthält keine dem § 101s StPO vergleichbare Vorschrift, weshalb das Ergebnis einer Telefonüberwachung im Besteuerungsverfahren grundsätzlich nicht verwertbar ist[4].

Aber auch bei Verletzung von **Werten unterhalb** der **Ranghöhe** der **Grundrechte** kann ein Verwertungsverbot in das Steuerverfahren übergreifen. Unterbleibt die **Belehrung** eines **Angehörigen** im Strafverfahren nach § 52 Abs. 3 StPO, so kann diese Aussage im Strafverfahren nicht verwertet werden[5]. Das Gleiche muss für das Steuerverfahren gelten; denn der Grund für das Aussageverweigerungsrecht des § 52 StPO und des § 101 AO ist identisch[6]. Allerdings hat der BFH[7] im Falle der Verletzung der Belehrungspflicht nach § 393 Abs. 1 S. 4 AO kein Verwertungsverbot angenommen.   **1160**

Das Verwertungsverbot greift nur insoweit, als das Ermittlungsergebnis auf der rechtswidrigen Ermittlung **beruht**[8]. Ausreichend ist jedoch die Möglichkeit des Beruhens.   **1161**

Saarland I 9/85 vom 25. 10. 1985, EFG 1986, 58; FG Berlin VII 24/86 vom 3. 11. 1987, EFG 1988, 343; URBAN, NWB F 17, 1037, 1041 (11/89).
1 2 BvR 454/71 vom 31. 1. 1973, BVerfGE 34, 238, 248.
2 Vgl. SÖHN in Hübschmann/Hepp/Spitaler, § 88 Rz. 308 ff. (Nov. 2003).
3 S. auch Tz. 365. Das vom LG Bonn im Beschluss 37 Qs 57/80 vom 1. 7. 1980, NJW 1981, 292, ausgesprochene Verwertungsverbot nach einer rechtswidrigen Durchsuchung gilt mithin auch für das Steuerverfahren; vgl. STRECK, StB 1980, 261; SÖHN in Hübschmann/Hepp/Spitaler, § 88 Rz. 126 (Okt. 1990).
4 BFH VII B 265/00 vom 26. 2. 2001, BStBl. II 2001, 464.
5 MEYER-GOSSNER, § 52 Rz. 32.
6 Vgl. hierzu FG Rheinland-Pfalz 3 K 145/83 vom 25. 10. 1984, EFG 1985, 266; SÖHN in Hübschmann/Hepp/Spitaler, § 88 Rz. 315 (Nov. 2003).
7 XI R 10, 11/01 vom 23. 1. 2002, BStBl. 2002 II, 328; str. **aA** HELLMANN in Hübschmann/Hepp/Spitaler, § 393, Rz. 121 (Nov. 1999) mwN.
8 Vgl. hierzu TIPKE in Tipke/Kruse, § 88 Rz. 17 aE (Jul. 2002).

Verzögerte Einleitung eines Strafverfahrens

1162 Folgt aus dem Verwertungsverbot im Strafverfahren ein Verwertungsverbot im Steuerverfahren, so bedarf es keiner **gerichtlichen Feststellung** des Verwertungsverbots in dem ersten Verfahren, um dem
Verwertungsverbot übergreifende Wirkung zu geben[1]. Gerichtsent-
scheidungen stellen die Rechtswidrigkeit und ein etwaiges Verwertungsverbot fest, begründen dieses jedoch nicht originär. Gerichtsent-
scheidungen sind regelmäßig auch nicht bindend für das jeweils andere Verfahren, anders als etwa die Entscheidung des BVerfG nach
§ 31 BVerfGG.

1163 Allerdings leitet der **BFH** teilweise unmittelbar aus dem in der ordentlichen Gerichtsbarkeit im Rahmen des Strafverfahrens festgestellten
Verwertungsverbot ein steuerliches Verwertungsverbot her[2]. Dieser
Entscheidung ist nicht zu entnehmen, dass der BFH grundsätzlich eine
entsprechende gerichtliche Entscheidung des jeweils anderen Verfahrens fordert[3]. Soweit der BFH dem im Strafverfahren festgestellten Verwertungsverbot nur deshalb einen Durchgriff auf das Steuerverfahren
gestattet, weil die Rechtswidrigkeit von Tatsachenfeststellungen gerichtlich festgestellt sei, geht er zu weit. Zu prüfen ist, ob der Grund,
der das Strafgericht zum Verwertungsverbot führt, auch für das Steuerverfahren zu einem Verwertungsverbot führen muss.

V. Die verzögerte Einleitung eines Strafverfahrens

1164 In einer besonderen Problematik stellt sich die Frage der Rechtsfolgen
bei der **nicht rechtzeitigen Einleitung** eines **Steuerstrafverfahrens** vor
oder innerhalb einer Prüfung.

1165 Im Steuerstrafverfahren werden die allgemeinen strafprozessualen Belehrungspflichten durch § 393 Abs. 1 S. 4 AO ergänzt und erweitert[4].
Folglich ist der Steuerpflichtige nach § 393 Abs. 1 AO darüber zu belehren, dass im Besteuerungsverfahren die Anwendung von Zwangsmitteln gegen ihn unzulässig ist, wenn er dadurch gezwungen wäre,

---

1 RÜPING, Beweisverbote, 50 f. Anders bei rechtswidrigen Ermittlungen innerhalb des Steuerrechts; hier verlangt die – umstrittene – steuerrechtliche
   Rechtsprechung die Anfechtung der Einzelmaßnahme.
2 BFH I B 10/79 vom 11. 7. 1979, BStBl. 1979 II, 704, mit HFR-Anm. 1979, 477.
   GlA FG Rheinland-Pfalz 5 K 122/88 vom 23. 10. 1989, EFG 1990, 91, betr.
   Verwertungsverbot aus § 108 StPO.
3 STRECK, BB 1980, 1541.
4 Vgl. Tz. 508 ff.

sich selbst wegen einer Steuerstraftat oder Steuerordnungswidrigkeit zu belasten. Die Einleitung eines Steuerstrafverfahrens ist dem Beschuldigten nach § 397 Abs. 3 AO spätestens mitzuteilen, wenn er dazu aufgefordert wird, Tatsachen darzulegen oder Unterlagen vorzulegen, die im Zusammenhang mit der Straftat stehen, derer er verdächtig ist. Von besonderer Bedeutung ist in diesem Zusammenhang § 10 BpO. Nach dieser Vorschrift dürfen die **Prüfungshandlungen** hinsichtlich eines Sachverhalts, auf den sich der Verdacht einer Straftat bezieht, **erst fortgesetzt** werden, wenn dem Stpfl. die **Einleitung** des Steuerstrafverfahrens **mitgeteilt** worden ist[1]. Folglich kann der Stpfl. im laufenden Betriebsprüfungsverfahren darauf vertrauen, dass kein Anfangsverdacht gegen ihn im Zusammenhang mit dem Prüfungsgegenstand besteht, solange die Betriebsprüfung noch andauert.

Bei vereinzelten Betriebsprüfern mag es mangelnde Erfahrung im Umgang mit Strafverfahren oder aber einfach nur die Erkenntnis sein, dass ein Betriebsprüfungsverfahren nach Bekanntgabe der Einleitung eines Ermittlungsverfahrens erst einmal ruht, die sie dazu veranlassen, den Steuerpflichtigen bei objektiv gegebenem Anfangsverdacht zur Mitwirkung anzuhalten und die beigebrachten Informationen zu verwenden. Der BGH hat in dem Beschluss vom 16. 6. 2005[2] nochmals das Prinzip der Rechtsprechung unterstrichen, dass der **Verstoß gegen Belehrungspflichten** über die Aussagefreiheit des Beschuldigten im Strafprozess zu einem **Verwertungsverbot** der unmittelbar hierdurch erlangten Informationen führt[3]. Diese Ansicht beruht im Wesentlichen auf dem Rechtsgedanken des § 136a StPO, nach dem ein Verwertungsverbot besteht, wenn der Beschuldigte über seine Mitwirkungsverpflichtung **getäuscht** wurde[4]. Ausnahmen gelten lediglich für den Fall, dass der Beschuldigte auch ohne Belehrung sein Recht kannte oder nach Bestellung eines sachkundigen Verteidigers der Verwertung nicht widerspricht.

1166

---

1 WEYAND, INF 2005, 717 mwN.
2 5 StR 118/05, wistra 2005, 381 = INF 2005, 609.
3 Grundlegend: BGH 5 StR 190/91 vom 27. 2. 1992, wistra 1992, 187; HELLMANN in Hübschmann/Hepp/Spitaler § 393 AO, Rz. 122 (Nov. 1999).
4 ZB durch Verstoß gegen die Mitteilungspflichten der §§ 136, 163a StPO. Vgl. JOECKS in Franzen/Gast/Joecks, § 393 Rz. 47; MEYER-GOSSNER, § 136a Rz. 14.

VI. Problem der Fernwirkung

1167 Verwertungsverbot heißt, dass eine bestimmte Aussage oder eine bestimmte Auskunft nicht verwertet werden darf. Das Verwertungsverbot ist folglich kein Mittel, um **Ermittlungsergebnisse insgesamt** oder einen Fahndungs- oder Betriebsprüfungsbericht insgesamt als nicht verwertbar zu qualifizieren.

1168 Nach der überwiegenden, aber streitigen Ansicht im Strafprozessrecht[1] hindert das Verwertungsverbot nicht **weitere Ermittlungen** aufgrund und unter Benutzung des nicht verwertbaren Beweismittels. Nur dieses selbst ist nicht verwertbar; die Strafverfolgungsbehörden dürfen aber durchaus versuchen, die durch die zB nicht verwertbare Aussage erzielten Erkenntnisse auf anderem Weg zu beweisen. Das **Verwertungsverbot** hat **keine** – so der Fachausdruck – **Fernwirkung**. Oder: Die „Früchte des vergifteten Baums" dürfen genossen werden[2].

1169 **Wirksam** kann das **Verwertungsverbot** also nur werden, wenn die nichtverwertbare Aussage des Stpfl. die einzige Erkenntnisquelle ist. Beispiel: Bekennt der Stpfl., in der Schweiz über ein Wertpapierdepot zu verfügen, und ist diese Information nicht verwertbar, so fehlt der Finanzverwaltung die Möglichkeit, die Information auf andere Weise zu beschaffen. Hier funktioniert das Verwertungsverbot zugunsten des Stpfl.

1170 In der sog. Traube-Entscheidung[3] hat der BGH eine **partielle Fernwirkung** eines Beweisverwertungsverbots zugelassen, wenn dies aufgrund einer Abwägung der Rechtswerte des staatlichen Verfolgungsinteresses und des Grundrechtsschutzes geboten erscheint. Das Verwertungsverbot des § 136a StPO hat seinen Grund in Art. 1 GG; es ist die Konkretisierung des Gebots, die Menschenwürde zu achten. Es ist durchaus denkbar, dass in eindeutigen Sachverhalten auch im Rahmen des § 136a StPO die Fernwirkung des Verwertungsverbots rechtliche Anerkennung findet[4].

1171 Auch im **Steuerrecht** stellt sich die Frage der **Fernwirkung**. Das Steuerrecht kennt den im Strafrecht geläufigen Strengbeweis nicht. Wird

---

1 Vgl. zu diesem Thema BGH 2 StR 731/79 vom 18. 4. 1980, NJW 1980, 1700; 5 StR 666/86 vom 28. 4. 1987, StV 1987, 283, mit Anm. von GRÜNWALD, StV 1987, 470; MEYER-GOSSNER, Einl. Rz. 57.
2 Anders die „fruit of the poisonous tree doctrine" des amerikanischen Rechts (vgl. ROXIN, 156).
3 BGH 2 StR 731/79 vom 18. 4. 1980, NJW 1980, 1700.
4 STRECK, BB 1980, 1541.

der Ausschluss der Fernwirkung aus dem Strafprozessrecht übernommen, wird das Verwertungsverbot in vielen Fällen leer laufen. Entfällt die Auskunft des Steuerpflichtigen, so erlaubt die Aussage regelmäßig, die steuerlich ausreichenden Mittel der Glaubhaftmachung verfahrensrechtlich einwandfrei zu besorgen. Auch wird es schwierig sein zu hindern, dass Auskünfte, die dem Verwertungsverbot unterliegen, in Schätzungen einfließen. Das Finanzamt könnte sogar unmittelbar an den Beschuldigten die Frage noch einmal stellen, deren nicht verwertbare Antwort man bereits kennt, um sodann, der hA zu § 393 Abs. 1 AO folgend (Tz. 506 ff., 1147), die Nichtbeantwortung als Pflichtwidrigkeit zu werten und hieraus nachteilige Schätzungen abzuleiten[1]. Fraglich ist weiterhin, ob das Finanzamt die Aussage für andere Veranlagungszeiträume verwerten darf.

Fall: Geprüft werden die Jahre 2001–2003. Der Stpfl. gibt Zinsen eines   1172
Sparbuchs an. Die Auskunft fällt unter ein Verwertungsverbot. Ist dem Finanzamt untersagt, für das Jahr 2004 die Zinsen dieses Sparbuchs zu erfragen? Aus der Entscheidung des **BFH** vom 11. 7. 1979[2] kann eine radikale Nichtverwertbarkeit mit Fernwirkung gefolgert werden. Das rechtswidrig erfahrene Wissen darf in keiner Weise verwendet werden. Hierfür sprechen Eindeutigkeit, Klarheit, Einfachheit und praktische Durchführbarkeit. Die Behörde hat so zu handeln, als habe sie das verbotene Wissen nicht erhalten[3].

§ 393 Abs. 2 AO (s.o. Tz. 1150) entfaltet Fernwirkung; die verbotenen   1173
Tatsachen und Beweismittel dürfen nicht benutzt werden, andere Beweismittel zu beschaffen[4]. Dies stellt das verfahrensrechtliche Pendant zu der Mitwirkungspflicht im Besteuerungsverfahren dar. Nur so ist ein adäquater Schutz möglich. Die Situation ist somit nur bedingt mit der bei § 136a StPO zu vergleichen, bei der schon keine Mitwirkungsverpflichtung gegeben ist.

---

1 STRECK, BB 1980, 1541.
2 I B 10/79, BStBl. 1979 II, 704.
3 Für Fernwirkung auch im Steuerrecht RÜPING, Beweisverbote, 36 f.; DERS., Steuerfahndungsergebnisse, 44; DERS. in Kohlmann (Hrsg.), 282; SÖHN in Hübschmann/Hepp/Spitaler, § 88 Rz. 334 (Nov. 2003); MITTELBACH, StBp. 1974, 203; gegen Fernwirkung ist wohl die Vfg. OFD Bremen vom 12. 7. 1978, StEK AO 1977, § 196 Nr. 2; FG Düsseldorf II 502/76 A vom 29. 10. 1976, EFG 1977, 191.
4 GlA JOECKS in Franzen/Gast/Joecks, § 393 Rz. 66; WISSER in Klein, § 393 Rz. 25.

Verjährung

1174 Auch bei **übergreifenden Verwertungsverboten** (s. Tz. 1157) stellt sich das Problem der Fernwirkung. In einem ersten Schritt ist zu prüfen, ob das Verwertungsverbot aus dem einen Verfahren (Strafverfahren/Steuerverfahren) in das andere Verfahren (Steuerverfahren/Strafverfahren) übergreift. Sodann entscheidet sich nach den Gesetzmäßigkeiten und Rechtswertungen des jeweiligen Verfahrens, ob und in welchem Umfang das Verwertungsverbot Fernwirkung entfaltet. Es ist durchaus denkbar, dass ein Verwertungsverbot im Strafverfahren keine Fernwirkung hat, im Steuerverfahren aber diese Qualifikation erlangt.

F. Fragen der Verjährung

I. Festsetzungsfrist und Ablaufhemmung

1175 Die AO nennt die **Verjährung**, so wie sie der Sprachgebrauch kennt, **Festsetzungsfrist** (§ 169 AO). Die Steuerfestsetzung ist nicht mehr zulässig, wenn die Festsetzungsfrist abgelaufen ist.

1176 Die **Festsetzungsfrist** beträgt für Einkommen-, Gewerbe-, Umsatz-, Körperschaftsteuer, dh. für alle praxisrelevanten Steuern **vier Jahre** (§ 169 Abs. 2 S. 1 Nr. 2 AO). Nur bei Zöllen und Verbrauchsteuern beträgt die Verjährungsfrist ein Jahr (§ 169 Abs. 2 Nr. 1 AO).

1177 Die Festsetzungsfrist beträgt **fünf Jahre**, soweit Steuern **leichtfertig verkürzt** wurden (§ 169 Abs. 2 S. 2 AO).

1178 Die Festsetzungsfrist beträgt **zehn Jahre**, soweit Steuern **hinterzogen** wurden (§ 169 Abs. 2 S. 2 AO), dazu Tz. 1189.

1179 Die **RAO** kannte idR nur zwei Verjährungszeiträume: Fünf Jahre als Normalverjährungsfrist und zehn Jahre für Hinterziehungsfälle (§ 144 RAO). Die RAO galt noch hinsichtlich der Verjährung für alle Steueransprüche, die bis zum 31. 12. 1976 entstanden sind (Art. 97 § 10 EGAO). Die Regel dürfte heute nur noch für Revisionsverfahren von Bedeutung sein.

1180 Die Festsetzungsfrist (Verjährung) **beginnt** mit Ablauf des Kalenderjahres, in dem die Steuer entstanden ist (§ 170 Abs. 1 AO). § 170 Abs. 2–6 AO enthalten Sonderregelungen. Die wichtigste betrifft die Einkommen-, Lohn-, Körperschaft-, Gewerbe- sowie die Umsatzsteuer, dh. Steuern, für die Erklärungen oder Anmeldungen abzugeben sind. Nach § 170 Abs. 2 Nr. 1 AO beginnt die Festsetzungsfrist mit Ablauf des Kalenderjahres, in dem die Steuererklärung oder Steueranmeldung eingereicht wird, spätestens mit Ablauf des dritten Kalenderjahres, das auf das Kalenderjahr folgt, in dem die Steuer entstanden ist. Beispiel: Wenn in 2006 die Erklärung 2005 abgegeben wird, beginnt die Festsetzungsfrist für die Einkommensteuer 2005 mit dem Ablauf des Jahres 2006, spätestens jedoch mit dem Ablauf des Jahres 2008.

In § 171 AO sind die Voraussetzungen genannt, die den Ablauf der Verjährung hemmen (sog. **Ablaufhemmung**). 1181

Für das **Fahndungsverfahren** bedeutsam ist § 171 Abs. 5 AO: 1182

„Beginnen ... die mit der Steuerfahndung betrauten Dienststellen der Landesfinanzbehörden vor Ablauf der Festsetzungsfrist beim Steuerpflichtigen mit Ermittlungen der Besteuerungsgrundlagen, so läuft die Festsetzungsfrist insoweit nicht ab, bevor die aufgrund der Ermittlungen zu erlassenden Steuerbescheide unanfechtbar geworden sind ... Das gleiche gilt, wenn dem Steuerpflichtigen vor Ablauf der Festsetzungsfrist die Einleitung des Steuerstrafverfahrens oder des Bußgeldverfahrens ... bekanntgegeben worden ist ..."

Die Ablaufhemmung tritt bei **allen Steuerfahndungsprüfungen** ein. Abweichend zur Regelung der alten RAO[1] gilt diese Ablaufhemmung auch für Einzelprüfungen der Steuerfahndung; eine Vollprüfung ist nicht Voraussetzung[2]. 1183

Die Ermittlungen müssen sich **gegen den Steuerpflichtigen** selbst richten. Auskunftsersuchen an Dritte, Prüfungen bei Kunden und Lieferanten führen noch nicht zur Ablaufhemmung[3]. Der Stpfl. muss erkennen können, dass gegen ihn ermittelt wird; amtsinterne Maßnahmen scheiden aus[4]. 1184

Die Ablaufhemmung bezieht sich auf die **Steuern**, die aus den **Ermittlungen resultieren.** Zwischen Ablaufhemmung und Ermittlungen besteht ein sachlicher Zusammenhang; der Steueranspruch wird nicht allgemein in seinem Ablauf gehemmt[5]. Maßgebend sind die tatsächlichen Ermittlungen; auf einen Prüfungsauftrag kommt es nicht an. Ist zweifelhaft, wie weit die tatsächlichen Ermittlungen gehen, so kann jedoch zur Bestimmung des erkennbaren Umfangs auf einen eventuell verfügten Prüfungsauftrag oder auf den Inhalt der Einleitung des Strafverfahrens zurückgegriffen werden. Wird zB das Strafverfahren 1185

1 Vgl. BFH VII R 46/72 vom 3. 6. 1975, BStBl. 1975 II, 786.
2 KRUSE in Tipke/Kruse, § 171 Rz. 68 (Okt. 2002).
3 Vgl. KRUSE in Tipke/Kruse, § 171 Rz. 71 f. (Okt. 2002).
4 KRUSE in Tipke/Kruse, § 171 Rz. 71 f. (Okt. 2002).
5 KRUSE in Tipke/Kruse, § 171 Rz. 72 (Okt. 2002).

Festsetzungsfrist und Strafverfolgungsverjährung

wegen Verdachts der Steuerverkürzung nach 2002 eingeleitet und stellt sich bei der Zusendung des Fahndungsberichts für den Stpfl. erstmals erkennbar heraus, dass auch die Jahre 1998–2002 geprüft wurden, so tritt die Ablaufhemmung für die Jahre 1998–2002 erst mit der Zusendung des Fahndungsberichts ein[1].

1186 Wird die Fahndungsprüfung unmittelbar nach ihrem Beginn für die Dauer von mehr als **sechs Monaten** aus Gründen **unterbrochen**, die die FinVerw. zu vertreten hat, tritt keine Ablaufhemmung ein (§ 171 Abs. 5, 4 AO).

1187 Die Ablaufhemmung **endet** mit der Unanfechtbarkeit der aufgrund der Ermittlungen zu erlassenden Steuerbescheide; dies ist in Fahndungs- verfahren der Regelfall. Ebenfalls führt jedoch auch die Mitteilung, dass keine Änderung erfolgt oder dass ein Straf- oder Ordnungswid- rigkeitsverfahren ohne Steuerbescheidänderung eingestellt wird, zur Beendigung der Ablaufhemmung[2].

1188 Von der Festsetzungsverjährung ist die **Zahlungsverjährung** (§ 228 AO) zu unterscheiden. Sie beträgt einheitlich fünf Jahre.

II. Festsetzungsfrist und Strafverfolgungsverjährung

1189 § 171 Abs. 7 AO kennt eine besondere Ablaufhemmung: Die Festset- zungsfrist **endet nicht, bevor** die **Verfolgung** der **Steuerhinterziehung** oder der Steuerordnungswidrigkeit **verjährt** ist. Solange und soweit eine Bestrafung möglich ist, soll die Festsetzung der Steuer, die hinter- zogen oder verkürzt ist, noch möglich sein.

1190 Durch die Strafverfolgungsverjährung, verbunden mit der Annahme eines sogenannten **Fortsetzungszusammenhangs,** dehnte in der Ver- gangenheit die Fahndungspraxis in vielen Fällen die Wiederaufrollung bis zur Maßlosigkeit aus[3]. Fortsetzungszusammenhang heißt, dass der Steuerbürger den **Gesamtvorsatz** hatte, Jahr für Jahr Steuern zu hin- terziehen; er muss eine Gesamthinterziehung wollen, die sich in Teil- akten vollzieht[4].

---

1 Str.
2 Wie hier BAUM in Koch/Scholtz, § 171 Rz. 29, 33; aA KRUSE in Tipke/Kruse, § 171 Rz. 73 (Okt. 2002), der jedoch zum gleichen Ergebnis kommt, indem er von einer Verwirkung des Rechts auf Änderung oder Aufhebung ausgeht.
3 Vgl. die 2. Auflage, Tz. 930 ff.
4 DREHER/TRÖNDLE, StGB, in der damaligen 47. Aufl., 1995, Vor § 52 Anm. 25 ff.

Der **Große Senat** des **BGH** hat am 3. 5. 1994 das strafrechtliche Institut   1191
des sog. **„Fortsetzungszusammenhangs"** **aufgegeben**[1]. Der 5. Strafsenat hat den Beschluss des Großen Senats für das Delikt der Steuerhinterziehung grundsätzlich übernommen[2].

§ 171 Abs. 7 AO war das wohlfeile Einfallstor, um mittels des Fortset-   1192
zungszusammenhangs Steuern über den steuerrechtlichen 10-Jahres-
zeitraum (Tz. 1178) hinaus nachzuerheben. Wurde fortgesetzt 20 Jahre
Einkommensteuer hinterzogen, begann die strafrechtliche Verjährung
erst mit dem letzten Teilakt. Folglich konnten die Steuern für diese
20 Jahre nacherhoben werden. Mit dem Wegfall des Fortsetzungszusammenhangs **läuft § 171 Abs. 7 AO leer**[3]. Die **10-Jahresgrenze** wird
nicht mehr überschritten werden.

Die **strafrechtliche** Verjährung bezieht sich heute auf **jede abgegebene**   1193
oder **nicht abgegebene Jahres-** bzw. **Monatserklärung.** Sie beträgt **fünf**
Jahre (§ 78 Abs. 3 Nr. 4 StGB). Die strafrechtliche Verjährung beginnt
mit der Bekanntgabe des aufgrund der abgegebenen Erklärung falschen Steuererstbescheids[4], bei Erklärungen, die Bescheide ersetzen
(zB Umsatzsteuer- und Lohnsteuererklärungen) mit der Abgabe der Erklärung[5]. Im Unterlassensfall beginnt bei Veranlagungssteuern die
strafrechtliche Verjährung zu dem Zeitpunkt, zu dem die Veranlagungsarbeiten weitgehend abgeschlossen sind[6], bei Steuererklärungen, die
Veranlagungen ersetzen, mit dem Verstreichen der gesetzlichen Frist.

Eine **Tat im natürlichen Sinne** ist anzunehmen, wenn der Täter einen   1194
noch nicht fehlgeschlagenen Steuerhinterziehungsversuch durch
wahrheitswidrige Angaben im Betriebsprüfungs- bzw. Rechtsmittelver-
fahren zu stützen versucht[7]. Berater können sich in diesem Stadium
noch wegen Beihilfe strafbar machen.

---

1 GS St 2/93 und 3/93, NJW 1994, 1663.
2 Vom 20. 6. 1994, 5 StR 595/93, NJW 1994, 2368; vgl. auch BLESINGER, DStR
   1994, 1371; DÖRN, Stbg. 1994, 398; KAUFMANN, Stbg. 1995, 65; BITTMANN/
   DREIER, NStZ 1995, 105.
3 BLESINGER, DStR 1994, 1371 (1372) mutmaßt, dass die Steuerrechtsprechung
   möglicherweise gerade deshalb dem BGH nicht folgen werde, weil der „Ge-
   setzesplan" zu § 171 Abs. 7 AO „gestört" werde. Der BFH wird jedoch auf
   dem Gebiet des Strafrechts nicht strafrechtlicher sein als der BGH.
4 Spätere Änderungsbescheide sind ebenso unerheblich wie Vorläufigkeits-
   oder Nachprüfungsvorbehalte. KOHLMANN, § 376 Rz. 26 (Okt. 2002).
5 KOHLMANN, § 376 Rz. 34 ff. (Okt. 2002).
6 KOHLMANN, § 376 Rz. 40–47 (Okt. 2002).
7 BGH 5 StR 225/91 vom 17. 7. 1991, NJW 1991, 3227.

Verjährungsunterbrechung

1195 Die strafrechtliche Verjährung wird durch die unter § 78c Abs. 1 Ziff. 1–12 StGB im Einzelnen aufgezählten Handlungen **unterbrochen**. Das bedeutet, dass nach jeder Unterbrechung die Verjährung **von neuem beginnt** (§ 78c Abs. 3 S. 1 StGB).

1196 Die Unterbrechung wirkt nur gegenüber demjenigen, auf den sich die Handlung **bezieht** (§ 78c Abs. 4 StGB).

1197 Für eine **Durchsuchungsanordnung** soll zur Verjährungsunterbrechung ausreichend sein, wenn der Tatverdächtige anhand bestimmter Informationen bestimmbar ist[1]. Das ist nicht der Fall bei einer Durchsuchungsanordnung, die sich zB „gegen die Verantwortlichen" eines größeren Unternehmens richtet[2].

1198 Bei mehreren selbständigen Straftaten ist auf den **Verfolgungswillen** der Strafverfolgungsorgane abzustellen[3].

1199 Von ständiger Praxisrelevanz ist der folgende Fall: A hat Kapitalerträge nicht erklärt und Einkünfte aus Gewerbebetrieb zu niedrig angegeben. Das Ermittlungsverfahren wird **ausschließlich** und ausdrücklich für einen bestimmten Veranlagungszeitraum wegen der Hinterziehung von **Kapitalerträgen** eingeleitet. Nach zutreffender, aber umstrittener Ansicht, hat dies für die Einkünfte aus Gewerbebetrieb **keine** verjährungsunterbrechende Wirkung[4].

1200 Die Einleitung des Steuerstrafverfahrens bzw. der Durchsuchungs- und Beschlagnahmebeschlüsse unterbricht nur dann die Verjährung, wenn sie **bestimmt genug** ist. Gegenstand und Umfang des Verdachts müssen möglichst konkret wiedergegeben werden[5].

1201 Durch die Erhebung einer Anklage, die nicht den **Voraussetzungen des § 200 StPO** entspricht, wird die Verjährung nach § 78c Abs. 1 Nr. 6 StGB nicht unterbrochen[6].

---

1 BGH 1 StR 38/91 vom 12. 3. 1991, wistra 1991, 217.
2 LG Dortmund 14 (III) K 5/88 vom 7. 11. 1990, wistra 1991, 186.
3 BGH 3 StR 163/89 vom 23. 5. 1990, wistra 1990, 304.
4 VOLK, wistra 1998, 281.
5 VOLK, aaO.
6 OLG Bremen Ws 104/89 vom 24. 7. 1989, StV 1990, 25.

III. Voraussetzungen der Hinterziehung

Die **objektive Beweislast** bzw. **Feststellungslast** für die Hinterziehung 1202
im Rahmen der steuerlichen Verjährung liegt beim Finanzamt[1]. Reichen die Anhaltspunkte nicht, um eine Hinterziehung anzunehmen,
kann die reguläre Verjährung nicht ausgedehnt werden. Der strafprozessuale Grundsatz „in dubio pro reo" ist hier auch im Steuerverfahren
zu beachten[2].

Voraussetzung ist, dass **objektiv** und **subjektiv** eine **Hinterziehung** 1203
bzw. – für die fünfjährige Frist, s. Tz. 1177 – objektiv und subjektiv
eine leichtfertige Verkürzung vorliegt[3]. Eine Bestrafung ist nicht erforderlich; das Finanzamt prüft die Hinterziehungsvoraussetzungen selbständig[4]. Strafausschließungs- und Strafaufhebungsgründe wie Selbstanzeige oder strafrechtliche Verjährung sind steuerrechtlich unbeachtlich[5]. Durch die Selbstanzeige kann also die Verjährungsfrist nicht verkürzt werden.

Zweifelhaft ist, ob eine Hinterziehung noch **nach dem Tod** festgestellt 1204
werden kann. Obwohl dies gegen fundamentale Rechtsgrundsätze
verstößt[6], entscheidet die hA[7] anders.

Die zehnjährige (Tz. 1178) bzw. fünfjährige (Tz. 1177) Festsetzungsfrist 1205
gilt auch dann, wenn die **Steuerhinterziehung** oder leichtfertige Steuerverkürzung **nicht durch den Steuerschuldner** oder eine Person begangen worden ist, deren er sich zur Erfüllung seiner steuerlichen
Pflichten bedient, es sei denn, der Steuerschuldner weist nach, dass er
durch die Tat keinen Vermögensvorteil erlangt hat und dass sie auch
nicht darauf beruht, dass er die im Verkehr erforderlichen Vorkehrun-
gen zur Verhinderung von Steuerverkürzungen unterlassen hat (§ 169
Abs. 2 S. 3 AO).

---

1 Vgl. BFH GrS 5/77 vom 5. 3. 1979, BStBl. 1979 II, 570, 573, mwN.
2 BFH X R 86/88 vom 14. 8. 1991, BStBl. 1992 II, 128.
3 BFH IV R 160/85 vom 17. 4. 1986, BFH/NV 1987, 767; IV R 349/84 vom 17. 4.
  1986, BFH/NV 1987, 766.
4 HA: Kruse in Tipke/Kruse, § 169 Rz. 15, 25 f. (Okt. 2002). Zur Einstellung
  nach § 153a StPO s. Tz. 1235.
5 Kruse in Tipke/Kruse, § 169 Rz. 13 (Okt. 2002).
6 Vgl. Streck/Rainer, StuW 1979, 267.
7 BFH III 117/75 vom 2. 12. 1977, BStBl. 1978 II, 359 aE; BFH VIII 84/89 vom
  27. 8. 1991, BStBl. 1992 II, 9, mit HFR-Anm. 1992, 107; FG München XIII 30/
  86 vom 22. 2. 1988, EFG 1988, 545; Zweifel bzgl. des subjektiven Tatbestands
  gehen allerdings zu Lasten des Finanzamts: FG Köln 2 K 2513/88 vom 7. 6.
  1990, EFG 1991, 107.

Berichtigung von Steuerbescheiden

1206 Die Verjährungsfolgen bei einer Hinterziehung gehen nur **so weit, wie** die **Hinterziehung reicht.** Über die Ausdehnung der Festsetzungsfrist bei Vorliegen einer Hinterziehung kann nicht eine allgemeine Ausdehnung auch für solche Feststellungen erreicht werden, die keine Hinterziehung zum Inhalt haben[1].

1207 Diese **Eingrenzung** wird in der **Praxis** häufig **übersehen.** Die Hinterziehung im Einzelfall wird als Rechtfertigung für eine Gesamtaufrollung genommen. Oft, zumal wenn eine strafrechtliche Verurteilung nicht erfolgt ist[2], wird die Voraussetzung der Hinterziehung von dem Finanzamt mehr hoheitlich behauptet als substantiiert dargestellt und nachgewiesen. Gleichermaßen wird aus einer Hinterziehung dem Grunde nach gefolgert, dass die nachzuzahlende Steuer insgesamt vorsätzlich verkürzt wurde; die vorstehend angesprochene „soweit"-Prüfung unterbleibt. Es ist leider oft Berateraufgabe, hier nachdrücklich dem Finanzamt die materielle und formelle Rechtslage in das Bewusstsein zu rücken[3].

1208 Die **Diskussion** mit der **Steuerfahndung** über die Hinterziehung als Voraussetzung der Verjährung[4] ist idR zu meiden.

G. Berichtigung von Steuerbescheiden

I. Allgemeines

1209 Die Steuerfahndung erstreckt sich idR auf Zeiträume, die **bereits veranlagt** sind. Hier stellt sich die Frage der möglichen **Korrektur** der Veranlagung.

1210 Soweit die Veranlagungen unter dem **Vorbehalt** der **Nachprüfung** stehen (§ 164 AO), ist eine Berichtigung jederzeit und problemlos möglich.

1211 **Fahndungsberichte schweigen** idR zu den Berichtigungsmöglichkeiten bei bestandskräftigen Bescheiden. Dies ist auch nicht unbedingt ein günstiger Streitstoff für die Gespräche mit der Fahndung, da sie

---

1 Vgl. KRUSE in Tipke/Kruse, § 169 Rz. 14 (Okt. 2002).
2 Falls das Strafverfahren noch nicht oder zB nach § 153a StPO erledigt ist.
3 **Beispiel** für die Schwierigkeit, die das Finanzamt hier – insb. im subjektiven Schuldbereich – zu bewältigen hat: FG Baden-Württemberg I 90, 94/78 vom 25. 2. 1982, EFG 1982, 499.
4 S. Tz. 1178.

berufsspezifisch dazu neigt, die Bedingungen des § 173 AO stets zu bejahen.

II. Berichtigung wegen neuer Tatsachen (§ 173 Abs. 1 AO)

Sind die Veranlagungen bestandskräftig, können die Bescheide nur geändert werden, „soweit **Tatsachen** oder Beweismittel nachträglich **bekanntwerden,** die zu einer höheren Steuer führen" (§ 173 Abs. 1 Nr. 1 AO). In der Vielzahl der Fahndungsverfahren werden neue Tatsachen oder Beweismittel festgestellt. Nur die hieraus resultierenden Steuerfolgen dürfen berücksichtigt werden; eine Gesamtwiederaufrollung findet nicht statt.

1212

Problematisch ist die Frage nach neuen Tatsachen, wenn ein **Sachverhaltskomplex bereits geprüft** worden ist. Fälle: Bereits erfolgte Prüfung im Veranlagungsverfahren oder im Einspruchsverfahren; Steuerfahndungsprüfung nach Betriebsprüfung, die den Sachverhaltskomplex bereits prüfte; Steuerfahndungsprüfung nach Steuerfahndungsprüfung, die sich auch auf diesen Sachverhaltskomplex erstreckte.

1213

Bei „Prüfungen nach Prüfungen" muss die Finanzverwaltung den **gesteigerten Bestandsschutz** nach **§ 173 Abs. 2 AO** durchbrechen. Dieser Schutz, dazu Tz. 1221 ff., tritt neben die nachfolgenden Überlegungen.

1214

Im Übrigen ist **sorgfältig** zu **analysieren:** Grundsätzlich besteht auch hier die Möglichkeit einer Berichtigung, wenn neue Tatsachen und Beweismittel festgestellt werden; neue Schätzungsunterlagen sind neue Tatsachen[1]. Die Berichtigung verstößt jedoch **gegen Treu und Glauben,** wenn dem Finanzamt Ermittlungsfehler vorzuwerfen sind oder wenn das Finanzamt bei der ersten Prüfung zu erkennen gegeben hat, mit der Sach- und Rechtsbehandlung sei der Komplex endgültig erledigt, insbesondere, wenn auf weitere Ermittlungen und Prüfungen verzichtet wurde[2].

1215

---

1 BFH VIII R 225/80 vom 2. 3. 1982, BStBl. 1984 II, 504, 508.
2 Vgl. im Einzelnen: BFH III 139/52 S vom 10. 7. 1953, BStBl. 1953 III, 240; III 383/57 U vom 23. 5. 1958, BStBl. 1958 III, 326; IV 143/56 U vom 10. 7. 1958, BStBl. 1958 III, 365; VI 328/65 vom 5. 10. 1966, BStBl. 1967 III, 231; I R 123/67 vom 28. 1. 1970, BStBl. 1970 II, 296; VI R 58/72 vom 15. 11. 1974, BStBl. 1975 II, 369; II R 208/82 vom 13. 11. 1985, BStBl. 1986 II, 241; IX R 45/82 vom 25. 3. 1986, BFH/NV 1986, 713; III R 161/82 vom 14. 11. 1986, BFH/NV 1987, 414; FG Baden-Württemberg III 245/79 vom 30. 6. 1983, EFG 1984, 101; III 332/80 vom 30. 6. 1983, EFG 1984, 102; Nds. FG III 141/84 vom 6. 8. 1987, EFG 1988,

Spätere Berichtigung

1216 Ein die spätere Berichtigung ausschließender Verzicht liegt auch dann vor, wenn ein **Sachverhalt schätzungsweise** erfasst wird und damit gerade auch die Unsicherheit und die Unwägbarkeit erfasst werden sollten, die in der späteren Prüfung konkret festgestellt wurden[1], obwohl man noch weitere Feststellungen hätte treffen können. Wird zB in einem solchen Fall ein Reingewinnsatz von 15 vH oder ein Sicherheitszuschlag von 20 000 Euro pro Jahr geschätzt, kann idR durch eine spätere Veranlagung der Bescheid nicht dahingehend geändert werden, dass nunmehr ein Reingewinn von 18 vH oder ein Sicherheitszuschlag von 25 000 Euro angenommen werden, wenn die neuen Erkenntnisse damals schon durch eine weitere Prüfung hätten gewonnen werden können; das Finanzamt hat damals verzichtet; hieran ist es gebunden.

1217 In solchen Fällen beruft sich das Finanzamt auf die Rechtsprechung, wonach ein Stpfl. sich dann nicht auf den Ausschluss der Berichtigungsmöglichkeit stützen könne, wenn er selbst seinen **steuerlichen Verpflichtungen nicht nachgekommen** sei[2]. In den hier angesprochenen Fällen kennt das Finanzamt die Pflichtwidrigkeit; gerade um sie aufzufangen, wird in der ersten Prüfung eine Schätzung durchgeführt. Die „Unredlichkeit" ist damit berücksichtigt; sie gibt dem Finanzamt nicht die Möglichkeit, sich mit künftigen Berichtigungen hiervon zu lösen.

1218 Die vorstehend dargestellte Rechtslage verhindert idR insbesondere Berichtigungen aufgrund von Fahndungsfeststellungen für Zeiträume, die bereits einer **Fahndungsprüfung unterlegen** haben. Endet eine Fahndungsprüfung mit bestandskräftigen Bescheiden, so sind idR alle Ermittlungsmöglichkeiten ausgeschöpft, oder es wurde auf weitere Ermittlungen im Hinblick auf eine Einigung verzichtet. Die Einigung umfasst alle Unsicherheiten und noch offenen Möglichkeiten. Eine neue Berichtigung würde idR gegen Treu und Glauben verstoßen. Darüber hinaus kann in solchen Fällen eine **bindende tatsächliche Verständigung** vorliegen (Tz. 826 ff.).

153; dasselbe, VI 537/85 vom 6. 8. 1987, EFG 1988, 96; FG Düsseldorf 1 K 99/84 vom 24. 2. 1989, EFG 1989, 554; Loose in Tipke/Kruse, § 173 Rz. 28 ff. (Okt. 2003).

1 Vgl. BFH IV 143/56 U (S. 319 FN 2); IV R 236/69 vom 20. 9. 1973, BStBl. 1974 II, 74; RFH I A 313/32 vom 15. 5. 1934, RStBl. 1934, 677; Enno Becker, StuW 1935, 1321.

2 Vgl. BFH I R 108/85 vom 11. 11. 1987, BStBl. 1988 II, 115; VIII R 121/83 vom 20. 12. 1988, BStBl. 1989 II, 585: Ausschluss der Änderungsmöglichkeit bei beidseitigen Verstößen nur, wenn Pflichtverletzungen des Finanzamts deutlich überwiegen.

Soweit Tatsachen aufgrund eines **Verwertungsverbots** nicht verwertet werden dürfen, können sie auch nicht eine Berichtigung nach § 173 Abs. 1 Nr. 1 AO rechtfertigen; s. im Einzelnen Tz. 1164 ff., 1156 ff.   1219

Die Berichtigung ist nur möglich, **soweit** die neuen Tatsachen zu einer Änderung der Besteuerung führen; eine **Wiederaufrollung** des gesamten Steueranfalls ist unzulässig[1].   1220

III. Berichtigung von Veranlagungen, die bereits einer Außenprüfung unterlagen (§ 173 Abs. 2 AO)

Erstreckt sich die Steuerfahndung auf Zeiträume, die bereits einer **Außenprüfung unterlegen** haben und anschließend **bestandskräftig veranlagt** wurden, so können diese Bescheide nur geändert werden, „wenn eine Steuerhinterziehung oder leichtfertige Steuerverkürzung vorliegt" (§ 173 Abs. 2 AO).   1221

§ 173 Abs. 2 AO gilt auch für die Berichtigung nach einer **Steuerfahndungsprüfung**.   1222

Die **zusätzliche Bestandssicherung** nach § 173 Abs. 2 AO tritt neben die Bedingungen des § 173 Abs. 1 Nr. 1 AO. Außer der Hinterziehung oder leichtfertigen Steuerverkürzung müssen neue Tatsachen oder Beweismittel iS des § 173 Abs. 1 Nr. 1 AO vorliegen.   1223

Die Sperre des § 173 Abs. 2 AO gilt auch **zugunsten** des Stpfl.[2]   1224

Während bei einer normalen Außenprüfung der Umfang der vorangegangenen Außenprüfung durch die Prüfungsanordnung umschrieben wird, steht dieses Mittel der Einschränkung bei einer Steuerfahndungsprüfung nicht zur Verfügung. Da der Auftrag der Steuerfahndung entsprechend § 208 Abs. 1 AO unbeschränkt ist, kommt es auf den **tatsächlichen Umfang** der Prüfung nicht an; die Sperre ist generell gegeben[3].   1225

Die **objektive Feststellungslast** für die Bedingungen des § 173 Abs. 2 AO trägt die FinVerw.[4]   1226

1 BFH VII R 225/80 vom 2. 3. 1982, BStBl. 1984 II, 504, 508.
2 Vgl. BFH IV R 96/85 vom 29. 1. 1987, BStBl. 1987 II, 410.
3 Streitig; wie hier FG Münster VII 1465/79 vom 20. 3. 1981, EFG 1981, 486; tatsächliche Prüfung maßgebend: OFFERHAUS, StBp. 1981, 285.
4 LOOSE in Tipke/Kruse, § 173 Rz. 96 (Okt. 2003).

Hinterziehungszinsen

1227 Für § 173 Abs. 2 AO gilt – ebenso wie für § 173 Abs. 1 Nr. 1 AO –, dass eine Änderung nur **soweit** möglich ist, wie die **Feststellungen** reichen. Die Verwaltung kann nicht die Fahndung zum Anlass nehmen, sonstige, anderweitig erkannte Fehler zu korrigieren. Eine Gesamtwiederaufrollung ist nicht möglich[1].

1228 Für § 173 Abs. 2 AO gilt die weitere Einschränkung, dass die Änderungsmöglichkeit nur **soweit** geht, wie die **Hinterziehung** oder die **leichtfertige Verkürzung** reicht[2]. Die Fahndung kann zB nicht Bilanzen korrigieren, wenn der Fehler in keiner Weise vorwerfbar ist, oder Einkünfte nachversteuern, die völlig entschuldbar vergessen wurden.

H. Hinterziehungszinsen

1229 **Hinterziehungszinsen** dürfen von Steuerpflichtigen und deren Beratern im Steuerfahndungsverfahren auf **keinen Fall übersehen** werden[3]. Im Einigungsfall muss die Liquidität hierfür im Voraus eingeplant werden.

1230 Hinterzogene Steuern sind mit **0,5 vH pro Monat** (= 6 vH p.a.) zu verzinsen (§§ 235, 238 AO). Die Zinspflicht **beginnt** mit dem mutmaßlichen Zeitpunkt der korrekten Steuerzahlung (vgl. § 235 Abs. 2 AO).

1231 Die **leichtfertige Steuerverkürzung** löst keine Zinspflicht aus.

1232 Hinterziehungszinsen sind seit dem 1. 1. 1990 bzgl. aller Steuern **nicht** mehr **abzugsfähig** (§ 4 Abs. 5 S. 1 Nr. 8a EStG, § 12 Nr. 3 EStG, § 10 Nr. 2 KStG). Durch Hinterziehungszinsen soll der Zinsvorteil abgeschöpft werden. Der Zinsvorteil wird jedoch versteuert. Wird ein Vorteil von 6 vH mit 50 vH Steuern belastet, verbleiben 3 vH. Mindert man diesen Vorteil um nicht abzugsfähige Zinsen von 6 vH, so ergibt dies einen Minusbetrag von 3 vH. Hinterziehungszinsen greifen insoweit Jahr für Jahr mit 3 vH in das Vermögen ein.

1233 Zur **Feststellung** der **Hinterziehung**[4] wird auf Tz. 1000 ff. Bezug genommen. Hinterziehungszinsen können zB auch anfallen, wenn das

---

1 Vgl. Loose in Tipke/Kruse, § 173 Rz. 94 (Okt. 2003).
2 Loose in Tipke/Kruse, § 173 Rz. 93 (Okt. 2003).
3 Vgl. zu diesem Thema Streck/Mack, DStR 1989, 123; Streck, DStR 1991, 369, 370; Bublitz, DStR 1990, 438.
4 Zur Feststellung der Hinterziehung s. auch BFH Z R 86/88 vom 14. 8. 1991, BStBl. 1992, 128. Gehen Hinterziehungszinsen auf **Besteuerungsgrundlagen**

Strafverfahren wegen Verjährung nicht durchgeführt werden[1] kann oder wenn eine wirksame Selbstanzeige erstattet wurde[2].

Auch wenn der Hinterzieher **verstorben** ist, können nach herrschender Ansicht Hinterziehungszinsen festgesetzt werden[3]. 1234

Die Einstellung nach **§ 153a StPO** hindert grundsätzlich nicht die Erhebung von Hinterziehungszinsen[4]. Auf der anderen Seite bedeutet die Zustimmung zu einer Einstellung nach § 153a StPO nicht, dass der Betroffene eine Steuerhinterziehung gesteht[5]. Die Zustimmung erfolgt oft aus pragmatischen Überlegungen, um eine Hauptverhandlung zu vermeiden. Erfolgt die Einstellung, bevor es zu einer vollständigen Aufklärung des Sachverhalts kommt, so hält auch das BVerfG die **strafprozessuale Unschuldsvermutung** aufrecht[6]. 1235

Geht es um die **Beurteilung** einer **Einigungsmöglichkeit** im Steuerfahndungsverfahren, müssen die Hinterziehungszinsen bedacht werden. Mag auch der Zinssatz auf den ersten Blick – je nach allgemeinem Zinsniveau – niedrig sein, so addieren sie sich wegen der Erfassung weit zurückliegender Jahre oft auf 30 bis 80 vH der Hauptsumme 1236

---

zurück, die **gesondert festzustellen** sind, so sind auch die Grundlagen der Hinterziehungszinsen gesondert festzustellen (BFH X R 3/86 vom 19. 4. 1989, BStBl. 1989 II, 596; X R 19/88 vom 19. 4. 1989, BFH/NV 1990, 73; FG Hamburg I 87 vom 28. 8. 1990, EFG 1991, 6. BdF vom 18. 1. 1990, BStBl. 1990 I, 50; dazu BUBLITZ, DStR 1990, 438, 440. FUCHSEN, DStR 1992, 1307, überträgt diese Rspr. auch auf das Verhältnis **Gemeinde/Finanzamt** betr. die **GewSt**; hier liegt eine höchstrichterliche Klärung noch nicht vor. Hinterziehungszinsen waren **vor dem 1. 1. 1990** insoweit **abzugsfähig**, als es sich um Betriebsausgaben oder Werbungskosten handelte (zB Zinsen auf Lohnsteuer, Gewerbesteuer oder Umsatzsteuer). Der Berater sollte daran denken, dass er insoweit zum 31. 12. 1989 Rückstellungen bilden kann (vgl. HORLEMANN, BB 1989, 2005; STRECK, DStR 1991, 369, 370; dazu allerdings BFH I R 73/95 vom 16. 2. 1996, BB 1996, 1323).
1 BAUM in Koch/Scholtz, § 235 Rz. 4.
2 BAUM in Koch/Scholtz, § 235 Rz. 4.
3 S. Tz. 1204.
4 § 153a StPO setzt die begangene Tat voraus und erlaubt nur wegen des geringen Verschuldens von einer Bestrafung abzusehen. Wegen der möglichen Zinspflicht ist oft das **Bußgeld** für eine leichtfertige Hinterziehung (s. Tz. 1017) **optimaler**; die Strafsachenstellen haben hingegen eine Neigung zu § 153a StPO.
5 Vgl. auch BUBLITZ, DStR 1990, 438, 442; STRECK, DStR 1991, 369, 370.
6 BVerfG 2 BvR 589/79 u. a. vom 26. 3. 1987, NJW 1987, 2427; 1 BvR 1326/90 vom 16. 1. 1991, MDR 1991, 891; s. auch STRECK/RAINER, Stbg. 1988, 85.

Verzicht aus Billigkeitsgründen

der Steuern, wobei sie weitgehend nicht abzugsfähig sind (siehe Tz. 1232)[1].

1237   Die Hinterziehungszinsen laufen auch **nach** dem **Beginn** eines **Steuerfahndungsverfahrens** weiter. Hier ist die lange Dauer der Fahndungsverfahren nachteilig. Der Berater muss überlegen, ob er nicht aus diesem Grund **Akontozahlungen** auf die mutmaßliche Steuerschuld erbringt. Oder er erklärt seine Bereitschaft, vorläufige Steuerbescheide zu akzeptieren. Werden diese sodann in der Vollziehung ausgesetzt, so werden nicht abzugsfähige Hinterziehungszinsen durch abzugsfähige Aussetzungszinsen ersetzt.

1238   Eine besondere Problematik ergibt sich, wenn das Steuerfahndungsverfahren durch eine **Selbstanzeige** (Tz. 166 ff.), die sodann während des Verfahrens liegenbleibt, ausgelöst wurde. Hätte das Finanzamt die Steuern sofort festgesetzt und wegen der noch erforderlichen Überprüfung in der Vollziehung ausgesetzt, wären abzugsfähige Aussetzungszinsen entstanden. Durch das – nach unserer Ansicht rechtswidrige – Liegenlassen entstehen weiterhin nicht abzugsfähige Hinterziehungszinsen. Für diesen Schaden hat idR das Finanzamt nach Amtshaftpflichtgrundsätzen aufzukommen. In der Praxis hat sich gezeigt, dass die Finanzämter insoweit im Hinblick auf den möglichen Ersatzanspruch flexibel sind und – einvernehmlich – ab dem Eingang der Selbstanzeige die Bemessungsgrundlage der Hinterziehungszinsen um 50 vH kürzen, um insoweit den Schaden aufzufangen.

1239   Für Einigungsverhandlungen ist die Frage wichtig, ob die Finanzämter auf Hinterziehungszinsen aus **Billigkeitsgründen verzichten** können. Eine besondere Billigkeitsvorschrift – entsprechend der Vorschrift für Aussetzungs- und Stundungszinsen (§§ 235 Abs. 2, 237 Abs. 7 AO) – gibt es nicht. Steuerfahndung und Finanzämter sind selten geneigt, den Billigkeitserlass nach der allgemeinen Vorschrift des § 227 AO auf Hinterziehungszinsen anzuwenden[2]. Gleichwohl sind auch die Bedingungen der Hinterziehungszinsen **flexibel,** wenn man weiß, wo die Hebel anzusetzen sind und die Einigung von beiden Seiten gewollt ist. Der Verhandlung offen ist die Bemessungsgrundlage der Hinterzie-

---

1 Allerdings wird die negative Wirkung der Nichtabzugsfähigkeit dadurch **gemindert**, dass Hinterziehungszinsen für Zeiträume, für die die **Vollverzinsungszinsen** nach § 233a AO anfallen, nicht festgesetzt werden; insofern erfolgt eine **Anrechnung** (§ 235 Abs. 4 AO).

2 Hinterziehungszinsen müssen erhoben werden; der Verwaltung steht kein Ermessen zu (BFH II R 205/84 vom 15. 11. 1988, BFH/NV 1989, 416).

hungszinsen. Jedes abgestimmte Ergebnis über die Höhe der anfallenden Zinsen kann errechnet werden, wenn man bei einer 6%igen Ver-
zinsung die Bemessungsgrundlage, dh. die hinterzogenen Steuern, va-
riiert. Da in vielen Fällen die hinterzogenen Steuern schwer zu ermitteln sind, hat auch das Finanzamt Interesse an einer solchen Einigung.

In Fahndungsprüfungen, die sich mit **Lohnsteuersachverhalten** befassen, kann es hinsichtlich der Zinsen entscheidend sein, ob der Arbeitgeber in Haftung genommen wird oder ob die Lohnsteuer nach § 40
EStG dem Arbeitgeber als Steuerschuld auferlegt wird. § 40 EStG setzt
die Zustimmung des Arbeitgebers voraus. Dem Prüfer ist es oft gleichgültig, welcher Weg beschritten wird. Die Steuerschuld nach § 40
EStG **entsteht** erst durch das **Einvernehmen** zwischen Unternehmer
und FinVerw.[1]. Wird die Steuerschuld fristgemäß bezahlt, kann sie
nicht hinterzogen sein. Insoweit können auch keine Hinterziehungszinsen anfallen[2]. Offen ist, ob gleichwohl Hinterziehungszinsen für die
Haftungsschuld berechnet werden können. Dies würde voraussetzen,
dass Hinterziehungszinsen für Steuern berechnet werden, die nie gezahlt wurden. Auf keinen Fall kann das Finanzamt die Bemessungsgrundlage nach § 40 EStG mit der Haftungsschuld ziffernmäßig gleich-
stellen.

1240

Schließlich eine **Besonderheit** des **Verjährungsrechts,** die dem Stpfl.
geradezu als „Zuckerstück" geschenkt sein kann. Bei Hinterziehungszinsen beginnt die Festsetzungsfrist – ein Jahr – nach § 239 Abs. 1
Nr. 2 AO mit Ablauf des Kalenderjahres, in dem die Festsetzung der
hinterzogenen Steuern unanfechtbar geworden ist, jedoch nicht vor
Ablauf des Kalenderjahres, in dem ein eingeleitetes Strafverfahren
rechtskräftig abgeschlossen wurde. Also: Beides muss vorliegen. Die
hinterzogenen Steuern müssen unanfechtbar festgestellt sein. Das
Strafverfahren muss rechtskräftig abgeschlossen sein. Es gibt nun
Fälle, in denen ein Arrangement mit der Bußgeld- und Strafsachenstelle oder mit der Staatsanwaltschaft getroffen wird, obwohl über die
Steuer noch nicht rechtskräftig entschieden ist. Beispiel: Der Stpfl.
akzeptiert unter Zugrundelegung der unstreitig hinterzogenen Steuern
während der Dauer eines FG-Prozesses einen Strafbefehl. Jetzt beginnt die Festsetzungsfrist mit dem Ablauf des Kalenderjahres zu laufen, in dem das FG-Urteil rechtskräftig wird. Lässt der Stpfl. das FG-

1241

---

1 AA inzwischen Drenseck in Schmidt, EStG, § 40 Rz. 10m der vom Entstehen
  der pauschalen Lohnsteuer im Zuflusszeitpunkt beim Arbeitnehmer ausgeht.
2 BFH VI R 16/93 v. 5. 11. 1993, BStBl. 1994 II, 557 mit HFR-Anm. 1994, 339.

Haftung für Steuerschulden Dritter

Urteil rechtskräftig werden, legt er verspätet Revision ein, führt dies nicht selten dazu, dass die Finanzämter den Ausgang des – unzulässigen – Revisionsverfahrens abwarten, bevor sie die Hinterziehungszinsen festsetzen. Da der BFH beträchtliche Zeit auch dann benötigt, wenn unzulässige Revisionen zurückzuweisen sind, läuft hier nicht selten die Festsetzungsfrist ab. Der Sachverhalt ist auch denkbar bei einer rechtskräftigen Einspruchsentscheidung, gegen die Klage vor dem Finanzgericht erhoben wird. Natürlich ist auch denkbar, dass die Steuer bereits rechtskräftig festgesetzt wird und ein rechtskräftiges Strafurteil mit einer unzulässigen Revision angegriffen wird.

I. Hinweise zur Haftung für Steuerschulden Dritter

1242 Können Steuerschulden bei dem Steuerschuldner nicht realisiert werden, stellt sich auch im Steuerfahndungsverfahren die Frage der **Haftung Dritter** für die noch zu erhebenden Steuern. Die Haftungsmöglichkeit muss die Verteidigung im Auge behalten. Nachfolgend die für die Praxis des Fahndungsverfahrens wesentlichen Haftungsvorschriften.

1243 Die **gesetzlichen Vertreter** natürlicher und juristischer Personen und die **Geschäftsführer** von nichtrechtsfähigen Personenvereinigungen und Vermögensmassen haften, soweit infolge vorsätzlicher oder grobfahrlässiger Verletzung steuerlicher Pflichten Steuern nicht oder nicht rechtzeitig festgesetzt oder gezahlt werden (§§ 34, 69 AO).

1244 Damit sind zB die **Geschäftsführer** der **GmbH** und die **Vorstände** der **Vereine** angesprochen. Fahndungsverfahren, die sich gegen eine GmbH richten, erfassen auf diesem Weg idR auch die Steuerhaftung der Geschäftsführer.

1245 Nach **§ 71 AO haften** der **Steuerhinterzieher** und der Teilnehmer einer Steuerhinterziehung für die hinterzogenen Steuern. Zwar bestimmen Hinterziehung und Teilnahme an einer Hinterziehung den Kreis der Haftenden (so das Gesetz); der Kreis derjenigen, gegen die sich Haftungsbescheide richten, bestimmt sich jedoch nach dem Verdacht einer Hinterziehung oder Teilnahme (so die Praxis). Auch wenn dies nicht rechtens ist – s. nachfolgend –, verschafft sich die Finanzverwaltung in derartigen Fällen allein durch den Verdacht vollstreckbare Haftungstitel.

1246 Auch für diesen Haftungstatbestand gilt: Das Finanzamt entscheidet **eigenständig** und unabhängig von den Strafgerichten, ob eine **Hinterziehung vorliegt**. Die **objektive Beweislast** liegt beim Finanzamt. Der vollständige objektive und subjektive Tatbestand einer Hinterziehung bzw. Teilnahme muss feststehen. Strafausschließungsgründe wie strafrechtliche Verjährung und Selbstanzeige hindern nicht die Haftung. Das zu Tz. 1229 ff. Gesagte gilt entsprechend.

Die Haftung nach § 71 AO geht nur **so weit, wie die Hinterziehung reicht**. Über § 71 AO können nicht hinterzogene Beträge dem Haftenden angelastet werden. Zur Haftung von Bankmitarbeitern s. Tz. 667 ff.   1247

§ 154 AO verbietet die Errichtung von **Konten** auf **falsche** und erdachte **Namen**; es gilt das Gebot der sogenannten Kontenwahrheit. Wer dieses Gebot verletzt, darf Guthaben und Wertsachen nur mit Zustimmung des für den Verfügungsberechtigten zuständigen Finanzamts herausgeben (§ 154 Abs. 3 AO). Wer gegen dieses Verbot der Herausgabe verstößt, haftet, soweit dadurch Steueransprüche beeinträchtigt werden (§ 72 AO). Eine Haftung, die sich vorrangig an Banken wendet. S. auch Tz. 667 ff.   1248

Wer nach dem **allgemeinen Zivilrecht** verpflichtet ist, die Vollstreckung in einen Gegenstand zu dulden, kann hierzu auch durch Duldungsbescheid des Finanzamts verpflichtet werden. Auf diesem Weg kann das Finanzamt unmittelbar alle Rechte nach dem **Anfechtungsgesetz** durch Duldungsbescheid realisieren (§ 191 Abs. 1 AO). Das Finanzamt muss sich nicht an die Zivilgerichte wenden.   1249

J. Besonderheiten der Zollfahndung

I. Rechtsquellen

Zollrecht ist traditionell das Rechtsgebiet mit dem höchsten Vergemeinschaftungsgrad innerhalb der EU. Die Grundlagen des Zollrechts sind seit dem 1. 1. 1994 im sog. **Zollkodex** – ZK – nebst Durchführungsverordnung – ZK-DVO – konzentriert. Der Begriff Kodex – im deutschen Recht nur historisch verwandt – wird im internationalen Sprachgebrauch bei bedeutenden Gesetzeswerken benutzt[1]. Es handelt sich um EG-Verordnungen nach Art. 249 (Abs. 2) EGV, für die die unmittelbare Wirkung in sämtlichen Mitgliedstaaten der EU kennzeichnend ist.   1250

Der ZK fasst im Wesentlichen das früher geltende Zollrecht der Gemeinschaft, das über nahezu 30 Einzelverordnungen verstreut war,   1251

---

1 FRIEDRICH, StuW 1995, 15; WEYMÜLLER in Dorsch, Zollrecht, Art. 1 ZK, Rz. 11 (Nov. 2004).

zusammen[1]. Gegenüber diesem Gewinn an **Transparenz** fallen die eigentlichen Neuheiten des ZK eher bescheiden aus. Zu erwähnen sind insoweit die Regelungen des Titels I, die als Grundgerüst eines „Allgemeinen Teils" eines europäischen Verwaltungsrechts angesehen werden können. Eine echte Neuregelung und Vereinheitlichung ist dem ZK auch im Bereich des Zollschuldrechts und hier insbesondere bei der Bestimmung des Kreises der Zollschuldner gelungen.

1252   Der Begriff des Zollrechts ist in Art. 1 ZK definiert. Das Zollrecht ergibt sich danach aus dem **ZK selbst** sowie aus den zu seiner Durchführung auf gemeinschaftsrechtlicher oder nationaler Basis erlassenen **Durchführungsvorschriften**.

1. Auf gemeinschaftsrechtlicher Ebene

1253   Der ZK selbst ist das Basiswerk, die erste umfassende und einheitliche **Kodifikation** des **Zollrechts** in einem Gesetzbuch[2]. Zu den Durchführungsvorschriften gehört auf gemeinschaftsrechtlicher Ebene in erster Linie die ZK-DVO. Während der ZK in – immerhin auch schon – 253 Artikeln die Grundaussagen enthält, befasst sich die ZK-DVO (zuweilen selbstverliebt) mit Detailregelungen.

1254   Zu den gemeinschaftsrechtlichen Durchführungsvorschriften des ZK zählt auch der **Zolltarif** der EU (Art. 23 EGV, Art. 20 ZK), dem ein umfassendes Warenverzeichnis, die sog. Kombinierte Nomenklatur, zugrunde liegt, dem die Einreihung der Waren sowie die zollrechtliche Belastung zu entnehmen ist.

2. Auf nationaler Ebene

1255   Auf nationaler Ebene zählen zu den Durchführungsvorschriften des Zollrechts das **Zollverwaltungsgesetz** – ZollVG –, das im Wesentlichen organisatorische Aspekte, Aufgaben und Überwachungsbefugnisse regelt.

1256   Als Durchführungsvorschrift zum ZK gilt auch die **Abgabenordnung** – AO – als deutsches Steuerverfahrens-Mantelgesetz[3]. Durchführungs-

---

1 RÜSKEN in Dorsch, Zollrecht, Einf. ZK Rz. 56 (Mrz. 2001).
2 Vgl. im Einzelnen WEYMÜLLER in Dorsch, Zollrecht, Art. 1 ZK Rz. 14 ff. (Nov. 2004).
3 WEYMÜLLER in Dorsch, Zollrecht, Art. 1 ZK Rz. 23 ff. (Nov. 2004); RÜSKEN in Dorsch, Zollrecht, Einf. 1 Rz. 78 (Mrz. 2001).

vorschriften iSd. ZK können nämlich auch solche nationalen Gesetze sein, die schon lange vor dem ZK erlassen worden sind.

Der ZK enthält eine Reihe von Regelungsvorbehalten („**Ausweisungen**") zugunsten des nationalen Rechts. Hierbei handelt es sich um Bereiche, die der Gemeinschaftsgesetzgeber bewusst nicht regeln wollte oder konnte (idR wegen mangelnder Rechtsetzungskompetenz). In die nationale Kompetenz fallen danach folgende Bereiche: **1257**

– **Verwaltungsorganisation** (Art. 60 ZK; FVG, ZollVG, §§ 23 ff. AO).

– **Recht der Zollzuwiderhandlungen/Zollstrafrecht** (Art. 246 ZK; §§ 370 ff. AO).

– **Vollstreckungsrecht** (Art. 232 Abs. 1 Buchst. a ZK; §§ 249 ff. AO).

Neben den Regelungsvorbehalten enthält der ZK eine Reihe von **expliziten Öffnungen** zum nationalen Recht, dh. praktisch zumeist auf die AO als dem „vor die Klammer gezogenen" Allgemeinen Teil des deutschen Steuerverwaltungsrechts. Beispiele: **1258**

Detailregelungen: **1259**

– Einzelheiten der buchmäßigen Erfassung (Art. 217 Abs. 2 ZK);

– Einzelheiten des Rechtsbehelfsverfahrens (Art. 245 ZK; §§ 347 ff. AO);

– Einräumung anderer Zahlungserleichterungen (Art. 229 ZK).

Konkretisierungen: **1260**

– Form und Bekanntgabe der Abgabenfestsetzung (Art. 221 Abs. 1 ZK; § 155 AO);

– Ausübung von Ermessen (Art. 51 Abs. 2, 74 Abs. 2, 190, 197 ZK; § 5 AO).

Verweis auf „geltendes Recht": **1261**

– Nichtigkeitsgründe (Art. 10 ZK; § 125 AO);

– Zulässigkeit zollamtlicher Prüfungen (Art. 13 ZK; §§ 193 ff. AO);

– Zulässigkeit der Aufrechnung (Art. 223 Abs. 2 ZK; § 226 AO);

– Festsetzungsfrist bei Hinterziehung (Art. 221 Abs. 3 S. 1 ZK; § 169 Abs. 2 S. 2 AO).

Regelungen minderer Regelungsdichte: **1262**

– Stellvertretung (Art. 5 ZK);

– Amtsgeheimnis (Art. 15 ZK; § 30 AO);

– Gesamtschuldnerschaft (Art. 213 ZK; §§ 44, 5 AO).

Verwaltungsorganisation

Beratungs- und Erfahrungshinweise:

1263 Wer mit Zollbehörden arbeitet, muss einen Zugang zu den Zollnormen haben wie der Steueranwalt zu den Steuernormen. Er wird dann feststellen, dass die Arbeit der Zollbehörden von einer „sicheren Praxis" bestimmt ist, ohne dass die Stütze einer sicheren Kenntnis des Rechts vorhanden ist.

1264 Die Auslegung des ZK und der übrigen zollrechtlichen Grundlagen ist keinesfalls gefestigt; hier zeigt sich, dass es sich um „junges Recht" handelt.

1265 Die Rechtsnormen werden in erster Linie von der Auslegung durch die Zollbehörden beherrscht, die – wenn keine zentralen Anweisungen vorliegen – auch von Ort zu Ort unterschiedlich sein können.

1266 Sie ist außerdem durch die Rechtsanwendung der Prüfer der Kommission, dh. durch Brüssel bestimmt.

1267 Die finanzgerichtliche Rechtsprechung zeigt immer wieder, dass die Auslegung durch den Zoll nichts Zwingendes an sich hat. Die Rechtsprechung zeigt keine Tendenz, der Anwendungspraxis des Zolls besonderes Gewicht beizumessen.

1268 Anwaltliche Phantasie und Kreativität haben bei der Rechtsauslegung ein fruchtbares und ein weites Feld.

II. Verwaltungsorganisation

1269 Der Begriff der Zollbehörde ist in Art. 4 Nr. 3 ZK legaldefiniert. Die Organisation der Zollverwaltung überlässt das Gemeinschaftsrecht den Mitgliedstaaten[1]. Die Zollbehörden der BRD sind in einem **dreistufigen Behördenaufbau** organisiert, der auch für die allgemeine Steuerverwaltung typisch ist. Rechtsgrundlagen sind die §§ 1, 12 FVG, § 17 ZollVG, §§ 16, 23 ff. AO.

1270 Eingangsbehörden sind die **Hauptzollämter** – HZÄ – mit ihren Dienststellen. Die Dienststellen der Hauptzollämter – Zollämter, Zollkommissariate – sind keine eigenständigen örtlichen Behörden, sondern Hilfsstellen des Hauptzollamts (§ 1 Nr. 4 FVG). Die HZÄ sind für die Verwaltung der Zölle und bestimmter bundesgesetzlich geregelter Ver-

---

1 HOHRMANN in Hübschmann/Hepp/Spitaler, ZK, Einf. ZK Rz. 83 (Feb. 2004); WEYMÜLLER in Dorsch, Zollrecht, Art. 1 ZK Rz. 25 (Nov. 2004).

brauchsteuern sowie der zollamtlichen Überwachung des Grenzver-
kehrs etc. gem. § 12 Abs. 2 FVG zuständig. Durch Rechtsverordnung
können den HZÄ bestimmte Spezialzuständigkeiten zugewiesen werden. Dies geschah durch die Hauptzollamtszuständigkeitsverordnung
(welch ein Wort!) vom 19. 12. 1997, BStBl. 1997 I, 3206.

Als Mittelbehörden in Zollangelegenheiten fungieren die **Oberfinanz-** 1271
direktionen, und zwar hier die Zoll- und Verbrauchsteuerabteilungen
der OFD. Dort ist bisweilen Spezialwissen organisatorisch zentriert, zB
Zentralstelle Zollwert bei der OFD Köln.

Als oberste Bundesfinanzbehörde ist das **BMF** für Fragen von grund- 1272
sätzlicher und politischer Bedeutung zuständig. Für den Zollbereich ist
im BMF die Abteilung III berufen. Die Abteilung gliedert sich in zwei
Unterabteilungen, von denen wiederum die Unterabteilung III B ua.
die Zölle erfasst. Den Unterabteilungen sind Referate zugeordnet.

Stellung, Aufgaben und Befugnisse des **Zollkriminalamts** – ZKA – sind 1273
in **2002 grundlegend neu** definiert worden. Durch das Zollfahndungs-
neuregelungsgesetz (ZFnrG) vom 16. 8. 2002, BGBl. 2002 I, 3202 –
dessen Kern das Zollfahndungsdienstgesetz (ZFdG) ausmacht – ist
das ZKA in eine Mittelbehörde im Geschäftsbereich des BMF umgewandelt worden. Das ZKA ist jetzt Finanzbehörde, Überwachungsbe-
hörde und Strafverfolgungsbehörde. Es hat eigene Aufgaben (§ 4
ZFdG), Aufgaben als Zentralstelle (§ 3 ZFdG) und ist vorgesetzte Behörde im Verhältnis zu den Zollfahndungsämtern (§ 6 ZFdG). Hervorgegangen ist das ZKA aus dem in Köln beheimateten, 1949 gegrün-
deten **„Zollkriminalinstitut"**, das den älteren Beratern und Finanzbeamten noch als eine Behörde bekannt ist, bei der die Finanzämter
vornehmlich Schriftgutachten bestellten. Sitz des ZKA ist weiterhin
Köln[1].

Die **Zollfahndungsämter** – ZFÄ – haben parallele Zuständigkeiten wie 1274
das ZKA. Die ZFÄ sind örtliche Behörden und unterstehen seit 2002
dem ZKA. Zurzeit existieren acht ZFÄ mit insgesamt 24 Außenstellen.
ZKA und ZFÄ haben im Wesentlichen Funktionen der Strafverfolgung
und Bekämpfung von Steuer- und Zollstraftaten. Außerdem: Bekämpfung der Geldwäsche, der Schwarzarbeit, der Rauschgiftkriminalität,
der Marken- und Produktpiraterie und des Artenschutzes[2].

---

1 Vgl. SCHMIESZEK in Hübschmann/Hepp/Spitaler, § 1 FVG, Rz. 24a (Mrz. 2005).
2 Vgl. SCHMIESZEK in Hübschmann/Hepp/Spitaler, § 1 FVG, Rz. 24b (Mrz. 2005).

Erfasste Abgaben

Beratungs- und Erfahrungshinweise:

1275 Bezüglich der Befugnisse des ZKA und der ZFÄ muss der Berater das Zollfahndungsdienstgesetz aus 2002 zur Hand haben. Die AO, die ergänzend gilt, reicht nicht.

1276 Die bis 2002 praktikable Gleichsetzung von Steuerfahndung und Zollfahndung ist kein Leitfaden mehr. Was bei der Steuerfahndung vermisst werden könnte, nämlich eine Detailregelung, liegt bei der Zollfahndung vor.

1277 Steuerfahndung und Finanzämter sind Geschwister, oft in einem Finanzamt organisatorisch vereint. Die Distanz zwischen Hauptzollamt und Zollfahndung ist erheblich größer. Dies schlägt sich in Informationsaustausch und Kommunikation nieder. Es ist oft erstaunlich, wie hindernisreich die Wege zwischen Hauptzollamt (entscheidende Behörde) und Zollfahndung (ermittelnde Behörde) sind.

III. Erfasste Abgaben

1278 Der sachliche Anwendungsbereich des ZK erstreckt sich auf Abgaben, die im Zusammenhang mit der Warenbewegung über die (EU-Außen-) Grenze anfallen, also auf **Einfuhrabgaben** und – nach derzeitiger Rechtslage nicht erhobenen – Ausfuhrabgaben. Einfuhrabgaben sind zum einen – und hauptsächlich – **Zölle** (in allen Spielarten, zB auch sog. Antidumping- und Ausgleichszölle) bzw. Abgaben mit gleicher Wirkung bei der Einfuhr von Waren (praktisch nicht gegeben), zum anderen **Agrarabgaben**.

1279 Durch **autonome nationale Verweisung** hat der deutsche Gesetzgeber für spezielle Steuern, die anlässlich des Grenzübertritts entstehen, die (sinngemäße) Anwendung der ZK-Vorschriften über die Steuerentstehung und -erhebung angeordnet. Hierbei handelt es sich um folgende nationale Steuern:

– **Einfuhrumsatzsteuer** – EUSt – (§ 21 Abs. 2 UStG);

– **besondere (sog. „nicht harmonisierte") Verbrauchsteuern:**

– Biersteuer (§ 13 BierStG);

– Branntweinsteuer (§ 147 BranntwMonG);

– Schaumweinsteuer (§17 SchaumwZwStG);

– Mineralölsteuer (§ 23 MinöStG);

– Tabakwarensteuer (§ 21 TabStG);
– Kaffeesteuer (§ 13 KaffeeStG).

Durch die **Koppelung** an die **gemeinschaftsrechtlichen Erhebungsvor-** **schriften** soll eine gleiche und einheitliche technische Erledigung aller beim Grenzübertritt anfallenden Abgaben sichergestellt werden. 1280

Die Einnahmen aus Zöllen, die um die 3 Mrd. Euro betragen, fließen in den Haushalt der EG (sog. **Eigenmittel**)[1]. Den Mitgliedstaaten verbleibt davon seit Anfang 2001 ein Verwaltungsanteil von 25% (vorher 10%)[2]. Die Effektuierung und Sicherung der Eigenmittel ist derzeit ein hochaktuelles und hochbrisantes Thema innerhalb der EU[3]. Im Mittelpunkt steht die Frage, innerhalb welchen Zeitrahmens (dahinter steht letztlich: mit welchem Nachdruck) die Behörden der Mitgliedstaaten dafür sorgen müssen, dass der Gemeinschaft die ihr zustehenden Eigenmittel gutgeschrieben werden. Die Finanzhoheit der EU dürfte ferner ein entscheidender Aspekt für die ablehnende Haltung der EG-Bürokratie gegenüber dem deutsch-rechtlichen Institut der Tatsächlichen Verständigung sein, dem der Ruf eines „Kuhhandels" zu Lasten der EU anhaftet, dazu unter Tz. 1283, 1320 ff. 1281

Beratungs- und Erfahrungshinweise:

Der Berater muss berücksichtigen, dass die Verwaltung von Zöllen, Einfuhrumsatzsteuer und sonstigen Verbrauchsteuern von unterschiedlichem Verhalten des Zolls bestimmt sind. 1282

„Verzichten" die HZÄ auf Abgaben – zB Zölle –, die zu den Eigenmitteln zählen, erfährt dies Brüssel durch seine Prüfer und Revisoren, werden sie von den Mitgliedstaaten nacherhoben. Diese sog. **„Anlastung"** bzw. die Furcht vor der Anlastung erschwert die Verhandlungen mit dem Zoll. Erkennt man sie als Berater an und berücksichtigt sie bei Erledigungsbemühungen, können festgefahrene Auseinandersetzungen wieder bewegt werden. 1283

---

1 Insgesamt erhob der Zoll 2004 rund 100 Mrd. Euro, das entspricht etwa der Hälfte der Steuereinnahmen des Bundes, davon 64 Mrd. Euro Verbrauchsteuern und 3 Mrd. Euro Zölle, die in die EU flossen (Jahresbericht Zoll 2004, ZfZ 2005, 178).
2 STÜWE in Hübschmann/Hepp/Spitaler, Vor Art. 201–216 ZK Rz. 7 (Feb. 2004).
3 Vgl. Schlussantrag des Generalanwalts GEELHOED vom 10. 3. 2005 in der Rechtssache C-392/02 und EuGH Rs. C-104/02 vom 14. 4. 2005, ZfZ 2005, 231.

IV. Verfahrensrecht: Verhältnis ZK – AO

1284 Das **Verhältnis** des ZK zum nationalen Steuerverfahrens-Mantelgesetz der AO bildet einen in der deutschen Zollrechtsliteratur **viel diskutierten**, aber längst nicht ausdiskutierten **Schwerpunkt**.

1285 Die deutsche Zollverwaltung hat ihren Rechtsstandpunkt hinsichtlich der Überlagerung der AO durch den ZK in ihren Dienstvorschriften (Vorschriftensammlung Zoll – VSF) in Form der sog. **Synopse**[1] niedergelegt.

1286 In weiten Teilen ist das Verhältnis unproblematisch, nämlich dort, wo der Gemeinschaftsgesetzgeber über **keine Regelungskompetenz** – Strafrecht, Organisation, Vollstreckung – verfügt oder die Anwendung nationalen Rechts ausdrücklich gestattet – siehe Beispiele oben, Tz. 1255 ff.

1287 Schwieriger wird es dort, wo der **ZK** eine **geringere Regelungsdichte** als das nationale Recht aufweist (Paradebeispiel: Amtsgeheimnis, Art. 15 ZK, § 30 AO). Einerseits kann fehlender Perfektionismus des Gemeinschaftsgesetzgebers allein die subsidiäre Anwendung der AO wohl kaum rechtfertigen; denn die Anwendung unterschiedlichen nationalen Rechts steht im Spannungsverhältnis zum Vereinheitlichungszweck. Andererseits darf nicht übersehen werden, dass der ZK in vielen Bereichen (prototypisch: die Regelung des – aus deutscher Sicht nur Selbstverständlichkeiten normierenden – Rechtsbehelfsverfahrens, Art. 243–245 ZK) eben nur einen EG-einheitlichen Mindeststandard festschreibt. Die subsidiäre Anwendung der AO wirkt sich vielfach zugunsten der Wirtschaftsbeteiligten aus. Aber auch dort, wo die lückenfüllende Anwendung der AO nachteilig für die Betroffenen ist, können diese Nachteile hingenommen werden, weil und solange sie nicht von erheblichem Gewicht sind[2].

1288 **Ungelöst** ist die Anwendung von AO-Vorschriften auf Themen, zu denen der **ZK** schlichtweg **schweigt**. Hier liegt die Schwierigkeit im Vorfeld, und zwar in der Feststellung, ob eine „echte", also planwidrige, Regelungslücke vorliegt. Soweit Verfahrensrecht betroffen ist, ist auch in dieser Konstellation gegen eine ergänzende Anwendung der

---

1 BMF DA VSF (Z) S 02 22, abgedruckt in AW-Prax 1996, 213, sowie bei HOHR-MANN in Hübschmann/Hepp/Spitaler, Einf. ZK Rz. 150 (Febr. 2004).
2 Ausführlich OLGEMÖLLER, Zollkodex und AO-Haftungsrecht, Diss., Osnabrück 2001, 44 ff.

AO wenig einzuwenden, da der ZK durchaus eine Tendenz zur subsidiären Heranziehung nationalen (Verfahrens-)Rechts zur Lückenfüllung erkennen lässt. Anders ist die Situation dort, wo es um materielle, zumal um materiell belastende Regelungen geht. Hier ist genau zu prüfen, ob das Schweigen des ZK nicht als beredtes Schweigen zu verstehen ist, wie dies zB. bei der Haftung für Zollschulden – entgegen der ganz hM – der Fall ist[1].

Beratungs- und Erfahrungshinweise:

Soweit sich die subsidiäre Anwendung von AO-Vorschriften zum Nachteil des Zollbeteiligten auswirkt, sollte der Berater den Rückgriff auf nationales Recht rügen. In Zweifelsfällen ist eine (gerichtliche) Entscheidung herbeizuführen.   1289

Insbesondere Haftungsbescheide über Einfuhrausgaben oder gleichgestellte nationale Abgaben, die auf der Anwendung einer AO-Haftungsnorm beruhen, sollten nicht akzeptiert werden. Soweit ersichtlich, liegen veröffentlichte Entscheidungen des BFH zur Frage der Haftung für Zollschulden unter dem Regime des ZK nicht vor. Auf stützende aktuelle EuGH-Rechtsprechung[2] kann hingewiesen werden.   1290

V. Besonderheiten des Zollverfahrensrechts

1. Abgabenfestsetzung/Nacherhebung

Grundlage der Abgabenfestsetzung und Abgabenerhebung im Gemeinschaftszollrecht ist die sog. **buchmäßige Erfassung** (Art. 217 Abs. 1 ZK). Hierbei handelt es sich um einen behördeninternen Vorgang, den der ZK liebevoll regelt. Die Außenwirkung, dh. die Bekanntgabe der Abgabenfestsetzung an den Zollschuldner, interessiert den ZK dagegen kaum. Hier verweist der ZK auf nationales Recht (Art. 217 Abs. 2 ZK). Die Abgabenfestsetzung in Deutschland im Bereich des Zollrechts erfolgt durch Steuerbescheid (§ 155 AO).   1291

Zum Bereich der Abgabenfestsetzung zählt auch die **Nacherhebung** (Art. 220 ZK). Diese regelt den Fall, dass die gebotene Abgabenerhebung zunächst unterblieben ist oder die Abgabenfestsetzung nachträglich geändert wird.   1292

---

1 OLGEMÖLLER, aaO (S. 334 FN 2) mit umfassenden Nachweisen zum Meinungsstand.
2 EuGH Rs. C-414/02 vom 23. 9. 2004, ZfZ 2004, 371; dazu SUMMERSBERGER, AW-Prax 2005, 210.

Billigkeitsrecht

Beratungs- und Erfahrungshinweis:

1293 Von eminenter praktischer Bedeutung ist die Vorschrift des Art. 220 Abs. 2 b ZK – iVm. Art. 868–876 ZK-DVO –, der unter bestimmten Bedingungen ein **Absehen von der Nacherhebung** zulässt. Voraussetzungen dafür sind:

– ein „aktiver" Irrtum der Zollbehörde,

– Nichterkennbarkeit des Irrtums durch den Zollschuldner,

– Gutgläubigkeit des Zollschuldners,

– Einhaltung der maßgeblichen Verfahrensvorschriften[1].

2. Billigkeitsrecht

1294 Das Gemeinschaftszollrecht kennt – wie das nationale Recht – die Differenzierung zwischen Festsetzungs- und Billigkeitsverfahren, dh. den Erlass bzw. die Erstattung von Abgaben. Art. 239 ZK – „Erstattung und Erlass in **Sonderfällen**" – enthält eine eigenständige gemeinschaftsrechtliche Billigungsregelung, die die nationalen Billigkeitsregelungen der §§ 163, 227 AO ausschließt.

1295 Die Exklusivität des Art. 239 ZK als Prüfungsmaßstab für einen Billigkeitserweis gilt nicht nur für Zölle, sondern auch für die **nationalen Abgaben** (EUSt und besondere Verbrauchsteuern), die der deutsche Gesetzgeber dem Zollregime unterstellt hat.

3. Verjährung

1296 Die Regelung der Festsetzungsverjährung im Zollrecht **unterscheidet** sich **erheblich** von der Verjährung nach der **AO**.

1297 Die **Regelfestsetzungsverjährungsfrist** des Zollrechts beträgt **drei Jahre** (Art. 221 Abs. 3 ZK). Anders als die AO kennt das Gemeinschaftszollrecht im Grundsatz weder eine Anlauf- noch eine Ablaufhemmung. Das Gemeinschaftszollrecht kennt auch keine Kalenderverjährung.

1298 Soweit die Zollschuld allerdings aufgrund einer **strafbaren Handlung** entstanden ist, erfolgt der Verweis auf nationales Recht (Art. 221 Abs. 4 ZK). Es kommt die verlängerte zehnjährige Festsetzungsfrist des § 169 Abs. 2 S. 2 AO einschließlich der dann auflebenden nationalen Hemmungstatbestände (zB § 171 Abs. 5 AO) zum Tragen. Voraussetzung

---

1 Einzelheiten bei ALEXANDER in Witte, Zollkodex, 3. Aufl., 2002, Art. 220.

hierfür ist, dass eine Straftat vorliegt; eine leichtfertige Steuerverkürzung, § 378 AO, genügt nicht[1].

Da dem Gemeinschaftszollrecht Anlauf- oder Ablaufhemmung fremd sind, können auch Vorbehalte im Zollbescheid diese Wirkung nicht herbeiführen. Hieraus folgert die hM[2], dass die **§§ 164, 165 AO** im Bereich des Zollrechts **nicht** anwendbar sind.   1299

Regelungen zur **Zahlungsverjährung** entsprechend den §§ 228 ff. AO enthält der ZK nicht. Nach hM[3] sind die Vorschriften der §§ 228 ff. AO im Bereich der Einfuhrabgaben ergänzend anwendbar.   1300

4. Rechtsbehelfsverfahren

Das Rechtsbehelfsverfahren im Zollrecht richtet sich weitgehend nach **nationalem Recht**, dh. nach den Vorschriften der §§ 347 ff. AO. Insoweit enthält der ZK in Art. 245 eine entsprechende Verweisung auf das nationale Recht.   1301

Die Regelungen der Art. 243–245 ZK stellen aus deutscher Sicht eine rechtsstaatliche Selbstverständlichkeit dar[4]. Eine eigenständige Regelung trifft der ZK nur in der Frage der **Aussetzung der Vollziehung**. Für die Aussetzung der Vollziehung von Eingangsabgaben ist Art. 244 ZK maßgeblich. Im Gegensatz zu § 361 AO enthält Art. 244 Abs. 2 ZK **zwei alternative Aussetzungstatbestände**: Begründete Zweifel an der Rechtmäßigkeit (entspricht materiell den ernstlichen Zweifeln des § 361 AO) **oder** Gefahr eines unersetzbaren Schadenseintritts.   1302

Im Gegensatz zur nationalen Vorschrift ist die Aussetzung der Vollziehung im Bereich des Zollrechts im Regelfall von einer **Sicherheit** abhängig zu machen (Art. 244 Abs. 3 ZK), es sei denn, die Forderung würde aufgrund der Lage des Schuldners zu ernsten Schwierigkeiten wirtschaftlicher oder sozialer Art führen.   1303

Beratungs- und Erfahrungshinweise:

EU-rechtliche Zölle und inländische Steuern – zB EUSt und Tabaksteuern – werden oft in einem Abgabenbescheid nacherhoben. Der Sache nach handelt es sich um gebündelte Abgabenbescheide, die zum Teil unterschiedlich beurteilt werden müssen.   1304

---

1 EuGH Rs. C 273/90 vom 27. 1. 1991, ZfZ 1992, 73.
2 GELLERT, Zollkodex und Abgabenordnung, 2003, 148 ff.
3 HENKE/HUCHATZ, ZfZ 1996, 272; WITTE, aaO (S. 336 FN 1) Art. 233 Rz. 5.
4 Vgl. ALEXANDER in Witte aaO (S. 336 FN 1) Vor Art. 243 Rz. 5 ff.

Haftung für Zollschulden

1305 Die Zölle stützen sich auf originäres EU-Zollrecht und die unmittelbare Anwendung des ZK. Sie unterliegen der EU-rechtlichen Kontrolle.

1306 Für die USt und Tabaksteuer gilt originär inländisches Recht und der ZK nur im Wege der Verweisung. Ob die Tabaksteuer richtig erhoben wird, interessiert Brüssel nicht.

1307 Allerdings ist der EuGH für die Auslegung des ZK auch zuständig, wenn er für inländische Steuern für anwendbar erklärt wird[1].

5. Haftung für Zollschulden

1308 Als weitere **Besonderheit** des Zollrechts ist das **Verhältnis** zwischen **Zollschuld** und **Haftung** anzusehen. Der ZK zieht den Kreis der Zollschuldner in den Art. 201 ff. ZK sehr weit und bezieht Personen, die nach nationalem Recht als Haftungsschuldner in Anspruch zu nehmen wären, darin ein. Die deutsch-rechtliche Differenzierung zwischen (Zoll-)Schuld und Haftung ist dem ZK allerdings fremd. Aufgrund des Schweigens gehen Rechtsprechung, Verwaltung und Schrifttum davon aus, dass die nationalen Haftungsvorschriften der AO neben dem Zollschuldrecht des ZK anwendbar sind. Der Schluss der hM ist indessen uE nicht zutreffend; das Schweigen des ZK zur Haftungsfrage ist ein beredtes Schweigen (vgl. auch Tz. 1284 ff.).

6. Amtshaftung

1309 Wegen der rigiden Handhabung der gemeinschaftsrechtlichen Nacherhebungs- und Billigkeitsvorschriften in der Rechtsprechung des EuGH, die Vertrauensschutz nur in Extremfällen gewährt, spielt im Bereich des Zollrechts die **Amtshaftung**[2] eine zunehmende Rolle. Begünstigt wird diese Entwicklung dadurch, dass die in Deutschland für Amtshaftungsansprüche zuständigen Zivilgerichte dem Schutz von Rechtspositionen des Steuerbürgers traditionell weit aufgeschlossener gegenüberstehen als die deutsche Verwaltungs- bzw. Finanzgerichtsbarkeit oder der EuGH. Bei der Rechtsprechung des EuGH drängt sich nicht selten der Eindruck auf, dass der Gerichtshof in der Gewährung von Vertrauensschutz nur eine Erosion des Ziels einer gemeinschaftsweit einheitlichen Rechtsanwendung zu sehen scheint.

---

1 BFH VII R 39/01 vom 7. 5. 2002, BFH/NV 2002, 1117.
2 MIDDENDORF, Amtshaftung und Gemeinschaftsrecht, Diss., 2001, 28 ff., 114 ff.; SCHRÖMBGES, ZfZ 1998, 110 und AW-Prax 1998, 208.

Beratungs- und Erfahrungshinweis:

Die Zollverwaltung sieht sich in der „Zange" zwischen Kontrolle von   1310
Brüssel und der Anlastung (s.o. Tz. 1283) und drohenden Amtshaf-
tungsansprüchen. Das erleichtert nicht gerade Gespräche und Verhandlungen, zeigt aber auch Wege zur Verständigung.

VI. Zollstrafrecht

Zum Zollstrafrecht enthält der ZK keine Regelungen[1]. Dies liegt daran,   1311
dass es an einer gemeinschaftlichen Regelungskompetenz für das
Strafrecht fehlt. Das Sanktionsrecht ist **Sache der Mitgliedstaaten.**

In Deutschland ist die Zollhinterziehung **Steuerstraftat nach § 370 AO.**   1312
Kriminologisch kann unterschieden werden zwischen „Primitiv-
schmuggel" (durch Verletzung der Gestellungspflicht und des Zollstra-
ßenzwangs) und „Intelligenzschmuggel" (durch falsche Angaben bei
der Deklaration)[2].

Die §§ 370 ff. AO normieren weitere spezifisch **zollrechtliche Straftat-**   1313
bestände, zB Bannbruch (§ 372 AO); gewerbsmäßiger Schmuggel,
(§ 373 AO); Steuerhehlerei, (§ 374 AO).

Hinzuweisen ist auf die Regelung des **§ 370 Abs. 6 AO.** Danach ist   1314
auch die Hinterziehung von Einfuhrabgaben zum Nachteil von Mitgliedstaaten der EU, der EFTA oder einem mit der EG assoziierten
Land mit Strafe bedroht.

Ungeachtet der fehlenden eigenen Sanktionskompetenz nimmt die EU   1315
die Bekämpfung von Manipulationen des EU-Rechts sehr ernst. Hinweis auf das Europäische Amt zur Betrugsbekämpfung **OLAF**[3].

Beratungs- und Erfahrungshinweise:

Da das Zollstrafrecht wie das Steuerstrafrecht an das materielle Zollrecht   1316
anknüpft und dieses noch wenige gesicherte Grundlagen hat, ist es für
den Steuerstrafverteidiger unabdingbar, im Fall des Vorwurfs einer Zoll-
straftat sorgfältig die zollrechtlichen Voraussetzungen zu prüfen[4].

---

1 WEYMÜLLER in Dorsch, Zollrecht, Art. 1 ZK Rz. 25 (Nov. 2004).
2 BENDER, Das Zoll- und Verbrauchsteuerstrafrecht mit Verfahrensrecht, C/IV,
  Tz. 69 ff. (Stand: 2003).
3 Siehe dazu HETZER, ZfZ 2003, 32.
4 Vgl. hierzu zB den Beitrag von BENDER, wistra 2004, 368: „Ist der Zigaretten-
  schmuggel seit dem 4. März 2004 straffrei?", anknüpfend an eine sehr ein-

VII. Schätzung und Tatsächliche Verständigung

1. Schätzung

1317 Einigkeit besteht darüber, dass angesichts der detaillierten Vorgaben zu den Bewertungsmethoden zur Bestimmung des sog. Transaktionswerts in den Art. 29–32 ZK nur ein **geringer Anwendungsbereich** für **Schätzungen** gemäß § 162 AO gesehen wird[1]. Bei den Verbrauchsteuern ist allerdings § 161 AO einschlägig.

Beratungs- und Erfahrungshinweise:

1318 Aus diesem Grund scheuen die Zollbehörden Schätzungen.

1319 Allerdings muss man in der Verhandlung mit dem Zoll deutlich zwischen der Wertermittlung oder Wertschätzung – Gegenstand des ZK – und der Schätzung des zu bewertenden Gegenstands unterscheiden. Wenn ein LKW mit geschmuggelten Zigaretten nach Entstehung der Zollschuld aufgrund eines Unfalls ausbrennt, wird der Zoll die Menge der Zigaretten nicht nur schätzen dürfen, sondern auch wollen[2].

2. Tatsächliche Verständigung

1320 Ebenso wie die steuerliche Haftung im Zollbereich ist das „Institut" der **Tatsächlichen Verständigung** wohl eine der vielen Eigenarten des deutschen (Steuer-)Rechts, die in Europa ihresgleichen sucht. Die Frage der Zulässigkeit von Tatsächlichen Verständigungen im Bereich des europäischen Zollrechts wird – wenn überhaupt – im deutschen zoll- bzw. abgabenrechtlichen Schrifttum nur spärlich erörtert[3].

1321 Aus nationaler Sicht spricht die **Gleichstellung** von Steuern und Zöllen in **§ 3 Abs. 3 AO** dafür, dass für Zölle dieselben Rechtsgrundsätze wie

---

engende Umgrenzung der Gestellungspflicht nach Art. 4, 38, 40 ZK durch die EuGH-Entscheidungen C-238/02 und C-246/02 vom 4. 3. 2004, ZfZ 2004, 159 (mit Anm. VON FUCHS); Vorlage durch BFH VII R 39/01 vom 7. 5. 2002, BFH/NV 2002, 1117; dazu auch BFH VII R 45/01 vom 20. 7. 2004, BFH/NV 2005, 260; zuvor BGH V StR 127/02 vom 27. 11. 2002, NJW 2003, 907; BENDER, wistra 2001, 161; HARMS, NStZ 2003, 189, 194.

1 REICHE in Witte, aaO (S. 336 FN 1) Art. 31 ZK, Rz. 6; FROTSCHER in Schwarz, AO, § 162 Rz. 6 (Aug. 2001).
2 Vgl. KRÜGER in Dorsch, Zollrecht, Art. 31 ZK Rz. 6 (Jul. 2004).
3 ZB FRIEDRICH in Schwarz/Wockenfoth, Zollrecht, Art. 19 ZK, Rz. 5 (Aug. 1996); KAUFFMANN in Hübschmann/Hepp/Spitaler, Art. 19 ZK Rz. 10 (Feb. 2004); WEYMÜLLER in Dorsch, Zollrecht, Art. 19 ZK, Rz. 18 (Feb. 2004).

für alle anderen nationalen Steuern gelten, sofern nicht höherrangiges Recht entgegensteht (§ 1 Abs. 1 S. 2 AO).

Der **ZK** und die ZK-DVO – bei Lichte betrachtet – **schweigen.**   1322

Ein **ausdrückliches Verbot** von „Vereinbarungen" über den Steueran-   1323
spruch in tatsächlicher Hinsicht ist dem ZK **nicht** zu entnehmen[1]. Umgekehrt wird man aus Art. 19 ZK („Zulässigkeit von Vereinfachun-
gen") ohne Überstrapazierung der Norm wohl kaum die gemeinschaftsrechtliche Absegnung des deutsch-rechtlichen „Instituts" der
Tatsächlichen Verständigung herauslesen können[2]. Vor dem Hintergrund des entbrannten Streits um die Eigenmittel bzw. die Regress-
möglichkeit („Anlastung") – s.o. Tz. 1283 – bei den Mitgliedstaaten
dürfte die Kommission wohl eher eine andere Ansicht vertreten.

Der BFH rechnet Schätzungen – zu denen auch die Tatsächliche Ver-   1324
ständigung als Sonderform einer einvernehmlichen Schätzung zu
rechnen ist – zu den tatsächlichen Feststellungen iSd. § 118 Abs. 2
FGO[3] bzw. ordnet sie als Mittel der freien Beweiswürdigung iSd. § 96
FGO[4] ein. Folgt man dieser Einordnung, ist die Tatsächliche Verständigung Element des **nicht harmonisierten Verwaltungs-** bzw. **Prozess-
verfahrensrechts** und aus dieser Überlegung heraus a priori einer
(Verbots-)Regelung durch den **Gemeinschaftsgesetzgeber entzogen.**

Für Tatsächliche Verständigungen über die nationalen besonderen   1325
Verbrauchsteuern – s.o. Tz. 1279 – kommt folgender Aspekt hinzu: Die
Verweisung auf den ZK ist bezüglich dieser Steuern nicht umfassend,
sondern nur partiell. Damit lässt sich im Sinne einer „engen" Auslegung argumentieren, dass durch die eingeschränkte Reichweite der
Verweisung auf den ZK nur die Modalitäten der Abgabenentstehung
und Abgabenerhebung festgeschrieben werden, die von **Feststellung**
und **Ermittlung** der **Bemessungsgrundlagen** dagegen **nicht** erfasst
werden. Die Höhe des Steueranspruchs würde danach weiterhin der
vollen Souveränität der Mitgliedstaaten unterliegen (was sich bei Weg-
denken der autonomen Verweisung von selbst verstehen würde). Es

---

1 Zulässig ist die Tatsächliche Verständigung nach WEYMÜLLER in Dorsch, Zollrecht, Art. 19 Rz. 18 (Feb. 2004).
2 Zurückhaltung also bei KAUFFMANN in Hübschmann/Hepp/Spitaler, Art. 19
   ZK Rz. 10 (Feb. 2004); FRIEDRICH in Schwarz/Wockenfoth, Zollrecht, Art. 19
   ZK, Rz. 5 (Aug. 1996).
3 BFH VII B 19/02 vom 9. 6. 2005, BFH/NV 2005, 1893, 1895, mwN.
4 BFH VII R 44/92 vom 18. 5. 1993, ZfZ 1993, 353, 354.

kann nicht unterstellt werden, dass die Mitgliedstaaten sich durch die Verweisung weitergehende Fesseln als notwendig, dh. konkret auch bezüglich der Art und Weise der Ermittlung des Umfangs der Besteuerungsgrundlagen, anlegen wollten.

1326 Diese Argumentation greift indessen nicht immer. So ist zB die Ermittlung der Bemessungsgrundlage der EUSt über § 11 Abs. 1 UStG an den EG-rechtlich (Art. 29 ZK ff.) zu bestimmenden **Zollwert** der Ware gekoppelt, so dass hier ein eigenständiger nationaler Weg verschlossen ist.

Beratungs- und Erfahrungshinweis:

1327 Der Berater und der Zoll werden gleichwohl oft die Tatsächliche Verständigung suchen, da sie ihnen die höchstmögliche Verfahrenssicherheit gibt. Für die inländischen Steuern wird sie idR wirken. Für die Zölle uE auch. Zumindest ist in Rechnung zu stellen, dass auch eine unstreitbare Tatsächliche Verständigung ein Mehr an Rechtssicherheit gibt als keine Tatsächliche Verständigung.

1328 Allerdings sollte man Wege finden, dem Misstrauen aus Brüssel zu begegnen. Beispiel: Die Zollgrundlage wird exakt ermittelt. In die Tatsächliche Verständigung gelangt durch entsprechende Formulierung das Einvernehmen, dass es nicht ein Mehr an abgabenbegründenden Tatbeständen gibt.

K. Mitteilungspflichten und Register

1329 Begeht ein Gewerbetreibender oder ein Angehöriger der freien Berufe eine Steuerverkürzung oder ist er an einer solchen beteiligt, bleibt es oftmals nicht allein bei einem strafrechtlichen Ermittlungsverfahren und einer eventuellen Verurteilung durch ein Strafgericht. Aufgrund gesetzlicher Mitteilungspflichten werden die Entscheidungen der StA und der Gerichte zudem an das **Bundeszentralregister** (BZR), die **Berufskammer** oder sonstige Stellen **weitergeleitet**, die für die Überwachung der gewerblichen oder beruflichen Pflichten zuständig sind. Sie können neben strafrechtlichen auch zu **berufsrechtlichen Konsequenzen** führen[1].

---

1 Vgl. SPATSCHECK/REUTERSHAN, PStR 2005, 262.

I. Eintragungen in das Bundeszentralregister

Das BZR wird vom Generalbundesanwalt beim BGH geführt. Es hat   1330
die Aufgabe, Informationen über **rechtskräftig abgeschlossene** Strafverfahren sowie genau bestimmte zivil- und verwaltungsrechtliche
Verfahren zusammenzuführen und darüber Auskunft zu geben. Dies
erfolgt insbesondere durch die Erteilung eines **Führungszeugnisses** an
Bürger und Behörden, aber auch durch allgemeine Auskunftserteilung
an berechtigte Behörden.

1. Strafrechtliche Verurteilungen

Gemäß § 4 BZRG werden in das BZR alle rechtskräftigen Entscheidun-   1331
gen eingetragen, durch die ein **deutsches Gericht**

– wegen einer rechtswidrigen Tat Strafe auferlegt,

– eine Maßregel der Besserung und Sicherung anordnet oder

– nach § 59 StGB eine Verwarnung mit Strafvorbehalt ausspricht.

Die Gerichte sind verpflichtet, dem Register ua. die **Personendaten** des   1332
Betroffenen, die rechtliche Bezeichnung der **Tat** und die verhängte
Strafe mitzuteilen (§ 45 BZRG). Bei Geldstrafen wird die Anzahl und
die Höhe der Tagessätze übermittelt. Gleiches gilt für die Aussetzung
einer Strafe zur Bewährung (§ 7 BZRG).

Eintragungen über strafrechtliche Verurteilungen werden – bei Verur-   1333
teilungen zu Freiheitsstrafen von nicht mehr als drei Monaten und bei
Verurteilungen zu Geldstrafen von nicht mehr als 90 Tagessätzen –
nach fünf Jahren gelöscht (§§ 45, 46 BZRG). Liegt hingegen eine Eintragung über eine Freiheitsstrafe vor, erfolgt die Löschung generell
erst nach **zehn Jahren.** Dieselbe Frist gilt bei Freiheitsstrafen von mehr
als drei Monaten, aber weniger als einem Jahr, wenn die Vollziehung
der Strafe zur Bewährung ausgesetzt wurde und für Geldstrafen von
mehr als 90 Tagessätzen. Ansonsten erfolgt die Löschung idR **nach 15
Jahren.** Die Frist beginnt mit dem Tag des ersten Urteils (§ 47 Abs. 1
iVm. § 36 BZRG). Ein Antrag auf vorzeitige Tilgung ist unter den Voraussetzungen des § 49 Abs. 1 BZRG möglich, wenn zB die Vollstreckung bereits erledigt ist und kein öffentliches Interesse mehr besteht.
Nach der Tilgung der Eintragung darf die Verurteilung im Rechtsver-
kehr grundsätzlich nicht mehr zum Nachteil des Betroffenen verwertet
werden (§ 51 BZRG). Er darf sich als unbestraft bezeichnen (§ 52
BZRG).

Führungszeugnis und Berufsregelnde Verwaltungsentscheidungen

2. Das Führungszeugnis

1334 Grundsätzlich werden alle Eintragungen im BZR ins **Führungszeugnis** aufgenommen (§ 32 Abs. 1 BZRG). Das Führungszeugnis wird auf Antrag jedem, der das 14. Lebensjahr vollendet hat, erteilt und darf ausschließlich an die beantragende Person übersendet werden (§ 30 BZRG). Darüber hinaus erhalten Behörden ein polizeiliches Führungszeugnis (§ 31 BZRG), soweit sie es zur Erledigung ihrer hoheitlichen Aufgaben benötigen.

1335 Ausnahmsweise werden Eintragungen **nicht in das Führungszeugnis aufgenommen:** Hierzu zählen nach § 32 Abs. 2 BZRG die Verwarnung mit Strafvorbehalt (§ 59 StGB) sowie Verurteilungen, durch die eine **Geldstrafe von nicht mehr als 90 Tagessätzen** oder Freiheitsstrafe von nicht mehr als drei Monaten auferlegt worden ist, wenn im Register keine weitere Strafe eingetragen ist. Von den nicht im Führungszeugnis enthaltenen Eintragungen darf ausnahmsweise den Gerichten und der StA, den obersten Bundes- und Landesbehörden, den Verfassungsschutzbehörden, dem Bundesnachrichtendienst und den Finanzbehörden für die Verfolgung von Straftaten und weiteren in dieser Norm genannten Behörden auf ausdrückliches, begründetes Ersuchen hin Kenntnis gegeben werden, sofern die Informationen zur Erfüllung der konkreten Aufgaben der jeweiligen Behörde benötigt werden (§ 41 BZRG).

3. Berufsregelnde Verwaltungsentscheidungen

1336 Nach § 10 BZRG werden in das BZR nicht nur rechtskräftige Verurteilungen in Strafsachen, sondern auch alle vollziehbaren oder nicht mehr anfechtbaren Verwaltungsentscheidungen und alle rechtskräftigen gerichtlichen Entscheidungen eingetragen, durch die wegen Unzuverlässigkeit, Ungeeignetheit oder Unwürdigkeit ein **Antrag auf Zulassung zu einem Beruf oder Gewerbe abgelehnt** oder eine erteilte Erlaubnis **zurückgenommen** oder **widerrufen** oder die Ausübung eines Gewerbes oder Berufes **untersagt** wird. Hierzu zählen insbesondere:

– Die **Versagung** der Zulassung zur **Rechtsanwaltschaft** durch die Rechtsanwaltskammer (§ 7 BRAO) oder die Versagung der Bestellung als Steuerberater durch die Steuerberaterkammer (§ 40 Abs. 2 und 3 StBerG),

– die **Rücknahme** oder der Widerruf der Zulassung zur **Rechtsanwaltschaft** durch die Rechtsanwaltskammer (§ 145 BRAO) oder der Widerruf oder die Rücknahme der Zulassung als Steuerberater durch die Steuerberaterkammer (§ 46 StBerG),

– die Untersagung der Ausübung des Berufs, etwa durch das **Anwaltsgericht** (§§ 114, 150 BRAO) oder durch die **Kammer für Steuerbertersachen** beim LG (§§ 89, 134 StBerG), sowie

– die Untersagung der **Gewerbeausübung** durch die Gewerbebehörde (§ 35 GewO).

Eine Eintragung im BZR erfolgt nicht, wenn stattdessen eine Eintragung im Gewerbezentralregister vorgenommen wird (§ 149 Abs. 2 Nr. 1 GewO). 1337

4. Gewerbezentralregister

Beim BZR wird zusätzlich ein Gewerbezentralregister geführt (§§ 149 ff. GewO). Hier werden beispielsweise rechtskräftige **Bußgeldentscheidungen** wegen einer Steuerordnungswidrigkeit, die im Zusammenhang mit der Ausübung eines Gewerbes steht, eingetragen, soweit die Geldbuße mehr als 100 Euro beträgt. Nach § 163 Abs. 1 GewO erfolgt die Löschung der Eintragung bei Bußgeldern bis 150 Euro nach drei Jahren, darüber hinaus nach fünf Jahren. Auskünfte aus dem Gewerbezentralregister werden insbesondere an Behörden erteilt, die mit der Verfolgung gewerberechtlicher Ordnungswidrigkeiten betraut sind. 1338

II. Anordnung über Mitteilungen in Strafsachen (MiStra)

Rechtskräftige Strafurteile und sonstige Entscheidungen im Strafverfahren werden von den **Gerichten und Staatsanwaltschaften** durch die bundesweit geltende Anordnung über Mitteilungen in Strafsachen[1] an andere Stellen mitgeteilt. Es handelt sich um Informationen über die Einleitung, den Fortgang und die Beendigung eines Strafverfahrens. 1339

1. Strafverfahren gegen Rechtsanwälte, Notare und Patentanwälte

Strafgericht oder StA sind gemäß MiStra Nr. 23 **verpflichtet**, im Falle von Strafverfahren gegen Rechtsanwälte der Generalstaatsanwaltschaft, dem Präsidenten des OLG sowie dem Vorstand der Rechtsanwaltskammer folgende Tatsachen **mitzuteilen**: 1340

---

1 MiStra 29. 4. 1998, Bundesanzeiger Nr. 99a.

Strafverfahren gegen Steuerberater und Wirtschaftsprüfer

– Der Erlass und Vollzug eines **Haft-** oder Unterbringungs**befehls,**

– Entscheidungen, durch die ein vorläufiges **Berufsverbot** angeordnet oder aufgehoben wurde,

– die Erhebung der öffentlichen **Klage,**

– die **Urteile,** sowie

– der **Ausgang** des Verfahrens, wenn eine Mitteilung nach den vorherigen Ziffern zu machen war.

1341   Gleiches gilt hinsichtlich der **Notare** und **Patentanwälte** für deren jeweilige Standesvertretungen (MiStra Nr. 23 Abs. 4). Hat das Strafverfahren die pflichtwidrige Verwendung von Mandantengeldern zum Gegenstand oder kann es zu einem Berufs- oder Vertretungsverbot führen, sind den jeweiligen Stellen (MiStra Nr. 23 Abs. 2) auch die Einleitung und der Ausgang eines Ermittlungsverfahrens mitzuteilen (MiStra Nr. 6 Abs. 7). Bei Einstellungen nach § 153a StPO ist die endgültige Einstellung des Verfahrens erst nach Erfüllung der Weisung oder Auflage zu übermitteln.

2. Strafverfahren gegen Steuerberater und Wirtschaftsprüfer

1342   Bei Strafverfahren gegen Steuerberater, Steuerbevollmächtigte und Wirtschaftsprüfer sind Staatsanwaltschaft und Strafgericht **verpflichtet,** im Falle eines rechtskräftigen Berufsverbots der zuständigen Landesbehörde, sonst der zuständigen Steuerberater- bzw. Wirtschaftsprüferkammer und der Generalstaatsanwaltschaft, die für die Einleitung eines berufsgerichtlichen Verfahrens zuständig ist, folgende **Mitteilungen zu machen** (MiStra Nr. 24):

– Der Erlass und Vollzug eines **Haftbefehls,**

– die Entscheidung, durch die ein vorläufiges **Berufsverbot** angeordnet oder ein solches aufgehoben worden ist,

– die Erhebung der öffentlichen **Klage,** sowie

– der **Ausgang** des Verfahrens, wenn eine Mitteilung nach den vorherigen Ziffern zu machen war.

1343   Eine Mitteilung der Einleitung eines strafrechtlichen Ermittlungsverfahrens wie bei Rechtsanwälten ist bei Steuerberatern nicht vorgesehen.

3. Strafverfahren gegen Angehörige der Heilberufe

In Strafsachen gegen Ärzte, Zahnärzte, Tierärzte und Apotheker sind   1344

– der Erlass eines **Haftbefehls**,

– die Entscheidung, durch die ein vorläufiges **Berufsverbot** angeordnet oder aufgehoben wird,

– die Erhebung der öffentlichen **Klage** sowie

– der **Ausgang** eines der vorgenannten Verfahren

der **Zulassungsbehörde** und der zuständigen **Berufskammer mitzuteilen**, wenn der Tatvorwurf auf eine Verletzung von Pflichten schließen lässt, die bei der Ausübung des Berufs zu beachten sind oder der Tatvorwurf sonst geeignet ist, an der **Zuverlässigkeit, Eignung oder Befähigung** Zweifel hervorzurufen (MiStra Nr. 26). Erfolgt eine Verurteilung wegen Steuerhinterziehung zu einer Freiheitsstrafe, wird der Zulassungswiderruf nach gängiger Praxis sorgfältig geprüft.

4. Strafverfahren gegen Kredit- und Finanzdienstleistungsunternehmen

Verletzen Inhaber oder Geschäftsleiter von Kredit- und Finanzdienst-   1345
leistungsunternehmen oder Inhaber wesentlicher Beteiligungen an solchen Unternehmen ihre beruflichen Pflichten oder begehen sie sonstige Straftaten im Zusammenhang mit der Ausübung des Gewerbes und wird die öffentliche Klage erhoben, sind folgende Tatsachen dem **Bundesaufsichtsamt für Finanzdienstleistungen mitzuteilen** (MiStra Nr. 25):

– Die **Anklageschrift** oder eine an ihre Stelle tretende Antragsschrift,

– der Antrag auf Erlass eines **Strafbefehls**, sowie

– die das Verfahren abschließende **Entscheidung** mit Begründung.

Zusätzlich wird nach Nr. 141 der Anweisungen für das Straf- und Buß-   1346
geldverfahren (ASB) dem Bundesamt für Finanzdienstleistungsaufsicht stets die **Einleitung eines steuerstrafrechtlichen Ermittlungsverfahrens** gegen Inhaber und Geschäftsleiter eines Kreditinstituts bekannt gegeben. Vergleichbare Mitteilungspflichten bestehen in Strafsachen gegen Inhaber und Geschäftsleiter von Wertpapierdienstleistungsunternehmen sowie gegen Geschäftsleiter von Versicherungsunternehmen (MiStra Nr. 25 a und b).

5. Strafverfahren gegen Gewerbetreibende

1347   Weiter bestehen Mitteilungspflichten in Strafsachen gegen Gewerbetreibende (MiStra Nr. 39), wenn gegen sie **rechtskräftige Entscheidungen** ergangen sind und Grund zu der Annahme besteht, dass
Tatsachen vorliegen, die geeignet sind, Zweifel an der Eignung, Zuverlässigkeit oder Befähigung am Betrieb des Gewerbes hervorzurufen. Bei fahrlässig begangenen Taten sind Mitteilungen regelmäßig
zu unterlassen, wenn nicht besondere Umstände des Falles eine Mitteilung erfordern. Angeordnet wird die Mitteilung durch das Gericht
oder die Staatsanwaltschaft. Empfänger der Mitteilung ist die Behörde, die für die Untersagung der Berufs- oder Gewerbeausübung zuständig ist.

6. Strafverfahren gegen Inhaber eines Waffen- oder Jagdscheins

1348   Inhaber eines Waffen- und/oder Jagdscheins müssen damit rechnen,
dass die jeweils für die Erteilung und den Widerruf zuständigen Behörden über eine **Anklageerhebung** und den **Ausgang des Verfahrens
informiert** werden (MiStra Nr. 36 [Waffenschein] und MiStra Nr. 37
[Jagdschein])[1]. Während zur Information an die für den Jagdschein
zuständige Behörde der Vorwurf eines Verbrechens oder genau bezeichneten Vergehens erforderlich ist, reicht zur Information der für
die Erteilung des Waffenscheins verantwortlichen Behörde der materielle Vorwurf einer Straftat gegen Eigentum und Vermögen, also auch
einer Steuerhinterziehung aus.

1349   Die Behörden informieren sich untereinander. Bei der Beratung über
mögliche Konsequenzen des Verfahrensausgangs darf diese Information dem Beschuldigten nicht fehlen. Begeisterte Jäger sind teilweise
eher bereit, den Führerschein, als den Jagdschein abzugeben. Gleiches gilt für einen Antrag auf Scheinerteilung.

7. Sonstige Mitteilungen

1350   Nach MiStra Nr. 29 sind **Tatsachen, die in einem Strafverfahren bekannt werden** – gleich, gegen wen das Strafverfahren sich richtet –
mitzuteilen, wenn ihre Kenntnis aufgrund besonderer Umstände des
Einzelfalls zu standes- oder berufsrechtlichen Maßnahmen gegen ei-

---

1 S. Tz. 103 zur Reaktion der jeweiligen Behörde auf die Mitteilung.

nen Rechtsanwalt, Steuerberater, Angehörigen der Heilberufe, Inhaber oder Geschäftsleiter eines Kredit- oder Finanzdienstleistungsinstituts oder eines Versicherungsunternehmens Anlass geben können. Die Mitteilungen sind an die jeweilige Aufsichtsbehörde oder Berufskammer zu richten. Die Meldung kann ausnahmsweise unterbleiben, wenn für den Richter oder Staatsanwalt erkennbar ist, dass schutzwürdige Interessen der betroffenen Person an dem Ausschluss der Übermittlung das öffentliche Interesse an der Übermittlung überwiegen.

8. Inhalt und Form der Mitteilungen

Ist die Erhebung der öffentlichen Klage mitzuteilen, so ist die **Anklageschrift** zu übermitteln. Die Staatsanwaltschaft kann im Einzelfall anordnen, dass die Übermittlung des wesentlichen Ergebnisses der Ermittlungen unterbleibt. 1351

Soweit das **Urteil** mitzuteilen ist, sind 1352

– die Urteilsformel und die Urteilsgründe zu übermitteln sowie

– die Tatsache, ob und von wem ein Rechtsmittel gegen das Urteil eingelegt wurde.

Richter und Staatsanwälte können im Einzelfall anordnen, dass die Übermittlung der Urteilsgründe unterbleibt. Bis zur Erhebung der öffentlichen Klage ist die Staatsanwaltschaft, danach das Strafgericht zuständig. Wurden Mitteilungen gemacht, ist dies zu **dokumentieren**. 1353

9. Mitteilungen nach MiStra – Überblick

Beruf der Betroffenen	Empfänger der Mitteilung	Inhalt der Mitteilung (verkürzt)	1354
Rechtsanwälte, Notare, Patentanwälte	Generalstaatsanwalt-schaft; Berufskammer; bei Rechtsanwälten zusätzlich der Präsident des OLG	Haftbefehl; vorläufiges Berufsverbot; Anklage; Beendigung der vorgenannten Verfahren; in besonderen Fällen: Einleitung und Beendigung eines Ermittlungsverfahrens	
Steuerberater, Wirt-schaftsprüfer	Generalstaatsanwalt-schaft; Berufskammer	Haftbefehl; vorläufiges Berufsverbot; Anklage; Beendigung der vorgenannten Verfahren	

Anweisungen für das Straf- und Bußgeldverfahren (AStBV)

Beruf der Betroffenen	Empfänger der Mitteilung	Inhalt der Mitteilung (verkürzt)
Heilberufe	Berufskammer; Zulassungsbehörde	Haftbefehl; vorläufiges Berufsverbot; Anklage; Beendigung der vorgenannten Verfahren
Inhaber und Geschäftsleiter von Kredit- und Finanzinstituten	Bundesamt für Finanzdienstleistungsaufsicht	Strafbefehl; Anklage; Beendigung der vorgenannten Verfahren
Gewerbetreibende	Zuständige Behörde für Untersagung des Berufs oder Gewerbes	Rechtskräftige Entscheidungen, die Zweifel an Zuverlässigkeit und Eignung zulassen
Inhaber eines Jagdscheins und Personen, die einen Jagdschein beantragt haben	Zuständige Behörde für Erteilung des Jagdscheins, Verbot der Jagdausübung	Anklage und Verfahrensbeendigung

III. Weitere Mitteilungspflichten außerhalb MiStra und BZRG

1355 Neben der Anordnung über Mitteilungen in Strafsachen und dem BZRG existieren weitere Vorschriften, die im Falle von Steuerstraftaten, -ordnungswidrigkeiten oder Berufsrechtsverletzungen **Mitteilungspflichten** vorsehen:

1. Steuerberatungsgesetz

1356 Die **FinVerw.** kann der Berufskammer oder den für das berufsgerichtliche Verfahren zuständigen Stellen Tatsachen mitteilen, die den Verdacht begründen, dass der Berufsträger eine Berufspflicht verletzt hat. Die Mitteilungsberechtigung beinhaltet sowohl Pflichtverletzungen bei der geschäftsmäßigen Hilfeleistung in Steuersachen als auch Verfehlungen in eigenen Steuerangelegenheiten. Es handelt sich hierbei um eine **Ermessensentscheidung**. In der Regel macht die FinVerw. nur im Wiederholungsfall hiervon Gebrauch.

2. Anweisungen für das Straf- und Bußgeldverfahren (AStBV)

1357 Die Straf- und Bußgeldstellen sind nach Nr. 141 AStBV verpflichtet, gemeinsam mit dem FA den Gewerbebehörden Verurteilungen wegen einer Steuerstraftat oder -ordnungswidrigkeit mitzuteilen, wenn sich hieraus allein schon eine **gewerbliche Unzuverlässigkeit** isd. § 35 GewO erkennen lässt. Eine solche wird zB angenommen, wenn der Gewerbetreibende erhebliche offene Steuerschulden hat.

3. Mitteilungen des FA an die Gewerbebehörde

Die steuerlichen Verhältnisse des Steuerpflichtigen sind gemäß § 30 AO grundsätzlich geschützt. Die Finanzbehörden sind deshalb lediglich in **Ausnahmefällen (zwingendes öffentliches Interesse)** berechtigt, entweder selbst Mitteilungen an die Gewerbebehörde, etwa in Form einer Anregung auf Einleitung eines Gewerbeentzugsverfahrens, zu machen oder Auskunftsersuchen der Gewerbebehörde zu beantworten. 1358

Ein zwingendes öffentliches Interesse besteht regelmäßig, wenn aufgrund der Verletzung steuerlicher Pflichten, insbesondere bei **Steuerrückständen**, die Informationen geeignet sind, die Unzuverlässigkeit des Gewerbetreibenden isd. § 35 GewO zu begründen. Bei der Nichtabgabe von Steuererklärungen führt lediglich die beharrliche Weigerung zur Unzuverlässigkeit. Steuerrückstände über 5000 Euro sind regelmäßig geeignet, die Zuverlässigkeit des Gewerbetreibenden anzuzweifeln. 1359

4. Mitteilung nach § 125c BRRG

Den Dienstvorgesetzten von Beamten und Richtern sind nicht nur Verurteilungen, sondern auch Verfahrenseinstellungen nach § 153a StPO und teilweise sogar Fälle der **Selbstanzeige**[1] zu melden. 1360

L. Kosten und Honorar

I. Verfahrenskosten

Strafprozessual hat der von der Fahndung Verfolgte die Verfahrenskosten der Steuerfahndung nur zu tragen, wenn er verurteilt worden ist (§ 465 Abs. 1 iVm. § 464a StPO)[2]. 1361

---

1 Vgl. hierzu HOFFMANN-KNIERIEM, PStR 2000, 211.
2 Hierzu zählen auch alle **Fahndungskosten**, selbst wenn sich Ermittlungen in eine konkrete Verdachtsrichtung später nicht bestätigen, vgl. MEYER-GOSSNER, § 464a Rz. 2.

1362 **Abgabenrechtlich** besteht keine Pflicht zur Übernahme von Ermittlungskosten.

1363 Problematisch und noch wenig geklärt ist die Frage, wie sich strafprozessuale **Erstattungspflicht** und abgabenrechtliche **Kostenfreiheit** zueinander verhalten. In der Praxis werden dem Verurteilten alle Kosten ohne Unterscheidung auferlegt. Diese Vorgehensweise widerspricht dem unmittelbar nur für den Strafprozess geltenden Grundprinzip in § 465 Abs. 2 S. 1 StPO, nach dem gesondert ausweisbare Auslagen, die für zugunsten des Abgeklagten ausgegangene Untersuchungen entstanden sind, vom Gericht der Staatskasse aufzuerlegen sind, wenn es unbillige wäre, den Angeklagten damit zu belasten.

1364 Dieses **Aufteilungsprinzip** lässt sich auf das Verhältnis von Strafprozessrecht und Abgabenordnung übertragen: Die Kostenfreiheit des Abgabenrechts ist eine Gegebenheit zugunsten des Beschuldigten. Sie darf nicht über die Regelung der StPO unterlaufen werden. Angemessen ist es, Kosten, die konkret dem Straf- oder Steuerverfahren zugeordnet werden können, auszusondern und entsprechend der strafprozessualen oder abgabenrechtlichen Regelung zu unterwerfen und die nicht konkret zurechenbaren Kosten im Verhältnis der durch die Verurteilung rechtskräftig festgestellten Mehrsteuern aus dem Fahndungsverfahren aufzuteilen[1]. Stehen beispielsweise den rechtskräftig festgestellten Mehrsteuern iHv. 500 000 Euro nach dem Strafurteil verkürzte Steuern iHv. 200 000 Euro gegenüber, so gehen 3/5 der Kosten zu Lasten des Staates, während 2/5 der nicht zurechenbaren Kosten der Verurteilte zu tragen hat.

II. Honorar

1365 Das Honorar des Rechtsanwalts richtet sich aktuell nach dem „Gesetz über die Vergütung der Rechtsanwältinnen und Rechtsanwälte" vom 5. 4. 2004 (**Rechtsanwaltsvergütungsgesetz – RVG**), das für Verfahren gilt, die nach dem 30. 6. 2004 begonnen haben[2].

1366 In Steuer- und Wirtschaftsstrafsachen werden regelmäßig von dem RVG abweichende **Vergütungsabreden** getroffen. Hintergrund ist, dass hier gerade im Ermittlungsverfahren eine aufwändige, intensive und teilweise über mehrere Jahre andauernde anwaltliche Beratung

---

1 So zB Henneberg in HBP, 6550, 33 (1993); ders., INF 1970, 471.
2 § 60 f. RVG.

erforderlich ist, die durch die engen Gebühren der Nr. 4104 ff. der Anlage 1 zum RVG nicht zutreffend abgegolten werden kann. Eine Vergütungsabrede, die einen über der gesetzlichen Gebühr liegenden Betrag zum Gegenstand hat[1], ist nach § 4 Abs. 1 RVG zulässig. Sie muss von dem Mandanten schriftlich erklärt werden, wobei diese schriftliche Erklärung oder das schriftliche Einverständnis nicht in der Vollmacht oder einem Vordruck enthalten sein darf, der noch weitere Erklärungen enthält. Der Anwalt ist nach § 3 RVG berechtigt, einen Vorschuss zu verlangen.

Die **Gebührenordnung für Steuerberater** verweist hinsichtlich der Strafverteidigung auf das RVG (§ 45 StBGebV). 1367

Zur Abzugsfähigkeit von Beratungskosten im Zusammenhang mit dem **StraBEG** vgl. Tz. 1413. 1368

III. Steuerliche Behandlung der Beratungskosten für die Vertretung im Steuerfahndungsverfahren

Die **Beratungskosten** im Fahndungsverfahren sind hinsichtlich ihrer steuerlichen Behandlung zu trennen: 1369

Soweit sich die Beratung mit den **Besteuerungsgrundlagen** und der **Steuerfestsetzung** befasst, sind die Beratungskosten Betriebsausgaben, Werbungskosten oder Sonderausgaben (iSv. § 10 Abs. 1 Nr. 6 EStG) – also auf jeden Fall bei der Einkommensteuer abziehbar[2]. Diese 1370

---

1 Eine nicht verallgemeinerungsfähige Einzelfallentscheidung stellt das Urteil des 9. Zivilsenats des BGH vom 27. 1. 2005 (IX ZR 273/02, NJW 2005, 2142) dar, das bei einer Vergütung, die das Fünffache der gesetzlichen Gebühren übersteigt, regelmäßig vom Vorliegen einer Unangemessenheit (jetzt § 4 Abs. 4 RVG) ausgeht und zu einer entsprechenden Kürzung kommt. Die Literatur (LUTJE, NJW 2005, 2490; HENKE, AnwBl. 2005, 585; TSAMBIKAKIS, StraFo 2005, 446; JOHNIGK, StV 2005, 624) stellt zu Recht die Besonderheiten des vom BGH entschiedenen Falles dar, die eine Übertragung auf andere Verfahren nicht zulassen. Ferner widerspricht die BGH-Entscheidung der Vorgabe des Gesetzgebers, Honorare im Wege der Privatautonomie vereinbaren zu dürfen, was sich zB daran ablesen lässt, dass ab dem 1. 7. 2006 für die außergerichtliche Beratung kein gesetzliches Gebührengerüst mehr besteht.
2 Ebenso OFD Frankfurt/M, Verfügung vom 10. 10. 2005, DB 2005, 2495. Unter Ziff. I, 2. Abs. stellt die FinVerw. darauf ab, ob die steuerlichen Beratungskosten auch ohne Einleitung eines Steuerstrafverfahrens entstanden wären. In diesem Fall liegt Abzugsfähigkeit vor. Folglich fallen alle Aufwendungen zur Ermittlung und Rechtsverfolgung im Zusammenhang mit der Besteue-

Aufwendungen für die Steuerstrafverteidigung

Aussage galt lange Zeit als sicher. Die CDU-, CSU- und SPD-Koalition hat im Koalitionsvertrag vom 11. 11. 2005 die Streichung des § 10 Abs. 1 Nr. 6 EStG mit Wirkung ab dem Jahr 2006 vorgesehen. Ob es hierzu kommen wird, ist derzeit offen. Sollte das Vorhaben umgesetzt werden, wird die Diskussion einsetzen, welche Beratungsaufwendungen unter die auch weiterhin noch abzugsfähigen Werbungskosten und Betriebsausgaben subsumiert werden können. Das Argument, alle im Zusammenhang mit einer Einkunftsquelle stehenden steuerlichen Beratungsaufwendungen müssten auch in deren Rahmen abzugsfähig sein, liegt nahe. So wäre von dem Wegfall des § 10 Abs. 1 Nr. 6 EStG nur das Beraterhonorar für das Ausfüllen des Mantelbogens der Steuererklärungsvordrucke betroffen.

1371 Die Aufwendungen für die **Steuerstrafverteidigung** sind hingegen nur als Betriebsausgaben oder Werbungskosten abzugsfähig, wenn das Steuerstrafverfahren in ursächlichem Zusammenhang mit dem Betrieb bzw. dem Beruf steht[1]. Der betriebliche bzw. berufliche Zusammenhang besteht nur, wenn die Tat ausschließlich aus der betrieblichen oder beruflichen Tätigkeit heraus erklärbar ist. Das ist zB bei Fahndungsverfahren, die sich ausschließlich mit Lohnsteuer- und Umsatzsteuertatbeständen befassen, der Fall.

1372 Die Steuerfahndung ermittelt sowohl die **Besteuerungsgrundlagen** für das Finanzamt wie auch die Grundlagen für den **Strafanspruch**. Erstreckt sich die Vertretung und Beratung sowohl auf die für das Finanzamt bestimmten Besteuerungsgrundlagen wie auf die Steuerstrafverteidigung, so unterliegen die Honorare bei der steuerlichen Beurteilung einmal den Regeln der Steuerberatungshonorare, zum anderen der Strafverteidigungskosten. Es ist eine **Aufteilung** vorzunehmen[2].

---

rung in den Bereich der Abzugsfähigkeit. Die **Kontrollfrage** lautet: Wären die Aufwendungen abzugsfähig, wenn nur eine normale Betriebsprüfung mit nachfolgendem Einspruchs- und Klageverfahren durchgeführt worden wäre?

1 BFH GrS 2/82 und 3/82 vom 21. 11. 1983, BStBl. 1984 II, 160, 166; SPATSCHECK/EHNERT, StraFo 2005, 265 mwN; DRENSECK in Schmidt, aaO, § 19 Rz. 60 „Prozesskosten"; vgl. auch Tz. 1386 mit weiteren Zitaten. Nicht als Betriebsausgaben oder Werbungskosten abzugsfähige Verteidigungsaufwendungen als Sonderausgaben iSv. § 10 Abs. 1 Nr. 6 EStG zu behandeln, wird von der Rechtsprechung abgelehnt (BFH III R 177/94 vom 19. 12. 1995, DB 1996, 610; **aA** STRECK/SCHWEDHELM, FR 1987, 461).

2 RANDT, Rz. A 240 f.; OFD Frankfurt/M., Verfügung vom 10. 10. 2005, DB 2005, 2495. Soweit der BFH in der Entscheidung X R 43/86 (vom 20. 9. 1989, BStBl. 1990 II, 20) nach einem allgemeinen Hinweis auf das Trennungserfordernis von Steuerberatungs- und Strafverteidigungskosten ggf. im Wege der Schät-

Selbstanzeigeberatung ist Steuerberatung

Besonders deutlich wird diese Notwendigkeit, wenn die Steuerstrafverteidigung in der Hand eines Anwalts und die Steuerberatung weiterhin in der Hand des Steuerberaters liegen. Die Honorare des Steuerberaters bleiben – unstreitig – Steuerberatungshonorare. Dies kann
nicht anders sein, wenn sich beide Funktionen in einer Hand vereinen.

Wegen der unterschiedlichen Handhabung sollte der Vertreter, in des-   1373
sen Hand sich die Aufgaben der Steuerberatung und Steuerstrafverteidigung befinden, beide Leistungen **gesondert abrechnen**. Auch Ho-
norarvereinbarungen sollten die Aufteilung ermöglichen[1].

Die **Aufteilung** des Beraters ist **anzuerkennen**[2]. Hierbei kann davon   1374
ausgegangen werden, dass im typischen Steuerfahndungsverfahren
das Schwergewicht der Beratung bei der Ermittlung der Besteuerungsgrundlagen zum Zwecke der Steuererhebung liegt. Ohne Mehrsteuer
keine Steuerhinterziehung.

Soweit das Honorar im betrieblichen Bereich abzugsfähig ist, sind   1375
Rückstellungen zu bilden.

Selbstanzeigeberatung ist **Steuerberatung**[3]. Die Kosten hierfür sind   1376
somit echte Steuerberatungskosten.

---

zung in dem zu entscheidenden Fall zur Nichtabzugsfähigkeit auch der Aufwendungen zur Ermittlung des objektiven Steuerstraftatbestands nach Einleitung eines Ermittlungsverfahrens gelangt, ist zu beachten, dass in diesem Fall
ausschließlich über die steuerliche Behandlung der reinen Strafverteidigungskosten zu befinden war. Das Ergebnis der Entscheidung ist vor diesem
Hintergrund zutreffend. Sie schränkt die Aufteilung in Steuerberatungs- und
Verteidigungskosten nach Einleitung eines Ermittlungsverfahrens nicht
grundsätzlich ein.

1 Ebenso: DEPPING, DStR 1994, 1487.
2 BFH VI 207/62 vom 30. 4. 1965, BStBl. 1865 II, 410. Andernfalls Schätzungen.
  Vgl. hierzu BFH VIII R 345/82 vom 31. 7. 1985, BStBl. 1986 II, 139.
3 OFD Frankfurt/M, Verfügung vom 10. 10. 2005, DB 2005, 2495. Bei der
  Selbstanzeige wird nach steuerlichen Maßstäben eine Steuernacherklärung,
  also letztlich eine ergänzende Steuererklärung iSv. § 153 AO abgegeben.
  Hingegen fallen die Aufwendungen im Ermittlungsverfahren zur Durchsetzung der Straffreiheit nach einer Selbstanzeige nicht unter die Steuerberatungskosten.

IV. Übernahme von Verteidigungsaufwendungen durch Unternehmen

1377 Übernimmt ein Unternehmen Geldsanktionen und Verteidigerhonorar für angestellte Mitarbeiter, Organmitglieder oder persönlich haftende Gesellschafter, stellt sich die Frage nach den **steuerlichen Auswirkungen**[1] bei den Beteiligten.

1. Übernahme von Geldsanktionen bei Arbeitnehmern

a. Grundsatz: Arbeitslohn

1378 Die Übernahme von Geldstrafen, die der Arbeitgeber für seine Arbeitnehmer übernimmt, führt grundsätzlich zu **steuerpflichtigem Arbeitslohn** gem. § 19 Abs. 1 S. 1 EStG, für den der Arbeitgeber Lohnsteuer gem. § 38 Abs. 1 S. 1 EStG abführen muss[2]. Dies soll nach Ansicht der Literatur auch dann gelten, wenn der Arbeitgeber selbst aus geschäftlichen Gründen an dem Ausgang des Strafverfahrens interessiert ist oder sich der Arbeitnehmer auf Weisung des Arbeitgebers strafbar gemacht hat[3]. Diese Grundsätze gelten auch bei der steuerlichen Behandlung einer Übernahme von Geldbußen durch den Arbeitgeber.

1379 Die Übernahme führt jedoch nicht immer zu steuerpflichtigem Arbeitslohn. Der BFH hat in einem Anfang des Jahres 2005 veröffentlichten Urteil klargestellt, dass kein Arbeitslohn vorliegt, wenn ein Arbeitgeber aus **eigenbetrieblichem Interesse** Verwarnungsgelder erstattet, die seinen Fahrern wegen Verletzung des Halteverbots auferlegt wurden[4]. Im Urteilsfall hatte ein Paketzustelldienst seine angestellten Fahrer angewiesen, die Fahrzeuge in unmittelbarer Nähe zum Kunden abzustellen, ggf. auch in Fußgängerzonen oder im Halteverbot. Nur so konnten die Fahrer ihre Routen und die vorgegebenen Lieferzeiten

---

1 Hierzu sowie zu den **strafrechtlichen** Problemen (Strafvereitelung, Untreue) vgl. SPATSCHECK/EHNERT, StraFo 2005, 265, mwN.

2 Vgl. THÜRMER in Blümich, § 19 Rz. 280 „Geldstrafen" (Mai 2001); DRENSECK in Schmidt, § 19 Rz. 50 „Geldbuße"; WEDEMEYER/HOHLFELD, DStZ 1985, 79, 83; SALLER in DStR 1996, 534; PFLÜGER in Herrmann/Heuer/Raupach, § 19 Rz. 600 „Geldstrafen" (Jan. 2004); HARTZ/MEESSEN/WOLF, ABC-Führer LSt, „Geldstrafen" Rz. 11.

3 EISGRUBER in Kirchhof, § 19 Rz. 150 „Geldstrafen"; THÜRMER in Blümich, aaO, § 19 Rz. 280 „Geldstrafen" (Mai 2001); PFLÜGER in Hermann/Heuer/Raupach, aaO, § 19 Rz. 600 „Geldstrafen" (Jan. 2004); HARTZ/MEESSEN/WOLF, ABC-Führer LSt, „Geldstrafen", Rz. 11 (Jun. 2003).

4 BFH VI R 29/00 vom 7. 7. 2004, BFH/NV 2005, 596.

einhalten, wurden jedoch oft mit Verwarnungsgeldern belegt. Die Zahlung dieser Verwarnungsgelder übernahm der Arbeitgeber. Das Finanzamt und das Finanzgericht Düsseldorf[1] erfassten die Zahlungen als steuerpflichtigen Arbeitslohn, da die betreffenden Fahrer durch die Zahlungen aufgrund des Dienstverhältnisses bereichert würden. Dass die Fahrer die Verwarnungsgelder im Rahmen ihrer beruflichen Tätigkeit in Kauf genommen und auf Anweisung des Arbeitgebers gehandelt hätten, wurde als unerheblich angesehen. Das Unternehmen habe zwar ein Interesse daran, dass die Fahrer, falls erforderlich, Parkbeschränkungen außer Acht ließen. Ein Interesse an der Zahlung der Geldbußen als solche habe das Unternehmen jedoch nicht. Der BFH teilte diese Auffassung nicht. Die Übernahme der Verwarnungsgelder habe im Streitfall im ganz überwiegend eigenbetrieblichen Interesse des Arbeitgebers gelegen, so dass eine Entlohnung nicht vorliege[2].

In seiner Entscheidung vom 7. 7. 2004 hat der BFH ausdrücklich offen gelassen, ob anders zu entscheiden wäre, wenn es sich nicht nur um ein Verwarnungsgeld, sondern um eine (wie auch immer) betrieblich veranlasste Straftat und um die Übernahme einer dafür verhängten Geldstrafe durch den Arbeitgeber handelt. Im Urteilsfall lag mit der Verletzung des Halteverbots – so der BFH – ein relativ **geringfügiger Verstoß** gegen die Rechtsordnung vor. Eine Kostenübernahme bei anderen Verkehrsverstößen (etwa wegen zu schnellen Fahrens) hatte der Arbeitgeber abgelehnt. **1380**

Arbeitslohn im Zusammenhang mit der **Übernahme einer Geldauflage nach § 153a StPO** hat jüngst auch das FG Köln angenommen[3]. Die dargestellten Grundsätze gelten auch für die Übernahme von **Geldauflagen** gem. § 56b StGB. **1381**

b. Abzugsfähigkeit beim Arbeitnehmer

Soweit die Übernahme von Geldsanktionen zu steuerpflichtigem Arbeitslohn führt, kann der Arbeitnehmer seinerseits **keine Werbungskosten** abziehen. Es greift das Abzugsverbot des § 12 Nr. 4 EStG. Geldstrafen usw. sind regelmäßig privat veranlasst, auch wenn sie in sachlich untrennbarem Zusammenhang mit der beruflichen Tätigkeit **1382**

---

1 9 K 2985/97 H (L) vom 24. 11. 1999, DStRE 2000, 575.
2 Vgl. BFH VI R 177/99 vom 30. 5. 2001, BStBl. 2001 II, 671, mwN.
3 FG Köln 14 K 459/02 vom 10. 11. 2004, EFG 2005, 756, nrkr., Az. BFH: VI R 10/05.

stehen. Sie sind Sühne für eigenes kriminelles Unrecht und Ahndung persönlicher Schuld[1].

1383 Das Abzugsverbot des § 12 Nr. 4 EStG umfasst nicht nur die in einem Strafverfahren festgesetzten Geldstrafen, sondern auch **Auflagen oder Weisungen**, die in einem Strafverfahren erteilt werden und **Strafcharakter** haben, dh. nicht der Wiedergutmachung dienen. Nicht abzugsfähig sind deshalb auch Auflagen, die nach § 56b Abs. 2, 3 iVm. § 59a Abs. 2 StGB bei einer Verurteilung mit Strafaussetzung zur Bewährung erteilt werden oder Auflagen und Weisungen nach § 153a Abs. 1 Nr. 2, 3 StPO[2].

1384 Ein Abzug ist auch **nicht** als **außergewöhnliche Belastung** iSd. § 33 EStG möglich. Strafbares oder sittenwidriges Tun ist nicht „zwangsläufig", so dass damit zusammenhängende Aufwendungen bereits deshalb nicht abzugsfähig sind[3].

c. Abzugsfähigkeit beim Arbeitgeber

1385 Übernimmt ein Arbeitgeber eine gegen seinen Arbeitnehmer verhängte Geldstrafe und handelt es sich insoweit um steuerpflichtigen Arbeitslohn, ist der Arbeitgeber berechtigt, den gezahlten Betrag als **Betriebsausgabe** abzusetzen[4].

1386 Es liegt eine Betriebsausgabe vor, weil die Zahlung **durch das Arbeitsverhältnis veranlasst** ist und es in aller Regel gleichgültig ist, zur Deckung welcher im Rahmen seines Lebensunterhalts anfallenden persönlichen Aufwendungen der Arbeitnehmer Zuwendungen des Arbeitgebers verwendet, die er ohne das Arbeitsverhältnis nicht erhalten hätte[5].

1387 Das Abzugsverbot des § 12 Nr. 4 EStG steht der Annahme einer Betriebsausgabe nicht entgegen. Vom Abzugsverbot betroffen sind nur **eigene Strafen des Steuerpflichtigen**, nicht jedoch solche, die der Arbeitgeber für seine Arbeitnehmer übernimmt[6]. Dies muss jedenfalls

---

1 FISCHER in Kirchhof, aaO, § 12 Rz. 29.
2 LINDBERG in Blümich, aaO, § 12 Rz. 152 (Aug. 2004).
3 DRENSECK in Schmidt, aaO, § 33 Rz. 35 „Geldstrafe".
4 HEINICKE in Schmidt, aaO, § 4 Rz. 520 „Strafen", mit Hinweis auf SALLER, DStR 1996, 534; so auch WEDEMEYER/HOHLFELD, DStZ 1985, 79, 83 mit Hinweis auf RFH III A 49/26 vom 20. 12. 1929, RFHE 26 (1930), 173).
5 Lt. WEDEMEYER/HOHLFELD, DStZ 1985, 79, 83 unstreitig mit Hinweis auf BFH IV 199/62 vom 5. 11. 1964, HFR 1965, 161.
6 HEINICKE in Schmidt, aaO, § 4 Rz. 520 „Strafen".

gelten, soweit die Übernahme einer Geldstrafe durch den Arbeitgeber zu lohnsteuerpflichtigem Arbeitslohn beim Arbeitnehmer führt. In diesem Fall ist es unerheblich und für den Arbeitgeber auch nicht erkennbar, ob der Arbeitnehmer den Lohn zur Zahlung einer gegen ihn verhängten Geldstrafe oder für andere Zwecke einsetzt. Selbst wenn die Erstattungszahlung als „mittelbare, indirekte Geldstrafe" zu qualifizieren wäre, soll ein Abzugsverbot nicht greifen, da dieser Fall nicht ausdrücklich in § 12 Nr. 4 EStG erfasst ist[1].

In seiner Entscheidung, Verwarnungsgelder nicht als Arbeitslohn zu qualifizieren, hat der BFH ausdrücklich offen gelassen, ob die Zahlung der Verwarnungsgelder auf der Ebene des Arbeitgebers zu abzugsfähigen Betriebsausgaben führt[2]. Für eine Betriebsausgabe spricht, dass der BFH für die Zahlung ein „ganz überwiegend" **eigenbetriebliches Interesse** des Arbeitgebers gesehen hatte. Dem steht das Abzugsverbot des § 4 Abs. 5 S. 1 Nr. 8 EStG bzw. § 9 Abs. 5 EStG gegenüber. Dieses wurde seinerzeit eingeführt, damit die staatlichen Sanktionen den Täter oder das Unternehmen, für das der Täter gehandelt hat, in voller Höhe treffen[3]. Letztlich kann die Abzugsfähigkeit aber **nur einmal** versagt werden, entweder auf der Ebene des Arbeitnehmers oder der Ebene des Arbeitgebers.   1388

2. Übernahme von Verteidigerhonorar bei Arbeitnehmern

a. Kein Arbeitslohn bei beruflich bedingtem Fehlverhalten

Strafverteidigerkosten, die der Arbeitgeber für den Arbeitnehmer übernimmt, sind kein Arbeitslohn, wenn der den Gegenstand des Verfahrens bildende Schuldvorwurf durch ein **beruflich bedingtes Fehlverhalten** des Arbeitnehmers veranlasst ist. Ein solches beruflich bedingtes Fehlverhalten kann zB in einem Verstoß gegen Ausfuhrbestimmungen liegen, um einen lukrativen Auftrag zu erhalten oder in einem Subventionsbetrug zugunsten des Arbeitgebers. Arbeitslohn soll nur dann vorliegen, wenn das Fehlverhalten privat veranlasst ist[4].   1389

---

1 So WEDERMEYER/HOHLFELD, DStZ 1985, 79, 83.
2 BFH VI R 29/00 vom 7. 7. 2004, BFH/NV 2005, 596.
3 Vgl. zum Gesichtspunkt der Einheit der Rechtsordnung BFH GrS 2-3/77 vom 28. 11. 1977, BStBl. 1978 II, 105, 109.
4 THÜRMER in Blümich, aaO, § 19 Rz. 280 „Strafverfahrenskosten" (Mai 2001); PFLÜGER in Herrmann/Heuer/Raupach, § 19 Rz. 600 „Prozesskosten" (Jan. 2004); vgl. auch BFH VI R 31/78 vom 19. 2. 1982, BStBl. 1982 II, 467.

Schwerpunkt des Schuldvorwurfs

1390 Ist der den Gegenstand des Verfahrens bildende Schuldvorwurf teilweise privat veranlasst, kommt es auf den Einzelfall an. Bildet das beruflich bedingte Fehlverhalten den **Schwerpunkt des Schuldvorwurfs** und treten Schwere und Schuld des privat veranlassten Fehlverhaltens hinter dem beruflichen Fehlverhalten zurück, gelten die Grundsätze für rein beruflich veranlasstes Fehlverhalten. Hier ist beispielsweise an den Fall zu denken, dass gegen einen Mitarbeiter wegen des Verdachts der Hinterziehung von unternehmensbezogenen Steuern bzw. Abgaben ermittelt wird und „gelegentlich" bei einer Durchsuchung beim Mitarbeiter Unterlagen über bislang nicht erklärte Einkünfte aus Kapitalvermögen in Luxemburg gefunden werden. Beläuft sich der Betrag der vorgeworfenen Einkommensteuerhinterziehung auf einen Bruchteil der angeblich zugunsten des Unternehmens hinterzogenen Steuern und tritt das privat veranlasste Fehlverhalten auch im Übrigen hinsichtlich Schwere und Schuld zurück, sind die Verteidigerkosten als rein beruflich veranlasst zu behandeln. Entsprechend den oben dargestellten Grundsätzen liegt dann kein Arbeitslohn vor.

1391 Nach anderer, **älterer Ansicht** sind erstattete Verfahrenskosten grundsätzlich **steuerpflichtiger Arbeitslohn des Arbeitnehmers**[1]. Eine Ausnahme hiervon soll allerdings dann vorliegen, wenn einem Arbeitnehmer die Verteidigung vom Arbeitgeber – motiviert durch das überwiegend eigene Interesse am Freispruch des Arbeitnehmers – **aufgezwungen** wird: Der Arbeitgeber beauftragt Rechtsanwälte, während der Arbeitnehmer erklärt, er wolle sich selbst verteidigen. Erstattet der Arbeitgeber nun dem Arbeitnehmer die Rechtsanwaltskosten, so soll dies kein Arbeitslohn für den Arbeitnehmer sein[2]. Allerdings soll auch nach dieser Ansicht dann Arbeitslohn vorliegen, wenn der Arbeitgeber den Rechtsanwalt unmittelbar selbst bezahlt. Zu denken ist hier zB an die Fallgestaltungen, dass die Verfolgung des Arbeitnehmers zugleich die eigenen betrieblichen Interessen berührt: Die Verurteilung des Arbeitnehmers würde zu einer Rufschädigung des Unternehmens oder zum Ausfall eines wertvollen Mitarbeiters führen, die Verurteilung hätte Ersatzansprüche gegen den Arbeitgeber zur Folge oder würde die Möglichkeit eröffnen, Steueransprüche gegen den Arbeitgeber im Haftungsverfahren geltend zu machen[3]. In diesen Fällen ist die Verteidi-

---

1 WEDEMEYER/HOHLFELD, DStZ 1985, 79, 83.
2 WEDEMEYER/HOHLFELD, DStZ 1985, 79, 83.
3 FELIX/STRECK, DStR 1979, 479, 483.

Abzugsfähigkeit beim Arbeitnehmer

gung des Arbeitnehmers zugleich zum eigenen betrieblichen Schutz des Unternehmens nötig. Dies hat zur Folge, dass Arbeitslohn nicht vorliegt.

b. Abzugsfähigkeit beim Arbeitnehmer

Die Frage der Abzugsfähigkeit stellt sich bei **beruflicher Veranlassung** der Tat nicht, da die Übernahme vom Verteidigerhonorar nicht zu steuerpflichtigem Arbeitslohn führt. Liegt aber keine berufliche Veranlassung vor, scheidet auch ein Abzug als Werbungskosten aus. Denkbar wäre allenfalls ein Abzug als außergewöhnliche Belastung gem. § 33 EStG. 1392

Nur soweit das Vorliegen von **steuerpflichtigem Arbeitslohn** bejaht wird, ist die Abzugsfähigkeit relevant. Voraussetzung für den Abzug der Kosten für den Strafverteidiger als Werbungskosten ist, dass diese betrieblich bedingt sind. Dabei spielt es keine Rolle, ob das Strafverfahren zu einer Verurteilung, zu einer Einstellung (auch gem. § 153a StPO) oder zu einem Freispruch geführt hat[1]. Das Abzugsverbot des § 12 Nr. 4 EStG erfasst Verteidigerkosten nicht. 1393

Die zur Last gelegte Tat muss **in Ausübung der beruflichen Tätigkeit** begangen worden sein[2]. Diese Voraussetzung ist nur erfüllt, wenn die dem Stpfl. zur Last gelegte Tat ausschließlich und unmittelbar aus seiner betrieblichen oder beruflichen Tätigkeit heraus erklärbar ist[3]. Nach Ansicht des BFH handelt es sich bei der Verteidigung gegen den strafrechtlichen Schuldvorwurf auch dann um ein beruflich veranlasstes Verfahren, wenn dem Arbeitnehmer bewusste oder grob fahrlässige Gesetzesverstöße vorgeworfen werden[4]. 1394

Ist die Tat sowohl privat als auch betrieblich veranlasst oder beruht sie auf rein privaten Gründen, liegen **Kosten der allgemeinen Lebensfüh-** 1395

---

1 SCHMITZ, StB 2003, 122, 123; LINDBERG in Blümich, aaO, § 12 Rz. 153 (Aug. 2004); MÜLLER, DStZ 1999, 50, 51.
2 BFH VIII R 34/93 vom 13. 12. 1994, BStBl. 1995 II , 457; BFH VI R 31/78 vom 19. 2. 1982, BStBl. 1982 II, 467; DRENSECK in Schmidt, aaO, § 19 Rz. 60 „Prozesskosten" sowie § 21 Rz. 100 „Prozesskosten"; DEPPING, DStR 1994, 1487; VON BRIEL/EHLSCHEID, BB 1999, 2539; FISCHER in Kirchhof, § 12 Rz. 29).
3 Vgl. Tz. 1371 sowie BFH XI R 35/01 vom 12. 6. 2002, BFH/NV 2002, 1441; BFH X R 43/86 vom 20. 9. 1989, BStBl. 1990 II, 20; FISCHER in Kirchhof, § 2 Rz. 29; MÜLLER, DStZ 199, 50; SCHMITZ, StB 2003, 122.
4 BFH GrS 2 bis 3/77 vom 8. 11. 1977, BStBl. 1978 II, 105.

rung vor (zB bei bewusster Schädigung des Arbeitgebers[1] oder bei Tötungs- und Eigentumsdelikten[2]). Ein Abzug als Werbungskosten scheidet in diesem Fall aus. Denkbar ist allenfalls ein Abzug als außergewöhnliche Belastung gem. § 33 EStG[3]. Ein Abzug nach § 33 EStG soll jedoch ausscheiden, wenn das Verfahren mit einer Verurteilung endet[4]. Dies wird damit begründet, dass die Kosten des Verfahrens einschließlich der eigenen Auslagen des Verurteilten in einem solchen Fall den Charakter einer kraft Gesetzes eintretenden Nebenstrafe hätten. Es wird als nicht zulässig angesehen, Geldstrafen über das Steuerrecht mittelbar zu mildern oder aufzuheben und so auch die als notwendige Folge der Verurteilung auferlegten Verfahrenskosten zum Teil auf die Allgemeinheit abzuwälzen. Ein Abzug soll auch bei einem teilweisen Freispruch ausscheiden, wenn die den Gegenstand des Prozesses bildenden Vorgänge in einem inneren Zusammenhang oder in Tateinheit stehen[5]. In diesen Fällen fehle es an einem Maßstab für eine vernünftige Abgrenzung. Für einen Abzug müssten die Finanzverwaltungsbehörden und Steuergerichte die ihnen wesensfremde Aufgabe übernehmen, die Strafurteile und den ihnen zugrunde liegenden Sachverhalt daraufhin zu prüfen, wieweit der Freispruch oder die Verurteilung überwiegt. Ferner soll eine außergewöhnliche Belastung auch bei Einstellung des Strafverfahrens gem. § 153 Abs. 2 StPO ausscheiden[6]. Durch seine Zustimmung zu der Einstellung des Verfahrens habe der Stpfl. letztlich auch auf eine Kostenerstattung verzichtet (§ 467 Abs. 5 StPO), wie sie im Falle eines Freispruchs gemäß § 467 Abs. 1 StPO auszusprechen gewesen wäre. Daher fehle es an der Zwangsläufigkeit der Aufwendungen. Bei Strafverteidigungskosten im Fall eines Freispruchs ist § 33 EStG jedoch zu prüfen[7]. Kann das Strafgericht eine Schuld nicht nachweisen, darf dem Angeklagten grundsätzlich nicht vorgeworfen werden, dass er vor Gericht gestanden oder durch sein Verhalten Anlass zu dem Strafverfahren gegeben hat.

---

1 BFH VIII B 265/03 vom 30. 6. 2004, BFH/NV 2004, 1639; FG Baden-Württemberg, EFG 1995, 246, rkr.
2 BFH XI R 35/01 vom 12. 6. 2002, BFH/NV 2002, 1441.
3 Vgl. BFH VI 272/61 S vom 5. 7. 1963, BStBl. 1963 III, 499; Überblick bei BROCKMEYER, DStZ 1998, 219.
4 Zuletzt BFH X R 20/88 vom 21. 6. 1989, BStBl. 1989 II, 831, mwN.
5 BFH VI 165/62 S vom 8. 4. 1964, BStBl. 1964 II, 331.
6 BFH III R 177/94 vom 19. 12. 1995, BStBl. 1996 II, 197; zu möglichen Ausnahmen DEPPING, DStZ 1996, 588.
7 BFH VI 279/56 U vom 15. 11. 1957, BStBl. 1958 III, 105, zu § 467 Abs. 2 StPO aF.

Im Hinblick auf die Abzugsmöglichkeit von Steuerberatungskosten als   1396
Sonderausgaben ist darauf hinzuweisen, dass diese nicht die **Hilfeleistung in Steuerstrafsachen** umfassen[1].

c. Abzugsfähigkeit beim Arbeitgeber

Das übernommene Verteidigerhonorar ist **beim Unternehmen abzugs-**   1397
fähig. Handelt es sich um steuerpflichtigen Arbeitslohn, liegt eine Betriebsausgabe vor, da Lohnzahlungen bereits der Natur nach durch das
Dienstverhältnis und damit stets betrieblich veranlasst sind. Aber auch
soweit kein steuerpflichtiger Arbeitslohn vorliegt, werden bei der Gesellschaft Betriebsausgaben angenommen. Das Nichtvorliegen von Arbeitslohn wird damit begründet, dass das Interesse des Arbeitgebers
deutlich und überwiegend im Vordergrund steht, wenn es sich um Be-
triebssteuern handelt. Demzufolge ist auch in diesen Fällen eine betriebliche Veranlassung der übernommenen Verteidigerkosten zu bejahen. Der Abzug von Verteidigerkosten ist vom gesetzlichen Abzugsverbot § 4 Abs. 5 Nr. 8 EStG nicht berührt, da die Kosten der Verteidigung weder Strafe noch strafähnliche Rechtsfolge sind[2].

M. Exkurs: Nachwirkungen der Steueramnestie

Im Rahmen des „Strafbefreiungserklärungsgesetzes – StraBEG[3]" hat-   1398
ten Steuerhinterzieher die Möglichkeit durch Abgabe einer **Strafbe-**
freienden Erklärung im Zeitraum 1. 1. 2004 bis 31. 3. 2005 und die
Begleichung eines Abgeltungsbetrags Straf- und Steuerfreiheit für die
Veranlagungszeiträume 1993 bis 2002 zu erhalten. Die Höhe des Abgeltungsbetrags belief sich hierbei nur auf ca. 15 bis 20% des Steuer-
und Zinsbetrags, der im Falle einer „normalen" Selbstanzeige zur Erlangung der Straffreiheit hätte gezahlt werden müssen. Trotz dieser
hervorragenden Rahmenbedingungen wurde die Erwartung von
5 Mrd. Euro Mehreinnahmen[4] nicht annähernd erfüllt. Lediglich 1,244

---

1 Zur geplanten Gesetzesänderung vgl. Tz. 1370. HEINICKE in Schmidt, § 10
   Rz. 111; (str.) APP, DStZ 1990, 424; vgl. auch BFH X R 43/86 vom 20. 9. 1989,
   BStBl. 1990 II, 20, mwN.
2 BFH VI R 31/78 vom 19. 2. 1982, BStBl. 1982 II, 467.
3 BGBl. 2003 I, 2928. Siehe hierzu: STRECK (Hrsg.), Berater-Kommentar zur
   Steueramnestie, 2004; SCHWEDHELM/SPATSCHECK, DStR 2004, 109; DIES., DStR
   2004, 2085.
4 BT-Drucks. 15/1309, 2.

Verfassungswidrigkeit der Spekulations- und Zinsbesteuerung

Mrd. Euro sollen nach Verlautbarungen des Bundesfinanzministeriums eingenommen worden sein. Ein Grund für die schwache Akzeptanz unter den Steuerhinterziehern mögen einige in der Kürze der Zeit nicht abschließend fassbare Unklarheiten bei der Auslegung des StraBEG gewesen sein. Durch ein frühes BMF-Schreiben vom 3. 2. 2004[1] und einen nachgeschobenen und ergänzten Fragen- und Antworten-Katalog[2] hat die FinVerw. versucht, hierüber hinwegzuhelfen. Einige dieser Unsicherheiten beschäftigen uns noch bis in die Gegenwart.

I. Verfassungswidrigkeit der Spekulations- und Zinsbesteuerung

1399   Die Entscheidung des BVerfG[3], die Besteuerung von privaten Veräuße-rungsgeschäften bei Wertpapieren in den Veranlagungszeiträumen 1997 und 1998 für verfassungswidrig und nichtig zu erklären, erging zeitgleich mit einer erheblichen Zunahme von abgegebenen Amnestieerklärungen im Frühjahr 2004. Für die Jahre bis einschließlich 1998 wurden nach der BVerfG-Entscheidung regelmäßig schon keine Spekulationseinkünfte mehr erklärt. In den Folgejahren 1999 bis 2002 wurden die Spekulationsgeschäfte zwar in der Erklärung berücksichtigt. Doch wurde die Erklärung häufig anschließend mit dem **Einspruch** angefochten. Das Erhebungsdefizit, auf das die Verfassungswidrigkeit gestützt war, besteht mit einiger Wahrscheinlichkeit auch in den **Folgejahren** bis zur Einführung erweiterter Mitteilungspflichten der Banken ab dem Jahr 2005. Die Verfahren ruhen bis zu einer noch zu erwartenden höchstrichterlichen Entscheidung. Für das Jahr 1999 liegt die Frage der Verfassungsmäßigkeit der Spekulationsbesteue-rung schon dem BFH zur Entscheidung vor[4]. Weitere Veranlagungs-zeiträume werden folgen. ZB für Day-Trader kommt im Falle der Nich-tigerklärung der Spekulationsbesteuerung für weitere Jahre eine er-hebliche Erstattung des Abgeltungsbetrags in Betracht.

1400   Ein zum Zeitpunkt der Einspruchseinlegung ungeahnter Vorteil könnte denjenigen zugute kommen, bei denen die Strafbefreiende Er-klärung noch nicht bestandskräftig ist: Das FG Köln hat mit Vorlagebe-schluss vom 22. 9. 2005[5] dem BVerfG ua. die Frage zur Entscheidung

---

1 BStBl. 2004 I, 225.
2 Vom 20. 7. 2004, ergänzt am 16. 9. 2004, DStR 2004, 1387.
3 2 BvL 17/02 vom 9. 3. 2004, BStBl. 2005, 56.
4 Az.: IX R 49/04.
5 10 K 1880/05, DStRE 2005, 1398. Az. Beim BVerfG: 2 BvL 14/05.

vorgelegt, ob die gesamte **Zinsbesteuerung** nach § 22 Abs. 1 Nr. 7 EStG wegen eines „strukturellen Vollzugshindernisses" verfassungswidrig ist[1]. Zwar sind direkt nur die Streitjahre 2000 bis 2002 betroffen, doch wird die Entscheidung Auswirkungen auf angrenzende Zeiträume haben, in denen keine anderen Regelungen galten.

II. Verwendungsbeschränkung nach § 13 StraBEG

Die größte Furcht desjenigen, der die Abgabe einer Amnestieerklärung plante, war, dass diese Informationen der FinVerw. unbeschränkt zur Verfügung stehen und zu besonderen Betriebsprüfungen oder Steuerfahndungsmaßnahmen führen könnten. Diese Angst wurde ihm durch § 13 StraBEG genommen. Nach Abs. 1 der Vorschrift dürfen die „**geschützten Daten**", dh. der Inhalt der Strafbefreienden Erklärung, den Behörden nur für die Besteuerungszeiträume **nach 2002** zur Verfügung gestellt werden. § 13 Abs. 2 S. 1 StraBEG macht für den Fall eine Ausnahme, dass ein Verbrechen oder ein vorsätzliches Vergehen, das im Höchstmaß mit einer Freiheitsstrafe von mehr als drei Jahren bedroht ist, betroffen ist. Doch auch dann dürfen die Informationen nicht zur Einleitung des Verfahrens übermittelt werden und erst recht nicht zum Nachteil von Personen verwandt werden, die eine erfolgreiche Amnestieerklärung abgegeben haben (§ 13 Abs. 2 S. 2 und 3 StraBEG). 1401

Eine erste Bewährungsprobe hat die Vorschrift in einer Entscheidung des LG Offenburg[2] bestanden. Der Durchsuchungsbeschluss des AG stützte sich allein auf Informationen aus der Amnestieerklärung. Das LG hob den Beschluss auf. Es geht weiter davon aus, dass die Verwendungsbeschränkung des § 13 StraBEG nicht nur gilt, wenn eine wirksame Amnestieerklärung abgegeben wurde, sondern **auch im Falle ihrer Unwirksamkeit**, wenn zB ein Ausschlussgrund iSv. § 7 StraBEG gegeben war. Nach der Ratio des Gesetzes, nämlich das Vertrauen des Steuerpflichtigen in die Verschwiegenheit des Amnestieverfahrens zu schützen, geht das LG davon aus, dass es auf die Wirksamkeit der abgegebenen Erklärung nicht ankommen kann[3]. 1402

---

1 Hierzu: KLEIN, DStR 2005, 1833; RATSCHOW, DStR 2005, 2006.
2 3 Qs 120/04 vom 12. 4. 2004, NStZ 2005, 274, PStR 2005, 227.
3 Vgl. TAPLAN, DStR 2004, 1732.

Abgabe einer unrichtigen Strafbefreienden Erklärung

III. Wirksamkeit bei Erweiterung der Prüfungsanordnung

1403 Das FG Bremen[1] hatte über den Fall eines Rechtsanwalts zu entscheiden, der kurz vor Beginn einer angekündigten Betriebsprüfung für die Jahre 2000 bis 2002 am 18. 1. 2004 (!!!) noch eine „richtige" Selbstanzeige nach § 371 AO im Hinblick auf nicht erklärte Honorareinnahmen abgab. In der Folgezeit dehnte das Finanzamt die Betriebsprüfung auf die Jahre 1998 und 1999 aus, teilte dies dem Rechtsanwalt persönlich mit und begann mit der Prüfung, indem die Prüferin vor Ort mit dem Rechtsanwalt sprach und Unterlagen der Jahre 1998 und 1999 anforderte, die ihr auch zugesagt wurden. Danach gab der Rechtsanwalt für die Jahre 1993 bis 1999 eine Amnestieerklärung und für 1998 und 1999 zusätzlich eine Selbstanzeige ab, falls eine Amnestieerklärung nicht mehr möglich sei. Das FG Bremen folgt dem Finanzamt in der Entscheidung, dass wegen Vorliegen eines **Ausschlussgrundes** iSv. § 7 S. 1 Nr. 1 Buchst. a Alt. 1 StraBEG nach dem **„Erscheinen"** der Prüferin keine wirksame Strafbefreiende Erklärung mehr abgegeben werden konnte. Wegen grundsätzlicher Bedeutung der Rechtssache wurde die Revision zugelassen, die unter Az. IV R 58/04 beim BFH anhängig ist.

IV. Strafbarkeit der Abgabe einer unrichtigen Strafbefreienden Erklärung

1404 In der nachträglichen Aufarbeitung der Steueramnestie stellt sich „gelegentlich"[2] die Frage, ob derjenige, der zB lediglich eine gewagte steuerliche Gestaltung, die er ursprünglich ohne Hinterziehungsvorsatz eingegangen ist, durch Deklaration als Hinterziehungstat im Rahmen einer Amnestieerklärung zu einem finanziell erträglichen Ausgang führt, sich wegen vorsätzlicher Steuerhinterziehung, § 370 AO, strafbar gemacht hat. Tatsache ist, dass nach §§ 2, 6 StraBEG nur derjenige eine Strafbefreiende Erklärung abgeben durfte, der als Steuerhinterzieher diesen Betrag vorher bewusst oder leichtfertig dem Finanzamt nicht erklärt hatte. Derjenige, der dieses Tatbestandsmerkmal des StraBEG nur vortäuschte, kam auf den ersten Blick zu Unrecht in den Genuss eines **erheblichen Steuervorteils** iSv. § 370 Abs. 4 AO, nämlich der Differenz zwischen der zutreffenden „Normalversteuerung" und dem Erlöschen des Steueranspruchs[3] nach Zahlung des

---

1 2 K 152/01 (1) vom 6. 10. 2004, DStRE 2005, 232.
2 So ROLLETSCHKE, wistra 2005, 410.
3 § 8 Abs. 1 S. 1 StraBEG.

deutlich günstigeren StraBEG-Abgeltungsbetrags. So gehen Stimmen in der Literatur[1] und die FinVerw.[2] davon aus, eine Strafbarkeit sei gegeben.

In den meisten Fällen wurde die Amnestieerklärung jedoch zu Recht abgegeben, da derjenige, der noch gutgläubig eine steuerlich unzulässige Gestaltung vorgenommen hatte, allein schon dadurch zum Erklärungsberechtigten nach §§ 2, 6 StraBEG wurde, dass er – nach Erkennen des Fehlers – seiner **steuerlichen Berichtigungspflicht** iSv. § 153 Abs. 1 S. 1 Nr. 1 AO nicht unverzüglich nachgekommen ist und sich somit wegen Steuerhinterziehung strafbar gemacht hat[3]. Ferner dürfte der Nachweis einer Steuerhinterziehung nicht gelingen, da die **Verwendungsbeschränkung** des § 13 Abs. 1 StraBEG auch zwischen Festsetzungsfinanzamt und Straf- und Bußgeldsachenstelle wirkt[4].

1405

V. Treuhandstiftung

Unabhängig von der Steueramnestie bestand im Zusammenhang mit ausländischen Stiftungen regelmäßig das steuerliche Problem, dass durch den zivilrechtlichen Übertragungsvorgang vom Stifter auf die Stiftung **Schenkungsteuer** ausgelöst werden kann. Sollte es sich um eine Familienstiftung handeln, würde zusätzlich eine ertrag- und vermögensteuerliche Zurechnung beim deutschen Stifter nach §§ 15 ff. AStG erfolgen[5]. Konsequenz wäre, dass bei normaler Versteuerung einer Vermögensübertragung vom deutschen Stifter auf eine zB schweizerische Familienstiftung Schenkungsteuer, Einkommensteuer und Vermögensteuer anfielen, die zusammen mit Hinterziehungszinsen und dem für die Rückübertragung anfallenden Schenkungsteuerbetrag bis zum Vierfachen des angelegten Vermögens ausmachen können. Wenn die Stiftung nur zu Hinterziehungszwecken gegründet wurde und letztlich nur der Verdeckung des eigentlichen Kontoinhabers diente, war deutlich erkennbar, dass eine „wirkliche" Vermögensübertragung auf die Stiftung unter Aufgabe aller Einflussmöglichkeiten des Stifters nie gewollt war. Der Name der Stiftung wurde

1406

---

1 KEMPER in Rolletschke/Kemper, § 371 Rz. 170a (Jun. 2004); ROLLETSCHKE, wistra 2005, 410.
2 Frage/Antwort 21 aE des BMF-Schreibens vom 20. 7. 2004, aaO.
3 Zugestanden von ROLLETSCHKE, wistra 2005, 410, 412.
4 STAHL, aaO, Rz. 704.
5 SPATSCHECK in Caspers/Wagner/Künzle, 109, mwN.

Treuhandstiftung

lediglich zu Hinterziehungszwecken missbraucht. In der Praxis behalf man sich schon früher mit der Anwendung des § 42 AO zugunsten des Stpfl., indem die Stiftung schlicht hinweg gedacht wurde[1].

1407 Im Rahmen des StraBEG kam diese Frage erneut auf. Hintergrund war, dass gerade große Vermögen zur besseren Verschleierung des Anlegers in ausländischen Stiftungen angelegt waren, die jedoch nie als verselbständigte Zweckvermögen gewollt waren. Die Finanzverwaltung hat sich in Frage/Antwort 19 der „ergänzenden Informationen"[2] auf folgende Behandlung festgelegt: Eine Bereicherung bei der Stiftung und somit der Anfall von Schenkungsteuer nach § 7 Abs. 1 ErbStG, kommt nur dann in Betracht, wenn diese von Anfang an, **tatsächlich und rechtlich, frei über das Vermögen verfügen** kann. Ansonsten ist die Stiftung lediglich als eine (unechte) **Treuhänderin** anzusehen. Bei allen „unechten" Stiftungen, die lediglich zwischen Bankkunden und ausländischer Bank zwischengeschaltet wurden, ist dies regelmäßig nicht der Fall. Deshalb fällt keine Schenkungsteuer an. Vor diesem Hintergrund bleibt das Vermögen dasjenige des Stifters. Erträge aus dem Stiftungsvermögen sind dem Stifter als eigene Einnahmen zuzurechnen, § 39 Abs. 2 AO.

1408 Das kann in der Praxis zB so nachgewiesen werden: Liegt ein **Mandatsvertrag** vor, mittels dem der Stifter den ausländischen Treuhänder als Stiftungsrat anweisen kann, liegt das Sagen über die Stiftung nach wie vor beim Stifter. Gleiches gilt, wenn in den Beistatuten der Stiftung dem Stifter erhebliche Rechte eingeräumt werden. Verfügt der Stifter selbst über eine Bankvollmacht, hat er sich nie tatsächlich „entreichert". Stets ist insofern auf die tatsächliche Durchführung abzustellen. Ein Indiz dafür, dass der Stifter das Sagen in der Stiftung hat, ist zB auch der Umstand, dass die Stiftung den im Rahmen des StraBEG fällig werdenden Abgeltungsbetrag übernimmt. Es ist nicht Zweck der Stiftung, die deutschen steuerlichen Pflichten des Stifters zu übernehmen. Würde es sich um eine ernst gemeinte, „echte" Stiftung handeln, würde die Übernahme von privaten Steuerschulden des Stifters eine Untreuehandlung des Stiftungsrats darstellen. Schließlich kann auch auf die Geldwäscheerklärungen abgestellt werden, die die Stiftungsorgane gegenüber den Banken abgeben. Dort ist in aller Regel der tatsächlich wirtschaftlich Berechtigte, also der Stifter, genannt. Die Stiftung selbst sieht sich somit – gleich einem „echten" Treuhän-

---

1 Vgl. SCHWEDHELM/SPATSCHECK, DStR 2004, 2085.
2 20. 7. 2004, ergänzt am 16. 9. 2004, DStR 2004, 1387.

der – nicht als den wirtschaftlichen Verfügungsberechtigten an, sondern „hört" auf die Anweisungen des Stifters.

Das **FG Rheinland-Pfalz**[1] hatte über einen „Auslands-Stiftungsfall" zu entscheiden, der nicht dem StraBEG unterfiel. In dem zu beurteilenden Sachverhalt ging es davon aus, dass **Schenkungsteuer** anfalle, da kein Treuhandverhältnis vorliege. Ein solches sei nur gegeben, wenn eine unmittelbare Rückgabe- oder Weitergabeverpflichtung in Bezug auf das übertragene Vermögen direkt im Stiftungsstatut enthalten sei. Diese Auslegung widerspricht der Rechtsprechung des BFH. Zwar geht auch dieser davon aus, dass eine die Schenkungsteuer auslösende Bereicherung iSv. § 7 Abs. 1 ErbStG voraussetzt, dass der Empfänger tatsächlich und rechtlich frei über das Zugewandte verfügen kann[2]. Doch liegt eine solche Situation nicht vor, wenn der Treuhänder im Rahmen seiner Verfügungsmacht schuldrechtlich gebunden bleibt und das Eigentumsrecht nur nach Maßgabe der Treuhandvereinbarung ausüben darf, wobei er nach Erfüllung des Treuhandzwecks einem Rückübertragungsverlangen Folge leisten muss[3]. Gerade diese Situation ist gegeben, wenn der Stifter durch einen Mandatsvertrag unmittelbaren Einfluss auf die Stiftungsorgane nehmen kann und diese auch zur Rückübertragung anweisen darf. Die Stiftung ist hierdurch stets schuldrechtlich an den Willen des Treugebers, des Stifters, gebunden. Vielmehr besteht sogar eine Schadensersatzpflicht, wenn die Stiftungsorgane Anweisungen des Stifters missachten. Das Bestehen einer – jedenfalls faktischen – Rückübertragungsverpflichtung lässt sich schon daran erkennen, dass den Auslandsanlegern in der Vergangenheit häufig auf deren Weisung hin entsprechende Geldbeträge wieder zurücküberwiesen wurden. Soweit das FG Rheinland-Pfalz nur eine im Statut vereinbarte Rückgabeverpflichtung ausreichen lässt, überspannt es die Nachweispflicht des Stifters[4]. Mehr als den Vorteil einer einfacheren, günstigeren Beweisführung hat eine statuarische Vereinbarung gegenüber einer rein faktisch abgesprochenen und gelebten Rückgabeverpflichtung nicht.

1409

Die **FinVerw.** hat auf das Urteil des FG Rheinland-Pfalz zeitnah reagiert und in einem unter den AO-Referenten des Bundes und der Län-

1410

---

1 4 K 1590/03 vom 14. 3. 2005, DStR 2005, 738; Revision anhängig, Az. BFH: II R 21/05.
2 BFH II R 39/98 vom 25. 1. 2001, BFH/NV 2001, 908.
3 BFH II B 176/03 vom 18. 11. 2004, BFH/NV 2005, 355.
4 Ähnlich: von LÖWE/PELZ, BB 2005, 1601, 1603.

Thesaurierende Fonds

der abgestimmten Erlass[1] den Steuerpflichtigen für folgende Fälle **Vertrauensschutz** ausgesprochen:

– Hat der Stpfl. eine Amnestieerklärung abgegeben und ist das im Rahmen der Stiftung angelegte Vermögen bereits wieder zurückgeflossen, wird dauerhaft **keine Schenkungsteuer** festgesetzt.

– Ist das Stiftungsvermögen nach Abgabe der Amnestieerklärung noch nicht zurückgeflossen, wird für Rückübertragungen **keine Schenkungsteuer** festgesetzt, die bis zu einer eventuellen, neuen oder geänderten Verwaltungsanweisung nach Veröffentlichung der ausstehenden Entscheidung des Bundesfinanzhofs umgesetzt wird.

– Kein Vertrauensschutz soll für **Nicht-Amnestie-Fälle** gelten, da das BMF-Merkblatt für diese dem Wortlaut nach nicht unmittelbar gilt[2].

VI. Thesaurierende Fonds

1411 Bei thesaurierenden ausländischen Fonds, die in einem inländischen Depot gehalten werden, ist nach § 18a Abs. 1 Nr. 3 AuslInvestmentG (jetzt § 7 Abs. 1 Nr. 3 InvStG) unabhängig davon, dass die thesaurierten Erträge bereits im betreffenden Kalenderjahr vom Anteilseigner versteuert wurden, bei Verkauf bzw. bei Rückgabe auf die aus den Vorjahren akkumulierten ausschüttungsgleichen Erträge nach dem 31. 12. 1993 Kapitalertragsteuer und Solidaritätszuschlag zu erheben. Die Kapitalertragsteuer wird im Rahmen der Einkommensteuerveranlagung des Verkaufsjahrs voll angerechnet, auch wenn sie auf steuerpflichtige Erträge aus Vorjahren entfällt. Letztlich erleidet der Anleger nach der gesetzlichen Regelung nur einen Zinsnachteil durch die spätere Anrechnung. Die OFD-München[3] möchte nun gerade diese **Anrechnung in Amnestiefällen** versagen, da nach dem StraBEG die Einnahmen ohne denkbare Abzugsteuern zu ermitteln gewesen seien. Anrechnungsvorschriften kenne das StraBEG nicht. Dieses rein formale Argument wird der StraBEG-Regelung, die gerade eine abschließende Be-

---

1 Vfg. des Bayerischen Landesamts für Steuern vom 30. 8. 2005, DB 2005, 2497; OFD Karlsruhe, Vfg. vom 1. 8. 2005, DStR 2005, 1533 und PStR 2005, 228.
2 Die Ansicht ist formal sicher zutreffend. Sie lässt jedoch den Umstand unberücksichtigt, dass schenkungsteuerliche Fragen unabhängig von der Anwendung des StraBEG allgemein für **alle Fallgestaltungen** einheitlich entschieden werden müssen. Vor diesem Hintergrund hatte das BMF-Merkblatt mindestens eine **erhebliche Indizwirkung** für die allgemeine Rechtsansicht der Finanzverwaltung in allen Auslands-Stiftungsfällen.
3 Verfügung vom 27. 4. 2005, DStR 2005, 1189.

steuerung der amnestierten Jahre erreichen wollte, nicht gerecht[1]. Die
– umstrittene – Regelung des § 18a Abs. 1 Nr. 3 AuslInverstmentG
wollte lediglich sicherstellen, dass auch thesaurierte Erträge der Vor-
jahre aus ausländischen Fonds, die der Anleger nicht angegeben hatte,
versteuert werden, um keinen „Wettbewerbsvorteil" gegenüber inländischen Fonds zu schaffen[2]. Ist aber im Rahmen der Amnestie sichergestellt, dass gerade die thesaurierten Beträge versteuert wurden, besteht
schon kein Anlass für die Einbehaltung von Kapitalertragsteuer. Hier
lohnt sich für den Anleger das Rechtsbehelfsverfahren.

VII. Einstweiliger Rechtsschutz und StraBEG

Das FG Baden-Württemberg hat in seinem Beschluss vom 4. 3. 2005[3]   1412
jegliche Arten von **einstweiligem Rechtsschutz** im Zusammenhang mit
Amnestieerklärungen entsprechend § 10 Abs. 4 StraBEG für **unzulässig** erklärt. Berücksichtigt man den Sinn und Zweck der Norm, ist dem
zuzustimmen. Rechtsfragen, wie zB die Verfassungsmäßigkeit der Spekulationsbesteuerung, können im Hauptsacheverfahren auf dem Ein-
spruchs- und Klageweg geltend gemacht werden.

VIII. Steuerberatungskosten im Zusammenhang mit einer Strafbe-
freienden Erklärung

Die OFD Frankfurt/Main geht in ihrer Verfügung vom 10. 10. 2005[4]   1413
davon aus, dass Aufwendungen, die im Zusammenhang mit der Ermittlung der nacherklärten Einnahmen[5], dh. letztlich der Abgabe einer
Amnestieerklärung stehen, **nicht steuermindernd** berücksichtigt werden können. Dies wird so begründet: Bei der Berechnung des Abgeltungsbetrags würden die hinterzogenen Einnahmen nach § 1 Abs. 2
Nr. 1 StraBEG nur mit 60% berücksichtigt. Der Abschlag von 40%
erfolge pauschal für die Abgeltung aller potentiellen Werbungskosten-
oder Betriebsausgabenabzüge[6]. Vor diesem Hintergrund sei ein späte-

---

1 SCHMITT/HAGEN, DStR 2005, 1804.
2 SCHMITT/HAGEN, DStR 2005, 1804, 1805.
3 1 V 90/04, rkr., DStRE 2005, 919.
4 Ziff. III der Vfg., DB 2005, 2495.
5 Zur grundsätzlichen Behandlung von Beratungsaufwendungen im Zusammenhang mit Nacherklärungen vgl. Tz. 1376.
6 Es wird auf Tz. 3.3.9 des BMF-Schreibens vom 3. 2. 2004, aaO, Bezug genommen.

rer konkreter Abzug nicht mehr möglich. Das „Kausalprinzip" durch-
breche das „Zufluss-Abfluss-Prinzip".

1414   Die steuerliche Behandlung durch die FinVerw. beruht auf einem völ-
ligen Missverständnis der Systematik des StraBEG. Der vom Gesetzgeber propagierte Hauptanwendungsfall des StraBEG sollte der Aus-
landsanleger sein, dem man möglichst **unkompliziert** für ihn und die
Verwaltung eine goldene Brücke in die Steuerehrlichkeit bauen wollte.
Mit dieser **Einfachheit der Handhabung** hätte sich nicht vertragen,
wenn man Werbungskosten zB durch Depotführung und Maklercour-
tagen etc. einzeln unter Belegnachweis aufgelistet hätte. So hat der
Gesetzgeber die für den Geltungsbereich des StraBEG in den Jahren
1993 und 2002 entstandenen Abzugsbeträge geschätzt und pauschal
mit 40% in Abschlag gebracht. Der Anwendungsbereich des StraBEG
ist hiermit beendet – ebenso die Pauschalierung von Abzugsbeträgen.
Fallen in Folgezeiträumen Beratungsaufwendungen zur Durchführung
des StraBEG an, beeinträchtigt deren spätere Geltendmachung die
Einfachheit der Durchführung der Amnestie nicht. Es handelt sich
vielmehr um einen normalen Vorgang der Geltendmachung von Steuerberatungskosten. Das Zufluss-Abfluss-Prinzip wird nicht durchbrochen, denn auch nach dem Kausalprinzip haben die in 2004 oder 2005
geltend gemachten Beratungskosten mit den pauschal angesetzten
Werbungskosten des Amnestiezeitraums, wie zB Bankspesen etc.
nichts zu tun. Die Beratungskosten sind folglich in vollem Umfang
anzuerkennen. Sollte die FinVerw. eine Anerkennung versagen, bietet
sich das Einspruchs- und Klageverfahren an.

IX. Steuerliche Abzugsfähigkeit des Abgeltungsbetrags

1415   Der Abgeltungsbetrag wird ausschließlich aus verfahrensökonomischen
Gründen bzw. aus Gründen der Steuerverteilung zwischen Bund und
Ländern von § 10 Abs. 1 1. Halbsatz StraBEG als „Einkommensteuer"
und somit als Gemeinschaftsteuer iSv. Art. 106 Abs. 3 GG fingiert. Das
ändert nichts daran, dass es sich dem Grunde nach um eine **Steuer sui
generis** handelt[1]. Wird der Abgeltungsbetrag zB im Zusammenhang mit
der Amnestierung steuerlich abzugsfähiger Unternehmenssteuern wie
Umsatzsteuer oder Gewerbesteuer bezahlt, muss er – wie auch die eigentliche Steuer – **ertragsmindernd** zu berücksichtigen sein[2].

---

1 KAMPS in Streck (Hrsg.), Berater-Kommentar zur Steueramnestie, § 10 Rz. 5.
2 Str. vgl. KAMPS, aaO, § 10 Rz. 7 ff.; aA Tz. 12.2. BMF-Merkblatt vom 3. 2. 2004
aaO.

N. Exkurs: „SchwarzArbG"

Spätestens wenn die Ermittlungsbehörden auf **Schwarzlohnzahlungen**   1416
treffen, ist die Anwendbarkeit des SchwarzArbG zu überprüfen[1].

Im Jahr 2002 wurde das damals (noch) geltende Gesetz zur Bekämp-   1417
fung der Schwarzarbeit (SchwarzArbG aF) grundlegend verschärft[2].
Im Frühjahr 2004 legte die Bundesregierung zusammen mit den Koali-
tionsfraktionen den Entwurf eines **„Gesetzes zur Intensivierung der
Bekämpfung der Schwarzarbeit und damit zusammenhängender
Steuerhinterziehung"** vor, durch den die Verfolgung von Schwarzar-
beit auf eine neue gesetzliche Grundlage gestellt werden sollte[3]. Das
Gesetz trat in seiner endgültigen Fassung am 1. 8. 2004 in Kraft[4].

I. Einleitung

Das „Gesetz zur Intensivierung der Bekämpfung der Schwarzarbeit   1418
und damit zusammenhängender Steuerhinterziehung" ist ein Geset-
zespaket bestehend aus 26 Artikeln. Kernbestandteil ist das in Art. 1
neu normierte Gesetz zur Bekämpfung der Schwarzarbeit und illegalen Beschäftigung (SchwarzArbG), das an die Stelle des bis dahin geltenden Gesetzes zur Bekämpfung der Schwarzarbeit (SchwarzArbG
aF) getreten ist und nunmehr die Vorschriften zur Bekämpfung der
Schwarzarbeit weitestgehend bündelt. Das Gesetz **definiert** (erstmalig)
die **verschiedenen Erscheinungsformen von Schwarzarbeit**, regelt
umfassend die **Prüfungs- und Ermittlungsrechte** der zuständigen Behörden und enthält verschärfte **Strafandrohungen**[5].

Darüber hinaus sind durch die Art. 2 ff. zahlreiche **Änderungen in ein-**   1419
zelnen Steuer-, Straf- und Sozialgesetzen vorgenommen worden, wie

---

1 SPATSCHECK/WULF/FRAEDRICH, DStR 2005, 129 ff.
2 Gesetz zur Erleichterung der Bekämpfung von illegaler Beschäftigung und
  Schwarzarbeit, BGBl. 2002 I, 2787; vgl. auch KOSSENS, BB-Spezial 2/2004, 2.
3 BT-Drucks. 15/2948 und 15/2573.
4 BGBl. 2004 I, 1842.
5 Das SchwarzArbG hat iRd. Gesetzgebungsverfahrens – insbesondere im Vermittlungsausschuss – noch verschärfende Änderungen gegenüber dem Ur-
  sprungsentwurf erfahren. Insbesondere der Begriff der Schwarzarbeit wurde
  wieder um die Verstöße gegen die HandwO und die GewO ergänzt und die
  Prüfungsbefugnisse der Zollbehörden auf Privathaushalte ausgedehnt. Vgl.
  WEGNER, DB 2004, 1782.

zB. Änderungen im StGB, UStG und EStG, wobei der Schwerpunkt auf den neuen strafrechtlichen Regelungen liegt.

II. Begriff der Schwarzarbeit

1420 Erstmalig wurde der **Schwarzarbeitsbegriff legal definiert.** Dabei hat sich der Gesetzgeber am allgemeinen Sprachgebrauch orientiert und damit einen weiten Begriff geschaffen[1]. Gem. § 1 Abs. 2 SchwarzArbG leistet Schwarzarbeit, wer Dienst- oder Werkleistungen erbringt oder ausführen lässt und dabei als Arbeitgeber, Unternehmer oder versicherungspflichtiger Selbständiger seine sozialversicherungsrechtlichen Melde-, Beitrags- oder Aufzeichnungspflichten nicht erfüllt (Nr. 1), als Stpfl. seine steuerlichen Pflichten nicht erfüllt (Nr. 2), als Empfänger von Sozialleistungen seine Mitteilungspflichten gegenüber dem Sozialleistungsträger nicht erfüllt (Nr. 3), als Erbringer von Dienst- oder Werkleistungen seinen Anzeigeverpflichtungen nach den §§ 14, 55 GewO nicht nachkommt (Nr. 4) oder als Erbringer von Dienst- oder Werkleistungen die erforderliche Eintragung in die Handwerksrolle (§ 1 HandwerksO) unterlassen hat (Nr. 5)[2].

In § 1 Abs. 3 SchwarzArbG sind **Ausnahmetatbestände** normiert, wonach solche Dienst- oder Werkleistungen ausgenommen sind, die nicht nachhaltig auf Gewinn gerichtet sind und von Angehörigen bzw. Lebenspartnern oder im Wege der Nachbarschafts- und Selbsthilfe erbracht werden.

1421 Gegenüber der alten Rechtslage bedeutet der neue Schwarzarbeitsbegriff eine **erhebliche Erweiterung**[3].

---

1 BT-Drucks. 15/2573, 18.
2 Die Nr. 4 und 5 sind erst im Vermittlungsausschuss auf Drängen der Oppositionsparteien wieder ins Gesetz gelangt, vgl. WEGNER, aaO, 1782; KOSSENS, aaO, 3.
3 BERWANGER, aaO, 14. Gem. § 1 SchwarzArbG aF wurden lediglich drei Tatbestände unterschieden: Danach galt als Ordnungswidrigkeit die Erwerbstätigkeit trotz des Bezugs von Sozialleistungen, ohne die erforderliche Gewerbeanmeldung bzw. Reisegewerbekarte oder ohne die erforderliche Eintragung in der Handwerksrolle. Verstöße gegen sozialversicherungs- und steuerrechtliche Melde- und Abführungspflichten wurden nicht erfasst, sondern allenfalls im weitesten Sinne, dh. im allgemeinen Sprachgebrauch als Schwarzarbeit bezeichnet (vgl. KÜTTNER, Personalhandbuch, 8. Aufl., 2001, 377 Rz. 1; BERWANGER, aaO, 11).

III. Verstoß gegen steuerliche Pflichten

In § 1 Abs. 2 Nr. 2 SchwarzArbG hat der Gesetzgeber ua. die Nicht- 1422
erfüllung steuerlicher Pflichten aus dem Dienst- oder Werkvertrag als
einen Fall der Schwarzarbeit normiert. Er geht davon aus, dass
**Schwarzarbeit und Steuerhinterziehung gem. § 370 AO in einem en-
gen Sachzusammenhang** stehen und steuerliche Pflichten im Zusammenhang mit Schwarzarbeit regelmäßig mit der Absicht, Steuern zu
hinterziehen, verletzt werden[1]. Gleichwohl setzt der Tatbestand der
Schwarzarbeit nicht voraus, dass eine Steuerhinterziehung vorliegt. Es
genügt die **bloße Verletzung steuerlicher Pflichten**. Offen ist dabei
nur der zur Tatbestandserfüllung erforderliche Umfang[2].

1. Dienst- und Werkleistungen

Der Begriff der Dienst- und Werkleistungen ist den §§ 1, 2 Schwarz- 1423
ArbG aF entnommen worden. Er umfasst sowohl die **Seite des Auftraggebers** als auch die **Seite des Leistenden**[3].

2. Steuerliche Pflichtverstöße

Steuerliche Pflichten, die im Zusammenhang mit Dienst- und Werk- 1424
leistungen verletzt werden können, betreffen im Wesentlichen die
Steuerarten Umsatz-, Einkommen-, Körperschaft- und Gewerbesteuer
sowie die Lohnsteuer[4]. Darüber hinaus weist der Gesetzgeber in der
Gesetzesbegründung ausdrücklich auf die **allgemeine Pflicht zur Berichtigung** von unrichtigen Erklärungen nach § 153 AO hin[5].

a. Typische Fallkonstellationen

– Der Auftraggeber entlohnt einen selbständigen **Handwerker** 1425
schwarz. Der Handwerker erklärt weder seine Einkünfte noch unter-
wirft er seine Umsätze der Umsatzsteuer. Es liegt ein Verstoß gegen

---

1 BT-Drucks. 15/2573, 19.
2 Kossens, aaO, 3.
3 Dem Anwendungsbereich des SchwarzArbG unterliegt damit einerseits die
 Tätigkeit des Arbeitnehmers oder selbständigen Unternehmers (zB selbständiger Handwerker, Bauunternehmer in der Form einer GmbH), andererseits
 die Beauftragung durch den Arbeit- oder Auftraggeber.
4 BT-Drucks. 15/2573, 19; Wegner, aaO, 758, Fn. 3; Kossens, aaO, 3.
5 BT-Drucks. 15/2573, 19.

die Erklärungs- und Anmeldungspflichten gem. § 25 Abs. 3 EStG und § 18 Abs. 1 und Abs. 3 UStG vor.

1426 – Ein **Bauunternehmer** beschäftigt **Arbeitnehmer schwarz**, die im Rahmen ihrer Einkommensteuer keine Einkünfte aus nichtselbständiger Arbeit erklären. Der Arbeitgeber entrichtet keine Lohnsteuer. Die Arbeitnehmer verstoßen gegen § 25 Abs. 3 EStG, der Arbeitgeber gegen seine lohnsteuerlichen Pflichten gem. §§ 38 ff. EStG.

1427 – Ein **Subunternehmer** führt für ein Bauunternehmen Bauleistungen schwarz aus. Der Subunternehmer erklärt keine Einkünfte und erhebt keine Umsatzsteuer auf seine Leistungen. Er verstößt gegen § 25 Abs. 3 EStG und § 18 Abs. 1 und Abs. 3 UStG. Das Bauunternehmen nimmt bei seiner Zahlung an den Subunternehmer den Steuerabzug nicht vor und verstößt damit gegen § 48 EStG.

1428 – Wird im Privathaushalt eine **Putzhilfe** beschäftigt, liegt regelmäßig ein Arbeitsverhältnis vor[1]. Erhält die Putzfrau monatlich nicht mehr als 400 Euro, greift § 40 a Abs. 2 EStG iVm. § 8 Abs. 1 Nr. 1 bzw. § 8a SGB IV. Der Arbeitgeber muss eine pauschalierte Besteuerung bei der Bundesknappschaft anmelden und die entsprechende Lohnsteuer iHv. 2% abführen. Unterlässt er dies, leistet er Schwarzarbeit[2]. Da die Putzfrau regelmäßig wegen ihres geringen Jahreseinkommens gem. § 56 EStDV keiner eigenen Erklärungspflicht unterliegt, verstößt sie nicht gegen das SchwarzArbG.

b. Ausnahmetatbestände

1429 Nach § 1 Abs. 3 SchwarzArbG unterfallen – wie auch nach der alten Rechtslage – **nicht nachhaltig** auf Gewinn gerichtete Dienst- und Werkleistungen, die von **Angehörigen** oder **Lebenspartnern**, aus Gefälligkeit oder im Wege der Nachbarschafts- und Selbsthilfe erbracht werden, nicht dem Anwendungsbereich des SchwarzArbG.

1430 – Gem. § 1 Abs. 3 Nr. 1 SchwarzArbG werden Leistungen, die von **Angehörigen** (§ 15 AO) oder Lebenspartnern erbracht werden, von der Schwarzarbeit ausgenommen.

1431 – § 1 Abs. 3 Nr. 2 SchwarzArbG bestimmt, dass **Gefälligkeiten** nicht als Schwarzarbeit anzusehen sind. Darunter werden Tätigkeiten ver-

---

1 Drenseck in Schmidt, EStG, § 19 Rz. 4.
2 Vgl. dazu auch: BT-Drucks. 15/2573, 20.

standen, die aufgrund persönlichen Entgegenkommens im Rahmen gesellschaftlicher Gepflogenheiten oder in Notfällen erbracht werden (zB Einkaufen für ältere Menschen)[1].

– Der Ausnahmetatbestand der **Nachbarschaftshilfe** gem. § 1 Abs. 3 Nr. 3 SchwarzArbG liegt vor, wenn die Hilfeleistung von Personen erbracht wird, die zueinander in persönlicher Beziehung stehen und in gewisser räumlicher Nähe wohnen[2].   **1432**

– In § 1 Abs. 3 Nr. 4 SchwarzArbG ist schließlich die **Selbsthilfe** gem. § 36 Abs. 2 des 2. Wohnungsbaugesetzes und gem. § 12 Abs. 2 Wohnraumförderungsgesetz als letzte Ausnahme geregelt. Hierbei handelt es sich um Arbeitsleistungen, die zur Durchführung eines Bauvorhabens **vom Bauherrn selbst**, seinen Angehörigen oder unentgeltlich bzw. auf Gegenseitigkeit von anderen Personen erbracht werden (zB die gegenseitige Hilfe von Nachbarn oder Freunden beim Hausbau).   **1433**

Gemeinsame Voraussetzung aller Ausnahmetatbestände ist, dass die Dienst- bzw. Werkleistung **nicht nachhaltig auf Gewinn ausgerichtet** ist. Das Gesetz stellt insoweit klar, dass insbesondere gegen geringes Entgelt erbrachte Tätigkeiten nicht nachhaltig idS anzusehen sind (§ 1 Abs. 3 S. 2 SchwarzArbG). Entgeltlichkeit schließt das Vorliegen eines Ausnahmefalls also nicht per se aus[3]. Kleine Aufmerksamkeiten, wie zB 10 Euro für den rasenmähenden Nachbarsjungen, sind daher unschädlich[4]. Wo allerdings die genaue Grenze für ein derartiges „geringes Entgelt" zu ziehen ist, bleibt offen.   **1434**

3. Neuregelungen im UStG

Mit der Einführung der neuen Regelungen zur Schwarzarbeit hat der Gesetzgeber gleichzeitig die **Rechnungslegungspflichten nach dem UStG erweitert**[5]. Um den „Ohne-Rechnung-Geschäften" zu begegnen, wurde § 14 UStG dahingehend geändert, dass – über die bereits   **1435**

---

1 BT-Drucks. 15/2573, 19; WEGNER, aaO, 758.
2 BT-Drucks. 15/2573, 19; WEGNER, aaO, 758; KOSSENS, aaO, 4.
3 KOSSENS, aaO, 3.
4 WEGNER, aaO, 758.
5 Art. 12 des Gesetzes zur Intensivierung der Bekämpfung der Schwarzarbeit und damit zusammenhängender Steuerhinterziehung. Zu den Neuregelungen ist bereits am 24. 11. 2004 ein BMF-Schreiben, IV A 5 – S 7280 – 21/04, ergangen.

bestehende Rechnungspflicht zwischen Unternehmern hinaus – auch eine Pflicht zur **Rechnungserstellung gegenüber Privatpersonen** statuiert wurde. § 14 Abs. 2 Nr. 1 UStG schreibt nunmehr vor, dass ein Unternehmer über steuerpflichtige Werklieferungen oder sonstige Leistungen im Zusammenhang mit einem Grundstück – auch bei einer Privatperson als Empfänger – innerhalb von sechs Monaten eine Rechnung zu erstellen hat. Diese Pflicht bezieht sich auf Bauleistungen, dh. die Herstellung, Instandhaltung, Instandsetzung, Änderung oder Beseitigung von Bauwerken, sowie Erschließungsarbeiten und sonstige Dienstleistungen, wie zB Reinigungs-, Reparatur- oder Wartungsarbeiten[1]. Die Rechnung ist gem. § 14 Abs. 2 Nr. 1 UStG **innerhalb von sechs Monaten** ab dem Zeitpunkt der Ausführung der steuerpflichtigen Werklieferung oder sonstigen Leistung zu erstellen. Sie hat – neben den allgemeinen Pflichtangaben des § 14 Abs. 4 S. 1 UStG – einen Hinweis auf die zweijährige Aufbewahrungspflicht des privaten Leistungsempfängers gem. § 14b Abs. 1 S. 5 UStG zu enthalten[2]. Diese Aufbewahrungspflicht wurde ebenfalls neu eingeführt. Nunmehr müssen auch Nichtunternehmer oder Unternehmer, die eine Leistung für den nichtunternehmerischen Bereich verwenden, Rechnungen, Zahlungsbelege oder sonstige beweiskräftige Unterlagen (zB schriftliche Angebote oder Kontoauszüge) bis zu zwei Jahre nach Ablauf des Jahres der Rechnungsstellung aufbewahren[3]. Bei Nichtbefolgung der neuen Pflichten drohen gem. § 26a UStG Bußgelder.

IV. Behördliche Befugnisse bei Schwarzarbeit

1436   Um Schwarzarbeit aufzuspüren und zu verfolgen, hat der Gesetzgeber iRd. SchwarzArbG einen umfassenden Katalog an **Verfahrensvorschriften** eingeführt[4].

1. Zuständigkeiten

1437   Die Hauptzuständigkeit für die Bekämpfung der Schwarzarbeit in Deutschland liegt nach der Gesetzesnovellierung bei der **Zollverwal-**

---

1 Vgl. dazu den Katalog: BMF-Schreiben, aaO, Tz. 10 ff.; BT-Drucks. 15/2573, 34; HUSCHENS, INF 2004, 658.
2 Vgl. BMF-Schreiben, aaO, Tz. 18 ff.; SCHMIDT, DB 2004, 1701; HUSCHENS, aaO, 662.
3 Vgl. BMF-Schreiben, aaO, Tz. 26 f.; SCHMIDT, aaO, 1702; HUSCHENS, aaO, 661.
4 WEGNER, aaO, 758; DERS., PStR 2004, 117.

tung. Gem. § 2 SchwarzArbG soll diese die erforderlichen Prüfungen zur Entdeckung von Schwarzarbeitsfällen durchführen. Dazu wurde schon im Vorfeld des Gesetzgebungsverfahrens das Personal der bisher zuständigen Bundesanstalt für Arbeit und der Zollbehörden zu der sog. „**Finanzkontrolle Schwarzarbeit**" zusammengeführt[1]. Zur Durchführung ihrer Aufgaben werden die Zollbehörden nach § 2 Abs. 2 SchwarzArbG durch alle sonst betroffenen Behörden, zB Finanzbehörden oder die Bundesagentur für Arbeit unterstützt. Dabei obliegt dem Zoll auch die Überprüfung von geringfügigen Beschäftigungsverhältnissen in Privathaushalten[2]. Ausgenommen von dem Zuständigkeitsbereich der Zollverwaltung sind allein gewerbe- und handwerksrechtliche Verstöße, deren Überprüfung nach § 2 Abs. 1a SchwarzArbG den nach Landesrecht zuständigen Ordnungsbehörden zugewiesen ist.

Eine Besonderheit bei der Zuständigkeit besteht, soweit überprüft werden soll, ob die **steuerlichen Pflichten** isd. § 1 Abs. 2 Nr. 2 SchwarzArbG erfüllt werden. Für diesen Fall normiert § 2 Abs. 1 S. 2 SchwarzArbG eine **vorrangige Zuständigkeit der Finanzämter**. Die Aufgaben der Zollbehörden beschränken sich in diesem Bereich auf ein Ausmaß, das ausreicht, um die Finanzämter über steuerlich relevante Sachverhalte informieren zu können[3].   1438

2. Prüfungsbefugnisse

a. Allgemeines

Wesentliche Instrumentarien der Zollbehörden zur Bekämpfung von Schwarzarbeit sind die (weitreichenden) **Prüfungsbefugnisse** des SchwarzArbG. Problematisch ist, dass das Gesetz keine Aussage darüber trifft, unter welchen Voraussetzungen die Zollverwaltung und die sie unterstützenden Behörden die in den §§ 2 ff. SchwarzArbG normierten Prüfungen durchführen dürfen. Laut Gesetzeswortlaut handelt es sich um Prüfungen, die von **keinem Anfangsverdacht** oder auch nur   1439

---

1 Diese Institution besteht aktuell aus ca. 7000 Beschäftigten und ist mit 113 Standorten bundesweit vertreten. Die zentrale Abteilung sitzt in Köln.
2 Dies war im ursprünglichen Gesetzesentwurf noch anders. Dort wurde die Prüfungsbefugnis den nach Landesrecht für die Verfolgung von Ordnungswidrigkeiten nach der HandwO bzw. GewO zuständigen Behörden übertragen. BT-Drucks. 15/2573, 4.
3 WEGNER, aaO, 759.

hinreichenden Anlass abhängig sind[1]. Obwohl sicherlich in der Praxis die Anstrengung einer Prüfung nicht ohne Grund und Anlass durchgeführt wird, hat der Gesetzgeber insoweit – jedenfalls theoretisch – die Tür zum willkürlichen Eingriff geöffnet[2].

b. Überprüfung von Personen

1440 Nach § 3 SchwarzArbG sind die Zollbehörden und die sie unterstützenden Behörden befugt, **in den Geschäftsräumen und auf dem Grundstück** von gewerblichen Arbeitgebern sowie auf dem Grundstück eines privaten Arbeitgebers tätige **Arbeitnehmer zu überprüfen.** Das Gleiche gilt für Auftraggeber von selbständig tätigen Personen. Die Zollverwaltung darf dabei von den Arbeitnehmern bzw. selbständig Tätigen Auskünfte über ihr Beschäftigungsverhältnis bzw. ihre Tätigkeit einholen, ihre Personalien aufnehmen und Einsicht in solche mitgeführten Unterlagen nehmen, von denen anzunehmen ist, dass sie im Zusammenhang mit der Beschäftigung stehen (zB Stundenaufzeichnungen). Nach § 3 Abs. 5 SchwarzArbG erstreckt sich die Prüfungsbefugnis auch auf Beförderungsmittel. Die Zollverwaltung ist also befugt, Personen aus dem fahrenden Verkehr heraus anzuhalten und zu kontrollieren[3]. Im Gegensatz zur früheren Rechtslage sind solche Personenüberprüfungen nicht mehr nur während der Geschäftszeit, sondern während der gesamten Arbeitszeit zulässig. Das bedeutet: **Sind Arbeiter vor Ort tätig, darf kontrolliert werden**[4]. Dies gilt nicht, wenn die Werk- oder Dienstleistung bei einem Dritten ausgeführt wird. Nach § 3 Abs. 2 SchwarzArbG ist in diesem Fall eine Kontrolle außerhalb der Geschäftszeit nur erlaubt, wenn der Dritte einwilligt.

c. Prüfung von Geschäftsunterlagen

1441 Innerhalb der Geschäftszeiten sind die Zollbehörden nach § 4 Abs. 1 SchwarzArbG ferner befugt, die Geschäftsräume und Grundstücke von gewerblichen Arbeitgebern und Auftraggebern zu betreten und dort **Einsicht in Lohn- und Meldeunterlagen, Bücher und sonstige Geschäftsunterlagen** zu nehmen. Außerdem besteht nach § 4 Abs. 2

---

1 SALDITT, BB-Special 2/2004, 1; WEGNER, PStR 2004, 118.
2 Vgl. SALDITT, aaO, 1.
3 BT-Drucks. 15/2573, 22; vgl. auch Handelsblatt vom 21. 7. 2004.
4 BT-Drucks. 15/2573, 22; WEGNER, DB 2004, 759.

SchwarzArbG das Recht, Einsicht in Unterlagen zu nehmen, aus denen sich die Vergütung der Dienst- und Werkleistungen ergibt[1]. Befinden sich die Unterlagen nicht beim Arbeit- oder Auftraggeber, sondern zB beim Steuerberater, besteht nach dem klaren Wortlaut des § 4 Abs. 1 SchwarzArbG, der wohl auch in den § 4 Abs. 2 SchwarzArbG hineinzulesen ist, kein Einsichtsrecht. Hier muss ggf. auf die Mittel der AO oder StPO zurückgegriffen werden. Schließlich normiert § 4 Abs. 3 SchwarzArbG die Befugnis, **Einsicht in erhaltene Rechnungen uä. auch von Nichtunternehmern** zu nehmen, die **im Zusammenhang mit einem Grundstück erstellt** wurden (§ 14b Abs. 1 S. 5 UStG). Hier stellt sich allerdings die Frage, wie diese Prüfung tatsächlich durchgeführt werden soll, wenn ausweislich der Gesetzesbegründung kein Recht zum Betreten der Wohnung besteht[2]. Die Behörden sind dann auch hier gezwungen, auf die Mittel der AO oder der StPO zurückzugreifen.

3. Duldungs- und Mitwirkungspflichten

Nach § 5 SchwarzArbG, der im Kern § 306 Abs. 1 SGB III aF entspricht, sind Arbeitgeber, Arbeitnehmer, Auftraggeber und Dritte, die bei einer Prüfung angetroffen werden, **zur Duldung und Mitwirkung verpflichtet.** Insbesondere haben die Arbeitgeber und Auftraggeber das Betreten der Geschäftsräume und des Grundstücks zu dulden. Auch Privatpersonen müssen nach § 5 Abs. 2 SchwarzArbG eine Überprüfung der Rechnungen im Zusammenhang mit dem Grundstück hinnehmen, ohne dass sie jedoch das Betreten der Wohnung akzeptieren müssen[3]. Besonderheiten gelten, wenn Ausländer von den Prüfungen betroffen sind. Diese sind nach § 5 Abs. 1 S. 4 ff. SchwarzArbG verpflichtet, ihren Pass, Passersatz oder Ausweisersatz sowie ihre Aufenthaltsgenehmigung oder Duldung der Zollverwaltung vorzulegen. Ggf. können die Papiere einbehalten und an die Ausländerbehörden weitergeleitet werden.

1442

---

1 Hintergrund für die Einführung dieser neuen Befugnis ist, dass nach Erkenntnis des Gesetzgebers Schwarzarbeit im gewerblichen Bereich regelmäßig nicht vollkommen verborgen geschieht. Subunternehmer stellen auch bei Schwarzarbeit Rechnungen aus, die bei den Haupt- oder Generalunternehmern ordnungsgemäß verbucht werden. Diese Rechnungen können als wertvolle Grundlage für Überprüfungen bei Subunternehmern dienen, indem die offizielle Rechnungssumme mit den Lohnaufwendungen verglichen wird. Vgl. BT-Drucks. 15/2573, 23; WEGNER, aaO, 759; KOSSENS, aaO, 5.
2 BT-Drucks. 15/2573, 23.
3 BT-Drucks. 15/2573, 23; WEGNER, aaO, 759.

Interne Zusammenarbeit der Behörden

4. Auskunftsverweigerungsrecht

1443 Eine **Einschränkung bei der Mitwirkungspflicht** sieht § 5 Abs. 1 S. 3 SchwarzArbG vor. Danach können solche Auskünfte verweigert werden, die die verpflichtete Person oder eine ihr nahe stehende Person (§ 383 Abs. 1 Nr. 1–3 ZPO) der Gefahr aussetzen, wegen einer Straftat oder Ordnungswidrigkeit verfolgt zu werden. Der Verpflichtete muss sich dabei – so jedenfalls iRd. § 306 SGB III aF – ausdrücklich auf das **Auskunftsverweigerungsrecht** berufen[1]. Wird von diesem Recht Gebrauch gemacht, können die Behörden weitere Maßnahmen nur auf Grundlage der StPO ergreifen.

5. Anonyme Werbemaßnahmen

1444 Eine besondere Auskunftspflicht normiert § 7 SchwarzArbG für denjenigen, der eine anonyme Chiffreanzeige veröffentlicht hat. Bietet diese Anhaltspunkte für Schwarzarbeit, ist der Veröffentlicher **von sich aus** verpflichtet, den Behörden **Name und Anschrift** des Auftraggebers der Anzeige zu **benennen**. Ein Auskunftsverlangen des Zolls ist nicht erforderlich[2].

6. Interne Zusammenarbeit der Behörden

1445 Um die Bekämpfung der Schwarzarbeit zu optimieren, normiert § 6 SchwarzArbG eine enge Zusammenarbeit zwischen der Zollverwaltung und den sie unterstützenden Behörden. Dadurch entsteht ein umfassendes **Informationsnetzwerk**[3]. Die prüfungsbefugten Behörden sind verpflichtet, einander die erforderlichen Informationen einschließlich personenbezogener Daten und die Ergebnisse der Prüfungen zu übermitteln, soweit deren Kenntnis für die Erfüllung ihrer jeweiligen Aufgaben notwendig ist. Ferner ist die Zollverwaltung gegenüber den zuständigen Stellen zur Unterrichtung verpflichtet, wenn sie im Rahmen ihrer Prüfungen Anhaltspunkte für Gesetzesverstöße erkennt[4]. Dies gilt insbesondere gegenüber den Finanzbehörden[5]. Die Zollverwaltung und die Strafverfolgungsbehörden sind des Weiteren nach § 6

---

1 BRAND, SGB III – Kommentar, 2. Aufl., 2002, § 306 Rz. 4.
2 KOSSENS, aaO, 5.
3 Zu der Kritik vgl. SALDITT, aaO, 1.
4 In diesem Zusammenhang sei auch die Vorschrift des § 31a AO hingewiesen.
  Vgl. hierzu: BUSSE, aaO, 17 ff.
5 BT-Drucks. 15/2573, 24.

Abs. 2 SchwarzArbG befugt, bestimmte Datenbestände der Bundesagentur für Arbeit automatisiert abzurufen.

7. Datenbank

Neben dem Informationsaustausch zwischen den Behörden steht der   1446
Zollverwaltung zusätzlich eine **eigene zentrale Prüfungs- und Ermitt-
lungsdatenbank zur Verfügung**, die nach § 16 SchwarzArbG von der
Finanzkontrolle Schwarzarbeit geführt wird. Die einzige Schutzmaß-
nahme bezüglich der gespeicherten Daten besteht in den Löschungs-
pflichten nach § 19 SchwarzArbG.

8. Verwaltungsverfahren und Rechtsweg

Nach § 22 SchwarzArbG findet für das Verwaltungsverfahren die **AO**   1447
Anwendung. Das bedeutet, dass dem Betroffenen die Rechtsbehelfe
der AO zur Verteidigung gegen Maßnahmen der Zollverwaltung zur
Verfügung stehen, während diese ihrerseits zur Durchsetzung von Ver-
waltungsakten auf die Zwangsmittel der AO zurückgreifen können.
Für die gerichtliche Auseinandersetzung ist gem. § 23 SchwarzArbG
die **FGO** anzuwenden.

V. Strafrechtliche Sanktionen bei Schwarzarbeit

1. Anknüpfungspunkt Steuern, Steuerhinterziehung nach §§ 370, 370a AO

Liegt Schwarzarbeit vor, ist regelmäßig der Straftatbestand der **Steuer-**   1448
hinterziehung nach § 370 AO verwirklicht[1].

a. Lohnsteuerhinterziehung als Sonderfall

Die Lohnsteuer ist eine **besondere Erhebungsform** der Einkommen-   1449
steuer der Arbeitnehmer. Gem. § 41a EStG ist der Arbeitgeber grundsätzlich verpflichtet, bis zum zehnten Tag des Folgemonats eine **Lohnsteueranmeldung** gegenüber dem zuständigen Betriebsstättenfinanz-
amt abzugeben. Diese Lohnsteueranmeldung stellt gemäß § 168 AO
eine Steuerfestsetzung unter dem Vorbehalt der Nachprüfung dar.

---

1 Vgl. BT-Drucks. 15/2573, 19.

Privilegierung des § 50e Abs. 2 EStG

Macht der Arbeitgeber im Rahmen seiner Lohnsteueranmeldung unrichtige oder unvollständige Angaben, führt dies zu einer unvollständigen Steuerfestsetzung der Lohnsteuer iSv. § 168 AO und damit zu einer Steuerverkürzung iSv. § 370 Abs. 4 AO. Schon die Abgabe der falschen Anmeldung ist also für die Vollendung ausreichend. Unterlässt es der Arbeitgeber gänzlich, die Lohnsteueranmeldung abzugeben, führt dies als pflichtwidriges Unterlassen iSv. § 370 Abs. 1 Nr. 2 AO zu einer Steuerhinterziehung. Die unterlassene Zahlung, dh. hier unterlassene Abführung der Lohnsteuer, stellt allerdings keine strafbare Steuerhinterziehung dar. Sie ist lediglich als Ordnungswidrigkeit gemäß § 380 AO sanktioniert.

1450 Für die Frage der möglichen Täterschaft einer Steuerhinterziehung ist zwischen der Handlungs- und Unterlassungsvariante zu differenzieren. Tauglicher Täter einer Steuerhinterziehung durch Unterlassen gemäß § 370 Abs. 1 Nr. 2 AO ist allein derjenige, der nach den steuerlichen **Einzelgesetzen zur Steuererklärung verpflichtet** ist, mithin der Arbeitgeber bzw. das verantwortliche Organ des Arbeitnehmerunternehmens[1]. Eine Steuerhinterziehung durch Handeln gemäß § 370 Abs. 1 Nr. 1 AO kann dagegen auch derjenige begehen, der nicht selbst zur Abgabe einer Steuererklärung verpflichtet ist. Wirken also Geschäftsführer und Buchhalter einer GmbH bei der Abgabe von unvollständigen Lohnsteueranmeldungen zusammen, kann der Buchhalter für die tatsächlich abgegebenen Steueranmeldungen als Mittäter bestraft werden; wird keine Steueranmeldung abgegeben, ist der Buchhalter dagegen nur als Teilnehmer strafbar[2]. Ferner kann die Abgabe einer falschen Lohnsteueranmeldung – wenn zusätzlich Gehaltszahlungen verschleiert werden – gleichzeitig eine **Beihilfe zur Einkommensteuerhinterziehung des Arbeitnehmers** darstellen[3]. Umgekehrt kann eine besondere Mitwirkung und Verschleierung durch den Arbeitnehmer auch eine Beihilfe zur Steuerhinterziehung des Arbeitgebers darstellen.

b. Privilegierung des § 50e Abs. 2 EStG

1451 Hinsichtlich des Straftatbestands der Steuerhinterziehung (§ 370 AO) haben die Fälle der **Schwarzarbeit von geringfügig Beschäftigten in**

---

1 Vgl. § 14 StGB sowie §§ 34, 35 AO.
2 Vgl. BGH 3 StR 405/86 vom 12. 11. 1986, wistra 1987, 147.
3 Vgl. nur BGH 5 StR 448/01 vom 20. 3. 2002, wistra 2002, 221.

Privathaushalten iSv. § 8a SGB IV durch die Gesetzesnovellierung eine erhebliche **Privilegierung** erfahren. Liegt ein geringfügiges Beschäftigungsverhältnis in einem Privathaushalt vor, muss der Arbeitgeber eine Pauschalversteuerung iHv. 2% nach § 40a Abs. 2 EStG vornehmen. Die Nicht-Anmeldung dieser pauschalen Lohnsteuer würde grundsätzlich den Straftatbestand des § 370 Abs. 1 AO erfüllen. Die Neuregelung in § 50e Abs. 2 EStG bestimmt, dass die Verletzung der Anmeldungspflicht dieser pauschalen Lohnsteuer bei Vorliegen der Voraussetzungen des § 40a Abs. 2 EStG lediglich als Ordnungswidrigkeit gem. § 378 AO verfolgt werden kann. Nach den Vorstellungen des Gesetzgebers gilt allerdings, dass die Privilegierung allein die Fälle der unterlassenen Lohnsteueranmeldung erfassen soll. Die Fälle des Handelns nach § 370 Abs. 1 Nr. 1 AO sollen weiterhin als Vergehen strafbar bleiben[1]. Der Wortlaut von § 50e Abs. 2 EStG nF enthält dies allerdings nur andeutungsweise.

2. Anknüpfungspunkt Sozialabgaben

a. Strafbarkeiten des Arbeitgebers (§ 266a Abs. 1 StGB)

Nach § 266a Abs. 1 StGB[2] macht sich strafbar, **wer als Arbeitgeber der**   1452
Einzugsstelle Beiträge des Arbeitnehmers vorenthält. Voraussetzung ist, dass Sozialversicherungsbeiträge (Kranken-, Renten-, Arbeitslosen- und/oder Pflegeversicherung) des Arbeitnehmers entstanden sind und diese vom Arbeitgeber nicht gezahlt werden. Die Beitragsansprüche der Versicherungsträger entstehen gem. § 22 SGB IV kraft Gesetzes. Dabei gilt im Sozialversicherungsrecht das sog. **„Entstehungsprinzip"**, so dass – anders als bei der Lohnsteuerhinterziehung nach § 370 AO – nicht maßgeblich ist, ob tatsächlich ein Arbeitsentgelt ausgezahlt worden ist, sondern ob und in welcher Höhe der Anspruch auf Zahlung von Arbeitsentgelt entstanden ist[3]. Gem. § 28e SGB IV muss der Ar-

---

1 BT-Drucks. 15/2573, 36.
2 Maßgebliche Bedeutung hat die Vorschrift vor allem für die zivilrechtliche Haftung. Die Krankenkassen versuchen regelmäßig die Geschäftsführer des Arbeitgeberunternehmens nach § 823 Abs. 2 BGB iVm. § 266a Abs. 1 StGB persönlich in Haftung zu nehmen. Die Rechtsprechung ist hier sehr zugunsten der Sozialversicherungsträger. Es ist aber zu beachten, dass diese die volle Beweislast hinsichtlich § 266a StGB tragen. Vgl. BGH VI ZR 350/00 vom 11. 12. 2001, NJW 2002, 1123.
3 Ständige Rechtsprechung, vgl. zuletzt BGH IV ZR 407/99 vom 9. 1. 2001, NJW 2001, 969; BFH V StR 16/02 vom 28. 5. 2002, wistra 2002, 340.

beitgeber die entstandenen Sozialversicherungsbeiträge einschließlich der Arbeitnehmeranteile an die zuständige Einzugsstelle zahlen. Die Arbeitnehmerbeiträge sind gem. § 23 SGB IV bis zum 15. des Folgemonats fällig. Unterlässt der Arbeitgeber die rechtzeitige Zahlung der Arbeitnehmerbeiträge, macht er sich nach § 266a Abs. 1 StGB strafbar, wenn sein Verhalten vorsätzlich ist. Insoweit genügt, dass er den tatsächlichen Zeitpunkt der Fälligkeit kennt und will oder wenigstens billigend in Kauf nimmt, dass die Zahlungen nicht erfolgen[1]. Zu beachten ist, dass im Falle der geringfügigen Beschäftigung keine Sozialversicherungsbeiträge des Arbeitnehmers entstehen. Die hier allein durch den Arbeitgeber zu zahlenden Beiträge zur Krankenversicherung und zur Rentenversicherung fallen nicht unter den Anwendungsbereich von § 266a Abs. 1 StGB[2].

1453 Ähnlich wie § 370 AO sieht auch § 266a Abs. 6 StGB eine **Regelung zur strafbefreienden Selbstanzeige** vor. Erforderlich ist, dass der Arbeitgeber im Zeitpunkt der Fälligkeit oder unverzüglich danach der Einzugsstelle schriftlich die Höhe der Beiträge mitteilt und darlegt, warum die Zahlung trotz ernsthaften Bemühens nicht möglich war. Werden die Beiträge dann binnen einer von der Krankenkasse zu setzenden Nachfrist gezahlt, tritt Straffreiheit ein.

1454 In **§ 266a Abs. 2 StGB** hat der Gesetzgeber eine neue Vorschrift über die Hinterziehung von Arbeitgeber-Beiträgen zur Sozialversicherung geschaffen. Danach macht sich nunmehr strafbar, wer als Arbeitgeber gegenüber den Einzugsstellen über sozialversicherungserhebliche Tatsachen keine, falsche oder unvollständige Angaben macht und dadurch **Arbeitgeberbeiträge vorenthält**. Entgegen § 266a Abs. 1 StGB wird somit nicht die bloße Nicht-Zahlung von Arbeitgeberbeiträgen unter Strafe gestellt, sondern vielmehr die fehlerhafte oder unterbliebene Information gegenüber den Einzugsstellen, dh. die Verletzung von Mitteilungspflichten. Der Taterfolg ist das Vorenthalten der Arbeitgeberbeiträge. Wie dieses Tatbestandsmerkmal zu verstehen ist, hat der Gesetzgeber nicht erklärt. Es stellt sich die Frage, ob, in Anlehnung an § 266a Abs. 1 StGB, die Nicht-Zahlung der Arbeitgeberbeiträge, oder, in Anlehnung an § 370 AO, dem § 266a Abs. 2 StGB systematisch nachgebildet[3], lediglich die unterbliebene oder nicht vollständige „Festsetzung" in den Beitragsmeldungen zusätzliche Tatbestandsvor-

---

1 Vgl. BGH VI ZR 319/95 vom 15. 10. 1996, NJW 1997, 130, 133.
2 Vgl. aber jetzt § 266a Abs. 2 StGB neue Fassung.
3 Laitenberger, NJW 2004, 2703.

aussetzung sein soll. Wäre die Auslegung nach § 370 AO maßgebend, würde sich auch derjenige strafbar machen, der den Arbeitgeberbeitrag zwar fristgerecht zahlt, aber keinen Beitragsnachweis erbringt. Außerdem würde die Strafbarkeit von der Kenntnis der Einzugsstelle über die Entstehung der zugrunde liegenden Beitragsansprüche abhängen. So wäre keine Strafbarkeit gegeben, wenn der Arbeitgeber die erforderlichen Informationen zwar nicht in der gesetzlich vorgeschriebenen Form des Beitragsnachweises nach § 28f Abs. 3 SGB IV erbringt, sondern die Einzugsstelle in anderer Art und Weise, aber vollständig, informiert. Die Einzugsstelle wäre dann selbständig zur Einziehung der Versicherungsbeiträge in der Lage (§ 28 h SGB IV).

Tauglicher **Täter** einer Tat iSv. § 266a Abs. 2 StGB ist **nur der Arbeit-** **geber.** Die von diesem zu tragenden Beiträge zur Sozialversicherung müssen entstanden sein. Auch insoweit gilt das Entstehungsprinzip. Auf die tatsächliche Auszahlung von Lohn kommt es – worauf der Gesetzestext ausdrücklich hinweist – nicht an. Im Unterschied zu § 266a Abs. 1 StGB sind iRd. § 266a Abs. 2 StGB auch die Arbeitsverhältnisse relevant, in denen allein der Arbeitgeber zum Tragen der Beiträge verpflichtet ist, mithin die Fälle geringfügiger Beschäftigung. Ausdrücklich **ausgenommen** von der neuen Strafvorschrift sind aber wiederum **geringfügige Beschäftigungsverhältnisse in Privathaushalten** nach § 8a SGB IV. Dies ergibt sich aus § 111 SGB IV nF. Diese Vorschrift enthält eine Reihe von Ordnungswidrigkeiten-Tatbeständen, die in der Verletzung von Melde- und Aufzeichnungspflichten bestehen. In § 111 Abs. 1 S. 2 SGB IV wird nunmehr geregelt, dass der Verstoß gegen die vereinfachte Meldepflicht des „Haushaltsscheckverfahrens", das gem. § 28a Abs. 7 und Abs. 8 SGB IV für in Privathaushalten Beschäftigte gilt, allein über § 111 Abs. 1 Nr. 2a SGB IV als Ordnungswidrigkeit geahndet werden kann. Das neue Gesetz enthält hier gewissermaßen ein strafrechtliches **„Putzfrauenprivileg"**[1].

Als Tathandlung kommen grundsätzlich zwei Varianten in Betracht: Der Arbeitgeber macht der für den Einzug der Beiträge zuständigen Stelle (also regelmäßig der Krankenkasse) **unrichtige oder unvollstän-** **dige Angaben** über sozialversicherungsrechtlich erhebliche Tatsachen oder der Arbeitgeber lässt die zum Einzug der Beiträge zuständige Stelle pflichtwidrig über sozialversicherungserhebliche Tatsachen **in** **Unkenntnis,** indem er insbesondere den Beitragsnachweis gem. § 28f SGB IV nicht einreicht. Problematisch ist die Einordnung einer **verspä-**

1455

1456

---

1 Vgl. hierzu auch Laitenberger, aaO, 2704.

teten Beitragsmeldung. Hierin liegt grundsätzlich eine Pflichtverletzung iSd. § 266a Abs. 2 Nr. 2 StGB. UE nach kommt aber die Regelung zur Selbstanzeige, § 266a Abs. 6 StGB, zur Anwendung. Wie bei der Steuerhinterziehung für den Bereich der Fälligkeitssteuern ist die verspätete Anmeldung als Selbstanzeige anzusehen, die bei späterer Zahlung die Strafbarkeit beseitigt. § 266a Abs. 6 StGB ist hier erweiternd so auszulegen, dass eine Fristüberschreitung bis zu zwei Wochen noch als „unverzügliche" Nacherklärung gilt und eine Darlegung zur ausgebliebenen Zahlung nach § 266a Abs. 6 Nr. 2 StGB nicht erforderlich ist.

1457 Die Hinterziehung von Arbeitgeber-Beiträgen zur Sozialversicherung war vor Einführung des § 266a Abs. 2 StGB allein über die Betrugsstrafbarkeit, § 263 StGB, sanktioniert. Eine **Straflücke** bestand jedoch für den Fall, dass der **Arbeitgeber gar keine Angaben machte** und mit seinem Unternehmen der zuständigen Krankenkasse vollständig unbekannt blieb. In diesem Fall fehlte es auf Seiten der Krankenkasse an dem nach § 263 StGB erforderlichen Irrtum über das Bestehen von Beitragsansprüchen[1]. Diese Lücke wurde durch § 266a Abs. 2 StGB geschlossen[2].

1458 Gleichwohl kann es auch nach der neuen Rechtslage im Fall der Vorenthaltung von Beitragsanteilen zur Sozialversicherung durch den Arbeitgeber zu einer Strafbarkeit wegen Betrugs kommen. Voraussetzung ist, dass der **Arbeitgeber** gegenüber der zuständigen Krankenkasse als Einzugsstelle **unrichtige oder unvollständige Angaben über die bei ihm sozialversicherungspflichtig Beschäftigten macht**[3]. In diesem Fall erleidet die Einzugsstelle einen Irrtum und unterlässt aufgrund dessen die erforderliche Einziehung der Beiträge, was zu einem Vermögensschaden auf Seiten der Versicherungsträger iSv. § 263 Abs. 1 StGB führen kann. Dabei ist allerdings zu bedenken, dass die unvollständige Beitragsmeldung gegenüber der Einzugsstelle nur dann zu einem Schaden des Versicherungsträgers iSd. § 263 StGB führt, wenn dessen Anspruch im Zeitpunkt der Erklärung werthaltig war. So scheidet eine Strafbarkeit wohl aus, wenn der Arbeitgeber bei der Erklärung bereits insolvent war[4].

---

1 BGH V StR 11/92 vom 4. 2. 1992, wistra 1992, 141.
2 Vgl. BT-Drucks. 15/2573, 28.
3 Vgl. nur BGH 3 StR 278/83 vom 25. 1. 1984, BGHSt 32, 236; BGH 3 StR 460/86 vom 13. 5. 1987, wistra 1987, 290; BHG 5 StR 165/02 vom 12. 2. 2003, NJW 2003, 1821, mwN.
4 Vgl. hierzu BGH 5 StR 165/02, aaO, 1824.

Durch die Gesetzesnovellierung hat sich eine Änderung der **Konkur-** **1459** **renzverhältnisse** zwischen § 266a und § 263 Abs. 1 StGB ergeben. Nach der bisherigen Rechtsprechung wurde die schlichte Vorenthaltung von Sozialversicherungsbeiträgen nach § 266a StGB aF bei Vorliegen der Betrugsvoraussetzungen (§ 263 StGB) verdrängt. Im Falle der Abgabe von unvollständigen Beitragsmeldungen war der Arbeitgeber somit allein nach § 263 StGB wegen Betrugs zu bestrafen. § 266a StGB wurde als allgemeinerer Auffangtatbestand verdrängt[1]. Mit den gesetzlichen Neuregelungen wollte der Gesetzgeber ausdrücklich eine Änderung dieses Konkurrenzverhältnisses herbeiführen[2]. Nunmehr soll § 266a StGB generell (also Abs. 1 und der neugeschaffene Abs. 2) der Anwendung von § 263 StGB vorgehen[3]. Seit der Änderung sind also die Fälle der Beitragsvorenthaltung – auch im Falle von unvollständigen Beitragsmeldungen – stets und vorrangig nach § 266a StGB zu bestrafen. Problematisch ist insoweit aber das Verhältnis zu den Privilegierungen für geringfügig Beschäftigte in Privathaushalten nach § 111 Abs. 1 S. 2 SGB IV. Die Voraussetzungen des Betrugs dürften regelmäßig erfüllt sein, wenn der private Arbeitgeber unrichtige Angaben iRd. Haushaltsscheckverfahrens macht. Obwohl der eigentliche vorrangige Straftatbestand des § 266a Abs. 2 StGB gesetzlich ausgeschlossen ist, soll nach der Gesetzesbegründung der (verdrängte) § 263 StGB wieder aufleben[4]. Im Ergebnis wäre die Privilegierung demnach auf die Fälle des Unterlassens beschränkt. Strafrechtssystematisch ist dies wenig überzeugend, denn die Spezialität zweier Strafvorschriften führt grundsätzlich dazu, dass der allgemeine Straftatbestand (§ 263 StGB) verdrängt bleibt, wenn eine Strafbarkeit nach dem spezielleren Gesetz (§ 266a Abs. 2 StGB) in Folge einer Privilegierung ausscheidet[5]. Es bleibt abzuwarten, ob die Rechtsprechung der Gesetzesbegründung folgen wird.

b. Strafbarkeit des Arbeitnehmers

In Betracht kommt im Wesentlichen eine Betrugsstrafbarkeit nach **1460** § 263 StGB, wenn der Arbeitnehmer Leistungen aus der Sozialversi-

---

1 So zuletzt BGH 5 StR 165/02, vom 12. 2. 2003, aaO.
2 Vgl. BT-Drucks. 15/2573, 28 f.
3 Der Gesetzgeber verweist insoweit auf das Konkurrenzverhältnis von Subventionsbetrug (§ 264 StGB) und Steuerhinterziehung (§ 370 AO).
4 Begründung des Regierungsentwurfs, BT-Drucks. 15/2573, 31 und 32.
5 Vgl. STREE in Schönke/Schröder, StGB, 26. Aufl., 2001, vor §§ 52 ff. Rz. 135 ff.

cherung, wie zB. Arbeitslosengeld bezieht. Insoweit liegt ein Betrug durch den Leistungsbezieher vor, wenn bei der Beantragung von Sozialleistungen falsche Angaben gemacht werden – insbesondere eine Tätigkeit als „Schwarzarbeiter" verschwiegen wird – und die Sozialversicherungsträger auf dieser Grundlage Zahlungen leisten, auf die der Empfänger eigentlich keinen Anspruch hat. Daneben liegt ein strafbarer Betrug durch Unterlassen vor, wenn der Leistungsempfänger nach der rechtmäßigen Beantragung von Sozialleistungen eine neue Beschäftigung aufnimmt, die einer weiteren Gewährung von Sozialleistungen entgegensteht. In diesem Falle ist der Leistungsbezieher nach § 60 Abs. 1 Nr. 2 SGB I dazu verpflichtet, die eingetretene Änderung der leistungsrelevanten Verhältnisse unverzüglich anzuzeigen. Wer diese Anzeigepflicht verletzt und weiter Sozialleistungen bezieht, macht sich wegen Betrugs strafbar[1]. Eine Betrugsstrafbarkeit ist ferner denkbar, wenn ein Verfahren zur Prüfung eingeleitet worden ist, ob der Leistungsempfänger bereits erhaltene Leistungen zu erstatten hat und der Leistungsempfänger seiner Mitteilungspflicht gem. § 60 Abs. 1 S. 2 SGB I nicht nachkommt[2].

3. Ordnungswidrigkeiten

a. § 8 SchwarzArbG

1461 § 8 SchwarzArbG enthält eine **Zusammenfassung von Ordnungswidrigkeiten-Tatbeständen**, mit denen die eigentliche Schwarzarbeit iSd. Gesetzes mit Bußgeldern bis maximal 300 000 Euro geahndet werden kann. Die Vorschrift entspricht – mit einigen gesetzlichen Klarstellungen – weitestgehend § 1 SchwarzArbG aF. Die Tathandlung besteht jeweils in der Erbringung (bzw. dem Erbringenlassen) von Dienst- oder Werkleistungen in erheblichem Umfang unter Verstoß gegen bestimmte gesetzliche Meldepflichten (§ 60 Abs. 1 S. 1 Nr. 1 SGB I, § 60 Abs. 1 S. 1 Nr. 2 SGB I, § 8a Asylbewerberleistungsgesetz, §§ 14, 55 GewO, § 1 HandwerksO). § 8 Abs. 4 SchwarzArbG regelt wiederum die negative Tatbestandsvoraussetzung, wonach die nicht nachhaltig auf Gewinn ausgerichteten und im persönlichen Umfeld erbrachten Leistungen von der Sanktionierung ausgeschlossen sind.

---

1 Ständige Rechtsprechung, vgl. nur zuletzt Hanseatisches OLG Hamburg II 104/03 vom 11. 11. 2003, wistra 2004, 151; OLG Köln Ss 470/02 vom 17. 12. 2002, StraFo 2003, 144; Cramer in Schönke/Schröder, StGB, aaO, § 263 Rz. 2, 1 mwN.
2 Vgl. hierzu Hanseatisches OLG Hamburg II, aaO.

Zentrales Merkmal der Ordnungswidrigkeiten nach § 8 SchwarzArbG 1462
ist die **Erbringung von Dienst- oder Werkleistungen in erheblichem
Umfang**. Problematisch dabei ist, was unter der Bezeichnung „in er-
heblichem Umfang" zu verstehen ist. Diese Formulierung ist aus § 1
Abs. 1 SchwarzArbG aF übernommen worden. Danach waren objekti-
ve Maßstäbe wie die Dauer, Häufigkeit, Regelmäßigkeit, Intensität der
Arbeitsleistung und der für die Schwarzarbeit erforderliche Grad der
Vorbildung entscheidend.

b. § 9 SchwarzArbG

Der Gesetzgeber hat in § 9 SchwarzArbG einen neuen **Auffangtatbe-** 1463
stand geschaffen für den Fall, dass Schwarzarbeit iSd. § 8 Abs. 1 Nr. 1
SchwarzArbG erbracht wird und dadurch bewirkt wird, dass dem
Schwarzarbeiter eine Leistung nach den in § 8 SchwarzArbG aufgeführten Gesetzen zu Unrecht gewährt wird. Es handelt sich um einen
Straftatbestand, der als Vergehen mit einer maximalen Freiheitsstrafe
von bis zu drei Jahren ausgestattet ist. Die Vorschrift ist formal subsidiär zu § 263 StGB. Dh., wenn die Voraussetzungen des Betrugstat-
bestands vorliegen, tritt § 9 SchwarzArbG stets zurück. Es sind allerdings kaum Fälle vorstellbar, in denen der Schwarzarbeiter Sozialleistungen unter Verstoß gegen die Anzeigepflichten erhält, ohne dass
dies den Straftatbestand des Betrugs erfüllt. Der Gesetzgeber hat insoweit darauf hingewiesen, dass für § 263 StGB der Nachweis der Be-
reicherungsabsicht problematisch sein könne[1]. Dass allerdings ein
Schwarzarbeiter zwar vorsätzlich Schwarzarbeit begeht, aber hinsichtlich der ihm zu Unrecht gezahlten Sozialleistungen ohne Bereiche-
rungsabsicht handelt, ist in der Praxis kaum denkbar.

c. §§ 10, 11 SchwarzArbG

In den §§ 10 und 11 SchwarzArbG hat der Gesetzgeber in der Neu- 1464
fassung die bisherigen Vorschriften über die illegale Beschäftigung
von Ausländern aus § 406 SGB III und § 407 SBG III übernommen.
Tathandlung ist jeweils, dass ein Ausländer ohne die nach § 284 Abs. 1
S. 1 SGB III erforderliche Genehmigung beschäftigt wird. § 10
SchwarzArbG setzt zusätzlich voraus, dass dies zu Arbeitsbedingun-
gen geschieht, die in einem auffälligen **Missverhältnis zu den Arbeits-
bedingungen vergleichbarer deutscher Arbeitnehmer** stehen.

---

1 Vgl. Regierungsbegründung BT-Drucks. 15/2573, 25.

Sonstige Sanktionen

d. § 8 Abs. 2 SchwarzArbG

1465 Der Gesetzgeber hat in § 5 SchwarzArbG eine Reihe von **Duldungs- und Mitwirkungspflichten** geregelt, nach denen die Betroffenen zur Mitwirkung bei Prüfungshandlungen der Zollbehörden verpflichtet sind. § 8 Abs. 2 SchwarzArbG sanktioniert den vorsätzlichen oder fahrlässigen (!) Verstoß gegen diese Mitwirkungspflichten als Ordnungswidrigkeit. Diese Bußgeldtatbestände sind höchst problematisch. Denn nach dem verfassungsrechtlichen Grundsatz des „nemo tenetur" sind insbesondere die Personen, die tatsächlich Straftaten begangen haben, nicht zur Mitwirkung bei Ermittlungen gegen sich selbst verpflichtet[1]. Dieser Grundsatz gilt auch im Sozialversicherungsrecht[2]. Die Tatbestände sind deshalb so auszulegen, dass sie nicht gelten, soweit die Möglichkeit besteht, dass der betreffende Mitwirkungsverpflichtete im Falle der Mitwirkung eine eigene Straftat offenbaren müsste[3].

VI. Sonstige Sanktionen

1466 Eine besondere Sanktion bei Schwarzarbeit sieht § 21 SchwarzArbG vor. Danach sollen Bewerber von der **Teilnahme an öffentlich ausgeschriebenen Bauaufträgen** bis zu einer Dauer von drei Jahren **ausgeschlossen** werden, wenn sie oder die gesetzlichen Vertreter sich im Zusammenhang mit Schwarzarbeit strafbar gemacht haben.

---

1 Grundlegend der „Gemeinschuldnerbeschluss" des BVerfG 1 BvR 116/77 vom 13. 1. 1981, BVerfGE 56, 37, 41 ff.
2 § 65 Abs. 3 SGB I.
3 § 65 Abs. 3 SGB I analog, zu den dortigen Grundsätzen vgl. SEEWALD in Kasseler Kommentar, SGB I § 65 Rz. 35 (Mrz. 2004).

Anlage 1: Ergebnisse der Steuerfahndung

Ergebnisse der Steuerfahndung (ohne Zollfahndung)
Quelle: Bundesfinanzministerium

	geprüfte Fälle	rechtskräftige Mehrsteuern	verhängte Geldbußen in Steuerfahndungsfällen	verhängte Geldstrafen in Steuerfahndungs fällen	verhängte Freiheitsstrafen in Steuerfahndungsfällen
1976[1]	11 200	434 833 709	1 277 467	9 192 189	194,7 Jahre
Zuwachs gegenüber Vorjahr	+ 22,5 %	+ 23,4 %	+ 20,9 %	+ 22,4 %	+ 108,7 %
1979	14 698	462 017 752	2 990 574	16 786 339	321,5 Jahre
Zuwachs gegenüber Vorjahr	+ 22,3 %	+ 9,9 %	+ 26,9 %	+ 28,8 %	+ 21,4 %
1983	14 693	788 759 991	4 170 465	19 317 231	564,7 Jahre
Zuwachs gegenüber Vorjahr	+ 18,7 %	+ 2,3 %	+ 19 %	− 3,5 %	+ 26,4 %
1984	14 523	744 449 123	3 855 316	42 890 000	738,7 Jahre
Zuwachs gegenüber Vorjahr	− 1,2 %	− 5,6 %	− 7,6 %	+ 122 %	+ 30,8 %

---

1 Zu den fehlenden Jahren s. 3. Aufl. der Steuerfahndung.

	geprüfte Betriebe	rechtskräftige Mehrsteuern	verhängte Geldbußen in Steuer-fahndungs-fällen	verhängte Geldstrafen in Steuer-fahndungs fällen	verhängte Freiheits-strafen in Steuer-fahndungs-fällen	Auflagen nach § 153a StPO
1986	13 689	841 556 522	6 223 331	30 218 478	867,25 Jahre	12 160 797
Zuwachs gegenüber Vorjahr	+ 6,75%	+ 1,25%	+ 30,8%	– 14%	+ 14,9%	+ 55,1%
1987	13 540	836 255 167	2 824 866	45 492 652	917,25 Jahre	7 464 750
Zuwachs gegenüber Vorjahr	– 1,12%	– 0,63%	– 54,61%	+ 50,55%	+ 5,76%	– 38,62%
1989	13 581	1 019 104 185	3 193 770	35 484 213	847,1 Jahre	12 991 715
Zuwachs gegenüber Vorjahr	– 6,64%	+ 5,38%	– 49,62%	– 1,81%	– 11,73%	– 4,26%
1990	12 576	959 275 926	2 842 946	39 934 305	691,5 Jahre	14 011 099
Zuwachs gegenüber Vorjahr	– 7,4%	– 5,87%	– 10,98%	+ 12,54%	– 18,36%	+ 7,85%
1992[1]	14 624	1 471 220 023	2 770 920	38 513 508	790,5 Jahre	18 106 446
Zuwachs gegenüber Vorjahr	+ 9,31%	+ 31,95%	– 24,09%	– 0,13%	– 7%	+ 22,38%
1993	16 357	1 108 667 933	1 767 344	39 923 030	781 Jahre	12 039 119
Zuwachs gegenüber Vorjahr	+ 11,85%	– 24,64%	– 36,21%	+ 3,66%	– 1,25%	– 33,51%
1994	16 575	1 350 965 374	2 188 816	42 480 105	1047 Jahre	21 906 739
Zuwachs gegenüber Vorjahr	+ 1,33%	+ 21,85%	+ 23,85%	+ 6,41%	+ 34,06%	+ 81,96%
1995	19 151	1 340 965 655	3 479 265	38 535 910	1004 Jahre	23 305 783
Zuwachs gegenüber Vorjahr	+ 15,54%	– 0,74%	+ 58,96%	– 9,28%	– 4,02%	+ 6,39%
1996	18 950	1 530 355 736	3 544 481	50 691 893	958 Jahre	22 526 551
Zuwachs gegenüber Vorjahr	– 1,05%	+ 14,12%	+ 1,87%	+ 31,54%	– 4,81%	– 3,34%
1997	23 487	1 964 760 181	7 651 108	39 257 096	1013 Jahre	35 332 912
Zuwachs gegenüber Vorjahr	+ 23,94%	+ 28,39%	+ 115,86%	– 22,56%	+ 5,69%	+ 56,85%

1 Ab 1992 enthalten die Zahlen auch die Ergebnisse der fünf neuen Bundes-länder.

	geprüfte Betriebe	rechtskräftige Mehrsteuern	verhängte Geldbußen in Steuerfahndungsfällen	verhängte Geldstrafen in Steuerfahndungs fällen	verhängte Freiheitsstrafen in Steuerfahndungsfällen	Auflagen nach § 153a StPO
1998	30 869	2 241 873 974	2 108 311	44 705 255	1223 Jahre	51 727 848
Zuwachs gegenüber Vorjahr	+ 31,43%	+ 12,36%	– 262,90%	+ 12,12%	+ 17,14%	+ 31,69%
1999	47 309	2 870 015 979	42 691 912	59 337 637	1154 Jahre	72 923 038
Zuwachs gegenüber Vorjahr	+ 53,26%	+ 28,02%	+ 1924,93%	+ 32,73%	– 5,61%	+ 40,97%
2000	48 638	2 997 296 346	24 574 441	58 251 766	1022 Jahre	72 383 889
Zuwachs gegenüber Vorjahr	+ 2,81%	+ 4,43%	– 42,44%	– 1,83%	– 11,42%	– 0,74%
2001	45 792	2 979 996 887	22 929 795	45 775 070	1148 Jahre	69 593 026
Zuwachs gegenüber Vorjahr	– 5,85%	– 0,58%	– 6,69%	– 21,42%	+ 12,34%	– 3,86%

Anmerkungen zu den Mehrergebnissen

1. Bemerkenswert sind die „Erfolge" der Steuerfahndung, die von der Verwaltung sorgfältig aufgezeichnet und veröffentlicht werden. Diese Zahlen bedürfen allerdings einer **kritischen Analyse**.

2. Offengelegt werden sollte, welche Mehrergebnisse **„echt"** sind und bei welchen Mehrergebnissen es sich nur um **Verschiebungen** handelt (bei denen es also nur um den richtigen Zeitpunkt der steuerlichen Erfassung geht; Beispiel: Zeitpunkt der umsatzsteuerlichen Erklärung von Bauleistungen in der Bauwirtschaft).

3. Interessant wäre es auch, das **Verhältnis** zwischen **ursprünglichem Anspruch** der Steuerfahndung und der **nachfolgenden tatsächlichen Realisation** kennenzulernen (hier liegt ein berechtigter Grund des Missbehagens und der Kritik; die Steuerfahndung schießt in der ersten Vermutung regelmäßig erheblich über das Ziel hinaus).

4. Schließlich sollten die Zahlen um die **nichtbeitreibbaren Beträge** bereinigt werden. Dies sind nämlich insoweit keine echten Mehrergebnisse, als zum Beispiel in Insolvenz- oder Auslandsfällen häufig das Interesse fehlt, die Überschätzungen der Steuerfahndung auf das richtige Maß zurückzuführen.

Anlage 2: Muster einer Selbstanzeige

Muster einer Selbstanzeige

An das Finanzamt Köln-Ost
usw.

<u>Betr.:</u> Eheleute Reuig
     StNr. X/Y/Z

Sehr geehrte Damen und Herren,

bei der Durchsicht unserer Unterlagen fiel uns auf, dass wir nicht alle Besteuerungsgrundlagen erklärt haben.

Folgende gewerbliche Einnahmen sind nicht in der Gewinnermittlung enthalten:

2000	2001	2002	2003
Euro	Euro	Euro	Euro
18 000	17 000	20 000	25 000

Die nicht erklärten Einnahmen verteilen sich in etwa gleichmäßig auf die Monate; falls Sie es für erforderlich halten, können wir die genaue monatliche Zuordnung noch nacherklären.

Außerdem fehlen folgende Einnahmen aus Sparguthaben:

2 000	2 200	3 000	3 500

Mit freundlichem Gruß

Anmerkungen

1. Das Muster der Selbstanzeige bezweckt zu zeigen, wie **gering** die **Anforderungen** an eine Selbstanzeige sind.

2. Der **Name** „Selbstanzeige" ist ebensowenig erforderlich wie eine reuige oder selbstbezichtigende Bemerkung.

3. Erforderlich ist die **Angabe** von **Zahlen**, die bestimmten Jahren zugeordnet werden, so dass eine sofortige Versteuerung möglich ist.

4. Die Formulierung berücksichtigt die **mögliche Anforderung,** die nicht erklärten Einnahmen im Hinblick auf die Umsatzsteuervoranmeldung **monatlich** zuzuordnen. Allerdings werden insoweit noch keine Zahlen angegeben, sondern die Form der „Selbstanzeige in Stufen" gewählt (vgl. hierzu Anlage 3).

5. S. im Übrigen Tz. 177 ff.

Anlage 3: Muster einer Selbstanzeige in Stufen

Muster einer Selbstanzeige in Stufen

An das Finanzamt Köln-Ost
usw.

<u>Betr.</u>: Eheleute Reuig
StNr. X/Y/Z

Sehr geehrte Damen und Herren,

für die Jahre 2000–2003 erklären wir folgende gewerbliche Einnahmen nach:

Euro
2000
2001
2002
2003

Folgende Einnahmen aus Kapitalvermögen sind nicht versteuert:

Es handelt sich insgesamt um geschätzte Beträge, wobei wir eher zu unserem Nachteil als zu unseren Gunsten geschätzt haben.

Wir bitten das Finanzamt, uns zu ermöglichen, bis zum

die exakten Zahlen zu ermitteln.

(Evtl.: Da eine Betriebsprüfung angesagt ist, regen wir an zu überlegen, ob die genauen Zahlen nicht in Zusammenarbeit mit der Prüfung festgestellt werden können.)

Mit freundlichem Gruß

Anmerkung

Zu dieser Selbstanzeige in Stufen s. Tz. 212.

Anlage 4: Instanzenzug

Instanzenzug der Steuerfahndung

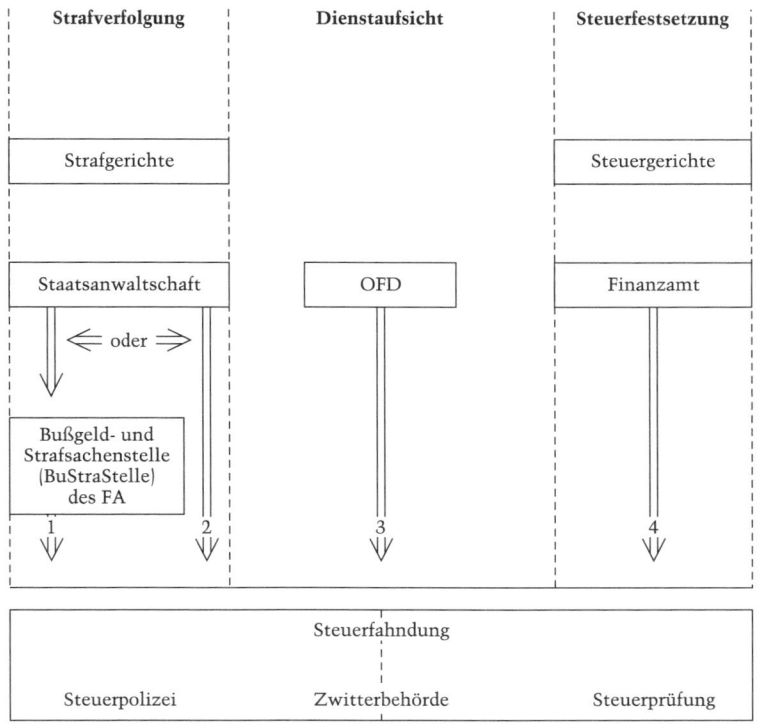

Die Steuerfahndung: Eine Unterbehörde mit vier Vorgesetzten
(s. Tz. 34 ff.).

Anlage 5: Zeitlicher Ablauf

Typischer zeitlicher Ablauf
eines Steuerfahndungsverfahrens

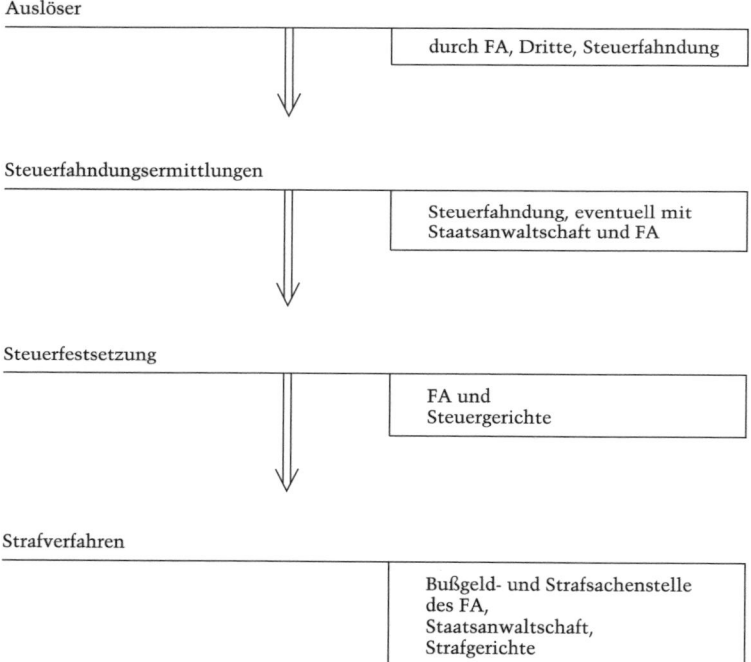

Auslöser

> durch FA, Dritte, Steuerfahndung

Steuerfahndungsermittlungen

> Steuerfahndung, eventuell mit
> Staatsanwaltschaft und FA

Steuerfestsetzung

> FA und
> Steuergerichte

Strafverfahren

> Bußgeld- und Strafsachenstelle
> des FA,
> Staatsanwaltschaft,
> Strafgerichte

Stichwortverzeichnis

Zahlen ohne Zusätze beziehen sich auf Textziffern; Zahlen mit dem Zusatz „FN" beziehen sich auf die Fußnoten.

Stichwortverzeichnis

Stichwortverzeichnis

Stichwortverzeichnis

Stichwortverzeichnis

Zum Ausklang

Zum Ausklang: Heinrich von Kleist und das Steuerdelikt

Aus „Über das Luxussteueredikt"

Bruderherz!

Was klagst du doch über die, in dem Edikt vom 28ten Okt. d. J. ausgeschriebenen, neuesten Luxussteuern? Die Absicht und die Meinung, in der sie ausgeschrieben sind, lasse ich dahingestellt sein; sie ist eine Sache für sich. Die Auslegung aber kömmt dem Publiko zu; und je öfter ich es überlese, je mehr überzeuge ich mich, daß es dich und mich gar nicht trifft.

Es ist wahr, ich halte 2 Kammerdiener und 5 Bediente; Haushofmeister, Kutscher, Koch und Kunstgärtner mit eingerechnet, beläuft sich meine Livree auf 12 Köpfe. Aber meinst du deshalb (denn der Satz im Edikt pro Mann beträgt 20 Tl.), daß ich 240 Tl. an die Luxussteuerkasse entrichten würde? Mitnichten! Mein Gärtner ist, wie du weißt, eigentlich mein Vizeverwalter, der Koch, den ich bei mir habe, ursprünglich der Bäcker des Orts; beide sind nur nebenher Gärtner und Koch; der Kutscher, der Jäger auch, der Friseur nebst Kammerdiener und zwei Bediente sind, so wahr ich lebe, bloße Knechte, Menschen, die zu meinem Hofgesinde gehören und die ich, wenn es not tut, auf dem Feld oder im Wald brauche. Da nun das Edikt (§ II, 10a) sagt, daß Leute, die nur nebenher dienen, mehr nicht als die Hälfte des Satzes, und Knechte gar nichts zahlen, so bleibt für mich nur der Haushofmeister und zwei Bediente als steuerpflichtig übrig, macht (à 10 Tl.) 30 Reichstaler, oder drunter.

Ebenso, siehst du, mit den Hunden. In meinen Ställen, die Wahrheit zu sagen, befinden sich zwei auserlesene Koppeln; Doggen, die eine, echt englische, 17 an der Zahl, die andere besteht aus 30 Jagdkleppern; Hühnerhunde, Teckel und dergleichen rechne ich nicht. Aber meinst du, das Edikt sähe deshalb mich an mit 1 Tl. pro Hund? Mitnichten! Diese Koppeln gehören meinem Jäger; und da das Edikt (§ II, 10b) Hunde, die eines Gewerbes wegen gehalten werden, von der Steuer ausnimmt: so bleibt für mich nur, als steuer-

413

verfallen, ein Pudel von der norwegischen Rasse, ein Mops und der Schoßhund meiner Frau, macht (à Hund 1 Tl.) 3 Tl., mehr nicht.

Ein Gleiches gilt von den Pferden! – Zwar, wenn es Markt ist, fährt meine Frau mit den vier holstein'schen Rappen nach der Stadt; das schwarze Silbergeschirr steht den zwei jungen Apfelschimmeln nicht übel, und der Fuchs und der Braune gehn gut, wenn ich sie reite. Aber meinst du, daß dies darum, durch die Bank, Reit- und Kutschpferde wären, die ich, mit 15 Tl. pro Stück, zu versteuern hätte? Mitnichten! Die Pferde, das weiß jedermann, brauch' ich im Frühjahr und bei der Ernte; und da das Edikt (§ II, 10c) von Gebrauchspferden nicht spricht: so prallt die Forderung auch hieher von mir ab, und ich zahle nichts.

Endlich, was die Wagen betrifft! – Zwar die zwei englischen Batarden, die ich kürzlich gekauft, werde ich, ob ich sie gleich in Kreisgeschäften zuweilen brauche, mit 8 Tl. pro Stück, versteuern müssen. Aber den Halbwagen und die drei in Federn hängenden Korbwagen mit Verdeck? Mitnichten! Den Halbwagen, an dem ich kürzlich die Achse zerbrach, verbrenn' ich oder verkauf' ich; und von den Korbwagen beweis' ich, daß ich vergangenes Jahr Heu und Strauchwerk damit eingefahren und die 2 Fahrzeuge mithin Acker- und Lastwagen sind. Mithin geht der Kelch der Luxussteuer auch hier an mir vorüber; und es bleibt, außer den Batarden, nur noch eine zweirädrige Jagdkalesche übrig, die ich mit 5 Tl. (denn mehr beträgt es nicht) (§ II, 10d) zu versteuern habe.

Lebe wohl!